Les régions du guide :
(voir la carte à l'intérieur de la couverture ci-contre)

Portugal

Collection Le Guide Vert sous la responsabilité d'Anne Teffo

Édition
Florence Dyan, Élisabeth Cautru

Rédaction
Célia Bénisty, Philippe Bourget, Séverine Cachat, Tiphaine Cariou, Élisabeth Cautru, Mélanie Cornière, Françoise Dupont, Michel Fonovich, Alexandra Forterre, Serge Guillot, Emmanuelle Lepetit, Valérie Minet, Jérôme Saglio

Cartographie
Stéphane Anton, Virginie Bruno, Michèle Cana, Cristina Ferecatu, Thierry Lemasson, Mirela Spita, Apex Cartographie

Relecture
Florence Michel

Remerciements
Pascal Tisserand, Didier Broussard, Maria Gaspar, Madeleine Parpet, Pascal Grougon, Danièle Jazeron, Aurélie Bleuzin

Conception graphique
Christelle Le Déan

Régie publicitaire et partenariats
michelin-cartesetguides-btob@fr.michelin.com
Le contenu des pages de publicité insérées dans ce guide n'engage que la responsabilité des annonceurs.

Contacts
Michelin
Guides Touristiques
27 cours de l'Île-Seguin, 92100 Boulogne-Billancourt
Service consommateurs : tourisme@tp.michelin.com
Boutique en ligne : www.michelin-boutique.com

Parution 2012

Note au lecteur

Michelin a apporté le plus grand soin à la rédaction de ce guide et à sa vérification. Toutefois les informations pratiques (formalités administratives, prix, adresses, numéros de téléphone, adresses Internet...) doivent être considérées comme des indications du fait de l'évolution constante de ces données.
Il n'est pas totalement exclu que certaines d'entre elles ne soient plus, à la date de parution du guide, tout à fait exactes ou exhaustives. N'hésitez pas à nous signaler toute omission ou inexactitude que vous pourriez constater ainsi qu'à nous faire part de vos avis et suggestions sur les adresses contenues dans ce guide.
Avant d'entamer toute démarche, formalités administratives ou douanières notamment, vous êtes invité à vous renseigner auprès des organismes officiels. Ces informations ne sauraient, de ce fait, engager notre responsabilité.

Le Guide Vert, mode d'emploi

Le Guide Vert, un guide en 3 parties

- **Organiser son voyage :** les informations pratiques pour préparer et profiter de son séjour sur place
- **Comprendre la destination :** les thématiques pour enrichir son voyage
- **Découvrir la destination :** un découpage en **régions**

(voir carte générale dans le 1er rabat de couverture et sommaire p. 1)

En ouverture de chaque **région**, retrouvez un **sommaire** et une **carte** qui indiquent :

- les villes et sites traités dans le chapitre
- les circuits conseillés

Pour chaque chapitre, consultez « **Nos adresses...** » :

- des informations pratiques
- des établissements classés par catégories de prix
- des lieux où boire un verre
- des activités à faire en journée ou en soirée
- un agenda des grands événements de l'année

En fin de guide

- un **index général** des lieux et thèmes traités
- un **index** des cartes et plans du guide
- la légende des symboles du guide
- la liste de nos publications

Et en complément de notre guide

- Créez votre voyage sur **Voyage.ViaMichelin.fr**

Sommaire

1/ ORGANISER SON VOYAGE

ALLER AU PORTUGAL

AVANT DE PARTIR

SUR PLACE DE A À Z

EN FAMILLE

MÉMO

2/ COMPRENDRE LE PORTUGAL

LE PORTUGAL AUJOURD'HUI

TRADITIONS ET ART DE VIVRE

CULTURE

ART ET ARCHITECTURE

HISTOIRE

NATURE ET PAYSAGES

3/ DÉCOUVRIR LE PORTUGAL

1 LISBONNE ET SES ENVIRONS

2 L'OUEST ET LA VALLÉE DU TAGE

3 L'ALENTEJO

4 L'ALGARVE

5 LES BEIRAS

6 PORTO ET LE NORD

1/ ORGANISER SON VOYAGE

M. Barraud/Ojo Images/Photononstop

Aller au Portugal

En avion

Lisbonne, Porto et Faro disposent d'un aéroport international. Réservez vos billets très à l'avance pour les départs en été (nombreux retours des Portugais résidant à l'étranger, surtout au mois d'août).

COMPAGNIES RÉGULIÈRES

La **TAP** (compagnie aérienne portugaise) et **Air France** assurent plusieurs liaisons quotidiennes directes de Paris (ou Genève et Bruxelles) vers Lisbonne, Porto et Faro. Il n'existe pas de vols directs du Canada vers le Portugal : vous devrez prendre une correspondance à Paris.

TAP Air Portugal – *23 bd Poissonnière - 75002 Paris - ✆ 0 820 319 320 (0,12 €/mn) - www.flytap.com.*

Air France – *49 av. de l'Opéra - 75002 Paris - centrale de réservation en France ✆ 0 820 820 820 (0,12 €/mn) - www.airfrance.fr.*

COMPAGNIES LOW COST

Aigle Azur – *7 bd Saint-Martin - 75003 Paris - ✆ 0 810 797 997 (prix d'un appel local) - www.aigle-azur.fr.* Vols de Paris vers Lisbonne, Porto et Faro.

Ryanair – *www.ryanair.com.* Vols directs vers Porto depuis Paris-Beauvais, Marseille et Bruxelles, et entre Faro et Bruxelles.

Easyjet – *www.easyjet.com.* Dessert Porto et Lisbonne à partir de Paris, Lyon ou Genève à bas prix.

VOLS CHARTERS

En été, nombreux vols charters vers Faro, Lisbonne et Porto.

Look Voyages – *✆ 01 42 61 20 20 - www.look-voyages.fr.* Catalogues disponibles dans les agences de voyages. Vols secs à prix compétitifs, circuits et séjours.

Nouvelles Frontières – *✆ 0 825 000 747 (centrale de réservation, 0,15 €/mn) - www.nouvelles-frontieres.fr.* Vols secs ou formules de séjours à consulter dans les brochures à thème (séjours, circuits, escapades, etc.).

VOLS DÉGRIFFÉS

Les organismes suivants proposent des voyages dégriffés.

Anyway, Expedia – *✆ 0 892 302 301/301 300 (0,12 €/mn) - www.anyway.com ou www.expedia.fr.*

Lastminute – *✆ 0 892 686 100 (0,34 €/mn) - www.lastminute.fr.*

GoVoyages – *14 rue de Cléry - 75002 Paris - ✆ 01 48 64 81 59 - www.govoyages.com.*

COMPARATEURS DE VOLS

Plusieurs comparateurs de vols mettent en regard les offres des différentes compagnies aériennes et permettent d'acheter son billet en ligne. Ils indiquent les disponibilités, proposent un classement par tarif et une recherche sur la semaine ou le mois : *www.opodo.fr, www.easyvols.fr, www.liligo.fr, www.jetcost.com, www.skyscanner.fr,* entre autres.

En train

De Paris – *www.voyages-scnf.com.* De Paris-Montparnasse, un **TGV** part tlj à 10h10 vers Irún (Espagne), où vous prendrez le **Sud-Expresso** jusqu'à Lisbonne (env. 22h de trajet). Pour Porto, changement supplémentaire à Coimbra (19h30 de voyage).

De Bruxelles – *www.thalys.com.* Aucune liaison directe, prenez le Thalys jusqu'à Paris.

De Genève ou Zürich – Direct jusqu'à Barcelone, changements à Barcelone et Madrid.

En autocar

De France – *Gare routière internationale Paris-Gallieni - 28 av. du Gén.-de-Gaulle - 93541 Bagnolet - ☎ 0 892 89 90 91 (0,34 €/mn) - www.eurolines.fr.* La compagnie **Eurolines** dessert une centaine de villes portugaises. Départ de la gare routière de nombreuses villes de province.

De Belgique – *☎ 02 274 13 50 (centrale de réserv.) - www.eurolines.be.* Liaisons avec les principales villes portugaises depuis Bruxelles (pl. de la Constitution ou rue du Progrès), et quelques autres villes belges.

En voiture

Le service de calcul d'itinéraires sur **www.viamichelin.com** indique des trajets selon votre préférence (le plus court, le plus rapide, sans péage, etc.) et les distances entre localités.

De Paris – La route la plus directe passe par Bordeaux, Bayonne, Vitoria, Burgos et Salamanque, soit 1 360 km jusqu'à la frontière portugaise, à **Vilar Formoso.** Pour gagner le Sud, allez jusqu'à Salamanque (1 284 km), où vous bifurquerez vers Cáceres et Badajoz pour passer par le poste frontière de **Elvas-Caia** (plus 316 km).

De Bruxelles – Rejoignez Paris (310 km) et suivez les indications ci-dessus.

De Genève – 1 400 km jusqu'à Salamanque. Le trajet le plus court passe par Lyon, Clermont-Ferrand et Bordeaux. Suivez ensuite les indications données depuis Paris.

Bon à savoir – Outre votre permis de conduire et la carte verte d'assurance, vous devez posséder un triangle de présignalisation.

Avec un voyagiste

SPÉCIALISTES DU PORTUGAL

Lusitania – *Plusieurs agences à Paris et en région, une à Lyon - ☎ 01 42 89 42 99*. Diverses formules de séjours (week-ends, circuits) en individuel et des villas à louer.

Estrela – *131 r. Cardinet - 75017 Paris - ☎ 01 47 63 49 30 - www.estrela.fr.* Circuits famille et séjours thématiques (croisière, golf, pêche). Location de villas.

VOYAGES « CULTURE »

Association Arts et Vie – *Agences à Paris, Grenoble, Lyon, Marseille et Nice - ☎ 01 40 43 20 21 - www.artsetvie.fr.* De nombreuses propositions, du week-end à Lisbonne au séjour découverte de l'antique Lusitanie.

Clio – *27 r. du Hameau - 75015 Paris (M° Porte-de-Versailles) - ☎ 0 826 101 082 (0,15 €/mn) - www.clio.fr.* Avec un conférencier, voyage historique et culturel de Porto à Lisbonne ou le temps d'une croisière sur le Douro.

VOYAGES « AVENTURE »

Nomade Aventure – *Diverses agences en France - ☎ 0 825 701 702 (0,15 €/mn) - www.nomade-aventure.com.* Randonnée (8 j.) en Algarve.

Terre d'Aventures – *☎ 0 825 700 825 (0,15 €/mn) - www.terdav.com.* Treks dans l'Alentejo et l'Algarve (8 j.).

Avant de partir

Identité du pays

Nom officiel : République portugaise
Capitale : Lisbonne
Superficie : 91 946 km^2
Population : 10 720 868 hab.
Monnaie : euro (€)
Langue officielle : portugais

Météo

Le climat du Portugal est relativement doux. Le pays compte en moyenne 220 j. de soleil par an. Toutefois, la période la plus favorable pour y voyager dépend de la région que l'on souhaite visiter. Le Nord est plus froid que le Sud, en particulier la région du Trás-os-Montes, où les hivers peuvent être très rigoureux. Pour une visite d'ensemble du pays, on préférera le printemps et l'automne.
Institut portugais national de météorologie : www.meteo.pt.
Printemps – C'est l'époque des maisons fleuries et des paysages verdoyants. C'est une excellente saison pour visiter le **sud du pays**, en évitant ainsi les fortes chaleurs et les foules en Algarve. En avril ont lieu les cérémonies de la Semaine sainte et de nombreuses manifestations folkloriques.
Été – Sec et chaud à l'intérieur, le climat est tempéré sur le **littoral** par des brises marines. *Romarias*, festivals, compétitions sportives se succèdent. C'est la meilleure saison pour profiter des plages, du nord au sud du pays. Température moyenne de l'eau : 16/19 °C sur la côte ouest, 21/23 °C sur la côte de l'Algarve. Températures moyennes de l'air : Porto 20 °C, Lisbonne 26 °C, Évora 29 °C, Faro 28 °C.
Automne – Dans le **nord** du pays en particulier, le paysage, où poussent châtaigniers et vignes, prend de jolis tons. La vallée du Douro s'anime pour les vendanges (mi-sept. à mi-oct.). C'est le moment idéal pour visiter le Minho et le Trás-os-Montes. Températures moyennes dans ces régions : 13 °C et 8 °C respectivement (oct.-déc.).
Hiver – En **Algarve**, où l'on peut se baigner de mars à nov. (mer à 17 °C et air à 18 °C), et sur la Costa do Estoril (mer à 16 °C et air à 17 °C), l'hiver est doux et ensoleillé. La floraison des amandiers d'Algarve, vers fin janv., métamorphose le paysage. On pratique les sports d'hiver dans la serra da Estrela.

QU'EMPORTER ?

Tout dépend de la saison et du type d'activité choisis. L'**été**, emportez des vêtements légers, mais aussi quelques habits plus chauds pour les soirées, parfois fraîches en altitude et dans le Nord. Pour lézarder sur les plages atlantiques ou de l'Algarve, n'oubliez pas lunettes de soleil et chapeau.
En **automne** et au **printemps**, pensez à prendre un imperméable. En **hiver**, il peut faire froid, surtout dans l'arrière-pays ; sachez que les pensions les plus modestes sont mal chauffées. Enfin, quelle que soit la saison, mettez dans votre valise une bonne paire de chaussures de marche, qui sera très utile à Lisbonne.

Adresses utiles

OFFICES DE TOURISME

France – *3 r. de Noisiel - 75016 Paris - M° Pte-Dauphine - ✆ 0 811 653 838 - lun.-vend. 9h30-17h30.*
Belgique – *5 r. Joseph-II - boîte 3 - 1000 Bruxelles - M° Arts-Loi - ✆ 02 230 52 50.*
Suisse – *Badenerstraße 15 - 8004 Zürich - ✆ 01 241 00 01.*
Canada – *60 Bloor Street West - Suite - Toronto - 1005 - Ontario - M4W 3B8 - ✆ (416) 921 73 76.*
Contacts et informations sur le site de l'office de tourisme du Portugal : www.visitportugal.com.
Offices de tourisme au Portugal : voir « Sur place de A à Z », p. 23.

CENTRES CULTURELS

Centre culturel (Instituto Camões) – *26 r. Raffet - 75016 Paris - ✆ 01 53 92 01 00 - www.instituto-camoes.pt.* Le petit centre culturel de l'ambassade propose des cours et stages de langue pour adultes.
Fondation Calouste Gulbenkian – *51 av. d'Iéna - 75016 Paris - ✆ 01 53 23 93 93 - www.gulbenkian-paris.org.* Bibliothèque, expositions et conférences. Les ouvrages publiés par la fondation sont en vente à la librairie Jean Touzot à Paris *(38 r. Saint-Sulpice, 75006).*

LIBRAIRIES

Librairie Portugaise – *10 r. Tournefort - 75005 Paris - ✆ 01 43 36 34 37 - www.librairie-portugaise.com.* Littérature, histoire, beaux-arts : tout sur le monde lusophone, en français et en portugais.
Librairie Lusophone – *22 r. du Sommerard - 75005 Paris - ✆ 01 46 33 59 39.* Dédiée à la langue portugaise, elle propose de nombreux ouvrages en version originale ou traduits en français.
Librairie Portugal – *146 r. Chevaleret - 75013 Paris - ✆ 01 45 85 07 82 - www.presseportugaise.com.* Ouvrages en version originale, presse portugaise, CD et DVD. Très fréquentée par les Portugais de Paris. Plusieurs adresses en province également.

REPRÉSENTATIONS DIPLOMATIQUES

France (ambassade) – *3 r. de Noisiel - 75016 Paris - M° Porte-Dauphine - ✆ 01 47 27 35 29.*
Belgique (ambassade) – *55 av. de la Toison-d'Or - Bruxelles 1060 - ✆ 02 533 07 00 - www.reper-portugal.be.*
Suisse (consulat) – *220 rte de Ferney - 1218 Le Grand-Saconnex - ✆ 022 791 76 36.*
Luxembourg (ambassade) – *24 r. Guillaume-Schneider - 2522 Luxembourg - ✆ 46 61 90/1.*
Canada (consulat) – *2020 r. de l'Université - Suite 1725 - Montréal - Québec - H3A 2A5 - ✆ (514) 499 03 59.*
Représentations diplomatiques au Portugal : voir p. 20.

VOYAGISTES SPÉCIALISÉS

Voir « Aller au Portugal », p. 9.

S'INFORMER SUR INTERNET

Outre celui de l'office du tourisme, **www.visitportugal.com**, très complet, de nombreux sites Internet vous aideront à organiser votre voyage, obtenir des informations et approfondir votre connaissance du Portugal.
www.ambafrance-pt.org – Site de l'ambassade de France à Lisbonne. Brèves d'actualité sur le pays (en français).
www.embaixada-portugal-fr.org – Site de l'ambassade du Portugal à Paris. Situation socio-politique, données touristiques générales (en français et portugais).
www.ipmuseus.pt – Les principaux musées (informations pratiques, résumés des collections) et l'agenda culturel du pays (en portugais).

www.jn.sapo.pt, **www.dn.pt**, **www.publico.clix.pt** – Principaux organes de presse (en portugais).

www.meteo.fr – Prévisions météorologiques des principales villes portugaises (en français).

www.pai.pt – Les Pages Jaunes portugaises (en anglais et portugais).

www.portugalmania.com – Site un peu daté (2007) mais bien conçu, plein d'infos pratiques et culturelles. Petites annonces (en français).

Région par région

Chacune des cinq régions touristiques possède un portail dédié, en général avec un onglet de recherche en français ou en anglais. Du nord au sud :

www.portoenorte.pt – De Porto à Bragança, toute la région nord.

www.turismodocentro.pt – Le centre du pays, avec les districts de Castelo Branco, Coimbra, Ria de Aveiro et Viseu.

www.visitlisboa.com – La capitale, ses environs immédiats et la vallée du Tage, jusqu'au Ribatejo et à Setúbal.

www.visitalentejo.pt – De Portalegre à Beja en passant par Évora, toutes les ressources touristiques de l'Alentejo.

www.visitalgarve.pt – L'Algarve, côte méridionale du Portugal, avec son chapelet de stations balnéaires.

ASSOCIATIONS

Association récréative et culturelle portugaise – *44 r. Louis-Auroux - 94120 Fontenay-sous-Bois - ✆ 01 41 95 76 67 - http://arcpf.free.fr.* Manifestations folkloriques, musicales et festives.

Association Cap Magellan – *17 r. de Turbigo - 75002 Paris - ✆ 01 42 77 46 89 - www.capmagellan.org (pas très à jour).* Elle regroupe essentiellement des jeunes luso-descendants.

Formalités

PIÈCES D'IDENTITÉ

Les **ressortissants de l'Union européenne** doivent être en possession d'une carte d'identité en cours de validité ou d'un passeport (en cours de validité ou périmé depuis moins de 5 ans). Les mineurs voyageant seuls doivent présenter un passeport en cours de validité. S'ils n'ont que la carte d'identité, une autorisation parentale sous forme d'attestation délivrée par la mairie ou le commissariat de police est demandée.

La carte d'identité nationale ou un passeport en cours de validité est requis pour les **Suisses**. Les **Canadiens**, exemptés de visa pour un séjour inférieur à 3 mois, doivent présenter un passeport en cours de validité.

ASSURANCES SANTÉ

Vérifiez que vous êtes assuré à l'étranger. Si ce n'est pas le cas, souscrivez un contrat d'assurance rapatriement. Les titulaires d'une carte de crédit internationale (Premier, Gold, etc.) bénéficient d'un contrat d'assistance sanitaire s'ils payent leur titre de transport avec celle-ci.

Sécurité sociale

La **carte européenne d'assurance maladie**, nominative et individuelle, permet aux ressortissants de l'Union européenne et aux Suisses de bénéficier d'une prise en charge sur place de leurs frais médicaux. Pensez à en faire la demande auprès de votre caisse d'assurance maladie ou en ligne sur *www.ameli.fr* au moins deux semaines avant votre départ.

Voir aussi « Santé » dans « Sur place de A à Z », p. 24.

DOUANES

La réglementation concernant les importations (alcools, cigarettes, etc.) est la même dans toute l'Europe.

ANIMAL DE COMPAGNIE

Les chiens, chats et autres animaux domestiques doivent être munis d'un **passeport** pour voyager en Europe. Ce passeport délivré par les vétérinaires a valeur de document officiel. Il fournit la preuve que l'animal a bien été immunisé contre la rage et peut, le cas échéant, attester d'autres vaccinations.
Au Portugal, les animaux de compagnie sont souvent refusés dans les hôtels et les restaurants, et interdits dans la plupart des lieux publics (y compris les plages).

VÉHICULE ET PERMIS DE CONDUIRE

Le conducteur d'une voiture de tourisme doit être en possession d'un permis de conduire à trois volets ou d'un permis international. Il doit pouvoir présenter les papiers du véhicule, ainsi que la carte verte, délivrée par la compagnie d'assurances. La plaque réglementaire de nationalité est obligatoire à l'arrière du véhicule.
Voir aussi « Voiture » dans « Sur place de A à Z », p. 30.

Argent

MONNAIE

Membre de la zone euro, le Portugal a remisé ses *escudos* pour l'**euro** en janvier 2002. En 2011, un **franc suisse** valait 0,78 € (ou 1 € = 1,27 CHF).
Un **dollar canadien** valait 0,70 € (ou 1 € = 1,42 CAD).
Pour connaître les taux de change en vigueur : fr.finance.yahoo.com/devises/convertisseur ou www.xe.com/fr.

CHANGE ET CARTES DE CRÉDIT

Le change de monnaies étrangères en euros peut se faire dans les banques et les bureaux de change. Il existe également des machines automatiques de change devant certaines banques. Très courants, les distributeurs automatiques de billets *(multibanco)* permettent de retirer du liquide avec la plupart des cartes de crédit ; attention, les retraits sont souvent limités à 200 €.
La plupart des pensions n'acceptent pas les cartes de crédit, de même que de nombreux petits restaurants.
Demandez à votre agence le numéro à composer de l'étranger pour faire **opposition** en cas de perte ou de vol. À toutes fins utiles, un serveur vocal est valable pour tous les types de cartes : ☏ 0 892 705 705 (0,34 €/mn).

CHÈQUES DE VOYAGE

Pratiques pour les sommes importantes, ils existent en coupures de 50, 100 et 200 €. Ils sont acceptés dans toutes les banques et la majorité des bureaux de change portugais. En revanche, leur usage n'est pas très courant dans les hôtels. Sachez aussi que les frais de commission varient d'un changeur à l'autre.
Voir aussi « Banque », p. 20.

Téléphoner au Portugal

Depuis la France, la Belgique et la Suisse, composez le 00 + 351 + n° à 9 chiffres du correspondant.
Depuis le Canada, composez le 0011 + 351 + n° à 9 chiffres du correspondant.
Pour les appels depuis le Portugal, voir « Téléphone », p. 28.

Budget à prévoir

Malgré un alignement progressif sur les prix européens, Lisbonne reste l'une des capitales les moins chères d'Europe. Les budgets que nous indiquons ci-dessous s'entendent **par jour et par personne**; ils comprennent la nuit dans une chambre double (en principe le petit-déjeuner est inclus), le déjeuner et le dîner. Pensez à y ajouter transports, visites des monuments, spectacles et activités en fonction de votre programme.

Petits budgets

Environ **50 €/j/pers.** : choisissez votre hébergement dans la catégorie « Premier prix ». Vous descendrez dans une pension, un *residencial* ou un hôtel simple et convivial. L'un des deux repas sera pris dans un établissement de restauration légère et le dîner, dans un restaurant simple de bon rapport qualité-prix, de type *casa de pasto* (moins de 15 €).

Budgets moyens

De **60** à **90 €/j/pers.** environ : vous pourrez faire étape dans des établissements confortables, souvent agréablement aménagés. Vous prendrez un déjeuner léger et dînerez dans un restaurant plus haut de gamme (15 à 25 €/pers.).

Budgets plus larges

À partir de **120 €/j/pers.** : votre séjour s'effectuera dans des conditions très confortables. Vous passerez la nuit dans des hôtels de standing, de très jolies *quintas*

QUELQUES IDÉES DE PRIX POUR ÉTABLIR SON BUDGET	
SERVICES OU ARTICLES	**PRIX EN EUROS**
Une chambre double dans un hôtel très simple	45-60
Une chambre double dans un hôtel confortable	70-90
Une chambre double dans un hôtel de catégorie supérieure	130 et plus
Une chambre confortable à Lisbonne	80-100
Un repas dans une *casa de pasto*	9,50/personne
Un repas dans un restaurant	18/personne
Une location de voiture pour une semaine (catégorie A)	env. 360
Un litre d'essence sans plomb	1,50-1,70
Un billet de train Lisbonne-Porto	env. 20
Un ticket de métro à Lisbonne	0,95
Trajet en taxi aéroport-centre de Lisbonne	15-18
Location d'un scooter pour une journée	30-35
Un litre d'eau minérale	0,50
Un café	0,80
Une bière	1,20
Un paquet de cigarettes	4
Un dîner-spectacle de fado	45
Un billet d'entrée de site ou de musée	2-5

de l'arrière-pays ou de splendides *pousadas* et pourrez vous offrir un dîner gastronomique dans un établissement renommé (plus de 40 €).

Voir le tableau des prix p. 15.

Se loger

Notre sélection de lieux d'hébergement est répartie en quatre catégories de prix, sur la base tarifaire d'une chambre double en haute saison. Attention, les écarts de prix peuvent être importants entre haute et basse saison, surtout dans les régions très touristiques (comme l'Algarve, Lisbonne en période de fête ou Fátima durant les pèlerinages) ; vérifiez bien les tarifs lors de vos réservations.

Vous trouverez une sélection d'hôtels dans les pages « Nos adresses à… », ville par ville. Pour les catégories de prix, voir le tableau ci-dessous.

RÉSERVER SON HÉBERGEMENT

En haute saison (juin-août, Pâques et fêtes de fin d'année), dans des régions touristiques telles que l'Algarve, vous devez absolument réserver votre hébergement longtemps à l'avance. En ce qui concerne Lisbonne, vous devez réserver plusieurs semaines à l'avance entre avril et oct., surtout dans les hôtels très référencés. Dans la région de Tomar et de Leiria, vous aurez beaucoup de mal à trouver un hébergement, même à l'avance, pendant les pèlerinages de Fátima, notamment celui de mai.

Plusieurs **sites** permettent de réserver son hébergement, hôtel, *pousada*, auberge de jeunesse ou agritourisme : nous en indiquons quelques-uns à chacune de ces rubriques. Si vous ne souhaitez pas planifier vos étapes à l'avance, ces services vous permettront d'affiner vos choix.

SIGLES

Depuis 2011, un nouveau système se met peu à peu en place, regroupant les différents établissements en **PH** *(pousada histórica)*, **AG** *(agroturismo)*, **CC** *(casa de campo)*, **HR** *(hotel rural)*, **TH** *(turismo de habitação)* et **AL** *(alojamento local)*.

HÔTELS

Vous trouverez différentes catégories d'hôtels, depuis la **pensão** (pension), modeste, le **residencial**, plus confortable mais sans restaurant, jusqu'à l'**estalagem**, plus luxueux, et l'**hôtel**, de 1 à 5 étoiles. Le petit-déjeuner est presque toujours compris dans le tarif de la chambre (sauf dans les pensions les plus modestes).

Pour réserver

Mais Turismo – *www.hotelguide.pt*. Site complet et multilingue qui offre un large choix d'hôtels (photos et informations pratiques).

Hoteis Portugal – *www.hoteis.pt*. Sélection d'établissements avec possibilité de recherche à partir de cartes. Offres « dernière minute ».

NOS CATÉGORIES DE PRIX		
	Hébergement	**Restauration**
Premier prix	moins de 45 €	moins de 15 €
Budget moyen	de 50 à 85 €	de 15 à 25 €
Pour se faire plaisir	de 90 à 130 €	de 25 à 40 €
Une folie	plus de 130 €	plus de 40 €

POUSADAS

Comparables aux *paradors* espagnols, ces 42 établissements dépendent de l'Enatur. Aménagées dans des sites prestigieux comme des châteaux, les *pousadas* offrent des prix contrôlés et un accueil particulièrement soigné. Elles sont souvent complètes et il est prudent de réserver.

Pour réserver

Enatur – *11 r. Blanche - 75009 Paris - ✆ 01 44 63 18 30 - www.pousadas.pt.* Promotions « dernière minute » et « week-end ».

Enatur – *R. Santa Joana Princesa, 10 - Lisbonne - ✆ 218 81 63 00 - www.pousadas.pt ou www.enatur.pt.*

Les pousadas *sont signalées sur la carte Michelin 733 par le symbole* .

CHAMBRES D'HÔTE

Il existe plusieurs possibilités de logement chez l'habitant. La plus luxueuse est le **« Turismo de Habitação »**. Présente dans l'ensemble du pays et particulièrement développée dans le Nord, cette formule offre une magnifique opportunité de loger dans des fermes paisibles de campagne (*casas rústicas*, l'équivalent des gîtes ruraux) ou dans de splendides manoirs (*solar* ou *quinta*).

Pour réserver

Associação do Turismo de Habitação – *Praça da República - 4990-062 Ponte de Lima - ✆ 258 74 16 72/28 27 - www.turihab.pt ou www.solaresdeportugal.pt.*

Central Nacional de Turismo no Espaço Rural – *www.center.pt.* Il recense un grand nombre d'hébergements en milieu rural, de la demeure rustique au manoir.

AUBERGES DE JEUNESSE

Le pays compte une quarantaine d'auberges de jeunesse *(pousadas de juventude)*. La carte de membre *(Hostelling International Card)* est exigée partout : on peut se la procurer à son arrivée à l'auberge.

Pour réserver

Movijovem – *R. Lúcio de Azevedo, 29 - 1600-146 Lisboa - ✆ 217 23 21 00 ou ✆ 707 20 30 30 - fax 217 23 21 01 - www.pousadasjuventude.pt (en anglais, espagnol et portugais).* Le site répertorie l'ensemble des auberges de jeunesse du Portugal.

CAMPING-CARAVANING

Le camping « sauvage » n'est pas autorisé. Les offices de tourisme fournissent une liste des terrains aménagés, officiellement classés par ordre de confort croissant de 1 à 4 étoiles. Le *Roteiro campista* décrit les terrains de camping et leur accès ; en vente pour 6,90 € sur Internet ou auprès de **Roteiro campista** – *R. do Giestal, 5 - 1300-274 Lisboa - www.roteiro-campista.pt (en français et portugais).*
Le règlement du séjour s'effectue le plus souvent en espèces.

Pour s'informer ou réserver

Federação Portuguesa de Campismo e Montanhismo – *Av. Coronel Eduardo Galhardo, 24 D - 1199-107 Lisboa - ✆ 218 12 68 90 - www.fcmportugal.com.*

LE GUIDE MICHELIN ESPAÑA, PORTUGAL

On trouve dans l'édition annuelle de cet ouvrage un choix d'hôtels agréables, tranquilles, bien situés, avec l'indication de leurs équipements : piscine, tennis, golf, jardin. Il propose aussi une sélection de restaurants gastronomiques.

Se restaurer

Vous trouverez une sélection de tables simples ou réputées dans les pages « Nos adresses à… », ville par ville. Elles sont réparties en catégories de prix (voir le tableau p. 16).

PORTIONS : DOSE OU DEMI-DOSE ?

Dans les restaurants populaires, surtout dans le Nord, deux prix différents sont affichés pour le même plat. L'un concerne la **demi-portion** *(meia dose)*, déjà bien copieuse, et l'autre, la **portion entière** *(dose)*, qui conviendra largement à deux personnes. Pour les **poissons**, les tarifs peuvent indiquer le prix au kilo.

CE QUE COMPREND LE PRIX

Avant le plat choisi, on vous apportera très souvent des petits **hors-d'œuvre** *(acepipes)* composés de fromage, jambon cru, *chouriço*, olives, pâté de thon, etc. Attention, ils ne sont pas offerts en guise de bienvenue, mais sont inclus dans l'addition lorsqu'ils sont consommés. Si vous n'en voulez pas, dites-le simplement au serveur quand il les apportera.

Il arrive souvent que le pain et le beurre soient facturés. De même, la carafe d'eau n'existe pas : il vous faudra commander de l'eau en bouteille.

DIFFÉRENTS ÉTABLISSEMENTS

Au Portugal vous goûterez assurément aux saveurs locales. Les **restaurantes** (restaurants) affichent une cuisine traditionnelle ou moderne. Hormis à Lisbonne, la restauration étrangère ou exotique se fait rare.

La **tasca** (taverne), ou **casa de pasto** (petit établissement de quartier), sert des plats simples et bon marché. Un peu plus cher, cependant très abordable, la **cervejaria** (brasserie) propose des spécialités locales à apprécier avec une bière ; dans les **churrasqueiras**, les viandes sont à l'honneur tandis que, dans les **marisqueiras,** vous vous régalerez de poissons. Enfin, l'**adega** (littéralement « cave vinicole ») s'apparente au bar à vins. Tous offrent une ambiance conviviale. Pour une simple pause, les **pastelarias** (pâtisseries) disposent généralement de places assises et font office de salon de thé.

Bon à savoir – Dans les établissements populaires, il est courant de manger au comptoir.

HORAIRES DES REPAS

Trois repas principaux. On commence avec le **pequeno almoço**, ou petit-déjeuner, en général peu copieux (sauf dans les *pousadas* et grands hôtels). Puis vient l'heure de l'**almoço**, ou déjeuner : servi vers 13h, il peut durer deux heures… Enfin, le **jantar** (dîner) se prend entre 19h et 22h, voire plus tard dans les grandes villes ou centres touristiques.

COMMANDER UN CAFÉ

Bica : très serré (type expresso)
Carioca : café plus léger
Galão : café au lait servi dans un grand verre
Descafeinado : décaféiné

POURBOIRE

Voir p. 24.

Pour en savoir plus sur les traditions culinaires du Portugal, lire aussi nos rubriques « Gastronomie », p. 54 et « Vins », p. 56.

Sur place de A à Z

Achats

Voir aussi la rubrique « Souvenirs » p. 26

HEURES D'OUVERTURE

Magasins – En général, de 9h à 13h et de 15h à 19h ; ils ferment en principe le sam. apr.-midi et le dim.
Centres commerciaux – Sauf exception, ouverts tlj de 10h à 22h.

POINTURES ET TAILLES

Les tailles des vêtements et les pointures des chaussures sont les mêmes qu'en France.

Ambassades et consulats

Ambassade de France – *R. de Santos-o-Velho, 5 - 1249-079 Lisboa - 213 93 91 00 - www.ambafrance-pt.org.*
Consulat de France – *Av. da Boavista, 1681-2° - 4100-132 Porto - 226 07 82 20 - www.consulfrance-porto.org.*
Ambassade/Consulat de Belgique – *Praça do Marquês de Pombal, 14-6° - 1269-024 Lisboa - 213 17 05 10 - www.diplomatie.be/lisbonfr.*
Ambassade du Canada – *Av. da Liberdade, 196/200-3° - 1269-121 Lisboa - 213 16 46 00 - www.dfait-maeci.gc.ca/lisbon.*
Ambassade du Luxembourg – *R. das Janelas Verdes, 43 - 1200-690 Lisboa - 213 93 19 40 - lisbonne.amb@mae.etat.lu.*
Ambassade de Suisse – *Travessa do Jardim, 17 - 1350-185 Lisboa - 213 94 40 90.*

Banque

Voir aussi la rubrique « Argent » dans « Avant de partir », p. 14.
Les guichets sont généralement ouverts de 8h30 à 15h du lundi au vendredi. Nombreux distributeurs automatiques, en service 24h/24.

Chasse

La chasse est très pratiquée, surtout au sud. Selon la saison, on chasse le pigeon, le canard, la caille, la perdrix, le lièvre, le lapin et le renard. Pour emporter son fusil, il faut payer une caution à la douane portugaise. Si l'on passe par l'Espagne, un permis de port d'arme est nécessaire.
Direcção Geral dos Recursos Florestais – *Av. João Crisóstomo, 26-28 - 1069-040 Lisboa - 213 12 48 00 - www.dgpa.min-agricultura.pt.* Délivre les permis de chasse temporaires.

Courses de taureaux

La saison commence à Pâques et s'achève en octobre. Rens. sur les dates et lieux où l'on peut assister à une **tourada** (corrida à cheval) dans les offices de tourisme locaux.

Décalage horaire

L'heure légale du Portugal est celle du méridien de Greenwich, soit **une heure de moins** qu'en France.

Électricité

220 volts/50 Hz. Les prises sont de type continental avec deux fiches rondes, semblables aux prises françaises.

Golf

La douceur du climat et les nombreux terrains de golf de haut niveau du Portugal (en particulier ceux de l'Algarve, réputés dans le monde entier) permettent de pratiquer ce sport toute l'année.
Federação Portuguesa de Golfe – *Av. das Túlipas, 6 - 1495-161 Algés - ☏ 214 12 37 80 - www.fpg.pt.*
Les terrains de golf les plus renommés sont répertoriés dans Le Guide Michelin España, Portugal.

Handicap

Le Portugal s'équipe peu à peu selon les normes de l'Union européenne afin de faciliter le quotidien des personnes handicapées. Si les nouvelles installations possèdent des infrastructures adaptées, les autres n'ont pas encore modifié les leurs.
Les aéroports et les grandes gares disposent d'un accès pour fauteuils roulants, tout comme une partie des stations du métro lisboète.
Secretariado Nacional de Reabilitação – *Av. Conde Valbom, 63 - Lisbonne - ☏ 217 92 95 00 - www.inr.pt (en portugais).*
Également des informations sur www.pcd.pt, le portail du citoyen handicapé (en portugais).
Les bureaux d'information touristique fournissent des adresses d'hébergement sans problème d'accessibilité (ce sont souvent des établissements de catégorie supérieure, et quelques auberges de jeunesse).

Internet

Beaucoup de villes possèdent un espace Internet municipal dont l'accès, limité à 30mn, est gratuit. De nombreux musées, bibliothèques et certains bureaux de poste disposent de bornes, parfois gratuites. Accès **wifi** gratuit dans la plupart des hôtels et dans certains cafés.
Accès Internet et cybercafés sont indiqués dans les pages « Nos adresses à… » des principales villes.

Jours fériés

1er janv. – Nouvel An.
Mardi gras – Date variable.
Vendredi saint – Date variable.
25 avril – Anniversaire de la révolution des Œillets, fête de la Liberté.
1er Mai – Fête du Travail.
10 juin – Fête nationale : mort de Camões et fête des communautés portugaises.
Corpus Dei – Date variable.
15 août – Assomption.
5 oct. – Proclamation de la république.
1er nov. – Toussaint.
1er déc. – Restauration de l'indépendance.
8 déc. – Immaculée Conception.
25 déc. – Noël.
Chaque ville célèbre en outre le jour de la fête patronale (saint Antoine à Lisbonne le 13 juin ; saint Jean à Porto le 24 juin) ainsi qu'un jour férié municipal.
Pour le calendrier festif, voir la rubrique « Agenda », p. 34 à 36, et les pages « Nos adresses à… » des différentes villes.

Médias

JOURNAUX

Les principaux **quotidiens** sont le *Diário de Noticias*, le *Correio da Manhã*, le *Público* et, à Porto, le *Jornal de Notícias*. Parmi les hebdomadaires, l'*Expresso* est l'un des plus lus.

TÉLÉVISION

Le Portugal passe progressivement à la télévision numérique depuis 2009. Six chaînes gratuites (dont les chaînes publiques généralistes RTP1 et RTP2, et les privées SIC et TVI, qui comptent parmi les plus anciennes) côtoient une quarantaine de chaînes payantes. Les émissions en langue étrangère restent rares, même pour les informations.

Musées, sites et monuments

HORAIRES

Les musées nationaux sont **fermés les lundis et jours fériés**. Quant aux musées municipaux, ils ferment souvent à l'heure du déjeuner. Dans les villes en revanche, beaucoup de musées restent ouverts entre 12h et 14h.

Les **monuments** se visitent généralement entre 10h et 12h et entre 14h et 17h (18h en été). Dans les villages, certaines **églises** ne sont ouvertes que pendant les offices religieux.

Se reporter aux conditions de visite de chaque site ou monument pour plus de détails.

TARIFS ET PASS

Un ticket d'entrée coûte en général entre 2 et 5 €. Les musées nationaux, souvent gratuits le dim. matin, accordent aux plus de 65 ans et aux enfants de moins de 12 ans une réduction de 50 %. Étudiants, pensez à présenter votre carte ISIC *(voir « Réductions », p. 24)* !

Les villes de Lisbonne, Porto, Évora, Coimbra et Braga ont mis en place un système de « pass » conférant la gratuité et/ou des réductions dans leurs musées. *Voir les rubriques « S'informer » et « Visite » de ces villes.*

Navigation de plaisance

Les ports de plaisance qui apparaissent sur la carte Michelin n° 733 ont été sélectionnés pour leurs équipements et leurs infrastructures.

Attention : avant de partir en mer, il est indispensable de consulter le bulletin météorologique.

Parcs aquatiques

Ils font partie du paysage de l'Algarve et sont pour la plupart situés le long de la N 125.

Zoo Marine *(voir « Albufeira », p. 375)* s'adresse surtout aux enfants. Piscines, aquarium, spectacles de dauphins et de phoques ; à 5 km à l'ouest de Guia, après Alcantarilha, se trouve Aqualand Algarve *(de déb. juin à mi-sept.)*.

Slide & Splash, avec son lot de toboggans aquatiques, est situé sur la E 125 entre Lagoa et Estombar, près du Zoo Marine *(avr.-oct.)*.

Aqua Show se trouve sur la N 396, dir. Quarteira. Il convient particulièrement aux jeunes enfants *(tte l'année)*.

Pêche

EN RIVIÈRE

Elle se pratique surtout dans le Nord : truite, saumon, barbeau, alose (rio Minho, Douro) et dans les nombreuses rivières de montagne de la serra da Estrela (carpe, barbeau, truite).

Pour obtenir une licence : **Direcção Geral dos Recursos Florestais** – *Av. João Crisóstomo, 26-28 - 1069-040 Lisboa - ☎ 213 12 48 00 - www.dgpa.min-agricultura.pt.*

Pour plus d'informations : **Federação Portuguesa da Pesca Desportiva** – *R. Eça de Queiroz, 3-1° -*

1050-095 Lisboa - ✆ 213 14 01 77 - www.fppd.pt.
Dates d'ouverture de la pêche en rivière : rens. dans les offices de tourisme.

EN MER

Sur les côtes du Nord, on pêche des poissons d'eau froide : la raie, la merluche, la roussette, le bar, tandis que le Sud est plus riche en espèces méditerranéennes. L'Algarve est réputé pour sa pêche au gros en haute mer (espadon, thon, squale).

Plages

Du nord au sud, le littoral portugais n'est qu'une succession de plages. Les plus fréquentées sont celles de l'**Algarve**, s'allongeant le long de falaises ocre ou sur des cordons littoraux. Elles bénéficient d'un climat chaud et d'une eau à la température agréable (17 °C en hiver et jusqu'à 23 °C en été).
Entre le cap Saint-Vincent et Setúbal, la côte est plus accidentée, avec des plages souvent nichées au pied de hautes falaises et une mer froide et agitée (15 °C en hiver et 19 °C en été).
La **Costa de Lisboa**, de Setúbal au Cabo da Roca, comprend les agréables plages de la serra da Arrábida, bien protégées, celles de Costa da Caparica, au sud de l'estuaire du Tage, et celles d'Estoril et Cascais, prisées des Lisboètes.
La **Costa de Prata,** du Cabo da Roca à Aveiro, est constituée d'immenses plages de sable rectilignes où l'on peut assister à la remontée des bateaux.
La **Costa Verde**, entre l'estuaire du Douro et la frontière espagnole, est aussi formée de longues plages sur fond d'arrière-pays agreste verdoyant.
Bon à savoir – Si vous vous baignez sur les plages bordées par l'Océan atlantique, surtout sur la côte ouest, faites attention aux courants, parfois violents. Choisissez de préférence les plages surveillées *(area concessionada)*, signalées par un panneau vert.

Planche à voile

Ce sport très répandu se pratique surtout sur le littoral d'Estoril (Praia do Guincho) et sur les plages de l'Algarve. Attention, la pratique de la planche à voile est réglementée sur les plages : s'adresser aux clubs de voile.

Plongée

D'excellents spots de plongée sous-marine se trouvent dans les secteurs escarpés du littoral (île de Berlenga et Peniche, côte de Sesimbra) et les grottes marines qui émaillent la côte de l'Algarve entre Albufeira et Sagres.

Poste

Les bureaux de poste *(CTT, correios)* sont en général ouverts du lundi au vendredi, de 8h30 à 18h. La poste de l'aéroport de Lisbonne est ouverte 24h/24.
Pour envoyer du courrier en poste restante, indiquez : « Posta Restante » et « Estação de Correios Central » avec le nom de la ville de destination.
Les timbres *(selos)* sont en vente dans les bureaux de poste, les boutiques de souvenirs et certains kiosques à journaux.

Offices de tourisme

Les offices de tourisme municipaux (**postos de turismo**), présents dans pratiquement toutes les villes du pays, sont gérés par les cinq régions de tourisme *(Região de Turismo)*. Plusieurs villes dont Lisbonne, Porto, Estoril et Sintra possèdent

un office de tourisme indépendant, qui dépend directement de la municipalité. Le personnel parle plusieurs langues dont, fréquemment, le français. Vous y trouverez toujours un plan détaillé de la ville, souvent la liste des activités nature ou culture possibles sur place, plus rarement une carte des environs ou de la région.
Dans les villages, un bureau paroissial *(junta da freguesia)* tient lieu d'office du tourisme.

Pourboire

Au restaurant, on laisse généralement un pourboire d'env. 10 % du montant de l'addition.

Randonnée

De plus en plus de sentiers balisés sillonnent le Portugal. Les amoureux de la nature pourront découvrir à pied, à cheval ou à vélo les serras de Monchique, de Sintra ou da Estrela, la forêt de Buçaco, le Parc national de Peneda-Gerês… Rens. dans les offices de tourisme ou aux bureaux d'information des parcs et des réserves.

Réductions

Jeune…

Des cartes de réduction réservées aux jeunes donnent droit à des tarifs préférentiels sur les transports, l'hébergement, l'entrée des musées et des sites.
Les collégiens, lycéens et étudiants peuvent se procurer l'**ISIC** *(International Student Identification Card)* moyennant 13 € sur présentation d'une pièce d'identité, d'un document attestant leur statut d'étudiant et de deux photos. Cette carte valable un an est délivrée par les Crous et les centres d'information jeunesse.
Pour ceux qui ne sont pas étudiants, et pour le même prix, la **carte Go 25**, ou Carte jeune internationale de voyage (IYTC), offre aux –26 ans les mêmes réductions que l'ISIC.
ISIC-France – *2 r. de Cicé - 75006 Paris - ✆ 01 40 49 01 01 - www.isic.fr.* Pour plus d'informations ou pour vous procurer ces cartes.

… et moins jeune

Munis de leur **carte Senior**, les ressortissants de l'Union européenne de 60 ans et plus ont droit à une réduction sur les billets de train ainsi que sur certaines entrées de musées et de sites.
Voir aussi la rubrique « Transports » p. 29.

Santé

HÔPITAUX

Les hôpitaux sont modernes et bien équipés mais souvent surpeuplés. Préparez-vous à attendre assez longuement avant de vous faire soigner.

URGENCES

En cas d'urgence, composez le **112** ou adressez-vous au *Serviço de Urgência* de l'hôpital le plus proche.

PHARMACIES

Reconnaissables à leur croix blanche sur fond vert, les *farmácias* sont ouvertes du lundi au vendredi de 9h à 13h et de 15h à 19h, et le samedi matin. On y trouve les mêmes médicaments qu'ailleurs en Europe. Les pharmacies de garde *(farmácias de serviço)* sont ouvertes toute la nuit et le dimanche.

MÉDECINS

Les médecins portugais sont aussi compétents que leurs homologues français. Si vous logez dans un

grand hôtel, le personnel pourra vous mettre en contact avec un médecin parlant anglais ou français. L'ambassade de France *(voir p. 20)* possède une liste de médecins francophones. Une consultation chez un généraliste coûte 40 à 50 €.
Voir aussi « Assurances santé » dans la rubrique « Formalités », p. 12.

Sécurité

Rien de particulier à signaler, hormis que les règles de bon sens s'appliquent au Portugal comme ailleurs : ne rien laisser d'apparent dans sa voiture, conserver un double de ses papiers d'identité, entre autres.
Voir aussi nos « Informations utiles » à Lisbonne, p. 177, et à Porto, p. 492.

Souvenirs

La richesse de l'artisanat traditionnel portugais est séduisante et les prix, raisonnables, tout au moins en dehors des localités les plus touristiques. Du nord au sud, la variété s'exprime souvent dans la couleur et les matières naturelles : broderies à la main sur du lin ou du coton (nappes et linge de maison, chemisiers, tabliers, etc.) et bijoux en filigrane d'or ou d'argent; couvre-lits brodés à la main, tapis faits main, céramiques et poteries, travail du bois (objets décoratifs, ustensiles de cuisine, jouets), ferblanterie (*almotolias*, récipients pour l'huile d'olive), verres de Marinha Grande, azulejos, objets et casseroles en cuivre (dont la typique *cataplana* de l'Algarve)…
Réputé également pour la qualité de son cuir, le Portugal est le pays idéal pour acheter des chaussures ou de la maroquinerie. Il ne faut pas quitter Porto sans une bouteille de… porto (si vous prenez l'avion, vous devrez la mettre en soute, à moins de l'acheter à l'aéroport). Quant à la ville de Lisbonne, elle concentre un grand nombre de jeunes artistes spécialisés dans la mode et le design qui vendent, à des prix abordables, leurs créations.

CÉRAMIQUE ET POTERIE

Dans certains villages, les potiers *(oleiros)* continuent à fabriquer au four des objets en argile cuite d'usage domestique ou décoratif, dont la forme et les coloris diffèrent selon les régions. À **Barcelos**, les poteries sont vernissées, de couleurs vives (jaune et marron) et ornées de rameaux et de fleurs; on y réalise également de jolis coqs multicolores. Dans la région de **Coimbra**, les verts se nuancent de jaune et de marron; le décor est plus géométrique. Les poteries de **Caldas da Rainha**, d'un vert éclatant, ont des formes inattendues, parfois grivoises. Dans la lignée de Rafael Bordalo Pinheiro *(voir p. 83)*, les pots à eau, les saladiers, les assiettes, sont décorés de feuilles, de fleurs, d'animaux; les poteries d'**Alcobaça** et de **Cruz da Légua**, plus classiques, se distinguent par la variété de leurs teintes bleues. Dans le Haut-Alentejo, à **Redondo**, **Estremoz** et **Nisa**, les argiles s'incrustent d'éclats de quartz et de marbre. En **Algarve**, les amphores s'inspirent des vases grecs ou romains. Enfin, dans le **Trás-os-Montes**, les artisans couvrent leur four en fin de cuisson, ce qui donne à la vaisselle une teinte noire.

DENTELLES

Selon un dicton populaire, « là où il y a des filets, il y a des dentelles ». Effectivement, la dentelle se fabrique presque exclusivement le long du **littoral** (Caminha, Póvoa de Varzim, Vila do Conde, Azurara, Peniche, Setúbal, Lagos, Olhão) ou à proximité (Valença do Minho, Guimarães, Silves) ; seul Nisa fait exception à cette règle. Les motifs décoratifs sont des pins, des fleurs et du trèfle à **Viana do Castelo**, où la dentelle elle-même prend l'aspect du tulle ; des algues, des coquillages et des poissons à **Vila do Conde**.

BRODERIE

Parmi les châles, les nappes et les couvre-lits *(colchas)* finement brodés, les plus raffinés sont assurément ceux de **Castelo Branco**, brodés avec de la soie sur de la toile de lin. D'une origine lointaine, ces broderies, qui exigent un très long travail, constituaient une part importante du trousseau de la mariée.

FILIGRANE

Le travail à la main de fils d'or ou d'argent, qui connut une période faste sous le règne de Jean V, est encore à l'honneur au Portugal. Le centre principal en est la petite ville de **Gondomar**, près de Porto. Grâce à sa très grande malléabilité, le fil d'or sert à fabriquer des bijoux en forme de cœur, de croix, de guitare et, surtout, de caravelle, aux contours vaporeux. Dans le **Minho**, les boucles d'oreilles et les broches en filigrane mettent en valeur le costume régional.

TISSAGE ET TAPIS

Malgré la concurrence des produits industriels, le tissage artisanal reste pratiqué dans quelques villages de montagne : sur d'antiques métiers se tissent de grosses toiles de bure qui deviendront des pèlerines ou des capes. À **Guimarães**, on produit des couvre-lits et des rideaux en toile grossière brodée de motifs classiques de couleurs vives. Les tapis de chanvre ou de lin brodés de laine, dont les plus renommés sont ceux d'**Arraiolos**, sont ornés de dessins d'inspiration plus populaire. Enfin, les tapisseries de **Portalegre** font la fierté du pays.

TRAVAIL DU BOIS

Les objets en bois peint, nombreux dans l'artisanat traditionnel du Portugal, appartiennent désormais au passé : jougs ouvragés (les plus célèbres étaient ceux de la région de **Barcelos**) et carrioles bariolées de l'Alentejo et de l'Algarve se retrouvent plus souvent dans les musées que dans les scènes de la vie courante, même si l'on voit encore quelques bateaux de pêche sculptés et ornés de scènes naïves ou d'un œil dans la **ria de Aveiro** et sur les plages reculées. On continue cependant à fabriquer, notamment en Alentejo, des objets plus modestes, tels que plateaux, chaises et plus rarement armoires, décorés de motifs naïfs aux tons gais.

VANNERIE

Le travail de l'osier, du roseau, des tiges de saule et de la paille de seigle sert à réaliser des corbeilles et des paniers décoratifs ou utilitaires : dans le **Trás-os-Montes** se tressent des bâts dotés de paniers cylindriques doubles.

OBJETS EN LIÈGE

Dans les régions où pousse le chêne-liège (Alentejo, Algarve) s'est développé un artisanat utilisant ce matériau : boîtes, ceintures, sacs, etc.

Tabac

Les cigarettes sont en vente dans les bureaux de tabac *(tabacaria)*, les kiosques à journaux, les supermarchés, et vous trouverez des distributeurs dans certains cafés et épiceries.

Bon à savoir – Il est interdit de fumer dans les lieux publics, en dehors des zones réservées quand elles existent. Les restaurants et les bars de plus de 100 m² doivent disposer d'un espace fumeur, mais les autres peuvent choisir de rester fumeur ou de devenir non-fumeur (ce sont les plus nombreux). Dans leur grande majorité, les hôtels sont non-fumeurs.

Taxi

Reconnaissables à leur **couleur beige**, les taxis portugais sont relativement bon marché. Le tarif de prise en charge est de 3,25 €, auquel s'ajoute une taxe de 1,60 € pour les bagages.

Téléphone

Voir aussi p. 14 pour appeler le Portugal depuis l'étranger.

APPELS LOCAUX

Il faut composer l'intégralité du numéro, avec l'indicatif régional, soit 9 chiffres où que vous soyez. Les numéros commençant par 800 (ligne verte) sont gratuits, ceux qui commencent par 808 (ligne bleue) sont facturés au prix d'un appel local. Les numéros de portables commencent par un 9.

APPELS INTERNATIONAUX

Pour appeler du Portugal à l'étranger, composez le 00 + indicatif du pays (33 pour la France, 32 pour la Belgique, 41 pour la Suisse et 1 pour le Canada) + numéro du correspondant (sans le premier 0 pour la France, la Belgique et la Suisse).

APPELS EN PCV

Pour appeler en PCV *(pagar no destino)*, composez le **120** depuis un poste fixe pour être mis en relation avec un opérateur.

CABINES TÉLÉPHONIQUES

La plupart sont à carte. Si celle de **Portugal Telecom** est la plus connue, il existe d'autres cartes prépayées (Olá, Happy Card, Alô Mundo, etc.) permettant de passer des appels locaux ou internationaux. Certaines cabines permettent l'utilisation des cartes de crédit. Les cartes téléphoniques sont en vente dans les boutiques PT (Portugal Telecom), les bureaux de poste et certains kiosques et bureaux de tabac.

TÉLÉPHONES PORTABLES

Les opérateurs de **téléphonie mobile** proposent des options internationales, variables selon votre forfait. Les appels hors forfait sont extrêmement onéreux. Informez-vous auprès de votre service client.

Bouygues Télécom : le changement de réseau se fait automatiquement au passage des frontières européennes.

Orange : vous devez appeler votre service client à l'avance pour activer l'option « Orange sans frontières » et capter une fois dans le pays.

SFR : selon votre forfait (option « monde » ou non), il est préférable d'appeler votre service client 48h à l'avance.

Bon à savoir – Sur place, vous pouvez aussi acheter une puce chez un opérateur local (Vodaphone, TMN). Vous vous verrez attribuer un numéro portugais et pourrez recharger votre crédit téléphone dans leurs boutiques respectives, à la poste ou dans les guichets automatiques des banques avec votre carte bancaire.

Thermalisme

Nombreuses au Portugal, les stations thermales *(www.termasdeportugal.pt)* attirent

beaucoup de curistes par la grande gamme de leurs eaux minéro-médicinales : radioactives, titaniques, sulfurées, sulfatées…
Voir notamment « Chaves », p. 572.

Transports

EN TRAIN

Le réseau ferroviaire portugais, assez bon marché, est surtout intéressant sur la bande littorale (entre Faro au sud et Braga au nord). L'**Alfa-pendular** relie deux fois par jour Lisbonne à Faro (3h), et Lisbonne à Porto toutes les une à deux heures (3h de trajet, avec escale à Coimbra). Les **trains Intercidades** effectuent les mêmes trajets, avec des arrêts plus fréquents et des tarifs plus intéressants, et desservent également Beja, Leiria, Covilhã, Guarda et Peso da Régua. Enfin les trains régionaux, interrégionaux et suburbains desservent les lignes secondaires.
Pour toute information : 808 208 208 - www.cp.pt (en nglais et portugais).

Réductions

La **carte InterRail** permet de circuler à moindre coût en Europe, à des tarifs plus avantageux pour les –26 ans. Plusieurs formules : **InterRail One Country Pass** permet d'explorer le Portugal de façon illimitée pendant 3, 4, 6 ou 8 j. au choix sur une période d'un mois ; **InterRail Gobal Pass**, valable dans 30 pays, permet de voyager de façon illimitée et continue pendant 22 j. ou un mois, ou de voyager de façon illimitée pendant 5 j. au choix sur une période de 10 j., ou pendant 10 j. au choix sur une période de 22 j. Procurez-vous cette carte auprès de la **SNCF** – *36 35 (0,34 €/mn) - www.interrailnet.com.*
La **carte Eurail Pass** *(www.eurail.com)* décline également plusieurs formules. L'**Eurail Pass Portugal** permet de voyager de façon illimitée dans le pays pendant 3, 4 ou 6 j. sur une période d'un mois. L'**Eurail Pass régional Espagne-Portugal** permet de voyager dans la péninsule Ibérique de façon illimitée pendant 3 à 10 j. sur une période de 2 mois. Enfin les cartes Eurail Global Pass et Eurail Select Pass permettent de voyager de façon illimitée, continue ou non, dans 22 pays d'Europe dont le Portugal.
Voir aussi la rubrique « Réductions », p. 24.

EN AUTOCAR

Le Portugal dispose d'un réseau très dense de lignes d'autocars : toutes les localités sont desservies, et les tarifs sont souvent inférieurs à ceux du train. Si vous n'avez pas de voiture, c'est le meilleur moyen de visiter le sud du pays. Les **lignes express** relient les principales villes du Portugal ; les **lignes régionales** effectuent des arrêts plus fréquents. Les bureaux de vente des gares routières sont ouverts tous les jours.
Rede Nacional de Expressos – *Praça Marechal Humberto Delgado (r. das Laranjeiras) - Lisbonne - 707 22 33 44 - www.rede-expressos.pt (en portugais).* Principale compagnie ; elle propose des lignes express.

EN AVION

Coût élevé, faibles distances à parcourir : les vols domestiques présentent peu d'intérêt. Exemples de durée des trajets : Lisbonne-Porto 50mn ; Lisbonne-Faro 40mn.
Voir « Nos adresses » à Faro (p. 358), Lisbonne (p. 177) et Porto (p. 492) pour localiser l'aéroport et connaître les liaisons avec le centre-ville.

Compagnies aériennes

TAP-Air Portugal – *Av. Duque de Loulé, 125 - Lisbonne - réserv. : 707 205 700 - www.flytap.com.*

SATA – *Air Açores - av. da Liberdade, 261 - Lisbonne - réserv. : ✆ 707 22 72 82 - www.sata.pt.* Vols vers les Açores et Madère.

EN VILLE

Dans les grandes villes, vous aurez le choix entre le tramway, l'autobus et le métro pour Lisbonne et Porto.

Il existe des cartes journalières, hebdomadaires et mensuelles, ainsi que des formules destinées aux visiteurs.

Voir la rubrique « Transports » dans « Nos adresses », notamment à Lisbonne, p. 177 et à Porto, p. 492.

Urgences

SOS et police – *✆ 112.*
Assistance médicale – *✆ 115.*
Voir aussi la rubrique « Santé » p. 24.

Voile

Elle est pratiquée sur tout le littoral, dans l'estuaire du Tage et dans de nombreuses retenues d'eau à l'intérieur des terres. Des régates et des compétitions internationales sont organisées en saison dans les grandes stations.

Federação Portuguesa de Vela – *Doca de Belém - Lisbonne - ✆ 213 65 85 00 - www.fpvela.pt (en anglais et portugais).*

Voiture

PERMIS DE CONDUIRE

Pour conduire au Portugal, vous devez être en possession de votre permis de conduire national ou d'un permis international.

LOCATION DE VOITURES

Les principales compagnies de location de voitures sont bien représentées au Portugal, en ville ainsi que dans les aéroports et les gares ferroviaires ayant des départs internationaux. L'âge minimum pour louer une voiture est 21 ans.

Avis – *✆ 217 54 78 00 et 800 20 10 02 (depuis le Portugal) - www.avis.com.pt.*

Europcar – *✆ 218 40 11 76 (aéroport de Lisbonne) - www.europcar.pt.*

ÉTAT DU RÉSEAU ROUTIER

Depuis que le Portugal est entré dans l'Union européenne, le réseau routier s'est beaucoup amélioré. Les autoroutes, toutes neuves, ne sont pas très fréquentées en raison du prix élevé des péages.

CARTES ET PLANS

Voir p. 39.

CODE DE LA ROUTE

La **vitesse** est limitée à 120 km/h sur autoroute, 90 km/h sur route et

DISTANCES	Bragança	Coimbra	Évora	Faro	Guarda	Lisbonne	Porto
Bragança	-	322	473	746	188	512	211
Coimbra	322	-	251	435	149	201	115
Évora	473	251	-	227	289	135	354
Faro	746	435	227	-	551	277	549
Guarda	188	149	289	551	-	318	207
Lisbonne	512	201	135	277	318	-	305
Porto	211	115	354	549	207	305	-

50 km/h en agglomération. Pour un **camping-car**, les limitations sont de 100 km/h sur autoroute, 70 km/h sur route et 50 km/h en agglomération. Le port de la **ceinture** de sécurité est obligatoire à l'avant et à l'arrière. La carte verte est obligatoire. La circulation se fait à droite. Dans les croisements, la **priorité** appartient en principe aux véhicules venant de droite. Les sens giratoires fonctionnent comme en France. Attention, les **passages cloutés** sont matérialisés sur la chaussée par un stop. Le **taux d'alcoolémie** ne doit pas être supérieur à 0,5 gramme/litre.

CONSIGNES DE SÉCURITÉ

Une **grande prudence** est recommandée aux automobilistes. Les Portugais roulent à vive allure… Attention aux enfants en traversant les villes et les villages; prudence aussi le soir, les rues se peuplent à la fraîche. Dans le Nord, certaines routes sont encore pavées.
Pour réduire le nombre d'accidents, le programme « **Tolérance zéro** » est appliqué sur certaines grandes voies par un renforcement des contrôles de police et une application rigoureuse du code de la route (par exemple, tout dépassement de la vitesse autorisée est sanctionné par une amende).
Bon à savoir – Sur l'IP 5, qui relie Aveiro à Vilar Formoso, il est obligatoire de rouler avec **les feux de croisement allumés**, même de jour!

ROUTES PAYANTES

La plupart des autoroutes sont payantes, mais quelques tronçons sont libres de péage. Certaines autoroutes du littoral nord (A28), du Grand Porto (A4, A41 et A42) et du centre du Portugal (A17, A25 et A29) sont dotées d'un système de **péage électronique** (sous forme de portiques). Les conducteurs de véhicules immatriculés à l'étranger peuvent s'équiper d'un dispositif électronique temporaire auprès des bureaux de poste (ou d'un distributeur agréé) ou opter pour le pré-paiement par carte de crédit sur Internet. Pour plus d'infos, en français : www.visitportugal.com.

STATIONNEMENT

Il existe des places exclusivement réservées aux handicapés. Le non-respect de ces places est puni d'amendes importantes.

CARBURANT *(gasolina)*

Les stations d'essence *(posto de gasolina)* sont généralement ouvertes de 7h à 0h; certaines fonctionnent 24h/24. Les pompistes font payer une taxe de 0,50 € aux automobilistes qui prennent de l'essence entre 22h et 7h.
En 2011, les prix au litre étaient d'environ : sans plomb 95 *(sem chumbo)* 1,60 € et sans plomb 98 1,70 €; gasoil 1,50 €; GPL 0,80 €.

ASSISTANCE AUTOMOBILE

Numéro national d'urgence : **112**.
La carte internationale d'assurance, dite « carte verte », est valable (et obligatoire). Les véhicules circulant dans l'Union européenne doivent être assurés au moins au tiers.
Automóvel Club de Portugal (ACP) – *707 509 510 (service 24h/24) - www.acp.pt.* Il met à disposition de ses membres un service d'assistance médicale, juridique et technique.
Pour faire réparer votre véhicule, vous pouvez vous informer auprès des succursales, des concessionnaires ou des agents des grandes marques d'automobiles, présents dans la plupart des villes.

En famille

Le Portugal offre de nombreuses activités aux enfants. Nous avons sélectionné un certain nombre de sites qui les intéresseront particulièrement. Vous les repérerez dans la partie « Découvrir les sites » grâce au pictogramme 👪. Il s'agit par exemple de musées du Jouet, de parcs animaliers, de parcs d'attractions, de circuits de promenade, etc. Le tableau ci-après vous en donne un aperçu.

👪 SITES OU ACTIVITÉS À FAIRE EN FAMILLE			
Chapitre du guide	**Nature**	**Musées et sites**	**Activités**
Albufeira			Parcs aquatiques Slide & Splash et Zoo Marine
Aveiro	Découverte en bateau de la lagune, réserve naturelle de São Jacinto	Musée maritime d'Ilhavo	
Beja		Musée botanique, musée de l'Horlogerie	
Braga		Ascension des escaliers de Bom Jesus do Monte	
Buçaco	Pique-nique dans la forêt de Buçaco		
Caminha	Promenade de l'estuaire du rio Minho et plage de Moledo		
Caramulo		Musée et exposition automobile	
Coimbra	Parc de Santa Cruz	Ruines de Conímbriga	Parc d'attractions Portugal dos Pequenitos
Estremoz			Musée de Géologie du Centre de la Science vive
Évora	Palais Vasco de Gama, circuit des Mégalithes	Château d'Évoramonte	
Faro	Plage, promenade dans le parc naturel Ria Formosa		Centre d'études Ciência Viva, parc aquatique Aqua Show
Fátima	Site jurassique de Bairro		
Guimarães			Ascension du mont Penha en téléphérique
Lagos	Kayak sur la plage de Meia Praia		
Leiria	Randonnée dans la pinède de Leiria		
Lisbonne	Parc de Monsanto	Musée des Marionnettes, musée da Carris (tramways)	Océanorium du Parc des Nations, jardin zoologique, planétarium Calouste Gulbenkian, funiculaires
Miranda do Douro	Croisière en bateau sur le Douro		
Nazaré	Plage de São Martinho do Porto		
Óbidos	Lagune d'Obidos, Foz de Arelho		

EN FAMILLE

SITES OU ACTIVITÉS À FAIRE EN FAMILLE			
Chapitre du guide	**Nature**	**Musées et sites**	**Activités**
Parc national de Peneda-Gerês	Pique-nique à l'entrée de la réserve et promenade jusqu'à la voie romaine		
Peniche	Route côtière en vélo		
Ponte de Lima	Pique-nique sur les berges du rio Lima		
Portalegre	Balades dans la serra de São Mamede		Haras royal de Alter Real
Portimão			Parque da Mina
Porto	Plages de Matosinhos, ponts de Porto	Musée du Tram, jardins du Palais de Cristal	Aquarium Sea Life
Serra da Arrábida	Plage de Sesimbra		Sortie en mer et rencontre avec les dauphins
Serra da Estrela	Ski à Penhas da Saúde		
Sintra		Musée du Jouet	Tramway jusqu'à l'Océan, petit train de Monserrate
Tavira		Centre des sciences	Petit train de Praia do Barril
Tomar			Aire de loisirs du barrage du Castelo de Bode
Vallée du Côa	Parc archéologique		
Vallée du Douro	Balades dans les serras de Marão et de Alvão		Croisière sur le Douro, train touristique
Vallée du Guadiana	Croisière sur le Guadiana		
Viana do Castelo	Plage de Cabeledo		Funiculaire de Santa Luzia
Vila do Conde		Musée de la Construction navale	
Vila Franca de Xira			Centres équestres Morgado Lusitano et Lezíria Grande
Vila Viçosa		Musée des Carrosses	

Mémo

Agenda

Cette liste indique les principales fêtes et les grands festivals sans prétendre à l'exhaustivité.

PRINTEMPS

Braga – Processions et cérémonies religieuses (Semaine sainte).
Loulé – Pèlerinage à Nossa Senhora da Piedade, renouvelé deux dim. plus tard (dim. de Pâques).
Barcelos – Fête « das Cruzes », foire à la poterie, danses populaires (3 mai).
Sesimbra – Fête « do Senhor das Chagas » : fête des pêcheurs datant du 16e s. (3-5 mai, procession le 4 mai).
Monsanto – Fête du château (1er dim. qui suit le 3 mai).
Vila Franca do Lima – Fête des roses : cortège des « Mordomas » (maîtresses de maison) portant sur la tête des plateaux fleuris, pesant plus de 40 kg et représentant les blasons des diverses provinces (2e w.-end de mai).
Fátima – Premier grand pèlerinage annuel. 12 mai : procession des Cierges à 21h30 ; 13 mai : messe internationale. Les deux manifestations se répètent les 12 et 13 de chaque mois jusqu'en oct.
Leiria – Foire-exposition agricole et artisanale avec fête de la ville le 22 mai : processions, danses, etc. (2e quinz. de mai).
Matosinhos – Fête « do Senhor de Matosinhos » : danses folkloriques (le mar. suivant la Pentecôte).
Amarante – Fêtes de São Gonçalo (6, 7 et 8 juin).
Santarém – Foire nationale d'agriculture : folklore (1er-10 juin).
Lisbonne – Fête des saints populaires : défilés (12-29 juin).
Vila Real – Fête de Santo António : procession, feu d'artifice (13 juin) ; foire de Santo António (6-17 juin).

ÉTÉ

Braga – Fête de São João (Saint-Jean, 23-24 juin).
Porto – Fêtes des saints populaires (23-24 juin).
Vila do Conde – Défilé de dentellières (23-24 juin).
Póvoa de Varzim – Fête de São Pedro (dernière sem. de juin-1re sem. de juil.).
Sintra – Grande Foire de São Pedro (28-29 juin).
Vila Real – Foire de São Pedro (28-29 juin).
Tomar – Fête des « tabuleiros » (1re sem. de juil., tous les 4 ans, prochaine en 2015).
Évora – Festival de musique classique orientale (déb. juil.).
Cascais – Festival de jazz (déb. juil.).
Estoril – Foire des artisans, venus de tout le pays exposer leurs produits (juil.-août).
Coimbra – Fête « da Rainha Santa » (1er w.-end de juil., années paires).
Vila Franca de Xira – Fête du « Colete Encarnado » ou « gilet rouge » (1er w.-end de juil.).
Ponte de Lima – Festival d'opéra et de musique classique (juil.).
Aveiro – Festival de la ria, avec concours de proues décorées de *moliceiros* (en juil. et une partie d'août).
Setúbal – Foire de Santiago : *touradas*, groupes folkloriques (dernière sem. de juil.-1re sem. d'août).
Guimarães – Fête des « Gualterianas » : foires, rues

décorées, géants, etc. (1er w.-end d'août).
Peniche – Fête de la « Senhora da Boa Viagem » (1er w.-end d'août).
Lisbonne – Festival des Océans : manifestations festives et culturelles (1re quinz. d'août).
Santa Maria da Feira – Festival médiéval (déb. août).
Viseu – Foire de São Mateus : folklore, artisanat, gastronomie, etc. (de mi-août à mi-sept.).
Viana do Castelo – Fête de « Nossa Senhora da Agonia » (3e sem. d'août).
Miranda do Douro – Fête de Santa Bárbara : danse des *pauliteiros* (3e dim. d'août).
Lamego – Pèlerinage de « Nossa Senhora dos Remédios » (de fin août à déb. sept.).
Palmela – Fête des vendanges : bénédiction des raisins, lâchers de taureaux, feux d'artifice, etc. (1re sem. de sept.).
Miranda do Douro – Pèlerinage à « Nossa Senhora do Nazo », à Póvoa *(11 km au nord)*. Une foire précède le pèlerinage et une fête le clôture (8 sept.).
Nazaré – Fête de Notre-Dame de Nazaré (à partir du 8 sept.).
Lisbonne – Festival mondial de pyrotechnie (sept.).

AUTOMNE

Vila Franca de Xira – Foire d'artisanat, lâchers de taureaux, *touradas* (4-12 oct.).
Santarém – Festival national de la gastronomie (2e dim. d'oct.).
Fátima – Dernier grand pèlerinage annuel (12-13 oct.).
Castro Verde – Foire d'octobre (agriculture et artisanat), depuis le 17e s. (3e dim. d'oct.).
Golegã – Foire nationale du cheval et de la Saint-Martin (São Martinho) : présentation des chevaux. Depuis le 17e s. (1re quinz. de nov.).

HIVER

Ovar – Fêtes du carnaval : défilés de chars (sem. avant le Mardi gras).
Torres Vedras – Fêtes du carnaval : défilés de chars (sem. avant le Mardi gras).
Loulé – Bataille de fleurs et Fête des amandiers (sem. av. le Mardi gras).

Marchés traditionnels

Les marchés ont lieu une fois par semaine dans la plupart des bourgades et les foires sont réputées pour leur animation. Voici les plus connus :
Barcelos – Foire tous les jeu. mat. (poterie).
São Pedro de Sintra – 2e et 4e dim. du mois, foire aux antiquaires.
Estremoz – Marché le sam. (poterie).
Estoril – Foire artisanale (Feira do Artesanato) en juil. et août.
Santarém – Foire agricole en oct.
Golegã – Foire du cheval en nov.

Bibliographie

OUVRAGES GÉNÉRAUX, TOURISME

- Torga Miguel, *Portugal*, José Corti, 1996. Une sorte de voyage à la recherche de l'âme de la nation.
- Teyssier Paul, *Le Portugal*, PUF, 1970-1983. Un ouvrage de qualité écrit par un linguiste, spécialiste du portugais et des pays lusophones.
- Bottineau Yves, *Le Portugal*, Arthaud, 1956. Ouvrage de référence illustré de belles photos.
- Fernandez Dominique, *L'Or des tropiques, Promenades dans le Portugal et le Brésil baroques*, Grasset, 1993. Magnifiques photos signées Ferrante Ferranti.
- Rousse Gérard, *Sur le chemin de Saint-Jacques-de-Compostelle au Portugal*, Lepère, 2007. De

Lisbonne à Compostelle *via* Fátima, Santarém, Coimbra, Porto, etc.

GÉOGRAPHIE, HISTOIRE

- Bourdon Albert-Alain, *Histoire du Portugal*, Chandeigne, 2008. Une histoire de la nation portugaise du 11e s. à nos jours.
- Couto Dejanirah, *Histoire de Lisbonne*, Fayard, 2000. La capitale portugaise depuis l'Antiquité.
- Poirier Jean-Paul, *Le Tremblement de terre de Lisbonne : 1755*, Odile Jacob, 2005. Le désastre vu par les contemporains.
- *Voyages de Vasco de Gama : relation des expéditions de 1497-1499 et 1502-1503*, Chandeigne, 1995. Onze témoignages sur les deux premiers voyages de l'illustre navigateur.
- Castro Xavier de et Thomaz Luís-Filipe, *Le Voyage de Magellan (1519-1522)*, Chandeigne, 2007. Un recueil très complet des sources sur l'épopée du navigateur portugais.
- Collectif dirigé par Michel Chandeigne, *Lisbonne hors les murs : 1415-1580. L'Invention du monde par les navigateurs portugais*, Autrement, 1999. L'extraordinaire aventure des navigateurs au 16e s.
- Peroncel-Hugoz Jean-Pierre, *Le Fil rouge portugais*, Payot, 2004. Un tour du monde des pays où les Portugais ont laissé des traces de leur passage : du Japon au Kenya, du Mozambique à Rio.
- Loude Jean-Yves, *Lisbonne, dans la ville noire*, Actes Sud, 2003. Une enquête originale et engagée sur le visage africain de Lisbonne.

ART

- Quignard Pascal, *La Frontière : azulejos du palais Fronteira*, Chandeigne, 2003. Une nouvelle originale illustrée de superbes photographies.
- Sabo Rioletta et Falcato Jorge Nuno, *Azulejos du Portugal*, Citadelles et Mazenod, 2003. Un beau livre pour une bonne introduction à cet art.
- Collectif, *Par les terres de la Maure enchantée, L'Art islamique au Portugal*, Édisud, 2001. Cinq siècles de civilisation « mauresque » dans les traditions et l'architecture de la péninsule Ibérique.
- El Faïz Mohammed, Anuarbe Manuel Gomez et Portela Marques Teresa, *Jardins du Maroc, d'Espagne et du Portugal : un art de vivre partagé*, Actes Sud, 2003. L'héritage d'une longue histoire commune, illustré de belles photos.
- Ribeiro Félix et Passek Jean-Loup, *Le Cinéma portugais*, Éd. du Centre Pompidou, 2007.

GASTRONOMIE ET VINS

- Revel Guénaël, *La Bible du porto : plus de 280 portos dégustés et commentés*, Modus Vivendi, 2005. Une présentation complète, par un sommelier, de plus de 70 marques.
- Masson Christine, *Douro, terre du porto*, Presses du Management, 2001.
- Castro Mario de, *La Cuisine de ma mère*, Minerva, 2006. Éloge d'une cuisine familiale aux influences multiples.
- Chalendard, *Saveurs du monde : Portugal*, Romain Pagès, 2000. Des recettes traditionnelles et accessibles.
- Gomes Tania, *Cuisine actuelle du Portugal*, First, 2006. Un beau livre pour retrouver les saveurs du pays.

TRADITIONS

- Lafaye Jean-Jacques, *Amália, le fado étoilé*, Mazarine, 2000. Magnifique biographie de la reine du fado.
- Mortaigne Véronique, *Le Fado, chant de l'âme*, Le Chêne, 2005. Un beau livre sur cet art emblématique et ses grandes figures.
- Boulin-Néel Laëticia, *Le Cheval lusitanien : élevage et traditions*

équestres au Portugal, Larivière, 2004. Portrait exhaustif et passionné de la race lusitanienne.
- Collectif, *Contes et chroniques d'expression portugaise*, Pocket, 2004. Une édition bilingue de récits du Portugal, d'Afrique et du Brésil.
- Collectif, *Quinze contes portugais*, Flammarion, 2001. Pour petits et grands.

LITTÉRATURE

- Bessa-Luís Agustina, *La Sybille*, Gallimard, 1982. *Un chien qui rêve*, Métailié, 2000. *Le Principe de l'incertitude*, Métailié, 2002. La « Yourcenar portugaise » est l'auteur d'une quarantaine de romans (certains portés à l'écran par Manoel de Oliveira) et de pièces de théâtre.
- Castelo Branco Camilo, *Amour de perdition*, Actes Sud, 2000. Ce livre, considéré comme le plus grand roman d'amour de la péninsule Ibérique, évoque la passion clandestine avec brio.
- Camões Luís de, *Les Lusiades*, Robert Laffont, 1999. Le plus célèbre poème épique portugais relate la découverte des Indes par Vasco de Gama (édition bilingue).
- Ferreira Vergílio, *Le Matin perdu*, Havas Poche, 1990. Ce livre, marqué par les longues années que l'auteur a passées au séminaire, a obtenu le prix Fémina étranger en 1990.
- Jorge Lídia, *Le Rivage des murmures*, Métailié, 1989. *Le Jardin sans limites*, Métailié, 1998. *La Couverture du soldat*, Métailié, 1999. Chroniques du Portugal après la révolution.
- Kessel Joseph, *Les Amants du Tage*, Folio, 1954. L'une des œuvres majeures de Kessel explore le thème du destin.
- Lobo Antunes António, *Le Cul de Judas*, Métailié, 1983. *La Splendeur du Portugal*, Seuil, 1998. *Que ferai-je quand tout brûle ?*, Christian Bourgois, 2003. Ancien médecin militaire en Angola, psychiatre réputé au Portugal, son œuvre romanesque compte une quinzaine de livres.
- Lourenço Eduardo, *Mythologie de la saudade*, Chandeigne, 1997. Un bel essai sur la mélancolie portugaise.
- Montherland Henri de, *La Reine morte*, Gallimard, 1972. Pièce de théâtre inspirée de la vie d'Inès de Castro.
- Oliveira Carlos de, *Une abeille dans la pluie*, José Corti, 1989. L'un des meilleurs romans néoréalistes portugais, qui dénonce les préjugés sociaux traditionnels.
- Cardoso Pires José, *De profundis, valse lente, précédé de Lettre à un ami-nouveau* (2008), *Alexandra Alpha* (1991), *Ballade de la plage aux chiens* (1986). Un auteur plusieurs fois primé pour ses œuvres.
- Ribeiro Aquilino, *Casa Grande*, Stock, 1993. Satire sociale, ce roman férocement anticlérical est d'une gaieté et d'une truculence rares dans le paysage littéraire portugais.
- Queirós Eça de, *Les Maia*, Chandeigne, 2000. Fresque d'une société bourgeoise décadente dans une Lisbonne fin de siècle (19e s.).
- Saramago José, *Histoire du siège de Lisbonne*, Seuil, 1999. *L'Année de la mort de Ricardo Reis*, Seuil, 1984. *L'Évangile selon Jésus-Christ*, Seuil, 1991. *L'Aveuglement*, Seuil, 1995. *Le Dieu manchot*, Seuil, 1982. *Pérégrinations portugaises*, Seuil, 2003. Prix Nobel de littérature en 1998, José Saramago est l'auteur d'une trentaine d'œuvres.
- Tabucchi Antonio, *Requiem*, Christian Bourgois, 1998. *Une malle pleine de gens*, Christian Bourgois, 2002. Spécialiste de la littérature portugaise, il a traduit toute l'œuvre de Pessoa en italien.

Voir aussi « Une littérature d'envergure », p. 62.

POÉSIE

- Pessoa Fernando : toute son œuvre, notamment *Le Livre de l'intranquillité* (Christian Bourgois,

2004) et *Lisbonne* (Éd. 10/18, 2000). L'homme aux multiples hétéronymes reste l'un des plus grands poètes portugais.

- Andrade Eugénio de, *Écrits de la Terre*, La Différence, 1988. L'un des poètes portugais importants de l'après-guerre invite le lecteur dans un monde proche de la nature.
- Collectif dirigé par Michel Chandeigne, *Anthologie de la poésie portugaise contemporaine (1935-2000)*, Gallimard, 2003. Les plus belles poésies de Pessoa, Torga ou Al Berto.

Filmographie

O fado, Maurice Mariaud, 1923.
Les Amants du Tage, Henri Verneuil, 1954.
Les Lavandières du Portugal, Pierre Gaspart-Huit, 1957.
Les Vertes Années, Paulo Rocha, 1963.
Jaime, António Reis, 1974.
Dans la ville blanche, Alain Tanner, 1983.
La Ville des pirates, Raul Ruiz, 1983.
Lisbonne Story, Wim Wenders, 1993.
Adeus Pai, Luís Rocha, 1996.
Ossos, Pedro Costa, 1997.
Requiem, Alain Tanner, 1998.
Os Mutantes, Teresa Villave, 1998.
Amour de perdition (1978), *Val Abraham* (1993), *Le Couvent* (1995), *Je rentre à la maison* (2001), *Le Principe de l'incertitude* (2001), *Porto de mon enfance* (2001), Manoel de Oliveira.
Dans la chambre de Vanda, Pedro Costa, 2001.
Silvestre (1982), *Vai e Vêm* (2003), João César Monteiro.
Alice (2005), Marco Martins.
Voir « Un cinéma original », p. 65.

Discographie

Pessoa em pessoas, Celluloid (1997) ; *Luz*, World Village (2005) ; *Outobro*, Felmay (2007), par Bévinda.
Amai, Universal (2005) ; *Lua semi nua*, Document (2006), par Paulo Bragança.
Sensus (2003), *Ulisses* (2005), Universal, par Cristina Branco.
Camané pelo dia dentro (2003), *L'Art de Camané* (2004), Emi, par Camané.
Existir (1992), *Movimento* (2001), *Faluas do Tejo* (2005), Emi, par Madredeus.
Fado curvo, Emi (2003) ; *Transparente*, Times Square (2005), *Fado em mim*, World Connection (2007), par Mariza.
Ritual, Warner (2001) ; *Canto*, Warner (2004), *Drama Box*, Naive (2005), par Misia.
O primeiro canto, Polydor (2000), par Dulce Pontes.
Segredo, Emi (1998) ; *Rainha do fado*, FIS (2001) ; *Le Meilleur d'Amália*, Chrysalis (2001), par Amália Rodrigues.
Fado Maior, L'Empreinte digitale (2002) ; *Tudo ou nada*, Le Chant du monde (2006), par Katia Guerreiro.
Para além da saudade, World Village (2007), par Ana Moura.
Voir aussi « La musique au rythme du fado », p. 68.

Cartes

La carte Michelin **National 733** (au 1/400 000) couvre le Portugal et Madère ; elle comprend aussi des plans de villes et un index des localités. Autrement, vous pouvez vous procurer l'Atlas Espagne, Portugal n° 460 (au 1/400 000) ou le Mini Atlas Espagne, Portugal n° 28 (au 1/1 000 000). Enfin, pour arpenter **Lisbonne,** choisissez le plan de ville Michelin n° 39 (au 1/11 000).
Le site **www.viamichelin.fr** offre une multitude de services et d'informations pratiques d'aide à la mobilité (calcul d'itinéraires détaillés avec leurs temps de parcours, cartes de pays, plans de villes, sélection d'hôtels, etc.).

2/ COMPRENDRE LE PORTUGAL

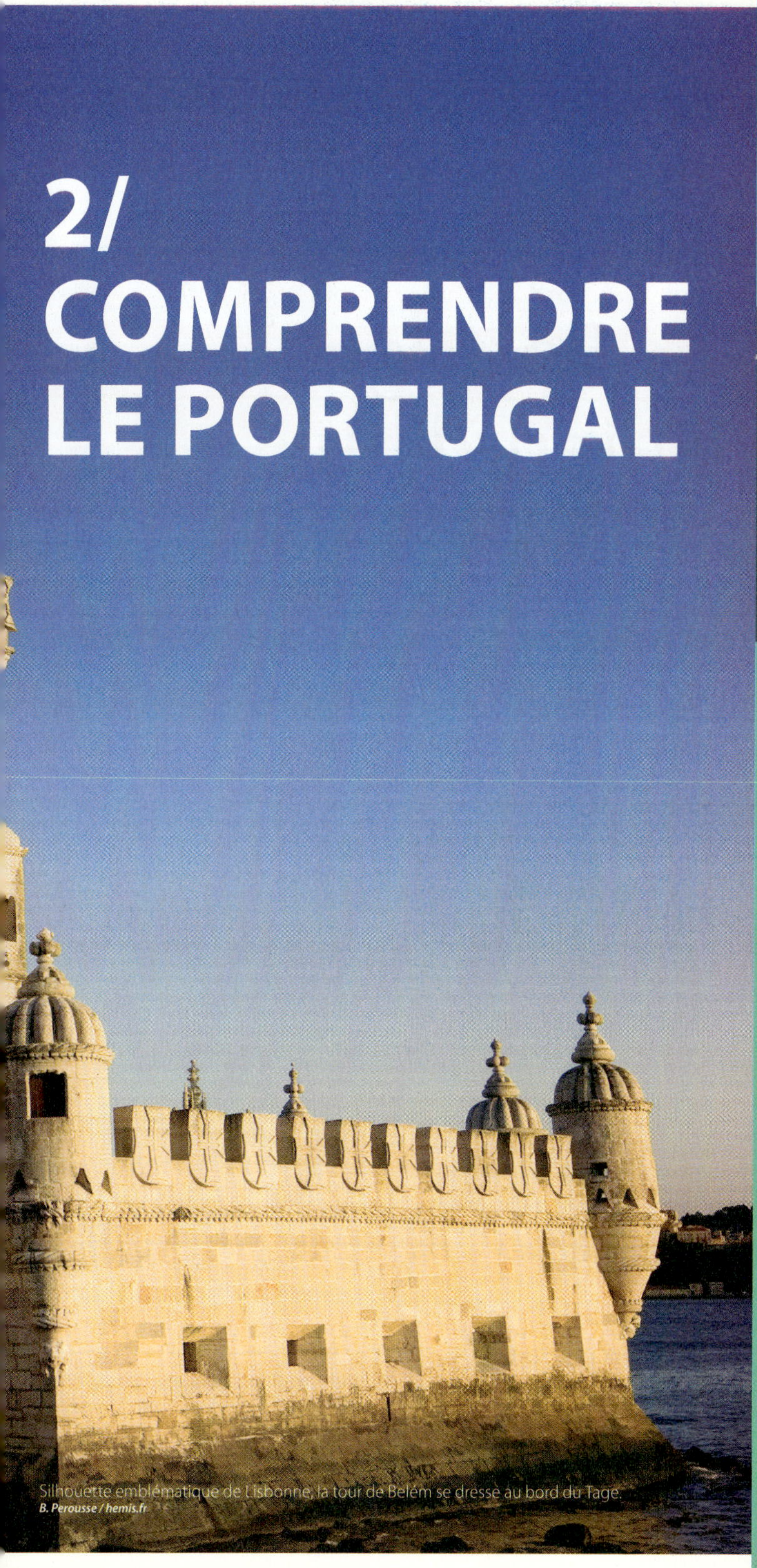

Silhouette emblématique de Lisbonne, la tour de Belém se dresse au bord du Tage.
B. Perousse / hemis.fr

Le Portugal aujourd'hui

Le Portugal du 21e s. n'a plus grand-chose à voir avec l'image longtemps véhiculée de femmes vêtues de noir, de carrioles bariolées et de villages endormis vivant au rythme des saisons et du fado. Le Portugal d'avant la révolution des Œillets, en somme. Happé par la frénésie du siècle, rattrapé par les rêves de l'Europe et par leurs désillusions, le pays a connu deux décennies de croissance et d'espoirs avant de se retrouver confronté, comme ses voisins, à une crise d'une ampleur qui le dépasse. La patrie des grands navigateurs n'oublie pas pour autant les liens profonds qui l'attachent à ses anciennes colonies, parcelles d'un monde lusophone éparpillé sur quatre continents.

Les mutations socio-économiques

Au moment de la révolution des Œillets, en 1974, le Portugal avait accumulé sur ses voisins européens des décennies de retard, faute d'investissements dans l'industrie et les infrastructures sous le régime de Salazar. Le pays disposait par ailleurs de grandes réserves d'or provenant en partie de l'exploitation des anciennes colonies. Les activités traditionnelles restaient alors prédominantes : production agricole et vinicole, extraction de liège et de pierre, pêche.

La révolution apporta des changements politiques mais l'économie portugaise resta dans une situation critique. La nationalisation précipitée de certains secteurs, le départ des cadres industriels et commerciaux vers l'étranger, en particulier au Brésil, la baisse de la productivité, les grèves successives ainsi qu'un taux de chômage élevé contribuèrent à augmenter le chaos.

La banqueroute fut évitée grâce aux aides internationales. Des mesures drastiques furent prises, subordonnées au FMI et en accord avec d'autres partenaires européens (dévaluation de la monnaie, augmentation des tarifs publics), ainsi que des mesures sociales et économiques mettant en cause les « acquis » révolutionnaires. La réforme agraire, point important de la révolution, échoua.

Près de 40 ans plus tard, on mesure les efforts considérables qu'il a fallu au Portugal pour approcher le niveau de vie de ses voisins.

LE PAS DE L'EUROPE

L'entrée dans la CEE en 1986 a permis au pays de franchir un pas décisif dans le développement, grâce en partie aux aides communautaires. À partir de 1985 et jusqu'en 1992, l'économie

Scène de liesse aux couleurs du drapeau.
Jan Michalko/Bilderberg/Photononstop

portugaise a connu une croissance de plus de 4 % par an – croissance qui finit par s'effriter au Portugal en même temps que dans les pays voisins, au moment de la première guerre du Golfe, pour finalement chuter à 1,3 % en 2006.

LA MODERNISATION DU PAYS

L'ouverture à l'économie de marché et à la concurrence internationale a profondément changé le visage de l'économie portugaise. Les activités traditionnelles se sont modernisées. Même si les vins de Porto et de Madère *(voir p. 58 et suivantes)*, le mobilier et le liège (le Portugal en est le premier producteur mondial, avec près de 200 000 t par an) restent des produits phares, de nombreux groupes industriels internationaux se sont installés dans le pays pour profiter de sa compétitivité élevée. Malgré sa forte tradition maritime, le pays importe aujourd'hui plus de la moitié de sa consommation de poisson, en raison de la stabilisation des prises couplée à une demande toujours croissante. Le **secteur agricole** occupe encore 10 % des actifs mais ne représente plus que 2,6 % du PIB (contre 25 % en 1960). Le Portugal produit notamment du blé, du maïs, des tomates, des pommes de terre et du raisin.
Dans le **domaine industriel**, de la transformation et de l'énergie, qui regroupe un quart des emplois, se détachent les secteurs du papier (produit à partir des plantations d'eucalyptus), les industries pétrochimique, automobile, métallurgique et mécanique. L'important secteur de la chaussure, du **textile** et de l'habillement continue de perdre des emplois, concurrencé par les importations asiatiques, omniprésentes. En revanche, la modernisation des infrastructures ainsi que la réalisation de l'Expo'98 et de l'Euro 2004, avec la construction du Parc des Nations de Lisbonne et des stades de football, ont fait du BTP et des matériaux de construction un secteur important de l'économie. Comme dans l'ensemble de l'Europe, les **activités du tertiaire** (52 % de la population active

et 2/3 du PIB) ont rapidement supplanté les secteurs primaire et secondaire. Le tourisme continue de jouer un rôle significatif dans l'économie du pays : se concentrant sur l'Algarve, Lisbonne et Porto grâce aux vols low-cost, il occupe près de 10 % de la population active et représente 5 % du PIB.

UNE ÉCONOMIE MAUSSADE

Structurellement, le Portugal reste un pays de PME familiales et son économie ne possède pas une image de marque bien définie. C'est le domaine des services, et plus particulièrement celui du commerce, qui a le plus bénéficié de la modernisation de l'économie, grâce au développement des axes de communication et à l'amélioration du secteur des transports.
Pourtant, bien que le Portugal ait rattrapé en grande partie son retard, son PIB demeure le plus bas d'Europe.
Avec l'entrée dans l'Union des pays de l'Est, à faible coût de main d'œuvre, le Portugal a perdu l'un de ses atouts maîtres sur le marché européen. Cela s'est aussitôt ressenti sur le marché de l'emploi et, en moins de 10 ans, le chômage a doublé pour passer la barre des 10 % en 2009, dans une économie par ailleurs plombée par l'endettement public et les coûts élevés de l'énergie. En revanche, l'**inflation**, de près de 4 % en 2003, s'est rapprochée de la moyenne européenne, en se stabilisant depuis autour de 2,5 %.
Le pays demeure très dépendant de ses importations : son **déficit commercial** s'est aggravé en dépit de la hausse des exportations depuis 2006. Son déficit budgétaire préoccupe la Commission européenne, qui le somme de maîtriser ses dépenses publiques : une nouvelle période de vaches maigres en perspective…
Les mesures d'austérité qui sont prises, coupes budgétaires, augmentation de la TVA, gel des salaires, ne suffisent pourtant pas à endiguer les déficits tant privés que publics. Et, en 2011, la **crise de la dette souveraine** a contraint le Portugal à demander un prêt au FMI.

D'AUTRES MODES DE VIE

L'« européanisation », avec les aides et les impératifs de la Communauté, a apporté croissance, ouverture économique et modernisation des structures, mais aussi des changements

LA CRISE DE LA DETTE SOUVERAINE

La flambée des prix des matières premières durant l'été 2008 et la crise financière globale contraignent le gouvernement socialiste de José Sócrates à imposer des mesures d'austérité drastiques pour faire face aux demandes de Bruxelles. De nombreux acquis sociaux sont remis en question, notamment dans la fonction publique. Malgré ces mesures, le déficit commercial continue de se creuser; après la dégradation de sa note de crédit en 2009, le pays plonge dans la spirale de l'endettement.
Au printemps 2011, il se trouve au bord de la faillite. Le nouveau plan d'austérité du gouvernement est rejeté par l'assemblée, provoquant la démission du Premier ministre et la tenue d'élections législatives anticipées en juin. La BCE et le FMI consentent un prêt au Portugal, à la condition que le nouveau gouvernement mette en place un programme de coupes budgétaires et de réformes en vue de réduire l'endettement. Un ensemble de mesures qui promet aux Portugais des années rigoureuses…

LE DRAPEAU PORTUGAIS
Vert et rouge, il présente en son centre une sphère armillaire jaune sur laquelle se détachent les armoiries de l'État : un écusson aux cinq **quinois** (petits écussons) d'azur rangés en croix, portant chacun cinq **besants** d'argent (points blancs) représentant les plaies du Christ et, à la bordure, des gueules (rouges) chargées des sept **châteaux** d'or (les places fortes reconquises aux Maures).

dans les modes de vie, avec un développement rapide des nouveaux moyens de communication, dont Internet.
Le pays a connu un **exode rural** vers les villes, qui accueillent aujourd'hui les deux tiers de la population. Le taux d'analphabétisme a diminué, le pouvoir d'achat a augmenté ainsi que le nombre des femmes dans la population active. Le mode de vie s'est rapproché de celui des autres pays européens ; on y retrouve globalement les mêmes habitudes de consommation et les mêmes problématiques sociales.
Toutefois, le rythme de vie demeure plus lent que dans le reste de l'Europe : Lisbonne, par exemple, quoique capitale européenne, reste une ville « de villages » dont les habitants prennent vraiment le temps de se parler. Les mentalités évoluent-elles moins rapidement pour autant ? Certes, il aura fallu attendre le référendum de 2007 pour obtenir la dépénalisation de l'avortement ; mais en 2010, le Portugal était dans le peloton de tête des pays européens à autoriser le mariage homosexuel…

Organisation politique et administrative

UN RÉGIME SEMI-PRÉSIDENTIEL

La **Constitution** adoptée le 2 avril 1976 et révisée sept fois depuis (entre 1982 et 2005 pour la dernière révision) a instauré un régime semi-présidentiel. Le **pouvoir exécutif** est détenu par le **président de la République** élu au suffrage universel pour un mandat de cinq ans, renouvelable une seule fois consécutive. Celui-ci nomme le **Premier ministre**, représentant de la majorité parlementaire et, sur proposition de ce dernier, les ministres ; il dispose d'un droit de veto sur les lois approuvées par l'Assemblée.
Le **pouvoir législatif** est représenté par une chambre unique comprenant 240 à 250 députés élus pour quatre ans.
Les archipels de Madère et des Açores constituent deux régions autonomes, dotées d'un gouvernement régional et d'une assemblée régionale élue au suffrage universel. Le président de la République y nomme un **ministre de la République** qui représente la souveraineté de la république et désigne à son tour le **président du gouvernement régional**.

RÉGIONS, PROVINCES ET DISTRICTS

Le Portugal était autrefois divisé en 10 provinces : le Minho, le Trás-os-Montes, le Douro, les Beiras Alta, Baixa et Litoral, le Ribatejo, l'Estrémadure, l'Alentejo et l'Algarve. Les noms de ces provinces sont toujours utilisés et servent à désigner les principales régions naturelles du pays. Mais le découpage actuel, dans le cadre de l'Union européenne, distingue, pour le Portugal continental, cinq

grandes régions administratives : le Nord, le Centre, la région de Lisbonne (incluant la vallée du Tage), l'Alentejo et l'Algarve – auxquelles il convient d'ajouter les archipels de Madère et des Açores.

À l'intérieur de chaque région, on distingue :

- les **districts** : il y en a 18 dans le Portugal continental. De nombreuses administrations publiques fonctionnent au niveau du district : santé, éducation, finances, etc.
- les **concelhos**, au nombre de 305 pour tout le pays, représentent le pouvoir municipal. Ils sont l'équivalent de certaines communautés urbaines ou de cantons. Le *concelho* est doté d'une mairie *(paço do concelho)* et d'un conseil exécutif *(câmara municipal)*, dont le président joue le rôle de maire. Il est élu, ainsi que l'assemblée municipale, tous les quatre ans au suffrage universel.
- chaque *concelho* compte plusieurs **freguesias** (environ 4 200 pour l'ensemble du pays) qui, dans certains cas, peuvent représenter un village, dans d'autres, un quartier. C'est à leur niveau que s'effectuent la tenue de l'état civil, l'entretien du patrimoine, l'organisation des fêtes et autres manifestations locales.

Les Portugais et le monde

D'un côté, un peuple de poètes très attaché à sa terre et empreint de *saudade* (*voir encadré p. 68*), cette douce mélancolie aux airs de mal du pays ; de l'autre, l'expansion maritime et le goût de l'aventure, une ténacité et une frugalité à toute épreuve, alliés à la foi du charbonnier. Les marins portugais de la Renaissance ont sillonné toutes les mers du globe. Depuis les Grandes Découvertes et l'administration de l'empire colonial jusqu'au statut de pays « pauvre » et déclassé (sous la dictature et jusqu'à la révolution de 1974), le Portugal, pourtant peu peuplé, a connu une forte tradition d'émigration et d'exil. Après l'adhésion à la Communauté européenne et les bouleversements économiques qui s'en sont suivis, il est même devenu, pour un temps, un pays d'immigration.

L'APPEL DE L'OUTRE-MER

Un imaginaire marin

Dans le roman *Le Radeau de pierre* de l'écrivain portugais José Saramago (prix Nobel de littérature 1998), le Portugal se détache du reste de l'Europe et vogue sur l'Atlantique. Les innombrables motifs marins de l'art manuélin sont aussi les symboles de cette fascination maritime. À l'image de la sphère armillaire des Découvertes, dont les anneaux concentriques figurent le système du monde et rappellent le globe des vieux astronomes, les Portugais ont longtemps endossé une vocation à la fois maritime et universaliste. Aujourd'hui encore, 90 % de la population vit à proximité immédiate de l'Atlantique et le transport maritime demeure vital pour le commerce extérieur du pays. Plus de 800 km de côtes font du Portugal un pays tourné vers le large. Pourtant, l'entrée du Portugal dans la Communauté européenne en 1986 a changé la donne et l'a ancré au continent : le pays, qui s'est rapidement modernisé, réalise aujourd'hui l'essentiel de ses échanges avec les pays de l'Union. Mais l'outre-mer et les aventures océanes continuent de hanter l'imaginaire portugais, un thème repris pour l'Exposition universelle de Lisbonne en 1998.

La décolonisation

La décolonisation, commencée avec la révolution de 1974, a connu son terme final avec la rétrocession de **Macao** à la Chine en décembre 1999 et la reconnaissance de l'indépendance du Timor en 2002.

La légende voudrait que les Portugais aient été des pionniers exemplaires guidés par un esprit d'exploration, à l'inverse des brutaux conquistadors espagnols. Avec les Portugais, les prises de contact se sont généralement effectuées plus en douceur. La valorisation du métissage, et le mythe d'un modèle d'« intégration raciale voluptueuse », a forgé l'idéologie du lusotropicalisme, cette manière pacifique lusitanienne d'aimer, de penser et de vivre sous les tropiques en bonne harmonie, dont l'avatar plus récent est la supposée « démocratie raciale » brésilienne.

Il faut cependant rappeler que les Portugais, parmi les premiers négriers, furent de redoutables et efficaces commerçants du « bois d'ébène » et que l'esclavage n'est aboli au Brésil qu'en 1888. De plus, les tardives guerres de décolonisation portugaises en Afrique (Angola, Mozambique et Guinée) figurent parmi les plus dures de l'histoire de la décolonisation, et ont laissé le champ libre à des guerres civiles particulièrement meurtrières.

ÉMIGRATION À L'IMMIGRATION

Une émigration économique

Découvreurs de tant de territoires nouveaux, les Portugais ont souvent dû émigrer pour aller chercher fortune ailleurs. Au 19e s., le **Brésil** fut la destination de prédilection, suivi par l'Amérique du Nord, l'Argentine et le Venezuela. Au début du 20e s., les colonies africaines (surtout le Mozambique et l'Angola) attirent aussi leur lot d'immigrants portugais. À partir des années 1950, l'émigration, provoquée par une situation économique difficile, s'oriente vers les **pays européens** industrialisés qui cherchent de la main-d'œuvre bon marché, en particulier la France, l'Allemagne, le Luxembourg et le Royaume-Uni. Les principaux foyers d'émigration sont les archipels de Madère et des Açores, ainsi que les provinces intérieures du nord du pays.

Dans les années 1960, aux problèmes économiques s'ajoutent les guerres de libération de l'Angola, de Guinée-Bissau et du Mozambique; de nombreux jeunes émigrent pour ne pas être enrôlés. Entre 1960 et 1972, plus d'un million et demi de Portugais ont quitté leur pays. Ce flot est interrompu en 1974, la révolution des Œillets ayant renversé le régime et les pays industrialisés commençant à être touchés par la crise. Environ 5,5 millions de Portugais vivent aujourd'hui à l'étranger, soit 40 % de la population, répartis essentiellement, par ordre d'importance, entre le Brésil, la France (780 000 personnes), l'Amérique du Nord, le Venezuela et l'Angola.

L'inversion des flux migratoires

Avec la fin des guerres coloniales et les indépendances, les **retornados** commencent à gagner la Métropole. Durant l'été 1974, en quelques semaines, Lisbonne reçoit environ 700 000 personnes alors qu'elle compte moins d'un million d'habitants.

Plus généralement, les flux migratoires se sont inversés avec le retour de certains émigrés des années 1960 et 1970 et l'arrivée d'importants groupes d'immigrés venus des anciennes colonies, en particulier du Cap-Vert, de la Guinée-Bissau, des îles de São Tomé et Príncipe, d'Angola, du Brésil et d'Inde.

Plus récemment, le courant migratoire le plus important s'est composé de ressortissants du Brésil, des pays de l'Europe de l'Est et de l'ex-URSS, en particulier d'Ukraine. Près de 450 000 étrangers vivent au Portugal, un faible taux en comparaison avec d'autres pays européens. Néanmoins, les prévisions annoncent un triplement de ce chiffre dans les vingt prochaines années. Le nombre des ressortissants d'Afrique lusophone, essentiellement cap-verdiens, guinéens et angolais, appelés *Africanos,* est estimé à plus de 150 000 personnes. Principalement concentrés à Lisbonne, ils font de la capitale une ville métisse.

La question du Timor-Oriental

Le Timor a été découvert par les Portugais au début du 16e s. puis rapidement évangélisé, la partie orientale de l'île devenant une possession portugaise. La partie occidentale, sous domination hollandaise, est annexée par l'Indonésie en 1949. En 1975, avec la fin de la dictature au Portugal, le Timor-Oriental s'apprête à recevoir son indépendance, quand il est brutalement envahi par l'Indonésie. Le peuple maubère, en majorité chrétien, refuse le rattachement, et le conflit pour la libération du pays s'enlise. Le principal leader de cette lutte, **Xanana Gusmão**, est jeté en prison en 1992. En 1996, deux figures de la résistance, José Ramos Horta et l'évêque Ximenes Belo, reçoivent le prix Nobel de la paix. La question du Timor devient une cause nationale au Portugal. Dans l'ordre juridique international, l'État portugais, qui reste l'administrant de cette partie de l'île, tente par

tous les moyens d'attirer l'attention des autorités internationales sur la répression sanglante qui s'abat sur le pays. En 1999, un référendum a enfin lieu, et 80 % de la population se prononce pour le « oui » à l'indépendance.
Néanmoins, le départ des forces indonésiennes provoque un déchaînement de violence des milices pro-indonésiennes, entraînant le massacre d'un millier de civils et l'exode de 200 000 personnes.
Après une période de transition et de gouvernement provisoire sous l'égide de l'ONU, les Timorais célèbrent leur indépendance le 20 mai 2002, dans la capitale, Dili. Gusmão devient président et Ramos Horta ministre des Affaires étrangères.
Le pays, désormais appelé Timor-Leste, semblait avoir trouvé une forme de stabilité, mise à mal par des troubles récurrents depuis 2006 (début 2008, un attentat blesse grièvement Ramos Horta, élu président de la République en 2007) qui ont poussé l'ONU à y déployer des forces de sécurité jusqu'en 2012.

LE MONDE LUSOPHONE

Une langue parlée sur quatre continents

La lusophonie est une idée ancienne mais elle a tardé à s'inscrire en terme de projet politique. « Ma patrie est la langue portugaise », affirmait déjà Fernando Pessoa, qui par ailleurs parlait couramment l'anglais et le français. Quelque 200 millions de personnes (dont 165 millions de Brésiliens) s'expriment en portugais dans le monde, sur quatre continents ; c'est la 7e langue parlée après le chinois, l'anglais, l'espagnol, les langues indiennes (hindi et bengali), le russe et l'arabe. C'est aussi la 3e langue européenne parlée dans le monde (devant le français). Outre le Portugal et ses anciens comptoirs asiatiques (Timor, Macao et Goa), le monde lusophone forme toujours un important ensemble pluricontinental : Brésil, Angola, Guinée-Bissau, Mozambique et Cap-Vert, Açores, Madère, São Tomé e Príncipe. Les prévisions tablent sur une croissance de 50 % de la population lusophone dans le monde en 2025.

La Communauté des pays de langue portugaise

Un important projet fédérateur, à dimension culturelle mais aussi politique et économique, a vu le jour en 1996 : la **Communauté des pays de langue portugaise** (CPLP), regroupant le Brésil, le Portugal et ses cinq anciennes colonies africaines.
Longtemps distendus, les liens avec le Brésil se sont retissés depuis les années 1990, surtout dans le domaine économique, tandis qu'une importante communauté brésilienne vit désormais au Portugal (environ 70 000 personnes). Les Portugais ont gardé un fort attachement affectif et des liens culturels avec l'Afrique lusophone, mais les liens économiques sont relativement modestes. L'État portugais développe également une politique de coopération avec ses anciennes colonies africaines et a servi de médiateur dans le conflit angolais.

Traditions et art de vivre

Au début des années 1970, il était encore courant de croiser des charrettes tirées par des chevaux, des femmes toutes de noir vêtues portant des jarres d'eau sur la tête ou des pêcheurs en costume traditionnel. Aujourd'hui, avec les nouvelles générations et le désenclavement des régions les plus reculées, ces scènes ont quasiment disparu. Pendant la forte croissance économique des années 1980 et 1990, les Portugais ont plongé avec une certaine frénésie dans la société de consommation. Cependant les traditions ne se sont pas toutes perdues; qu'elles soient profanes ou religieuses, les fêtes suscitent le même enthousiasme chez les jeunes et les anciens, ce qui témoigne d'un réel attachement aux valeurs d'antan. La culture populaire reste vivace et le mode de vie rural conserve certaines prérogatives, en particulier dans le nord-est du pays et en Alentejo.

Danses et fêtes folkloriques

Elles reflètent les particularités provinciales et les différences de caractère des habitants. Chacune donne l'occasion de ressortir les costumes traditionnels.

DANS LE NORD

Dans le **Minho** et le **Douro Litoral**, les habitants, effacés mais très sociables, se regroupent pour effectuer les travaux agricoles (vendanges, moissons) et chantent pour se donner du cœur à l'ouvrage; cette gaieté se retrouve dans leurs danses, qui sont les plus réputées du Portugal.
Les **viras**, de rythme vif, sont des sortes de rondes exécutées sur des paroles de chansons anciennes. La **vota** (ou *vira galagos*) est encore plus mouvementée. Les danses populaires – **maltôte**, **perim** – mettent en valeur la beauté féminine; les costumes sont très jolis, parfois ornés de bijoux et de bracelets en or.
Dans les provinces montagneuses du **Trás-os-Montes** et des **Beiras**, où les habitants mènent une vie rude, les pratiques communautaires demeurent. Il existe encore un four, un moulin et un pressoir communaux. Les danses – **chutas** et **dansa dos pauliteiros** – soulignent l'attitude effacée de la femme.

DANS LE CENTRE

Dans la **Beira Litoral**, l'**Estrémadure**, et le **Ribatejo**, les distractions revêtent moins d'importance, sauf entre Var et Nazaré, où la **vira** réapparaît. C'est ici une danse de pêcheurs, remarquable par l'harmonie de ses figures; à Nazaré, les jeunes filles lui

Séchage du poisson sur la plage de Nazaré.
P. Frilet/hemis.fr

donnent une grâce particulière par le jeu de leurs jupons.
Les grandes prairies du Ribatejo sont le domaine des *campions*, gardians aux costumes rutilants, qui surveillent les taureaux destinés aux *tourailles*.
Volontiers vu comme beau parleur et quelque peu hâbleur, l'Estremenho est considéré comme le « Gascon » du Portugal, alors que le Ribatejan, plus réservé dit-on, aime danser seul le **fandango** et l'**escovinho** ; la femme est vêtue très simplement : jupe courte, blouse claire, souliers aux talons larges et bas et fichu de laine sur la tête.

DANS L'ALENTEJO

Ici, le costume féminin répond aux besoins des durs travaux des champs d'antan. L'homme, peu démonstratif, danse en chantant des **saias** et des **balhas** au rythme lent et triste.

DANS L'ALGARVE

Le peuple, d'habitude plutôt grave, déborde, les jours de fête, de joie et de dynamisme. Le **corridinho** se danse sur un rythme vif. Le vêtement féminin est très coloré, avec une pointe de coquetterie.

Les romarias, fêtes religieuses

Les *romarias* sont célébrées en l'honneur d'un saint patron. Les plus importantes ont lieu dans le nord du pays, surtout dans le Minho. Les petites *romarias* se tiennent dans des chapelles de montagne et ne durent qu'une journée. Les grandes *romarias*, qui se déroulent dans les villes, peuvent s'étaler sur plusieurs jours. Certaines sont réservées à des confréries professionnelles, comme la *romaria* des pêcheurs à Póvoa de Varzim.

LA QUÊTE

Quelques jours avant la fête, les responsables organisent une quête pour subvenir aux frais de la *romaria*. Les dons en nature sont recueillis dans des paniers ornés de fleurs et de guirlandes, puis vendus aux enchères. Ces quêtes sont déjà l'occasion de réjouissances auxquelles participent le **gaiteiro** (joueur de cornemuse), le **fogueteiro** qui lance les fusées et, en Alentejo, le **tamborileiro** qui joue du tambour. Les rues sont jonchées de tapis de fleurs.

LE CIERGE

L'essentiel de la cérémonie religieuse consiste en la conduite solennelle d'un cierge (d'où le nom de *círio* donné à la *romaria*) ou d'une bannière, depuis une localité parfois éloignée jusqu'au sanctuaire ; le cierge est transporté sur un char à bœufs ou sur une charrette fleurie. Il est suivi par une procession d'où émerge la statue du saint ou de la Vierge couverte de guirlandes et de dentelles. Le *gaiteiro* ouvre la marche.
À l'arrivée, le cortège accomplit deux ou trois fois le tour du sanctuaire dans un vacarme de pétards, de musiques et de cris. Le cierge, ou la bannière, est ensuite déposé près de l'autel, puis les fidèles redoublent de gestes de ferveur.

LES « SAINTS AVOCATS »

Pour obtenir la faveur particulière de certains saints, les croyants accomplissent des rites de pénitence tels que le tour du sanctuaire à genoux en priant.
Les ex-voto en cire offerts à cette occasion peuvent avoir la forme de l'organe dont on demande la guérison : cœur, rein, yeux, oreilles.
Les saints faiseurs de mariages (saint Jean, saint Antoine, saint Gonzalves) étaient très populaires jadis ; les saints protecteurs du bétail (saint Mamede, saint Marc, saint Sylvestre) voient les animaux participer à la procession.
Certains villages pratiquent encore le culte du **Saint-Esprit**, resté vivace surtout aux Açores et au Brésil. La Fête des *tabuleiros* à Tomar *(voir p. 275)*, organisée autrefois par les fraternités du Saint-Esprit fondées au 14e s., s'est perpétuée jusqu'à aujourd'hui.

LES RÉJOUISSANCES POPULAIRES

Une fois les dévotions achevées, les participants passent aux fêtes profanes : le repas, les danses folkloriques, les feux d'artifice. Chaque *romaria* s'accompagne de la vente d'objets d'artisanat.
Retrouvez les principales romarias et festivités p. 34-36 et à la rubrique « Agenda » des pages « Nos adresses ».

Les touradas

Les Portugais se refusent à voir dans le combat qui oppose l'homme au taureau la lutte de l'intelligence contre l'instinct ; pour eux, c'est un spectacle d'adresse, d'élégance et de courage ; le taureau n'est qu'un instrument. À la différence de la corrida, une partie de la *tourada* se passe à cheval et le taureau n'est pas tué dans l'arène. À l'origine, la *tourada* fut créée par les nobles pour s'exercer à la guerre, en recourant au cheval lusitanien, connu depuis toujours pour sa dextérité et son intelligence (*voir encadré p. 111).*

LE DÉROULEMENT

Dans l'arène, les acteurs – cavaliers, toreros *(toureiros)* et *forcados* – se présentent selon un vrai cérémonial sur fond de musique « tauromachique » et saluent le public et les autorités.
Puis la *tourada* commence. Le premier cavalier *(cavaleiro)*, vêtu d'un costume style Louis XV (casaque de soie ou de velours brodée d'or, tricorne à plumes, bottes vernies, éperon d'argent), entre dans l'arène, monté sur un étalon magnifiquement harnaché. Il

est accompagné des *toureiros*, dans leur habit de lumière, brandissant leurs capes jaune et rose.
Le *cavaleiro* provoque le taureau et s'approche assez près pour pouvoir placer les banderilles *(farpas)*. Le spectacle de la course est impressionnant; le cheval se dérobe adroitement devant l'assaut du taureau qui pèse souvent près de 500 kg et dont les cornes sont gainées de cuir *(emboladas)* pour leur ôter tout pouvoir perforant.
Le cavalier change de monture. Tandis que les *toureiros* à pied distraient le taureau dans de grands mouvements de cape, le cavalier plante 4, 5 ou 6 banderilles dans l'échine de l'animal, qui devient furieux.
Dès que le *cavaleiro* plante le nombre de banderilles exigé, il cède la place aux valets, les *forcados*, du nom d'une espèce de fourche dont ils étaient armés jadis. Ces derniers, en général au nombre de huit, pénètrent en file indienne, vêtus de beige, marron et rouge. Celui qui est en tête, coiffé d'un long bonnet vert, avance en se dandinant et en excitant le taureau par des appels. Le rôle des *forcados* est de maîtriser le taureau : c'est la *pega*. Le chef de file tente de saisir l'animal par les cornes tandis que ses équipiers l'immobilisent; si l'opération se révèle trop difficile, le chef doit saisir le taureau par le garrot en se plaçant de côté. L'un des aides tire sur la queue de l'animal et tournoie avec.
Au final, un troupeau de vaches, clochettes de cuivre au cou, est amené par deux hommes (les *campinos*) dans l'arène pour inciter le taureau à rentrer dans le toril.
Le taureau vaincu est en général conduit aux abattoirs (certaines de ces viandes sont très recherchées, même dans la haute gastronomie!), ou bien achève sa vie à la campagne comme reproducteur.
La *tourada* traditionnelle compte trois cavaliers et plusieurs *toureiros*. Une partie du spectacle peut se passer à pied et le combat se déroule à peu près comme en Espagne. Les différences sont l'absence de picador et de *faena* ; en outre, la mort du taureau dans l'arène étant interdite au Portugal depuis le 18e s. (sauf à Barrancos, gros village frontalier avec l'Espagne, dans l'Alentejo), elle est simulée avec une banderille qu'on plante à la place de l'épée.

LA SAISON TAUROMACHIQUE

La saison des *touradas* s'étend de Pâques à octobre; les spectacles ont lieu en général deux fois par semaine (jeudi ou vendredi et dimanche) et presque tous les jours en période de fêtes populaires. Les plus réputées se tiennent dans les arènes *(praça de touros)* de Lisbonne *(voir p. 194)*, Santarém *(voir p. 237)* et Vila Franca de Xira *(voir p. 231)*, à proximité des centres d'élevage des taureaux de combat du Ribatejo.

Le football

Le football est sans conteste une passion nationale au Portugal. Les jours de match du championnat national ou lors des rencontres internationales, les cafés se remplissent et les drapeaux apparaissent aux balcons, surtout si la compétition concerne l'équipe nationale ou l'une des trois grandes équipes de clubs.
Le **Benfica** (les rouges « encarnados »), né en 1904, est une « institution » de la capitale. Ayant remporté le plus grand nombre de titres, il a sa base aujourd´hui au stade de la Luz. Le **Sporting Clube de Portugal** (les verts ou « lions d´Alvalade ») est le berceau de grands joueurs portugais. Le **FC Porto** (les « dragons bleu et blanc »), né en 1893, a dominé les championnats nationaux de la

DE GRANDS FOOTBALLEURS

Plusieurs footballeurs portugais jouent aujourd'hui dans des équipes européennes de renom. **Cristiano Ronaldo**, capitaine de l'équipe nationale portugaise (ancien du Sporting), exerce ses talents sous le maillot du Real Madrid. **Deco**, autre star du ballon rond (ancien du FC Porto), a joué au FC Barcelone, où il a remporté en 2006 le titre de champion d'Europe. **Pauleta**, connu comme « l'aigle des Açores », après avoir terminé sa carrière au PSG, est revenu au football amateur sur ses terres d'origine, au Grupo Desportivo São Roque (Açores) ; en France, il avait été par trois fois désigné meilleur buteur du championnat.

Quant à l'**équipe nationale**, elle a brillé lors du Championnat d'Europe des nations de 2004, en dépit de sa défaite en finale face à la Grèce. Organisé au Portugal, cet événement a suscité un grand enthousiasme collectif et a conduit le pays à s'équiper de stades ultramodernes (Braga, Aveiro, Faro, etc.), qui font la fierté des supporters.

dernière décennie. En 1987, le club remporte pour la première fois le titre suprême, la Coupe d'Europe des clubs champions et, en 2003, la Coupe de l'UEFA, avant d'être élu à nouveau en 2004 meilleur club d'Europe grâce à sa victoire en Champions League face à Monaco.

La gastronomie

À la seule évocation de la cuisine portugaise, on pense aussitôt à la morue *(bacalhau)*, qui occupe une place particulière dans l'histoire du pays. Pour les Portugais, qui la surnomment « l'amie fidèle », elle est l'aliment populaire par excellence, le plat traditionnel de Noël, la friandise omniprésente sous forme de beignets *(pasteis)*...

Les repas traditionnels comptent plusieurs plats généralement préparés à l'huile d'olive et à l'ail, relevés de nombreux aromates (romarin, laurier, coriandre, etc.). La viande et les produits de la mer en constituent la base. Comme garniture, les Portugais préfèrent le riz, dont ils ont acquis le goût à la suite de leurs voyages en Orient, la pomme de terre ou une salade mixte (salade, tomate et oignon).

LES SOUPES

La soupe manque rarement au repas. On y mêle les composants les plus divers : volaille et riz *(canja de galinha)*, poisson *(sopa de peixe)*, fruits de mer *(sopa de mariscos)*, lapin *(sopa de coelho)*, pois chiches *(sopa de grão)*.

La plus réputée est le **caldo verde** (Minho), très répandu au nord du Mondego. Elle est à base de purée de pommes de terre et de chou galicien vert, émincé en fines lamelles ; on y ajoute de l'huile d'olive et des rondelles de saucisson fumé *(chouriço)*.

Au sud, le **gaspacho**, soupe pimentée et vinaigrée aux tomates, oignons et concombres, est servi glacé avec des croûtons de pain grillé.

Les **açordas**, sorte de purée au pain, peuvent être dégustées partout et connaissent de nombreuses variantes ; en Alentejo, on la prépare avec des feuilles de coriandre, de l'huile d'olive, de l'ail, du pain ainsi qu'un œuf poché *(açorda alentejana)*.

LES PRODUITS DE LA MER

Le Portugal est le pays d'Europe qui a la plus grande consommation de poisson par habitant (70 kg par an, contre 23 kg en moyenne en Europe) et le quatrième au monde. La **morue** *(bacalhau)* est particulièrement appréciée, surtout dans le nord du pays. Pêchée dans les lointaines eaux froides de Terre-Neuve, il faut la saler pour la conserver jusqu'au retour des bateaux. Mais, en raison de la surpêche, les stocks diminuent et les prix de la morue ont fortement augmenté, ce qui n'en fait plus du tout un plat économique. Il y a, dit-on, 365 manières de la préparer. La plus traditionnelle est la morue cuite au four et garnie de pommes de terre *(bacalhau cozido com batata ao murro)*. Originaire de Lisbonne, le **bacalhau à Brás** est aujourd'hui servi dans tout le pays.

On accommode toutes sortes de poissons : sardines grillées dont l'odeur parfume les rues de toutes les villes du littoral, poissons-épées, lamproies, lottes, saumons du Minho, aloses du Tage, thons de l'Algarve, etc. La **caldeirada** est une sorte de bouillabaisse, que les pêcheurs préparent sur la plage.

Les **fruits de mer** *(mariscos)* et les poulpes sont abondants et garnissent nombre de plats. Toujours cuits, les coquillages, dont le plus connu est l'*amêijoa* (praire), sont délicieux et variés, surtout

QUELQUES SPÉCIALITÉS

Le lexique général se trouve à l'intérieur du 2e rabat de couverture.

Açorda de marisco – Panade de palourdes et de gambas mélangée à de l'ail, des œufs, de la coriandre et des épices.
Amêijoas à bulhão pato – Petites palourdes cuites dans l'huile d'olive, avec de l'ail et de la coriandre.
Arroz de marisco – Riz cuisiné avec des palourdes, des crevettes, des moules et de la coriandre.
Bacalhau – Morue.
Cabrito – Chevreau rôti.
Caldeirada – Sorte de bouillabaisse.
Caldo verde – Bouillon de pommes de terre et de choux.
Canja de galinha – Bouillon de poulet avec riz et jaunes d'œufs bouillis.
Carne de porco à alentejana – Dés de porc cuits dans une sauce à l'huile d'olive, ail, et coriandre, avec pommes de terre coupées en dés et petites palourdes.
Cataplana – Fruits de mer cuits à l'étouffée, avec des morceaux de jambon.
Chouriço – Saucisse fumée.
Cozido – Pot-au-feu avec viandes, saucissons et légumes.
Feijoada – Haricots avec viande de porc, choux et saucisson.
Gaspacho – Soupe de légumes froide.
Leitão assado – Cochon de lait grillé, servi chaud ou froid.
Presunto – Jambon fumé.
Salpicão – Saucisson fumé et épicé.
Sopa à alentejana – Soupe à l'ail et au pain, avec œuf poché et coriandre.
Sopa de feijão verde – Soupe de haricots verts.
Sopa de grão – Soupe de pois chiches.
Sopa de legumes – Soupe de légumes.
Sopa de marisco – Soupe de fruits de mer.
Sopa de peixe – Soupe de poisson.

en Algarve, où un plat spécial en cuivre, la **cataplana**, sert à les préparer. Agrémentés d'aromates, de tomates et de saucisses, ils acquièrent à la cuisson une saveur agréable.
On trouve des **huîtres** de mer dans la région du Sado (Setúbal) mais aussi à Peniche et dans l'Algarve. L'huître dite « portugaise » est une variété connue dont les essaims grossissent par élevage, comme en Algarve, avant d'être exportés, principalement en France.
La **langouste** *(lagosta)* à la mode de Peniche, cuite à l'étouffée, est également célèbre.

LES VIANDES

Le **porc** est accommodé et préparé de multiples façons ; le porcelet rôti – *leitão assado* – de Mealhada (au nord de Coimbra) est délicieux. On consomme aussi la viande de porc en ragoût, en saucisses de langue fumée – *linguiça* –, en filets fumés *(paio)*, en jambon fumé *(presunto)* comme à Chaves et Lamego. Accompagné de haricots rouges ou blancs, de choux et de saucisson fumé *(chouriço)*, le jambon devient un des composants de la **feijoada**. Jambon et saucisses entrent dans la préparation du **cozido à portuguesa**, pot-au-feu de bœuf, légumes, pommes de terre et riz ; dans celle des tripes à la mode de Porto – *dobrada* –, plat à base de tripes ou de gras-double de veau et de haricots blancs. La viande de porc à l'alentejane – **carne de porco à alentejana** – est marinée dans le vin et préparée avec des *amêijoas* (praires) ou des pommes de terre (*carne de porco à portuguesa)*.
Le **bœuf** apparaît souvent sous forme de steak, comme le *bife a cavalo* (steak surmonté d'un œuf frit, « à cheval »).
On fait aussi, plus rarement, rôtir à la broche cabris et agneaux.

LES FROMAGES

On appréciera : les fromages de brebis (d'octobre à mai) : de la serra da Estrela *(queijo da Serra)*, de Castelo Branco, d'Azeitão et de Serpa, très crémeux ; les fromages de chèvre comme les *queijos secos* (fromages secs) mais aussi le *cabreiro*, le *rabaçal* (région de Pombal) ; les petits fromages blancs *(quejinhos)* de Tomar, souvent servis en hors-d'œuvre, de même que le fromage de chèvre frais *(queijo fresco)* et celui de Nisa. Enfin, partout au Portugal, on déguste le *queijo da Ilha*, produit aux Açores.

LES DESSERTS

Le Portugal compte un nombre infini de gâteaux, presque tous à base d'œufs, hérités de vieilles recettes conventuelles : *toucinho-do-céu* (lard du ciel), *barrigas de freira* (ventres de nonnes), *queijadas de Sintra*, aux amandes et fromage de brebis frais... Le *pudim flan*, sorte de crème renversée, a sa place dans la plupart des menus. Avec les mêmes ingrédients, on obtient le *leite-creme*, plus crémeux. L'*arroz doce* (riz au lait), saupoudré de cannelle, est souvent réservé aux repas de fête.
Dans les pâtisseries, nombreuses, on trouve le délicieux *pastel de nata* : un flan, dans une pâte feuilletée, saupoudré de cannelle, qui accompagne en général le café *(bica)*. En Algarve, figues et amandes permettent la confection de délicieuses friandises.

Les vins

Huitième producteur mondial de vin avec 7 millions d'hectolitres par an, le Portugal possède une gamme très riche de crus. Contrairement à d'autres vins du monde, les vins portugais n'ont pas cédé aux sirènes de la mondialisation et ont su garder leur goût traditionnel, ce qui en fait le charme et la qualité, tout cela à des prix plus qu'abordables. Le porto et le madère ont une renommée internationale, en partie redevable aux Anglais, mais on trouve aussi sur place, à des prix raisonnables, d'autres vins de qualité.

LES GRANDS VIGNOBLES

Plusieurs régions produisent des vins dignes d'intérêt, faisant l'objet depuis 1987 d'un classement en VQPRD (Vin de qualité produit dans une région déterminée), qui comprend les DOC (Dénomination d'origine contrôlée, correspondant à l'AOC française), les IPR, les vins régionaux et les vins de table.
Dans les restaurants, on peut demander le *vinho da casa*, vin de la maison, généralement très convenable.

Le vinho verde (vin vert)

Il est blanc (tendant au jaune) ou rouge foncé *(tinto)*, et son appellation de « vin vert » indique la précocité des vendanges et la brièveté de la fermentation qui donne un vin à faible teneur alcoolique (8 à 11,5°), léger, pétillant, fruité, un peu acidulé même. Il est produit dans le nord-est du pays, dans le Minho et la basse vallée du Douro, de Porto à Vila Real.
Le *vinho verde* le plus réputé est produit avec le cépage *alvarinho* et, contrairement aux autres, il peut être conservé plus longtemps.
Le *vinho verde* se boit jeune et bien frais. Idéal en apéritif, il accompagne agréablement le poisson et les fruits de mer.

Douro

Réputée pour le porto, la région délimitée du Douro produit aussi des vins de qualité, d'appellation « douro », généralement rouges, robustes et charpentés, et parfois blancs.

Dão

Sur les terrains granitiques des vallées du Dão et du Mondego, près de Viseu, Coimbra et Guarda, on obtient un vin blanc frais et un vin rouge très doux, velouté et chargé d'arômes, dont la qualité peut être comparée à celle des crus du Bordelais. Les vins de « *quinta* » sont d'ailleurs l'équivalent des vins de « château » français.

Alentejo

De nombreux vignobles émaillent les plaines alentejanes. Les rouges, ronds et corsés, qui rencontrent de plus en plus de succès à l'exportation, surtout en France de par leur goût de vins de terroir, portent les noms des villages où ils sont produits : **Reguengos de Monsaraz**, **Borba** et **Redondo**, **Moura**, etc. La région produit également des vins blancs fruités, légèrement acidulés ; le blanc de Vidigueira reste une particularité.

ROUTES DES VINS

Le Portugal est sillonné d'une dizaine de routes des vins, notamment la route du Porto, la route des Vinhos Verdes, le long de la vallée du Douro et dans le Minho, la route du vin du Ribatejo, une région agricole très fertile, ou celle de l'Alentejo qui vous fera passer par la belle ville d'Évora. Ces routes sont jalonnées de coopératives *(adegas cooperativas)* et vous feront découvrir de jolies *quintas* hors des sentiers battus, dont vous pourrez visiter les caves et déguster les vins. Les bureaux de l'Institut de tourisme du Portugal de Porto et de Lisbonne ou les offices de tourisme locaux vous fourniront des brochures détaillant les circuits. Vous pouvez aussi les suivre librement car ils sont bien indiqués sur les routes.

Bairrada
Région viticole très ancienne, la Bairrada donne naissance à un vin rouge robuste et parfumé. Elle produit également un mousseux naturel très apprécié au Portugal, qui accompagne à merveille son fameux porcelet rôti.

Colares
Près de la serra de Sintra, la vigne pousse sur un terrain sablonneux, au-dessus d'une couche d'argile, produisant un vin renommé depuis le 13e s.

Bucelas
C'est un vin blanc sec, acidulé, jaune paille, produit sur les rives du rio Trancão, affluent du Tage.

Autres vins de table
Les vignobles du Ribatejo produisent de bons vins ordinaires, vins rouges corsés de la région de Cartaxo, vins blancs de Chamusca, Almeirim et Alpiarça, sur la rive opposée du Tage. Citons encore les vins de la région du Sado, de Torres Vedras, d'Alcobaça, de Lafões et d'Águeda, les vins rosés de Pinhel et de Mateus (le plus vendu).

En Algarve, une petite production se maintient autour de Lagoa, dont la coopérative est la plus ancienne du pays.

Vins de dessert
Le **moscatel de Setúbal**, dont le vignoble se situe sur les pentes argilo-calcaires de la serra da Arrábida, est un vin généreux, fruité, qui acquiert avec l'âge une saveur particulièrement agréable. Le **carcavelos**, également fruité, est très apprécié.

LE PORTO

Les vignes des vallées du Haut-Douro et de ses affluents produisent des vins généreux, exportés après traitement à Porto, qui leur a donné son nom.

Le vignoble
Il est cultivé dans la région délimitée du Douro, créée par

la loi de 1756. Celle-ci recouvre 250 000 ha, dont 1/6 en vignes qui s'étendent sur une centaine de kilomètres le long du Douro jusqu'à la frontière espagnole. Le centre du vignoble se trouve approximativement au niveau du bourg de Pinhão. On compte 25 000 propriétaires viticulteurs, dont les plus importants sont à la tête de vastes domaines, les *quintas*. Les conditions exceptionnelles dues au climat (été chaud, hiver froid) et au sol schisteux de cette région, associées au vieillissement que l'on fait subir au vin, assurent au porto des caractéristiques uniques. Le vignoble cultivé sur les versants raides du Douro, complètement sculptés en terrasses, forme un paysage unique au printemps et à l'automne.

L'élaboration du porto

Les vendanges ont lieu fin septembre. Les grappes sont transportées à dos d'homme dans des hottes en osier. Le raisin cueilli est porté au pressoir où le foulage mécanique s'est substitué au foulage au pied, dont les chansons et les rythmes appartiennent désomais au folklore. Le moût fermente jusqu'à ce qu'il atteigne le degré de sucre souhaité, puis on y ajoute de l'eau-de-vie – de raisin du Douro, obligatoirement – pour en faire cesser la fermentation et retenir le sucre. Au printemps, le vin est transporté jusqu'aux chais de Vila Nova da Gaia, la ville située sur la rive gauche du Douro, juste en face de Porto. Jusqu'en 1964, ce transport s'effectuait à bord des *barcos rabelos,* qui descendaient le Douro sur 150 km jusqu'à Porto. On peut voir certains de ces bateaux colorés à Pinhão et Vila Nova da Gaia.

Les différents portos

La teneur en alcool du porto varie entre 19 et 22°. Il existe une grande variété de portos en fonction de la marque et du procédé d'élaboration. Vieillis en fût, ils mûrissent par oxydation et prennent une belle couleur ambre ; vieillis en bouteille, ils mûrissent par réduction et se caractérisent par leur teinte rouge sombre.
Depuis 1963, les Français ont supplanté les Anglais et sont devenus les premiers importateurs de porto. Ils consomment surtout du *tawny (voir plus loin)*, demi-sec

LE PORTO ET LES ANGLAIS

Au 14e s., certains vins de Lamego étaient déjà exportés vers l'Angleterre. Au 17e s., en échange de leur aide contre les Espagnols, les Portugais accordèrent aux Anglais des privilèges commerciaux. Et, à la fin du 17e s., quand la formule du porto fut mise au point, de nombreux Anglais se portèrent acquéreurs de *quintas* dans la vallée du Douro et se lancèrent dans la production de ce vin. Le **traité de Methuen** (1703) avait attribué le monopole du commerce des vins portugais à la couronne britannique, mais le roi Joseph Ier et le marquis de Pombal créèrent en 1756 la **Compagnie générale de l'agriculture des vignes du Haut-Douro**, établissement public chargé de fixer les prix à l'exportation. L'année suivante, la compagnie entreprit de déterminer les limites du vignoble ayant droit à l'appellation. Dans le même temps, les maisons anglaises se multiplièrent : Cockburn, Campbell, Offley, Harris, Sandeman, Dow, Graham, etc. ; les Portugais attendirent 1830 pour créer leurs propres compagnies : Ferreira, Ramos-Pinto, etc. En 1868, le phylloxéra s'abattit sur la région, mais le vignoble fut rapidement reconstitué et l'on produisit des *vintage* dès la fin du 19e s.

et doux, alors que les Anglais sont amateurs de portos de grande qualité.

Le **porto blanc** ou *branco*, moins répandu, provient de cépages blancs. Sec ou extra-sec, d'une teneur en alcool de 16,5° minimum, il constitue un excellent apéritif à servir frais.

Le **ruby**, de couleur rouge, est un vin jeune, d'environ deux ans.

Le **tawny**, vin de mélange, ayant en général passé 3 ou 4 ans en fût, présente une couleur blond doré. Il existe également des *tawnies* avec indication d'âge et des *tawnies* de *colheita (voir ci-dessous)*.

Le **porto avec indication d'âge** (mention : 10, 20, 30 ans, etc.) correspond au temps passé en fût. Ce vin de très bonne qualité est à boire dans les années suivant la mise en bouteille.

Le **colheita**, porto avec mention de la date de récolte, est réalisé avec des vins de même année, la mise en bouteille se faisant au bout de 7 ans minimum (cette date est mentionnée sur l'étiquette).

Le **vintage** est obtenu à partir d'un raisin de qualité remarquable, produit généralement sur un seul domaine en une année exceptionnelle. Il est impérativement mis en bouteille après deux ou trois années passées en fût. La bouteille, qui porte le nom de l'exportateur, est millésimée et ne doit être ouverte qu'au bout de huit à dix ans.

Enfin les **LBV** *(late bottled vintage)*, sont réalisés aussi avec une seule récolte et mis en bouteille entre la 4e et la 6e année après la vendange. *Vintage* et LBV peuvent être gardés de nombreuses années, pourvu que l'on prenne certaines précautions (température adéquate, bouteille couchée). Le *vintage* doit être servi dans une carafe pour être décanté, et consommé rapidement, de préférence le jour de l'ouverture de la bouteille.

LE MADÈRE

La culture de la vigne fut introduite à Madère dès le 15e s. Les plants importés de Crète produisirent sur le sol volcanique riche et ensoleillé de la côte sud un vin de bonne qualité, le malvoisie. Le vin de Madère acquit un certain prestige en Europe, notamment à la cour de François Ier qui en offrait à ses invités. Des alliances commerciales

ACHETER ET DÉGUSTER DU PORTO

Les portos les moins chers sont les **blancs**, les rouges **ruby** ou les jeunes **tawnies**. Ce sont des vins de coupage (*blended* en anglais), produits avec des mélanges de vins de différentes productions et de différentes années. Il faut les consommer rapidement pour en apprécier toute la subtilité. Les meilleurs portos, et les plus chers, sont les **vintage** et les **LBV** *(voir ci-dessus)*. À défaut de pouvoir s'offrir du LBV ou du *vintage*, une Réserve ou une Réserve spéciale *(entre 8 et 12 €)* peuvent procurer un bonheur rare, avec des fruits rouges et du chocolat noir. En effet, contrairement aux Français qui le consomment à l'apéritif, les Portugais boivent du bon porto surtout avec le dessert.

À Porto, visitez le musée du Vin de Porto, et les chais des grandes maisons à Vila Nova de Gaia. L'**Institut du vin de Porto** *(voir p. 482)*, en association avec d'autres organismes officiels, notamment le bureau de la **Rota do Vinho do Porto** à Peso da Régua *(voir « S'informer », p. 504)* et les offices de tourisme de la région, propose une route du Vin de Porto.

Vendanges dans la vallée du Douro.
C. Watson/John Warburton-Lee/Photononstop

scellées dès le 17e s. incitèrent les Anglais à prendre part à sa production et à son exportation.

Un procédé original

Les vendanges ont lieu à partir de la fin août. Les grappes sont portées au pressoir et leur jus mis à fermenter dans des tonneaux et soumis à de multiples traitements : on y ajoute de l'alcool, on le clarifie à l'aide de blanc d'œuf ou de colle de poisson et, surtout – la plus grande caractéristique du madère – on le soumet à la chaleur. Stocké dans des barriques et des tonneaux, on laisse ainsi le vin pendant au moins trois mois dans des caves chauffées à 45 °C, ce qui provoque sa maturation. Ce procédé s'appelle l'*estufagem* (le chauffage). Les propriétés de la chaleur furent découvertes à l'occasion du transport du vin sous les tropiques au 18e s. À une certaine époque, on a même utilisé les tonneaux de Madère pour lester les bateaux faisant de longs trajets vers l'Inde ou l'Amérique. Pendant le voyage aller-retour, le vin avait tout le temps de chauffer !

Madère au pluriel

Les trois principaux crus sont le **sercial**, dont les plants proviennent du Rhin : vin sec, bouqueté, de couleur ambre et servi frais, idéal pour l'apéritif ; le **boal** qui vient de Bourgogne : brun rougeâtre, sa saveur riche et fruitée en fait surtout un vin de dessert ; le **malvoisie** (*Malmsey* pour les Anglais), le plus réputé, est également un vin de dessert très doux, dont la couleur tend vers le violet. On produit aussi le **verdelho**, vin demi-sec que l'on peut servir en toute occasion, le *moscatel* et le *tinto*, vin rouge.

Les madères *vintage*, réalisés à partir des meilleurs vins des années exceptionnelles, peuvent être consommés pendant plus de 150 ans. On raconte qu'en 1815, Napoléon, en route vers Sainte-Hélène, fit escale à Madère et reçut du consul anglais un tonneau de vin ; à sa mort, le consul récupéra le vin non entamé qui fut mis en bouteilles. En 1936, un Anglais put se vanter d'avoir dégusté de ce « vin de l'Empereur » plus que centenaire.

Culture

Ouverte aux influences extérieures qu'elle assimile rapidement et avec succès, la littérature portugaise n'en est pas moins originale et pleine d'imagination. L'âme lyrique et nostalgique du peuple est imprégnée de la fameuse « saudade » – comme dans le fado – mais aussi de sens critique, vite enclin à la satire des injustices ou des aspects ridicules de chaque époque. C'est pourquoi la poésie y a toujours occupé une place privilégiée, avec, pour figure de proue défiant les siècles, l'œuvre monumentale de Camões. Le cinéma est imprégné du même esprit.

Bien que le territoire portugais ait été occupé par différents peuples (Phéniciens, Wisigoths, Celtes, Arabes), la langue portugaise, dans son vocabulaire comme dans sa syntaxe, dérive directement et principalement du latin parlé par les Romains qui ont séjourné dans la péninsule Ibérique. Plus tard, les Wisigoths et les Suèves (du 6e au 8e s.) sont passés sans laisser de traces dans la langue. Le portugais a été fortement influencé par l'arabe qui, à partir du 8e s., a enrichi le lexique de mots ayant trait aux techniques introduites par ce peuple. Toutefois, à mesure que celles-ci évoluaient, ces termes ont été progressivement remplacés par d'autres. Il en subsiste cependant un certain nombre, en particulier l'essentiel des mots commençant par « al ».

À l'époque des Grandes Découvertes, les Portugais ne se sont pas contentés de disséminer leur langue dans le monde, ils ont aussi importé, en même temps que les précieuses épices, de nouveaux vocables exotiques, qui sont le condiment de cette langue. « De ma langue, on voit la mer », disait l'écrivain Vergílio Ferreira…

Une littérature d'envergure

UNE LONGUE TRADITION DE POÈTES

Le Moyen Âge

Le Portugal entre dans la littérature à la fin du 12e s. avec la poésie des troubadours, influencée par le lyrisme provençal. On distingue les **cantigas de amor** interprétées par des voix masculines, les **cantigas de amigo,** plus populaires, les **cantigas de escárnio,** satiriques ; toutes sont réunies dans des *cancioneiros* dont le plus célèbre, le *Cancioneiro Geral*, œuvre de l'Espagnol Garcia de Resende, réunit toute la poésie produite en portugais et en castillan pendant plus d'un siècle.

Le roi Denis Ier, poète lui-même, imposa l'usage officiel du portugais. **Fernão Lopes** (né vers 1380/1390), chroniqueur des rois du Portugal *(Crónicas de D. Pedro, D. Fernando, D. João I, D. Dinis),* fut le grand nom de la littérature médiévale.

La Renaissance

Le 16e s. introduit l'humanisme et un renouveau de la poésie

et de l'art dramatique illustrés par **Francisco Sá de Miranda** (1485-1558), **Bernardim Ribeiro** (1500-1552), auteur du fameux *Menina e Moça* (*Fillette et Jouvencelle*), **António Ferreira** (1528-1569) avec ses *Poèmes lusitaniens* et *Castro,* mais surtout **Gil Vicente** (1470-1536), dramaturge qui, au fil de ses 44 pièces de théâtre, dépeint un tableau satirique de la société portugaise au début du 16e s. Il commence par des *autos* (actes), souvent inspirés par des thèmes religieux, puis poursuit avec des tragicomédies et des « farces ».
La grande figure de cette époque reste **Luís de Camões** ou **Camoens** (1524-1580). Dans sa vaste fresque des *Lusiades* (1572), « les fils de Luso », soit les Portugais, le grand poète épique retrace l'épopée de Vasco de Gama à la manière de l'*Odyssée*. Il se fait ainsi le chantre des Grandes Découvertes après une vie aventureuse qui l'a mené, entre autres, au Maroc et à Goa.

Le classicisme du 17e s.

Au 17e s., durant les soixante années de domination espagnole, la littérature portugaise se confine dans les académies de Lisbonne et de province; la préciosité baroque triomphe. Une large part est faite aux chroniques, aux récits de voyages dont ceux de **Fernão Mendes Pinto** (1509-1583), auteur notamment de *Pérégrination*. Le jésuite **António Vieira** (1608-1697) se distingue par ses sermons et ses lettres de missionnaire au Brésil.

Le 18e s.

Le Siècle des lumières a ses représentants au Portugal : savants, historiens, philosophes.
Théâtre et poésie se ressentent de l'influence française. **Manuel M. Barbosa du Bocage** (1765-1805), lui-même d'ascendance française par sa mère, est un grand poète lyrique dont l'œuvre s'inspire des mouvements sociaux et politiques de l'époque.

Le 19e s.

Le romantisme s'installe grâce à **Almeida Garrett** (1799-1854), poète *(Fleurs sans fruits, Feuilles tombées)* et maître de toute une génération de poètes, réformateur du théâtre portugais *(Frei Luís de Sousa)* et romancier *(Voyages à travers mon pays)*. Le siècle voit s'imposer d'autres remarquables poètes tels **António F. de Castilho** *(Amour et Mélancolie)* et **João de Deus**.
Alexandre Herculano (1810-1877) introduit le roman historique dans un style se rapprochant de celui de Victor Hugo. Son *Histoire du Portugal* fut un grand succès. Son contemporain, **Oliveira Martins**, s'essaie aussi à retracer l'histoire du pays dans un style rappelant celui de Michelet. La transition vers le réalisme se fait avec **Camilo Castelo Branco** (1825-1890) dont le roman le plus célèbre, *Amour de perdition,* offre un reportage sur la société de l'époque. La fin du romantisme est représentée par l'Açorien **Antero de Quental** (1842-1891); ses *Odes modernes* sont un instrument d'agitation sociale.
Eça de Queirós (1845-1900), diplomate et romancier, fait dans son œuvre une critique des mœurs de son temps. C'est le « Flaubert portugais » *(Le Cousin Basile, Les Maias, Proses barbares, Le Crime du Père Amaro)*. **Guerra Junqueiro** (1850-1923) écrit des poèmes satiriques et polémiques.

LA LITTÉRATURE CONTEMPORAINE

La génération autour de Fernando Pessoa

Parmi les contemporains de **Pessoa** (*voir encadré p. 64*), citons ses amis **Mario de Sá-Carneiro** (1890-1915) et **Almada Negreiros** (1893-1970) avec qui, entre autres, le grand écrivain fonde en 1915 l'innovatrice et éphémère revue

Orpheu. Almada Negreiros, écrivain et peintre *(voir p. 78)*, est une figure contestatrice importante dans les mouvements littéraires et artistiques à partir des années 1910. Sá-Carneiro, le plus proche de Pessoa, se suicida à 26 ans en laissant de très beaux poèmes.

Influencée par la révolution commencée par *Orpheu*, la revue *Presença* est créée en 1927 par un groupe de Coimbra. Dirigée par **José Régio** (1901-1969), auteur notamment des *Poésies de Dieu et du Diable*, elle révèle le poète et romancier **Miguel Torga** (1907-1995), devenu depuis un ténor de la littérature portugaise. Torga a construit une mythologie exaltant l'amour de sa terre natale, le Trás-os-Montes, sans pour autant tomber dans le folklore *(Contes de la montagne)*. Son journal intime *(Journal)*, écrit au fil des décennies, rend aussi compte de l'histoire portugaise. Sur les marges de *Presença*, un autre groupe d'écrivains, se qualifiant de « néoréaliste », promeut une littérature engagée. Parmi eux, citons **Vitorino Nemésio** (1901-1978, également poète) et son très beau roman *Gros temps sur l'archipel* qui se déroule aux Açores, Aquilino Ribeiro (1885-1963), **Ferreira de Castro** (1898-1974) qui a tiré parti d'un long séjour au Brésil *(Forêt vierge, La Mission)*, la poétesse Irene Lisboa (1892-1958), **Fernando Namora** (1919-1989), auteur du *Bon Grain et l'Ivraie*, et **Urbano Tavares Rodrigues** (né en 1923).

La littérature d'après guerre

Après la Seconde Guerre mondiale, la littérature portugaise connaît une évolution romanesque et poétique.

Participent à cette transformation les romanciers **José Cardoso Pires** (1925-1998), **Agustina Bessa Luís** (née en 1922, *La Sibylle, Fanny Owen)* et **Vergílio Ferreira** (1916-1997, *Aparição)*. Les deux derniers, aux styles très différents, ouvrent de nouvelles voies. Bessa Luís explore minutieusement l'univers de ses personnages, tandis que Ferreira traite des problèmes existentialistes.

Parmi les **poètes**, citons António Ramos Rosa, Herberto Helder (né en 1930 à Madère), **Carlos de Oliveira** (1921-1981) qui décrit la vie des petits villages *(Une abeille sous la pluie)*, **Sophia de Mello Breyner**

FERNANDO PESSOA ET SES « HÉTÉRONYMES » : LA VIE RÊVÉE ET DÉMULTIPLIÉE

Modeste employé de bureau à Lisbonne, presque inconnu à sa mort, **Fernando Pessoa** (1888-1935) est considéré aujourd'hui comme le plus grand écrivain portugais depuis la Renaissance. Génie complexe et précurseur, Pessoa, dont le nom signifie « personne », a renouvelé la poésie portugaise en se dissimulant derrière plusieurs « hétéronymes ». Outre des publications sous son patronyme propre *(Poèmes ésotériques, Message, Le Marin)*, ses identités multiples lui ont permis de s'exprimer dans des styles et des genres très différents ; ainsi entrent en scène Álvaro de Campos *(Œuvres poétiques)*, Alberto Caeiro et Ricardo Reis *(Poèmes païens)* et le « demi-hétéronyme » de Pessoa, Bernardo Soares, qui a définitivement choisi de rêver sa vie plutôt que de la vivre, à l'image de Pessoa lui-même. On doit à ce dernier hétéronyme *Le Livre de l'intranquillité*, chef-d'œuvre de la littérature mondiale, livre inclassable en forme de recueil d'aphorismes et de réflexions. Publiés plus de quarante ans après sa mort, ces feuillets retrouvés presque par hasard au fond d'une malle vont marquer un tournant dans la littérature portugaise des années 1980.

JOSÉ SARAMAGO, NOBEL DE LITTÉRATURE EN 1998
Né à Azinhaga, près de Santarém, José Saramago (1922-2010) a vécu dès l'âge de 3 ans à Lisbonne. Il y exerça différents métiers (mécanicien, dessinateur, employé à la Sécurité sociale, éditeur, traducteur, journaliste) avant de publier son premier roman en 1947 *(Terra do Pecado)*. Il travailla ensuite dans une maison d'édition et fut critique littéraire de la revue *Seara Nova*. Son deuxième livre, *Les Poèmes possibles*, ne parut qu'en 1966, et ses grands succès littéraires datent surtout des années 1980 : *Le Dieu manchot* (1982), qui retrace la construction du couvent de Mafra, *L'Année de la mort de Ricardo Reis* (1984), consacré à Pessoa, *Le Radeau de pierre* (1986), *Histoire du siège de Lisbonne* (1989), *L'Évangile selon Jésus-Christ* (1991) et *L'Aveuglement* (1998).

(1919-2004), Manuel Teixeira Gomes *(Lettres sans aucune morale)*, **Eugénio de Andrade**, auteur d'une des œuvres poétiques les plus importantes de l'après-guerre, **António Osório** *(Nature du pollen)*, Pedro Tamen *(Maître es sanglots)* et Jorge de Sena (1919-1978), qui écrit aussi des romans.

Le renouveau des lettres portugaises

Après la révolution de 1974 et plus encore dans les années 1980, la littérature portugaise a connu un autre renouveau notamment avec les écrivains **Lídia Jorge** *(Le Rivage des murmures)*, **José Saramago** qui, à travers ses romans *(voir encadré)*, brasse les grands mythes de l'histoire du Portugal, **António Lobo Antunes** qui, de son écriture crue, revisite aussi l'identité portugaise *(Le Cul de Judas, Exhortation aux crocodiles, Le Retour des caravelles)*.
Mentionnons également **Nuno Júdice** dont l'œuvre est surtout poétique (*Théorie du sentiment, Un champ dans l'épaisseur du temps*), **Eduardo Lourenço**, philosophe et essayiste *(Mythologie de la saudade)*, et **Almeida Faria** qui chante la mémoire, l'exil et la nostalgie.

L'apport des anciennes colonies

Les anciennes colonies portugaises apportent une notable contribution à la littérature lusitanienne : le Brésil avec **Jorge Amado** (1912-2001) et **Guimarães Rosa**, l'Angola avec sa tradition de conteurs : **Luandino Vieira** *(Autrefois dans la vie, Nous autres de Makulusu)*, **Pepetela** *(Yaka)* et **José Eduardo Águalusa**. Au Mozambique, la poésie et le conte ont leurs dignes représentants avec **Mia Couto** *(La Véranda au frangipanier)* et **Luís Carlos Patraquim**. Au Cap-Vert, le philologue **Baltazar Lopes** *(Chiquinho)* et le conteur **Manuel Lopes** *(Les Victimes du vent de l'est)* témoignent de la richesse littéraire de l'archipel.
Voir aussi nos rubriques « Littérature » et « Poésie » p. 38.

Un cinéma original

Dans les années 1930 et 1940, le cinéma portugais s'épanouit autour de thèmes populaires, de films ruraux ou de comédies de mœurs dont les principales vedettes sont Beatriz Costa et António Silva. Puis l'idéologie salazariste prime avec le réalisateur quasi officiel António Lopes Ribeiro. Le « Cinema Novo » gagne alors une reconnaissance internationale. La jeune génération perpétue aujourd'hui la tradition de ce cinéma d'auteur indépendant.

VERS UN CINÉMA D'AUTEUR

À partir des années 1950, les réalisateurs portugais se distinguent par leur créativité et leur indépendance. Les ciné-clubs se multiplient et une élite intellectuelle et artistique émerge. Néanmoins, celle-ci souffre de la censure du gouvernement. Pendant cette période, les comédies se font rares.

Au cours des années 1960, de jeunes Portugais font leurs études cinématographiques en France et en Grande-Bretagne. Les réalisateurs les plus connus sont **Paulo Rocha**, qui a été l'assistant de Jean Renoir, **Fernando Lopes** *(Belarmino)* et **António de Macedo** *(Domingo à Tarde)*.

Le « Cinema Novo »

Paulo Rocha se signale par son film *Os Verdes Anos (Les Vertes Années)* en 1963, qui marque la rupture avec les œuvres de la dictature et inaugure le « Cinema Novo », équivalent de la Nouvelle Vague française. Après avoir travaillé quelques années au Japon *(L'Île des amours)*, il continue sa carrière au Portugal *(Fleuve d'or)*. La plupart des réalisateurs portugais reviennent au pays à la fin de leurs études. C'est aussi la période post-révolution des Œillets : les réalisateurs tournent des films influencés par le militantisme et la politique, dans la lignée de *O Recado (Le Message)*, réalisé par **José Fonseca e Costa** alors que la dictature sévit toujours. Se distinguent aussi **António Reis** *(Jaime)*, **António Pedro de Vasconcelos** *(O Lugar do Morto)* et **Lauro António** *(La Brume de l'aube)*.

La nouvelle génération de cinéastes

Depuis les années 1980, la nouvelle génération de réalisateurs continue à faire preuve d'une grande originalité, donnant au cinéma portugais les caractéristiques d'un cinéma d'auteur. Parmi eux on peut citer Joaquim Pinto, également producteur important du cinéma indépendant, **João Mário Grilo** *(O Processo de Rei, Longe da Vista, O Fim do Mundo)*, **João Botelho** *(Um Adeus Português, Três Palmeiras, Tráfico)*, **João César Monteiro** *(Souvenirs de la maison jaune, La Comédie de Dieu, Va-et-vient)*, **Pedro Costa** *(O Sangue, Ossos, Dans la chambre de Vanda)*, **Teresa Vilaverde** *(Os Mutantes, Eau et Sel)*, **Luís Rocha** *(Adeus Pai)*, **Joaquim Sapinho** et **Manuela Viegas** *(Corte de Cabelo, Glória)*.

L'actrice **Maria de Medeiros** s'est aussi lancée dans la réalisation avec son film *Capitaines d'avril* évoquant les événements de la révolution des Œillets.

LA RENCONTRE DU CINÉMA ET DE LA LITTÉRATURE

Le cinéma portugais doit sa notoriété internationale à l'extraordinaire personnalité de **Manoel de Oliveira**, né en 1908. Son premier long-métrage, *Aniki Bobo*, est dédié à sa ville natale, Porto, où il a tourné dès 1931. Pendant la dictature salazariste, Oliveira produira très peu. C'est à partir des années 1980 qu'il réapparaît sur la scène cinématographique portugaise. Associé à **Paulo Branco**, actuellement le plus important producteur portugais, Oliveira réalise, depuis, près d'un film par an. Il laisse une large part à l'imagination et s'inspire surtout de la littérature, qu'elle soit portugaise, avec les œuvres de Camilo Castelo Branco (*Amour de perdition*, *Le Jour du désespoir*, une biographie de l'écrivain), de Agustina Bessa Luís (*Francisca* d'après *Fanny Owen*, *Le Val Abraham*, *Le Couvent* d'après *Les Terres du risque*, *Party*, dont elle a signé les dialogues), italienne (*La Divine Comédie* d'après Dante)

Concert de fado dans le Bairro Alto, à Lisbonne.
B. Gardel/hemis.fr

ou française (*Le Soulier de satin* d'après Claudel, Lion d'or spécial au Festival de Venise en 1985, *La Lettre*, adaptation de *La Princesse de Clèves* de Mme de Lafayette, prix du Jury du Festival de Cannes en 1999).

À ses acteurs de prédilection, Luís Miguel Sintra et Leonor Silveira, se joignent au cours du temps des stars internationales : Irène Papas, Chiara et Marcello Mastroianni, Catherine Deneuve, John Malkovich et Michel Piccoli. Toujours en activité – en 2010, il présente à Cannes *L'Étrange Affaire Angélica* –, Manoel de Oliveira est le seul cinéaste vivant ayant réalisé des films du temps du cinéma muet.

LISBONNE, VILLE RÊVÉE DES CINÉASTES

Sept collines, des maisons colorées, des impasses, recoins et jardins, des perspectives tous azimuts, une lumière si particulière et surtout une ambiance de ville à la fois en mouvement et arrêtée dans le temps… Lisbonne semble faite pour le cinéma. En tout cas elle est depuis longtemps source d´inspiration pour nombre de réalisateurs étrangers et portugais. Le Suisse Alain Tanner y est venu filmer *Dans la ville blanche*, où Lisbonne tient le rôle principal. *Lisbonne Story* de Wim Wenders raconte l´histoire d'un preneur de son à la recherche d´un ami qui finit par se perdre lui-même dans cette ville propice aux errances.

D´autres réalisateurs étrangers comme Robert Krammer ou Aleksandr Sokourov y ont aussi trouvé matière à leur travail. Chez les cinéastes portugais, la capitale a également joué un rôle essentiel pendant la période du « Cinema Novo » (*Les Vertes Années* de Paulo Rocha et *Belarmino* de Fernando Lopes).

De son côté, João César Monteiro, disparu en 2003, s'est révélé être un des meilleurs portraitistes de sa ville. Son personnage, l'inénarrable et iconoclaste João de Deus, déambule dans Lisbonne, amenant le spectateur à la rencontre de personnages locaux hauts en couleur tandis que de longs plans-séquences dans des lieux clefs de la cité en dessinent une géographie très personnelle et inclassable. Depuis quelques années, certains réalisateurs de la nouvelle génération préfèrent filmer la ville depuis ses coulisses et ses arrière-salles ou aller en périphérie, dans l'envers du décor. Ainsi Teresa Vilaverde *(Les Mutants)*, Pedro Costa (*Dans la chambre de Vanda*, une plongée dans la vie des toxicomanes du quartier pauvre de Fontainhas) ou Bruno de Almeida, Portugais d'origine installé à New York (*The Lovebirds*, sur le thème du labyrinthe émotionnel que peut être Lisbonne la nuit) donnent à voir une autre réalité de la ville.

Voir notre sélection de films p. 39.

La musique au rythme du fado

ORIGINES

Mélopée dérivée des poésies chantées par les troubadours du Moyen Âge, chant d'origine mauresque ou afro-brésilienne, les hypothèses ne manquent pas sur les origines du fado. Il apparaît au Portugal à la fin du 18e s. à la fois sous la forme d'un chant nostalgique de marins et du chant des femmes du quartier populaire de la Mouraria, à Lisbonne. Il se développe au début du 19e s. dans une période agitée par les guerres napoléoniennes et l'indépendance du Brésil. Ces circonstances expliqueraient le succès de ce chant triste dont les principaux thèmes évoquent les fluctuations du sort (son nom viendrait du latin *fatum* : destin).

Le fado acquiert sa popularité à Lisbonne dès 1820 avec la chanteuse **Maria Severa**. En 1833 s'ouvrent les premières maisons de fado. À partir de 1870, les aristocrates l'adoptent et s'exercent à exprimer leurs émotions romantiques à travers ces chants. À la fin du siècle, le fado devient un genre littéraire et les grands poètes et écrivains du moment s'y essaient. Dans le roman apparaît le personnage du *fadista* qui traîne de maison de fado en maison de fado en buvant et en écoutant ces airs nostalgiques, les yeux mi-clos dans un nuage de fumée. Au début du 20e s., le fado sert de support aux luttes idéologiques.

Amália Rodrigues, avec une voix incomparable et un choix de textes de qualité, a dépassé les frontières. Considérée comme la plus grande interprète de ce style, elle a conféré au fado une gloire internationale telle qu'il est devenu le symbole du Portugal et de sa *saudade*.

Ces dernières années, le fado a trouvé un nouveau souffle à

LA SAUDADE

Un mal qui fait du bien, un bien qui fait du mal : c'est ainsi que Camões qualifiait la *saudade*. Le mot, sans équivalent dans d'autres langues, désigne un sentiment qui pour beaucoup caractérise l'« âme » portugaise. Le fado est une forme d'expression privilégiée de la *saudade*, qui « avant d'être pensée, a été chantée » comme l'affirme l'essayiste Eduardo Lourenço. Le fado parle des amours inaccomplies, des départs, des ruptures, des difficultés de la vie, d'un destin contre lequel on ne peut rien. Néanmoins, cette fatalité et ce chagrin chantés dans le fado expriment parfaitement le sentiment contradictoire qui constitue la *saudade* : une mélancolie joyeuse, la douceur d'exprimer une douleur, une souffrance qui se contente et se satisfait d'elle-même…

MUSIQUE, MUSIQUES

Loin de se cantonner au fado, l'offre musicale au Portugal déborde largement les genres et les frontières, voire les océans. La présence d'importantes communautés, brésilienne et cap-verdienne notamment, et le lien que constitue la langue portugaise à travers le monde, font de Lisbonne et, dans une moindre mesure de Porto, des scènes actives pour les musiques du monde. En outre, le développement des festivals et des salles de qualité à la programmation variée, surtout à Lisbonne, comblent tous les amateurs : classique, jazz, rock, électro, etc.

travers des artistes qui utilisent exclusivement ou ponctuellement ce style : Camané, Filipa Pais, Marta Dias, Mísia, Paulo Bragança, Sofia Varela, Mariza, Bevinda (qui chante le « fado de Paris »), Cristina Branco et la chanteuse du célèbre groupe Madredeus, Teresa Salgueiro.
En outre, la scène du fado se renouvelle avec Katia Guerreiro et Anna Moura, la référence du moment.

Voir notre sélection de disques p. 39.

PRATIQUE DU FADO

Le chanteur *(fadista)*, souvent une femme, est accompagné par un ou deux joueurs de viole *(guitarra portuguesa)*. Cet instrument né au Portugal, dont l'un des plus grands maîtres fut Carlos Paredes, est utilisé exclusivement pour accompagner le *fadista*, ou comme instrument soliste. Il diffère de la guitare espagnole *(viola)* par sa forme plus ovale et par le nombre de ses cordes (douze au lieu de six), qui lui permettent davantage de nuances dans les tonalités et un son plus aigu. Le *fadista*, souvent vêtu de noir, se tient droit, la tête rejetée en arrière, les yeux mi-clos, et frappe par la force de sa voix souvent grave.

L'évolution de ce type de musique est à l'origine de quelques tentatives pour créer un « fado gai » au rythme varié ; ce nouveau style est controversé par certains amateurs. Le fado de Lisbonne, considéré comme presque pur, serait plus proche des origines que le fado de Coimbra, chanté uniquement par des hommes portant les grandes capes noires des étudiants. Ce dernier raconte traditionnellement les aventures des étudiants avec les femmes du peuple.

OÙ L'ÉCOUTER

À Lisbonne, des spectacles de fado sont donnés tous les soirs dans les quartiers de l'Alfama et du Bairro Alto. Malheureusement, nombre de maisons de fado sont devenues extrêmement touristiques et le chant y perd un peu de son âme. Parfois, dans un petit restaurant, on peut avoir la chance de trouver des *fadistas* amateurs qui chantent pour leur plaisir… et le nôtre.

Pour tout savoir sur le fado, visitez la Casa-Museu Amália Rodrigues (voir p. 168) et la Casa do Fado e da Guitarra Portuguesa (voir p. 142), à Lisbonne. Vous trouverez dans les pages « Nos adresses à Lisbonne » les coordonnées de maisons de fado.

Art et architecture

L'inspiration maritime et exotique de l'art manuélin, l'exubérance baroque de la « talha dourada », l'art décoratif renouvelé de l'azulejo, la créativité de l'art populaire... une sensibilité artistique originale, visible dans d'autres domaines encore, semble s'exercer au Portugal. Elle se perpétue aujourd'hui chez les plasticiens ou dans l'architecture moderne. Ce très riche patrimoine reste par ailleurs encore largement méconnu.

L'art portugais

DE LA PRÉHISTOIRE AU HAUT MOYEN ÂGE

Quelques **sites préhistoriques** – gravures rupestres de la vallée du Côa *(p. 586)*, mégalithes autour d'Évora *(p. 300)* – ou protohistoriques, comme celui de Briteiros (datant de l'âge du fer) et quelques **ruines romaines** à Conímbriga *(p. 417)*, Évora *(p. 294)* et Tróia près de Setúbal *(p. 220)* retiennent l'amateur d'archéologie. De petites **églises préromanes** rappellent les influences qui se sont succédé dans la péninsule Ibérique, venues du nord ou de l'est : wisigothique (São Pedro de Balsemão près de Lamego, Santo Amaro à Beja), mozarabe (São Pedro de Lourosa à Oliveira do Hospital, dans la Serra da Estrela) et byzantine (São Frutuoso près de Braga). Mais c'est au 11e s., avec l'accession du pays à l'indépendance, que l'art portugais trouve son style propre.

LE MOYEN ÂGE (11e-15e S.)

L'art roman

Entre France et Galice – Importé de France par des chevaliers bourguignons, et des moines de Cluny et de Moissac, il n'a pénétré que tardivement au Portugal (11e s.) et a gardé dans l'ensemble les traits du roman français. Mais le rayonnement de Saint-Jacques-de-Compostelle lui a donné dans le nord du pays, où il est le mieux représenté, un style plutôt galicien encore accentué par l'emploi du granit. D'où aussi l'aspect massif et fruste des édifices : les chapiteaux montrent la résistance que ce matériau offre au ciseau du sculpteur.

Des cathédrales aux allures de forteresses – Les cathédrales, souvent édifiées par des architectes français, de préférence sur une éminence au centre de la cité, ont été construites en même temps que les châteaux forts pour soutenir l'action contre les musulmans, d'où leur allure de forteresses si visible dans les cathédrales de Coimbra, Lisbonne, Évora, Porto et Braga. Les églises de campagne, plus tardives, présentent des portails parfois richement sculptés. L'intérieur, où apparaissent souvent l'arc brisé et la voûte d'arêtes, a été transformé par des adjonctions manuélines ou baroques.

L'art gothique

Les grands monastères – Alors que le style roman s'était épanoui dans le nord du pays avec la construction de cathédrales et de chapelles, l'art gothique s'est développé à la fin du 13e s. dans

Les voûtes gothiques du monastère des Hiéronymites, à Belém (Lisbonne).
Ph. Renault/hemis.fr

les régions calcaires de Coimbra et de Lisbonne avec l'éclosion de grands monastères. Les églises, à trois nefs avec abside et absidioles polygonales, conservent encore les proportions et la sobriété de l'art roman. Le **monastère d'Alcobaça** *(p. 256)*, reflet de l'ancienne abbaye de Clairvaux en France, a servi de modèle pour les cloîtres cisterciens (14e s.) des cathédrales de Coimbra, Lisbonne et Évora. Le gothique flamboyant, qui fut de brève durée, a trouvé sa meilleure expression dans le **monastère de Batalha** *(p. 261)*, bien que celui-ci ait été achevé à l'époque manuéline.

Les tombeaux sculptés – La sculpture gothique s'est développée au 14e s. dans l'art tumulaire (ou tombal), négligeant la décoration des tympans et des portails ; les chapiteaux et les corniches n'ont guère reçu que des décors géométriques ou végétaux, à l'exception de quelques animaux stylisés ou de rares sujets humains (chapiteaux du monastère de Celas, à Coimbra).

L'art tumulaire s'est épanoui à partir de trois foyers : Lisbonne, Évora et, surtout, Coimbra dont l'influence, sous la direction de **Maître Pero**, s'étendit sur le nord du Portugal, en particulier à Porto, Lamego, Oliveira do Hospital et São João de Tarouca. Les plus beaux tombeaux, ceux d'Inès de Castro et de Pierre Ier au monastère d'Alcobaça, ont été sculptés dans le calcaire. Le rayonnement de Coimbra persista au 15e s., avec **João Afonso** et **Diogo Pires le Vieux** ; un second centre se créa à Batalha sous l'inspiration du **maître Huguet** (tombeaux de Jean Ier et de Philippa de Lancastre). La **statuaire**, influencée par l'art français, en particulier à Braga, est caractérisée par la finesse des détails, le réalisme des têtes et la douceur de l'expression.

L'architecture militaire

Pour lutter contre les musulmans, puis contre les Espagnols, les Portugais édifièrent de nombreux châteaux forts qui constituent un des éléments marquants du paysage. Les premiers jalonnent les étapes successives de la Reconquête, les seconds, édifiés du 13e au 17e s., gardent les voies de passage les plus fréquentées.

La plupart, bâtis au Moyen Âge, ont un air de famille avec leur double enceinte entourant le donjon *(torre de menagem)*, carré, massif, couronné de merlons pyramidaux où l'on reconnaît un ultime rappel de l'influence musulmane.

LA PÉRIODE MANUÉLINE

Le style manuélin marque, au Portugal, la transition du gothique à la Renaissance. Son nom, qui lui a été donné au 19e s., rappelle que ce style s'épanoui sous le règne de **Manuel Ier**. En raison de son originalité, il est, malgré sa brièveté (1490-1520), d'une importance capitale dans l'histoire de l'art portugais.
Il reflète tout naturellement la passion de la mer et des territoires lointains récemment découverts, et manifeste la puissance naissante et la richesse qui s'installent sur les bords du Tage.

Une architecture tournée vers le large

Les églises demeurent gothiques par leur plan, la hauteur de leurs piliers et le réseau de leurs nervures; mais la nouveauté et le mouvement apparaissent dans les piliers qui se tordent en spirale. Les arcs triomphaux accueillent des moulures représentant des câbles marins. Les voûtes, d'abord sur simples croisées d'ogives, reçoivent de grosses nervures en relief, rondes ou quadrangulaires, dont le dessin se transforme en étoile à quatre pointes; des cordages décoratifs y apparaissent, faisant quelquefois des nœuds; la forme des voûtes évolue, elles s'aplatissent, reposent sur des arcs segmentés; les collatéraux s'élèvent, donnant naissance à d'authentiques églises-halles.

La sculpture

Le style manuélin prend tout son caractère dans la décoration. Les fenêtres, les portes, les rosaces, les balustrades se couvrent alors de rameaux de laurier, de capsules de pavot, de roses, d'épis de maïs, de glands, de feuilles de chêne, de grappes d'ombelles, d'artichauts, de chardons, de perles, d'écailles, de cordages, d'ancres, de globes terrestres, de sphères armillaires et enfin de la croix du Christ qui régnait sur ces ensembles décoratifs.

Les artistes

Boytac, d'origine française, est l'auteur du premier édifice manuélin, l'église de Jésus à Setúbal, et de la cathédrale de Guarda; il a participé à la construction du monastère des Jerónimos (Hiéronymites) à Belém, ainsi qu'à celle de l'église du monastère de Santa Cruz à Coimbra et du monastère de Batalha. Son art évolue dans le sens de la complication : les colonnes torsadées dont il est le spécialiste se recouvrent de feuilles de laurier et d'écailles et sont entrecoupées d'anneaux. Ses portails, élément majeur de l'art manuélin, s'inscrivent dans une composition rectangulaire que bordent des colonnes torses surmontées de pinacles en spirale; au centre de la composition ou au-dessus, sont disposés les emblèmes manuélins : écusson, croix de l'ordre du Christ et sphère armillaire.
Mateus Fernandes donne à Batalha une tournure manuéline. Son art est nettement influencé par l'élégance du style gothique flamboyant. Le décor, surtout composé de thèmes végétaux, géométriques ou calligraphiques, prime sur le volume. Le portail des Chapelles inachevées de Batalha frappe par sa richesse décorative.
Auteur de l'exubérante fenêtre de Tomar, **Diogo de Arruda** est l'artiste le plus original du style manuélin. Chez lui, les thèmes nautiques sont une véritable obsession.
Concepteur de la tour de Belém à Lisbonne, **Francisco de Arruda**

rejette les excès décoratifs de son frère, préférant la sobriété de l'art gothique, qu'il agrémente de motifs mauresques.

Les frères Arruda furent également les « maîtres d'œuvre de l'Alentejo », où ils surent colorer l'art manuélin d'éléments d'art musulman, créant ainsi un style original : la plupart des résidences seigneuriales et des châteaux de cette région ainsi que les palais royaux de Sintra et de Lisbonne sont marqués par ce style « luso-mauresque », caractérisé par l'arc outrepassé, aux moulures très fines, des portes et des fenêtres.

Parallèlement à l'art manuélin, la sculpture portugaise subit à la fin du 15e s. l'influence flamande sous l'impulsion d'**Olivier de Gand** et de **Jean d'Ypres** (leur chef-d'œuvre est le retable en bois de la Sé Velha de Coimbra). Puis **Diogo Pires le Jeune** reprend les thèmes manuélins : la cuve baptismale du monastère de Leça do Balio (1515), près de Porto, en est le meilleur exemple.

Au début du 16e s., plusieurs maîtres, venus de Galice et de Biscaye, exercent leur art dans le nord du Portugal ; ils participent à la construction des églises de Caminha, de Braga, de Vila do Conde et de Viana do Castelo. Leur art tient du gothique flamboyant et du plateresque espagnol.

À partir de 1517, deux artistes de Biscaye, **João** et **Diogo de Castilho**, travaillent successivement à Lisbonne, Tomar et Coimbra ; leur art proche du plateresque s'intègre au style manuélin, comme on peut le voir dans le monastère des Jerónimos à Bélem.

Les arts mineurs

Le goût manuélin se traduit dans les arts mineurs par une exubérance des motifs de décoration, souvent inspirés de l'Orient. L'**orfèvrerie religieuse**, fastueuse aux 15e et 16e s., se ressent de l'exotisme oriental. La **faïence** subit l'influence de la porcelaine chinoise ; le **mobilier** adopte des procédés de décoration venus d'Orient : emploi de laques (Chine) ou de marqueterie de nacre et d'ivoire.

LA PEINTURE DE 1450 À 1550

Les peintres portugais, plus tardivement que les architectes et les sculpteurs, traduisent à leur manière la prodigieuse ascension politique du pays, en se dégageant progressivement des influences étrangères.

Les primitifs (1450-1505)

Les premiers peintres subissent franchement l'influence de l'art flamand dont la pénétration au Portugal est favorisée par les relations commerciales étroites entre Lisbonne et les Pays-Bas.

Seul **Nuno Gonçalves**, auteur du célèbre polyptyque de l'Adoration de saint Vincent (au musée d'Art ancien à Lisbonne), a su faire preuve d'originalité ; son tableau évoque, par sa composition, l'art de la tapisserie ; malheureusement, on ne lui connaît guère d'autres œuvres, à l'exception des cartons et tapisseries représentant la prise d'Asilah et de Tanger qui se trouvent dans le trésor de l'église de Pastrana près de Guadalajara en Espagne. Deux copies de ces tapisseries ornent une salle du palais des ducs à Guimarães.

Un grand nombre de « maîtres » anonymes dont le **« maître de Sardoal »** ont laissé de nombreuses œuvres bien représentées dans les musées du pays sous le nom de « primitifs portugais ».

Parmi les peintres flamands venus s'installer au Portugal, **Francisco Henriques** et **Frei Carlos** se distinguent par leurs compositions amples et leur richesse chromatique.

Les peintres manuélins (1505-1550)

Ils créent une véritable école portugaise de peinture caractérisée

par la finesse du dessin, la beauté et la vérité des couleurs, la composition réaliste des arrière-plans, la dimension en grandeur nature des personnages et le naturalisme expressif des visages. Les principaux artistes ont travaillé à Viseu ou à Lisbonne.
L'**école de Viseu** est dirigée par **Vasco Fernandes**, dit « Grão Vasco » (Vasco le Grand) ; les premières œuvres de cet artiste (retable de Lamego) révèlent encore l'influence de la peinture flamande ; son art devient ensuite plus original par son réalisme, la richesse de sa palette et le sens dramatique de la composition (tableaux de la cathédrale de Viseu, aujourd'hui au musée Grão Vasco à Viseu). **Gaspar Vaz** pratique une peinture plus raffinée (tableaux de l'église São João de Tarouca près de Lamego) et, bien que formé à l'école de Lisbonne, réalise ses meilleures toiles dans la région de Viseu. Les deux maîtres ont probablement collaboré au polyptyque de la cathédrale de Viseu.
L'**école de Lisbonne** voit se développer, autour de **Jorge Afonso**, peintre officiel du roi Manuel, l'art de plusieurs peintres de talent. **Cristóvão de Figueiredo**, dont la technique évoque l'impressionnisme (usage de la tache à la place du trait), utilise les noirs et les gris pour représenter les portraits ; son style fut imité par plusieurs artistes (maître de Santa Auta : retable de l'église primitive de la Madre de Deus à Lisbonne). **Garcia Fernandes**, parfois archaïsant, affecte dans ses portraits une certaine préciosité. **Gregório Lopes**, plus dur dans le dessin et le modelé, est le peintre de la vie de cour ; il excelle dans les arrière-plans qui évoquent toujours de façon précise un paysage ou une scène de la vie portugaise (retables de l'église São João Baptista à Tomar) ; son influence est visible chez le maître d'Abrantes, au style cependant déjà baroque.

LA RENAISSANCE

La Renaissance conserve au Portugal ses traits essentiels, venus d'Italie et de France. Elle s'épanouit dans la sculpture à partir de Coimbra, sous l'impulsion d'artistes français.
Dans son style resté fidèle aux principes de la Renaissance italienne, **Nicolas Chanterene** se charge de la décoration du portail nord du couvent des Jerónimos à Belém avant de devenir le principal sculpteur de l'école de Coimbra, où il réalise son chef-d'œuvre, la chaire de l'église de Santa Cruz. **Jean de Rouen** excelle dans l'art des retables et des bas-reliefs. **Philippe Houdart** succède, à partir de 1530, à Chanterene comme grand maître de la statuaire de Coimbra ; on reconnaît ses sculptures à leur réalisme.
L'architecture connaît un essor plus tardif, sous la direction d'architectes portugais. **Miguel de Arruda** introduit à Batalha une note de classicisme à partir de 1533. **Diogo de Torralva** achève le couvent du Christ à Tomar. **Afonso Álvares** assure la transition avec l'art classique en faisant prendre aux édifices un aspect monumental et sobre.

L'ART CLASSIQUE

La période classique voit le succès du style jésuite avec **Philippe Terzi**, architecte italien venu au Portugal en 1576, et **Baltazar Álvares** (1550-1624) ; les églises adoptent un plan rectangulaire, sans transept ni chevet.
La **peinture protobaroque** portugaise, peu connue jusqu'à une date récente, a néanmoins produit de grands artistes. Le maître incontestable de la nature

morte est **Baltazar Gomes Figueira** (1604-1674). Ses œuvres ont été souvent attribuées à sa fille, Josefa de Ayala, appelée **Josefa de Óbidos** *(voir encadré p. 239)*, dont les peintures plus naïves sont débordantes de vie. **Domingos Vieira** (1600-1678) est considéré comme le plus grand peintre portugais du 17e s. Tout comme **André Reinoso** (1610-1641), il a surtout peint des motifs religieux. **Diogo Pereira** (mort en 1658) s'est distingué dans les scènes mythologiques et romantiques, figurant des paysages et des incendies.

Le goût pour les compositions classiques apparaît également dans l'orfèvrerie.

Le 17e s. est par ailleurs la grande époque du **mobilier indo-portugais** dont le secrétaire à incrustations de bois précieux et d'ivoire est l'exemple le plus courant.

L'ART BAROQUE (FIN 17e-18e S.)

Le style baroque doit son nom au mot portugais *barroco* qui désigne une perle irrégulière. Il correspond, dans le domaine de l'art, à l'esprit de la Contre-Réforme qui, aux 16e et 17e s., pour combattre les hérésies, opposa à l'austérité protestante les séductions d'un art fastueux et populaire au service de la foi catholique.

Une architecture flamboyante

Opposé aux dispositions symétriques de l'art classique, le baroque manifeste un sens du mouvement, du volume et de la profondeur, une prédilection pour les lignes courbes et une recherche de la grandeur.

Au 17e s., l'architecture, à peine libérée de l'influence espagnole imposée par Philippe II, prend un aspect austère et simple sous la direction de **João Nunes Tinoco** et **João Turiano**. Mais dès la fin du siècle, les façades s'animent de festons, de figures d'anges et de jeux de courbes, en particulier à Braga ; **João Antunes** prône l'adoption du plan octogonal pour les édifices religieux (église de Santa Engrácia à Lisbonne).

Au 18e s., le roi Jean V fait appel à des artistes étrangers : l'Allemand **Friedrich Ludwig** et le Hongrois **Mardel**, formés à l'école italienne, importent un art sobre et monumental dont le plus beau chef-d'œuvre est le monastère de Mafra.

Le véritable **baroque portugais** se développe dans le nord du pays, tant dans les églises que dans les constructions civiles ; l'esthétique des façades est soulignée par le contraste des murs blancs, crépis à la chaux, avec les pilastres et les corniches de granit qui les entourent. À Porto, **Nicolau Nasoni** *(voir encadré p. 479)*, d'origine italienne, orne les façades de motifs floraux, de palmes et de draperies. À Braga, l'architecture évolue vers le rococo (palais du Raio, église≈Santa Maria Madalena à Falperra).

La décoration

Les azulejos *(voir p. 81)* et la **talha dourada** connaissent alors une grande faveur. Cette dernière expression désigne les bois dorés qui ornent l'intérieur des églises et, à partir de 1650, le retable du maître-autel ; celui-ci est alors en bois sculpté, puis doré. Au 17e s., le retable ressemble à un portail : de chaque côté de l'autel, que surmonte un trône à plusieurs degrés, se dressent des colonnes torses ; des motifs décoratifs (pampres, grappes, oiseaux, angelots, etc.) en haut relief se multiplient. Cette décoration servait surtout à encadrer des peintures de maîtres.

Au 18e s., le retable prend souvent des proportions démesurées et envahit le plafond et les murs du chœur. Son ordonnance se modifie : des entablements à fronton brisé coiffent les colonnes accompagnées d'atlantes ou de statues. Il est surmonté d'un baldaquin. L'espace tout entier est envahi par une débauche de sculptures.

La statuaire

La plupart du temps en bois, les statues se disséminent dans la multitude des retables qui ornent les églises. Au 18e s., la statuaire est en grande partie tributaire des écoles étrangères : à Mafra, l'Italien **Giusti** forme de nombreux sculpteurs portugais dont **Machado de Castro** ; à Braga, Coimbra et Porto, **Laprade** représente l'école française. Cependant à Arouca, le Portugais **Jacinto Vieira** donne à ses œuvres un style personnel très vivant.
Venu d'Italie du Sud, le goût pour les **crèches** *(presépios)* baroques se développe. Au Portugal, elles sont plus populaires (leur composition s'inspire des pèlerinages traditionnels), mais ne manquent pas de valeur artistique ; les figurines, en terre cuite, sont souvent l'œuvre de **Machado de Castro**, **Manuel Teixeira** ou **António Ferreira**.
Le talent des sculpteurs baroques se manifeste également dans les innombrables **fontaines** qui parsèment le Portugal et plus particulièrement la région du Minho. Le monumental escalier de Bom Jesus, près de Braga, est en fait constitué d'une succession de fontaines de style rococo.

La peinture

Elle est représentée par **Vieira Lusitano** (1699-1783) et surtout **Domingos António de Sequeira** (1768-1837), portraitiste et dessinateur remarquable.

DE LA FIN DU 18e S. AU 19e S.

L'architecture

La seconde moitié du 18e s. voit le retour aux formes classiques avec les œuvres de **Mateus Vicente** (1747-1786) à Queluz, de **Carlos da Cruz Amarante** et des architectes lisboètes dont **Eugénio dos Santos**, qui crée le style « pombalin ».
À la fin du 19e s., le courant romantique affectionne les styles « néos » ; le néomanuélin, évocation de la période prestigieuse des Grandes Découvertes, triomphe avec le château de Pena à Sintra, le palace-hôtel de Buçaco et la gare du Rossio à Lisbonne. À la même époque, les façades des maisons se couvrent d'azulejos.

La sculpture

Soares dos Reis (1847-1889) tente de traduire la *saudade* (nostalgie) portugaise ; **Teixeira Lopes** (1866-1918), son élève, dévoile une technique élégante, en particulier pour les bustes d'enfants.

La peinture

Les peintres portugais découvrent le naturalisme de Barbizon : **Silva Porto** (1850-1893) et **Marques de Oliveira** (1853-1927) appartiennent au mouvement naturaliste tandis que **José Malhoa** (1855-1933), peintre des fêtes populaires, et **Henrique Pousão** (1859-1884) se rapprochent de l'impressionnisme ; **Sousa Pinto** (1856-1939) excelle dans les pastels ; enfin, **Columbano Bordalo Pinheiro** (1857-1929), frère du célèbre céramiste, est réputé pour ses portraits et ses natures mortes.

LES 20e-21e S.

Une architecture moderne et novatrice

L'Art nouveau a un certain succès à Lisbonne, Coimbra et Leiria. Le style Art déco voit l'une de ses plus

Inauguré en 1998, le pont Vasco-de-Gama franchit le Tage à Lisbonne.
S. Torrione/hemis.fr

belles réalisations dans la Casa Serralves à Porto. Dans les années 1930, l'architecte **Raul Lino** réalise la Casa dos Patudos à Alpiarça *(près de Santarém, voir p. 236)*.

Les années 1950 marquent un tournant avec la construction de logements sociaux et d'édifices comme le musée Gulbenkian.

L'**école de Porto** se signale par son modernisme, son inventivité, son élégance et son attention au patrimoine historique. De son fondateur, **Fernando Távora** (1923-2005), citons les travaux d'aménagement du couvent de Refóios do Lima et ceux du couvent d'Oliveira à Guimarães, converti en *pousada*. La transformation en *pousada* d'un autre couvent, celui de Santa Maria do Bouro, a été conçue par **Eduardo Souto Moura** (né en 1953), architecte lui aussi lié à cette école. **Álvaro Siza** (né en 1933), le plus renommé des architectes portugais, est l'auteur d'importantes réalisations, comme le musée d'Art contemporain de Porto (1999), le pavillon du Portugal de l'Exposition universelle (1998), ou encore la réhabilitation du quartier du Chiado à Lisbonne, en partie détruit par l'incendie de 1988, dans le respect attentif du patrimoine historique.

L'**école de Lisbonne** est plus controversée. Parmi ses architectes, citons **Tomás Taveira**, qui a conçu les tours postmodernes des Amoreiras dans la capitale – principal événement architectural des années 1980 –, Egas José Vieira ou Manuel Graça Dias.

Plusieurs réalisations architecturales ont vu le jour en 1998, à l'occasion de l'Exposition universelle de Lisbonne *(voir « Parc des Nations », p. 152)*. Cet événement a également engendré une opération d'urbanisme d'envergure : création de la superbe gare ferroviaire d'Oriente, construction du pont Vasco-de-Gama, transformation du quartier d'Olivais au nord-est de la ville et réhabilitation des berges du fleuve.

La sculpture

Francisco Franco (1885-1955) fut le représentant de la sculpture officielle, celle des monuments commémoratifs très appréciés sous Salazar. Plus récemment, **João Cutileiro** s'est fait connaître par l'originalité de ses statues (le roi Sébastien à Lagos, Camões à Cascais, monument célébrant la révolution des Œillets dans le parc Eduardo VII à Lisbonne), tandis que les artistes contemporains **José Pedro Croft**, **Rui Sanches** et **Rui Chafes** se définissent comme des sculpteurs plus conceptuels. **Croft** (né en 1957), qui a d'abord commencé à travailler la pierre puis le bronze, détourne aujourd'hui les objets quotidiens de leurs fonctions d'origine.

Le bois et les agglomérés sont à la base des créations de **Sanches** (né en 1954), dont le travail questionne la perception du corps humain. **Rui Chafes** (né en 1965) fait un travail de sculpture violent et exalté.

L'œuvre de **Pedro Cabrita Reis** (né en 1956) a évolué du dessin et de la peinture vers la sculpture et l'installation. Ses réalisations sont marquées par l'affirmation du monumental ou encore par la subordination absolue de l'espace utilisé. Il a représenté le Portugal à la Biennale de Venise de 2003.

La peinture de la première moitié du 20e s.

La peinture portugaise du début du 20e s. s'était en partie figée dans le naturalisme ; seuls quelques artistes suivirent l'évolution générale de la peinture ; à Paris, **Amadeo de Souza Cardoso** (1887-1918), ami de Modigliani, assimila les leçons de Cézanne. En constante recherche, il fut influencé par les mouvements artistiques de l'époque, du cubisme au dadaïsme, en passant par le futurisme, l'abstraction et l'expressionnisme. Avec une peinture haute en couleur, Amadeo de Souza est une figure très importante de l'art moderne portugais. Quant à son ami **Santa Rita** (1889-1918), mort prématurément, il apporta une contribution importante au mouvement futuriste portugais.

Figure majeure de la scène artistique et intellectuelle portugaise, **José de Almada Negreiros** (1893-1970) fut le principal protagoniste du mouvement futuriste. Il marqua aussi la naissance du modernisme au Portugal avec son *Manifesto anti-Dantas*, une réponse au critique Júlio Dantas qui avait attaqué la toute récente revue *Orpheu*, créée par Almada Negreiros et Fernando Pessoa, entre autres. Dessinateur de talent, il se dédia principalement à la peinture, qui était selon lui le « chemin naturel vers lequel le dessin conduit ». Entre 1943 et 1949, il réalisa les grandes fresques des gares maritimes de Alcântara et de Rocha do Conde de Óbidos, à Lisbonne.

Les artistes contemporains

Plusieurs artistes portugais sont partis vivre ou étudier à l'étranger pendant la dictature salazariste. Proche de l'école de Paris, ville où elle résida à partir de 1928, **Maria Helena Vieira da Silva** (1908-1992), épouse du peintre hongrois Arpad Szenes *(voir à Lisbonne, « Fondation Arpad Szenes-Vieira da Silva », p. 169)*, recrée un espace imaginaire, et l'on retrouve parfois dans ses compositions la juxtaposition et les tons des azulejos, tout comme chez **Manuel Cargaleiro** (né en 1927), surtout connu au Portugal et à l'étranger pour son travail de céramiste.

Júlio Pomar (né en 1926), installé en France depuis 1963, est un artiste polyvalent aussi bien dans les thèmes – protestation politique, tauromachie, nature morte, portrait, œuvre érotique – que dans les techniques – peinture, gravure, dessin, sculpture, « assemblages », azulejo, tapisserie.

Paula Rego (née en 1935) vit et travaille à Londres. Avec une peinture principalement figurative et narrative, « ses tableaux commencent par une histoire, un événement, un titre ». Influencée par le Pop Art, Rego introduit le collage dans son travail, technique qu'elle utilise jusqu'aux années 1980. En 1990, elle devient « artiste associée » à la National Gallery de Londres, où elle conçoit une série d'œuvres liées à cette collection.
Citons aussi **Lourdes Castro** (peintre), **José de Guimarães** (peintre et sculpteur), **Alberto Carneiro** (installations), **Graça Morais**, **Pedro Calapez** (abstraction et formes volumétriques), **Pedro Casqueiro** (abstraction), **Álvaro Lapa** et **Julião Sarmento**. Ce dernier (né en 1948), créateur multifacette, est le premier artiste portugais invité à présenter son travail à la « Documenta » de Kassel, en Allemagne. Son parcours cohérent avec la réalité artistique internationale fait de lui une référence pour les plus jeunes artistes. Outre la peinture, Sarmento utilise la photographie et l'illustration.
Au début des années 1980, un groupe d'artistes organise le Grupo Homeostético, dont fait partie **Pedro Portugal**, mais aussi Xana, Manuel Vieira, Ivo et Fernando Brito et **Pedro Proença**. Ce groupe, présenté par un manifeste, organise des expositions et des initiatives collectives.
Parmi la jeune génération, citons Francisco Tropa, Rui Toscano, Rui Moreira, Rui Patalho (né au Mozambique) et **João Onofre,** qui utilise principalement la vidéo et dont le travail a déjà été exposé à la nouvelle Tate Gallery de Londres.
Vous pourrez retrouver les œuvres de ces artistes au Centre d'art moderne José de Azeredo Perdigão à Lisbonne.

L'architecture populaire

LES MAISONS RURALES

Porto et le Nord

Le matériau le plus utilisé est le granit. Les maisons sont massives, recouvertes de tuiles. Les cheminées sont très petites, voire inexistantes, et la fumée s'échappe par les interstices du toit, la porte ou les fenêtres. L'escalier extérieur débouche sur un balcon de bois ou de pierre, ou sur une véranda qui peut se transformer en pièce d'habitation.
Dans le Trás-os-Montes, c'est le schiste qui prime et les maisons sont couvertes d'ardoises.
Dans la vallée du Douro, à côté des maisons paysannes, vous pourrez admirer les manoirs *(solares)* et les domaines *(quintas)* des propriétaires terriens, souvent blanchis à la chaux.

Lisbonne et le Centre

Le calcaire donne aux habitations une allure plaisante ; la façade s'orne souvent de corniches et de stucs ; l'escalier extérieur disparaît.

Alentejo

Pour lutter contre la luminosité et la chaleur de l'été, on a bâti des maisons très basses, sans étage, aux murs blanchis à la chaux, et réduit les dimensions des ouvertures. Cependant, les rigueurs de l'hiver ont obligé à ériger une énorme cheminée, souvent rectangulaire ou cylindrique (à Mourão). Le matériau de construction utilisé varie selon les régions ; c'est en général de la *taipa* (argile séchée) ou de l'*adobe* (boue et paille coupée mélangées, séchées au soleil), couramment employé autrefois par les musulmans. On se sert également de brique, surtout pour la décoration (cheminées, créneaux, vérandas), ou de marbre autour d'Estremoz. Les encadrements de portes et de fenêtres peuvent être peints en bleu, rose ou orange.

Algarve
La maison basse, blanchie à la chaux, est composée généralement de plusieurs blocs juxtaposés. Le toit de tuiles rondes est parfois remplacé, dans l'Est, par une terrasse, utilisée pour récupérer l'eau de pluie ou faire sécher le poisson et les fruits. Elle donne à Olhão et Fuseta l'aspect des villes d'Afrique du Nord. À la terrasse se substitue exceptionnellement un toit à quatre pans recourbés *(telhado de tesouro)* que certains attribuent à l'influence chinoise ; ce système est encore bien conservé à Faro, Tavira et Santa Luzia. Les portes sont surmontées d'arcs et de voussures. Les cheminées, fines et élégantes, sont délicatement ajourées et couronnées d'une boule, d'un fleuron, d'un vase ou d'un ornement curieux (lance, faux) ; elles sont peintes en blanc ou utilisent les combinaisons décoratives de la brique.

QUELQUES ÉLÉMENTS D'URBANISME TRADITIONNELS

Les trottoirs
Dans tout le pays, les trottoirs et les places sont recouverts de belles compositions dessinées par l'alternance des pavés de basalte noir, de grès doré, de calcaire blanc et de granit gris. Ce sont les **empedrados** *(voir encadré)*.

Les greniers à grain
Très répandus dans le Minho, les greniers à grain *(espigueiros)*, dont les plus beaux exemples se trouvent à Lindoso et Soajo (Parc national de Peneda-Gerês), sont des constructions de granit sur pilotis. On y sèche le maïs, des fentes de ventilation étant ménagées dans les parois de granit. Les croix qui les surmontent évoquent le caractère sacré du grain.

Les moulins *(moinhos)*
Le Portugal comptait plus de 2000 moulins à vent il y a encore une quinzaine d'années, mais la plupart ont été laissés à l'abandon et tombent aujourd'hui en ruine. On en aperçoit encore sur les crêtes des collines autour de Nazaré, d'Óbidos et de Viana do Castelo. Le type de moulin le plus répandu est le moulin méditerranéen formé d'une tour cylindrique en pierre ou en terre battue qui supporte une coupole conique à laquelle est fixé un mât porteur de quatre voiles triangulaires.

Les piloris *(pelourinhos)*
Au centre des petites villes et des villages se dresse le pilori où l'on exposait autrefois les brigands. Au Moyen Âge, le pilori devint le symbole du municipalisme

LES EMPEDRADOS
Les *empedrados*, ces pavements constitués de petits cubes de calcaire blanc et de basalte noir, composent une véritable marqueterie de pierre. Le répertoire des frises est inépuisable : figures marines, armes de la ville, symboles historiques, dessins géométriques et même parfois logos commerciaux. Disposés le long des trottoirs, sur les places et les belvédères comme sur le pas d'une porte, ils sont un peu le pendant horizontal des azulejos. La nuit, leur surface blanche et réfléchissante scintille et illumine la ville. On les retrouve dans toutes les cités du pays, mais aussi à l'autre bout du monde, partout où les Portugais ont laissé trace de leur passage, du Brésil à Macao en passant par le Mozambique. Ce tapis de mosaïque est à lui seul une invitation à la marche. Mais gare à ne pas glisser par temps de pluie…

triomphant ; seuls pouvaient l'ériger ceux qui avaient droit de justice. Ce fut le prélude aux libertés municipales, aussi les trouve-t-on souvent près de la mairie, de la cathédrale ou d'un monastère, tous sièges de juridiction.

Au 12e s., c'était une simple colonne que surmontait la cage où l'on enfermait le malfaiteur. Au fil des ans, la cage perdit de l'importance et on la remplaça par des crochets de fer auxquels étaient enchaînés les contrevenants. La **colonne**, le plus souvent cylindrique, mais parfois prismatique, pyramidale, conique ou torse (au 17e s.), peut être décorée de stries droites ou en spirale, de roses, de disques sculptés, d'écailles, de nœuds ou de figures géométriques. Le **couronnement** est une pièce ornementale qui dérive souvent de la cage primitive : une cage miniature avec colonnettes, une sorte de pomme de pin, un prisme ou tout simplement une plate-forme agrémentée de colonnettes, une sphère lisse ou armillaire (époque manuéline). Il est parfois surmonté de girouettes ou de bras tenant une épée de justice. Dans la région de Bragança, la plupart des piloris se terminent par quatre bras de pierre en croix auxquels sont suspendus les crochets de fer.

Le padrão

C'est un monument public, un mémorial portant la croix et les armes du Portugal, que les explorateurs portugais dressaient quand ils abordaient une terre nouvelle : on le trouve surtout dans les anciennes colonies ou dans les îles.

Les azulejos

Toujours très utilisés en décoration, les panneaux d'azulejos, dont l'origine remonte au 15e s., constituent une sorte de peinture-tapisserie sur carreaux de faïence vernissée. Bien que ces carreaux soient en majorité bleu et blanc, leur nom ne viendrait pas de *azul* (« bleu » en portugais) mais plutôt de l'arabe *al zulaycha,* qui désigne un morceau de terre cuite et lisse. L'azulejo fait partie du domaine architectural portugais et a été une des composantes des différents styles qui se sont succédé au fil des siècles.

LES ORIGINES

Les premiers azulejos venaient d'Espagne, plus précisément d'Andalousie, où ils décoraient les alcazars et autres palais. Ils furent introduits au Portugal par le roi Manuel Ier qui, revenu ébloui par l'Alhambra de Grenade, fit décorer son palais de Sintra de ces riches carreaux. À l'époque, les azulejos étaient des **alicatados**, morceaux de faïence monochromes découpés et assemblés pour dessiner des motifs géométriques. Ce procédé fut remplacé par celui de la **corda seca** : un fin cordon fait d'huile et de manganèse qui permettait d'isoler les différents émaux et qui noircissait à la cuisson, dessinant les contours des différents motifs. Un autre principe d'isolation consistait à dessiner des arêtes – **aresta** – avec la terre même du carreau.

À partir du 16e s., l'Italien Francesco Nicoloso introduit la technique italienne de la **majolique** dont le principe est de recouvrir la terre cuite d'une couche d'émail blanc sur laquelle se fixent les pigments. Les azulejos deviennent un support comme les autres, un format « standard » est adopté établissant à 14 cm les côtés du carreau, et les Portugais ouvrent des ateliers à Lisbonne.

STYLE RENAISSANCE ET MANIÉRISTE

Vers le milieu du 16e s., l'influence flamande supplante les modèles espagnols avec des panneaux plus complexes utilisant des motifs comme la pointe de diamant (transept de São Roque à Lisbonne). Les azulejos sont alors très demandés pour la décoration des pavillons d'été et des jardins. Les plus beaux exemples sont ceux de la *quinta* de Bacalhoa réalisés en 1565 *(voir « Serra da Arrábida », p. 221)*. De la même époque date le panneau de Nossa Senhora da Vida (au musée de l'Azulejo à Lisbonne).

LE 17e S.

Sous la domination espagnole, le Portugal entre dans une période d'austérité. Pour décorer sans trop de frais les murs des églises, on utilise de simples carreaux monochromes que l'on dispose de façon géométrique. Un très bel exemple en est donné par l'église de Marvila à Santarém.
Ces compositions vont évoluer jusqu'à donner le style *tapete* (tapis) évoquant les tentures orientales par leurs motifs géométriques ou floraux se reproduisant à partir des modules de 4, 16 ou 36 carreaux. Ces grands panneaux polychromes couvrant les parois des églises et se combinant avec les bois dorés et les sculptures sont produits à grande échelle dans des ateliers.
La restauration des Portugais sur le trône est suivie d'un essor créatif. On revient aux panneaux figuratifs décrivant des scènes mythologiques ou des « singeries » caricaturant les scènes de mœurs contemporaines. Les jaunes et bleus traditionnels sont relevés par le vert du cuivre et le violet du manganèse (on peut en voir de très beaux exemples au palais des marquis de Fronteira à Lisbonne).
Cette polychromie laisse peu à peu la place au bleu de cobalt sur fond d'émail blanc (salle des Batailles dans le palais des marquis de Fronteira). Parallèlement on assiste à une grande diffusion des carreaux à motif isolé reproduisant un animal, une fleur, une allégorie, qui s'inspirent des modèles hollandais. Ces carreaux sont utilisés pour décorer les cuisines ou les corridors.

LE 18e S.

Au 18e s., les azulejos seront presque exclusivement bleu et blanc; cette mode vient des porcelaines chinoises mises au goût du jour par les Grandes Découvertes. Les azulejos sont décorés par de vrais maîtres, dont les principaux sont **António Pereira**, **Manuel dos Santos** et surtout **António de Oliveira Bernardes** et son fils **Policarpo**. Parmi leurs œuvres, citons la chapelle de Remédios à Peniche, l'église de São Lourenço près d'Almancil *(p. 354)* et le château de São Filipe à Setúbal *(p. 219)*.
La période du règne de Jean V (1706-1750) se caractérise par sa magnificence. L'or du Brésil permet des folies architecturales. Le goût est à l'extériorisation, à la théâtralité, et cela se manifeste tout particulièrement dans les azulejos. Les panneaux, véritables tableaux représentant des personnages sur fond de paysages raffinés, sont entourés de bordures où s'entremêlent lambrequins, franges, anges voltigeurs et pilastres. C'est la pleine expression du **style baroque**. **Bartolomeu Antunes** et **Nicolau de Freitas** sont les grands noms de cette époque. Les azulejos se multiplient partout sur le continent mais aussi à Madère, aux Açores et au Brésil.
La seconde moitié du 18e s. est marquée par le **style rocaille**. On revient à la polychromie : le jaune, le marron et le violet dominent; la peinture se fait plus fine, les petits motifs plaisent et la décoration des encadrements utilise les ailes de chauve-souris, les éléments

Panneau (1670) du musée des Azulejos, à Lisbonne.
M. Gurfinkel/MICHELIN

végétaux et les coquillages. De beaux exemples de ce style se trouvent au palais de Queluz, notamment le long du canal.
Après le tremblement de terre de Lisbonne en 1755, l'azulejo joue un rôle primordial dans la reconstruction. Il égaie une architecture épurée, parfois austère. La création de la fabrique royale de faïence au Rato en 1767 va permettre des productions en quantité. On revient au style *tapete* (tapis).
Le **style néoclassique** sous le règne de Marie Ire frappe par la sérénité et la fraîcheur des sujets, les encadrements formés de rubans, de guirlandes, de pilastres, d'urnes ou de feuillages.

LE 19e S.

Vers 1830, des Portugais partis faire fortune au Brésil reviennent dans leur pays et couvrent les murs extérieurs de leurs maisons d'azulejos. Cette pratique était courante au Brésil où l'on protégeait ainsi les façades des fortes pluies tropicales et de l'humidité. Petit à petit cette mode se répand et des rues entières, des façades d'églises se couvrent de petits carreaux de faïence produits de façon industrielle par le système de l'estampille.
L'azulejo devient aussi l'un des principaux éléments de décoration des magasins, des marchés (Santarém) et des gares (Évora, Aveiro) avec des sujets se rapportant au commerce, aux traditions de la région ou à l'histoire.
Le **romantisme** trouve toute son expression avec **Rafael Bordalo Pinheiro** qui, après la fondation de la fabrique de Caldas da Rainha *(voir p. 249)* en 1884, édite des carreaux avec des motifs en relief couverts d'émaux irisés.
Il est le grand inspirateur de l'**Art nouveau** au Portugal. L'un des principaux artistes de cette époque fut **José António Jorge Pinto**, qui réalisa de nombreux panneaux allégoriques. Avec le style **Art déco**, c'est la géométrie des formes qui prime, facilitant ainsi la production industrielle.

LE PORTUGAL AU PATRIMOINE CULTUREL DE L'UNESCO
Monastère des Hiéronymites et tour de Belém à Lisbonne (1983) ;
Couvent du Christ à Tomar (1983) ;
Centre historique d'Évora (1986), de Porto (1996) et de Guimarães (2001) ;
Monastères de Batalha (1983) et d'Alcobaça (1989) ;
Montagne de Sintra (1995) ;
Sites d'art rupestre préhistorique de la vallée de Côa (1998) ;
Région viticole du Haut-Douro (2001).

À la même époque, on trouve aussi des œuvres d'inspiration historique et folklorique. **Jorge Colaço** (1868-1942) décore la gare São Bento de Porto et le palais de Buçaco. Il privilégie les thèmes historiques et les illustre par d'immenses fresques bleu et blanc.

L'ÉPOQUE CONTEMPORAINE

Dans les années 1940 et 1950, l'azulejo retrouve un certain prestige. Parmi les artistes qui l'utilisent, citons Manuel Cargaleiro, Querubim Lapa, Rolando Sá Nogueira, Carlos Botelho et Maria Keil. Les azulejos, présentés sous forme de grandes fresques géométriques, de frises recouvrant surtout les façades, sont partie prenante de l'architecture générale et intégrés à elle. Pour l'Expo'98, l'Américain Ivan Chermayeff a conçu une grande fresque murale dans l'Oceanário du Parc des Nations : composée d'azulejos de type industriel, elle figure de grands animaux marins traités informatiquement.

MÉTRO ET AZULEJOS

Depuis 1987, la décoration en azulejos des stations du métro lisboète a été confiée à des artistes célèbres : **Vieira da Silva** pour celle de Cidade Universitária, **Álvaro Siza Vieira** pour celle de Baixa-Chiado, **Menez** pour celle de Marquês de Pombal, où il retrace le 18e s. portugais. À la station Alto dos Moinhos, **Júlio Pomar** évoque la vie de trois célèbres poètes portugais – Luís de Camões, Fernando Pessoa et Bocage – et du peintre Almada Negreiros. **Eduardo Nery**, célèbre pour son art urbain, est l'auteur de la fresque de la station Campo Grande, où il fragmente l'image d'un homme et d'une femme, produisant un effet d'animation.

Termes d'art

Certains termes comme ajimez *sont en portugais ou en espagnol, car ils n'ont pas d'équivalent en français.*

Abside : extrémité arrondie d'une église, derrière le chœur (à l'extérieur).

Ajimez : baie géminée.

Altar mor : maître-autel.

Arbre de Jessé : représentation de la généalogie du Christ qui descendait de David, fils de Jessé.

Arc en tiers-point : arc brisé dans lequel s'inscrit un triangle équilatéral.

Arc outrepassé : arc en fer à cheval.

Arc triomphal : dans une église, arcade se trouvant à l'entrée du chœur.

Arcature lombarde : décoration en faible saillie, faite de petites arcades aveugles reliant des bandes verticales. Caractéristique de l'art roman.

Artesonado : plafond à marqueterie dessinant des caissons en étoile. Décor mauresque, né sous les Almohades.

ART ET ARCHITECTURE

Atlante (ou télamon) : statue masculine servant de support.
Atrium : patio dans la maison romaine.
Cadeiral : désigne l'ensemble des stalles.
Campanile : clocher isolé.
Castro : du latin *castrum*, ville fortifiée d'époque romaine et, aussi, camp romain destiné à retarder l'assaillant.
Chrisme : monogramme du Christ, formé des lettres grecques *khi* (X) et *rhô* (P) majuscules, qui sont les deux premières lettres du mot Christos.
Churrigueresque : style des Churriguera, architectes espagnols du 18e s. Désigne un décor baroque surchargé.
Citânia : ruines de forteresses romaines ou préromaines.
Coro : endroit où se trouvent les stalles réservées aux chanoines.
Empedrado : pavage des trottoirs et des ruelles portugaises.
Enfeu : niche pratiquée dans le mur d'une église pour recevoir une tombe.
Entablement : couronnement horizontal comprenant une corniche, une frise et une architrave.
Gâble : pignon décoratif très aigu.
Gisant : effigie funéraire couchée.
Glacis : talus d'un ouvrage fortifié en pente douce.
Grotesque : de *grotta* (grotte en italien) ; nom donné aux ornements fantastiques utilisés pendant la Renaissance.
Jalousie : dispositif de fermeture de fenêtre composé de lamelles mobiles.
Judiaria : ancien quartier juif.
Lavabo : dans un cloître, fontaine destinée aux ablutions des moines.
Modillon : petite console soutenant une corniche.
Moucharabieh : grillage en bois tourné placé devant une fenêtre.
Mouraria : ancien quartier maure.
Mozarabe : se dit de l'art des chrétiens vivant sous la domination musulmane après l'invasion de 711.
Mudéjar : se dit de l'art des musulmans restés sous le joug chrétien après la Reconquête et caractérise les œuvres (13e au 16e s.) où interviennent des réminiscences mauresques.
Ostensoir : pièce d'orfèvrerie composée d'une lunule en cristal entourée de rayons servant à exposer l'hostie.
Padrão : monument commémoratif élevé par les Portugais sur les terres qu'ils découvraient.
Péristyle : colonnes disposées autour ou en façade d'un monument.
Plateresque : style né en Espagne au 16e s., caractérisé par un décor finement ciselé rappelant le travail des orfèvres, d'où son nom venant de *plata* : argent.
Prédelle : partie inférieure d'un retable.
Púlpito : chaire.
Retable : architecture de marbre, de pierre ou de bois qui compose la décoration de la partie postérieure d'un autel.
Rinceaux : ornements de sculpture ou de peinture inspirés du règne végétal.
Rococo : style qui succéda à la fin du 18e s. au style baroque. Il se caractérise aussi par le goût des ornements.
Salomonique : nom donné aux colonnes torses décorées d'un réseau végétal.
Sé : du latin *sedes* (le siège). Désigne le siège épiscopal, donc la cathédrale.
Sphère armillaire : globe formé de cercles symbolisant la course des astres. Elle est très représentée dans l'art manuélin et fut l'emblème du roi Manuel.
Stuc : matière que l'on peut mouler, composée principalement de plâtre.
Talha dourada : boiseries sculptées et dorées, caractéristiques de l'art baroque portugais.

ABC d'architecture

Architecture religieuse

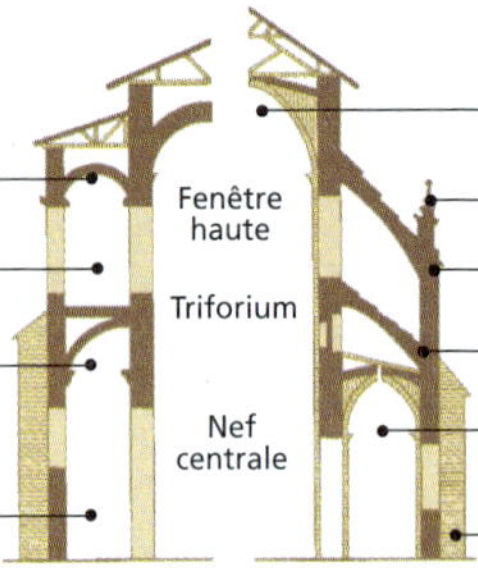

LISBONNE – Plan de l'église Sta Maria de Belém (couvent des Hiéronymites)

Église de type **église-halle** (la nef centrale et les collatéraux sont de même hauteur ; quand la hauteur est différente, on distingue alors nef centrale et bas-côtés).

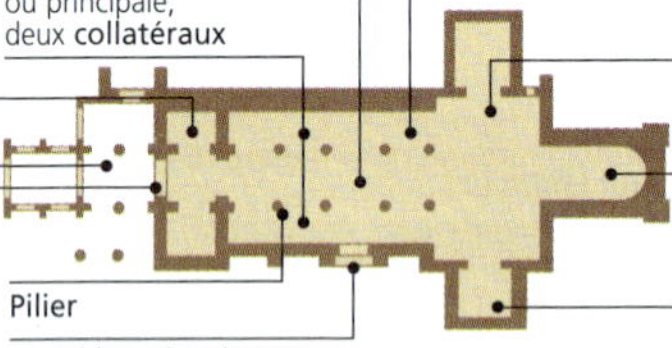

FREIXO DE ESPADA-À-CINTA – Portail latéral Sud de l'église

Attribuée à Boytac, la petite église paroissiale présente les caractères essentiels du **style manuélin** : colonnes torses entrecoupées d'anneaux, décor végétal, pinacles en spirale. Cette décoration, prolongement du style mudéjar *(voir pages suivantes)*, n'est pas sans rappeler le style plateresque appliqué en Espagne. Limitée ici aux portails, elle va rapidement se multiplier et envahir façades et intérieurs.

H. Choimet/MICHELIN

RATES – Chevet de l'église S. Pedro (12e-13e s.)

Représentative de l'art roman portugais, cette église est l'un des vestiges d'un monastère fondé par Henri de Bourgogne pour les moines de Cluny.

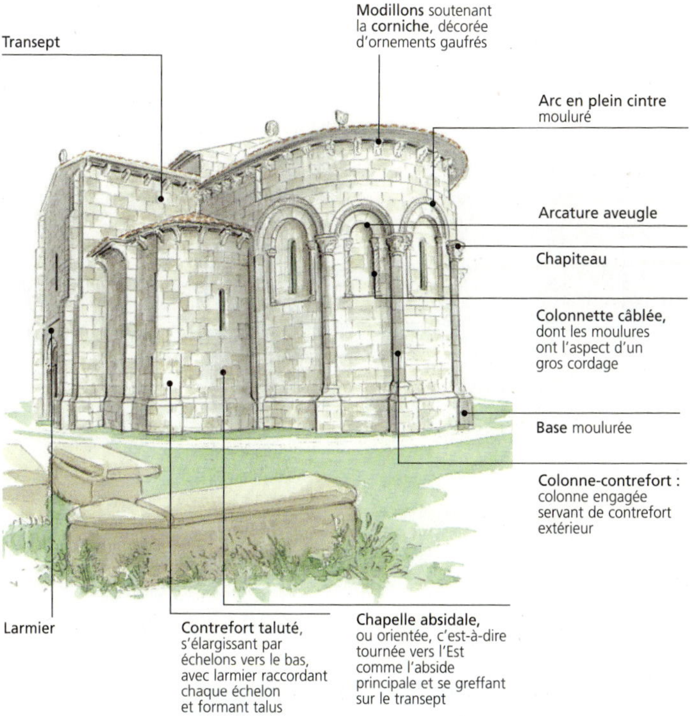

BATALHA – Monastère : chapelle du Fondateur (15e s.)

Splendide exemple de gothique triomphant, la chapelle où reposent le roi Jean Ier, son épouse, Philippa de Lancastre, et leurs fils, parmi lesquels Henri le Navigateur, est une salle carrée surmontée d'une lanterne octogonale à deux étages et d'une voûte d'ogives nervurée en étoile à huit pointes.

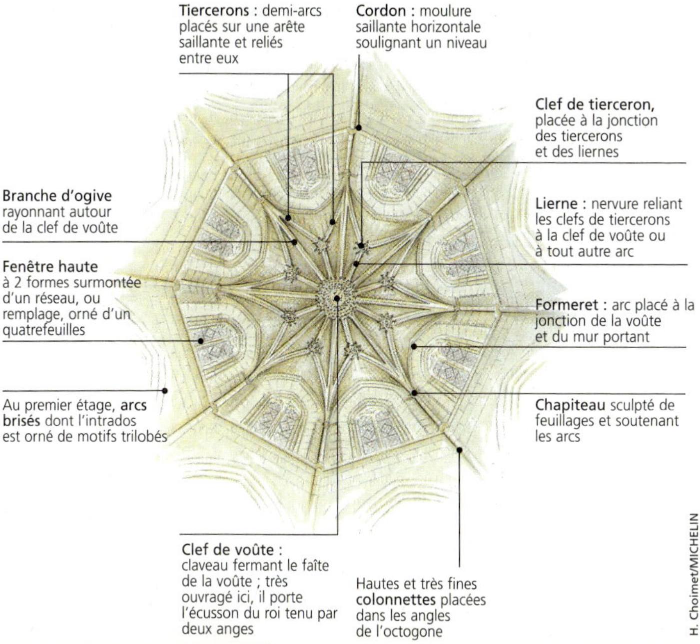

H. Choimet/MICHELIN

MAFRA - Basilique du palais-couvent (18e s.)

Chef-d'œuvre de l'architecture portugaise du 18e s. où prédominent les influences du néoclassicisme italien et du baroque allemand, la basilique s'inspire de la basilique de Saint-Pierre du Vatican et de l'église du Jésus à Rome.

Architecture civile et militaire

ÓBIDOS – Château (13e-14e s.)

Sur le site d'un oppidum luso-romain, les Arabes élevèrent une forteresse qui fut considérablement modifiée après la reconquête d'Óbidos. Toutefois, l'influence arabe demeure sensible, notamment dans la forme pyramidale donnée aux merlons de la tour dite de Dom Ferdinand et l'absence d'éléments tels que les mâchicoulis couronnant les murailles hautes de 13 m.

L'influence mudéjare (13e au 16e s.)

Après la Reconquête se développe dans la péninsule Ibérique une forme d'art qui emprunte certaines formes décoratives à l'art islamique et que l'on qualifie de mudéjar, d'après le nom donné aux musulmans restés sous le joug chrétien. Au Portugal, cette influence fut particulièrement sensible dans la région d'**Évora**, où le roi Manuel Ier fit édifier un palais dont il ne subsiste qu'un pavillon.

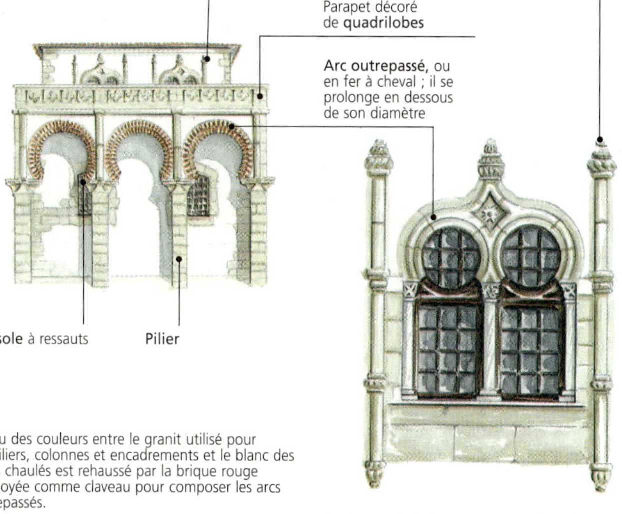

Le jeu des couleurs entre le granit utilisé pour les piliers, colonnes et encadrements et le blanc des murs chaulés est rehaussé par la brique rouge employée comme claveau pour composer les arcs outrepassés.

Fenêtres géminées sous arcs en fer à cheval, surmontées d'un encadrement en accolade.

GUIMARÃES – Palais des ducs de Bragance (15e s.)

Élevé par le premier duc de Bragance, le château, d'inspiration à la fois normande et bourguignonne, a retrouvé après restauration son aspect d'origine. S'il garde un caractère défensif par ses massives tours d'angle, ses créneaux et ses mâchicoulis, il préfigure les bâtiments de la Renaissance par ses toitures pentues hérissées de cheminées et ses larges baies.

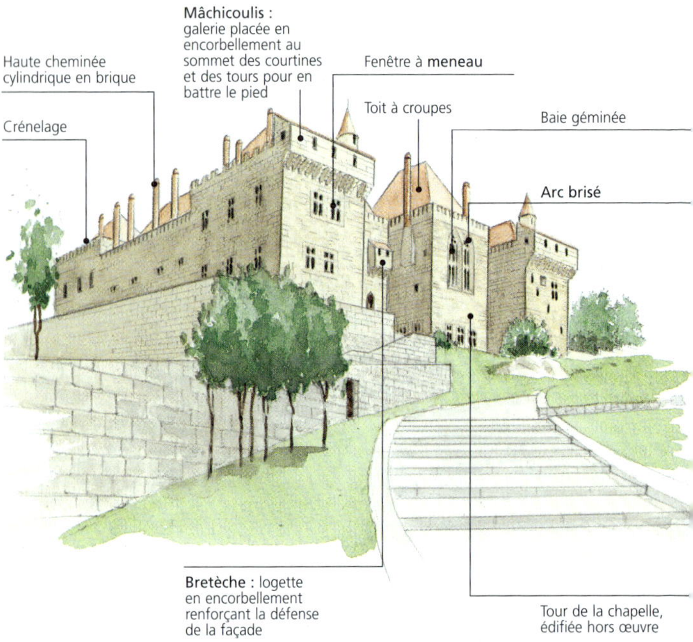

ÉVORA – Cloître de l'ancienne université (16e s.)

L'ancienne université jésuite s'inspire de la Renaissance italienne. L'avant-corps central à trois travées, délimité par des pilastres dont l'amortissement est constitué par des statues, donne accès à la salle des Actes. À l'aplomb de la travée centrale, un attique de couronnement orné d'un écusson porte un fronton brisé dans lequel s'inscrit un groupe sculpté. Remarquer de part et d'autre les arcades en plein cintre, reposant sur des colonnettes à piédestal dans la galerie haute et sur des colonnes au niveau du portique.

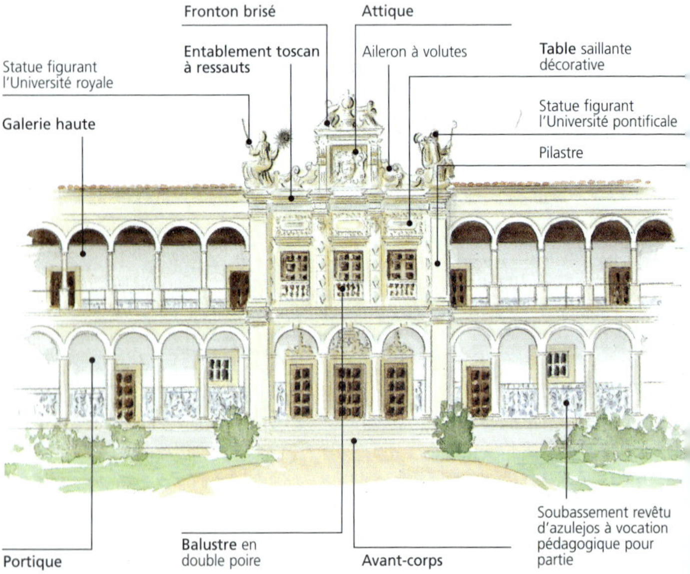

LISBONNE – Praça do Comércio (18e s.)

Après le tremblement de terre du 1er novembre 1755, le ministre Pombal prend le parti de raser et remodeler le quartier de la Baixa. Entre le Terreiro do Paço, rebaptisé Praça do Comércio, et le Rossio, il fait édifier un quartier régulier de rues se coupant à angle droit, dont tous les immeubles comptent trois étages. Seuls quelques détails décoratifs distinguent les rues. Ce nouveau style, en partie inspiré du passé architectural de la ville, prendra le nom de **style pombalin.**

LISBONNE – Gare centrale, place du Rossio (19e s.)

Édifiée en 1886-1887 par José Luis Monteiro, elle cache derrière sa façade, bel exemple du style néomanuélin, une architecture en fer. Les trois compartiments sont rythmés à l'étage par des colonnettes polygonales engagées reposant sur les épaulements talutés du rez-de-chaussée. Un édicule de couronnement abrite l'horloge. Les éléments de décoration (cordages, anneaux, pinacles en spirale) sont typiquement manuélins.

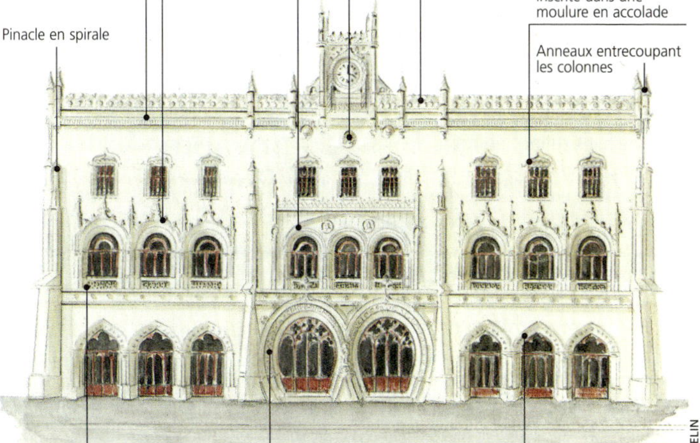

H. Choimet/MICHELIN

Histoire

L'histoire du Portugal se confond avec celle de l'Espagne jusqu'en 1143, date à laquelle il est reconnu comme royaume indépendant par la Castille. Dès lors, le pays se forge une véritable identité et devient, à partir du 15e s., l'une des plus grandes puissances mondiales. Son expansion maritime lui permet de bâtir un empire commercial immense : c'est l'âge d'or des Grandes Découvertes. À cette période faste succèdent deux siècles de déclin économique et de marasme politique. Il faut attendre la révolution des Œillets en 1974 et l'entrée dans l'Europe en 1986 pour que le Portugal s'éveille à la modernité et la démocratie.

Avant le Portugal

L'ANTIQUITÉ

Dans l'Antiquité, cette région, qui jusqu'en 1143 fera partie de l'Espagne, est peuplée par les Lusitaniens, une civilisation agropastorale. Elle voit s'installer sur sa côte des comptoirs grecs, phéniciens et carthaginois.

Aux 3e et 2e s. av. J.-C., les **Romains**, au faîte de leur puissance, pénètrent à l'intérieur du pays et créent la province de **Lusitanie**, baptisée ainsi par l'empereur Auguste. Ils édifient des villes et des voies les reliant au reste de leur empire, mais se heurtent à la résistance des Lusitaniens menés par Viriathe, le Vercingétorix local.

Au 5e s. apr. J.-C., les Suèves puis les Wisigoths déferlent sur le sud de l'Europe et marquent de leur empreinte la péninsule Ibérique. Ils en sont chassés à partir de 711 par les musulmans venus d'Afrique du Nord.

Vestiges romains : ruines de Conímbriga, temple d'Évora, ancien théâtre romain de Lisbonne, ruines de Cetóbriga (près de Setúbal).

L'OCCUPATION MUSULMANE

Dès 718 la Reconquête s'amorce à partir de Covadonga dans les Asturies avec Pélage à sa tête. Près de huit siècles s'écouleront avant la **chute de Grenade**. Au 9e s., la région de Portucale, au nord du fleuve Mondego, est libérée mais il faudra attendre 1249 pour voir la fin de l'occupation musulmane au Portugal.

L'église-mosquée de Mértola, dans la vallée du Guadiana, la Sé Velha de Coimbra et nombre d'églises d'Algarve ont été bâties sur le site d'anciennes mosquées.

Le royaume du Portugal

DU COMTÉ « PORTUCALENSE » AU ROYAUME DU PORTUGAL

En 1087, **Alphonse VI**, roi de León et de Castille, entreprend la reconquête de la Nouvelle-Castille, actuelle Castille-La Manche, alors sous domination musulmane. Il reçoit l'aide de plusieurs chevaliers français dont Henri de Bourgogne, descendant du roi de France Hugues Capet, et son cousin Raymond de

Les rois du Portugal

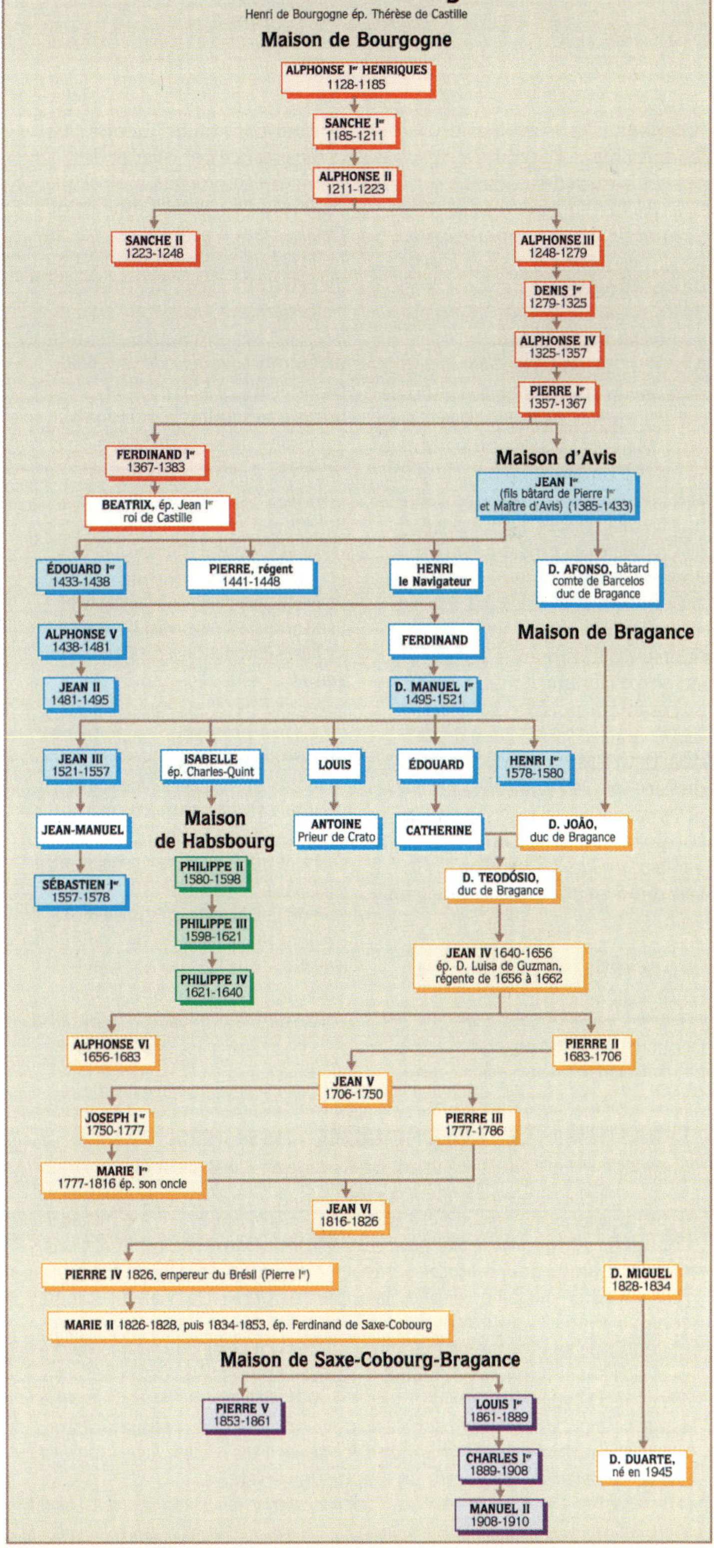

Bourgogne. Après avoir vaincu les musulmans, il accorde à ces princes la main de ses filles. Urraca, l'héritière du trône, épouse Raymond ; Thérèse apporte en dot le comté « portucalense » à **Henri de Bourgogne**, qui devient comte du Portugal. Ce comté s'étend entre les rios Minho et Douro.
À la mort d'Henri, Thérèse devient régente en attendant la majorité de son fils **Alphonse Henriques**, né en 1109. Mais en 1128 ce dernier oblige sa mère à renoncer au pouvoir ; en 1139, il rompt les liens de vassalité que lui avait imposés Alphonse VII de Castille et se proclame roi du Portugal sous le nom d'Alphonse Ier ; la Castille s'incline en 1143. Par ailleurs, Alphonse Henriques poursuit la Reconquête et, après la victoire d'Ourique (1139), s'empare de Santarém, puis de Lisbonne (1147), grâce à l'aide d'une flotte de la deuxième croisade. La **prise de Faro** en 1249 marque la fin de l'occupation musulmane. Le Portugal est reconnu officiellement par le pape Alexandre III en 1179 ; **Lisbonne** en devient la capitale en 1256.

LA DYNASTIE DES BOURGOGNE (1128-1383)

La dynastie des Bourgogne règne pendant cette période du Moyen Âge qui, dans toute l'Europe, voit la renaissance des villes et des échanges commerciaux ainsi que l'explosion des ordres monastiques. Cela se traduit au Portugal par de belles réalisations artistiques et architecturales comme l'abbaye cistercienne d'Alcobaça *(voir p. 258)* et les cathédrales de Braga et de Coimbra *(voir p. 530 et p. 403)*.
Denis Ier impose au pays sa **langue officielle** (le portugais), à l'origine dialecte de la région de Porto, et crée la première université du pays à Coimbra *(voir p. 404)*.
Dans la seconde moitié du 14e s. les conflits avec la Castille voisine se multiplient. Pour apaiser les Espagnols, **Ferdinand Ier** marie sa fille Béatriz au roi de Castille **Jean Ier**. Celui-ci, à la mort de son beau-père, revendique ses droits à la succession sur le trône du Portugal. Les Portugais, fort mécontents de cette situation, soutiennent alors un frère bâtard de Ferdinand, **Jean d'Avis**, qui doit son surnom à son rôle de grand maître de l'ordre d'Avis. Après sa victoire lors de la **bataille d'Aljubarrota**, il devient le premier roi de la dynastie des Avis sous le nom de Jean Ier. Pour célébrer sa victoire, il fera construire le monastère de Batalha *(voir p. 261)*, c'est-à-dire « de la victoire ».

SÉBASTIEN Ier, LE « ROI-CHEVALIER » (1554-1578)

Sébastien monte sur le trône en 1557 à l'âge de 3 ans. Il est élevé par un jésuite qui lui inculque les valeurs déjà désuètes de la chevalerie auxquelles le prédispose son esprit rêveur et altier. Il se croit investi d'une mission : conquérir l'Afrique sur les infidèles. En 1578, il décide d'accomplir son destin et embarque pour le Maroc après avoir levé une armée de 17 000 hommes encadrée par la fine fleur de la noblesse portugaise. Mais les soldats sont mal préparés, souffrent du soleil accablant sous leurs riches armures et l'équipée se termine brutalement sur les bords de l'oued Makhazen près de Ksar el-Kébir, où la moitié de l'armée périt et l'autre est capturée. On ne retrouvera jamais le corps du roi. Aussi, la période de domination espagnole qui suit est-elle propice au développement du **sébastianisme**, un mythe national faisant du jeune roi disparu un messie attendu pour sauver le Portugal et lui offrir un empire universel.

La rose des vents du monument des Découvertes à Belém (Lisbonne).
Turismo de Lisboa-www.visitlisboa.com

LA DYNASTIE DES AVIS (1385-1578) ET LES GRANDES DÉCOUVERTES

Cette période, essentielle dans l'histoire du Portugal, est traitée de façon plus détaillée dans les pages thématiques qui suivent.

Jean Ier par son mariage avec Philippa de Lancastre s'assure le soutien de l'Angleterre, alliance qui se maintiendra tout au long de l'histoire du Portugal. Ils ont quatre fils dont Henri le Navigateur qui va être l'instigateur des Grandes Découvertes. En 1415 la **prise de Ceuta** marque le début de l'expansion portugaise. Suivent les découvertes de Madère, des Açores et des îles du Cap-Vert.

Le **roi Jean II (1481-1495)**, surnommé « le Parfait », encourage la science nautique ; il fait cependant l'erreur de ne pas accepter le projet de Christophe Colomb. Sous son règne, Bartolomeu Dias franchit le cap de Bonne-Espérance (1488) et le **traité de Tordesillas** (1494) est signé, partageant le Nouveau Monde en deux zones d'influence : castillane et portugaise. Les îles de São Tomé et Príncipe sont découvertes, ainsi que le Groenland (1492).

Sous le règne de **Manuel Ier** (1495-1521), Cabral découvre, en 1500, le Brésil juste après que le traité de Tordesillas a délimité les possessions espagnoles et portugaises. Heureuse surprise, le territoire du Brésil qui se trouve à l'est de la ligne de partage est immense. **Vasco de Gama** arrive aux Indes en 1498 et l'expédition de **Magellan** accomplit le premier tour du monde entre 1519 et 1522. Pendant cette période, l'Empire portugais se met en place en Asie avec la conquête d´importants centres commerciaux comme ceux de Goa et de Malacca.

Le Portugal se retrouve à la tête d'un empire qui lui apporte de formidables richesses. De nombreux monuments sont édifiés dans un style dit **manuélin**, caractérisé par ses cordages, ses ancres, ses globes terrestres, véritables odes aux Grandes Découvertes. Des poètes comme Camões en chantent les heures de gloire.

Les Grandes Découvertes

Comme l'a écrit le poète Camões, les marins portugais de la Renaissance donnèrent « de nouveaux mondes au monde ». Aujourd'hui encore, les Grandes Découvertes demeurent au Portugal un motif d'orgueil national.

D'AMBITIEUX DESSEINS

Le 25 juillet 1415, une flotte de plus de 200 navires quitte Lisbonne, commandée par le roi Jean Ier et trois de ses fils, dont l'infant Henri. Par la **prise de Ceuta**, les Portugais mettent fin aux actes de piraterie sur leurs côtes, s'assurent le contrôle du détroit de Gibraltar et espèrent obtenir à prix avantageux l'or et les esclaves du Soudan. L'esprit de croisade n'est pas étranger à cette lutte qui oppose chrétiens et musulmans. En abordant l'Afrique, les Portugais voudraient rejoindre le royaume chrétien du prêtre Jean (Éthiopie), qui, dit-on, se trouve au-delà des contrées islamiques.
Par ailleurs, le sentiment que l'on peut **« faire reculer les bornes du monde »** préoccupe les esprits de l'époque. Dans cette fin du Moyen Âge, la richesse appartient à ceux qui ont le monopole du commerce des épices et des parfums provenant d'Extrême-Orient. Or, ce commerce est aux mains des Maures, qui contrôlent le passage des caravanes entre le golfe Persique et la Méditerranée, et de la république de Venise. Pour les éviter, il faut trouver une voie maritime : Henri le Navigateur consacre sa vie à ce rêve.

L'école de Sagres

L'infant Henri (1394-1460), surnommé **Henri le Navigateur**, se retire sur le promontoire de Sagres où, entouré de nombreux cosmographes, cartographes et navigateurs, il essaie de trouver une route maritime directe qui relie l'Europe aux Indes; l'idée de contourner le continent africain par le sud germe déjà dans son esprit. Il fait appel à des navigateurs expérimentés et leur demande à chaque voyage de pousser plus avant vers le sud : l'île de **Madère** est découverte en 1419 par João Gonçalves Zarco et Tristão Vaz Teixeira, **les Açores** en 1427 probablement par Diogo de Silves; en 1434, **Gil Eanes** franchit le **cap Bojador** (Sahara-Occidental). Sous le règne d'Henri, les Portugais découvrent les côtes africaines jusqu'au Sierra Leone, soit environ sur 4000 km. Pour assurer le succès des expéditions, l'école de Sagres met au point la caravelle et perfectionne les instruments de navigation (*voir encadrés p. 392 et 393*). Les marins se font aussi commerçants.
À partir de 1441, les esclaves noirs constituent la principale richesse recherchée sur cette côte. Les expéditions visent également à entrer en contact avec le royaume chrétien d'Éthiopie, avec lequel l'infant Henri voulait faire une alliance contre les ennemis de la foi catholique.
Les Portugais inaugurent de nouvelles méthodes de colonisation : la *feitoria,* factorerie ou comptoir (établissement de commerce ou de banque fondé par des particuliers, qui a donné naissance à des villes indépendantes du pouvoir local, comme Goa), la « compagnie » (société créée pour contrôler le trafic d'un produit) et la « donation » (terrain octroyé – en général à un capitaine de vaisseau – avec mission de le mettre en valeur), comme ce fut le cas pour les capitaines-donataires des archipels de Madère et des Açores. Henri meurt en 1460, mais l'élan est donné.
De nombreuses expéditions partirent de Lagos (lire encadré p. 386), où se dresse la statue d'Henri le Navigateur.

LES GRANDES DÉCOUVERTES

UN SIÈCLE DE DÉCOUVERTES

Sous le règne de Jean II, petit-neveu d'Henri le Navigateur, se précise le moyen d'arriver en Inde par voie maritime. **Diogo Cão** atteint l'embouchure du Congo en 1482. Toute la côte angolaise devient possession portugaise. Et en 1488, **Bartolomeu Dias** dépasse le cap des Tempêtes, rebaptisé aussitôt « cap de Bonne-Espérance » par le roi Jean II. Sur chaque nouvelle côte, les navigateurs plantent un « **padrão** », sorte de borne portant une croix et les écussons des armes du Portugal *(voir aussi p. 81)*.

Le partage d'un monde

Quelques années plus tôt, **Christophe Colomb** avait eu l'idée de gagner les Indes en partant vers l'ouest. Refusée à Lisbonne, sa proposition devait conduire, en 1492, à la découverte du Nouveau Monde pour le compte des Rois Catholiques d'Espagne.

En 1494, par le **traité de Tordesillas** et avec l'accord du pape, les souverains portugais et castillans se partagent les terres à découvrir au grand dam du roi de France qui écrit à Jean II : « Puisque vous et le roi d'Espagne avez décidé de vous partager le monde, je vous serais bien obligé de me communiquer la copie du testament de notre père Adam qui vous institue seuls légataires universels ».

À l'ouest d'un méridien tracé à 370 lieues marines des îles du Cap-Vert, les terres reviendront à la Castille, à l'est, au Portugal. Le choix d'une telle ligne laisse supposer à certains historiens que les Portugais connaissaient l'existence du Brésil avant sa découverte officielle, en 1500, par **Pedro Álvares Cabral**.

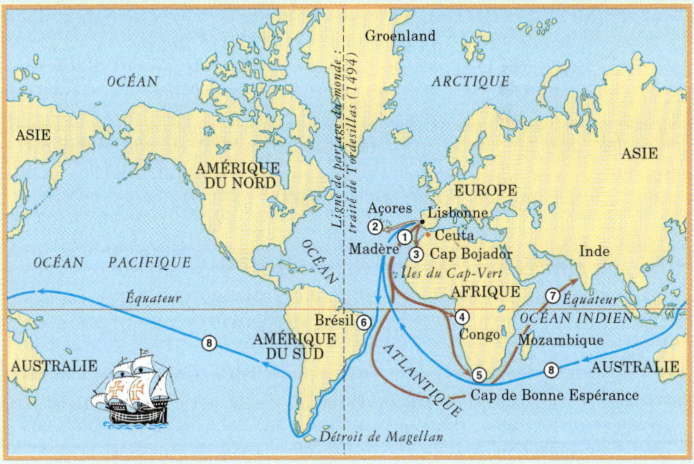

Principales expéditions portugaises (1419-1522)

① Madère (João Gonçalves Zarco et Tristão Vaz Teixeira - 1419)
② Açores (1427)
③ Cap Bojador (Gil Eanes - 1434)
④ Embouchure du Congo (Diogo Cão - 1482)
⑤ Cap de Bonne-Espérance (Bartolomeu Dias - 1488)
⑥ Brésil (Pedro Álvares Cabral - 1500)
⑦ Mozambique et Inde (Vasco de Gama - 1498)
⑧ Tour du monde (Magellan - 1522)

Les routes des Indes

L'exploration des côtes africaines continue : après la signature du traité, le roi Jean II commence à préparer une expédition dont la mission est d'atteindre les Indes en doublant le cap de Bonne-Espérance. Le roi meurt pendant les préparatifs, mais son successeur, Manuel Ier, poursuit la mission.

Le 8 juillet 1497, une flotte de quatre navires dirigée par l'amiral **Vasco de Gama** quitte Lisbonne. Ils touchent le Mozambique en mars 1498 et réussissent à rallier Calicut le 20 mai : la route maritime des Indes est ouverte. Manuel Ier fête le retour de Gama. Ainsi commence un nouveau cycle dans l'histoire portugaise. Camões célèbre cette épopée dans les *Lusiades* *(voir p. 63)*.

En 1501, **Gaspar Corte Real** arrive à Terre-Neuve, mais c'est l'Asie qui intéresse le roi Manuel. En quelques années, les Portugais explorent le littoral asiatique. En 1515, ils contrôlent l'océan Indien. Goa, conquis par **Afonso de Albuquerque** en 1510, devient le principal centre portugais en Asie.

De Goa part un vaste mouvement d'expansion du catholicisme. Les missionnaires jésuites arriveront, au début du 17e s., jusque dans les régions inaccessibles du Tibet.

Mais c'est pour le compte du roi d'Espagne que le Portugais **Fernão de Magalhães** (Magellan) atteint les Indes par l'ouest (1519-1521). Il est assassiné aux Philippines par les indigènes, mais l'un de ses navires boucle cependant le premier tour du monde (1522).

La conquête de l'Orient

La **Chine** constitue aussi un centre d'intérêt important, Manuel Ier ayant le projet, dès 1517, de substituer la route terrestre de la soie par une route maritime. Il faut attendre 1554 pour que les Portugais commercent avec Canton. En 1557, ils reçoivent la petite île de **Macao**, utilisée comme comptoir.

Les Portugais arrivent au **Japon** en 1543, y introduisent des armes à feu et bouleversent la politique intérieure. Leur principal centre d'activité est la ville de Nagasaki et ils maintiennent des relations commerciales entre Chine et Japon. Les jésuites, dont la compagnie avait été fondée en 1540, s'y montrent particulièrement zélés : en 1581, le Japon compte près de 150 000 chrétiens et les historiens japonais appellent cette période (1540 à 1630) « le Siècle chrétien ».

LES JÉSUITES À LA CONQUÊTE DU MONDE

À l'époque des Grandes Découvertes, alors que se pose la question de l'évangélisation de nouveaux peuples, le roi Jean III entend parler de quelques jeunes prêtres réunis au collège Sainte-Barbe à Paris autour d'un certain Ignace de Loyola. Ces hommes, qui veulent consacrer leur vie au prosélytisme, fondent en 1540 la Compagnie de Jésus. Certains vont avoir un rôle extrêmement important comme **saint François Xavier**, parti dès 1542 évangéliser au nom du Portugal les Indes et le Japon. Dans ce pays, l'influence des jésuites se manifeste surtout dans les tractations commerciales, et il y a un tel engouement pour les Portugais que les Japonais de la cour s'habillent à la mode portugaise (comme on le voit sur les paravents *nambans* du musée d'Art ancien; *voir p. 171*). Un autre jésuite, **Manuel da Nóbrega**, fonde São Paulo au Brésil en 1554. Deux siècles plus tard, le marquis de Pombal n'a de cesse d'amoindrir leur pouvoir. Il interdit les missions du Brésil, leur supprime le droit de commercer, de prêcher et d'enseigner et, le 3 septembre 1759, obtient un décret d'expulsion pour tous les membres de la Compagnie. Après avoir été arrêtés et incarcérés, ceux-ci sont renvoyés auprès de la maison mère à Rome.

LA NOUVELLE CARTE DU MONDE

Survenues dans la période troublée du Moyen Âge finissant, les découvertes ont eu les plus importantes conséquences.

Un immense empire colonial

Dès le début du 16e s., le monopole du commerce avec les Indes, détenu jusque-là par les Arabes et les Turcs, passe aux mains des Portugais ; les centres commerciaux de la Méditerranée (Venise, Gênes) et de la Baltique (Lübeck) périclitent au profit des ports de l'Europe occidentale, en particulier Lisbonne ; les peuples nordiques viennent y échanger des armes, des céréales, de l'argent et du cuivre contre l'or et l'ivoire d'Afrique, les fameuses épices (poivre, cannelle, gingembre, clous de girofle) des Indes, les soieries et porcelaines de Chine, les tapis de Perse, les métaux précieux de Sumatra. De nouveaux produits sont introduits, d'abord au Portugal, puis en Europe (patate douce, maïs, tabac, cacao, noix de coco, indigo). L'or d'Afrique et d'Amérique afflue sur les rives du Tage.

Le Portugal et l'Espagne accèdent au rang de grandes puissances dotées d'immenses empires coloniaux. Grâce aux richesses ramenées d'Orient, Manuel Ier « le Fortuné » connaît un règne d'une opulence inégalée et s'attribue le titre de « Seigneur de la Conquête, de la Navigation et du Commerce de l'Éthiopie, de l'Arabie, de la Perse et des Indes ».

Un monde en profonde mutation

La découverte de nouveaux pays et civilisations provoque des bouleversements dans tous les domaines : politique, économique, mais aussi culturel et religieux. La cuisine traditionnelle est transformée, comme la vie quotidienne et l'architecture. Des plantes et animaux exotiques sont ramenés au Portugal en grand nombre et deviennent des motifs de tapisseries et de manuscrits.

La révélation de l'existence de peuplades inconnues pose aussi des problèmes métaphysiques : les hommes du Nouveau Monde ont-ils une âme, sont-ils marqués par le péché originel ? L'apparition de l'esprit critique annonce la naissance des sciences, telles l'anthropologie et la géographie. Le besoin de main-d'œuvre entraîne aussi le trafic du « bois d'ébène » qui amorce le peuplement noir en Amérique.

Une richesse illusoire

Mais le Portugal a présumé de ses forces : la population du pays est passée de 2 à 1 million d'habitants, à cause des départs outre-mer ; les richesses font augmenter le nombre d'oisifs et d'aventuriers ; la terre n'est plus cultivée et il faut importer du blé et du seigle ; l'artisanat périclite ; la vie est devenue chère. L'or est échangé contre les produits de Hollande et de France, et la fortune du pays n'est bientôt plus qu'une illusion.

Le glas de cette époque sonne le 4 août 1578 avec la mort du roi Sébastien Ier pendant la bataille de Ksar el-Kébir, au Maroc (*voir p. 100 et encadré p. 94*). Deux ans après sa mort, le Portugal passe sous le contrôle de l'Espagne.

Cependant, pour épouser Isabelle, la fille des Rois Catholiques d'Espagne, Manuel Ier s'engage à expulser les juifs qui forment l'élite des commerçants et financiers du royaume. L'**Inquisition** ronge la société et sonne le glas de la dynastie des Avis. L'échec du roi Sébastien contre les Maures dans la **bataille de Ksar el-Kébir** où il disparaît, en 1578, en est le dernier épisode, car c'est un Habsbourg d'Espagne qui lui succède. En effet, à la mort de Sébastien, trois de ses cousins prétendent à la couronne : Antoine, prieur de Crato, la duchesse de Bragance, et le roi d'Espagne, Philippe II, fils de l'infante Isabelle. Philippe II, qui avait rallié à sa cause des personnages de haut rang, triomphe et entre dans Lisbonne en 1580. Le prieur de Crato va chercher du soutien aux Açores.

Le monastère de Batalha, celui des Hiéronymites à Bélem (Lisbonne) et la fenêtre du couvent du Christ à Tomar constituent de belles illustrations du style manuélin caractéristique de cette période. Pour en savoir plus sur ce courant, *voir p. 72-73.*

LA DOMINATION ESPAGNOLE (1580-1668)

Philippe II d'Espagne, héritier des Rois Catholiques par sa mère, se retrouve détenteur de la couronne portugaise par son père et se fait donc nommer roi du Portugal, sous le nom de **Philippe Ier**. La domination espagnole va durer 60 ans, jusqu'en 1640. Les Portugais se soulèvent, c'est la **guerre de Restauration** qui se termine par le couronnement du duc Jean de Bragance sous le nom de Jean IV. En 1668, l'Espagne reconnaît l'indépendance du Portugal.
La dynastie de Bragance régnera jusqu'en 1853.

LE 18e S.

Le 18e s. est marqué par l'alliance avec l'Angleterre, qui se concrétise notamment par le **traité de Lord Methuen** favorisant l'exportation du vin de Porto.
Après le règne de Pierre II (1683-1706), le 18e s. est dominé par celui de **Jean V** « le Magnanime », qui laisse le souvenir d'une magnificence inouïe, alimentée par les richesses du Brésil (or et

LE PORTUGAL GOUVERNÉ PAR UN GÉNÉRAL BRITANNIQUE

Général d'origine irlandaise, **William Carr** (1768-1854) servait à la fin du 18e s. dans les lointaines colonies britanniques. Lorsque Napoléon s'allie à l'Espagne par le traité de Fontainebleau en 1807, le Portugal resserre ses liens avec la Grande-Bretagne et se place sous son autorité en vue d'une guerre prochaine contre la France. Carr est alors envoyé au Portugal afin de réorganiser et professionnaliser l'armée portugaise.
Nommé en 1809 généralissime (ou maréchal commandant) de l'armée portugaise, il vainc Soult à La Albuera (près de Badajoz) en 1811. L'année 1814 le verra entrer à Bordeaux aux côtés du duc d'Angoulême et recevoir du prince-régent George le titre de **vicomte de Beresford**. Revenu au Portugal et détenant un fort pouvoir au sein de l'armée, Beresford fait du Portugal une « colonie » anglaise : les Anglais l'imposent au roi du Portugal et du Brésil Jean VI, qui, resté à Rio de Janeiro, le nomme régent du Portugal en 1816. Mais la tyrannie qu'il exerce engendre une conspiration contre lui en 1817. Celle-ci ayant échoué, c'est seulement à la fin de l'année 1820 que Beresford est chassé du pays par les forces libérales portugaises.

Le tremblement de terre de Lisbonne d'après une gravure du 18e s.
G. Bludzin/MICHELIN

diamant) et conforme au faste d'un roi de l'époque baroque. Son monument fétiche, le monastère de Mafra *(voir p. 212)*, se veut l'Escurial portugais. En 1755, sous le règne de Joseph Ier, un terrible **tremblement de terre** détruit Lisbonne. Le **marquis de Pombal**, Premier ministre, prend alors les rênes du pays, donnant l'exemple d'un despotisme éclairé. Mais l'initiateur de la reconstruction de Lisbonne est aussi à l'origine de l'expulsion des jésuites du Portugal en 1759. Quant à l'alliance du Portugal avec l'Angleterre, elle entraîne le pays dans les guerres napoléoniennes.

L'escalier de Bom Jesus, près de Braga, constitue un étonnant exemple du baroque portugais.

LES GUERRES NAPOLÉONIENNES

Le Portugal, allié de l'Angleterre depuis le traité de Methuen (1703), participe à la première coalition qui se constitue en 1793 contre la France révolutionnaire. En 1796, l'Espagne se détache de la coalition et s'allie à la France. Le Portugal se trouve alors isolé. Il n'en refuse pas moins de dénoncer l'alliance anglaise et de participer au blocus continental. Mais pour éviter les représailles de l'armée espagnole, il cède Olivença (Olivenza) à l'Espagne au terme de la **guerre des Oranges**, en 1801 (*voir encadré p. 326)*.

Pour assurer une stricte application du blocus, **Napoléon** envoie son armée au Portugal. Mais les trois expéditions successives menées par Junot (1807), Soult (1809), puis Masséna (1810), ne viennent pas à bout du pays soutenu par des renforts venus d'Angleterre commandés par Wellesley, futur duc de Wellington. Les troupes françaises sont contraintes à la retraite par un ennemi insaisissable.

Le pays a subi les déprédations des deux armées ; les dégâts matériels et les conséquences politiques et morales sont tragiques : le roi Jean VI s'exile au Brésil (1807-1821), tandis que le Portugal devient une **dépendance britannique** (*voir encadré ci-contre)*.

LA FIN DE LA MONARCHIE

En 1822, le Brésil se proclame indépendant et prend comme empereur le fils aîné du roi **Jean VI**, Pierre IV, sous le nom de Pierre Ier du Brésil. À la mort de Jean VI en 1826, celui-ci conserve le trône du Brésil et installe sur celui du Portugal sa fille **Marie II** en adoptant une Constitution libérale où l'autorité royale est sous la suprématie du pouvoir parlementaire. Son frère **Miguel**, qui a le titre de régent, se fait alors le champion de la monarchie absolue et réclame la couronne qu'il finit par obtenir en 1828. Une lutte acharnée, véritable guerre civile, s'instaure entre les absolutistes et les libéraux qui soutiennent Pierre Ier. Celui-ci, aidé par les Anglais, vient rétablir sa fille sur le trône en 1834. La **convention d'Évoramonte** met fin à la guerre civile *(voir « Château d'Évoramonte », p. 298)*. L'abolition du tribunal du Saint-Office a lieu en 1832.

L'année 1836 voit l'abolition de l'esclavage et le mariage de Marie II avec Ferdinand de Saxe-Cobourg-Gotha.

En 1851 débute une période d´alternance parlementaire *(rotativismo)*. Sous les règnes de Pierre V (1855-1861), Louis Ier (1861-1889) et Charles Ier (1889-1908), la vie politique, bien qu'agitée, n'empêche pas la reconstitution d'un troisième empire en Angola et au Mozambique. L'Angleterre s'oppose à l'entreprise du gouverneur **Serpa Pinto** qui veut conquérir des territoires entre l'Angola et le Mozambique afin de les réunir. Avec l´aggravation de la crise politique, la Chambre est dissoute en 1906. Le pays vit une dictature de 1907 à 1908. Le 1er février 1908, le roi **Charles Ier** et le prince héritier sont assassinés à Lisbonne. Le sang-froid de la reine Amélie permet de sauver son plus jeune fils, qui monte sur le trône sous le nom de Manuel II. Mais il abdique le 5 octobre 1910 et la **république** est proclamée, faisant du Portugal le troisième État républicain en Europe.

La république

DU DÉBUT DE LA RÉPUBLIQUE À 1974

La république, proclamée en 1910, ne parvient pas à restaurer l'ordre. L'entrée en guerre contre l'Allemagne en 1916 et l'envoi de troupes en France aggravent la situation intérieure. À la suite d'un coup d´État militaire en 1926, le **général Carmona** devient président du Conseil. C´est la fin de la Première République, qui aura connu huit présidents. Entre-temps, le Parti communiste portugais est fondé en 1921.

En 1927, une tentative de rétablissement de la république échoue. L´élite de l´opposition s´exile au Brésil et en France. La situation économique devient critique en 1928. Le général Carmona fait alors appel à un professeur de l'université de Coimbra, **António de Oliveira Salazar,** qui, nommé ministre des Finances, rétablit la stabilité monétaire et politique. En 1932, il est nommé président du Conseil et promulgue en 1933 la Constitution de l'**Estado Novo** (« l'État nouveau »), instituant un régime dictatorial (censure des journaux et police secrète : la PIDE).

Le Portugal reste neutre pendant la Seconde Guerre mondiale. Après la guerre, le mouvement de libéralisation s'intensifie.

En 1949, le Portugal devient l'un des membres fondateurs de l'**Otan**. Pendant les années 1960 et 1970, en raison des difficultés

économiques, une importante **vague d´émigration** se constitue vers la France, issue principalement des régions rurales.
Par ailleurs, le Portugal doit gérer les conflits qui progressent dans ses colonies. L'Inde a annexé Goa, Damião et Diu en 1961. Le MPLA (Mouvement populaire de libération de l´Angola) commence ses actions en Angola. C'est le début de la **guerre coloniale**, qui s'étend à la Guinée-Bissau (en 1963) et au Mozambique (en 1964).
En juillet 1970, Salazar, qu'un accident a écarté des affaires fin 1968, meurt. Son successeur, **Caetano**, poursuit une lutte antiguérilla ruineuse en Afrique. Le leader nationaliste Amilcar Cabral est assassiné en Guinée-Bissau en 1973. L´indépendance du pays est proclamée par le PAIGC (Parti africain pour l´indépendance de la Guinée et du Cap-Vert).

Le Portugal moderne

LA RÉVOLUTION DES ŒILLETS

Le pays dort encore la nuit du 24 avril 1974, quand le Rádio Clube Português diffuse la chanson interdite *Grândola Vila Morena* de José Afonso. C'est le feu vert du coup d'État militaire qui renverse en une seule journée le gouvernement en place et amorce une nouvelle ère politique et économique pour le pays.
Une première tentative de coup d'État avait échoué le 16 mars, à la suite de la destitution des généraux Spinola (ancien commandant en chef de Guinée-Bissau et chef d'état-major) et Costa Gomes. Mais cette fois-ci, avec la complicité des civils, la rébellion organisée par les capitaines Otelo Saraiva de Carvalho et Vitor Alves ne rencontre pas de résistance.
En ce début d'après-midi mémorable du **25 avril**, une junte militaire (dont Spinola et Costa Gomes font aussi partie) déclare assumer provisoirement le pouvoir. Le **MFA** (Mouvement des forces armées) annonce la libération des prisonniers politiques, la restitution des libertés civiques, l'organisation d'élections libres, ainsi que la fin de la censure et de la PIDE (police secrète). La population envahit les rues de Lisbonne, fraternisant avec les militaires. Des œillets rouges, emblèmes de la révolution, sont accrochés au bout des fusils et dans les cheveux des femmes. Les jours qui suivent, les exilés politiques commencent à revenir au pays. Le 1er mai 1974 est célébré par de grands rassemblements dans toutes les villes fêtant la Révolution.

CONTESTATIONS SOCIALES ET DÉCOLONISATION

Les mois suivants sont marqués par les grèves et les manifestations. Le général **Spinola**, devenu président de la République, entre en conflit avec certains capitaines plus radicaux. Ces derniers défendent les mouvements sociaux, tandis que Spinola est plus modéré. En juillet, le MFA impose le colonel **Vasco Gonçalves** comme Premier ministre. La situation devient de plus en plus critique ; le point de clivage central concerne la décolonisation de l'Angola, que Spinola souhaite progressive alors que les militaires du MFA la veulent immédiate. Le 27 septembre, Spinola quitte le gouvernement.
La question de la **décolonisation** était alors levée : la Guinée-Bissau et le Cap-Vert deviennent officiellement indépendants le 10 septembre 1974, le Mozambique, le 25 juin 1975, São Tomé et Príncipe, le 12 juillet 1975 et l'Angola, le 11 novembre 1975.

UNE PÉRIODE D'INSTABILITÉ POLITIQUE

Cependant, même après le départ de Spinola, une nouvelle fracture surgit entre deux pôles du gouvernement. Une nouvelle tentative de putsch a lieu en mars 1975 et Spinola, reconnu comme son instigateur, doit s'exiler. Les premières élections législatives libres depuis un demi-siècle se déroulent ainsi le 25 avril 1975. La population vote en masse avec un taux de participation de 92 %, et la majorité est accordée au Parti socialiste. Mais l'instabilité continue avec de fréquents changements de gouvernement. Vasco Gonçalves finit par démissionner au cours de l'été 1975. Le pays, sombrant dans l'anarchie, voit s'affronter deux partis se réclamant du socialisme : l'un prône l'exemple des pays de l'Est, l'autre celui des pays d'Europe de l'Ouest.

L'APPRENTISSAGE DE LA DÉMOCRATIE

Fin 1975, le pays voit la retraite forcée des militaires et le pouvoir retransmis aux civils. Les mesures modérées de normalisation, lancées à partir du 25 novembre 1975, indiquent le début d'un recul du processus révolutionnaire.
Une **nouvelle Constitution** est adoptée le 2 avril 1976 et de nouvelles élections législatives ont lieu le 25 du même mois. Elles sont remportées par le Parti socialiste, suivi de près par le PPD (Parti populaire démocratique).
La stabilité politique ne réapparaît pas immédiatement : le Portugal connaît treize gouvernements jusqu'en 1987. Les deux principales formations politiques qui assument le pouvoir alternativement sont le Parti socialiste (PS) et le Parti social-démocrate (PSD). La **démilitarisation** du système et des institutions se fait lentement.
En 1980, le Parti conservateur remporte les élections législatives. Sá Carneiro forme un gouvernement, mais il trouve la mort le 4 décembre dans un accident d'avion. Le mandat présidentiel du général António Ramalho Eanes est renouvelé.
La Constitution, révisée deux fois, en 1982 et 1989, s'éloigne de plus en plus du texte « révolutionnaire » d'origine.
La démocratie se stabilise. **Mário Soares** est élu en 1986, devenant le premier président civil depuis 1926. La même année, le Portugal entre dans la **CEE**. L'alternance politique est depuis une réalité. Alors que quelques années auparavant le Nord était acquis au PSD, le Centre et le Sud au PS, et l'Alentejo majoritairement communiste, les clivages politiques régionaux s'estompent.

UNE FIN DE SIÈCLE DYNAMIQUE

En 1996, **Jorge Sampaio** remplace à la présidence Mário Soares. Dans les années 1990, le pays connaît d'importants changements économiques et culturels. En 1994, Lisbonne est élue Capitale européenne de la culture. Quatre ans plus tard, elle accueille l'Exposition universelle **Expo'98** *(voir le Parc des Nations à Lisbonne, où s'est déroulé l'événement)*.
En 1999, Macao est retrocédé à la Chine *(voir « Centre culturel de Macao », à Lisbonne, p. 162)*.
En 2001, Jorge Sampaio est réélu tandis que Porto assume à son tour le rôle de Capitale européenne de la culture.
L'année suivante, les élections législatives anticipées amènent au pouvoir une coalition de droite. Le social-démocrate **José Manuel Durão Barroso** est nommé Premier ministre. Mais en 2004, il démissionne pour prendre la présidence de la Commission

européenne. Pedro Santana Lopes le remplace.
À la suite de la dissolution du Parlement fin 2004, le Parti socialiste mené par **José Sócrates** gagne les élections législatives de février 2005, puis celles de 2009 (sans avoir la majorité absolue). Désavoué en 2011 par le Parlement, José Sócrates remet sa démission, et son parti perd les élections législatives anticipées au profit de Pedro Passos Coelho à la tête de la coalition PPD/PSD.
Côté présidence de la République, janvier 2006 voit l'élection du social-démocrate **Aníbal Cavaco Silva**, qui sera réélu en 2011 pour un second mandat.
Pour en savoir plus sur la situation économique et sociale, voir « Le Portugal aujourd'hui », p. 42.

Chronologie

- **147-139 av. J.-C.** – Invasion romaine.
- **711** – Début de la conquête musulmane.
- **1140** – Alphonse Henriques se proclame, sous le nom d'Alphonse Ier, roi du Portugal.
- **1143** – La Castille reconnaît l'existence du royaume du Portugal.
- **1249** – Fin de l'occupation arabe.
- **1385** – Victoire d'Aljubarrota, début de la dynastie des Avis.
- **1494** – Traité de Tordesillas.
- **1500** – Cabral accoste au Brésil.
- **1578** – Mort du roi Sébastien Ier à Ksar el-Kébir.
- **1580** – Philippe II d'Espagne, roi du Portugal.
- **1668** – L'Espagne reconnaît l'indépendance du Portugal.
- **1703** – Traité de Methuem : l'Angleterre obtient le monopole de l'importation des vins de Porto.
- **1755** – Tremblement de terre de Lisbonne.
- **1807-1810** – Guerres napoléoniennes. La Cour s'exile au Brésil.
- **1822** – Indépendance du Brésil.
- **1908** – Assassinat de Charles Ier et de son fils aîné.
- **1910** – Proclamation de la république.
- **1926** – Dictature du général Carmona.
- **1928** – Salazar, ministre des Finances.
- **1933** – Constitution de l'Estado Novo.
- **1961** – Début des guerres coloniales.
- **25 avril 1974** – Révolution des Œillets ; indépendance de la Guinée-Bissau.
- **1975** – Indépendance des îles du Cap-Vert, du Mozambique, de l'Angola et de São Tomé.
- **1976** – Nouvelle Constitution socialiste. Indépendance du Timor. Autonomie de Macao et des archipels de Madère et des Açores.
- **1986** – Entrée du Portugal dans la CEE. Élection de Mário Soares à la présidence de la République.
- **1994** – Lisbonne, Capitale européenne de la culture.
- **1998** – Expo' 98 : Exposition mondiale à Lisbonne.
- **1999** – Le territoire de Macao est rétrocédé à la Chine.
- **2001** – Porto, Capitale européenne de la culture.
- **2004** – Le Portugal prend la présidence de la Commission européenne.
- **2007** – Signature du traité de Lisbonne, le 13 décembre, par les chefs d'État et de gouvernement des 27 États membres de l'Union européenne.
- **2009** – Victoire du PS aux élections legislatives.
- **2011** – Pedro Passos Coelho à la tête de la coalition PPD/PSD remporte les législatives anticipées.
- **2012** – Guimarães partage avec Maribor (Slovénie) le titre de Capitale européenne de la culture.

Nature et paysages

Le Portugal s'inscrit dans un rectangle de 560 km de long sur 220 km de large, au sud-ouest de la péninsule Ibérique. Sur cette superficie relativement faible (88 944 km² sans Madère et les Açores), il présente une grande diversité de paysages et compte plus de 800 km de côtes sur l'Atlantique. L'altitude décroît de la frontière espagnole à l'Océan et du nord au sud. Le Tage, qui traverse le pays d'est en ouest de l'Espagne à Lisbonne, sépare une région montagneuse au nord d'une région de plateaux et de plaines au sud.

Le relief

Au nord du pays, entre l'Espagne et la vallée du Douro, la cordillère Cantabrique est prolongée par des montagnes massives séparées par des vallées aux versants violemment érodés.

Au centre, entre le Douro et le Tage, on rencontre des reliefs particulièrement vigoureux qui prolongent les sierras de Castille : la **serra da Estrela** culmine au **mont Torre** (1 993 m), sommet le plus élevé du Portugal continental ; les vallées du Mondego et du Zêzere ceinturent cette échine.

Au sud du Tage s'étend un grand plateau qui descend vers l'Océan ; les immenses horizons sont à peine barrés par les affleurements des **serras de Monchique et do Caldeirão**.

Les 837 km de littoral atlantique offrent une incroyable variété de sites : interminables grèves, plages de sable fin abritées au creux de falaises rocheuses, criques et caps (Carvoeiro, Espichel, Saint-Vincent). Les vastes estuaires sont occupés par les principaux **ports** : Porto sur le Douro, Lisbonne sur le Tage, Setúbal sur le Sado. Quelques baies offrent leur abri aux ports de pêche comme Portimão ; des promontoires les protègent du vent, comme à Peniche ou à Lagos. Mais la majeure partie du littoral est une côte sablonneuse plate, parfois doublée par un cordon littoral (côte est de l'Algarve, lagune d'Aveiro). La fraîcheur de l'eau qui baigne les côtes (sauf en Algarve) est due au courant froid des Canaries.

Régions et paysages

Du nord au sud du pays, cette description reprend les limites des anciennes provinces désormais regroupées au sein de cinq grandes régions touristiques. À l'intérieur des provinces, on trouve les divisions administratives que sont les districts *(voir la carte p. 46)*.

PORTO ET LE NORD

Cette région comprend les anciennes provinces du Minho et du Douro, très cultivées, et,

Eaux limpides et falaises calcaires : les criques de l'Algarve.
Jon Arnold/hemis.fr

à l'intérieur du pays, la région plus sèche du Trás-os-Montes.

Le Minho et le Douro

Districts du Minho : Braga et Viana do Castelo ; district du Douro : Porto.

Ces deux provinces sont essentiellement formées de collines granitiques couvertes d'une abondante végétation, malheureusement atteinte par de dramatiques incendies. Les serras de Gerês, de Soajo et de Marão, qui constituent le Parc national de Peneda-Gerês, à l'extrême nord, présentent des sommets dénudés parsemés d'éboulis de rochers. Les champs entourés de haies et de vignes grimpantes produisent parfois deux récoltes par an ; çà et là apparaissent quelques boqueteaux d'eucalyptus, de pins (sur la côte) et de chênes. Vignes, arbres fruitiers et pâturages complètent une économie de terroir. Sur les pentes bien exposées poussent des oliviers, des pommiers et parfois des orangers. La population très dense vit dans des villages extrêmement nombreux, à l'urbanisation galopante, reliés entre eux par des routes tortueuses et souvent pavées. Des vallées verdoyantes comme celles du rio Lima ou du rio Vez servent d'axes de circulation. La côte est appelée **Costa Verde** (Côte Verte) en raison de son paysage verdoyant. Ses eaux sont relativement froides pour la baignade toute l'année.

Porto est la capitale incontestée de cette région active qui regroupe plus du quart de la population du pays, et de nombreuses industries, comme autour de Braga.

Le Trás-os-Montes

Districts : Bragança et Vila Real.

Son nom signifie « au-delà des monts » : c'est en effet à l'est, au-delà des serras de Marão et de Gerês, que s'étire cette province constituée de hauts plateaux surmontés de crêtes rocheuses et coupés de profondes vallées. Les plateaux, dominés par des sommets pelés et couverts d'une végétation rabougrie, sont le domaine de la lande à moutons. Les villages isolés, bâtis en granit ou en schiste, se confondent avec le paysage. Les

bassins plus peuplés, autour de Chaves, Mirandela et Bragança, ressemblent à de véritables oasis où croissent arbres fruitiers, vignes, maïs et légumes. Cette région a toujours été un grand foyer d'émigration (notamment vers la France) et aujourd'hui les petites villes se voient grossies par les constructions des émigrants de retour au pays.
Au sud de la province, le **Haut-Douro** (Alto Douro) fait exception. Les rebords des plateaux et les versants du Douro et du Tua ont été aménagés en terrasses sur lesquelles poussent oliviers, figuiers, amandiers et, surtout, le célèbre vignoble produisant le porto et le *vinho verde*.

AU CENTRE : LES BEIRAS

Cette région rassemble les deux provinces des Beiras : la Beira Alta (au nord) et la Beira Baixa (au sud) d'une part, et la Beira Litoral d'autre part (le long de la côte).

La Beira Alta et la Beira Baixa

Districts de la Beira Alta : Guarda et Viseu ; district de la Beira Baixa : Castelo Branco.
Ces provinces, les plus montagneuses du Portugal, prolongent vers l'ouest la cordillère centrale hispanique. Le paysage comporte une succession de blocs surélevés et de bassins d'effondrement. Les montagnes – les principales sont les **serras da Estrela et da Lousã** – montrent des versants boisés (victimes aussi des incendies) que terminent des sommets herbeux, parfois hérissés de chicots rocheux, où paissent les moutons. Quelques lacs de barrage occupent les emplacements d'anciens cirques glaciaires ou de gorges creusées dans le quartz. De vieux villages se dressent au-dessus des fonds de vallées quadrillés de cultures en terrasses (maïs, seigle, oliviers).
La population s'est surtout établie dans les vallées du Mondego et du Zêzere. La **vallée du Mondego**, vaste couloir d'effondrement qu'empruntent les principales voies de communication entre Coimbra et Guarda, est couverte de riches cultures ; les versants bien exposés deviennent le domaine des vignobles de crus (région du Dão).
La haute vallée du Zêzere, appelée **Cova da Beira**, est plus orientée vers l'élevage ; Covilhã, la principale ville de ce secteur, maintient une industrie lainière importante. Aux environs de **Guarda**, la plupart des villages, construits en granit, sont protégés par un château fort ou des remparts, témoins des luttes qui opposaient autrefois Portugais et Espagnols.

La Beira Litoral

Districts : Coimbra et Aveiro.
Cette région sillonnée de nombreux canaux correspond en gros aux basses vallées du Vouga, du Mondego et de la Lis ; les rizières s'étendent dans les zones irriguées autour de Soure et d'Aveiro. Cette partie de la côte, appelée **Costa de Prata** (Côte d'Argent),possède, comme celle de l'Estrémadure, de longues plages rectilignes fixées par d'immenses pinèdes (Pinhal de Leiria, Pinhal do Urso) ; la ria de Aveiro forme un paysage original de lagune. L'arrière-pays se couvre de petits champs de blé ou de maïs bordés d'arbres fruitiers et de vigne, ainsi que de belles forêts comme celle de Buçaco.
Les deux grands pôles d'activité sont **Coimbra**, célèbre pour son université, et **Aveiro**.

LISBONNE ET SA RÉGION

Cette région rassemble les deux anciennes provinces du Ribatejo et de l'Estrémadure.

L'Estrémadure

Districts : Leiria, Lisbonne et Setúbal.

Étendue pour l'essentiel au nord de Lisbonne, bordée par l'Atlantique, l'Estrémadure était jadis la limite méridionale des territoires reconquis sur des musulmans, d'où son nom qui signifie « extrémité ». Aujourd'hui, cette région regroupe un tiers de la population du pays. De Nazaré à Setúbal, le paysage est vallonné et verdoyant : entre les bosquets de pins et d'eucalyptus, le blé, le maïs, les oliviers, la vigne et les arbres fruitiers sont l'objet de soins minutieux. Les exploitations, petites dans le nord, plus vastes dans le sud, s'ordonnent autour de villages aux maisons basses.
Sur la côte, où alternent de hautes falaises et de belles plages de sable, les villages de pêcheurs sont nombreux. Dans les stations balnéaires de **Cascais** et **Estoril**, à proximité de Lisbonne, les plages sont plus urbaines. La **serra de Sintra**, située elle aussi près de la capitale, est un agréable massif boisé. Au sud du Tage, la **serra da Arrábida** abrite de petites stations balnéaires.
Lisbonne, qui est le grand pôle d'activité de la région, centralise le pouvoir politique, administratif et financier, ainsi que de nombreux sièges sociaux et commerciaux.

Le Ribatejo

District : Santarém.
La région de la « rive du Tage » (Riba do Tejo), au nord-est de Lisbonne, est une plaine alluviale formée aux ères tertiaire et quaternaire. Sur les collines de la rive droite, les habitants pratiquent une polyculture à base d'oliviers, de vigne et de légumes alors que, sur les terrasses de la rive gauche, s'étendent de grandes propriétés spécialisées dans la culture du blé et des oliviers. La plaine inondable est occupée par des rizières, des cultures maraîchères et, surtout, par de grandes prairies vouées à l'élevage des chevaux et des taureaux noirs de combat. Cette région, dont le principal centre est **Santarém**, est connue pour ses *touradas*, corridas à la portugaise.

L'ALENTEJO

Districts : Beja, Évora et Portalegre.
Alentejo signifie « au-delà du Tage » (Além Tejo). Cette région, l'une des plus pittoresques et des plus belles du Portugal avec ses vastes étendues désolées et ses villages éclatants, couvre près du tiers de la superficie du pays. Elle est uniforme et sans grand relief, exception faite de la **serra de São Mamede**. La végétation naturelle y est presque inexistante : « en Alentejo, il n'y a pas d'ombre », dit un proverbe. Cependant, malgré les difficultés d'irrigation, le sol est rarement laissé à l'abandon. L'Alentejo, grenier à blé du Portugal, est aussi le domaine du chêne-liège, du chêne vert et de l'olivier ; on y cultive également le prunier aux environs de Vendas Novas et d'Elvas. Moutons et porcs noirs pâturent sur les mauvais sols.
Traditionnellement, c'est une région de grandes propriétés avec des domaines immenses s'étendant autour du *monte*, grosse ferme blanchie à la chaux, isolée sur une butte, où réside le propriétaire ; les autres habitants se groupent dans des villages aux maisons basses, surmontées d'énormes cheminées. À la suite de la révolution des Œillets, la réforme agraire de juillet 1975 a réparti les terres entre des coopératives. Cette réforme n'ayant pas eu le succès attendu, on est revenu progressivement au régime de la moyenne et de la grande propriété.
Dans le **Baixo Alentejo** (au sud), la côte, bien que peu hospitalière, voit se développer des stations

balnéaires. On y trouve peu de port, à part celui bien équipé de Sines. Il n'y a pas de villes très importantes ; **Évora** (Alto Alentejo), avec ses 57 000 habitants et une grande université, joue le rôle de capitale de la région, mais vit surtout du tourisme.

L'ALGARVE

District : Faro.
Son nom vient de l'arabe *El Gharb* qui signifie « ouest » ; c'était en effet la contrée la plus occidentale des territoires conquis par les Arabes. Cette région, séparée de l'Alentejo par des collines schisteuses, ressemble à un jardin ; les fleurs (géraniums, camélias, lauriers-roses) se mêlent aux cultures (coton, riz, canne à sucre) et aux vergers (caroubiers, figuiers, amandiers, orangers) ; la plupart des jardins sont clôturés de haies d'agaves. Les villages rassemblent des maisons éblouissantes de blancheur, décorées de jolies cheminées. À l'ouest se dresse un massif de roches volcaniques, la **serra de Monchique**, que couvre une végétation luxuriante.
La côte est très sablonneuse. À l'est de Faro (Sotavento), elle est protégée par des cordons littoraux ; à l'ouest (Barlavento), les plages sont agrémentées de hautes falaises qui forment au **cap Saint-Vincent** un impressionnant promontoire.
Bien que baignée par l'Atlantique, l'Algarve dispose d'un climat méditerranéen qui lui permet de connaître un immense succès touristique, parfois au détriment des activités traditionnelles : la pêche, les conserveries, l'horticulture et l'industrie du liège. La plupart des villages de pêcheurs sont devenus d'énormes stations balnéaires au style international. Les principales villes sont **Faro**, **Lagos** et **Portimão**.

La végétation

La multiplicité et la diversité des essences végétales témoignent des contrastes climatiques et des différences de nature des sols.
Les **forêts** couvrent au Portugal une superficie d'env. 3,2 millions d'ha (36 % du territoire), et appartiennent à près de 600 000 petits propriétaires. Le domaine sylvicole compte 58 % de feuillus pour 42 % de résineux et les essences se répartissent principalement entre pins maritimes (30 %), chênes-lièges et chênes verts (22 %), et eucalyptus (21 %). Un patrimoine pourtant fragile : des incendies dévastateurs détruisent chaque été des centaines de milliers d'hectares – et les années successives de sécheresse ou de canicule en accroissent encore le risque.
Au sud du Tage et dans la haute vallée du Douro, on rencontre des peuplements considérables de **chênes verts** et de **chênes-lièges** voisinant avec des garrigues et des landes à cistes où poussent aussi lavande, romarin et thym. Le chêne-liège est encore davantage présent dans l'Alentejo, dont il domine largement les paysages.
Sur les sommets très arrosés dont l'altitude dépasse 500 m (dans le nord du pays et dans les serras de São Mamede et de Monchique au sud) croissent le **chêne rouvre** et le **chêne tauzin**, accompagnés de **châtaigniers**, de bouleaux et d'érables. Bien que très décimé, le **chêne lusitanien** se rencontre encore dans le Centre et le Sud.
L'**eucalyptus**, introduit dans le pays à la fin du 19e s., pousse surtout le long de la côte près de Leiria, Coimbra et Aveiro (600 000 ha au total), espace qu'il partage avec les **pins maritimes** et les pins parasols pour former de vastes forêts. En Algarve, les plantes

méditerranéennes s'acclimatent bien ; on y trouve ainsi des **agaves**, des **caroubiers**, des **amandiers**, des **figuiers**, des **orangers** et des **oliviers**.

La faune

La diversité des paysages favorise la grande variété de la faune portugaise, mélange d'espèces européennes et nord-africaines. Les animaux les plus communs sont le **lièvre ibérique**, le lapin et le renard, présents dans tout le pays. À l'intérieur des terres, on trouve aussi cochons sauvages, chèvres et cervidés. La structure rurale du pays jusque dans les années 1980 a permis de fidéliser quelques animaux, comme les **cigognes blanches** qui n'ont jamais abandonné les clochers des églises ni les cheminées, surtout dans l'Alentejo et le Ribatejo.
Les côtes portugaises sont très poissonneuses. Des **dauphins** vivent autour du Tage et dans l'estuaire du Sado.

UNE BIODIVERSITÉ MENACÉE

Depuis les années 1970, la plantation d'**eucalyptus**, pour la pâte à papier, s'est intensifiée. Or la monoculture d'arbres et, plus généralement, l'exploitation différente de la terre (multiplication de l'agriculture intensive, désertification de certaines zones) ont contribué à la fragilisation des écosystèmes, aggravée par des **incendies** récurrents. Le développement qui a accompagné l'entrée dans l'Union européenne a accéléré l'expansion des villes et l'usage des transports, notamment avec la construction d'un important réseau autoroutier dans tout le pays ; en outre, le boom du tourisme a entraîné l'urbanisation sauvage des côtes : autant d'évolutions dont s'alarment les défenseurs de la nature.
Plusieurs grands mammifères se trouvent menacés par ces bouleversements. C'est le cas du **loup gris** qui vit en sursis dans certaines forêts (serra da Estrela) et régions cultivées, où il attaque souvent les animaux domestiques, et du **lynx ibérique** dont la survie, dans les forêts de chênes de l'Alentejo, les montagnes de la Beira intérieure et de l'Algarve, dépend de la préservation du lapin sauvage. Les incendies de forêts, particulièrement ravageurs en 2003 et 2004, l'ont encore un peu plus fragilisé. Enfin les zones

LE CHEVAL LUSITANIEN ET L'ART ÉQUESTRE PORTUGAIS

« Il est le plus beau du monde et le plus approprié pour un roi un jour de victoire » (duc de Newcastle, 17e s.). Déjà connu des hommes du Paléolithique supérieur qui l'ont gravé sur les rochers de la vallée du Côa, et monté depuis près de 5 000 ans, le pur-sang lusitanien est le plus ancien cheval de selle du monde. Son tempérament fougueux mais docile, son agilité, sa force et son courage en ont fait le cheval de combat par excellence. Au Portugal, depuis le Moyen Âge, la noblesse l'a utilisé dans la guerre. Pour s'y préparer, elle recourait à l'affrontement avec les taureaux ibériques. L'École portugaise d'art équestre a été créée au 18e s. Aujourd'hui encore, les cavaliers portugais portent les mêmes habits d'apparat et les chevaux sont harnachés comme autrefois. Tout cela contribue à faire du spectacle équestre un moment de rare beauté, dans lequel le cavalier et son cheval, en parfaite harmonie, exécutent les figures les plus complexes avec une légèreté qui rend justice au surnom donné aux Lusitaniens de « fils du vent ».

Parc naturel du Sud-Ouest alentejan et de la côte vicentine

De Burgau, en Algarve, à Sines, dans l'Alentejo, s'étire le **Parque Natural do Sudoeste Alentejano e Costa Vicentina**. Tout au long de la côte, cette zone protégée déroule un envoûtant chapelet de dunes et de pinèdes, de grèves sauvages et de falaises déchiquetées.

Pour profiter de ces paysages uniques, il faut s'écarter de la nationale et prendre les chemins de traverse, souvent cahoteux, qui se faufilent entre des garrigues parfumées. On débouche alors sur des plages immenses et désertes, dans des criques rocheuses où des pêcheurs solitaires taquinent le bar et la daurade. En retrait du littoral, quelques villages discrets et sereins se lovent au creux des vallons.

Les amoureux de nature sauvage ne sauraient rêver meilleur endroit pour s'isoler des foules, s'enivrer du roulement des vagues ou s'abîmer dans la contemplation d'un vol d'oiseaux migrateurs.

UNE RÉSERVE PROTÉGÉE

Le parc, qui s'étend sur 75 000 ha, constitue l'un des espaces naturels les mieux préservés d'Europe. À cela, plusieurs raisons : un faible peuplement (moins de 30 000 hab.), l'absence d'industries et une agriculture limitée à de petits jardins familiaux. Même la pêche n'a jamais été ici très développée. Jusque dans les années 1970, le tourisme était une notion inconnue dans cette contrée qui regardait passer d'un œil mauvais les hippies en quête de paradis naturels.

Les choses ont un peu changé à la fin des années 1980, avec l'arrivée des surfeurs et des retraités allemands ou anglais venus chercher le soleil.

À la même époque fut créée une réserve protégée, devenue **parc naturel** en 1995. Son but : assurer le développement durable de la région tout en préservant l'écosystème.

Pour autant, on voit s'élever de plus en plus de résidences qui « mitent » le paysage. De gros projets touristiques (marinas, golfs…) essayent également de s'infiltrer, âprement combattus par les associations de protection de la nature.

FLORE ET FAUNE

Pas moins de **750 variétés de plantes** ont été recensées, dont une cinquantaine d'espèces endémiques. Euphorbes, scilles, orchidées, narcisses et cistes côtoient la sauge et la mauve, le laurier et l'armoise, les agaves, les griffes de sorcières, les genièvres et quantité d'autres végétaux.

Le parc est également un refuge essentiel pour les **oiseaux** qui migrent entre l'Europe et l'Afrique. 200 espèces ont été comptabilisées. Dans les falaises nichent les derniers pygargues (aigles de mer) d'Europe, des cigognes blanches, des faucons pèlerins, des choucas et des busards. Dans les estuaires des rivières furètent le héron pourpré, le butor étoilé, la foulque macroule et la fauvette.

La **faune marine** comprend dauphins, tortues et loutres. Dans les dunes et les pinèdes se cachent des salamandres, des petits rongeurs et des **mammifères** carnivores comme le rare lynx d'Ibérie, le renard, la mangouste, la genette, la belette et le blaireau.

montagneuses du Douro abritent une espèce de **vipère** propre à la péninsule Ibérique.

LE SANCTUAIRE DES OISEAUX MIGRATEURS

Parmi les oiseaux, la **grande outarde**, une espèce très rare dans le monde, survit difficilement dans les plaines de l'Alentejo. Le Portugal possède aussi une très grande variété d'oiseaux migrateurs, le pays se trouvant sur la route de migration des oiseaux venus de l'Europe nordique et centrale, en direction de l'Afrique. Une colonie de plus de 400 **flamants roses** est établie dans l'estuaire du Tage ; ils sont aussi nombreux dans l'estuaire du Sado et dans les zones de salines de l'Algarve. Le cap Saint-Vincent, pointe la plus occidentale de l'Europe, sert aussi de relais aux oiseaux migrateurs entre Europe et Afrique.

Les parcs et réserves

Face aux menaces que les bouleversements récents représentent pour l'environnement, des zones de protection de la nature ont été créées afin de conserver intacte la beauté de certains paysages et d'en préserver la faune et la flore.

Parcs national et naturels

Le Portugal ne compte qu'un parc national, celui de **Peneda-Gerês** (72 000 ha), dans l'extrême nord du pays *(voir p. 560)*.
En revanche, de nombreuses zones ont été décrétées parcs naturels et font l'objet d'une protection particulière. Il s'agit, du nord au sud, des parcs naturels de **Montesinho** (75 000 ha ; *voir p. 577*) près de Bragança, du **Douro Internacional** (86 500 ha), d'**Alvão** (7 220 ha ; *voir p. 515*) près de Vila Real, de la **serra da Estrela** (100 000 ha ; *voir p. 454*), des **serras de Aire et Candeeiros** (34 000 ha ; *voir p. 265*) près de Fátima, de **Sintra-Cascais** (23 280 ha), da **Arrábida** (10 820 ha plus 5 700 ha marins ; *voir p. 220*), de la **serra de São Mamede** (31 750 ha ; *voir p. 318*), de la **vallée du Guadiana** (69 600 ha ; *voir p. 366*), le long du fleuve, du **Sudoeste Alentejano e de la Costa Vicentina** (74 788 ha ; *voir ci-contre*) et de la **Ria Formosa** (18 400 ha ; *voir p. 353*), où nidifient des espèces rares d'oiseaux marins.
Tous ces parcs naturels se trouvent dans des zones montagneuses, à l'exception des deux derniers, situés en Algarve et destinés à préserver ces zones de la dégradation du littoral liée au tourisme, comme à retarder l'intense érosion de cette côte.

Réserves naturelles

Destinées à la protection de la végétation et la faune, ce sont des zones de montagne comme la **serra de Malcata** (21 760 ha), des marais comme le **Paúl de Arzila** (535 ha) au nord du Mondego, et le **Paúl do Boquilobo** (530 ha) près du Tage, ou encore des estuaires particulièrement riches pour leur avifaune : l'**estuaire du Tage** (14 560 ha), **l'estuaire du Sado** (22 700 ha), Sapal de Castro Marim-Vila Real de Santo António (2 089 ha) dans l'**estuaire du Guadiana**, voire des zones dunaires, comme les **dunes de São Jacinto** (666 ha) dans la ria de Aveiro, ou insulaires, comme Berlenga (1 063 ha), au large de Peniche.

Aires de paysage protégé

Elles ont pour but de protéger la côte des constructions anarchiques : **serra do Açor** (346 ha), **littoral de Esposende** (440 ha) et **Costa de Caparica** (1 570 ha).

3/ DÉCOUVRIR LE PORTUGAL

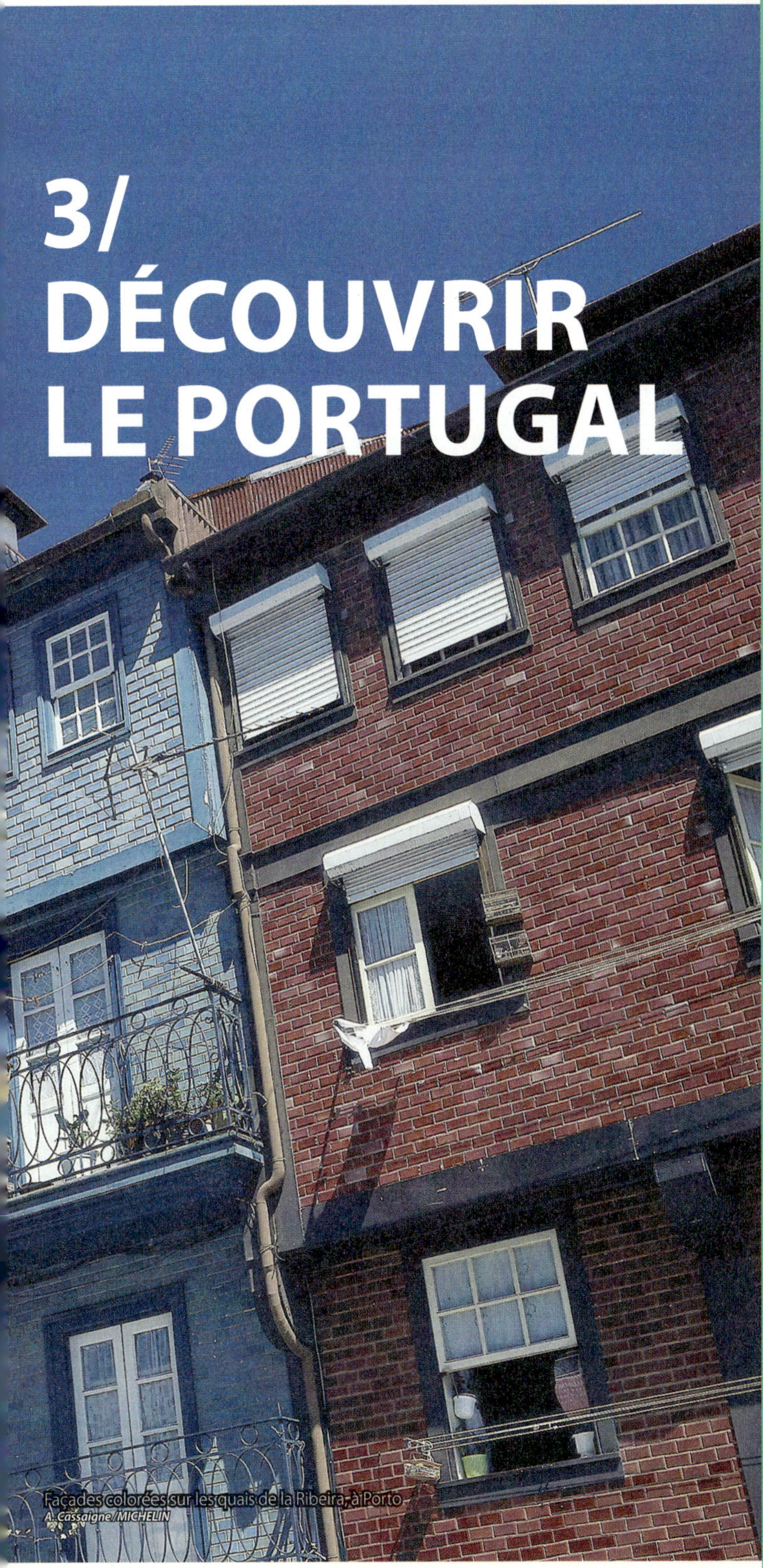

Façades colorées sur les quais de la Ribeira, à Porto
A. Cassaigne/MICHELIN

LISBONNE ET SES ENVIRONS
0
10 km
N
A
B
1
2
3
AVEIRO, PORTO
AVEIRO
COIMBRA
ALCÁCER
ÉVORA
LISBOA ★★★ Vaut le voyage
Queluz ★★ Mérite un détour
Setúbal ★ Intéressant
Sesimbra À voir
Ville de départ du circuit
La serra de Sintra
La Riviera : d'Estoril au Cabo da Roca
La serra da Arrábida
LEIRIA
LISBOA
SANTARÉM
SETÚBAL
2
3
OCEANO ATLÂNTICO
Ericeira
Mafra
Serra de Sintra
Azenhas do Mar
Colares
Parque de Monserrate
Praia das Maçãs
SINTRA
Cabo da Roca
Peninha
Parque da Pena
Queluz
Praia do Guincho
Estoril
Ponte 25 de Abril
LISBOA
Ponte Vasco da Gama
Rio Tejo
Rio Sorraia
Cascais
Boca do Inferno
Cristo Rei
Almada
Costa da Caparica
Palmela
Quinta da Bacalhoa
Villa Nogueira de Azeitão
Serra da Arrábida
Setúbal
São Filipe
Cetóbriga
Nossa Senhora do Cabo
Cabo Espichel
Sesimbra
Portinho da Arrábida
Rio Sado
Península de Tróia
BAIA DE SETÚBAL
A 21
A 8
A 9
A 1
A 10
A 5
IP 1
N 118
IC 1
A 12
IC 32
A 2
N 379
N 261

Lisbonne et ses environs 1

Carte Michelin National 733

Lisbonne

Lisboa

★★★

545 245 habitants (Agglo 2,9 millions) – District de Lisbonne

NOS ADRESSES PAGE 177

S'INFORMER

Palácio Foz – Plan III EX - *Praça dos Restauradores - M° Restauradores - ✆ 213 46 33 14 - tlj 9h-20h.* Principal bureau de l'*Instituto de turismo de Portugal* qui dispose de plusieurs antennes en ville (kiosques de rue) et d'une officine à l'aéroport.

Lisboa Welcome Center – Plan III FZ - *R. do Arsenal, 25 - ✆ 210 31 28 10 - www.visitlisboa.com - lun.-sam. 10h-19h, dim. 10h-18h.* Situé dans un édifice pombalin des arcades de la **praça do Comércio**, cet espace dépendant de la mairie se veut une vitrine de ce que l'on fait de meilleur et de plus novateur dans la capitale. On y trouve un bureau d'informations touristiques, une galerie, un auditorium, un café et une boutique de produits régionaux. Accès Internet payant.

Kiosque Rua Augusta – Plan III EY - *Près de la praça do Comércio - M° Baixa-Chiado - ✆ 213 25 91 31 - tlj 10h-13h, 14h-18h.*

Kiosque de Bélem – Plan VII - *En face du Mosteiro dos Jerónimos - ✆ 213 65 84 35 - mar.-sam. 10h-13h, 14h-18h.*

Voir aussi le site de la mairie de Lisbonne, www.cm-lisboa.pt, et la rubrique « Visite », p. 180-181.

Lisboa Card – *17,50 € (24h) ; 29,50 € (48h) ; 36 € (72h) ; tarif réduit pour les enf.* Une formule pratique et économique : la carte donne un accès gratuit et illimité aux transports publics (bus, métro, trams, funiculaires, train pour Cascais et Sintra), et la gratuité (ou des réductions) dans la plupart des musées et des sites culturels de Lisbonne et de ses environs. Elle est en vente sur le site www.askmelisboa.com, à l'aéroport et dans les adresses ci-dessus.

PLANS DE LISBONNE

SE REPÉRER

Carte Michelin 733 P2.

La capitale du pays se situe à 311 km au sud de Porto, à 196 km au sud de Coimbra et à 278 km au nord de Faro (Algarve). Le cœur historique est formé par la ville basse (Baixa), ouverte sur le Tage, et les collines alentour. Principale artère, l'avenida da Liberdade mène du Rossio, le centre, vers les quartiers modernes du nord.

Pour une vision d'ensemble de la ville, reportez-vous au plan « Les plus beaux quartiers et monuments de Lisbonne » et à la page thématique « Se repérer dans les quartiers », p. 122.

SE GARER

Utilisez le parking de votre hôtel ou les parkings souterrains situés dans la Baixa et dans le Chiado *(voir les* plans III *et* IV*)*.

À NE PAS MANQUER

Une promenade en bateau sur le Tage ; le tramway 28E de Graça à Estrela, la Baixa et le Chiado ; une dégustation de *pasteis de nata* à la Fábrica dos Pastéis de Belém ; chiner à la Feira da Ladra.

ORGANISER SON TEMPS

Comptez au moins quatre jours pour visiter la ville. Si vous êtes amateur d'art, les musées ferment en général le lundi ou le mardi, et certains sont gratuits le dimanche matin. Parcourez de préférence le quartier de l'Alfama le matin, lorsque les étals des marchés envahissent les rues. Visitez le Bairro Alto en fin d'après-midi, car les boutiques des jeunes créateurs ouvrent assez tard et c'est un quartier qui prend vie à la nuit tombée. Enfin, prévoyez des chaussures adaptées aux ruelles en pente et aux irrégularités des pavés.

AVEC LES ENFANTS

Sillonner la ville par le tram 28E et les *elevadores* (funiculaires) ; l'océanorium du Parc des Nations ; le planétarium Calouste Gulbenkian ; le musée des Marionnettes ; le parc de Monsanto ; le jardin zoologique ; les vieux trams du musée da Carris.

Postée à la pointe atlantique de l'Europe, dans l'estuaire du Tage, Lisbonne respire le vent du large à pleins poumons. Entre les deux énormes ponts qui bordent ses flancs, une nuée de cargos, ferries et voiliers sillonnent sa rade majestueuse, surnommée « la Mer de Paille » en raison de ses reflets dorés. Vue d'en haut, la ville aux sept collines ressemble à un labyrinthe de ruelles serpentines et d'escaliers biscornus, coloré de toits roses et de façades ocre, animé par le jeu des ombres et des lumières. Métropole en pleine mutation, Lisbonne s'est façonné un look moderne à grand renfort de grues et de marteaux-piqueurs. Les mégacentres commerciaux (Amoreiras, Colombo), le nouveau stade de la Luz ou les récentes réalisations le long du Tage (Parc des Nations, quartier des docks) témoignent de son dynamisme. Mais l'ancien port d'attache des grands navigateurs conserve aussi, avec fierté et nostalgie, le souvenir de ses épopées ultramarines et de ses lointaines colonies. Capitale cosmopolite, elle arbore toujours le visage enjôleur d'une vieille cité populaire, désordonnée et un peu canaille, aux ruelles étroites pavoisées de linge domestique, aux tramways brinquebalants, aux balcons croulant sous les pots de géraniums. Le spectacle de la rue est partout vivant, chaleureux, nonchalant : les sardines que l'on grille devant sa porte, les tavernes d'où s'échappent la rumeur, les soirs de match, et parfois un air de fado, les cireurs de chaussures qui arpentent les trottoirs pavés de petits dés noirs et blancs… Cité océane pétrie de songes, Lisbonne invite à la flânerie. Il faut aller à sa rencontre sans se presser, musarder dans ses recoins secrets, s'arrêter pour apprécier l'harmonie d'une église, d'une place, d'une fontaine. Bref, partir à sa découverte comme les navigateurs portugais embarquaient jadis vers des mondes inconnus.

Grand angle sur Lisbonne

UNE VILLE DANS L'HISTOIRE

Selon la légende, « Olissipo » aurait été fondée par Ulysse. Elle a d'abord été plus probablement un comptoir phénicien (1200 av. J.-C.) appelé « Alissubo » (la rade délicieuse), ce qui en ferait la plus ancienne ville d'Europe occidentale. Grecs et Carthaginois venaient y commercer. La conquête et la colonisation romaine, après une brève invasion germanique, sont suivies d'une longue occupation arabe (711-1147). Avec l'aide des croisés, la ville est finalement reprise aux Maures. À la fin du 13e s., avec la fondation d'une université, Lisbonne supplante Coimbra et devient définitivement la capitale du royaume.

L'ère des Grandes Découvertes

Cette époque correspond à un véritable âge d'or pour la ville. Dès le début du 15e s., Henri le Navigateur lance ses caravelles sur les océans. Les côtes africaines sont systématiquement explorées, Vasco de Gama découvre la mythique route des Indes et Pedro Álvares Cabral accoste au Brésil. Épices de toutes sortes, bois exotiques du Brésil, or et pierres précieuses, soies de Chine, perles du Japon, etc. : toutes ces fabuleuses richesses rapportées des contrées lointaines remplissent les cales des vaisseaux qui viennent mouiller sous les fenêtres du palais royal d'Alcáçova, au cœur de la ville basse. Elles vont faire la fortune de la ville et du pays tout entier.

La « Reine du Tage » est alors le cœur battant de l'Empire, une cité maritime et commerciale rivalisant avec Venise ou Gênes. La ville se couvre de monuments. Le port connaît une activité incessante. C'est l'apogée de l'art baroque manuélin, dont le style de décoration s'inspire des thèmes marins, avec comme fleuron le monastère des Jerónimos (Hiéronymites) de Belém.

La terre tremble

Située sur une zone d'importante activité sismique, Lisbonne subit depuis toujours des tremblements de terre. Mais le 1er novembre 1755, jour de la Toussaint, à l'heure de la grand-messe, un séisme particulièrement destructeur, suivi d'un raz-de-marée, anéantit Lisbonne aux deux tiers et fait au moins 15 000 victimes. La ville basse (Baixa), poumon de la cité, est entièrement ravagée. Sa reconstruction sera menée à bien par le **marquis de Pombal**, qui impose le plan en damier et un urbanisme moderne.

Les soubresauts de la république

Après la brève invasion napoléonienne de 1807 et durant tout le 19e s., Lisbonne est le théâtre d'agitations politiques continuelles aboutissant à l'instauration de la république en 1910. Mais l'instabilité demeure, révolutions et coups d'État se succèdent jusqu'à ce que Salazar devienne président du Conseil en 1932. La neutralité du Portugal pendant la Deuxième Guerre mondiale en fait une capitale de l'espionnage. Le régime dictatorial impose une chape de plomb et correspond à une période de stagnation économique. Il ne s'achève qu'avec la joyeuse et pacifique révolution des Œillets du 25 avril 1974, qui met un terme aux guerres coloniales (1961-1974). Lisbonne doit alors accueillir en quelques mois plusieurs centaines de milliers de réfugiés *(retornados)* des anciennes colonies africaines.

L'ouverture sur le monde

Depuis les années 1980, Lisbonne se modernise très rapidement. À l'image du reste du pays, elle a bénéficié de la manne financière considérable qu'a représentée l'entrée dans l'Union européenne, en 1986. Élue Capitale européenne de la culture en 1994, elle a redoré son blason artistique et culturel. L'Exposition universelle de l'été 1998 (6 millions de visiteurs) a servi de catalyseur pour la rénovation de la ville, la modernisation des transports et l'aménagement de la rive nord du Tage. C'est désormais une ville dynamique, qui a accueilli les Championnats d'Europe de football en 2004 et envisage de se doter, à l'horizon 2017, d'un nouvel aéroport international à Alcochete, au sud de l'estuaire.

VILLE MÉTISSE, VILLE MODERNE

Cinq siècles d'occupation romaine ont donné à Lisbonne son visage méditerranéen. Les trois grandes religions du Livre y ont cohabité jusqu'à la fin du 15e s., date de l'expulsion des juifs de la péninsule. Première ville d'Europe cosmopolite au temps des Grandes Découvertes (elle comptait alors de très nombreux esclaves africains), cœur d'un empire colonial qui fut le dernier à disparaître, Lisbonne reste une ville métisse et bigarrée : rapatriés d'Afrique lusophone, Cap-Verdiens, Brésiliens, Indiens de Goa, etc.

De la vie de village…

Les Lisboètes, au curieux surnom d'*alfacinhas* (« petites laitues »), sont généralement affables et plus réservés que leurs voisins espagnols. Lisbonne est une ville conviviale qui rappelle les vieilles cités du monde arabe auquel elle a longtemps appartenu. Dans les *bairros* (quartiers) populaires, les générations se mêlent ; le système d'entraide et la solidarité de voisinage pallient les difficultés de la vie. Les relations de proximité s'entretiennent aussi dans les nombreuses tavernes et petites épiceries de quartier *(lugares)*. Les ménagères discutent sur le pas de leur porte et font sécher leur linge aux fenêtres, tandis que les nombreux supporters des deux clubs de football de la ville, Benfica et Sporting, sont suspendus aux résultats des matchs. On grille encore les sardines en plein air sur de petits *fogareiros* portatifs. Les vendeurs ambulants, cireurs de chaussures et autres petits métiers arpentent les rues, notamment dans la ville basse. Cette population des quartiers est en liesse lorsqu'elle fête, en juin, ses saints populaires.

… aux maux d'une capitale moderne

En quelques années, Lisbonne est entrée à marche forcée dans la société de consommation. Le ralentissement économique a succédé aux années fastes (décennies 1980 et 1990) ; beaucoup de ses habitants se sont endettés et vivent désormais à crédit. Des problèmes apparaissent : embouteillages asphyxiants, inégalités sociales de plus en plus criantes, cités délabrées et bidonvilles (à Benfica ; vers l'aéroport). Certaines constructions, décriées, symbolisent ces années de croissance : tours postmodernes des Amoreiras, sièges des banques BNU et Caixa Geral de Depósitos, gigantesque centre commercial Colombo. Mais Lisbonne en a vu d'autres et dispose d'une étonnante capacité à assimiler les éléments nouveaux sans se laisser dénaturer. Les pluies d'hiver redonnent aussi vite une patine ancienne aux vieux quartiers populaires, parfois rénovés de façon un peu clinquante.

Au sud, vers le Tage, la vieille cité se recroqueville dans un temps immémorial, tandis que l'agglomération se développe au nord en direction de Sintra, à l'est vers Vila Franca de Xira, et à l'ouest vers Cascais. Les cités-dortoirs poussent sur les collines environnantes, séparées par des paysages agrestes de cultures maraîchères.

Se repérer dans les quartiers

Lisbonne s'étage en amphithéâtre sur **sept collines**, offrant ainsi des vues dégagées. Les constructions dépassent rarement quelques étages et, de partout ou presque, on voit le ciel sans même lever la tête : des perspectives surgissent, qui plongent vers le **Tage** ou surplombent les toitures. Pas facile pourtant de comprendre la physionomie de cette ville tout en dédales et en vallons. D'autant que le vieux Lisbonne compte peu de très grands monuments : on rencontre surtout des églises baroques et des édifices des 18e et 19e s. aux tons pastel ou recouverts d'azulejos. Il est donc plus aisé de se repérer par rapport au fleuve et en fonction du relief.

Lisbonne ne s'est pas coulée dans l'uniformisation urbaine, lot de bien des capitales européennes. Elle compte de nombreux quartiers très typés, tranquilles ou actifs, chic ou populaires, qui mélangent souvent les genres. Observons-la depuis le Tage, face au nord.

LA BAIXA *(voir p. 129)* Plan III

Au premier plan se trouve la Lisbonne du 18e s. et le quadrillage de la Baixa, la ville basse et active prolongée par le Rossio, la praça dos Restauradores et l'avenida da Liberdade. C'est le quartier traditionnellement commerçant et le point névralgique de Lisbonne. Très animé pendant la journée, on y croise des touristes et des amateurs de lèche-vitrine, mais aussi des employés de banque, des vendeurs de billets de loterie ou encore des cireurs de chaussures ; tandis que le soir, désertée par la foule, la ville basse n'est plus qu'un point de passage pour les automobilistes.

Au nord de la Baixa, les quartiers modernes autour du **parc Eduardo VII** et au-delà (quartiers d'affaires de **Campo Pequeno** et **Campo Grande**) sont quadrillés par un réseau de grandes avenues : da República, de Roma, de Berna, etc.

LE CHIADO *(voir p. 133)* Plan IV

Sur la colline de gauche débute ce quartier commerçant, chic et intellectuel. Le Chiado, en particulier les rues do Carmo et Garrett, concentrait les grands magasins avant l'incendie de 1988. Depuis sa rénovation, les marques internationales s'y sont implantées, mais il a conservé ses librairies et certaines boutiques aux devantures en bois.

LE BAIRRO ALTO *(voir p. 136)* Plan IV

Quartier populaire le jour et branché la nuit, le Bairro Alto, situé sur la colline São Roque, surplombe le Chiado. Depuis les années 1980, une nouvelle population y a élu domicile : des bars, des discothèques, des restaurants et des boutiques de stylistes et de designers en ont fait l'endroit à la mode et un haut lieu de la vie nocturne à Lisbonne. Il se prolonge plus à l'ouest par les quartiers résidentiels et vallonnés de **Madragoa**, **Estrela** et **Lapa** (Plan VIII).

L'ALFAMA *(voir p. 138)* Plan V, **MOURARIA ET GRAÇA** *(voir p. 145)*

Sur la colline de droite, dominés par le château São Jorge, s'étagent les quartiers médiévaux de l'Alfama et de la Mouraria, aux ruelles sinueuses et pentues, aux ambiances populaires et bigarrées, qui rappellent l'héritage mauresque. De jour, le quartier est animé par les marchés (marchés des rues São Pedro et dos Remédios, puces du Campo de Santa Clara) ; le soir, comme dans une médina nord-africaine, ses habitants se retirent dans les cours et les maisons (sauf les jours de fête) et la promenade dans l'entrelacs de ruelles peu éclairées peut constituer une expérience agréable. Graça, situé sur une colline au-dessus de l'Alfama, est un quartier essentiellement résidentiel, qui offre d'excellents points de vue sur la ville.

LE PORT ET LE TAGE *(voir p. 149)*

De **Cais do Sodré**, zone portuaire située à proximité de la praça do Comércio, aux **Docas**, anciens entrepôts où se sont installés bars et discothèques branchés, l'influence du fleuve sur la ville est omniprésente. C'est également au bord du Tage que s'étendent les deux quartiers symboles du Lisbonne d'hier et d'aujourd'hui : au sud-ouest de la capitale, **Belém** (Plan VII), matrice de l'art manuélin, et à l'autre bout de la ville, au nord-est, le **Parc des Nations** (Plan VI). Ce parc de loisirs, installé sur le site de l'Exposition universelle de 1998, s'insère dans un programme de revitalisation des berges du Tage à l'emplacement d'une ancienne zone industrielle.

LEXIQUE À L'USAGE DU PROMENEUR

Lisbonne est une ville ouverte faite pour le promeneur. Les ruelles animées débouchent sur d'agréables belvédères *(miradouros)*, sur des jardins suspendus ou des parcs tranquilles aux essences tropicales. Le tracé en labyrinthe des vieux quartiers, les innombrables recoins tortueux et impasses *(becos)* invitent à la flânerie. N'hésitez pas à affronter les escaliers biscornus *(escadinhas)*, à sillonner les rues pentues *(calçadas)* ou transversales *(travessas)*, ni à entrer dans les courettes *(patios)*. Une multitude de terrasses de cafés ou de restaurants offrent autant de haltes possibles, reposantes et agréables. Les bougainvilliers débordent des murs, les pots de basilic ou les cages à oiseaux garnissent le rebord des fenêtres et les petits pavés blancs et noirs *(empedrados)* dessinent des frises ondulantes.

LISBOA
plan I
N
0
1 km
PENICHE
TORRES VEDRAS A 8
QUELUZ, SABUGO
SINTRA, QUELUZ
ESTORIL, CASCAIS
PORTO BRANDÃO
TRAFARIA
COSTA DA CAPARICA
SERRA DA ARRÁBIDA
ALMADA, BARREIRO
SETÚBAL
Museu do Teatro
PAÇO DO LUMIAR
MUSEU DO TRAJE
BRANDOA
PONTINHA
CARNIDE
LUZ
COLOMBO
BENFICA
VENDA NOVA
DAMAIA
CALHARIZ
BURACA
ALFRAGIDE
JARDIM ZOOLÓGICO
MUSEU DA MÚSICA
PALÁCIO DE FRONTEIRA
AQUEDUTO DAS ÁGUAS LIVRES
FORTE DE MONSANTO
B. DA BOAVISTA
PARQUE FLORESTAL DE MONSANTO
MIRADOURO DE MONSANTO
B. DO ALTO DA SERAFINA
CAMPOLIDE
Amoreiras
MONTES CLAROS
TAPADA DA AJUDA
B. DA AJUDA
CASELAS
CARAMÃO
PALÁCIO DA AJUDA
Palácio das Necessidades
ALCÂNTARA
FORTE DO ALTO DUQUE
Museu de Etnologia
Jardim Botânico AJUDA
RESTELO
ALGÉS
Museu da Carris
CASA MACAU
MUSEU DA MARINHA
BELÉM
MOSTEIRO DOS JERÓNIMOS
MUSEU DO ORIENTE
Doca de Alcântara
Doca de Sto Amaro
ESTAÇÃO MARÍTIMA DE ALCÂNTARA
CENTRO DE CONGRESSOS DE LISBOA
PEDROUÇOS
TORRE DE BELÉM
Voir plan VII
PONTE 25 DE ABRIL
IC 16
IC 17 CRIL
IC 19
A 5-IC 15
N 249
N 6-2
N 117
Estr. da Circunvalação
Av. da Índia
Av. de Brasília
Av. 24 de Julho
Av. Ceuta
Amadora Este
Alfornelos
Pontinha
Carnide
Colégio Militar
Alto dos Moinhos
Laranjeiras
Jardim Zoológico
Telheiras

LISBONNE

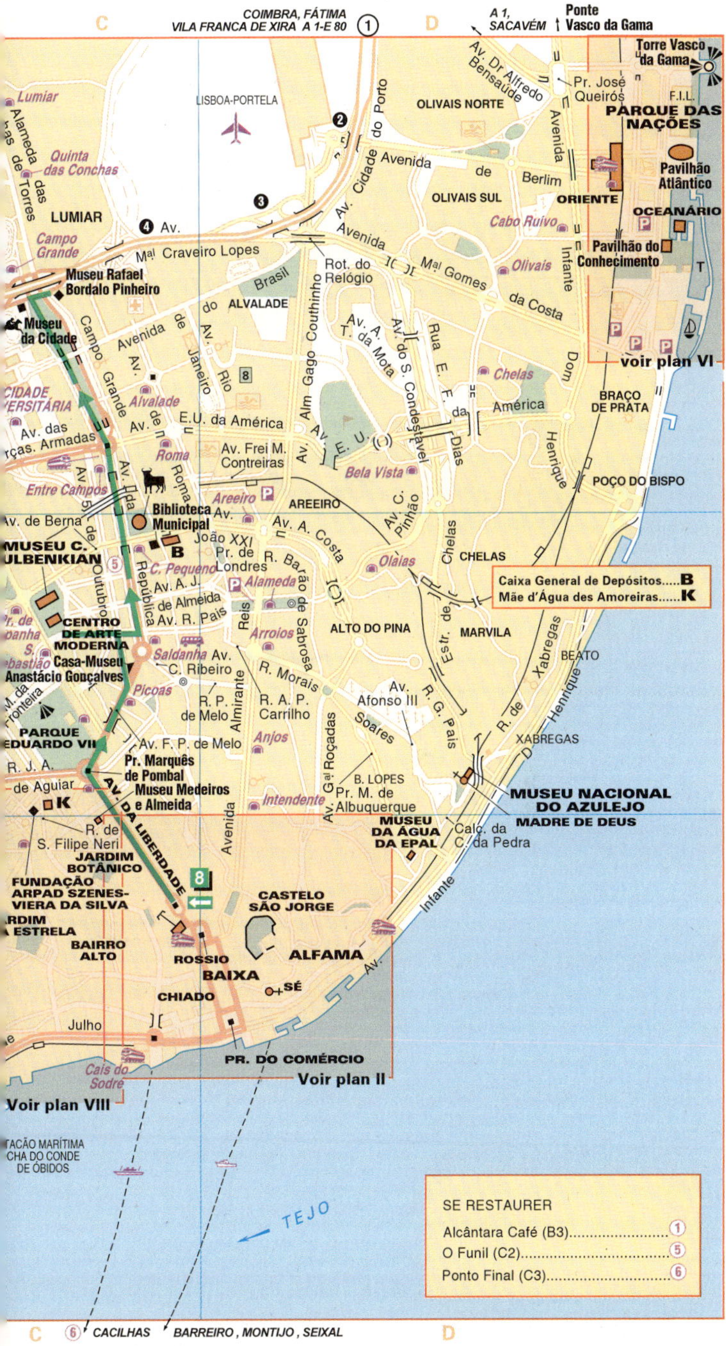
COIMBRA, FÁTIMA
VILA FRANCA DE XIRA A 1-E 80
A 1, SACAVÉM
Ponte Vasco da Gama
Torre Vasco da Gama
Pr. José Queirós
F.I.L.
PARQUE DAS NAÇÕES
Pavilhão Atlântico
ORIENTE
OCEANÁRIO
Pavilhão do Conhecimento
voir plan VI
LISBOA-PORTELA
OLIVAIS NORTE
OLIVAIS SUL
Cabo Ruivo
Olivais
Av. Dr Alfredo Bensaúde
Avenida de Berlim
Av. Cidade do Porto
Avenida Infante Dom Henrique
Lumiar
Alameda das Linhas de Torres
Quinta das Conchas
LUMIAR
Campo Grande
Av. Mal Craveiro Lopes
Museu Rafael Bordalo Pinheiro
Museu da Cidade
Brasil
Rot. do Relógio
Avenida Mal Gomes da Costa
ALVALADE
Avenida do Brasil
Av. de Rio de Janeiro
Alm. Gago Couthinho
Av. A. T. da Mota
Av. do S. Condestável
Rua E. F. da América
Chelas
América
BRAÇO DE PRATA
CIDADE UNIVERSITÁRIA
Alvalade
Av. das Forças Armadas
Av. E.U. da América
Roma
Av. Frei M. Contreiras
Av. E. U.
Bela Vista
Henrique
POÇO DO BISPO
Entre Campos
Av. da República
Biblioteca Municipal
Areeiro
AREEIRO
Av. C. Pinhão
Av. de Berna
Av. João XXI
Av. A. Costa
MUSEU C. GULBENKIAN
Pr. de Londres
R. Barão de Sabrosa
Olaias
Chelas
CHELAS
Caixa General de Depósitos.....B
Mãe d'Água des Amoreiras......K
C. Pequeno
Av. A. J. de Almeida
Alameda
Av. R. Pais
Reis
CENTRO DE ARTE MODERNA
S. Sebastião
Casa-Museu Anastácio Gonçalves
Saldanha
Av. C. Ribeiro
Arroios
ALTO DO PINA
Estr. de Chelas
MARVILA
R. de Xabregas
BEATO
R. Morais Soares
PARQUE EDUARDO VII
Picoas
R. P. de Melo
Almirante Reis
R. A. P. Carrilho
Av. Afonso III
R. G. Pais
Av. F. P. de Melo
Anjos
XABREGAS
R. J. A. de Aguiar
Pr. Marquês de Pombal
Museu Medeiros e Almeida
Av. Gal Roçadas
B. LOPES
Pr. M. de Albuquerque
MUSEU NACIONAL DO AZULEJO
MADRE DE DEUS
Intendente
AV. DA LIBERDADE
R. de S. Filipe Neri
JARDIM BOTÂNICO
FUNDAÇÃO ARPAD SZENES-VIERA DA SILVA
Avenida
MUSEU DA ÁGUA DA EPAL
Calç. da C. da Pedra
Infante
CASTELO SÃO JORGE
JARDIM DA ESTRELA
BAIRRO ALTO
ROSSIO
ALFAMA
BAIXA
SÉ
CHIADO
Av.
Julho
Cais do Sodré
PR. DO COMÉRCIO
Voir plan II
Voir plan VIII
ESTAÇÃO MARÍTIMA ROCHA DO CONDE DE ÓBIDOS
TEJO
SE RESTAURER
Alcântara Café (B3)......................... 1
O Funil (C2).................................. 5
Ponto Final (C3)............................. 6
C
D
1
2
3
6 CACILHAS
BARREIRO, MONTIJO, SEIXAL

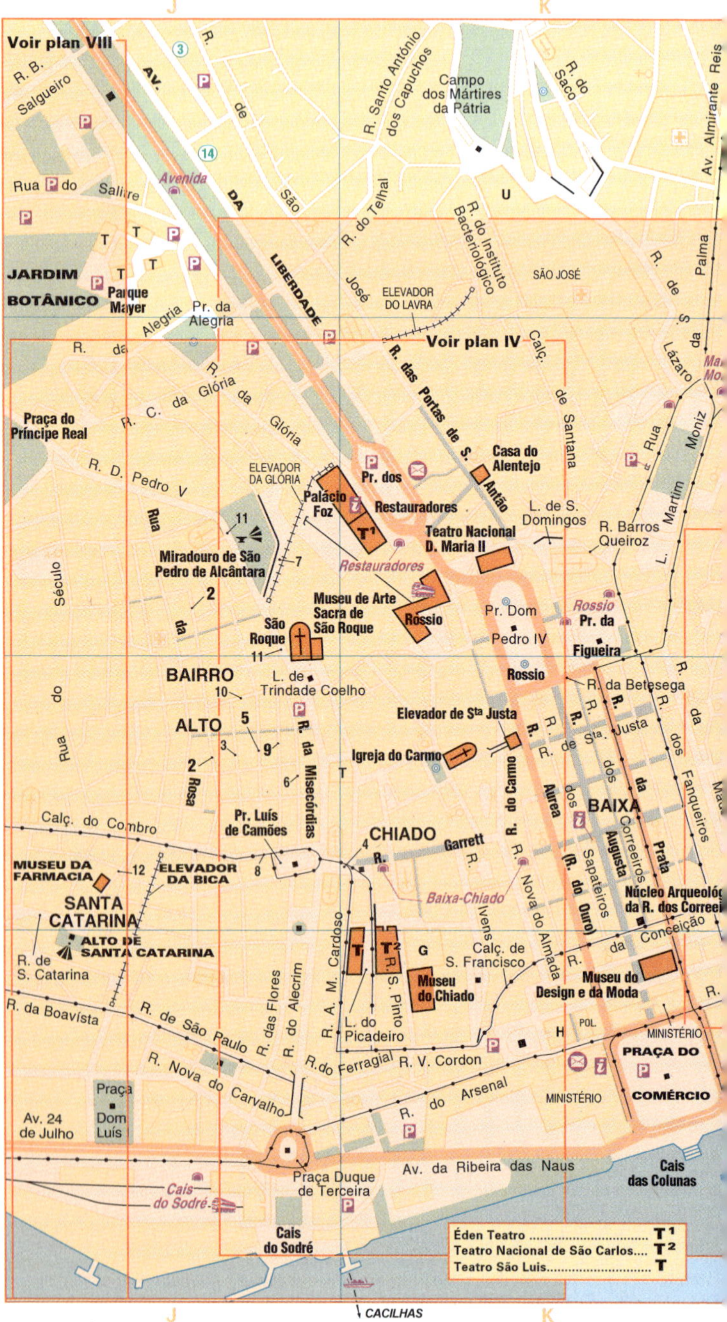

SE LOGER

Britânia (J1) 3

NH Liberdade (J1) 14

SE RESTAURER

Deli Deluxe (M3) 1

INDEX DES RUES

Diáro de Noticias 5
Gáveas (R. das)..6
Gloria (Calç. da) 7
Loreto (R. do) 8
Norte (R. do) 9
Queimada (Trav. da).......................................10
S. Pedro de Alcântara (R. de).........................11
Saldanha (R. M. de)..12

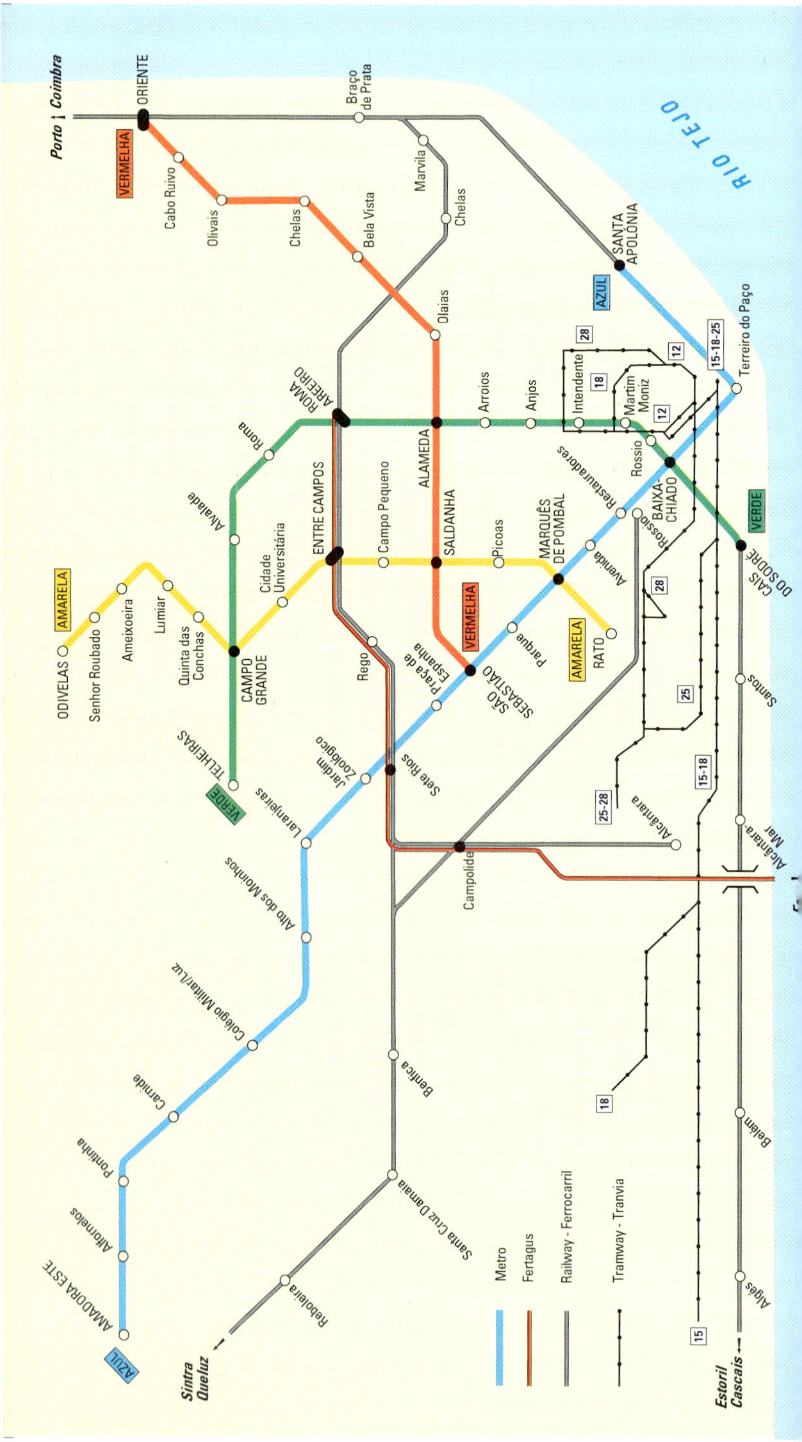
Porto | Coimbra
ORIENTE
VERMELHA
Cabo Ruivo
Olivais
Chelas
Bela Vista
Olaias
Braço de Prata
Marvila
Chelas
RIO TEJO
SANTA APOLÓNIA
AZUL
Terreiro do Paço
15-18-25
28
12
18
Intendente
Martim Moniz
12
ROMA AREEIRO
Arroios
Anjos
ALAMEDA
Roma
Alvalade
Restauradores
Rossio
BAIXA-CHIADO
VERDE
CAIS DO SODRÉ
Rossio
MARQUÊS DE POMBAL
Avenida
28
ENTRE CAMPOS
Campo Pequeno
SALDANHA
Picoas
Cidade Universitária
AMARELA
ODIVELAS
Senhor Roubado
Ameixoeira
Lumiar
Quinta das Conchas
CAMPO GRANDE
VERMELHA
Parque
AMARELA
RATO
Rego
Praça de Espanha
SÃO SEBASTIÃO
25
Santos
TELHEIRAS
VERDE
Jardim Zoológico
Sete Rios
Laranjeiras
25-28
15-18
Alcântara
Alcântara-Mar
Campolide
Alto dos Moinhos
Colégio Militar/Luz
Carnide
Benfica
18
Belém
Pontinha
Alfornelos
AMADORA ESTE
AZUL
Santa Cruz Damaia
Reboleira
Sintra Queluz
Metro
Fertagus
Railway - Ferrocarril
Tramway - Tranvia
15
Algés
Estoril Cascais

La rua Augusta, artère commerçante piétonne de la Baixa.
Jon Arnold/hemis.fr

★★ Le centre pombalin : la Baixa Plan III p. 131

Circuit 1 tracé en vert sur le plan III – Comptez 2h.
Cette partie de la ville, complètement dévastée par le tremblement de terre et le raz-de-marée de 1755, fut reconstruite selon les plans du marquis de Pombal : architecture fonctionnelle, immeubles néoclassiques et plan en damier.

Praça dos Restauradores Plan III EX

La place doit son nom aux hommes qui, en 1640, se révoltèrent contre la domination espagnole et proclamèrent l'indépendance du Portugal. Au centre, un obélisque commémore l'événement. L'ouest de la place est occupé par le **Palácio Foz**, construit à la fin du 18e s. par l'architecte italien Franceso Savario. Ce bâtiment à la belle façade saumon abrite l'**office du tourisme** de Lisbonne et du Portugal *(voir p. 118)*.
La place s'ouvre sur l'avenida da Liberdade, qui mène au parc Eduardo VII.
À gauche du palais Foz, l'**Éden Teatro**, conçu par l'architecte Cassiano Branco et inauguré en 1937, conserve une partie de sa façade mi-Art déco mi-futuriste et ses escaliers desservant les différents niveaux de la salle. Il abrite désormais un appart-hôtel luxueux.
À l'est de la place, prenez la travessa do São Antão, puis tournez à droite.
La **rua das Portas de Santo Antão** est une rue piétonne très animée en soirée, qui accueille salles de spectacle (le Coliseu dos Recreios au n° 96), cafés et commerces traditionnels. Au n° 58, l'ancien palais Alverca (fin 17e s.) abrite la **Casa do Alentejo**, qui s'ouvre sur un insolite patio mauresque richement orné. Consacré à la promotion de l'Alentejo, le lieu sert d'amicale aux habitants de cette région vivant désormais à Lisbonne, et comprend un restaurant *(voir « Restauration », p. 185)*.
Revenir vers le sud de la praça dos Restauradores et longer la **façade**★ néo-manuéline (19e s.) de l'estação do **Rossio**, qui a fait peau neuve après cinq

LISBONNE TOUT EN NUANCES

L'hiver, sous la pluie, Lisbonne peut parfois se révéler grisâtre et embrumée. Mais la lumière d'été y est si intense que la ville a adopté des tons pastel roses et ocre pour colorer ses façades. Certains quartiers anciens, au charme provincial, diffusent une légère impression de décadence, avec leurs palais décrépits et leurs bars sans enseigne. Il y règne une atmosphère urbaine indolente, entre torpeur et douceur de vivre, qui correspond bien à la *saudade*, cet état d'âme mélancolique que seuls les Portugais ont nommé. À l'image de ses vieux tramways grinçants, Lisbonne sait encore prendre son temps. Son climat est doux, avec une petite brise océanique qui rend supportables les plus fortes chaleurs estivales.

années de travaux. Cette célèbre gare, qui dessert notamment Sintra et Leiria, arbore de grandes portes en forme de fer à cheval *(Voir aussi « ABC d'architecture », p. 91).*

Tournez à gauche pour atteindre la praça Dom Pedro IV.

★ Autour du Rossio Plan III EY

Restaurée en 2001, la praça Dom Pedro IV, ou Rossio, grand-place très animée de la Baixa, existe depuis le 13e s. et fut le témoin de nombreux autodafés sous l'Inquisition. Avant le séisme de 1755, elle abritait plusieurs bâtiments principaux de la ville. Sa configuration actuelle est l'œuvre de Pombal. En son centre se dresse la statue en bronze (1870) du roi Dom Pedro IV, premier souverain du Brésil, ainsi que deux fontaines baroques. Admirez la mosaïque bicolore et ondulée qui couvre la partie centrale de la place. Cette dernière est bordée sur trois côtés d'immeubles des 18e et 19e s., occupés au rez-de-chaussée par des cafés, dont le fameux « Nicola » à la façade Art déco, et de petits commerces ayant conservé leur décoration du début du 20e siècle. Jetez un coup d'œil au débit de tabac près de Nicola, décoré d'azulejos signés Rafael Bordalo Pinheiro ou, au coin du largo de S. Domingos et à côté d'une chapellerie fondée au 19e s., au minuscule café où l'on boit la fameuse liqueur de cerise *ginginha*.

Le **Théâtre national Dona Maria II**, de style néoclassique, ferme la place au nord. Bâti vers 1840 sur l'emplacement de l'ancien palais de l'Inquisition, il présente une façade à péristyle et fronton surmontée de la statue de Gil Vicente, célèbre auteur dramatique portugais du 16e s.

Au sud du Rossio, empruntez à gauche la rua da Betesega.

La **praça da Figueira**, de plan carré, avec en son centre une statue équestre de Jean Ier (1971), est bordée d'immeubles classiques. La terrasse arrière du célèbre café-pâtisserie Suíça *(voir « Petite pause », p. 190)*, dont la façade principale donne également sur le Rossio, est un lieu idéal pour admirer le château et s'imprégner de l'ambiance du quartier.

En allant vers le Tage, les rues de la Baixa, sagement alignées, forment une sorte d'échiquier entre le Rossio et le fleuve. En partie piétonnes, elles sont bordées de magasins. La **rua Augusta**, large et élégante rue piétonne, relie le Rossio au centre de la praça do Comércio, en bordure immédiate du Tage. Au n° 24, le **MUDE** *(Museu do Design e da Moda - ☎ 218 88 61 17 - www.mude.pt - mar.-jeu. et dim. 10h-20h, vend.-sam. 10h-22h - gratuit)* a choisi, sous l'égide de ses architectes Ricardo Carvalho et Joana Vilhena, un décor de ciment brut pour mettre en valeur les créations de haute couture ou de mobilier griffé qui ont marqué les dernières décennies.

De part et d'autre, les **rua Áurea** (rue de l'Or ; aujourd'hui la rue des banquiers, des bijoutiers et des orfèvres) et **rua da Prata** (de l'Argent) rappellent

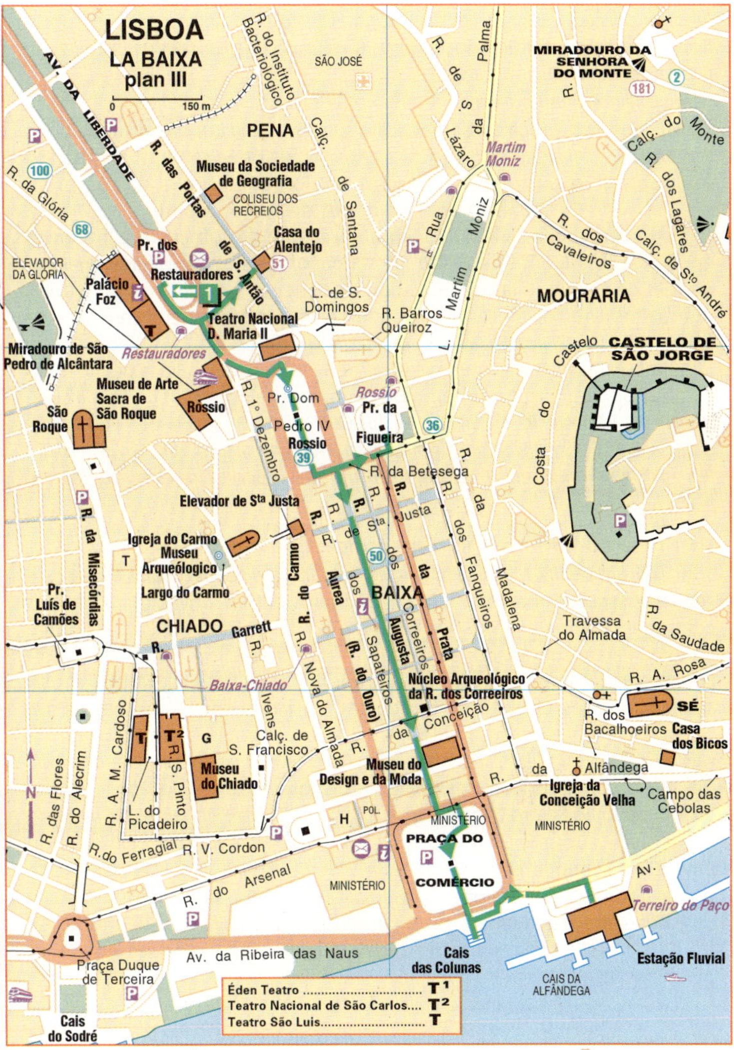

SE LOGER

SE RESTAURER

par leur nom qu'elles étaient, aux 15e et 16e s., le centre du commerce des métaux précieux. Les autres rues parallèles portent des noms de corporations comme les rua dos Douradores (orfèvres), dos Correeiros (selliers) ou dos Sapateiros (cordonniers).
Faites une halte dans la rua dos Correeiros.
À deux pas de la praça do Comércio, le sous-sol de la Fundação Millennium (ex-Banco Comercial Português) abrite les vestiges romains du **Núcleo Arqueológico**. L'agréable espace muséologique permet de comprendre l'histoire de la Baixa depuis le début de son occupation, au 7e s. av. J.-C. À l'entrée, une salle d'exposition présente des objets de différentes époques mis au jour lors des fouilles archéologiques. Le dallage en verre permet de découvrir la superposition de structures, depuis les immeubles pombalins jusqu'au niveau phréatique. Le site fut occupé par une fabrique de poteries (du 5e au 3e s. av. J.-C.), une nécropole (2e s. av. J.-C.) et, du 1er au 5e s., par un important complexe lié à l'activité portuaire et à la pêche (bacs de salaison). Remarquez notamment la mosaïque du 3e s. et un four à céramique de la période islamique. *R. dos Correeiros, 9 - ✆ 213 21 17 00 - visite guidée (45mn) jeu. 15h (en portugais) et 17h (en anglais), sam. 10h, 11h, 15h et 16h (en portugais) et 12h et 17h (en anglais) - gratuit - réservez la veille, sur place ou par tél.*

★★ **Praça do Comércio** (ou Terreiro do Paço) Plan III FZ
Tout au bord de la « Mer de Paille » se dressait ici le palais royal, avant que le séisme et le raz-de-marée de 1755 ne l'engloutissent. En souvenir, les Lisboètes continuent d'appeler cette magnifique place le « terreiro do Paço », l'esplanade du Palais. Longue de 192 m et large de 177 m, elle est bordée sur trois côtés par des bâtiments classiques qui abritent notamment la Bourse et plusieurs ministères. Les étages à façade de crépi jaune safran reposent sur des galeries à arcades, et l'ensemble illustre parfaitement le style pombalin, à la fois austère et élégant. Au centre de la place, dans l'axe de l'arc de triomphe de style baroque (19e s.), se dresse la statue équestre du roi Joseph Ier, œuvre de Machado de Castro (1755).
Cette place a occupé un rôle central à plusieurs reprises dans l'histoire du pays. C'est là que furent assassinés, le 1er février 1908, le roi Charles Ier et le prince héritier Louis Philippe. Dans le **café Martinho da Arcada** *(angle rua da Prata et praça do Comércio)*, où Fernando Pessoa avait ses habitudes, se trouve encore la table sur laquelle ce dernier écrivit l'une de ses œuvres les plus célèbres, *Mensagem*.
Voir aussi « ABC d'architecture », p. 91.
Au sud, comme happée par les eaux, la place débouche sur le fleuve. Au **cais das Colunas★**, un escalier de marbre, encadré de deux colonnes patinées par la marée, glisse doucement dans l'eau du Tage, dans des tonalités vénitiennes. Après dix ans de travaux, suite à l'extension du métro, le quai rénové est à nouveau accessible.
À l'angle sud-est, la **gare maritime** *(estação fluvial)* **Terreiro do Paço** est décorée de panneaux d'azulejos représentant les villes de l'Alentejo et de l'Algarve. Les passagers embarquent ici pour traverser le Tage (Seixal, Montijo et Barreiro) et rejoindre sur l'autre rive les quais de chemin de fer.
Pour rejoindre Cacilhas (voir p. 176), sur la rive opposée, il vous faut gagner la gare fluviale de Cais do Sodré, qui se trouve à 600 m de la praça do Comércio, en dir. de Belém.
Pour enchaîner sur la visite du Chiado (ci-contre), remontez la rua Aurea.

★ Le Chiado Plan IV p. 134

Circuit 2 tracé en vert sur le plan IV - suite du circuit de la Baixa – Comptez env. 1h30.

Le Chiado ne désigne pas seulement le largo do Chiado, mais toute une zone piétonne dont les rues principales sont les rues do Carmo et Garrett qui relient le Rossio à la praça Luís de Camões.

Pendant la nuit du 25 août 1988, un gigantesque **incendie** a ravagé ce cœur du vieux Lisbonne. Visibles du haut de l'elevador de Santa Justa, les quatre blocs d'immeubles incendiés abritaient notamment des grands magasins et des boutiques anciennes : le magasin Grandella, le magasin O Chiado, le salon de thé Ferrari, etc. Plus de 2000 personnes furent alors privées de travail. La mairie nomma aussitôt après le drame le célèbre architecte portugais **Álvaro Siza** pour reconstruire le quartier. Celui-ci a proposé un projet résolument classique, avec sauvegarde et reconstitution des bâtiments, en ouvrant d'agréables patios entre les immeubles, qui sont désormais occupés par des boutiques de vêtements chic. Au bout de la rua Garrett, l'Armazens do Chiado est un centre commercial qui abrite notamment la plus grande Fnac de la péninsule Ibérique. Le quartier a conservé ses librairies et certaines boutiques anciennes.

De la praça do Comércio, prenez la rua Aurea qui mène jusqu'à l'ascenseur de Santa Justa.

★★ **Ascenseur** (Elevador) **de Santa Justa** Plan IV VY

☎ 213 61 30 54 - lun.-sam. 7h-23h (hiver 7h-21h), dim. et j. fériés 9h-23h (hiver 9h-21h) - 1,50 € AS (3 € AR) sur place, gratuit avec le Pass 7 Colinas et réduction avec la carte Viva Viagem en chargement multimodal (voir « Transports en commun », p. 179) ; petit belvédère (1,50 €).

Cet **ascenseur** a été construit en 1901 par Raúl Mesnier de Ponsard, ingénieur portugais d'origine française, influencé par Gustave Eiffel. On peut faire une pause au café situé sur la plate-forme supérieure, à 32 m au-dessus de la rue, pour profiter de la belle **vue★** sur le Rossio et la Baixa.

En sortant de l'ascenseur, continuez tout droit jusqu'au largo do Carmo.

★ **Musée archéologique** (Museu Arqueológico) **de l'église do Carmo** Plan IV VY

Largo do Carmo (tram 28E, elevador de Santa Justa, bus nos 58 et 100) - ☎ 213 47 86 29 - www.museuarqueologicodocarmo.pt - lun.-sam. 10h-18h (avr.-sept. jusqu'à 19h) - fermé 1er janv., 1er Mai et 25 déc. - 3,50 €.

Cette église carmélite, bâtie à la fin du 14e s. par le connétable Nuno Álvares Pereira, se présente aujourd'hui comme une carcasse fantomatique à ciel ouvert. Ses piliers s'élancent vers le ciel, mais ne supportent plus la voûte de la nef, détruite par le séisme de 1755. Vision romantique : voici un exemple achevé de « ruine-mémoire » dont se nourrit la mythologie lisboète. Le lieu sert de cadre aux collections du musée d'Archéologie qui comprennent des poteries de l'âge du bronze, des bas-reliefs en marbre, des azulejos hispano-arabes et des tombeaux romans et gothiques (gisant de Fernão Sanches, fils illégitime du roi Denis Ier, et de Nuno Álvares Pereira).

Cette église donne sur l'une des plus charmantes places de Lisbonne, le **largo do Carmo**, bordé de tilleuls centenaires et de jacarandas, dont les terrasses de cafés invitent à la pause *(voir « Restauration », Leitaria Académica, p. 185).*

Revenez vers l'ascenseur et tournez à droite dans la rua do Carmo.

1

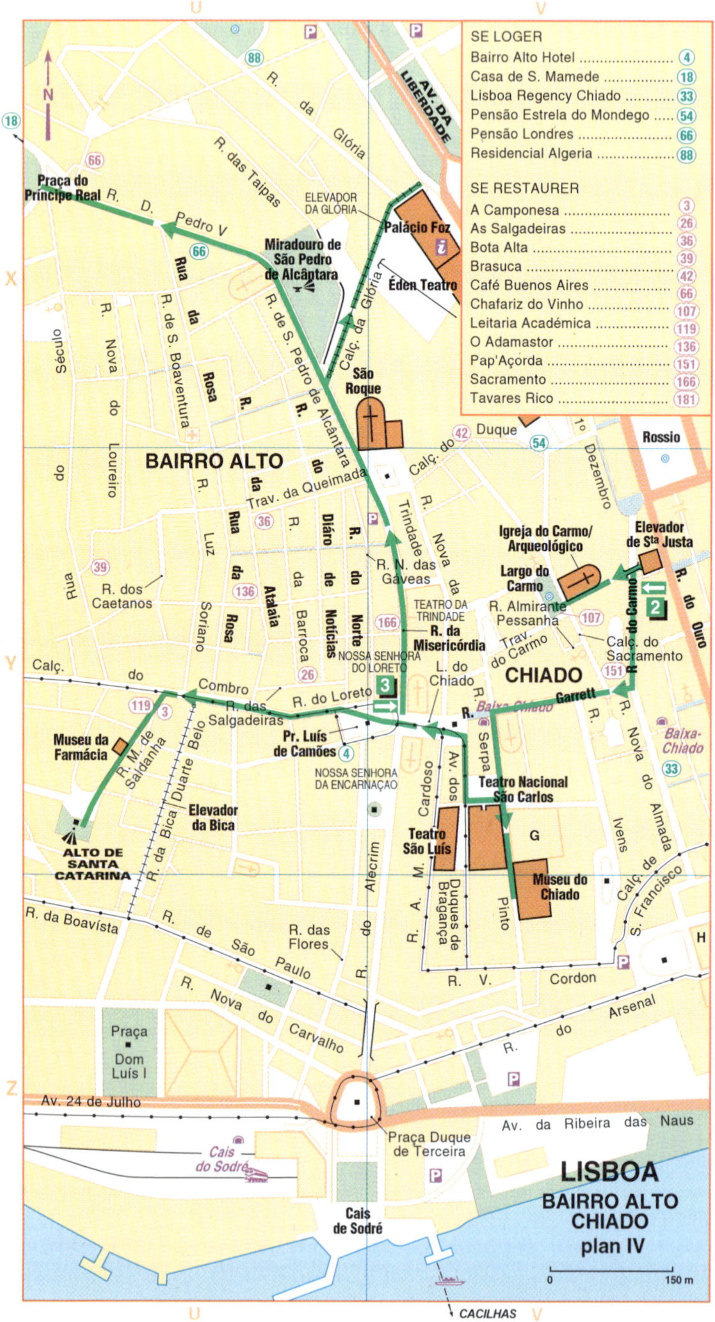
SE LOGER
Bairro Alto Hotel 4
Casa de S. Mamede 18
Lisboa Regency Chiado 33
Pensão Estrela do Mondego 54
Pensão Londres 66
Residencial Algeria 88
SE RESTAURER
A Camponesa 3
As Salgadeiras 26
Bota Alta 36
Brasuca 39
Café Buenos Aires 42
Chafariz do Vinho 66
Leitaria Académica 107
O Adamastor 119
Pap'Açorda 136
Sacramento 166
Tavares Rico 181
LISBOA
BAIRRO ALTO
CHIADO
plan IV
0
150 m
BAIRRO ALTO
CHIADO
Praça do Príncipe Real
R. D. Pedro V
Miradouro de São Pedro de Alcântara
ELEVADOR DA GLÓRIA
Palácio Foz
Éden Teatro
AV. DA LIBERDADE
R. da Glória
R. das Taipas
Calç. da Glória
São Roque
Rossio
Igreja do Carmo/ Arqueológico
Elevador de Sta Justa
Largo do Carmo
R. Almirante Pessanha
Calç. do Sacramento
R. do Carmo
R. do Ouro
R. Garrett
Baixa-Chiado
TEATRO DA TRINDADE
R. da Misericórdia
NOSSA SENHORA DO LORETO
L. do Chiado
Pr. Luís de Camões
NOSSA SENHORA DA ENCARNAÇÃO
Teatro Nacional São Carlos
Teatro São Luís
Museu do Chiado
Museu da Farmácia
Elevador da Bica
ALTO DE SANTA CATARINA
R. da Boavista
R. de São Paulo
R. das Flores
R. Nova do Carvalho
Praça Dom Luís I
Av. 24 de Julho
Praça Duque de Terceira
Av. da Ribeira das Naus
R. do Arsenal
Cais do Sodré
CACILHAS

★ Rua do Carmo et rua Garrett Plan IV VY

Ces rues commerçantes et élégantes rassemblent des boutiques aux devantures anciennes, des librairies renommées, des pâtisseries et des cafés dont le fameux **« A Brasileira »** *(voir « En soirée », p. 191)* que fréquentait régulièrement le poète Fernando Pessoa. Depuis le centenaire de sa naissance en 1988, Pessoa est revenu s'installer à l'une des tables de la terrasse, pensif dans son habit de bronze.

De la rua Garrett, tournez à gauche dans la rua Serpa Pinto.

Théâtre national São Carlos Plan IV VY

Situé dans un quartier calme dominant le Tage, ce théâtre, construit en 1793 en moins de six mois dans un style néoclassique, présente une façade inspirée du théâtre San Carlo de Naples. Il propose une programmation classique de musique et de ballet *(voir « Spectacles », p. 192)*. C'est en face de l'entrée du théâtre que naquit le poète Fernando Pessoa.

★ Musée national du Chiado (Museu Nacional do Chiado) Plan IV ZV

R. Serpa Pinto, 4 - ✆ 213 43 21 48 - www.museudochiado-ipmuseus.pt - mar.-dim. 10h-18h - 4 €, gratuit. dim. et j. fériés 10h-14h.

Ce couvent du 13e s. fut transformé en usine à biscuits à la fin du 19e s., puis en musée d'**art contemporain** en 1911. Après l'incendie de 1988, l'architecte français Jean-Michel Wilmotte l'a élégamment réaménagé en un espace ouvert, relié par des passerelles qui laissent à nu les anciennes structures en brique. Remarquez au 1er étage les quatre fours à pain, vestiges de l'ancienne usine. Les expositions temporaires réunissent peintures, sculptures et dessins d'artistes portugais de 1850 à nos jours qui font partie des collections permanentes du musée. Elles mettent en lumière l'œuvre d'artistes portugais majeurs du 20e s. et les mouvements avant-gardistes du pays. Une **cafétéria** s'ouvre sur le jardin agrémenté de sculptures.

Revenez en arrière, traversez le largo São Carlos et prenez en face à gauche la rue menant au largo do Chiado. Avancez à gauche vers la place Luís de Camões.

Praça Luís de Camões Plan IV U-VY

Cette place recouverte de pavés aux motifs originaux, et dont le centre est occupé par la statue du grand poète épique, fut l'un des théâtres de la révolution des Œillets du 25 avril 1974. Après avoir pris la caserne située largo do Carmo, où se trouvait le président du Conseil, la population escorta les militaires dans leurs voitures blindées qui montaient le Chiado et s'arrêta sur la place pour fêter la liberté recouvrée. Un peu endommagée par un parking souterrain qui lui a fait perdre ses arbres, la place Camões est bordée de façades peu à peu restaurées. Traversée en tous sens par les tramways, elle marque la limite entre le quartier du Chiado et le Bairro Alto. Lieu de rendez-vous, elle est très animée lors des fêtes populaires. Le Tage apparaît au sud, au bout de la rua do Alecrim (du Romarin) en forte pente.

La **rua da Misericórdia** part de la praça Luís de Camões pour conduire au Bairro Alto qui s'étend sur le flanc ouest.

Mais avant, un petit crochet s'impose, tout à fait en contrebas du Bairro Alto. Traversez la praça Luís de Camões et longez le tramway 28E qui s'engage dans la rua do Loreto.

La vie communautaire semble très soudée dans le petit quartier pittoresque et animé de **Bica**. Le curieux **Elevador da Bica★**, une sorte de minifuniculaire, improbable machine pleine de poésie, escalade courageusement la forte pente de la calçada da Bica Grande.

Tournez à gauche dans la rua Marechal Saldanha.

★ **Musée de la Pharmacie** (Museu da Farmacia) Plan IV UY
R. Marechal Saldanha, 1 - ☎ 213 40 06 80 - lun.-vend. 10h-18h - 5 €.
Méconnu des touristes, ce musée, installé en 1996 dans un palais des années 1870, présente une collection extraordinaire composée de plus de 14 000 objets venant du monde entier : des sarcophages égyptiens aux céramiques romaines, des pots toscans aux statuettes congolaises. Il expose également plusieurs reconstitutions de pharmacies du 15e au 19e s. dont la pièce maîtresse est l'extraordinaire pharmacie chinoise du 19e s. qui fonctionna jusqu'en 1996 à Macao.
Au bout de la rue, le paisible belvédère **Alto de Santa Catarina★★** offre un panorama exceptionnel sur le Tage, les docks et le pont du 25-Avril. La vue est particulièrement belle en fin d'après-midi, au coucher du soleil. Ici se dresse la **statue d'Adamastor**, le monstre marin des *Lusiades* de Camões *(voir p. 63)*, géant mythique qui terrorisait les navigateurs du 15e s. D'après la légende, Adamastor fut vaincu par le navigateur Bartolomeu Dias, le premier à dépasser le « cap des Tempêtes », rebaptisé cap de Bonne-Espérance par le roi Jean II qui signifiait ainsi son espoir d'arriver aux Indes.
Bon à savoir – La terrasse du restaurant-buvette offre un lieu de détente idéal.

★ Le Bairro Alto et alentour Plan IV p. 134

Circuit 3 tracé en vert sur le plan IV – Comptez env. 3h. Mais c'est en circulant au hasard des ruelles que l'on profite le mieux du Bairro Alto. Le « quartier haut », en partie fermé à la circulation automobile, est encadré à l'est par la rua da Misericórdia, à l'ouest par la rua do Século et au sud par la calçada do Combro.
La naissance de ce quartier, au 16e s., est liée à la présence des jésuites. Le Bairro Alto fut d'abord un quartier aristocratique, au tracé rectiligne et aux ruelles pentues (moins cependant que celles de l'Alfama), mais ses palais ont été détruits par le tremblement de terre de 1755. Longtemps habité par une population modeste, il est devenu un épicentre de la « movida » portugaise. Dans les années 1980, de jeunes créateurs (stylistes, artistes peintres, designers) ont d'abord mis le quartier à la mode en s'y installant, ouvrant boutiques et ateliers. Les noctambules en ont vite fait un de leurs lieux favoris : bars branchés et clubs (dont le célèbre Frágil) jouxtent désormais de petites échoppes traditionnelles, de vieilles tavernes et des restaurants de diverses catégories, ainsi que des maisons de fado réputées. Les bâtiments, souvent construits de bric et de broc, et parfois insalubres, ont été en grande partie rénovés. Si la nuit est à la fête, dans la journée, le quartier est plutôt assoupi.
Bon à savoir – Les **rues commerçantes** les plus animées sont les rua do Norte, rua do Diário de Notícias, rua da Atalaia et rua da Rosa.
De la praça Luís de Camões, prenez la rua da Misericórdia.

★ **Église São Roque** Plan IV U-VX
Largo de Trindade Coelho - ☎ 213 23 54 21 - lun. 14h-18h, mar.-dim. 10h-18h, jeu. 14h-21h.
Elle fut bâtie à la fin du 16e s. par l'architecte italien Philippe Terzi, à qui l'on doit également l'église São Vicente de Fora *(voir p. 146)* ; la façade d'origine n'a pas résisté au tremblement de terre de 1755.
L'**intérieur★** frappe par l'élégance de sa décoration. Le plafond de la nef, en bois peint, est l'œuvre d'artistes influencés par l'art italien ; les sujets représentent des scènes de l'Apocalypse. Dans la 3e chapelle de droite, remarquez

La curieuse maison aux Pointes, en contrebas du quartier de l'Alfama.
E. Suetone/hemis.fr

des **azulejos** du 16e s. et une peinture sur bois de Gaspar Vaz (16e s.) figurant la vision de saint Roch.

★★ **Chapelle São João Baptista** – *4e à gauche* - Chef-d'œuvre d'art baroque italien, elle a été édifiée sur les plans de Salvi et Vanvitelli entre 1742 et 1750 à Rome, où elle reçut la bénédiction du pape. Quelque 130 artistes participèrent à sa construction ; démontée, transportée à Lisbonne par trois caravelles sur ordre du roi Jean V, elle fut rebâtie vers 1750 dans l'église São Roque. Tout y est d'une grande richesse : colonnes en lapis-lazuli, devant d'autel en améthyste, marches en porphyre, anges en marbre blanc de Carrare et en ivoire, pilastres en albâtre ; revêtement du sol et tableaux des murs en mosaïques de couleur ; frises, chapiteaux et plafonds rehaussés d'or, d'argent et de bronze.

Admirez aussi la 1re chapelle de gauche, décorée de tableaux attribués à l'école de Zurbarán (Nativité et Adoration des Mages), ainsi que la **sacristie** *(accès par le bras gauche du transept)* avec plafond à caissons (17e s.) et des tableaux représentant des scènes de la vie de saint François, par Vieira Lusitano et André Gonçalves.

★ Musée d'Art sacré (Museu de Arte Sacra) de São Roque Plan IV VX

Largo de Trindade Coelho - ✆ 213 23 54 21 - www.museudesaoroque.com - mar.-dim. 10h-18h, jeu. 14h-21h - visite guidée (1h) sur réserv. jeu. et dim. à 16h30, vend. à 10h et 15h - 2,50 €, gratuit dim. et j. fériés 10h-14h.

Attenant à l'église São Roque, ce musée expose quelques tableaux portugais du 16e s. et une partie du trésor de la chapelle São João Baptista. Mobilier et pièces d'orfèvrerie d'artistes italiens du 18e s. sont remarquables par la richesse de leur décoration baroque. Le musée abrite également une intéressante collection d'**ornements sacerdotaux**★ en soie et en tissu lamé brodé d'or.

Reprenez à gauche la rua de São Pedro de Alcântara jusqu'au largo da Oliveirinha.

★ Belvédère (Miradouro) de São Pedro de Alcântara Plan IV UX

Près de l'Elevador da Glória. À la pointe nord-est du Bairro Alto, un agréable jardin aménagé forme un balcon au-dessus de la ville basse, offrant ainsi une

perspective★★ très étendue sur la Baixa, le Tage et la colline du château São Jorge en face *(table d'orientation)*. La vue est splendide en soirée, lorsque le château est éclairé.
De là, redescendez à la praça dos Restauradores par la calçada da Glória (funiculaire) ou continuez en dir. du Rato par la rua D. Pedro V puis, dans le prolongement, la rua da Escola Politécnica.

Autour de la praça do Príncipe Real Plan IV UX

Le petit quartier élégant qui s'étend autour de cette agréable place et de la rua da Escola Politécnica abrite des galeries d'art et des antiquaires. C'est également un centre de la vie nocturne gay à Lisbonne.
L'agréable **Jardim do Príncipe Real★** (ou Jardim França Borges) est agrémenté d'une buvette avec terrasse. Près de l'entrée, un majestueux cèdre du Liban, qui daterait d'avant le tremblement de terre de 1755, déploie d'immenses tentacules végétaux (soutenus par un ingénieux système de tonnelles) de plus de 25 m d'envergure. Cet arbre tutélaire diffuse en été une ombre bienfaitrice couvrant une partie de la place, qui devient ainsi un lieu de rendez-vous et de palabre. Ici-même se déroule une belle scène du film du réalisateur portugais João César Monteiro, *Vai e vem (Va-et-vient)*, ramassée en un seul plan-séquence.
Sur la place se tient tous les samedis matin un **marché biologique**.
Au nord de la place, la rua da Escola Politécnica monte vers l'entrée du jardin botanique (voir p. 170, fin du circuit 9).

★★ L'Alfama Plan V p. 140-141

Circuit 4 tracé en vert sur le plan V – Comptez env. 1/2 journée. L'Alfama se découvre à pied, en flânant à travers le dédale de ruelles, et de préférence le matin, pendant les marchés de la rua de São Pedro et de la rua dos Remédios.
Délimité au nord par le château, au nord-ouest par les quartiers de Graça et Mouraria, l'Alfama s'étage sur le flanc sud d'une colline qui descend vers le Tage. C'est le quartier le plus connu et le plus ancien de la ville (il a été épargné par le tremblement de terre de 1755), le symbole du Lisbonne populaire. Avec son labyrinthe de ruelles médiévales, ponctué de venelles, de cours et d'impasses, coupé d'escaliers et d'arcs, il forme un bric-à-brac poétique, où la vie s'épanche dans la rue.
Avant de vous perdre dans l'Alfama, montez jusqu'au château São Jorge pour bénéficier d'une vue d'ensemble et saisir la topographie de cette ville vallonnée.

★★ Château (Castelo) São Jorge Plan V PQ1-2

☏ 218 80 06 20 - www.castelodesaojorge.pt - mars-oct. : 9h-21h ; nov.-fév. : 9h-18h - 7 €. Accès par le bus nº 37 ou les trams nºs 12 et 28E.
Berceau de la cité, le **château Saint-Georges** occupe une position stratégique remarquable sur une butte. Bâti par les Wisigoths au 5e s., agrandi par les Maures au 9e s., il fut modifié sous le règne d'Alphonse Henriques. Aujourd'hui, il est aménagé en un agréable jardin fleuri et ombragé.
Après avoir franchi l'enceinte extérieure qui abrite le quartier médiéval, on atteint l'ancienne place d'armes ; de là, vous bénéficierez d'une **vue★★★** magnifique sur la « Mer de Paille », les agglomérations de la rive gauche et le pont du 25-Avril, la ville basse et le parc de Monsanto. Le glacis offre une agréable promenade.
Le château compte dix tours reliées par de puissantes murailles crénelées. On franchit la barbacane d'entrée ; des escaliers mènent au chemin de ronde et

au sommet des tours qui sont autant de belvédères sur la ville. Remarquez, en passant, percée dans la muraille nord, la porte où **Martim Moniz** s'illustra par un acte de bravoure : au prix de sa vie, il empêcha les Maures de refermer cette porte pendant l'attaque d'Alphonse Henriques.

Édifié à la place du palais maure, le **palais royal** fut du 14e au 16e s. le lieu de résidence des souverains portugais, jusqu'à ce que Manuel Ier fasse ériger un palais au bord du Tage, sur l'actuelle praça do Comércio.

Près de l'entrée, les anciens appartements royaux abritent **Olissipónia**, une exposition multimédia sur l'histoire de Lisbonne et du pays. Deux films interactifs présentent les conquêtes et les Grandes Découvertes, ainsi que la fondation de Lisbonne. Des expositions temporaires sont dédiées à l'évolution de la capitale *(ferme 30mn avant le château)*.

Descendez par les rua de Santa Cruz, rua do Chão da Feira et travessa do Funil, largo do Contador-Mor puis, sur la gauche, la travessa de Santa Luzia jusqu'au belvédère.

★ Belvédère (Miradouro) de Santa Luzia Plan V R2

Une placette, attenante à l'église Santa Luzia, a été aménagée en belvédère sur les vestiges des anciennes fortifications maures. Elle offre une très belle **vue★★** sur le Tage, le port et, juste au-dessous, sur les toits de l'Alfama et le dédale de ruelles dominées par les clochers de São Miguel et de Santo Estêvão.

Les murs extérieurs de l'**église Santa Luzia** sont tapissés de panneaux d'azulejos dont l'un figure la praça do Comércio et l'autre la prise de Lisbonne par les croisés, ainsi que la mort de Martim Moniz dans le château São Jorge. Des azulejos représentant une vue générale de Lisbonne recouvrent le mur sud de la place.

1

★ Largo das Portas do Sol Plan V R2

La porte du Soleil était l'une des sept portes de la cité maure. Située de l'autre côté de l'église Santa Luzia, cette place dispose d'une petite terrasse agréable offrant une belle **vue★★** sur les maisons de l'Alfama, São Vicente de Fora et le fleuve.

★★ Musée des Arts décoratifs (Museu de Artes Decorativas) - Fondation (Fundação) Ricardo Espírito Santo da Silva Plan V R2

Largo das Portas do Sol, 2 - ✆ 218 81 46 00/218 88 19 91 - www.fress.pt - 10h-17h - fermé 1er janv., 1er Mai et 25 déc. - 4 €.

L'ancien palais des comtes Azurara (17e s.) et les merveilleuses collections qu'il abrite furent légués à la ville de Lisbonne par le banquier Ricardo Espírito Santo da Silva en 1953. Le musée évoque la vie quotidienne à Lisbonne aux 17e et 18e s. à travers une succession de petites salles décorées d'azulejos et de fresques, sur trois niveaux. Le mobilier portugais et indo-portugais est particulièrement bien représenté. Également : des collections d'argenterie, de porcelaines chinoises et plusieurs tapisseries des 16e et 18e s. Le niveau 3 dispose d'une salle d'expositions temporaires et d'une cafétéria avec un patio accueillant. À côté du musée, une école d'arts décoratifs a été créée en 1990.

Du largo das Portas do Sol, descendez par les escaliers de la rua Norberto de Araújo, qui s'appuient sur la muraille maure. Continuez tout droit puis prenez sur la gauche l'escalier qui descend vers le beco da Corvinha.

Église São Miguel Plan V R2-3

Cette église à l'origine romane, reconstruite après le tremblement de terre de 1755, possède de belles boiseries baroques.

En sortant de l'église, prenez à droite.

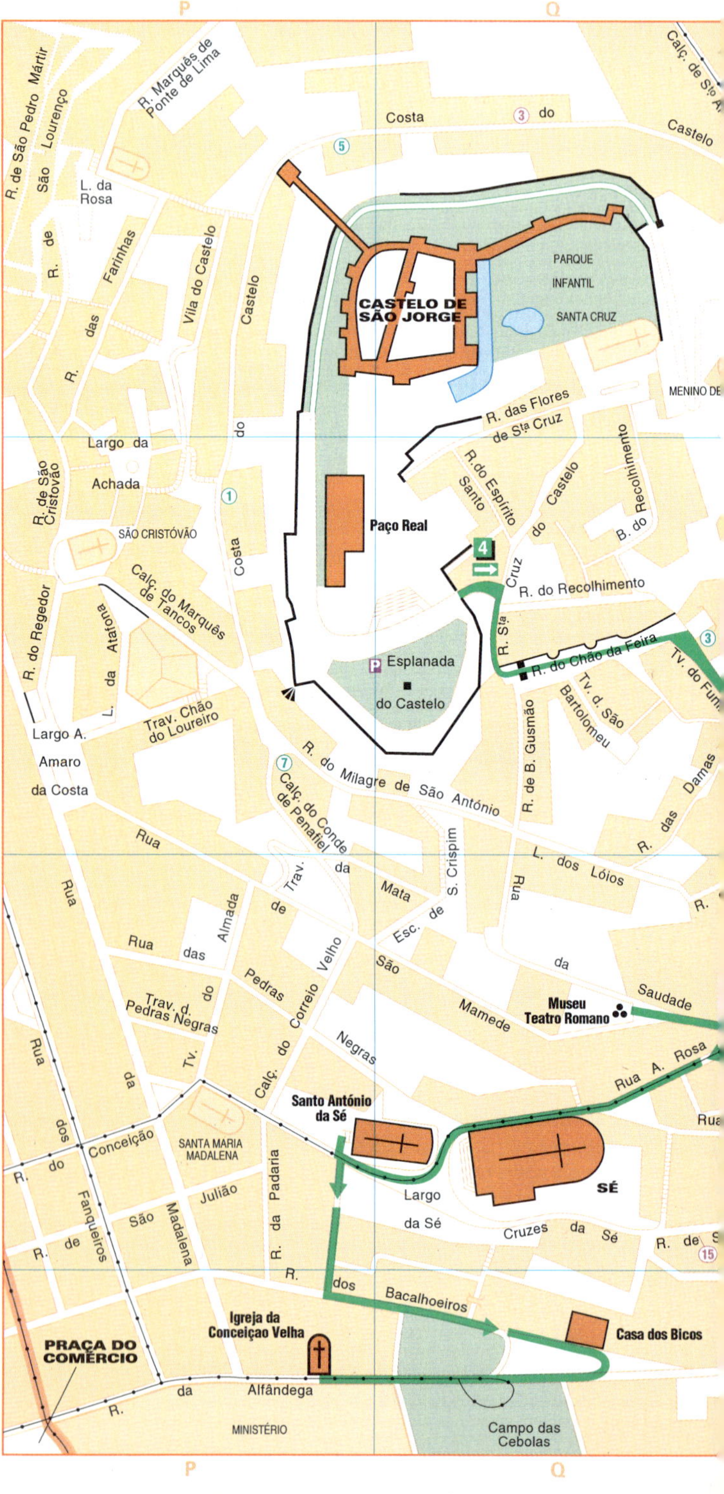
P
Q
1
2
3
4
R. de São Pedro Mártir
São Lourenço
R. Marquês de Ponte de Lima
Costa
3
do
Castelo
Calç. de Sto A
L. da Rosa
5
R. de
R. das Farinhas
Vila do Castelo
Castelo
CASTELO DE SÃO JORGE
PARQUE INFANTIL
SANTA CRUZ
MENINO DE
R. das Flores de Sta Cruz
Largo da Achada
do
R. de São Cristovão
1
SÃO CRISTÓVÃO
Costa
Paço Real
R. do Espírito Santo
do Castelo
B. do Recolhimento
4
Cruz
R. do Recolhimento
R. Sta
Calç. do Marquês de Tancos
R. do Regedor
L. da Atafona
Esplanada do Castelo
R. do Chão da Feira
Tv. do Fum
Tv. d. São Bartolomeu
Trav. Chão do Loureiro
Largo A. Amaro da Costa
R. do Milagre de São António
7
Calç. do Conde de Penafiel
R. de B. Gusmão
R. das Damas
Rua
Rua
Trav. da Mata
Esc. de S. Crispim
L. dos Lóios
Rua da Saudade
R.
Rua das Almada
de
Pedras
Velho
São Mamede
Museu Teatro Romano
Trav. d. Pedras Negras
do
Correio
Negras
Rua dos
da
Tv.
Calç. do
Santo António da Sé
Rua A. Rosa
Rua
Conceição
SANTA MARIA MADALENA
R. do
Fanqueiros
R. de
São
Madalena
Julião
R. da Padaria
Largo da Sé
SÉ
Cruzes da Sé
R. de S
15
R. dos Bacalhoeiros
Igreja da Conceiçao Velha
Casa dos Bicos
PRAÇA DO COMERCIO
R. da Alfândega
MINISTÉRIO
Campo das Cebolas

SE LOGER
Casa Costa do Castelo.............. 1
Palácio Belmonte...................... 3
Pensão Ninho das Águias.......... 5
Solar dos Mouros...................... 7

SE RESTAURER
Barracão de Alfama................... 1
C@fé Taborda.......................... 3
Mesa de Frades........................ 5
Mestre André........................... 6
Pateo 13.................................. 7
Santo António de Alfama........... 9
Senhora Mãe........................... 12
Viagem de Sabores.................. 15

Largo de São Rafael Plan V R3

Du côté ouest de cette placette entourée de maisons du 17e s., remarquez les vestiges d'une **tour**. Elle faisait partie de la muraille maure qui protégea la Lisbonne chrétienne jusqu'au 14e s., lorsque le roi Ferdinand fit construire une nouvelle enceinte.

Empruntez la petite rue en descente.

Rua da Judiaria Plan V R3

Dans cette ruelle qui porte le nom du quartier juif, remarquez une **maison à fenêtres géminées** (Casa de Janelas Geminadas, 16e s.) au-dessus des contreforts de l'ancienne muraille maure.

Faites demi-tour.

Rua de São Pedro Plan V RS3

Cette rue est très animée le matin avec son **marché aux poissons**. Bordée de petites boutiques et de tavernes populaires, elle est l'une des plus commerçantes de l'Alfama, avec la rua dos Remédios *(voir ci-après)*.

Maison du fado et de la guitare portugaise

(Casa do Fado e da Guitarra Portuguesa) Plan V S2-3

Largo do Xafariz de Dentro, 1 - ✆ 218 82 34 70 - www.museudofado.pt - mar.-dim. 10h-18h (dernière entrée 17h30) - fermé 1er janv., 1er Mai et 25 déc. - 4 €.

Ce musée donne à voir et écouter le fado grâce à des supports audiovisuels, des dioramas et une riche collection d'objets, dont la guitare portugaise à douze cordes de laquelle dérive la guitare classique. Vous trouverez sur place des disques à acheter.

Rua dos Remédios Plan V S2

Remarquez au début de la rue, du côté gauche, le portail manuélin de l'**église Espírito Santo**. Plus loin, le n° 2 de la calçadinha de Santo Estêvão présente un portail de la même époque.

Après le n° 41, empruntez les escaliers sur la gauche.

★ Escadinhas de Santo Estêvão Plan V S2

Ces « petits escaliers » *(escadinhas)* sont composés d'une série de volées diversement orientées, qui forment un cadre très pittoresque. En passant

ALFAMA D'HIER ET D'AUJOURD'HUI

La présence romaine est attestée par les fouilles réalisées à l'intérieur de la cathédrale, et par les ruines du **théâtre romain** *(voir ci-contre)*. Le quartier était également peuplé à l'époque des Wisigoths. Durant l'occupation musulmane, le quartier s'appelait al-Alhaman, c'est-à-dire « la fontaine », en référence à une source d'eau chaude située largo das Alcaçarias. Les Maures y construisirent des demeures nobles, les chrétiens, des églises – la plupart n'ont pas résisté au tremblement de terre. L'Alfama devint alors un quartier de marins et de pêcheurs. Les maisons parfois délabrées sont décorées de balcons en fer forgé et de panneaux d'azulejos représentant le plus souvent la Vierge entre saint Antoine et saint Martial. Bien qu'ayant fait l'objet de nombreuses rénovations, l'Alfama conserve son caractère traditionnel. Les infrastructures, notamment autour du château, ont été modernisées dans le respect la physionomie du lieu. Mais avec le départ progressif des habitants, l'âme de ce quartier très fréquenté par les touristes survivra-t-elle longtemps ?

derrière l'église Santo Estêvão, observez le mur à encorbellement et le panneau d'azulejos. Montez l'escalier qui longe l'église : le sommet offre une belle **vue★** sur les toits hérissés d'antennes de télévision, le port et le Tage.
Descendez par ce même escalier et tournez immédiatement à droite dans le beco do Carneiro.

Beco do Carneiro Plan V S2
Rue très étroite, aux escaliers en pente raide. En regardant en arrière, on jouit d'une belle perspective sur la façade de l'église Santo Estêvão.
Prenez à droite, remontez la rua da Regueira puis prenez à gauche.

Beco das Cruzes Plan V S2
À l'angle de la rua da Regueira et du beco das Cruzes s'élève une maison du 18e s. Au-dessus d'une porte en encorbellement, un panneau d'azulejos représente la Vierge de la Conception ; de là, on bénéficie d'un intéressant point de vue sur la ruelle en escalier.
Remontez au largo das Portas do Sol par le beco de Santa Helena (en haut du beco das Cruzes se trouve un lavoir public), et rejoignez le miradouro de Santa Luzia. De là, redescendez en suivant l'itinéraire du tramway 28E (rua do Limoeiro), puis empruntez à droite la rua da Saudade.

Musée du Théâtre romain (Museu Teatro Romano) Plan V Q3
Pátio do Aljube, 5 - ✆ 218 82 03 20 - www.museuteatroromano.pt - mar.-dim. 10h-13h, 14h-18h, fermé j. fériés - gratuit.
Ce site archéologique (1er s. av. J.-C.), situé sur plusieurs niveaux de part et d'autre de la rua de São Mamede, a été très agréablement mis en valeur. Le théâtre (ruines), unique sur le territoire portugais, pouvait accueillir entre 3 000 et 5 000 spectateurs. De la terrasse, **vue★** plongeante sur l'estuaire.
Reprenez l'itinéraire du tramway 28E (rua A. Rosa).

1

★★ Cathédrale (Sé Patriarcal) Plan V Q3
Largo de Santo António da Sé - ✆ 218 87 66 28 - 9h-19h.
À l'image de celles de Porto, Coimbra ou Évora, la cathédrale de Lisbonne a joué le rôle de forteresse, comme en témoignent ses deux tours de façade et ses créneaux. Elle fut construite dans le style roman à la fin du 12e s., peu après la conquête de la ville par Alphonse Henriques aidé des croisés. Les architectes seraient les maîtres français Robert et Bernard, qui ont également construit la cathédrale de Coimbra. Mais la Sé fut de nombreuses fois remaniée, notamment suite aux tremblements de terre (celui de 1755 provoqua l'effondrement du chœur et de la lanterne qui surmontait la croisée du transept). Une habile restauration a rendu son allure romane à la façade et à la nef, mais l'on y verra aussi des éléments gothiques et des remaniements des 17e et 18e s.
À l'**intérieur**, le vaisseau principal est couvert par une voûte en plein cintre et bordé par un élégant triforium. L'ensemble est d'un style roman très sobre.
La **chapelle Bartolomeu Joanes** *(collatéral gauche)* appartient à l'art gothique : elle contient une jolie crèche en terre cuite de Machado de Castro.
Le chœur, sous une voûte à nervures soutenue par des trompes, fut reconstruit au 18e s., mais le déambulatoire, aux fenêtres lancéolées, est de style gothique, correspondant à un remaniement du 14e s. La troisième chapelle rayonnante à partir de la droite abrite les **tombeaux gothiques★** (14e s.) de Lopo Fernandes Pacheco, compagnon d'armes du roi Alphonse IV, et de son épouse. Fermant une chapelle proche de l'entrée de l'église, remarquez l'admirable **grille★** romane en fer forgé des fonts baptismaux.

Cloître – *Accès par la 3e chapelle du déambulatoire - 10h-18h30, dim. 14h-18h, fermé j. fériés - 2,50 €.* Assez endommagé, il relève du style gothique cistercien (fin du 13e s.) et renferme des vestiges lapidaires. La galerie inférieure est soutenue par de puissants contreforts alternant avec des arcades gothiques surmontées par des oculi en étoile. La salle capitulaire abrite le tombeau du premier évêque de Lisbonne. Dans les jardins, des fouilles ont mis au jour des vestiges phéniciens (8e s. av. J.-C.) et romains, ainsi que les ruines d'une ancienne mosquée (9e et 10e s.).

★ **Trésor** – *Accès à droite, près de l'entrée de l'église - lun.-sam. 10h-17h - fermé j. fériés - 2,50 €.* Un escalier mène aux salles où sont exposés de magnifiques ornements sacerdotaux, ainsi que des reliquaires et des pièces d'orfèvrerie sacrée. Dans l'élégante salle capitulaire du 18e s., l'**ostensoir** du roi Joseph Ier est serti de 4 120 pierres précieuses.

Près de la cathédrale se dresse l'**église Santo António da Sé**, construite en 1812 sur l'emplacement supposé de la maison natale de saint Antoine de Padoue (1195-1231), que les Lisboètes nomment « saint Antoine de Lisbonne ». À gauche de l'église, le petit **Museu Antoniano** est entièrement consacré à ce saint populaire. Figures naïves, peintures ou panneaux d'azulejos. *✆ 218 86 04 47 - mar.-dim. 10h-13h, 14h-18h - fermé j. fériés (sf 13 juin) - donation.*

Redescendez en dir. du Tage et tournez à gauche dans la rua dos Bacalhoeiros.

Maison aux Pointes (Casa dos Bicos) Plan V Q4

R. dos Bacalhoeiros. Au pied de l'Alfama, la façade de cette maison est hérissée de pierres taillées en pointe de diamant. Elle faisait partie d'un palais du 16e s. appartenant au fils d'Afonso de Albuquerque, vice-roi des Indes. Lors du tremblement de terre de 1755, elle a perdu son premier étage, reconstruit en 1982 à l'occasion de l'exposition du Conseil de l'Europe sur le Portugal et les Grandes Découvertes.

Revenez vers l'ouest par la rua da Alfândega.

Église da Conceição Velha Plan V P4

R. da Alfândega.

La **façade sud**★ du transept, seul vestige de l'église primitive qui s'est écroulée lors du tremblement de terre, est un bel exemple de style manuélin ; les sculptures du tympan représentent Notre-Dame-de-la-Miséricorde abritant sous son manteau le pape Léon X, le roi Manuel, la reine Éléonore, etc.

SAINT ANTOINE, LE PATRON DE LISBONNE

Fernando de Bulhões, plus connu sous le nom de saint Antoine de Padoue, n'était pas italien mais bel et bien portugais. Il naquit à Lisbonne en 1195, s'engagea dans l'ordre des Franciscains, voyagea au Maroc, vécut en France et en Italie du Nord où ses prêches humanistes lui valurent un succès considérable. Il possédait, dit-on, le don d'ubiquité et, comme le Christ, il aurait multiplié des poissons à Rimini. Selon la légende, le jour de sa mort, survenue en Italie en 1231, les cloches de Lisbonne se mirent à sonner toutes seules. Dès l'année suivante, il fut canonisé. Saint Antoine favorise notamment les mariages et le bonheur conjugal. Son invocation permet aussi de retrouver les objets perdus. Les Lisboètes continuent de célébrer avec ferveur le protecteur de la ville le **13 juin**, jour férié à Lisbonne. Partout fleurissent de petits autels à l'effigie du saint. La fête bat son plein : procession, défilés de groupes folkloriques, fanfares, feux d'artifice, sardines grillées et bals populaires.

L'ancien couvent Madre de Deus abrite le musée des Azulejos.
J. Frumm/hemis.fr

1

Vous pouvez terminer la visite du quartier en empruntant, en contrebas de la colline de l'Alfama, les rues parallèles aux docks, qui remontent le Tage vers la gare Santa Apolónia.

Graça et Santa Apolónia

Plans I p. 124-125, II p. 126-127 et V p. 140-141

Circuit 5 tracé en vert sur le plan II – Comptez env. 2h.
Au-dessus de l'Alfama, sur une colline aux ruelles pentues, le quartier résidentiel et populaire de Graça, moins touristique que son voisin, offre d'excellents points de vue sur la ville. On peut y voir quelques villas et **cités ouvrières** du 19e s. (notamment la vila Bertha, située rua do Sol). Le quartier de Santa Apolónia, derrière la gare ferroviaire internationale, abrite plusieurs musées. En bordure du Tage, l'agréable doca do Jardim do Tabaco comprend des bars et des boutiques.

★★ Belvédère (Miradouro) da Senhora do Monte Plan II L1

Accessible par le tramway 28E puis la rua da Senhora do Monte. Un des plus spectaculaires belvédères de Lisbonne, avec une **vue**★★★ étendue sur le château São Jorge, le quartier de la Mouraria et la ville basse. La chapelle près du belvédère date de 1796, mais elle fut fondée en 1147, année de la reconquête de Lisbonne.
Redescendez vers le couvent Nossa Senhora da Graça par la calçada do Monte puis, plus loin sur la droite, tournez dans le largo da Graça.

Église et couvent de Nossa Senhora da Graça Plan II L2

Largo da Graça - accessible par le tramway 28E. Cet imposant ensemble sur la colline de Graça domine la ville. Sa fondation remonte au 13e s., mais il a été reconstruit plusieurs fois, en particulier au 16e s. et après le tremblement de terre de 1755. À côté du portail du couvent s'élève le clocher, bâti en 1738.

L'intérieur de style rococo est revêtu de beaux azulejos des 17e et 18e s. Devant l'église, un belvédère (**Miradouro da Graça**) avec son petit café en terrasse offre une **vue★** étendue sur Lisbonne : à l'est, le château, à l'ouest, le pont et le fleuve.

En contrebas, sur le flanc nord du château São Jorge, s'étend le petit quartier aux ruelles étroites de la **Mouraria**. C'est là qu'en 1147, les Maures vaincus furent autorisés à s'établir, hors des murailles. La **rua da Mouraria** est désormais piétonne.

À moins de faire un crochet par la Mouraria, reprenez la rua do Voz do Operário, qu'emprunte le tramway 28E, jusqu'au monastère São Vicente de Fora.

Église et monastère São Vicente de Fora Plan II M2 et Plan V S1

Largo de São Vicente - accessible par le tramway 28E - ✆ 218 82 44 00/218 88 56 52 - église : lun.-sam. 9h-13h30, 14h30-17h, dim. 9h-13h - fermé 1er janv., dim. de Pâques et 25 déc. - gratuit ; couvent : mar.-dim. 10h-18h (dernière entrée 17h) - 4 €.

Érigée par l'architecte italien Philippe Terzi de 1582 à 1627, l'église se trouvait autrefois « hors les murs » *(fora)*, c'est-à-dire à l'extérieur des remparts de la ville. Modèle de l'architecture religieuse portugaise, cet édifice jésuite inspirera jusqu'au 18e s. les églises de toutes les villes de l'Empire, du Brésil à Macao. L'intérieur, que coiffe une jolie voûte à caissons, se distingue par la rigueur de ses lignes.

À droite de l'église, dans le couvent, le **cloître** aux murs couverts d'**azulejos★** du 18e s., évoquant les fables de La Fontaine, donne accès à l'ancien réfectoire des moines, transformé après le règne de Jean IV en panthéon de la dynastie des Bragance. Dans la conciergerie *(portaria)* du couvent, au plafond peint par Vicente Bacarelli (18e s.), un grand panneau d'azulejos représente la prise de Lisbonne aux Maures : on y reconnaît le château Saint-Georges et la cathédrale.

★ Campo de Santa Clara Plan II M2

Cette place agréable, encadrée d'élégantes façades, s'étend entre les églises São Vicente de Fora et Santa Engrácia. C'est ici que se tient tous les mardis et samedis la **Feira da Ladra** (Foire de la voleuse), pittoresque **marché aux puces** où l'on peut trouver, au milieu des articles de brocante et des vêtements, quelques belles céramiques anciennes. Son côté nord est occupé par le **palais Lavradio** (18e s.), qui abrite le tribunal militaire. Au centre, le petit **Jardim Boto Machado** offre une halte parmi ses essences exotiques et un beau point de vue sur la « Mer de Paille » en contrebas.

★ Église Santa Engrácia - Panthéon national Plan II M2

Campo de Santa Clara - ✆ 218 85 48 20 - Panthéon national : mar.-dim. 10h-17h (dernière entrée à 16h40) - fermé 1er janv., dim. de Pâques, 1er Mai et 25 déc. - 3 €, gratuit dim. et j. fériés 10h-14h.

L'expression « comme les travaux de Santa Engrácia » est passée dans le langage populaire pour désigner une entreprise jamais menée à terme. En effet, cette église, commencée au 17e s., n'avait jamais été achevée. En forme de croix grecque, elle a été couronnée d'un dôme qui complète harmonieusement sa façade baroque, et inaugurée en 1966. Devenue **Panthéon national**, elle abrite en son centre les cénotaphes des grands hommes portugais, parmi lesquels : Camões, Henri le Navigateur, Pedro Álvares Cabral, Vasco de Gama, Afonso de Albuquerque et Nuno Álvares Pereira. En juillet 2001, la grande chanteuse de fado Amália Rodrigues fut la première femme transférée au Panthéon national. Le dôme offre une très belle vue sur le Tage.

Musée militaire (Museu Militar) Plan II M3
Largo do Museu da Artilharia - ☏ 218 84 25 69 - mar.-vend. 10h-17h, w.-end 10h-12h30, 13h30-17h - fermé j. fériés - 3 €, gratuit le vend. 10h-12h.
Au bord du Tage, l'ancien arsenal du 18e s. a conservé de remarquables boiseries ainsi que des azulejos et des plafonds représentant, pour la plupart, des scènes de batailles. Des maquettes, des tableaux et surtout de nombreuses armes du 16e s. à la fin du 19e s., fabriquées au Portugal ou provenant de l'étranger, évoquent le passé militaire du pays.

★ **Musée** (Museu) **da Água da EPAL** Plan I D3
R. do Alviela, 12 - ☏ 218 10 02 15 - http://museudaagua.epal.pt - bus n° 12 depuis le Museu Militar ou n° 735 depuis la praça do Comércio - lun.-sam. 10h-18h - fermé j. fériés - 2,50 €, gratuit 22 mars, 18 mai, 1er et 5 juin, 1er oct.
Ce musée met en lumière l'histoire de la distribution de l'eau à Lisbonne *(voir encadré)* et plus particulièrement du projet des Águas Livres (eaux libres), conçu par l'ingénieur Manuel da Maia. Il occupe l'ancienne **station de pompage à vapeur des Barbadinhos**, intéressant exemple d'archéologie industrielle (dernier quart du 19e s.) qui allie la brique, le bois, la fonte et le cuivre autour de quatre puissantes machines à vapeur, dont l'une est mise en fonctionnement pour les visiteurs.
Voir également la Mãe d'Água das Amoreiras et l'aqueduc des Águas Livres, p. 169 et 170.

1

★★ **Musée national des Azulejos** (Museu Nacional do Azulejo) Plan I D2
R. da Madre de Deus, 4 - ☏ 218 10 03 40 - http://mnazulejo.imc-ip.pt - bus nos 794, 742 ou 718 (arrêt Igreja Madre Deus) - mar.-dim. 10h-18h - fermé 1er janv., Vend. saint, dim. de Pâques, 1er Mai et 25 déc. - 5 €, gratuit dim. 10h-14h.
Malgré sa localisation un peu éloignée, au nord-est de la gare de Santa Apolónia, ce charmant musée mérite absolument une visite. Installé dans les bâtiments du **couvent da Madre de Deus**, fondé au 16e s. et en grande partie reconstruit après le tremblement de terre (admirez le beau portail manuélin de la façade de l'église, côté rue), il présente la grande aventure des azulejos, depuis les carreaux hispano-mauresques du 15e s. jusqu'aux réalisations modernes. Au rez-de-chaussée, dans les galeries disposées autour du grand cloître, de beaux exemples d'azulejos importés de Séville aux 15e et 16e s., qui furent supplantés par le style majolique italien et repris par les premiers ateliers portugais. Remarquez en particulier le retable de Nossa Senhora da Vida (1580) qui représente la Nativité.
On quitte le cloître pour pénétrer dans l'église par un *coro baixo* dont les murs sont ornés d'azulejos sévillans du 16e s. L'**église**★★ (18e s.) éblouit par la profusion de bois doré, en particulier sur la chaire baroque. La nef est couverte

HISTOIRE D'EAU
Les tentatives d'acheminement vers Lisbonne des eaux des sources qui jaillissent au pied de la serra de Sintra avaient commencé dès 1571. Il fallut attendre 1731 que le roi Jean V donne son autorisation pour que l'aqueduc fût érigé (1732-1748). Ses eaux se déversaient dans le réservoir de la Mãe d'Água das Amoreiras (1752-1834), d'où elles étaient distribuées vers les fontaines et canalisations de la ville. En 1880 fut installée la troisième structure de ce réseau, la station de pompage des Barbadinhos, où se trouve aujourd'hui le musée da Água. Ce système approvisionna la ville en eau jusqu'en 1967.

d'une voûte à caissons dont les panneaux représentent des scènes de la vie de la Vierge. Sur les murs, des tableaux évoquent à gauche la vie de sainte Claire et à droite celle de saint François. La partie basse est garnie de carreaux de faïence hollandais du 18e s.
Avant de monter à l'étage supérieur, on passe par le ravissant petit **cloître manuélin**, qui a conservé ses azulejos polychromes d'origine (16e-17e s.). Au premier étage sont exposés de magnifiques panneaux représentant des animaux, des batailles et des scènes de la vie quotidienne. La somptuosité et l'exubérance de la chapelle consacrée à saint Antoine et, surtout, de la **salle capitulaire★** surplombant la nef sont impressionnantes. Parmi la riche décoration, notez en particulier au plafond des caissons peints à encadrement qui sertissent des tableaux des 16e et 17e s. Les portraits du roi Jean III et de son épouse Catherine d'Autriche seraient de Cristóvão Lopes. Les murs sont couverts de peintures illustrant la vie du Christ.
Admirez aussi la célèbre **vue panoramique de Lisbonne** avant le tremblement de terre – belle composition en bleu et blanc, de 23 m de longueur, constituée de près de 1 300 azulejos.
Les autres salles, qui accueillent parfois des expositions temporaires, montrent la continuité de l'art de l'azulejo à travers des réalisations modernes, dont celles qui décorent certaines stations du métro de Lisbonne, œuvres d'artistes de premier plan comme Júlio Pomar et Vieira da Silva *(voir p. 84)*.
Bon à savoir – Le restaurant-café du musée, avec son patio décoré d'azulejos « alléchants » (jambons, lapins et autres victuailles), offre un cadre rafraîchissant.
Pour en savoir plus sur les azulejos, voir p. 81 à 84.

UN PONT PEUT EN CACHER UN AUTRE

★ **Pont du 25-Avril** – Avant son inauguration en 1966, aucun pont ne franchissait le Tage en aval de Vila Franca de Xira. Après la révolution des Œillets de 1974, le pont Salazar fut vite rebaptisé pont du 25-Avril. D'une longueur totale de 2 278 m, le pont, dont le tablier est suspendu à 70 m au-dessus des eaux, est supporté par deux pylônes, d'une hauteur de 190 m. En 1999, une voie ferrée fixée sous le tablier routier a été inaugurée. Cet axe ferroviaire relie sept gares de banlieue entre Entrecampos et Fogueteiro sur 21 km. Prendre le pont dans le sens sud-nord permet de bénéficier d'une **vue★★** panoramique sur la ville de Belém jusqu'au château São Jorge.
★★ **Pont Vasco-de-Gama** – Destiné à alléger le trafic du pont du 25-Avril, le majestueux pont routier Vasco-de-Gama fut construit entre 1995 et 1998. Long de 18 km, il franchit le Tage entre Sacavém et Montijo, créant une liaison directe entre le nord et le sud du pays en évitant le centre de Lisbonne. Les deux tiers du parcours ascendant et descendant s'effectuent au-dessus de l'eau, qui reste visible en permanence. Dans sa partie la plus basse, en regardant les rives au loin, on a l'illusion de rouler sur l'Océan. Ce bel ouvrage d'architecture est constitué de plusieurs travées qui s'appuient sur des piliers pouvant atteindre 150 m de hauteur, enterrés jusqu'à 95 m de profondeur. La hauteur du tablier varie de 14 à 30 m pour permettre la navigation.

Lisbonne au fil de l'eau : la « Mer de Paille »

Plans I p. 124-125, II p. 126-127 et VI p. 151

Cité océanique, située sur un « finistère » aux confins de l'Europe, la capitale de la province de l'Estrémadure (qui signifie « extrémité ») a le regard et l'imaginaire tournés vers le large. À l'image de sa rivale Porto, la vie quotidienne est pourtant d'abord rythmée par le fleuve. La vieille ville est lovée sur la rive droite du fleuve, à 15 km de l'Atlantique. Sa baie fluviale de 11 km de large en fait le plus beau port naturel du Portugal. Le Tage, surnommé « Mer de Paille » en raison de ses reflets dorés au coucher du soleil, forme une sorte de vaste lac intérieur, dont Lisbonne contrôle la sortie vers l'Océan.

LE PORT ET LE TAGE Plans I et II

Le port de Lisbonne – Il est l'une des principales escales maritimes d'Europe. Son trafic (plus de 12 millions de tonnes par an) consiste surtout en marchandises lourdes et en conteneurs; c'est aussi un port d'exportation de produits agricoles (vin et liège).

De nombreux paquebots font escale à Lisbonne, devenu le premier port atlantique européen. Les ports de voyageurs, avec un trafic annuel de 300 000 passagers, sont situés à Rocha do Conde de Óbidos, Alcântara et Santa Apolónia. Les promenades sur le Tage permettent d'admirer la ville et d'avoir un bon aperçu du trafic portuaire. Les gabares, barques légères de type vénitien à grande voile triangulaire blanche, ont quasiment disparu. En été, des **excursions en bateau** sont proposées le long de la côte *(voir « Visite », p. 181)*.

L'estuaire – La traversée de l'estuaire sur l'un des ferries réguliers (les *cacilheiros*) constitue une agréable promenade, et la vue sur Lisbonne et ses collines depuis l'autre rive est inégalable *(voir « Transports », p. 178)*. L'arrivée en bateau à la **praça do Comércio** donne l'impression de pénétrer au cœur de la ville. Tôt le matin, de nombreux Portugais résidant dans les banlieues-dortoirs de Cacilhas, Barreiro, Seixal ou Almada (la « côte du sommeil »), et travaillant à Lisbonne, débarquent au centre-ville par bateau, pour repartir en fin d'après-midi.

En aval du Tage à partir de la praça do Comércio Plan II JK4

Comptez 1h30 à pied; quelques portions entre les zones aménagées ne longent pas directement le fleuve (moins agréables). À éviter quand le soleil est au zénith. Une option consiste à emprunter le tramway n° 15E ou le bus n° 28 jusqu'à Belém, et à regagner le centre-ville à pied par les quais (ou vice versa).

Pour s'imprégner des ambiances portuaires et de l'atmosphère particulière des docks, le marcheur courageux peut effectuer à pied le trajet entre la praça do Comércio et Belém (ou inversement) par les quais. La municipalité libère progressivement les berges en les transformant en espace de loisirs et de promenade.

Cais do Sodré – La ville basse s'ouvre directement sur le fleuve à la **praça do Comércio** *(voir p. 132)*, tandis que, vers l'ouest, la zone portuaire de Cais do Sodré est bordée de restaurants et de bars aux vastes terrasses. Des croisières sur le Tage partent de ces deux gares fluviales *(voir « Visite », p. 181)*.

Docas – Entre Cais do Sodré et le pont du 25-Avril s'alignent les docks de Santos, puis ceux d'**Alcântara** et de **Santo Amaro**. Ces deux derniers sont devenus un lieu à la mode : les entrepôts, restaurés et aménagés, abritent désormais des bars et restaurants avec terrasses, quelques boutiques, des discothèques et des équipements culturels.

Bon à savoir – La promenade est agréable en fin d'après-midi ou le soir lorsque l'animation bat son plein *(voir « En soirée », p. 191).*

★★★ Musée de l'Orient (Museu do Oriente) Plan I B3

Av. Brasilia, Doca de Alcântara Norte (accès par les trams 15E et 18E, les bus nos 12, 28, 714, 732 ou la ligne de train de Cascais) - 213 58 52 00 - www.museudooriente.pt - mar.-dim. 10h-18h (vend. jusqu'à 22h), fermé lun. - 5 € (gratuit vend. soir).

Inauguré en 2008 dans les **docks d'Alcântara**, ce vaste espace culturel de la Fundação Oriente est installé dans les anciens frigos destinés au stockage de la morue. Le musée consacré aux **arts asiatiques** témoigne des contacts anciens et prolongés des Portugais avec l'Asie : céramiques et porcelaines chinoises, mobilier indo-portugais, textiles, peintures, argenterie, etc. La collection **Kwon On** présente un important fonds d'arts populaires liés à la musique, au théâtre et aux fêtes traditionnelles (instruments, costumes, marionnettes, masques, etc.). Expositions temporaires. Également sur place : un centre de documentation, un auditorium et un restaurant.

Musée (Museu) da Carris Plan I AB3

R. 1° de Maio, 101-103, Alcântara (accès par le tram 15E, les bus nos 727, 732 et 742) - 213 61 30 87 - http://museu.carris.pt - lun.-sam. 10h-17h (dernière entrée 16h30) - fermé j. fériés - 2,50 €.

Sur la route de Belém au niveau du pont du 25-Avril, l'intéressant musée de la compagnie des transports urbains de Lisbonne fait aussi office de hangar à tramways.

Palais (Palácio) das Necessidades Plan I B3

Calçada das Necessidades (de l'autre côté de l'av. Marginal) - 213 94 60 00 - jardins : lun.-vend. 8h-18h, w.-end 10h-19h - fermé 1er janv., dim. de Pâques, 24, 25 et 31 déc. - gratuit.

Cet ancien palais royal du 18e s., construit pour les frères de Jean V, est aujourd'hui le siège du ministère des Affaires étrangères. Son jardin clos *(Tapada das Necessidades)*, agrémenté de lacs et de statues, abrite des cactus et des jacarandas séculaires.

Belém – *6 km à l'ouest du centre-ville.* Les entrepôts et docks s'étirent le long du fleuve jusqu'à l'avant-port de Belém : ce quartier historique à vocation monumentale, culturelle et de loisirs est aussi un faubourg vert et spacieux où il fait bon flâner.

Pour la description de Belém, voir p. 154 et suivantes.

En amont du Tage Plan I D1-2-3

La capitale redécouvre sa rive en amont, avec l'aménagement du site jouxtant l'Exposition universelle de 1998 (**Doca dos Olivais**) et la construction du majestueux **pont Vasco-de-Gama**★★ (*voir encadré p. 148*). Plus haut vers le nord, en direction de Vila Franca de Xira, s'étend une longue zone industrielle. Cependant, les principaux quartiers industriels (port pétrolier, chantiers navals) sont situés sur la rive sud du Tage, du côté de Barreiro.

AVENIDA MARGINAL

Importante artère de circulation et voie rapide très meurtrière, celle que les Lisboètes appellent « avenue Marginale » (avenue des Berges) longe le Tage de Lisbonne à Estoril. Jusqu'à Belém, elle emprunte les noms successifs d'avenida 24 de Julho, avenida da India, puis avenida de Brasília. Au-delà de Belém, l'urbanisation a grignoté la rive jusqu'à Cascais.

PONTE VASCO DA GAMA
A
B
1
2
3
Avenida de Boa Esperança
Rotunda dos Vice-Reis
Praça do Venturoso
PORTA NORTE
Torre Vasco da Gama
Moscavide
Estrada de Moscavide
Rua Câmara Reis
Rua Manuel Mendes
Rua Doutor Rui Gomes de Oliveira
Avenida do Atlantico
Jardim Garcia de Orta
Cantábrico
Passeio do Cantábrico
Avenida Dom João II
Rua do Mar da China
Rua do Polo Norte
Alameda dos Oceanos
FEIRA INTERNACIONAL DE LISBOA
Rua do Mar Vermelho
Rua Conselheiro Lopo Vaz
Rua Recíproca
Parque das Nações
Avenida do Indico
Pavilhão Atlântico (Multiusos)
Estação do Oriente
PORTA POENTE
Oriente
Avenida de Berlim
Vasco da Gama
Presidência do Concelho de Ministros
PORTA FLUVIAL
Avenida do Pacifico
Doca dos Olivais
Pavilhão do Portugal
R. do Caribe
Pavilhão do Futuro
Rua do Mar do Norte
Oceanário
PAVILHÃO DE EXPOSIÇÕES
Av. de Pádua
Av. de Mediterrâneo
Museu da Ciência Viva
Jardim da Água
Área de Laser
Rua da Centieira
Av. de Ulisses
Praça Principe Perfeito
PAVILHÃO DA REALIDADE VIRTUAL
TEATRO CAMÕES
Rua dos Cruzados
Rua D. Fuas Roupinho
RESTAURANTES FLUTUANTES
Rua dos Mercadores
Rua das Musas
PORTA DO MAR
Rua do Adamastor
Passeio dos Navegadores
Rua da Pessoa
Rua da Petrogal
HOSPITAL DAS DESCOBERTAS
EDIFICIO NAU
R. des Adeus Portugues
Rua dos Aventureiros
Rua de Nau Catrineta
Av. Fernando
Rua dos Gaivotas em Terra
Passeio Ribeirinho
PORTO DE RECREIO
N
LISBOA
PARQUE DAS NAÇÕES
plan VI
JARDIN TRIANGULAR
Rua dos Argonautas
Avenida Marechal Gomes da Costa
Passeio de Neptuno
0
250 m

★★ LE PARC DES NATIONS (Parque das Nações) Plan VI p. 151

Circuit 6 tracé en vert sur le plan VI – Comptez env. 2h.
Posto de informação – *Kiosque près du pavillon Atlântico, à la sortie du centre commercial Vasco da Gama - 13h-19h (été 20h).* Plans, programme des manifestations, vente du Cartão do Parque *(voir ci-après)*, audioguides *(env. 5 €).*
Mº Oriente (terminus de la ligne rouge Alameda-Oriente). Comptez une demi-journée pour vous promener dans le parc et visiter au moins le magnifique aquarium.
Cartão do Parque – *17,50 € (enf. 9 €).* Cette carte, valable un mois à compter de la première utilisation, permet de visiter plusieurs attractions à un moindre coût. Elle comprend la visite de l'Oceanário, du Pavilhaõ do Conhecimento, les trajets en train électrique et en téléphérique et donne droit à des réductions sur les audioguides et la location de vélos.
Téléphérique – *218 95 61 43 - juin-sept. : 11h-20h, w.-end et j. fériés 10h-21h ; oct.-mai : 11h-19h, w.-end et j. fériés 10h-20h - 3,95 € (6,05 € AR).* Il longe les quais du Parc des Nations sur plus d'un kilomètre, juste au-dessus du fleuve : une façon originale et agréable de contempler le parc sans se fatiguer (notamment les jours de chaleur), ou d'admirer le pont Vasco-da-Gama et le coucher du soleil sur la « Mer de Paille ».
Location de vélos et karts à pédales – Tejo Bike – *À côté du Pavilhão Atlântico et sur Praça Sony - 218 91 93 33 - www.tejobike.pt - 10h-18h (20h en été) - 2,50 €/30mn.*
Pour plus d'infos, consultez le site www.portaldasnacoes.pt.
Malgré des prix assez élevés, le Parc des Nations est devenu un espace de promenade et de divertissement, avec ses attractions et lieux de spectacle, ses bars et restaurants, ses jardins et sa vaste zone piétonne. Le site s'ouvre largement sur le fleuve et accorde une place privilégiée aux espaces verts et aux jardins. Une vingtaine d'œuvres d'artistes contemporains portugais et étrangers parsèment le parc. De nombreux pavements décoratifs égaient

UN AMÉNAGEMENT CONTEMPORAIN

Transformé en parc de loisirs du 21e s., le site de l'Exposition universelle de 1998 s'étend sur 60 ha au nord-est de la ville, sur les berges du Tage aux abords du bassin doca dos Olivais. Il s'insère en réalité dans une opération urbanistique de vaste envergure : le réaménagement de la partie orientale de la ville et la revitalisation des berges du Tage. Sur une zone industrielle jadis polluée, une véritable ville nouvelle est sortie de terre en quelques années. S'étendant sur 340 ha et 5 km de rives, elle comprend des immeubles résidentiels, des bureaux, des commerces, un port de plaisance et des jardins. Elle bénéficie d'équipements ultramodernes et utilise des moyens de transport non polluants (électriques notamment).
Cette ville futuriste, dont l'aménagement devrait se poursuivre jusque vers 2020, est desservie par le **pont Vasco-de-Gama** et par l'**estação do Oriente★** (gare d'Orient). Cette grande gare multimodale (trains, métro et gare routière), œuvre de l'architecte espagnol Santiago Calatrava, est recouverte d'une structure arborescente de verre et d'acier évoquant une succession de vagues. Dans l'énorme **centre commercial Vasco-de-Gama** qui la jouxte, les verrières sur lesquelles coule de l'eau fraîche font office de climatisation et diffusent une agréable lumière aquatique, ondulante *(voir « Achats », p. 195).*

Au Parc des Nations, les lignes contemporaines du centre commercial Vasco-de-Gama.
Ch. Lehenaff/Photononstop

les sols, tels ceux de Fernando Conduto devant le Rossio dos Olivais, ou de Pedro Proença à côté de l'Oceanário.

En nocturne, le parc reste animé, surtout l'été : concerts sur la place Sony ou sur les scènes du quai des Olivais et du pavillon de l'Atlantique, présence de nombreux bars et restaurants, parmi lesquels, près du Jardim Garcia da Orta, le Peter Café Sport, cousin du célèbre café du même nom situé aux Açores.

Installé dans l'ancien pavillon du Futur, le **Casino Lisboa**, aménagé sur trois niveaux, offre plusieurs restaurants, des cafés lounge et un bar panoramique. Son Auditório dos Oceanos (600 places) accueille divers spectacles. *Alameda dos Oceanos - ✆ 218 92 90 00 - www.casino-lisboa.pt - dim.-jeu. 15h-3h, vend., sam. et veilles de fêtes 16h-4h.*

★★ Océanorium (Oceanário) de Lisbonne Plan VI B2

Esplanada Dom Carlos I - M° Oriente - ✆ 218 91 70 02 - www.oceanario.pt - 10h-18h (été 19h), dernière entrée 1h av. fermeture - 12 € (–12 ans 6 €).

Vedette incontestée de l'Exposition universelle de 1998, le plus grand aquarium d'Europe (au moment de son inauguration), conçu par l'architecte américain Peter Chermayeff, tient à la fois du musée et du parc océanographique. Il abrite près de 15 000 animaux marins et plus de 250 espèces de plantes.

Les cinq bassins principaux restituent les écosystèmes biogéographiques des océans Arctique, Indien, Pacifique et Atlantique. Plongée directe dans la variété et la richesse des univers marins : dès l'entrée, la vue, mais aussi l'ouïe et l'odorat sont grandement sollicités. Vous ne contemplez pas un aquarium, ce sont la mer et les animaux marins qui évoluent autour de vous dans un formidable ballet aquatique.

Dans l'énorme bassin central de 7 000 m^3 d'eau de haute mer (soit quatre piscines olympiques !), cohabitent en bonne harmonie les raies impressionnantes, les inquiétants requins, les grands bancs de maquereaux ou de chinchards, etc. Le parcours, tantôt émergé tantôt immergé, permet d'assister au plongeon

des cormorans et des manchots de l'Antarctique, et de suivre leurs évolutions terrestres ou sous-marines ; dans la zone pacifique tempérée, les loutres de mer se prélassent telles des starlettes ; les récifs coralliens des eaux tropicales offrent une explosion de couleurs…
Ce gigantesque laboratoire d'étude de la faune des mers du globe est aussi une institution vouée à la protection du monde aquatique. Le spectacle fascinant des animaux marins s'accompagne ainsi d'informations.

★ **Jardin** (Jardim) **da Agua** Plan VI B2

Dans cet espace ludique placé sous le thème de l'eau, des sculptures coniques recouvertes de céramiques aux couleurs vives expulsent de grands jets d'eau de façon imprévisible et discontinue, pour la plus grande joie des enfants ; l'onde aquatique se déplace ensuite dans les canaux adjacents.

Les pavillons Plan VI AB1-2

Les grands pavillons de l'Exposition universelle, représentatifs de l'architecture contemporaine, ont désormais des contenus et des fonctions différents.
Le **pavillon de la Connaissance** (Pavilhão do Conhecimento) (Plan VI A2) est un musée interactif des sciences et des nouvelles technologies **(Museu da Ciência Viva)**, où sont présentées des expositions thématiques et temporaires. Il abrite aussi une librairie, une médiathèque et un vaste cybercafé *(voir « Nos adresses », p. 177). Alameda dos Oceanos - ✆ 218 91 71 00 - www.pavconhecimento.pt - mar.-vend. 10h-18h, w.-end et j. fériés 11h-19h - 7 €.*
Le **pavillon du Portugal** (Pavilhão do Portugal) (Plan VI B2), avec sa dalle de béton incurvée, fut conçu par le grand architecte portugais Álvaro Siza. Il sert ponctuellement d'espace d'exposition, en attendant sa réaffectation.
Impressionnant bâtiment en forme de carène renversée, le **pavillon de l'Atlantique** (Pavilhão Atlântico) (Plan VI B1) peut recevoir jusqu'à 20 000 spectateurs et accueille des épreuves sportives, des concerts, des expositions et des congrès. *Rossio dos Olivais - ✆ 218 91 84 09 - www.pavilhaoatlantico.pt.*

★ **Jardin** (Jardim) **Garcia de Orta** Plan VI B1

Devant le cais dos Olivais, le long du Tage, s'étend ce plaisant jardin du nom du médecin du 16e s. qui étudia et classa les plantes asiatiques. Sa végétation est originaire des régions visitées par les Portugais à l'époque des Grandes Découvertes.

Tour Vasco de Gama Plan VI B1

Située à l'extrême nord du parc, la tour était à l'origine un belvédère offrant des vues panoramiques sur l'ensemble du site et du quartier, ainsi que sur l'estuaire du Tage. Fermée au public, elle devrait accueillir d'ici quelques années un hôtel de luxe.

★★Belém Plan VII ci-contre

Circuit 7 tracé en vert sur le plan VII – Comptez une journée. Tram 15E (Praça do Comércio), bus nos 28, 714 et 741.
Un parfum de grand large flotte encore sur Belém : embarquement pour le rêve et l'imaginaire d'outre-mer. « Bethléem » (en portugais) fut le port d'attache des vaisseaux portugais qui, dès le 15e s., se lancèrent sur les mers inconnues, à la découverte de terres à conquérir et à convertir, et à la recherche de nouvelles richesses. Les chefs-d'œuvre du monastère des Jerónimos et de la tour de Bélem, matrice de l'art manuélin, marquent l'apogée de l'histoire portugaise. Mais ce quartier historiquement tourné vers les horizons lointains est aussi résolument ancré dans le 21e s. : un vaste centre culturel, en partie dédié à l'art contemporain, a été inauguré en 1993.

★★★ Monastère des Hiéronymites (Mosteiro dos Jerónimos)
Praça do Império - ✆ 213 62 00 34 - www.mosteirojeronimos.pt.
L'ensemble architectural a été classé au **Patrimoine mondial de l'Unesco**. Sur l'emplacement d'un ermitage fondé par Henri le Navigateur, le roi Manuel entreprit en 1502 de bâtir ce magnifique monastère destiné aux **hiéronymites** (moines de l'ordre de saint Jérôme), et considéré aujourd'hui comme la pièce maîtresse de l'art manuélin. Cet art glorifiait les Grandes Découvertes : Vasco de Gama rentrait des Indes et ses caravelles avaient accosté dans le port de Restelo près de Belém. Bénéficiant de l'afflux de richesses à Lisbonne, les architectes purent se lancer dans une œuvre de grande envergure. Le Français Boytac adopta le style gothique, mais, après 1517, ses successeurs le modifièrent et y ajoutèrent l'appareil ornemental caractéristique du style manuélin où se mêlent diverses influences. João de Castilho, d'origine espagnole, donna à la décoration une tournure plateresque ; le Français Nicolas Chanterene développa les thèmes de la Renaissance ; Diogo de Torralva et Jérôme de Rouen (fin 16e s.) apportèrent une note de classicisme.
La beauté du bâtiment tient aussi à la qualité de sa pierre douce et claire, qui se laisse ciseler. Admirez notamment la richesse et la profusion des moulures : motifs marins (chaînes d'ancre, méduses, algues chevelues, coquillages, coraux, cordages, etc.), fleurs de pavot, artichauts, têtes de Nègres et têtes de navigateurs, feuilles, grappes, ananas, sphères armillaires, grotesques Renaissance, etc.

SE LOGER

Pensão Residencial Setubalense.................. ①

SE RESTAURER

Caseiro.. ②

Seuls les bâtiments ajoutés au 19e s. à l'ouest du clocher affectent quelque peu l'harmonie architecturale de cet ensemble.

★★★ **Église Santa Maria** – *Été : mar.-sam. 10h-18h (dim. à partir de 14h) ; reste de l'année : mar.-sam. 10h-17h (dim. à partir de 14h) - tenue correcte et discrétion de rigueur durant les offices religieux - fermé 1er janv., dim. de Pâques, 1er Mai et 25 déc. - gratuit.* Le **portail latéral sud**, œuvre de Boytac et de João de Castilho, présente un foisonnement de gâbles, de pinacles et de niches abritant des statues. Il est couronné par un dais surmonté de la croix des chevaliers du Christ. Le trumeau est orné de la statue d'Henri le Navigateur et le tympan décoré de deux bas-reliefs illustrant la vie de saint Jérôme. De part et d'autre du portail, admirez les fenêtres décorées de riches moulures.

Le **portail ouest**, abrité sous le porche (construit au 19e s.) qui mène au cloître, fut réalisé par Nicolas Chanterene. Il est orné de très belles statues, notamment celles du roi Manuel et de sa seconde épouse, Marie d'Aragon, présentés par leurs patrons. Au-dessus du portail, on reconnaît les scènes de l'Annonciation, de la Nativité et de l'Adoration des Mages.

L'**intérieur** surprend par la hardiesse de la **voûte**★★ en étoile, soutenue par des gerbes d'ogives jaillissant des piliers octogonaux et se ramifiant à l'infini ; elle a d'ailleurs résisté au tremblement de terre de 1755 en dépit de la légèreté de ses piliers. La nef centrale et les collatéraux, de même hauteur, forment une église-halle. La décoration des piliers, ainsi que la magnifique voûte surmontant la croisée du transept, est due à João de Castilho. Les bras du transept, de style baroque, érigés par Jérôme de Rouen, fils de Jean de Rouen, renferment plusieurs tombeaux d'infants. Dans le chœur, reconstruit à l'époque classique, on voit un tabernacle en argent du 17e s. ainsi que les tombeaux des rois Manuel Ier et Jean III et de leurs épouses. Sous la tribune du *coro alto*, à l'entrée de l'église, se trouvent les tombeaux néomanuélins de Vasco da Gama et de Camões, dont le gisant est couronné de lauriers.

★★★ **Cloître** – *Été : mar.-dim. 10h-18h30 ; reste de l'année : mar.-dim. 10h-17h30 - dernière entrée 30mn avant fermeture - fermé 1er janv., dim. de Pâques, 1er Mai et 25 déc. - 7 €, gratuit dim. et j. fériés 10h-14h. Billet cumulé cloître + tour de Bélem, 10 €.*

Entièrement restauré en 2004, ce chef-d'œuvre de l'art manuélin est d'une richesse sculpturale éblouissante. La pierre revêt en fin d'après-midi une chaude teinte dorée. Quadrilatère de 55 m de côté, le cloître comprend deux étages. L'étage inférieur, œuvre de Boytac, est percé de larges arcades dont les remplages prennent appui sur de fines colonnettes. Leur décoration s'inspire du gothique finissant et de la Renaissance. L'étage supérieur a été érigé par João de Castilho dans un style moins exubérant.

La salle capitulaire abrite le tombeau de l'écrivain Alexandre Herculano. Juste à côté se dresse la modeste tombe de Fernando Pessoa. La sacristie, donnant sur la galerie est, et le réfectoire des moines, sur la galerie ouest, sont couverts de voûtes à liernes et tiercerons.

Un escalier mène au **coro alto** de l'église, offrant une autre perspective sur les voûtes. Les élégantes stalles Renaissance en érable sont l'œuvre de Diogo de Carça.

Musée national d'Archéologie (Museu Nacional de Arqueologia) – *Aile du 19e s. du monastère - ✆ 213 62 00 00 - www.mnarqueologia-ipmuseus.pt - mar.-dim. 10h-18h - fermé 1er janv., dim. de Pâques, 1er Mai et 25 déc. - 5 €, gratuit dim. et j. fériés 10h-14h.* Dans la grande galerie, les différentes étapes de l'histoire du territoire portugais depuis les origines jusqu'à la fin de l'époque

romaine sont illustrées par des poteries, armes, bijoux, stèles, etc., exposés dans les vitrines. L'époque mégalithique est évoquée par quelques stèles et statues-menhirs, l'âge du fer, par des armes et les curieux *berrões* (sculptures en granit représentant des sangliers) que l'on trouve en nombre dans le nord-est du Portugal. L'époque romaine est particulièrement bien représentée ; remarquez une statuette en bronze, *La Fortune* (1er s.), et le sarcophage en marbre d'une petite fille (3e s.). Les salles consacrées à l'Égypte sont également intéressantes : plus de 500 objets retracent son histoire, de la préhistoire à l'ère gréco-romaine.
★ **Trésor** – Il abrite une riche collection d'orfèvrerie préhistorique provenant de différents lieux de fouilles du Portugal : magnifiques bracelets, torques et boucles d'oreilles en or.

★★ Musée de la Marine (Museu da Marinha)

213 62 00 19 - www.museumarinha.pt - juin-sept. : mar.-dim. 10h-18h ; oct.-mai : mar.-dim. 10h-17h - fermé j. fériés - 4 €, gratuit dim. 10h-14h et le 20 mai.
Ce conservatoire du passé maritime du Portugal, composé d'une collection exceptionnelle de **maquettes★★★** d'embarcations de différentes époques, est installé de part et d'autre de l'esplanade du **planétarium Calouste-Gulbenkian**, dans deux bâtiments distincts : l'aile ouest du monastère des Hiéronymites et le moderne pavillon des Galiotes.
Après l'entrée, montez l'escalier qui se trouve devant la porte de droite.
Sur la mezzanine, la salle d'Orient présente des porcelaines et des maquettes d'embarcations asiatiques, ainsi qu'une paire d'armures japonaises du 15e s.
À l'étage se succèdent les salles de la marine de plaisance (maquettes de yachts des 18e et 19e s.), de la marine marchande et de la construction navale, très instructives.
Descendez l'escalier.
Bâtiment principal – Le hall d'entrée est occupé par des statues géantes en grès de personnages historiques (dont Henri le Navigateur) et des canons anciens.
Au rez-de-chaussée, dans l'immense salle en équerre consacrée aux découvertes et à la marine militaire du 15e au 18e s., des cartes anciennes et des maquettes très fidèles de vaisseaux (*Principe da Beira*, 18e s.), nefs, caravelles et frégates voisinent avec des figures de proue et des instruments de navigation, dont des astrolabes du 15e s. La marine de guerre des 19e et 20e s. est aussi représentée (modèles réduits de canonnières, frégates et corvettes, sous-marins modernes). La marine de pêche des différentes régions du Portugal (collection Henrique Seixas) montre la diversité des bateaux qui opéraient naguère dans les estuaires ou le long du littoral. Dans la dernière salle, on a reconstitué le luxueux appartement royal du yacht *Amélia* (fin 19e s.).
La sortie donne sur le pavillon des Galiotes.
Pavillon des Galiotes (Pavilhão das Galeotas) – Il abrite un ensemble de magnifiques galiotes d'apparat. L'embarcation la plus remarquable par sa décoration, due à l'ornemaniste français Pillement, est le brigantin royal construit en 1778 pour les noces du futur roi Jean VI. On y découvre également le *Santa Cruz*, hydravion avec lequel Sacadura Cabral et Gago Coutinho réalisèrent la première traversée de l'Atlantique sud en juin 1922.

Planétarium (Planetário) Calouste-Gulbenkian

Praça do Império - 213 62 00 02 - www.planetario.online.pt - séances jeu. 16h, w.-end 15h - pour les enf. mar., jeu. 14h30, dim. 11h30 - 4 € (enf. 2 €).

1

Vision du ciel étoilé du Portugal, voyage imaginaire à travers les planètes, visite de la Lune, passage par la région polaire avec projections diverses, éclipses de Lune et de Soleil figurent parmi les documents audiovisuels proposés par le planétarium.

★ **Centre culturel** (Centro Cultural) **de Belém**

Praça do Império - ✆ 213 61 24 00 - www.ccb.pt - fermé 25 déc.

En face de l'exubérant monastère des Jerónimos, construit dans le même calcaire brut, cet immense bâtiment, conçu par les architectes Vittorio Gregotti et Manuel Salgado, tranche par son caractère massif et ses lignes sobres. Il joue un rôle de premier plan dans la vie culturelle de Lisbonne et, d'une manière générale, dans celle du pays. L'ensemble (97 000 m^2 !) comprend un centre de congrès, deux salles de spectacle dont un Opéra, ainsi qu'un musée. Le centre culturel présente une programmation variée de spectacles de musique, de théâtre et de danse, et d'importantes expositions. L'ensemble comprend d'agréables jardins, ainsi que plusieurs bars, des boutiques, un restaurant et une cafétéria dont la terrasse donne sur le Tage.

★★ **Musée Berardo** (Museu-Colecção Berardo) - *✆ 213 61 28 78 - www.museuberardo.pt - 10h-19h (sam. jusqu'à 22h) - fermé 25 déc. - gratuit. Accès par le tram 15E, les bus nos 28, 714, 727, 729 ou 751.* Ce musée installé depuis 2007 au cœur du centre culturel présente par rotation une partie de la richissime collection du milliardaire madérien Joe Berardo. Cette collection exceptionnelle d'**art moderne et contemporain** est représentative des principaux mouvements européens et américains du 20e s. et du 21e s. naissant, grâce à des acquisitions permanentes.

À l'entrée, on est accueilli par le *Porte-bouteilles* géant de Marcel Duchamp. Puis, un parcours historique et thématique (abstraction, figuration, surréalisme, Pop Art, hyperréalisme, art minimal, art conceptuel) permet de découvrir des œuvres de Picasso, Dalí *(Téléphone blanc aphrodisiaque)*, Max Ernst, Mondrian, Francis Bacon *(Œdipe et le Sphynx)*, René Magritte, Henry Moore, Man Ray, Jackson Pollock, Andy Warhol *(Ten Foot Flowers)*, Keith Haring… Ce nouveau musée renforce ainsi la vocation culturelle de Lisbonne et lui permet de rivaliser avec les grandes capitales européennes.

Le site accueille également des expositions temporaires d'arts plastiques, d'architecture et de photos, modernes et contemporaines.

Prenez la rua Bartolomeu Dias, puis à gauche l'avenida da Torre de Belém pour traverser la voie ferrée.

Musée des Arts populaires (Museu de Arte popular)

Av. de Brasília - ✆ 213 01 12 82 - www.map.imc-ip.pt - merc.-vend. 10h-18h, w.-end 10h-13h, 14h-18h - fermé 1er janv., dim. de Pâques, 1er Mai et 25 déc. - 2 €, gratuit dim. matin.

Premier musée « moderne » du Portugal, le MAP est aussi l'un des plus anciens, puisqu'il a été inauguré en 1948 dans l'un des pavillons dessinés pour la grande exposition de 1940 sur le monde portugais. Après plusieurs années de fermeture et de massives protestations contre sa disparition annoncée, il a rouvert ses portes au public fin 2010. Au fil du parcours, les cinq grandes régions du pays affirment leur identité propre au travers de leurs artisanats et de leurs traditions : costumes, céramique, vannerie, instruments de musique, mobilier, orfèvrerie, peinture profane et religieuse, etc. Tout aussi importantes que les œuvres exposées, les fresques modernistes qui leur font écho sur les murs des salles dressent un panorama de la peinture portugaise de la première moitié du 20e s., tandis qu'à l'extérieur du bâtiment, des bas-reliefs dépeignent la vie rurale de l'époque. L'ensemble fournit un témoignage d'une certaine vision du Portugal à l'ère salazariste.

★★★ **Tour** (Torre) **de Belém**

Av. de Brasília - ✆ 213 62 00 34 - www.torrebelem.pt - mai-sept. : mar.-dim. 10h-18h30 ; oct.-avr. : mar.-dim. 10h-17h30 (dernière entrée 30mn avant fermeture) - fermé 1er janv., dim. de Pâques, 1er Mai et 25 déc. - 5 €, gratuit dim. et j. fériés 10h-14h. Billet cumulé tour de Bélem + cloître des Hiéronymites, 10 €.

Inscrit au patrimoine mondial de l'Unesco en même temps que le monastère des Hiéronymites, ce lieu de ralliement symbolique, forteresse-joyau dressée tel un émissaire en partance, résume les épopées maritimes portugaises. L'élégante tour manuéline fut bâtie entre 1515 et 1519 au milieu du Tage pour défendre son embouchure et le monastère des Jerónimos. Rapidement obsolète quant à sa fonction militaire défensive, elle servit aussi d'arsenal, de prison, de point de paiement des taxes des navires ou encore de résidence de la capitainerie du port. En raison du déplacement du cours du fleuve au moment du tremblement de terre de 1755, elle se trouve à présent au bord d'une plage.

Il s'agit d'un véritable bijou architectural : la construction romano-gothique est ornée de loggias rappelant Venise, et de dômes qui évoquent le Maroc où avait voyagé son architecte, Francisco de Arruda. À la tour carrée, aménagée pour l'artillerie, est accolée une plate-forme dont les créneaux, décorés d'écussons, portent la croix de l'ordre du Christ. Malgré cette grande diversité de styles, la tour présente une belle harmonie d'ensemble. Sur la terrasse qui devance le donjon se dresse, face à la mer, une élégante statue de Notre-Dame-du-Bon-Succès. La tour compte cinq étages et se termine par une terrasse. Au rez-de-chaussée, on frémit en voyant dans le sol les ouvertures par lesquelles les prisonniers étaient jetés dans des fosses inondées par la marée. Au 3e étage, d'élégants balcons à fenêtres géminées et une magnifique loggia Renaissance, que surmontent les armes du roi Manuel et deux sphères armillaires, viennent adoucir la sévérité originelle de l'ensemble.

Monument des Découvertes (Padrão dos Descobrimentos)

Av. de Brasília - ✆ 213 03 19 50 - www.padraodosdescobrimentos.egeac.pt - mai-sept. : 10h-19h ; oct.-avr. : mar.-dim. 10h-18h (dernière entrée 30mn avant fermeture) - fermé 1er janv., 1er Mai, 25 déc. - 2,50 €.

Haut de 52 m, ce monument à l'esthétique néoréaliste caractéristique des années Salazar fut élevé en 1940 et achevé en 1960 à l'occasion du 500e anniversaire de la mort d'Henri le Navigateur. Œuvre du sculpteur Leopoldo de Almeida, il représente l'immense proue d'un navire sur laquelle l'infant ouvre la voie à une foule de personnages : parmi eux, on reconnaît, sur le flanc droit, le roi Manuel portant une sphère armillaire, Camões tenant un exemplaire des *Lusiades* et le peintre Nuno Gonçalves. À l'intérieur sont présentées des expositions liées aux Grandes Découvertes et plusieurs films. L'un d'entre eux, très intéressant, fait vivre les personnages du fameux paravent japonais de Kano Naizen exposé au musée d'Art antique.

Du sommet du monument *(accès par ascenseur)*, une **vue** s'offre sur le Tage, les monuments de Belém et les quartiers ouest de la ville. De cette hauteur, on peut aussi admirer le dessin de la mosaïque en marbre qui se trouve au pied du monument : une rose des vents de 50 m de diamètre qui rayonne autour d'une mappemonde.

Au pied du monument, un passage souterrain permet de traverser la voie ferrée.

★★ **Musée des Carrosses** (Museu Nacional dos Coches)
Praça Afonso de Albuquerque, à l'angle de la calçada de Ajuda - ✆ 213 61 08 50 - www.museudoscoches.pt - mar.-dim. 10h-18h (dernière entrée 30mn av. fermeture) - fermé 1er janv., dim. de Pâques, 1er Mai et 25 déc. - 5 €, gratuit dim. et j. fériés 10h-14h.
Créé en 1904 par la reine Amália, ce musée occupe l'ancien manège du palais royal de Belém. Une vaste salle surmontée de galeries renferme une somptueuse collection de voitures (carrosses, berlines, litières, etc.). La plus ancienne est la magnifique berline peinte que Philippe II d'Espagne amena de son pays à la fin du 16e s. Les pièces les plus remarquables sont les trois immenses carrosses construits à Rome en 1716 pour l'ambassade du marquis de Fontes, ambassadeur extraordinaire du Portugal auprès du pape Clément XI. Véritables chefs-d'œuvre du baroque italien, ils représentent sous forme d'allégories les découvertes et les conquêtes des Portugais. Le carrosse de Jean V frappe par la beauté des peintures d'Antoine Quillard et les sculptures qui l'ornent. À l'étage sont présentées les collections permanentes (harnais, selles, etc.) et des expositions temporaires liées à l'histoire de Lisbonne. Le déménagement du musée est en projet depuis plusieurs années, afin de libérer le manège royal.

Musée des Présidents de la République (Museu da Presidência da República)
Palácio de Belém, praça Afonso de Albuquerque - ✆ 213 61 46 60 - www.museu.presidencia.pt - mar.-dim. 10h-18h (palais : sam. 10h30-17h30, dim. 14h-16h30) - fermé j. fériés - musée seul : 2,50 €, musée et palais (w.-end) : 5 €, gratuit dim. 10h-14h ; possibilité de visite guidée du palais et des jardins.
Installé dans le palais de Belém, ce musée moderne et multimédia met en lumière l'histoire du Portugal depuis la proclamation de la république en 1910. À travers une belle galerie de portraits, il présente les présidents du pays et l'évolution de leurs fonctions. Un grand nombre de cadeaux offerts aux chefs d'État portugais ainsi que des objets leur ayant appartenu sont également exposés. Films intéressants évoquant l'histoire du pays.

Jardin d'Outre-Mer (Jardim do Ultramar)
Largo dos Jerónimos - ✆ 213 60 96 60 - www2.iict.pt - mai-oct. : lun.-vend. 9h-18h, w.-end 11h-19h, nov.-avr. : 9h-17h, w.-end 10h-17h - fermé j. fériés - 2 €.
Derrière la fameuse pâtisserie de Belém *(voir « Petite pause », p. 190)*, ce jardin de l'Institut d'investigation scientifique tropical fut créé au début du 20e s. pour étudier la flore des anciennes colonies portugaises. Il réunit sur 7 ha palmiers, eucalyptus, ginkgos biloba de Corée, ainsi que de nombreuses essences exotiques de Madère, du Brésil, de l'Angola et du Mozambique, dont certaines sont en voie de disparition. Une odeur entêtante de jasmin y règne au printemps.

AUX ALENTOURS DE BELÉM

★ **Palais** (Palácio) **da Ajuda** Plan I A3
Largo da Ajuda, en haut de la calçada da Ajuda - ✆ 213 63 70 95 - www.pnajuda.imc-ip.pt - tlj sf merc. 10h-17h (dernière entrée 30mn av. fermeture) - fermé 1er janv., dim. de Pâques, 1er Mai et 25 déc. - concerts de musique classique toute l'année - 5 €, gratuit dim. et j. fériés 10h-14h.
Situé sur les hauteurs de Belém, cet ancien palais royal (18e-19e s.), construit après le tremblement de terre mais resté inachevé, fut la résidence des monarques portugais Louis et Maria Pia à partir de 1862.

Le cloître du monastère des Hiéronymites, fleuron de l'architecture manuéline.
R. Mattes/hemis.fr

Il présente sur deux niveaux une succession de salles aux plafonds peints, décorées d'une profusion de mobilier, tapisseries, statues (Machado de Castro), peintures (Domingos Sequeira, Vieira Portuense) et objets décoratifs du 19e s., constituant l'un des ensembles romantiques les plus complets d'Europe. Remarquez le plafond du jardin d'hiver, couvert d'agate. La surprenante salle de Saxe est entièrement décorée de personnages et meubles en porcelaine de Saxe. La chambre et la salle à manger de la reine, emplies d'objets personnels, exhalent une atmosphère intimiste.

Les salles du premier étage sont plus vastes et solennelles (salles du trône, des Ambassadeurs, salle de bal éclairée par trois lustres en cristal). L'atelier de peinture du roi Louis, avec ses meubles en bois doré et sa décoration néo-gothique, est inattendu dans cet ensemble. Le palais abrite certains services du ministère de la Culture.

En haut de la calçada da Ajuda, le **jardin botanique d'Ajuda**, composé d'essences exotiques ramenées par les navigateurs, fut créé à l'initiative du roi José Ier en 1768. Un passage donne accès au romantique **jardin des Dames** (Jardim das Damas) du 18e s., agrémenté de cascades et de bassins, autrefois lieu de promenade des dames de la Cour. *✆ 213 62 25 03 - www.jardimbotanicodajuda.com - tlj 9h-18h (été 20h) - fermé 1er janv. et 25 déc. - 2 €.*

Si vous disposez d'un peu de temps, visitez le quartier populaire d'**Ajuda★**. Situé entre le parc Monsanto et le Tage, il est l'un des plus authentiques de Lisbonne mais demeure méconnu des touristes.

À l'est du largo da Ajuda, autour de la **rua do Guarda Jóias** et de la **rua do Cruzeiro**, subsistent des îlots villageois à l'habitat disparate, où la vie familiale et communautaire est centrée sur une cour ou une ruelle. Ces *páteos* étaient à l'origine des petits quartiers solidaires d'artisans ou d'ouvriers. Remarquez notamment le **páteo Alfacinha** *(R. do Guardo Jóias, 44)*. L'ambiance est généralement à la fête en fin de semaine.

Pour rejoindre le musée d'Ethnologie, prenez la rua do Jardim Botânico qui longe le jardin au sud, puis la rua Gonçalves Zarco et tournez à droite.

Musée national d'Ethnologie (Museu Nacional de Etnologia) Plan I A3
Avenida Ilha da Madeira, Restelo - ✆ 213 04 11 60 - www.mnetnologia-ipmuseus.pt - mar. 14h-18h, merc.-dim. 10h-18h - 3 €, gratuit dim. et j. fériés jusqu'à 14h.
Situé dans le quartier de Restelo, sur les hauteurs de Belém, ce musée traite de la société rurale et traditionnelle portugaise. Il possède également d'importantes collections d'art et d'artisanat en provenance de l'ancien Empire portugais (Angola, Mozambique, Amazonie brésilienne, etc.) : textiles, vannerie, masques, poterie... Expositions temporaires et thématiques.

★ **Centre scientifique et culturel de Macao** (Casa Macau - Centro Científico e Cultural) Plan I A3
À 1,5 km à l'est du monastère dos Jerónimos - r. da Junqueira, 30 - ✆ 213 61 75 70 - www.cccm.pt - mar.-dim. 10h-18h - fermé 1er janv., Vend. saint, dim. de Pâques et 25 déc. - 3 €, gratuit dim. jusqu'à 14h.
Ce centre a été inauguré en novembre 1999, au moment de la rétrocession de Macao à la Chine. Dès la deuxième moitié du 16e s., Macao fut une enclave portugaise en Chine, un trait d'union entre les civilisations d'Occident et d'Asie orientale. Au rez-de-chaussée, le musée retrace de façon vivante et dynamique l'histoire étonnante du contact entre les Portugais et ce port chinois. Admirez la présentation des modèles de navires, notamment le fameux *Nau do Trato*, un navire de charge de longue distance utilisé dans le commerce entre Macao et le Japon.
Le premier étage expose un nombre impressionnant de très belles **céramiques**★★, terres cuites, grès et porcelaines chinoises réunis par le collectionneur António Sagape. Remarquez aussi la panoplie d'objets utilisés par les fumeurs d'opium, ainsi que les étonnantes œuvres d'art chinoises adaptées aux canons occidentaux : laques, éventails, peintures, plats et objets en ivoire. Également une importante collection de monnaies chinoises, de la préhistoire à nos jours. Le musée dispose en outre d'un auditorium et d'une salle polyvalente, d'une petite boutique, d'une cafétéria, ainsi que d'un jardin et d'une terrasse.

Les quartiers modernes du nord

Plans I p. 124-125 et II p. 126-127

Circuit 8 tracé en vert sur le plan I – Comptez une demi-journée avec les visites des musées.
Au nord de la Baixa s'étendent des quartiers modernes et résidentiels, quadrillés de larges avenues. Cette zone abrite aussi une importante activité économique (bureaux, sièges d'entreprises), et la circulation y est importante. S'il n'est guère passionnant de s'y promener, ne manquez pas la magnifique fondation Gulbenkian, que vous pourrez par exemple rejoindre à pied depuis la ville basse, en remontant l'avenida da Liberdade puis le parc Eduardo VII.

AUTOUR DE L'AVENIDA DA LIBERDADE

★ **Avenida da Liberdade** Plan II JK1-2 et Plan I C2-3
Longue de 1 300 m et large de 90 m, cette avenue, la plus majestueuse de Lisbonne, est un axe central qui donne accès aux quartiers modernes et affairés du nord. Agréable à la promenade, son esplanade centrale est ombragée et agrémentée de petits jardins. Les trottoirs sont couverts de mosaïques de calcaire et de basalte. De chaque côté, les immeubles de la fin du 19e s. et les

constructions plus récentes abritent de nombreux hôtels, des agences de voyages, des compagnies d'assurances, des boutiques de luxe, etc. L'avenida da Liberdade est limitée au nord par la **praça do Marquês de Pombal**, surnommée « Rotunda » par les Lisboètes, centre névralgique de Lisbonne où convergent les grandes avenues. Au milieu de cette place circulaire, bordée de grands hôtels, un monument est érigé à la gloire du marquis de Pombal. Les inscriptions sur le piédestal évoquent les principales réalisations de ce grand ministre, à la posture toute monarchique.

Musée (Casa-Museu) **Medeiros e Almeida** Plan I C3 et Plan VIII

R. Rosa Araújo, 41 - M° Marquês de Pombal - ✆ 213 54 78 92 - www.fundacaomedeirosealmeida.pt - lun.-vend. 13h-17h30, sam. 10h-17h30 - fermé 1er janv., Vend. saint, 1er Mai, 24 et 25 déc. - 5 €.

Ce petit manoir (1896) abrite une importante collection d'**arts décoratifs**, constituée par l'homme d'affaires António de Medeiros e Almeida. Des vingt-cinq salles d'exposition, trois sont consacrées à l'argenterie, aux porcelaines chinoises et à l'**horlogerie**. Les autres pièces sont richement ornées de mobilier français ou indo-portugais, peintures, tapisseries, azulejos, etc. La fondation organise aussi des expositions temporaires.

Si vous êtes dans le quartier, profitez-en pour faire un tour à la **cinémathèque** portugaise *(rua Barata Salgueiro, la parallèle à la rue du musée; voir « Cinémathèque », p. 194).*

1

★ **Parc** (Parque) **Eduardo VII** Plan I C2

M° Parque, Marquês de Pombal ou São Sebastião - ✆ 213 88 22 78 - été : 9h-18h ; reste de l'année : 9h-17h - fermé 1er janv., 25 avr., 1er Mai et 25 déc. - gratuit.

Cet élégant parc à la française couronne l'avenida da Liberdade, offrant une magnifique **perspective**★ sur la ville basse et le Tage qu'encadrent les collines du château São Jorge et du Bairro Alto.

Dans l'angle nord-ouest se trouvent trois serres *(9h-17h30, 2 €)* où s'épanouissent d'innombrables plantes exotiques, au bord de bassins poissonneux et de fraîches cascades. Dans la **serre froide**★★ *(estufa fria)*, très agréable en été, la brise circule à travers une toiture japonaise en lattes de bois. Plus petite, la **serre chaude** *(estufa quente)* présente des plantes semi-tropicales dans leur climat ambiant, et la troisième serre renferme des cactées géantes.

Musée (Casa-Museu) **Anastácio Gonçalves** Plan I C2

Avenida 5 de Outubro, 6-8 (au niveau du M° Saldanha) - ✆ 213 54 08 23 - www.cmag-ipmuseus.pt - mar. 14h-18h, merc.-dim. 10h-18h - fermé 1er janv., dim. de Pâques, 1er Mai et 25 déc. - visites guidées en français. (réserv. conseillée) - 3 €, gratuit dim. et j. fériés 10h-14h.

Ce musée est installé dans deux villas ayant appartenu au peintre José Malhoa, et plus tard au Dr Anastácio Gonçalves, grand amateur d'art et ami de Gulbenkian (*voir encadré p. 164*). L'endroit accueille des expositions temporaires, généralement consacrées aux peintres portugais du début du 20e s., et une collection permanente constituée de porcelaines de Chine anciennes, de mobilier, de textiles et de joaillerie.

FONDATION CALOUSTE-GULBENKIAN Plan I C2

Avenida da Berna, 45 (au nord du parc Eduardo VII). M° São Sebastião - praça da Espanha. Créée en 1956, cette institution privée distribue de nombreuses bourses à de jeunes artistes, finance des recherches scientifiques et organise des expositions, des spectacles de danse et des concerts de très grande qualité *(programme sur place ou sur www.musica.gulbenkian.pt)*. Elle possède deux délégations, à Londres et à Paris.

Entourée de beaux jardins paysagers, la fondation comprend le musée Gulbenkian, le Centre d'art moderne, quatre amphithéâtres polyvalents dont un en plein air, une zone de congrès, deux grandes galeries d'expositions et une bibliothèque d'art (170 000 volumes).

★★★ **Musée** (Museu) **Calouste-Gulbenkian** Plan I C2

☏ 217 82 30 00 - www.museu.gulbenkian.pt - mar.-dim. 10h-17h45 - fermé 1er janv., dim. de Pâques, 1er Mai et 25 déc. - 4 €, billet combiné avec le Centre d'art moderne José de Azeredo Perdigão 7 €, audioguide en français 4 €.

Ce musée, aux vastes salles très aérées donnant sur des jardins, a été conçu pour recevoir les collections de Gulbenkian, constituées de pièces de grande valeur et particulièrement riches en arts d'Orient et d'Europe. Le niveau inférieur accueille des expositions temporaires d'art contemporain.

Art antique – La collection comprend des objets égyptiens (coupe d'albâtre vieille de 2 700 ans, statuette en pierre du « juge Bes », barque solaire en bronze et masque de momie en argent doré de la XXXe dynastie), gréco-romains (superbe cratère attique du 5e s. av. J.-C., bijoux, tête de femme attribuée à Phidias, objets romains en verre irisé, magnifique collection de monnaies en or et en argent) et mésopotamiens (stèle assyrienne du 9e s. av. J.-C., urne parthe).

Art oriental – Céramiques et tapis sont les fleurons de la vaste section orientale. En majorité persans, les fastueux tapis des 16e et 17e s., en laine ou en soie, voisinent avec de chatoyants velours de Brousse (Turquie) datant de la même période. Les céramiques (12e au 18e s.), les costumes en soie et les lampes de mosquée d'Alep évoquent par leur raffinement l'univers des miniatures persanes.

Dans cette section, admirez aussi les recueils poétiques exposés par roulement, les corans et les manuscrits arméniens.

« MONSIEUR 5 % »

Calouste Gulbenkian (1869-1955), Arménien né à Istanbul, était surnommé ainsi en raison du pourcentage qui représentait sa part des bénéfices de l'Irak Petroleum Company. Richissime, philanthrope et grand amateur d'art, il devint Lisboète à partir de 1942. En quatre décennies, il réunit une collection remarquable et éclectique, et fit don au Portugal de son immense fortune qui servit à créer la fondation Calouste-Gulbenkian.

Art d'Extrême-Orient – La Chine est représentée par de magnifiques porcelaines (bol taoïste du 14e s., vase aux Cent Oiseaux du 17e s., sceptre et support de coiffeuse en porcelaine blanche) et des « pierres dures » (coupe en néphrite verte du 18e s.), et le Japon par des estampes et des laques des 18e et 19e s.

Art européen – Cette section s'ouvre sur l'**art religieux médiéval**, avec des pièces en ivoire d'une extrême délicatesse, des manuscrits enluminés et des livres d'heures.

La visite se poursuit avec la **peinture et la sculpture des 15e, 16e et 17e s.**, l'un des premiers tableaux acquis par Gulbenkian étant la *Présentation au Temple* de l'Allemand **Stephan Lochner**. Les Flamands et les Hollandais sont à l'honneur avec des toiles maîtresses et remarquables telles le *Saint Joseph* de **Van der Weyden**, *L'Annonciation* de **Thierry Bouts**, la *Figure de vieillard* de **Rembrandt** ou le *Portrait d'Hélène Fourment* par **Rubens**. De l'école italienne, on retiendra un ravissant *Portrait d'une jeune femme* attribué à **Ghirlandaio**.

Les salles suivantes sont essentiellement consacrées **aux arts décoratifs** et à la **peinture française du 18e s.** : meubles (luxueuses réalisations de Cressent, Jacob, Œben, Riesener, Garnier, Carlin), tapisseries, dont la très belle série *Jeux d'enfants* exécutée à Ferrare d'après des cartons attribués à Jules Romain, et orfèvrerie (chefs-d'œuvre d'argenterie de table créés par A. Durand et F.-T. Germain).

L'école française du 18e s., célèbre pour ses portraits et ses évocations de fêtes, est ici illustrée par **Hubert Robert** *(Scènes dans les jardins de Versailles)*, **Maurice Quentin de La Tour** (*Portrait de Melle Sallé* et *Portrait de Duval de l'Épinoy*) et **Nicolas de Largillière** *(Portrait de M. et Mme Thomas Germain)*. Parmi les sculptures, admirez l'altière *Diane* en marbre blanc de Houdon.

La peinture du 18e s. est aussi représentée par des œuvres anglaises de **Gainsborough** *(Portrait de Mrs Lowndes-Stone)*, **Romney** *(Portrait de Miss Constable)*, **Turner** *(Quillebœuf à l'embouchure de la Seine)* et **Thomas Lawrence**.

Une salle consacrée à Guardi illustre la vie et les fêtes à Venise.

Le 19e s. français est évoqué par les nombreuses toiles de **Corot** *(Le Pont de Mantes, La Saulaie)*, **Henri Fantin-Latour** *(La Lecture)*, les impressionnistes **Manet** *(Le Garçon aux cerises, Le Souffleur de bulles)*, **Monet** *(Les Bateaux)*, **Degas** *(Autoportrait)*, **Renoir** *(Portrait de Mme Claude Monet)*, ainsi qu'un bel ensemble de bronzes *(Le Printemps)* et de marbres *(Les Bénédictions)* de **Rodin**.

La dernière salle abrite une extraordinaire collection de pièces Art nouveau du décorateur français **René Lalique** (1860-1945), ami personnel de Gulbenkian.

1

★★ Centre d'art moderne (Centro de Arte Moderna) José de Azeredo Perdigão Plan I C2

R. Dr Nicolau de Bettencourt - ✆ 217 82 34 74 - www.camjap.gulbenkian.pt - mar.-dim. 10h-18h - fermé 1er janv., dim. de Pâques, 1er Mai et 25 déc. - 4 €, billet combiné avec le musée Calouste-Gulbenkian 7 €, gratuit dim.

Les fenêtres s'ouvrent sur le jardin, et la végétation semble incorporée aux volumes de ce bâtiment dessiné en 1983 par l'architecte Leslie Martin. Le centre abrite une collection très importante d'art moderne (depuis 1910) et contemporain portugais, avec notamment les œuvres des peintres Amadeo de Souza-Cardoso, Eduardo Viana, José de Almada Negreiros, Maria Helena Vieira da Silva et Júlio Pomar. L'espace, relativement restreint, impose un roulement dans la présentation des toiles. Cinq salles sont aussi consacrées aux œuvres de vidéastes. Les **jardins** sont agrémentés de sculptures, dont *Femme allongée* de **Henry Moore**.

LES QUARTIERS D'AFFAIRES : CAMPO PEQUENO ET CAMPO GRANDE Plan I C1-2

Praça de Touros Plan I C2

Av. da República, Mo Campo Pequeno. Les **arènes** du Campo Pequeno, habillées de brique rouge, furent bâties au début des années 1890 dans un style néo-mauresque (dômes à bulbes, arcs outrepassés et croissants de lune). Après une période de travaux, elles accueillent à nouveau des *touradas* *(voir « Spectacles », p. 193)*. Face aux arènes, la **bibliothèque municipale** est installée dans le palais Galveias du 16e s.

Musée de la Ville (Museu da Cidade) Plan I C1

Campo Grande, 245 - Mo Campo Grande - ✆ 217 51 32 00 - www.museudacidade.pt - mar.-dim. 10h-13h, 14h-18h - fermé j. fériés - 2 €, gratuit dim. matin.

En haut du Jardim do Campo Grande, au voisinage fâcheux d'un échangeur autoroutier, le **musée de la Ville** occupe le palais Pimenta, élégant édifice construit au 18e s. sous le règne fastueux de Jean V. L'histoire de Lisbonne est évoquée par des vestiges romains, wisigothiques, arabes et médiévaux. De nombreux blasons arborent l'emblème de la ville, la caravelle (transportant le corps de saint Vincent) guidée par les corbeaux. Une maquette reconstitue Lisbonne au début du 18e s. avant le tremblement de terre, et des azulejos figurent le Terreiro do Paço avant la disparition du palais royal. La cuisine est ornée d'azulejos rustiques. Au premier étage sont exposées des faïences et des gravures représentant Lisbonne. Remarquez la célèbre toile de Malhoa, *Le Fado*.

Musée (Museu) **Rafael Bordalo Pinheiro** Plan I C1

Campo Grande, 382 - M° Campo Grande - ✆ 218 17 06 67 - www.museubordalopinheiro.pt - mar.-dim. 10h-18h, fermé j. fériés - 1,50 €, gratuit dim. matin.

Située de l'autre côté du Campo Grande, cette maison rassemble des dessins, des caricatures et surtout des **faïences★** de Rafael Bordalo Pinheiro (1846-1905), artiste prolifique qui, avec son frère, fut très présent dans la vie artistique de la fin du 19e s. On lui doit entre autres le grand succès de la fabrique de faïence de Caldas da Rainha *(voir p. 249)* où il réalisa des azulejos Art nouveau.

Les quartiers ouest Plans VIII p. 167 et I p. 124-125

▶ *Circuit 9 tracé en vert sur le plan VIII – Vous pouvez le suivre dans le prolongement du circuit 3 (Bairro Alto) décrit p. 136. Dans ce cas, commencez par le Jardin botanique.*

LES QUARTIERS DE MADRAGOA ET ESTRELA Plan VIII

À l'ouest du Bairro Alto jusqu'à la basilique d'Estrela s'étendent ces quartiers moins connus des touristes. Pourtant il fait bon flâner au hasard de ces *bairros* vallonnés, pleins de charme, de recoins et de surprises. Les immeubles, hétéroclites, sont souvent délabrés mais progressivement rénovés. La première communauté cap-verdienne s'était établie dans le quartier de Madragoa, au pied de São Bento, autour du largo do Conde Barão et de la **rua Poço dos Negros** (le « puits des Nègres » qui servit de fosse commune aux esclaves des 16e et 17e s.), mais ses membres partent désormais vivre en banlieue.

★ **Casa Fernando Pessoa** Plan VIII E

R. Coelho da Rocha, 16-18, Campo de Ourique - ✆ 213 96 81 90 - www.casafernandopessoa.com - lun.-merc., vend. 10h-18h, jeu. 13h-20h - fermé j. fériés - gratuit.

Les admirateurs du poète, écrivain et merveilleux fabulateur **Fernando Pessoa** ne manqueront pas de visiter cette maison, située dans le quartier résidentiel **Campo de Ourique**. C'est dans une de ses chambres que le plus mythique des Lisboètes vécut les quinze dernières années de sa vie (1920-1935). Le lieu, aéré et composé de beaux volumes, a été totalement réaménagé dans un style moderne et fonctionnel. Les œuvres, les archives et d'émouvants objets ayant appartenu à l'écrivain (lunettes, carte d'identité, livres personnels, machine à écrire, etc.) y sont rassemblés. Lieu de recherche dédié à l'œuvre de Pessoa et à sa promotion, cette maison abrite aussi une librairie remarquable consacrée à la poésie portugaise et étrangère, et un petit lieu d'exposition accueillant peintures, sculptures, installations vidéo ou performances. À l'extérieur, les couloirs

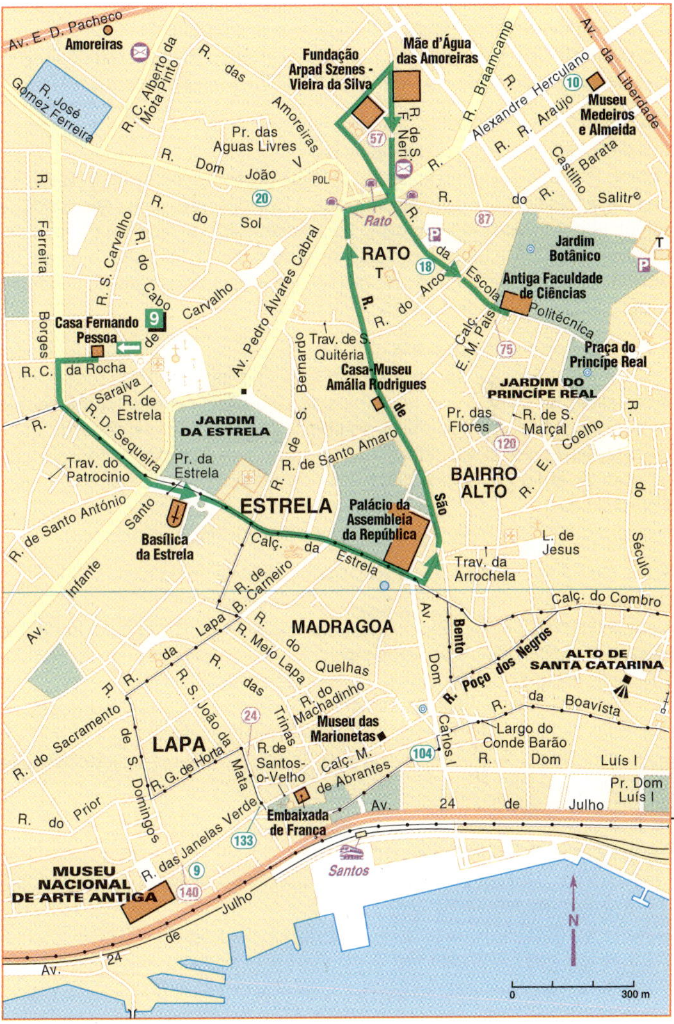

LISBOA
RATO-ESTRELA-LAPA
plan VIII

SE LOGER

- As Janelas Verdes.......... 9
- Casa de S. Mamede....... 18
- Pensão Brasilia.............. 10
- Residencial Dinastia....... 20
- Residencial Maná.......... 104
- York House.................. 133

SE RESTAURER

- Armazém da Cachaça..... 24
- Casa da Comida........... 57
- Comida de Santo........... 75
- Os Tibetanos................. 87
- Pão de Canela.............. 120
- Picanha........................ 140

sont tapissés des poèmes et horoscopes des différents hétéronymes de l'auteur, qui était aussi un spécialiste en sciences occultes ! Dans l'agréable cour, la terrasse du restaurant jouxte un bassin où évolue une famille de tortues.

En sortant de la Casa Fernando Pessoa, prenez à droite, puis la première à gauche. Au carrefour, descendez la rua Domingos Sequeira jusqu'à la praça da Estrela.

★ Basilique da Estrela Plan VIII E

Praça da Estrela - terminus du tramway 28E.

Ce blanc sanctuaire un peu solennel fut bâti à la toute fin du 18e s., selon les vœux de la très conservatrice reine Maria, à une époque où le style baroque était largement dépassé. La croisée du transept est surmontée d'une belle **coupole★** que coiffe un lanternon. À l'intérieur, dans une pièce à droite du maître-autel, figure une imposante crèche, aux personnages grandeur nature, sculptée par Machado de Castro.

★★ Jardin (Jardim) da Estrela Plan VIII E

Face à la basilique, ce jardin de quartier créé en pleine époque romantique est l'un des plus paisibles et agréables de Lisbonne, avec ses nombreuses essences exotiques, ses animaux en liberté (paons, cygnes, canards, etc.), ses fontaines et ses grottes artificielles. Le jardin dispose en outre d'aires de jeux pour les enfants, d'une petite bibliothèque et d'une buvette ombragée, au bord du bassin.

En sortant du jardin, prenez la calçada da Estrela qui longe le Parlement.

Palais de l'Assemblée de la République (Palácio da Assembleia da República) Plan VIII E

En bas de la **rua São Bento**, l'ancien et massif couvent bénédictin de São Bento abrite le Parlement portugais avec, au-dessus, la résidence du Premier ministre. Jetez un coup d'œil au grand escalier de façade et aux arches ornées des statues des Vertus. À l'intérieur *(visite sur autorisation, un samedi par mois)*, la salle des Pas-Perdus est décorée de nombreuses sculptures.

Sur le côté droit du palais, la rua São Bento concentre des **boutiques d'antiquaires★**.

Prenez à gauche la rua São Bento.

Musée (Casa-Museu) Amália Rodrigues Plan VIII E

R. de São Bento, 193 - ✆ 213 97 18 96 - mar.-dim. 10h-18h (dernière entrée 30mn av. fermeture) - fermé j. fériés - 5 €.

Deux ans après la mort de la reine du fado Amália Rodrigues (1920-1999) et quelques jours après le transfert de sa dépouille au Panthéon national *(voir p. 146)*, la maison où elle vécut la majeure partie de sa vie fut transformée en musée, selon sa propre volonté. La disposition des objets a peu changé, et la maison paraît encore habitée par la diva, avec ses tableaux, portraits, instruments de musique, médailles et décorations, robes de scène, bijoux, etc. Dans la salle à manger, la table est mise et semble prête à accueillir des invités. Boutique au rez-de-chaussée. Les recettes sont en grande partie reversées à des institutions de charité.

La rua São Bento remonte jusqu'au Rato et se prolonge ensuite vers les Amoreiras.

LES AMOREIRAS Plan VIII

Le quartier des Amoreiras, situé au nord du Rato, est dominé par les **tours des Amoreiras**, conçues par l'architecte Tomás Taveira et achevées en 1983. Longtemps décriés, ces trois édifices postmodernes habillés de verre et de plaques de marbre, dans les tons roses, gris et bleus, abritent des bureaux,

Azulejos et Renaissance italienne dans les jardins du palais des marquis de Fronteira.
Ph. Renault/hemis.fr

1

des appartements de luxe et un immense centre commercial, l'Amoreiras Shopping Center *(voir « Achats », p. 195)*.

★ Fondation (Fundação) Arpad Szenes-Vieira da Silva Plan VIII E

Praça das Amoreiras, 56/58 - ✆ 213 88 00 44 - www.fasvs.pt - tlj sf mar. 10h-18h - fermé j. fériés - 3 €, gratuit dim. 10h-14h.

Le nom *amoreiras* (mûriers) évoque les arbres qui existaient ici pour l'élevage des vers à soie destinés à l'ancienne fabrique de soieries, abritant désormais la fondation Arpad Szenes-Vieira da Silva. Situé en bordure de l'ombragée praça das Amoreiras, où se dressent les arcs de l'aqueduc des Eaux-Libres, ce bel édifice du 18e s. a été réaménagé avec sobriété et élégance par l'architecte Sommer Ribeiro. **Maria Helena Vieira da Silva** (1908-1992), qui vécut une grande partie de sa vie à Paris avec son mari, l'artiste hongrois Arpad Szenes, est le peintre portugais le plus célèbre du 20e s.

Le musée présente une belle collection d'œuvres des deux artistes, fruit de donations et de dépôts de collectionneurs et d'institutions ; il organise aussi des expositions temporaires consacrées à des artistes qui étaient liés aux deux peintres.

Mãe d'Água das Amoreiras Plan VIII E

Praça das Amoreiras - ✆ 218 10 02 15 - http://museudaagua.epal.pt - lun.-sam. 10h-18h - fermé j. fériés - 2,50 €, gratuit 22 mars, 18 mai, 1er et 5 juin, 1er oct.

Ce bâtiment achevé en 1746 abrite un réservoir qui recueille les eaux amenées par l'aqueduc *(voir ci-après et « Museu da Água da EPAL », p. 147)*. À l'intérieur se trouvent une cascade et l'**arche des Eaux**★ (Arca da Água), d'une profondeur de 7 m et d'une capacité de 5 500 m^3. Au sommet de l'édifice, la terrasse offre une **vue**★ panoramique sur la ville.

À côté, la maison de registre, où étaient enregistrés les niveaux de l'eau qui partait vers les fontaines de la ville, sert aujourd'hui de cadre à des expositions et des concerts.

Descendez la rua de S. F. Neri, puis, dans son prolongement, la rua da Escola Politécnica.

★ **Jardin botanique** (Jardim Botânico) Plan VIII E

Entrée par la rua da Escola Politécnica 58 ou par la rua da Alegria (sf w.-end) - ✆ 213 92 18 00 - www.jb.ul.pt - été : 9h-20h, w.-end et j. fériés 10h-20h ; reste de l'année : 9h-18h, w.-end et j. fériés 10h-18h - fermé 1er janv. et 25 déc. - 1,50 €.

Ce vénérable jardin qui s'étend à flanc de coteau à proximité de l'avenida da Liberdade dépend de l'Académie des sciences. Fondé en 1873 dans un but scientifique, il est l'un des plus réputés d'Europe pour sa flore subtropicale. Havre de paix dans un quartier animé, idéal pour pique-niquer, il offre de belles promenades le long de l'allée principale bordée de majestueux palmiers.

Au sud du jardin, la praça do Príncipe Real marque la fin de notre circuit dans le Bairro Alto (voir p. 138).

★ **Aqueduc des Eaux-Libres** (Aqueduto das Águas Livres) Plan I B2

Calçada da Quintinha, 6 (Campolide) - prenez le bus n° 702 à Praça Marquês de Pombal en dir. de Serafina et descendez à C. Mestres - ✆ 218 10 02 15 - http://museudaagua.epal.pt/museudaagua/ - mars-nov. : lun.-sam. 10h-18h - fermé j. fériés - gratuit.

Commencé en 1732 et achevé seulement 100 ans plus tard, en 1834, cet aqueduc mesure plus de 58 km avec ses ramifications : 35 arches enjambent la vallée d'Alcântara, la plus grande atteignant 65 m de haut pour 29 m de large. On peut en sillonner une portion dans le quartier situé au-dessus des Amoreiras, à Campolide.

LAPA Plan VIII

Calme, chic et romantique, avec ses massifs de bougainvilliers débordant des murets, le quartier de Lapa, qui s'étend entre le Tage et Estrela, est lui aussi très vallonné. Il abrite de nombreuses ambassades, de vieilles résidences de l'aristocratie aux façades ornées d'azulejos, et quelques luxueux hôtels.

★★★ **Musée d'Art ancien** (Museu Nacional de Arte Antiga) Plan VIII F

Comptez au moins 2h. R. das Janelas Verdes, 9 (de Cais do Sodré, prenez les tramways 15E et 18E ou les bus nos 28, 727, 713 et 760) - ✆ 213 91 28 00 - www.mnarteantiga.pt - mar. 14h-18h, merc.-dim. 10h-18h - fermé 1er janv., dim. de Pâques, 1er Mai et 25 déc. - 5 €, gratuit dim. jusqu'à 14h.

À l'extrémité sud du quartier de Lapa, dominant les docks et le Tage, le musée d'Art ancien est installé dans le palais des comtes d'Alvor (17e s.), qui devint par la suite propriété du marquis de Pombal, et dans une annexe moderne construite en 1940. Il possède une remarquable collection d'œuvres d'art provenant en partie de la confiscation des biens des couvents, au moment de la suppression des ordres religieux en 1833. Ces collections, qui réunissent des peintures, sculptures, arts décoratifs du 12e s. au début du 19e s., sont étroitement liées à l'histoire du Portugal : artistes portugais, peintres européens ayant vécu ou séjourné au Portugal, objets provenant des anciennes colonies portugaises.

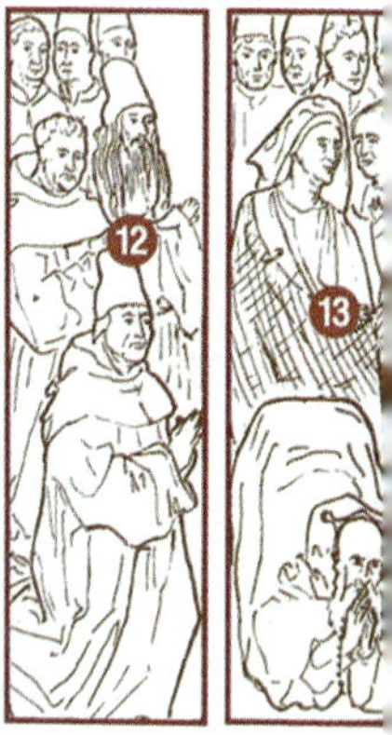

⑫ Moines cisterciens d'Alcobaça
⑬ Pêcheurs et pilotes

À l'entrée du musée, la **chapelle★** de l'ancien couvent des carmes Santo Alberto *(fermée pour rénovation)* est remarquable par ses bois dorés et ses azulejos du 16e au 18e s.

Au rez-de-chaussée, l'**Annonciation★** de Frei Carlos (1523) est un chef-d'œuvre, remarquable illustration de la peinture luso-flamande qui s'est développée durant cette période d'échanges intenses : flamande dans la façon de traiter les personnages, mais originale par la composition. Parmi les autres œuvres portugaises, citons le *Triptyque de Cook* de Grão Vasco et *Le Retable de Santa Auta* : provenant du couvent de Madre de Deus, ce dernier est un témoignage non signé sur l'arrivée au Portugal des reliques de sainte Auta, offertes par l'empereur Maximilien à sa cousine, la reine Dona Leonor, en 1509.

Parmi les peintures des autres écoles européennes se détache la fascinante **Tentation de saint Antoine★★★** de Jérôme Bosch, œuvre de maturité où grouillent dans un décor infernal des êtres hybrides et oniriques mêlés à des représentations de faune, de flore et de figures humaines. Également : une ravissante Vierge à l'Enfant de Hans Memling, un saint Jérôme par Dürer, *La Vierge, l'Enfant et les Saints* par Hans Holbein le Vieux. Une salle abrite des portraits des **douze apôtres★** dont sept de Zurbarán.

Au 1er étage, une salle est consacrée aux précieux **paravents japonais★★** illustrant l'arrivée des Portugais sur l'île de Tanegashima en 1543 (*voir « Les Grandes Découvertes », p. 98*). Les Japonais appelaient les Portugais les *Nambanajin* (Barbares du Sud), et cet art est qualifié d'art *namban*. Chaque paravent, constitué de six panneaux articulés, est un magnifique document sur la vision des Japonais fascinés par les longs nez des Portugais, leurs grosses moustaches, leurs pantalons bouffants et la peau noire de certains marins. Les deux paravents attribués à Kano Domi illustrent le débarquement des marchandises et le cortège des Portugais apportant des cadeaux dans les rues de Nagasaki. Les deux autres, attribués à Kano Naizen, évoquent le départ de Goa et l'arrivée au Japon ; l'auteur japonais, ignorant tout de l'Inde, y a représenté une architecture chinoise.

Le fleuron de la riche collection d'orfèvrerie et d'argenterie du musée est l'**ostensoir du monastère de Belém** (1506), attribué à Gil Vicente, qui aurait été exécuté avec l'or rapporté des Indes par Vasco de Gama. Remarquez aussi

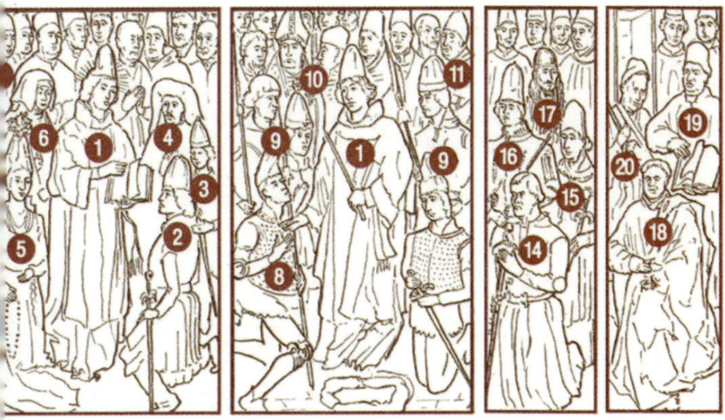

Saint Vincent
Le roi Alphonse V
Le prince Jean, futur Jean II
L'infant Henri le Navigateur
La reine Isabelle
Isabelle d'Aragon, sa mère
Nuno Gonçalves

1 Saint Vincent
8 Le prince Ferdinand
9 Chevaliers
10 L'archevêque de Lisbonne entouré de deux chanoines
11 Le chroniqueur Gomes Eanes de Azurara

14 Fernando, 2e duc de Bragance
15 Fernando, son fils aîné
16 João, son fils cadet
17 Chevalier maure
18 Ecclésiastique présentant l'os du crâne de Saint Vincent
19 Juif
20 Mendiant devant le cercueil du Saint

Le polyptyque de l'Adoration de saint Vincent.

les précieux coffrets indo-européens du 16e s., le riche ensemble de mobilier, de tapisseries et de tapis anciens d'Arraiolos.

La principale richesse du musée d'Art ancien est la collection de primitifs portugais avec, pour pièce maîtresse, le célèbre polyptyque de l'**Adoration de saint Vincent★★★**, peint entre 1460 et 1470 par Nuno Gonçalves *(2e étage)*. Les panneaux de ce polyptyque, dont on ignorait totalement l'existence, furent découverts en 1882 dans les combles du monastère São Vicente de Fora ; ils constituent un précieux document sur la société portugaise de l'époque. On y reconnaît, autour de saint Vincent, patron du Portugal, différents groupes sociaux : princes, prélats, chevaliers, moines et marins. L'exécution est remarquable par le flamboiement des couleurs et le réalisme des expressions. Sa facture évoque l'art de la tapisserie du 15e s.

Bon à savoir – Le musée dispose d'une boutique, d'une petite cafétéria qui s'ouvre sur les jardins et la très belle **terrasse★★** surplombant le Tage, et d'un restaurant installé dans un agréable patio.

Musée des Marionnettes (Museu das Marionetas) Plan VIII F

Convento das Bernardas - r. da Esperança, 146 - ✆ 213 94 28 10 - www.museudamarioneta.pt - mar.-dim. 10h-13h, 14h-18h - fermé 1er janv., 1er Mai et 25 déc. - 4 € (enf. 2,50 €), gratuit dim. matin.

Installé dans un couvent cistercien, ce musée expose des marionnettes traditionnelles réalisées par la compagnie de São Lourenço et quelques modèles anciens. Activités pour les enfants tous les jours en anglais et en français *(réserv. obligatoire)*.

Plus à l'ouest encore s'étend le quartier d'Alcântara, coincé entre les docks réaménagés *(voir p. 149)* et les échangeurs routiers au niveau du pont du 25-Avril.

EN S'ÉLOIGNANT DU CENTRE Plan I

★★★ **Palais des marquis de Fronteira** (Palácio dos Marqueses de Fronteira) Plan I AB2

Au nord-ouest. Largo São Domingos de Benfica, 1 - du Mo Jardim Zoológico, longez le zoo à gauche de l'entrée, prenez l'estrada de Benfica, puis la rua das Furnas (1re à gauche) et la passerelle sur la voie ferrée (15-20mn à pied) - ✆ 217 78 20 23 - visite guidée (45mn) juin-sept. : lun.-sam. 10h30, 11h, 11h30 et 12h ; oct.-mai : lun.-sam. 11h et 12h - fermé j. fériés - 7,50 € (jardin : 3 €).

Ce palais, situé en lisière nord du parc de Monsanto *(voir ci-après)* près de Benfica, fut construit à la demande de João de Mascarenhas, premier marquis de Fronteira, vers 1670.

L'ancien pavillon de chasse en pleine nature, désormais cerné par l'urbanisation, est toujours habité par le 12e marquis de Fronteira. Bien qu'influencé par la Renaissance italienne, c'est l'un des plus beaux exemples d'architecture aristocratique portugaise. Il se distingue notamment par la qualité exceptionnelle et la diversité de style de ses panneaux d'**azulejos★★★** du 17e s. À l'intérieur du palais, ceux de la salle des Batailles évoquent en détail les grands épisodes de la guerre de Restauration où s'illustra le premier marquis de Fronteira ; la salle à manger est ornée de carreaux de Delft (17e s.), les premiers à avoir été importés.

Terrasses et jardins forment un labyrinthe enchanté. Pas un pan de mur, pas un banc, pas un bassin n'est vierge : les petits carreaux de faïence vernie ont envahi chaque surface plane, jusque dans les grottes profondes incrustées de coquillages et de porcelaines de Chine. Ces azulejos dessinent des tableaux rustiques avec la représentation des saisons et des travaux des champs, ou des scènes grandioses et solennelles comme les douze cavaliers de la galerie des Rois *(sur la terrasse en surplomb)* se reflétant dans les eaux du bassin. Astres, divinités naïves ou figures du zodiaque sont aussi représentés, ainsi qu'un surprenant bestiaire plein d'humour où des singes enseignent la musique à des chats empotés.

★ **Parc** (Parque Florestal) **de Monsanto** Plan I AB2-3

Au nord-ouest - accueil Monsanto Estrada do Barcal - Monte das Perdizes - ✆ 218 17 02 00 - été : mar.-vend. 9h30-17h, sam. 9h30-18h30, dim. 14h-18h ; hiver : mar.-sam. 9h30-17h, dim. 14h-17h - accès par les bus n°s 711, 714 et 723 .

Poumon vert de Lisbonne, ce parc de 900 ha, très boisé (pins et chênes) et accidenté, se visite surtout en voiture. Il est sillonné de routes offrant des **vues★** panoramiques sur Lisbonne, en particulier depuis le belvédère de Monsanto.

Monsanto abrite plusieurs parcs qui font le bonheur des plus petits. Parmi eux, le **Parque Alvito** comprend des aires de jeux pour enfants de 3 à 14 ans et deux piscines, dont une ouverte au public de juillet à septembre. *Zone sud du parc, accès par Alcântara, bus n° 724 - ✆ 213 63 59 40 - avr.-sept. : 9h-20h ; oct.-mars : 9h-18h.* Le **Parque dos Índios**, conçu pour les enfants de 4 à 12 ans, est l'un des plus fréquentés de Lisbonne. *Alto da Serafina, bus n° 70 - ✆ 217 74 30 21 - avr.-sept. : 9h-20h ; oct.-mai : 9h-18h.*

1

★★ **Jardin zoologique** (Jardim Zoológico) Plan I B1-2

Estrada de Benfica, 158 - M° Jardim Zoológico. Pour une vision générale, un téléphérique effectue le tour du parc (20mn) ; un petit train passe par les principaux endroits (15mn) - ✆ 217 23 29 00 - www.zoo.pt - avr.-sept. : 10h-20h ; oct.-mars : 10h-18h (dernière entrée 1h15 av. fermeture) - 17 € (enf. 12,50 €).

Ce site est à la fois un très beau jardin, un zoo et un parc de loisirs. Il est aménagé sur les 26 ha du parc das Laranjeiras, qui incluait le palais rose des comtes de Farrobo, visible à droite de l'entrée. La partie inférieure du parc est plantée d'une belle roseraie et de fleurs de diverses origines. Elle accueille aussi les enclos abritant quelque 2 500 animaux, dont de nombreuses espèces exotiques. La vedette du zoo est un éléphant qui sonne une cloche avec sa trompe quand on lui donne une pièce. Les hôtes les plus rares sont un couple de pandas et de rhinocéros blancs d'Afrique du Sud. À heures fixes, des animations mettent en scène perroquets, reptiles ou pélicans. Le **delphinarium**, très coloré, est visible uniquement durant les spectacles. Expositions temporaires. Aires de pique-nique *(aldeia das merendas)* et restaurant-grill.

Le **Museu das Crianças** (musée des Enfants), établi dans le jardin zoologique, propose des jeux pédagogiques interactifs pour enfants de 4 à 13 ans. *Près de l'entrée principale - ✆ 217 26 80 82 - www.museudascriancas.eu - w.-end et j. fériés 10h-18h - 4,50 €.*

★ **Musée de la Musique** (Museu da Música) Plan I B1

M° Alto dos Moinhos - ✆ 217 71 09 90 - www.museudamusica.imc-ip.pt - mar.-sam. 10h-18h - 2 €, gratuit j. fériés 10h-14h.

Situé à l'intérieur de la station de métro Alto dos Moinhos, ce musée, équipé de bornes interactives, expose une importante collection d'instruments et de publications sur la musique du 16e au 20e s., dont un ensemble de clavecins baroques et de nombreux instruments à cordes et à vent. Des concerts y sont également organisés.

★ **Musées du Costume et du Théâtre** Plan I B1
Au M° Lumiar, prenez l'estrada do Torre, puis à droite la rua do Lumiar. Tournez à gauche, et franchissez le large boulevard vers la gauche.
Dans le vaste jardin botanique de la **Quinta de Monteiro-Mor**, que longe la estrada do Lumiar bordée de part et d'autre de belles propriétés, deux palais ont été aménagés pour abriter l'un le musée du Costume, l'autre le musée du Théâtre. Près du musée du Costume, un pavillon sert de cadre à un agréable restaurant.
Jardin botanique de Monteiro-Mor – *℘ 217 56 76 20 - mar. 14h-18h, merc.-dim. 10h-18h - fermé 1er janv., dim. de Pâques, 1er Mai et 25 déc. - 2 €, gratuit dim. et j. fériés 10h-14h.* En contrebas du palais, ce jardin séduit par la variété des espèces exotiques, ses bassins et son côté sauvage accentué par les reliefs. Un jardin de sculptures accueille les créations de quatre artistes contemporains. C'est un lieu agréable pour pique-niquer.
★ **Musée national du Costume** (Museu Nacional do Traje) – *Largo Júlio de Castilho - ℘ 217 56 76 20 - http://museudotraje.imc-ip.pt - mar. 14h-18h, merc.-dim. 10h-18h - fermé 1er janv., dim. de Pâques, 1er Mai et 25 déc. - 3 € (billet combiné avec le musée du Théâtre 4 €), gratuit dim. 10h-14h.* L'élégant palais des marquis de Angeja renferme plus de 7 000 costumes. Les collections, merveilleusement présentées, font revivre une époque, une ville, une profession…
Musée national du Théâtre (Museu Nacional do Teatro) – *En sortant du musée du Costume, prenez à droite la rua do Alqueidão - ℘ 217 56 74 10 - http://museudoteatro.imc-ip.pt - mar. 14h-18h, merc.-dim. 10h-18h - fermé 1er janv., dim. de Pâques, 1er mai et 25 déc. - 3 € (4 € avec le musée du Costume), gratuit dim. 10h-14h.* Dans le palais de Monteiro-Mor sont exposés des costumes de scène, maquettes de décor, photos et documents ayant trait au théâtre et aux arts du spectacle, du 18e s. à nos jours. Expositions temporaires. Bibliothèque spécialisée.

À proximité Carte de région p. 116

★★ PALAIS NATIONAL DE QUELUZ (Palácio Nacional de Queluz)

5 km au nord-ouest de Lisbonne - 4 trains/j. au dép. des gares du Rossio et Oriente (descendre à la station Queluz-Belas) - ℘ 214 34 38 60 - www.pnqueluz.

DU PAVILLON DE CHASSE AU PALAIS ROYAL

À la fin du 16e s., le marquis de Castelo Rodrigo possédait ici un pavillon de chasse. Après la Restauration et l'accession au trône du roi Jean IV, le domaine fut confisqué et devint en 1654 la résidence des infants. Pierre (1717-1786), fils de Jean V et futur Pierre III, décida d'y construire un palais. De 1747 à 1758, l'architecte portugais Mateus Vicente, formé à l'école de Mafra, construisit la façade d'apparat ainsi que l'aile où plus tard fut installée la salle du trône. En 1758, alors que Mateus Vicente était occupé à la reconstruction de Lisbonne après le tremblement de terre, les travaux reprirent, menés par l'architecte français Jean-Baptiste Robillon, élève de Gabriel ; celui-ci modifia et aménagea la salle du trône, la salle de musique, puis réalisa le pavillon ouest qui porte son nom. Enfin, le pavillon Dona-Maria fut édifié entre 1786 et 1792. Bien que l'ensemble soit de style rocaille, on notera les différences de style entre ces trois périodes.

VICTIME DE LA RÉVOLUTION…

Conçu pour les festivités, le palais de Queluz n'a pas connu que des réjouissances. La reine **Marie Ire** y vécut des jours difficiles. D'une piété proche de la superstition, elle considéra la mort, en 1786, de son oncle et époux Pierre III comme un avertissement des malheurs qui allaient accabler sa famille et son peuple. La disparition en 1788, en moins de deux mois, de deux de ses enfants, le prince héritier Joseph, décédé à l'âge de 27 ans, et l'infante Marie-Anne, épouse d'un infant d'Espagne, ne fit que confirmer ses pressentiments. Peu après, elle perdit son confesseur, ce qui accrut la mélancolie où elle était plongée. Enfin, elle fut si troublée par les premiers événements de la Révolution française que fin 1791 elle manifesta des signes de démence. Son second fils, Jean, gouverna dès lors en son nom, prit la qualité de régent en 1799 et, lors de l'invasion du Portugal par les troupes françaises, l'emmena au Brésil où elle mourut, souveraine en titre, en 1816.

imc-ip.pt - tlj sf mar. 9h-17h - jardins : mai-sept. 9h-18h ; oct.-avr. 9h-17h - fermé 1er janv., dim. de Pâques, 1er Mai, 29 juin et 25 déc. - 7 € (jardin seult : 3 €), gratuit dim. 10h-14h et j. fériés.

Le Palais national de Queluz plonge le visiteur au cœur du 18e s. Dans ses jardins à la française ornés de bassins et de statues, sur lesquels donnent des façades rococo de couleurs pastel et percées de nombreuses ouvertures, on s'attendrait à assister à l'une de ces fêtes galantes peintes par Watteau. Bien qu'inspiré par le château de Versailles, ses proportions le rendent intime.

Palais

On parcourt une suite de salons décorés de meubles et objets rappelant que Queluz est aussi un **musée des Arts décoratifs**.

La **salle du trône★**, somptueuse, évoque la galerie des Glaces de Versailles avec ses fausses portes garnies de miroirs ; des cariatides supportent le plafond à calotte représentant des allégories, d'où pendent de magnifiques lustres en cristal de Venise. Admirez aussi les plafonds de la salle de musique et des chambres des princesses. La salle des Azulejos doit son nom aux magnifiques azulejos polychromes du 18e s. évoquant des paysages de Chine et du Brésil. Dans la salle de la Garde royale, joli tapis d'Arraiolos du 18e s. La **salle des Ambassadeurs**, décorée de marbre et de glaces, possède un plafond peint où figurent un concert de musique à la cour du roi Joseph et divers motifs mythologiques. Après avoir traversé le boudoir de la Reine, de style rocaille français, on pénètre dans la salle de **Don-Quichotte** dans laquelle huit colonnes soutiennent un plafond circulaire ; des peintures illustrent des scènes de la vie du héros de Cervantès. Dans la salle des Goûters, garnie de bois doré, des tableaux du 18e s. évoquent des pique-niques royaux.

Jardins

Conçus par Robillon dans le style de Le Nôtre, ils sont égayés de buis taillés, de cyprès, de statues et de massifs de fleurs qui s'ordonnent autour de pièces d'eau. Du bassin d'Amphitrite, jolie vue sur le bassin de Neptune et la façade de cérémonie refaite par Robillon dans le style de Gabriel. En contrebas, un parc, aménagé dans le goût italien, séduit par ses étangs, ses cascades, ses tonnelles de verdure, ses murs couverts de bougainvilliers. Le **Grand Canal** est bordé de murs recouverts d'azulejos du 18e s. représentant des ports fluviaux et maritimes. La rivière Jamor qui y coule est souvent réduite à un filet d'eau. Autrefois, la famille royale s'y promenait en barque. Admirez la façade du pavillon Robillon, précédée du magnifique **escalier des Lions★**, et la colonnade qui le prolonge.

Bon à savoir – *En saison, des spectacles équestres se déroulent dans les jardins (voir « Spectacles », p. 193).*

ALMADA

Au sud de Lisbonne. 3,5 km à partir du péage sud du pont du 25-Avril. À la sortie n° 1 de l'autoroute, prenez à gauche en dir. d'Almada.

La commune d'Almada est fréquentée par les Lisboètes pour ses nombreux restaurants en bord de quai, spécialisés dans les poissons et les fruits de mer.

★★ Cristo Rei

Suivez la signalisation et laissez votre voiture au parking - ✆ 212 75 10 00 - accès par ascenseur (plus 74 marches) 9h30-18h (4 €). La statue géante du Christ Roi, réplique réduite du Christ Rédempteur de Rio de Janeiro, fut érigée en 1959 pour remercier Dieu d'avoir épargné le Portugal pendant la Seconde Guerre mondiale. Du piédestal qui, à 85 m du sol et à 113 m au-dessus du Tage, supporte la statue haute de 28 m, le **panorama★★** se révèle sur l'estuaire du Tage, tous les quartiers anciens de Lisbonne et, vers le sud, sur la plaine jusqu'à Setúbal.

Cacilhas

Accès en ferry (ttes les 15mn) depuis Cais do Sodré, à 600 m de la praça do Comércio. Du débarcadère de Cacilhas, longez les quais (cais do Gingal) sur la droite (vers l'ouest, en aval du fleuve) sur 1 km jusqu'aux restaurants.

Un peu plus loin au pied de la falaise, l'elevador panorâmico da Boca do Vento permet d'accéder au **Castelo de Almada** et à la **Casa da Cerca** *(R. da Cerca, 2 - ✆ 212 72 49 50)*, une demeure du 18e s. qui accueille des expositions d'art contemporain. Une belle terrasse surplombe le Tage.

COSTA DA CAPARICA

14 km au sud-ouest - Quittez Lisbonne par le pont du 25-Avril, puis empruntez l'IC 20 à partir de la sortie n° 1 de l'autoroute A 2. Attention aux embouteillages le week-end ! Autocar direct depuis la praça de Espanha (compagnie TST). En bateau, départ de la gare maritime Cais do Sodré à destination de Cacilhas, puis autobus jusqu'à Costa da Caparica.

Cette station balnéaire, sur l'autre rive du Tage, est la plus proche de Lisbonne. Bénéficiant de vastes plages, moins polluées que celles de la rive nord, Costa da Caparica est, le week-end, l'un des endroits préférés des Lisboètes. La station ne cesse de s'agrandir et de s'étendre parallèlement à l'Océan et aux dunes qui l'en protègent.

On peut encore y voir quelques barques de pêche à la proue ornée d'une étoile ou d'un œil peint, et assister à la remontée des filets puis à la criée sur la plage, à laquelle se joignent les estivants.

Bon à savoir – En saison, un **petit train** dessert, sur 11 km, les plages successives.

Belvédère dos Capuchos – *3 km à l'est de Costa da Caparica par la voie rapide, puis une route s'en détachant à droite (suivre la signalisation). Devant le couvent des Capucins (Capuchos), tournez à droite dans le chemin pavé menant au belvédère, sur la falaise.* Vue intéressante sur la station, les falaises à gauche du belvédère, l'estuaire du Tage et la côte nord jusqu'à Cascais.

NOS ADRESSES À LISBONNE

INFORMATIONS UTILES

Les offices de tourisme sont répertoriés en début de chapitre.

Poste *(correios)*
Bureau principal – Plan III EX - *Praça dos Restauradores - ✆ 213 21 14 50 ou 213 23 89 71 - lun.-vend. 8h-20h, w.-end 9h-18h.*

Internet
Des bornes d'accès **wifi** sont disponibles un peu partout dans Lisbonne, notamment à l'aéroport, dans les centres commerciaux, de nombreux hôtels, cafés et restaurants. Dans la plupart des *postos de turismo*, un service **PontoNet** est disponible pour *1 €/15mn ou 2,50 €/h.*
Portugal Telecom – Plan III EY - *Praça D. Pedro IV, 68 (Rossio) - 8h-23h.* Efficace mais du monde en journée. *2,50 €/h.*
Lisboa Welcome Center – Plan III FZ - *Voir p. 118.* Une adresse pratique et centrale *(2,50 €/h).*
Pavilhão do Conhecimento – Plan VI A2 - *Parc des Nations - ✆ 218 91 71 00 - mar.-vend. 10h-18h, w.-end et j. fériés 11h-19h.* Le cybercafé du musée possède 36 postes. *Accès gratuit de 30mn renouvelable.*
Lojas Inlisboa.com – Plan IV UY - *R. da Atalaia, 153 - ✆ 213 43 19 11 - 11h-0h - www.inlisboa.com.* Pour surfer sur le Net dans un contexte original, choisissez cette petite boutique du Bairro Alto. Les étudiants de l'École des arts y ont créé un espace Internet leur permettant de présenter leurs œuvres (vues de Lisbonne), qu'ils vendent sous forme de cartes postales, lithographies ou affiches-plans des quartiers de la ville *(1 €/15mn).* Café offert au-delà de 2h de connexion.

Santé - Sécurité
Bon à savoir – Une certaine vigilance est recommandée, surtout la nuit, dans les quartiers de Penha de França, de Campolide et de Campo Grande. Les pickpockets sont particulièrement nombreux dans les tramways 15E et 28E.
Ligne d'assistance aux touristes – *✆ 808 78 12 12.*
Urgences – *✆ 112.*
Centre hospitalier São Francisco Xavier – Plan I A3 - *Estrada Forte A Duque - ✆ 210 43 10 00.*
Police – Plan III EX - *Comisaría turismo - Praça dos Restauradores (Palácio Foz) - ✆ 213 42 16 34/23.*

Représentations diplomatiques
Ambassade de France – *R. de Santos-o-Velho, 5 - 1249-079 Lisboa - ✆ 213 93 91 00 - www.ambafrance-pt.org.*
Ambassade/Consulat de Belgique – *Praça do Marquês de Pombal, 14-6° - 1269-024 Lisboa - ✆ 213 17 05 10 - www.diplomatie.be/lisbonfr.*
Ambassade du Canada – *Av. da Liberdade, 196/200-3° - 1269-121 Lisboa - ✆ 213 16 46 00 - www.dfait-maeci.gc.ca/lisbon.*
Ambassade du Luxembourg – *R. das Janelas Verdes, 43 - 1200-690 Lisboa - ✆ 213 93 19 40 - lisbonne.amb@mae.etat.lu.*
Ambassade de Suisse – *Travessa do Jardim, 17 - 1350-185 Lisboa - ✆ 213 94 40 90.*

TRANSPORTS

Aéroport
Aeroporto de Lisboa – Plan I CD1 - *✆ 218 41 37 00 - www.ana.pt.* Il se trouve à env. 6 km au nord du centre (Rossio). **Navettes** dpour gagner le centre-ville : l'Aerobus

nº 91 assure les liaisons avec Cais do Sodré (ttes les 30mn de 7h45 à 22h30) ; l'Aeroshuttle 96 rejoint la gare do Oriente et la praça de Espanha (ttes les 30mn de 7h40 à 21h15). Nombreux arrêts, notamment au Rossio. Les billets *(3,50 €)* s'achètent à bord.

Également des **bus**, à condition que vous n'ayez pas de gros bagages : nº 22 pour Marquês do Pombal, nº 208 pour Cais do Sodré et Oriente (service de nuit), nº 745 pour Santa Apolónia. Les billets *(1,50 €)* s'achètent à bord.

En **taxi**, la course de l'aéroport au centre-ville coûte env. 10 € *(+ surtaxe bagages : 1,60 €).*

Gares ferroviaires

Chemins de fer Portugais *(comboios de Portugal) – ✆ 808 20 82 08 - www.cp.pt.*

Estação de Santa Apolónia – Plan II M2 - Lignes internationales et nord du pays.

Estação de Entrecampos – Plan I C1 - Liaisons avec les quartiers sud de Lisbonne, au-delà de l'estuaire. Trains pour Faro et l'Algarve.

Estação do Cais do Sodré – Plan IV UZ - Train ttes les 10mn env. pour Estoril et Cascais. Dernier train à 1h30. Durée du trajet 30mn.

Estação do Rossio – Plan I C3 - Banlieue nord-ouest dont Sintra et palais de Queluz. Trains pour Sintra ttes les 10mn en moyenne. Dernier train à 23h. Durée du trajet 35mn env.

Estação do Oriente – Plan I D1 - Superbe gare multimodale (autobus, métro, train) qui dessert le Nord, reliée au chemin de fer de Santa Apolónia et Sintra. Liaisons également avec l'Algarve et l'Alentejo.

Gares fluviales (bacs et ferries)

Les **cacilheiros**, qui desservent les villes de la rive opposée du Tage, peuvent être l'occasion d'une agréable promenade sur le fleuve. En journée, dép. env. ttes les 15mn. Billets en vente dans les guichets des gares fluviales (0,95 € pour Cacilhas avec Transtejo). Lignes, horaires et tarifs sur www.transtejo.pt.

Estação Fluvial do Terreiro do Paço – Plan III FZ - Dessert Barreiro et les quartiers au sud de l'estuaire. Départs des croisières sur le Tage *(voir « Visite », p. 181).*

Estação do Cais do Sodré – Plan I C3 - Dessert Cacilhas et Almada, Seixal, Montijo.

Estação de Belém – Plan I A3 - Dessert Cacilhas, Porto Brandão et Trafaria.

Se déplacer

Dans cette ville compacte, aux rues étroites, la densité de circulation et la difficulté de stationnement vous inciteront à vous déplacer à pied ou à utiliser les transports en commun aussi souvent que possible.

À pied – La meilleure façon de découvrir le centre historique de Lisbonne (Baixa, av. da Liberdade, mais surtout Chiado/Bairro Alto et Alfama) est de le parcourir à pied (une bonne condition physique est préférable pour ces derniers). La montée depuis la Baixa jusqu'à la colline du Bairro Alto peut se faire par l'**ascenseur** de Santa Justa ou le funiculaire de Glória.

En voiture – À Lisbonne, la voiture est plus encombrante que pratique, surtout en journée. Les horodateurs n'ayant pas encore envahi les rues, les voitures stationnent parfois toute la journée au même endroit, et trouver une place relève souvent de la chasse au trésor ! La **Baixa** dispose de parkings souterrains (praça dos Restauradores, Rossio, praça do Comércio, galerie commerçante

Armazéns do Chiado), de même que certains quartiers nord, mais le stationnement est pratiquement impossible dans le dense maillage de ruelles de l'**Alfama** et du **Bairro Alto** (deux quartiers partiellement interdits aux voitures). Seuls les grands hôtels modernes disposent d'un parking.

Location de voitures – La plupart des compagnies sont représentées à l'aéroport. Leurs tarifs et conditions de location sont disponibles dans les hôtels et offices du tourisme, qui peuvent vous aider à réserver un véhicule auprès de l'agence de votre choix.

Location de vélos – **Bike Iberia** - Plan III EZ - *Largo Campo Santo (sur la r. do Arsenal) - ✆ 213 47 03 47 - www.bikeiberia.com.* Comptez 4 €/h, 14 €/j (tarifs dégressifs pour plusieurs jours). **Tejo Bike** - au Parc des Nations *(voir p. 152).*

Taxis – Nombreux et moins onéreux que dans la plupart des autres villes d'Europe, ils constituent un bon moyen de déplacement dans Lisbonne. La majorité d'entre eux sont **beiges**. Pour les courses en ville, le prix est affiché au compteur. Hors du périmètre urbain, le prix est calculé selon un barème kilométrique. **Rádio Táxis de Lisboa** – *✆ 218 11 90 00.* **Teletáxi** – *✆ 218 11 11 00.*

Transports en commun

Voir plan du réseau p. 128.

Dans cette ville au relief accidenté, les transports en commun se révèlent un moyen de locomotion pratique et parfois ludique : tramways, funiculaires et ascenseurs, ces deux derniers appelés *elevadores*. Le métro d'une part et les bus, tramways et funiculaires d'autre part sont gérés par des compagnies différentes. Rens. sur les bus, tramways et funiculaires : *✆ 213 61 30 00 - www.carris.pt.* Brochures gratuites dans les offices de tourisme *(voir « S'informer », p. 118).*

Bon à savoir – Le système d'achat des billets à l'unité est assez complexe. Vous aurez tout intérêt à acheter un pass, valable 24h ou 48h pour un nombre illimité de trajets sur l'ensemble des réseaux (bus, métro, tram et ferry). *Voir plus loin, « Titres de transport ».*

Horaires – Bus et tramways fonctionnent en règle générale de 6h à 0h30, avec une fréquence de 10 à 15mn jusqu'à 21h30. Un service de nuit *(red de madrugada)* est assuré de 0h30 à 5h30. Le dernier bus n° 745 (Cais do Sodré, Baixa, av. da Liberdade, etc.) part à 0h. Les funiculaires s'arrêtent vers 21h (23h pour ceux de Gloria et Santa Justa). Le métro fonctionne de 6h30 à 1h du matin.

Titres de transport – Ils se présentent sous forme de cartes magnétiques rechargeables.

La carte **Viva Viagem** *(0,50 €)*, en vente dans les stations de métro, à la poste et dans certains kiosques, peut être utilisée dans le métro et dans tout le réseau Carris, à condition de choisir le chargement multimodal (« zapping »). À défaut, si vous demandez des trajets métro uniquement, vous devrez les utiliser en totalité avant de pouvoir charger des trajets Carris sur la carte, et inversement. Un trajet unique en métro vous coûtera 0,95 €. Tarifs dégressifs en fonction du nombre de trajets chargés.

Le même système existe pour le réseau **Carris**, valable uniquement dans les bus, trams et funiculaires. Cartes en vente dans certains kiosques. Il est néanmoins toujours possible d'acheter un trajet à l'unité *(1,50 €)* à bord (prévoir l'appoint).

La carte rechargeable **7 Colinas** *(3,95 €/j)* permet d'emprunter de façon illimitée pendant 24h le métro, les bus, les trams et les funiculaires.

Bon à savoir – Pour un séjour de quelques jours à Lisbonne, et si vous avez l'intention de faire beaucoup de visites, la Lisboa Card peut s'avérer la formule la plus intéressante *(voir p. 118)*.

Elevadores (funiculaires) – Elevador da Bica : r. de S. Paulo/ largo do Calhariz ; Elevador da Glória : Restauradores/São Pedro de Alcântara ; Elevador do Lavra : largo da Anunciação/r. da Câmara Pestana ; Elevador de Santa Justa : r. de Santa Justa (point de vue).

Téléphérique du Parc des Nations – *Voir p. 152.*

Autocarro (autobus) – Principales lignes : n° 745 (Prior Velho/Cais do Sodré) ; n° 83 (Portela/Amoreiras) ; n° 746 (Marquês Pombal/Damaia) ; n° 758 (Cais do Sodré/Sete Rios/ Portas Benfica) ; n° 28 (Restelo/ Portelas ; elle longe le Tage entre Bélem et le Parc des Nations). Plan du réseau *(mapa de rede Carris)* dans les offices de tourisme.

Métro – *www.metrolisboa.pt. Les stations de métro figurent sur les plans de ce guide et un plan du réseau se trouve p. 128.* Le réseau comprend quatre lignes : Azul (bleue ; Santa Apolónia/Amadora Este), Amarela (jaune ; Odivelas/ Rato), Verde (verte ; Cais do Sodré/ Telheiras) et Vermelha (rouge ; Oriente/Alameda). La majorité des stations sont aménagées pour les personnes handicapées.

Bon à savoir – Certaines stations ont été décorées d'**azulejos** d'artistes portugais connus *(voir p. 84)*.

Eléctricos (tramways) – Les vieux tramways sont un des charmes incontournables de Lisbonne et une manière agréable de découvrir la ville à travers ses collines. Ils sont peu à peu remplacés par d'autres, plus modernes. Deux lignes desservent de nombreux musées et monuments : **n° 15E** (Praça da Figueira/Algés) : praça do Comércio – musée des Carrosses – monastère des Hiéronymites (Belém) – musée national d'Archéologie – musée de la Marine – monument des Découvertes – tour de Belém. **n° 28E** (Martim Moniz/ Prazeres) : église São Vicente de Fora – musée des Arts décoratifs – château São Jorge – cathédrale – Baixa – musée du Chiado – largo do Chiado – São Bento – basilique d'Estrela.

Handicapés – Bus et tramways ne sont pas aménagés pour les personnes à mobilité réduite, mais un service de porte à porte est assuré en minibus pour le prix des transports en commun. Il faut cependant réserver au moins 2 jours à l'avance : *213 61 31 41 (9h-22h).*

VISITE

Cartes et pass

Lisboa Card – *Voir « S'informer », p. 118.*

IMC Card – **Loja de Museus Palácio Foz** - *Praça dos Restauradores - 213 43 30 08 - www.ipmuseus.pt.* Trois formules *(7 €/2j, 11 €/5j, 14 €/7j)* confèrent la gratuité sur une vingtaine de palais et musées gérés par le ministère de la Culture dans tout le pays.

Cartão do Parque – *Voir « Parc des Nations », p. 152.*

Voir aussi plus haut, la rubrique « Transports en commun ».

Tour de la ville

Bus ou tramway – **Carristur** - Plan III FZ - *Praça do Comércio - 213 58 23 34 - www. yellowbustours.com.* Deux circuits en bus *(15 €)* : vers le nord, le Parc des Nations et retour le long de l'estuaire côté est ; Belém. Un circuit en tramway rouge *(18 €)* : Alfama, Chiado et Bairro Alto. Formule tram + fado *(25 €)*. Rens. dans les offices de tourisme.

Croisières sur le Tage

D'avr. à oct., plusieurs compagnies proposent des croisières au départ des stations fluviales de Terreiro do Paço *(en face de la praça do Comércio)* et de Cais do Sodré. **Transtejo** – Plan III FZ - *808 20 30 50 - www.transtejo.pt - avr.-oct. : dép. estação fluvial Terreiro do Paço - tlj à 15h - 20 € (enf. 6-12 ans 10 €)*. Croisières de 2h30 de la tour de Belém au Parc des Nations.

Visites guidées

L'Agenda cultural Lisboa, disponible gratuitement à l'office du tourisme, propose différentes formules pour découvrir la ville à pied, selon la thématique choisie : Lisbonne médiévale, pombaline, du fado, des écrivains, etc.

HÉBERGEMENT

Dans la Baixa

PREMIER PRIX

Pensão Pérola da Baixa – Plan III EX - *R. da Glória, 10-2e - Mo Restauradores - 213 46 28 75 - www.pensaoperoladabaixa.com - - 11 ch. 35 €*. Une pension centrale très simple pour petits budgets, en contrebas du Bairro Alto, quartier de prédilection des noctambules. La rue, elle, est calme et l'on y trouve plusieurs *casas de pasto* économiques et savoureuses. Wifi.

BUDGET MOYEN

Pensão Duas Nações – Plan III FY - *R. da Vitória, 41 - Mo Baixa-Chiado - 213 46 07 10 - www.duasnacoes.com - 20 ch. 65/75 €*. Cette agréable pension située dans une rue piétonne près de la praça do Comércio occupe un bel édifice reconnaissable aux multiples drapeaux qui ornent sa façade. Les chambres du 3e étage possèdent un petit balcon. Agréable salle de petit-déjeuner ornée de panneaux d'azulejos.

Residência Roma – Plan III EX - *Travessa da Glória, 22 A - Mo Restauradores - 213 46 05 57/8/9 - www.residenciaroma.com - 25 ch. 65/75 €*. Avec cette adresse proche de l'avenida da Liberdade, vous aurez tous les avantages du centre-ville sans en subir le bruit. Ses chambres refaites à neuf sont particulièrement spacieuses et lumineuses. Possibilité de louer de petits appartements bien conçus avec kitchenette.

POUR SE FAIRE PLAISIR

Lisboa Tejo – Plan III FY - *R. dos Condes de Monsanto, 2 - Mo Rossio - 218 86 61 82 - www.evidenciahoteis.com - 51 ch. 85/120 €*. Proche de la praça da Figueira, cet hôtel entièrement rénové par des designers portugais met à votre disposition des chambres confortables et joliment décorées. Malgré le double vitrage, les chambres sur rue sont un peu bruyantes. Salle de petit-déjeuner agréable.

UNE FOLIE

Metropole – Plan III EY - *Praça Dom Pedro IV, 30 (Rossio) - Mo Rossio - 213 21 90 30 - metropole@almeidahotels.com - 36 ch. 110/170 €*. Très bien situé sur la place animée du Rossio, le Metropole offre des chambres classiques et confortables dans un bel immeuble du début du siècle. Intérieur agréable et spacieux. Vues splendides sur le château São Jorge depuis le salon et les chambres donnant sur la colonne.

Dans le Chiado

BUDGET MOYEN

Pensão Estrela do Mondego – Plan IV VX - *Calçada do Carmo, 25 2e ét. - Mº Restauradores - ✆ 213 24 08 40 - ⊭ - 10 ch. 40/50 €.* Les chambres de cette pension bien située, dans un grand appartement en face de la gare du Rossio, sont agréables et disposent de l'air conditionné. Minuscules salles de bain pourvues de cabines de douche. Accueil sympatique. Un bon rapport qualité-prix.

UNE FOLIE

Lisboa Regency Chiado – Plan IV VY - *R. Nova do Almada, 114 - Mº Baixa-Chiado - ✆ 213 25 61 00 - www.lisboaregencychiado.com - P - 40 ch. 155/162 €.* Installé tout en haut de la galerie commerçante Armazéns do Chiado, cet hôtel conçu par le célèbre architecte Álvaro Siza et décoré avec goût dans un style orientalo-portugais offre tout le confort moderne et des chambres avec des vues magnifiques sur le Tage, le château et la ville. Wifi.

Dans le Bairro Alto

BUDGET MOYEN

Pensão Londres – Plan IV UX - *R. D. Pedro V, 53-1º - ✆ 213 46 22 03 - www.pensaolondres.com.pt - 40 ch. 55/65 €.* Cette pension occupe quatre étages d'un bel immeuble à la lisière du Bairro Alto. Certaines chambres ont des plafonds d'origine et de belles vues sur le château São Jorge et le ponte 25 de Abril. Évitez les quelques chambres sans fenêtre extérieure. Un établissement bien situé et soigné qui propose des prix raisonnables. Wifi.

Residencial Alegria – Plan IV UX - *Praça da Alegria, 12 - Mº Restauradores - ✆ 213 22 06 70 - www.alegrianet.com - 35 ch. 78/89 €.* Un hôtel charmant avec sa façade pimpante jaune clair et ses balcons fleuris donnant sur la praça da Alegria, entre l'avenida da Liberdade et Príncipe Real qui borde le Bairro Alto. Demandez de préférence les chambres du dernier étage, plus calmes. Tenue exemplaire et bon rapport qualité-prix. Il est prudent de réserver bien à l'avance. Wifi.

UNE FOLIE

Bairro Alto Hotel – Plan IV UY - *Praça Luís de Camões, 2 - Mº Baixa-Chiado - ✆ 213 40 82 88 - www.bairroaltohotel.com - P - 55 ch. 250/345 €.* Situé sur la jolie place Luís de Camões, cet hôtel luxueux occupe l'ancien Grand Hôtel de l'Europe, où séjournait Sarah Bernhardt. Ses superbes chambres sont à la fois très confortables et décorées avec raffinement. Au 6e étage, terrasse donnant sur les toits de Lisbonne. Salle de fitness, wifi.

Dans l'Alfama

BUDGET MOYEN

Pensão Ninho das Águias – Plan V P1 - *Costa do Castelo, 74 - ✆ 218 85 40 70 - ⊭ - 16 ch. 50 €.* Perchée sur la colline du château, une jolie villa au calme qui offre des chambres avec ou sans salle de bain, certaines pourvues d'un balcon plongeant sur la cathédrale. Évitez les chambres de l'entresol (201 à 203), un peu sombres. De la grande terrasse, vue superbe sur la ville. De là, vous pourrez partir directement à l'assaut du Castelo São Jorge ou de l'Alfama. Café tout proche pour le petit-déjeuner. Wifi.

POUR SE FAIRE PLAISIR

Casa Costa do Castelo – Plan V P2 - *R. Costa do Castelo 54, 4e ét. - ✆ 218 82 26 78 - www.c-c-castelo.com - 5 ch. - 90 €.*

Au-dessous de l'esplanade du château, une maison du début du siècle entourée d'un jardin en terrasses planté de vignes, d'orangers et de citronniers. Les propriétaires louent quatre chambres doubles ainsi qu'une suite, le tout parfaitement équipé, lumineux et joliment décoré (parquets, fauteuils à bascule et kilims turcs). Un copieux petit-déj. est servi dans le jardin d'hiver. Belle vue depuis les chambres. Séjour de deux nuits minimum et uniquement sur réservation.

UNE FOLIE

Solar dos Mouros – Plan V P2 - *R. do Milagre de Santo António, 6 - ✆ 218 85 49 40 - http://solardosmouros.pt - 13 ch. 159/199 €* ☕. On remarque de loin cette maison tout en hauteur, couleur orange, édifiée sur une tour de l'ancienne muraille arabe. Elle appartient à un jeune peintre, Luís Lemos, qui y a accroché un peu partout ses toiles abstraites ainsi que d'autres tableaux de sa collection privée parmi lesquels des œuvres de Delaunay, Buren et Jenkins. Chambres ultra-spacieuses, avec vue sur le château ou sur le Tage, décorées de statues, masques africains, meubles design, livres rares et lampes de collection. Toutes sont équipées d'une chaîne hi-fi, d'un minibar et d'un coffre individuel. Petit jardin zen en bas de l'hôtel.

Palácio Belmonte – Plan V Q2 - *Páteo Dom Fradique, 14 - ✆ 218 81 66 00 - www.palaciobelmonte.com - 🏊 - 10 suites 600/800/1 200 €* ☕. Perché sur la colline du château, ce palais du 17e s., qui laisse affleurer sous ses arcades des pans de l'ancienne muraille de la citadelle, a été restauré par un couple franco-portugais avec le concours des Monuments historiques de Lisbonne. Suites sublimes, mêlant antiquités et mobilier contemporain, terrasses privatives donnant sur un panorama à couper le souffle, et piscine de marbre noir.

Dans Graça

POUR SE FAIRE PLAISIR

Albergaria Senhora do Monte – Plan III FX - *Calçada do Monte, 39 - Mº Anjos - ✆ 218 86 60 02 - www.albergariasenhoradomonte.com - 28 ch. 80/110 €* ☕. Presque toutes les chambres de cet hôtel moderne situé dans le quartier résidentiel de Graça jouissent d'un point de vue imprenable sur la ville, les trois meilleures d'entre elles comportant une terrasse (prix plus élevé). On y accède par le tramway nº 28 ou bien en taxi, l'établissement étant assez excentré. Si vous n'y résidez pas, vous pourrez toutefois apprécier la vue depuis le bar du dernier étage. Accès Internet.

Dans Belém

BUDGET MOYEN

Pensão Residencial Setubalense – Plan VII - *R. de Belém, 28 - ✆ 213 63 66 39 - www.pensaosetubalense.pt - 30 ch. 50/60 €*. Pour les visiteurs qui préfèrent résider dans le quartier élégant de Belém, cette pension située près du célèbre monastère des Jerónimos est une bonne solution. Occupant un bel immeuble à la façade rose, elle propose des chambres simples et bien tenues.

Dans les quartiers nord

UNE FOLIE

Britânia – Plan II J1 - *R. Rodrigues Sampaio, 17 - Mº Avenida - ✆ 213 15 50 16 - www.heritage.pt - 32 ch. 130/160 € - ☕ 14 €*. Grâce à une rénovation réussie qui lui a rendu son élégante physionomie des années 1940, cet hôtel de renom, conçu par Cassiano Branco (architecte de l'Éden Teatro, praça dos Restauradores), est à la fois charmant et confortable. Ses chambres spacieuses et calmes, décorées avec goût, sa localisation pratique et son atmosphère « rétro » font du Britânia une heureuse trouvaille. Réductions importantes sur Internet.

NH Liberdade – Plan II J1 - *Av. da Liberdade, 180 B - M° Avenida - ✆ 213 51 40 60 - www.nh-hotels.com - P - 83 ch. 148/200 €*. Les amateurs de raffinement et d'horizon dégagé ne manqueront pas de s'arrêter à cet hôtel ultramoderne installé sur la principale avenue de Lisbonne dans le petit centre commercial Tivoli Forum. Sur le toit, piscine et terrasse panoramique avec vue imprenable sur toute la ville et le Tage. Chambres spacieuses décorées dans un esprit minimaliste. Chic et design.

Dans les quartiers ouest

PREMIER PRIX

Brasília – Plan VIII E - *R. Alexandre Herculano, 29 - M° Rato - ✆ 231 52 79 23 - geral@brasilia-inn.com - - 4 ch. 35/45 €*. Pas de petit-déj. À deux pas de l'avenida da Liberdade et de la place Marquês do Pombal, une petite pension dans un appartement à l'atmosphère feutrée, offrant des chambres simples (avec ou sans cabine de douche), mais intimes. Du charme et un excellent rapport qualité-prix.

BUDGET MOYEN

Residencial Dinastia – Plan VIII E - *R. Dom João V, 7 - M° Rato - ✆ 213 88 06 70 - www.pensaodinastia.com - 33 ch. 50/60 €*. Un établissement bien tenu offrant de nombreux services. Les chambres des étages supérieurs qui donnent sur l'arrière ont vue sur le Tage. Ascenseur. Parking gratuit.

Maná – Plan VIII F - *Calçada do Marquês de Abrantes, 97 - ✆ 213 97 31 96 - pensaomana@sapo.pt - 17 ch. 55/65 €*. Dans un quartier calme, près du musée d'Art ancien et de l'animation nocturne de Santos, une belle maison fraîchement rénovée. Les chambres, dont plusieurs se présentent comme de petites suites (équipées de réfrigérateurs), ont du cachet, même si la décoration n'est pas toujours du meilleur goût. Préférez celles qui donnent sur le petit jardin ou sur le Tage.

POUR SE FAIRE PLAISIR

Casa de S. Mamede – Plan VIII E - *R. da Escola Politécnica, 159 - M° Rato - ✆ 213 96 31 66 - www.saomamede.web.pt - 28 ch. 95 €*. Cet hôtel de charme installé dans une maison du 18e s. ressemble à une demeure de famille avec ses azulejos et son mobilier d'époque. C'est dire s'il est à sa place dans ce quartier des antiquaires proche de Príncipe Real et du jardin botanique ! Une adresse rare pour ce prix.

UNE FOLIE

York House – Plan VIII F - *R. das Janelas Verdes, 32 - ✆ 213 96 24 35 - www.yorkhouselisboa.com - 32 ch. 130 € - 10 €*. Derrière un mur rose, un bref escalier puis une cour envahie d'une abondante végétation autour de laquelle se répartissent les chambres. Implanté dans un ancien couvent carmélite du 17e s., l'hôtel dégage un léger parfum de recueillement mystique, une atmosphère sereine de retraite campagnarde. Le restaurant sert une cuisine savoureuse (env. 30 €) et dresse ses tables dans le jardin aux beaux jours.

As Janelas Verdes – Plan VIII F - *R. das Janelas Verdes, 47 - ✆ 213 96 81 43 - www.heritage.pt - 29 ch. 135/165 € - ☕ 14 €.* Près du musée d'Art antique, cette belle maison du 18e s. a été transformée en hôtel accueillant et confortable, décoré de touches personnelles. Les chambres sont un peu étroites et celles donnant sur la très fréquentée rua das Janelas Verdes à éviter si l'on craint le bruit. À l'arrière, petit jardin dans un patio où l'on prend le petit-déjeuner en été. Accès Internet.

RESTAURATION

Lisbonne regorge d'un nombre incalculable de **tasquinhas**, ces gargotes très fréquentées où les Lisboètes ont leurs habitudes : café et pâtisserie au comptoir avant d'aller travailler, déjeuner rapide (plat du jour, beignets, etc.). Une option économique pour le petit-déjeuner ou le déjeuner.

Dans la Baixa

BUDGET MOYEN

Casa do Alentejo - Plan III EX - *R. das Portas de Santo Antão, 58 - Mº Restauradores - ✆ 213 40 51 40 - 12h-15h, 19h-22h30.* Dans ce lieu atypique *(voir p. 129)*, un escalier dessert les salons et le restaurant, dont les murs sont tapissés d'azulejos évoquant les travaux des champs dans l'Alentejo. La cuisine, copieuse et rustique, comprend des plats du jour et des classiques tels que le porc aux palourdes ou les *migas* (beignets de pain au saindoux). Le dimanche après-midi, bal et concert.

Dans le Chiado

PREMIER PRIX

Leitaria Académica - Plan IV VY - *Largo do Carmo, 1 - Mº Baixa-Chiado - ✆ 213 46 90 92 - fermé dim. soir -* ⊄. Une agréable terrasse sur la place de l'église do Carmo, une petite salle ancienne aux plafonds moulurés, une cuisine portugaise simple et un accueil sympathique : voici une adresse parfaite pour déjeuner. Tous les plats du jour à 7 €.

BUDGET MOYEN

Café Buenos Aires - Plan IV VX - *Escadinhas do Duque, 31 B - Mº Restauradores - ✆ 213 42 07 39 - lun.-sam. 18h-0h -* ⊄. Au coucher du soleil, la petite terrasse installée dans les escaliers menant du Rossio au Bairro Alto offre une belle vue sur le château. En salle règne une atmosphère chaleureuse et un peu bohème. Au menu, des spécialités d'Argentine, dont la fameuse viande de bœuf, des salades et des tartines.

Sacramento – Plan IV VY - *Calçada do Sacramento, 40/46 - Mº Baixa-Chiado - ✆ 213 42 05 72 - www.sacramentodochiado.com - fermé dim. midi.* Installé dans l'ancienne annexe de la Confeitaria Nacional *(voir « Petite pause », p. 190)*, cet établissement du Chiado comprend trois agréables espaces sur différents niveaux : un restaurant, un salon de thé-cafétaria et un bar *(tlj 19h-2h)*. Cuisine portugaise et méridionale, *petiscos* (tapas). Concerts le samedi soir.

UNE FOLIE

Tavares Rico – Plan IV VY - *R. da Misericórdia, 35 - fermé dim. et lun. - Mº Restauradores - ✆ 213 42 11 12 - www.restaurantetavares.pt.* Voici le plus vieux restaurant de Lisbonne, ouvert en 1784. Ce grand classique propose une cuisine internationale traditionnelle servie avec style dans un richissime décor fin de siècle. Menu en semaine à 37,50 € au déjeuner ; à la carte, comptez plutôt aux alentours de 75 à 85 €/pers.

Dans le Bairro Alto

PREMIER PRIX

O Adamastor - Plan IV UY - *R. Marechal de Saldanha, 24 - ✆ 213 47 17 26 - 7h-2h sf dim.* Près du belvédère de Santa Catarina, où trône la statue du monstre Adamastor *(voir p. 136)*, cette drôle de petite terrasse en pointe à la croisée de trois rues en pente du Bairro Alto offre un poste privilégié pour observer la vie de ce quartier populaire. Dans l'assiette, une cuisine simple et typiquement portugaise (plats du jour) pour déjeuner à petit prix.

BUDGET MOYEN

Brasuca – Plan IV UY - *R. João Pereira da Rosa, 7 - ✆ 213 22 07 40 - http://restaurantebrasuca.com - fermé lun.* Sur le versant ouest du Bairro Alto, près de la rua do Século. Ce restaurant brésilien se cache dans une maison privée aux jolies boiseries anciennes. Atmosphère intime, idéale pour un dîner en tête à tête. Au menu : *picanha* du Brésil aux haricots noirs et à la farine de manioc, poulet sauce au lait de coco à la mode de Bahia, crevettes à la brésilienne. Succulent. Un excellent rapport qualité-prix.

A Camponesa – Plan IV UY - *R. Marechal de Saldanha, 25 - ✆ 213 46 47 91 - 19h-0h. Picanha* brésilienne, poisson frais du marché, lasagnes végétariennes… Dans un décor minimaliste, la carte décline une cuisine portugaise simple et savoureuse à un bon rapport qualité-prix. Accueil avenant.

Chafariz do Vinho – Plan IV VY - *R. da Mãe d'Agua - ✆ 213 42 20 79 - www.chafarizdovinho.com - mar.-dim. 18h-2h.* Dans les escaliers, au-dessus de la praça da Alegria, l'immense citerne en pierre de taille d'une ancienne fontaine a été reconvertie en un superbe bar à vins qui propose la dégustation au verre (de 2,50 à 12 €) d'une quinzaine de crus portugais et de portos. La sélection, renouvelée régulièrement, est faite par un journaliste œnologue réputé, João Paulo Martins. Au menu, pour faire ressortir les arômes des vins : gratin de dattes au bacon, foie gras ou saucisson portugais aux petits légumes. *Happy hour* de 18h30 à 20h. Menu dégustation avec vin : 35 €.

Bota Alta – Plan IV UY- *Travessa da Queimada, 35-37 - ✆ 213 42 79 59 - réserv. conseillée - fermé dim. et sam. midi.* Effervescence en salle où les serveurs s'affairent, une file d'attente qui s'allonge dehors : le succès est toujours au rendez-vous pour ce restaurant spécialisé dans la morue.

POUR SE FAIRE PLAISIR

As Salgadeiras – Plan IV UY - *R. das Salgadeiras, 18 - M° Baixa-Chiado - ✆ 213 42 11 57 - mar.-dim. 19h-0h.* Sélection de vins soignée, service attentionné et mets portugais délicats (tartare de poulpe, splendide soupe de poisson, morue particulièrement bien préparée) : aucune fausse note pour cet élégant restaurant situé au cœur du Bairro Alto. Idéal pour un dîner romantique. Réservation conseillée.

UNE FOLIE

Pap'Açorda – Plan IV UY - *R. da Atalaia, 57 - ✆ 213 46 48 11 - réserv. conseillée - 12h30-14h, 20h-23h sf dim. et lun.* Un must du Bairro Alto : une très bonne cuisine, dont la fameuse *açorda* bien sûr, dans un décor design théâtral animé par les célébrités de Lisbonne.

Dans l'Alfama

BUDGET MOYEN

C@fé Taborda – Plan V Q1 - *R. Costa do Castelo, 75 - ✆ 218 87*

94 84 - http://cafe-taborda.planetaclix.pt - ⊭ - réserv. conseillée - mar.-dim. 14h-0h. Dans une atmosphère « arty », un restaurant avec une vue exceptionnelle sur la ville derrière d'immenses baies vitrées qui rappellent un atelier d'artiste. Cuisine végétarienne et spécialités de poissons. Jardin pour prendre l'apéritif sur la pelouse. Le lieu accueille également un bar, des expositions et un théâtre. Accès Internet.

Pateo 13 – Plan V S2 - *Calçadinha de Santo Estêvão, 13 - ✆ 218 88 23 25 - www.pateo-restaurante.com - fermé dim.* Dans le dédale de ruelles de l'Alfama, une jolie placette occupée par un restaurant typique et très couleur locale. On s'attable ici en toute simplicité pour manger des grillades de poisson ou de viande. Ambiance animée et conviviale assurée.

Barracão de Alfama – Plan V S3 - *R. de São Pedro, 16 - ✆ 218 86 63 59 - tlj 9h-0h.* Près du musée du Fado, une adresse familiale et conviviale où le patron, qui est aussi le président de l'Association des restaurateurs du Portugal, mitonne d'excellents poissons frais à des prix vraiment abordables : morue à la crème, turbot grillé, bouillabaisse, steak d'espadon, sole ou daurade, selon le marché du jour. Le restaurant est très fréquenté à midi par les gens du quartier et les employés des douanes. Quelques tables à l'extérieur, dans la rue en pente. Menu du jour à 13 €.

Viagem de Sabores – Plan V R3 - *R. S. João de Praça, 103 - ✆ 218 87 01 89 - lun.-sam. 20h-23h (sam. 0h).* Au cœur de l'Alfama, une table élégante et chaleureuse qui propose sous la houlette d'un chef français une cuisine inventive. Salles voûtées, tableaux contemporains et tables colorées pour un voyage plein de saveurs (comme l'indique le nom du restaurant) : steak de thon à la thaïlandaise, veau à la marocaine, pamplemousse au crabe.

Santo António de Alfama – Plan V R3 - *Beco de São Miguel, 7 - ✆ 218 88 13 28 - www.siteantonio.com - réserv. conseillée.* Né dans le bouillon artistique de ses deux patrons, l'un pianiste et l'autre acteur, ce restaurant est fréquenté par… les artistes. Aux murs, des centaines de photos en noir et blanc de comédiens et de musiciens. Trois salles réparties en trois niveaux dans une ambiance de bistrot élégant. Cocktail du jour pour commencer la soirée, croquettes de pommes de terre et « dips » pour continuer, magret de canard et irrésistible gâteau au chocolat pour terminer.

Senhora Mãe – Plan V R3 - *Largo de S. Martinho, 6-7 - ✆ 218 87 55 99 - www.senhoramae.com - fermé lun., nov.-mars : soir uniquement.* Sur une petite place proche du mirador Santa Luzia, un restaurant doté d'une agréable terrasse sous les arbres et d'une salle à la lumière tamisée. Cuisine soignée portugaise et méditerranéenne.

1

Mestre André – Plan V S2 - *Calçadinha de Santo Estêvão, 6 - ✆ 218 87 14 87 - tlj sf dim. 19h30-0h* - ⊭. Ici, on se décarcasse vraiment pour satisfaire le client. La déco de la salle d'abord, son joli ciel étoilé au plafond et ses angelots dodus qui volettent sur les murs. La cuisine ensuite, plus élaborée que la moyenne : escalope de veau à la mode de Sintra, poulet aux amandes, foies de volaille. Le patron, enfin, toujours aux petits oignons et qui sait mettre tout le monde à l'aise.

POUR SE FAIRE PLAISIR

Mesa de Frades – Plan V S2 - *R. dos Remédios, 139 A - ✆ 218 87 14 52 - fermé dim.* - ⊭. Cette ancienne chapelle vous accueille dans ses murs ornés d'azulejos anciens pour savourer une cuisine brésilienne ou typiquement portugaise. Sa terrasse idéalement située vous permettra d'observer la vie du quartier. Fado les mar., merc. et vend.

Dans Graça

UNE FOLIE

Via Graça – Plan III FX - *R. Damasceno Monteiro, 9 B - ✆ 218 87 08 30 - www.restauranteviagraca.com - fermé sam. midi et dim. midi.* Situé en contrebas du belvédère de Nossa Senhora do Monte, ce restaurant raffiné au décor contemporain offre de magnifiques vues sur le château São Jorge et le centre-ville. Cuisine traditionnelle portugaise. Une bonne adresse pour une soirée intime.

Dans Santa Apolónia

PREMIER PRIX

Deli Delux - Plan II M3 - *Av. Infante Dom Henrique, Armazém B, Loja 8 - Mº Sta Apolónia - ✆ 218 86 20 70 - www.delidelux.pt - 10h-2h.* Cette épicerie fine, où l'on déniche de bons produits italiens, français et portugais, se prolonge par une terrasse à fleur d'eau, intime et ensoleillée, parfaite pour échapper au tumulte de la ville. Petite restauration de qualité, simple et servie à toute heure : carpaccio de tomates, œufs brouillés aux asperges, fondant au chocolat… Une adresse très prisée le w.-end à l'heure du brunch *(9,50 € et 13 €).*

Le long du Tage

POUR SE FAIRE PLAISIR

Alcântara Café – Plan I B3 - *R. Maria Luisa Holstein, 15 - Alcântara - ✆ 213 62 12 26 - www.alcantaracafe.com - tous les soirs 20h-1h.* Vaste café-restaurant à l'étonnant décor industriel et baroque situé dans une ancienne fabrique de la zone portuaire (accès dans une rue sombre, un peu difficile à trouver). Cuisine portugaise et internationale. Le lieu communique avec la discothèque Alcântara-Mar et attire une clientèle jeune, élégante et branchée.

Dans Belém

POUR SE FAIRE PLAISIR

O Caseiro – Plan VII - *R. de Belém, 35 - ✆ 213 63 88 03 - 12h-15h, 19h-22h sf dim.* Décor hétéroclite dans lequel sont suspendus oignons et gousses d'ail à côté de billets de banque de toutes nationalités. Cuisine portugaise typique.

Dans le Campo Pequeno

POUR SE FAIRE PLAISIR

O Funil – Plan I C2 - *Av. Elias Garcia, 82 A - Mº Campo Pequeno - ✆ 217 96 60 07 - www.ofunil.com - 12h-15h30 et 19h-2h, fermé dim. soir et jours fériés.* La morue façon « Funil » est l'une des spécialités de cette table élégante et incontournable de Lisbonne. Bonne carte des vins.

Dans les quartiers ouest

PREMIER PRIX

Os Tibetanos – Plan VIII E - *R. do Salitre, 117 - M° Rato - ✆ 213 14 20 38 - www.tibetanos.com - réserv. conseillée - fermé dim. et j. fériés -* ⊄. Dans un immeuble adjacent au jardin botanique, qui accueille également une école de bouddhisme tibétain et une boutique/librairie, ce petit restaurant propose une cuisine végétarienne d'inspiration tibétaine à des prix très raisonnables. Jolie cour intérieure.

Pão de Canela – Plan VIII E - *Praça das Flores, 25/29 - ✆ 213 97 22 20 - paodecanela.com - 7h-22h*. Petit-déjeuner ou brunch en terrasse, déjeuner léger ou goûter dans un décor de bois clair, le tout à base de cocktails de fruits, de feuilletés ou de quiches : toutes les formules sont possibles dans ce restaurant-salon de thé idéalement situé à l'ombre de la praça das Flores, à la lisière du Bairro Alto.

BUDGET MOYEN

Picanha – Plan VIII F - *R. das Janelas Verdes, 96 - ✆ 213 97 54 01 - www.janelasverdes.picanharestaurantes.com - fermé à midi w.-end et j. fériés.* À deux pas du musée d'Art antique, une table brésilienne pour carnivores au bel appétit ! Ici on mange à volonté la délicieuse *pincanha*, servie avec du riz et des haricots noirs.

POUR SE FAIRE PLAISIR

Armazém da Cachaça – Plan VIII F - *R. São João da Mata, 88/90 - ✆ 213 96 52 64 - tlj sf dim. 20h-0h.* Près de l'ambassade de France, un brésilien haut de gamme installé dans l'ancienne et superbe boutique d'un marchand de céréales dont il a conservé les grandes devantures en bois. Savoureuse cuisine du Minas Gerais et de Bahia : *picanha* (viande de bœuf grillée servie en fines lamelles), travers de porc au miel… Le propriétaire, qui fait la promotion de la *cachaça* artisanale, élabore avec cet alcool des cocktails aux fruits tropicaux à se damner.

Comida de Santo – Plan VIII E - *Calçada Engenheiro Miguel Pais, 39 - M° Rato - ✆ 213 96 33 39 - www.comidadesanto.pt.* À côté de Príncipe Real, une bonne table brésilienne. Au menu, la cuisine régionale du nord-est du Brésil sans oublier l'incontournable *feijoada* nationale. Plats particulièrement copieux et savoureux. Une clientèle d'habitués dans un cadre simple mais élégant. Menu dégustation à 37,50 €.

UNE FOLIE

Casa da Comida – Plan VIII E - *Travessa das Amoreiras, 1 - M° Rato - ✆ 213 88 53 76 - www.casadacomida.pt - fermé lun. midi, sam. midi et dim.* Ce restaurant soigné et élégamment aménagé dans une cour verdoyante avec une fontaine couverte d'azulejos offre une cuisine raffinée et inventive. Une des meilleures tables de la ville.

À Almada

POUR SE FAIRE PLAISIR

Ponto Final – Plan I C3, en direction - *Cais do Ginjal, 72 (Cacilhas) - Almada - Prendre le bateau à Cais do Sodré ou Terreiro do Paço ; à l'embarcadère, tourner tout de suite à droite et longer les quais jusqu'au bout (15mn* *de marche) - ✆ 212 76 07 43 - 12h-22h - fermé fin déc.-fin janv. - 21/35 €.* Vous aurez le sentiment d'être au bout du monde avec Lisbonne tout entière face à vous. Allez-y de préférence le soir pour contempler la ville de nuit. On dîne directement sur la jetée, au bord du Tage. Excellente cuisine traditionnelle : poissons et viandes grillés, beignets de morue et riz mijoté *(carapauzinhos com arroz de tomate, pataniscas com arroz de feijão).* Une belle carte des vins. Ambiance sympathique et situation magique.

PETITE PAUSE

Dans la Baixa

Confeitaria Nacional – Plan III EY - *Praça da Figueira, 18 B/C - Mº Rossio - ✆ 213 42 44 70 - www.confeitarianacional.com - lun.-sam. 8h-20h.* Temple de la gourmandise depuis 1829, cette adresse vaut le détour autant pour ses pâtisseries que pour son décor, d'époque. Restaurant et snack au 1er.

Pastelaria Suiça – Plan III EY - *Praça Dom Pedro IV, 100 - Rossio - Mº Rossio - ✆ 213 21 40 90 - www.casasuica.pt - 7h-22h.* L'un des endroits les plus fréquentés de la Baixa et un bon point de rencontre. Terrasses côté Rossio et côté praça da Figueira, d'où l'on peut admirer le château São Jorge. Petits en-cas, excellents jus de fruits et pâtisseries.

Dans le Bairro Alto

Panificação Reunida de S. Roque – Plan IV UX - *R. Conceição Glória, 49-53 - Mº Restauradores - ✆ 213 42 69 68.* Une sympathique boulangerie-pâtisserie dans laquelle vous pourrez déguster un bon café, savourer des douceurs et bien sûr acheter votre pain, présenté dans de grands paniers derrière le comptoir.

Doce Real – Plan IV UX - *R. D. Pedro V, 119-121 - ✆ 213 46 59 23 - fermé sam. après-midi et dim.* Ce sympathique et minuscule café situé en bordure du Bairro Alto, entre Príncipe Real et la rua da Rosa, offre juste assez d'espace pour prendre au comptoir un *galão* et une pâtisserie. Possibilité de déjeuner sur le pouce (plats cuisinés, beignets de morue ou de crevettes, etc.).

Dans Belém

Antiga Confeitaria de Belém - Fábrica dos Pastéis de Belém – Plan VII - *R. de Belém, 84 - ✆ 213 63 74 23 - www.pasteisdebelem.pt - 8h-23h30.* Les petits gâteaux de Belém, appelés *pastéis de nata*, attirent en masse les Lisboètes et les touristes gourmands. C'est ici que ces petits flans sont fabriqués (la recette originale est jalousement gardée) dans les anciens fours qui leur donnent ce goût tant apprécié. Vous pouvez en emporter par boîtes de six ou bien les déguster chauds sur place dans une des salles décorées d'azulejos. Une institution à Lisbonne.

BOIRE UN VERRE

Dans la Baixa

Café Nicola – Plan III EY - *Praça Dom Pedro IV, 25 - Mº Rossio ou Restauradores - ✆ 213 46 05 79 - 10h-19h*. C'est ici que la première Portugaise osa mettre fin à l'exclusivité masculine dans les cafés ! Historiquement lié à bien d'autres événements, ce café, qui organise de mai à juillet des concerts de jazz, est un haut lieu de Lisbonne.

A Ginginha – Plan III EX - *Largo de São Domingos, 8 - M° Rossio ou Restauradores - 9h-22h.* Après vos pérégrinations dans la Baixa, à l'heure de l'apéritif, allez boire un verre de *ginginha* (eau-de-vie de cerise) au comptoir ou sur le trottoir ! C'est ici que le fameux breuvage fut mis au point en 1840.

EN SOIRÉE

Dans le Chiado

A Brasileira – Plan IV VY - *R. Garrett, 120 - M° Baixa-Chiado - ✆ 213 46 95 41 - 8h-2h.* Ce café mythique de Lisbonne est un lieu de rencontre des artistes, stylistes de mode et des touristes qui se prennent en photo avec Pessoa, attablé à la terrasse dans son habit de bronze. À l'intérieur, atmosphère feutrée (boiseries sombres, plafonds peints).

Café No Chiado – Plan IV VY - *Largo do Picadeiro, 10-12 - M° Baixa-Chiado - ✆ 213 46 05 01 - www.cafenochiado.com - 10h-2h.* Près du teatro S. Carlos, l'agréable terrasse invite à prendre un verre. Vous pourrez aussi déguster la meilleure mousse de mangue de Lisbonne, faite maison s'il vous plaît.

Dans le Bairro Alto

Frágil – Plan IV UY - *R. da Atalaia, 126-8 - ✆ 213 46 95 78 - www.fragil.com.pt - mar.-sam. 23h30-4h.* Véritable institution de la nuit lisboète. Le décor de ce bar-discothèque est toujours unique et change environ tous les trois mois. Clientèle « branchée » d'habitués de la nuit.

Pavilhão Chinês – Plan IV UX - *R. Dom Pedro V, 89 - lun.-sam. 18h-2h, dim. 21h-2h.* Ancienne épicerie transformée depuis 1986 en bar, dont les murs sont couverts de vitrines exposant une abondante collection d'objets en tout genre : soldats de plomb, gravures contemporaines, céramiques humoristiques, maquettes d'avions de guerre. Vous pourrez également faire une partie de billard dans la salle du fond.

Dans l'Alfama

Chapitô – Plan V Q1 - *R. Costa do Castelo, 7 - ✆ 218 86 73 34 - www.chapito.org.* Accroché à la colline du château, ce lieu unique pour sa vue sur Lisbonne et le Tage accueille une école des arts de la scène, une compagnie de théâtre, un bar et deux restaurants ! Le premier, en plein air, est idéal pour déguster quelques *petiscos* (tapas) au coucher du soleil, lorsque le pont 25-de-Abril scintille. L'autre, à l'étage, le Restô, offre des plats plus élaborés, et un panorama exceptionnel dont vous paierez néanmoins le prix *(lun.-vend. 12h-15h, 19h30-2h, w.-end et j. fériés 19h30-2h - 30/40 €).* Enfin, le Bartô permet de prolonger la soirée, avec des concerts et des événements culturels réguliers *(19h30-1h30).*

Le long du Tage

Kapital – Plan I B3 - *Av. 24 de Julho, 68 - www.grupo-k.pt - jeu.-sam. 23h-6h.* Cette boîte de nuit située dans les anciens docks est appréciée de nombreux jeunes Lisboètes. Décor élégant et lumineux sur trois étages, avec terrasse au dernier.

Lux – Plan II M3 - *Av. Infante D. Henrique, Armazém A (cais da Pedra) - Docas - M° Santa Apolónia - www.luxfragil.com - mar.-sam. 22h-6h.* Créé par l'ancien propriétaire du légendaire Frágil, c'est actuellement l'un des endroits les plus branchés de Lisbonne. Installé dans un ancien entrepôt *(armazém)* face à la gare de Santa Apolónia, il offre une terrasse sur le Tage. L'espace du premier étage ouvre à partir de 16h pour le thé. Ambiance « cocktail lounge » le soir, avec des sièges et des tables années 1960 (que l'on peut acheter). Accès à la discothèque située au-dessous, ouverte du jeudi au samedi, à partir de 0h.

SPECTACLES

Publications – *L'Agenda cultural LX* est une publication mensuelle de la mairie de Lisbonne, contenant le calendrier de tous les événements culturels de la capitale (en portugais uniquement). Distribution gratuite dans les principaux bureaux de tourisme, hôtels et kiosques ou sur Internet : www. agendalx.pt.
Autre publication mensuelle bilingue (espagnol/anglais), *Follow me Lisboa* répertorie les événements culturels en cours, liste les sites culturels de Lisbonne et les adresses d'hébergement et de restauration. Distribution gratuite dans les lieux touristiques et consultation en ligne sur www. visitlisboa.com/Publications_UK.aspx. Un certain nombre de publications, vendues en kiosque, rendent compte assez largement des événements culturels à Lisbonne et dans le reste du pays, par exemple : *O Público* (journal quotidien) et *O Expresso* (journal hebdomadaire).
ABEP – Plan III EX - *Praça dos Restauradores - ✆ 213 47 58 24.* Ce kiosque assure la vente des billets pour différents spectacles : théâtre, sports, concerts, etc.

Dans la Baixa

Coliseu dos Recreios – Plan III EX - *R. das Portas de Santo Antão, 96 - M° Restauradores - ✆ 213 24 05 80 - www.coliseulisboa.com.* Cette immense salle, restaurée en 1994, accueille opéras, concerts et spectacles en tout genre.

Teatro Nacional D. Maria II – Plan III EX-Y - *Praça D. Pedro IV - M° Rossio ou Restauradores - ✆ 213 25 08 35 - www.teatro-dmaria.pt.* Programmation classique et variée.

Dans le Chiado

Teatro da Trindade – Plan IV VY - *Largo da Trindade, 7 - M° Baixa-Chiado - ✆ 213 42 00 00 - www. teatrotrindade.inatel.pt.* Pièces de théâtre populaire.

Teatro Nacional de S. Carlos – Plan IV VY - *R. de Serpa Pinto, 9 - M° Baixa-Chiado - ✆ 213 25 30 00 - www.saocarlos. pt.* Opéras, ballets et concerts de musique classique.

Dans le Bairro Alto

Teatro Municipal São Luís – Plan IV VY - *R. António Maria Cardoso, 38 - M° Baixa-Chiado - ✆ 213 25 76 40 - www. teatrosaoluiz.pt.* Programmation traditionnelle.

Teatro Maria Vitória – Plan II K2 - *Parque Mayer - av. da Liberdade - M° Avenida - ✆ 213 46 17 40 - www. teatromariavitoria.com - relâche lun.-merc.* Pièces d'auteurs portugais et étrangers.

Dans Belém

Centro Cultural de Belém – Plan VII - *Pr. do Império - ✆ 213 61 24 00 - www.ccb.pt.* Ce centre culturel présente les meilleurs spectacles, concerts et expositions temporaires du pays. Le programme mensuel est disponible un peu partout.

Dans le Campo Pequeno

Culturgest – Caixa Geral de Depósitos – Plan I C2 - *R. do Arco do Cego - M° Campo Pequeno - ✆ 217 90 51 55 - www.culturgest.pt - billetterie lun.-vend. 11h-19h, w.-end 14h-20h.* Cet énorme édifice de style néoclassique, siège de la Caisse des dépôts, abrite un espace culturel doté de deux auditoriums et de deux salles d'expositions. Programmation musicale de grande qualité, expositions d'artistes contemporains internationaux : voir *l'Agenda Cultural LX.*

Dans les quartiers nord

Grande Auditório Gulbenkian – Plan I C2 - *Av. de Berna, 45 A (près du musée) - M° Praça de Espanha - ✆ 217 82 30 00 - www.musica.gulbenkian.pt.*

Teatro da Comuna – Plan I C2 - *Praça de Espanha - M° Praça de Espanha - ✆ 217 22 17 70 - www.comunateatropesquisa.pt.* Outre la programmation de théâtre, un café-théâtre très spacieux, style bistrot, organise des soirées thématiques (rock, danse, musiques du monde, etc.).

Teatro Municipal Maria Matos – Plan I D1 - *R. Frei Miguel Contreiras, 52 - Alvalade - M° Roma ou Areeiro - ✆ 218 43 88 00 - www.teatromariamatos.pt.* Des spectacles (théâtre, concerts, danse) orientés vers la création contemporaine et l'interdisciplinarité.

Dans les quartiers ouest

The Lisbon Players – Plan VIII E - *R. da Estrela, 10 - Estrela - ✆ 213 96 19 46 - www.lisbonplayers.com.pt.* Auteurs-interprètes amateurs qui jouent des pièces de théâtre, des opéras, etc. en anglais et invitent les spectateurs à y participer.

À Queluz

Escola Portuguesa de Arte Equestre – Carte de région - *L. Palácio National de Queluz - ✆ 214 35 89 15 - www.cavalonet.com - représentation : mai-juil., sept.-oct. : merc. 11h.* Cette école qui perpétue la grande tradition de l'art équestre portugais, avec en particulier des pur-sang de race lusitanienne, a été fondée au 18e s. par le roi Jean V *(voir p. 111 et p. 174-175).*

ÉCOUTER DU FADO

Dans le Bairro Alto

Adega do Machado – Plan IV UY - *R. do Norte, 91 - ✆ 213 22 46 40 - www.adegamachado.web.pt - mar.-dim. 20h-3h.* Bon spectacle folklorique en début de soirée, suivi de fado de Lisbonne ou de Coimbra, dans cette maison fondée en 1937.

Adega do Ribatejo – Plan IV UY - *R. do Diário de Notícias, 23 - ✆ 213 46 83 43 - 21h-0h.* Une ambiance familiale et animée pour une authentique maison de fado.

O Faia – Plan IV UY - *R. da Barroca, 54/56 - ✆ 213 42 19 23 - www.ofaia.com - lun.-sam. 20h-2h.* Un cadre chaleureux, avec panneaux d'azulejos sur le thème du fado, pour dîner en écoutant un authentique fado de Lisbonne.

Dans les quartiers ouest

Senhor Vinho – Plan VIII F - *R. Meio Lapa, 18 - Lapa - ✆ 213 97 26 81 - www.srvinho.com - lun.-sam. 19h30-2h - fado à 21h.* Fado raffiné et traditionnel qui compte avec la participation de célèbres fadistes. Cuisine portugaise typique et remarquable carte de vins portugais.

1

Timpanas – Plan I B3 - *R. Gilberto Rola, 24 - Alcântara - ✆ 213 90 66 55 - www.timpanas.pt - tlj sf mar. 20h30-2h - spectacle à 21h30.* On peut y entendre de l'excellent fado. Spectacles folkloriques en début de soirée.

ASSISTER À UNE TOURADA

Praça de Touros do Campo Pequeno – Plan I C2 - *Av. da República - M° Campo Pequeno ou Entre Campos - ✆ 217 93 24 42 - mai-oct. : jeu. à partir de 22h - billets sur place ou au kiosque ABEP (voir ci-contre) le jour même ou à l'avance.* Les arènes *(voir p. 165)*, qui comprennent des cafés et des restaurants, accueillent aussi des concerts toute l'année.

CINÉMATHÈQUE

Cinemateca Portuguesa – Plan VIII E - *R. Barata Salgueiro, 39 - M° Rato ou Avenida - ✆ 213 59 62 00 - www.cinemateca.pt.* Un cinéma convivial pour amateurs et cinéphiles avertis. La cinémathèque portugaise propose une programmation variée, internationale (en version originale) et de qualité. On peut y voir notamment des films portugais d'avant-garde. *Séances tous les jours à 15h30, 19h, 19h30, 21h30 et 22h, sauf le dim. - 2,50 €.* Mais le bâtiment abrite aussi, autour d'un superbe patio mauresque, un petit **musée du Cinéma** *(gratuit)* où vous pourrez admirer d'incroyables « lanternes magiques », des expositions temporaires, une bibliothèque et une librairie. Possibilité de grignoter quelques plats rapides et des gâteaux de toutes sortes sur une magnifique terrasse.

ACHATS

Dans la Baixa

Manuel Tavares – Plan III EY - *R. da Betesega, 1 A/B - M° Rossio - ✆ 213 42 42 09 - www.manueltavares.com - fermé dim.* Cette boutique située à deux pas de la praça D. Pedro IV fournit depuis 1860 les Lisboètes en produits régionaux de qualité. *Enchido, salpição, morcelas da Guarda* et autres saucisses, saucissons ou boudins y côtoient un bel éventail de fromages qui ravira les connaisseurs. Manuel Tavares possède également un grand choix de portos.

Mercado da Ribeira – Plan IV UZ - *Av. 24 de Julho (face à la gare de Cais do Sodré) - M° Cais do Sodré - ✆ 213 24 49 80 - www.espacoribeira.pt - produits alimentaires : mar.-sam. 5h-14h, fleurs : lun.-sam. 5h-19h, artisanat : 10h-19h.* Ce vaste marché, édifié en 1882 et réhabilité en 2001, accueille au rez-de-chaussée fleurs, poissons, fruits et légumes… Et au premier étage : produits et vins régionaux, livres et artisanat, ainsi qu'un restaurant.

Vini de Portugal – Plan III FZ - *Praça do Comércio - ✆ 261 33 99 50 - www.viniportugal.pt - mar.-sam. 11h-19h.* Sous les arcades de la praça do Comércio, à côté du Welcome Lisboa Center, cet espace d'exposition propose des dégustations gratuites et un vaste choix de vins portugais. Également des vinaigres et des huiles d'olive.

Dans le Chiado

Livraria Bertrand – Plan IV VY - *R. Garrett, 73/75 - M° Baixa-Chiado - ✆ 213 47 61 22 - www.bertrand.pt.* Ouverte en 1773, cette librairie et maison d'édition emblématique du quartier littéraire du Chiado est une institution.

Ana Salazar – Plan IV VY - *R. do Carmo, 87 - M° Baixa-Chiado - ✆ 213 47 22 89 - www.anasalazar.pt - fermé dim.* Vêtements de la célèbre créatrice de mode portugaise.

Fábrica Sant'anna – Plan IV VZ - *R. do Alecrim, 95 - M° Cais do Sodré - ✆ 213 63 82 92 - www.fabrica-santanna.com - fermé dim. apr.-midi.* Cette fabrique d'**azulejos** fondée en 1741 offre un large choix de carreaux à tous les prix. Visite des ateliers pour assister aux procédés de fabrication hérités du 18e s. *(calçada da Boa-Hora, 96 - ✆ 213 63 82 92).*

Vista Alegre – Plan IV VY - *Largo do Chiado, 20-23 - M° Baixa-Chiado - ✆ 213 46 14 01 - lun.-sam. 10h-20h.* Boutique de la manufacture Vista Alegre qui fabrique depuis 1824 de la porcelaine. Une enseigne incontournable, représentative du savoir-faire portugais et de l'histoire des arts de la table au Portugal.

Dans le Bairro Alto

Espaço Fátima Lopes – Plan IV UY - *R. da Atalaia, 36 - ✆ 213 24 05 40 - fermé dim.* Un espace conçu par la célèbre styliste, où l'on peut acheter ses créations ou prendre un verre au café. Fréquenté par le monde de la mode.

Lena Aires – Plan IV UY - *R. da Atalaia, 96 - ✆ 213 46 18 15 - www.lena-aires.com - fermé dim.* Cette styliste lisboète signe des vêtements féminins colorés, notamment des lainages aux coupes destructurées.

Dans l'Alfama

Fabula Urbis – Plan V Q3 - *R. de Augusto Rosa, 27 - ✆ 218 88 50 32 - www.fabula-urbis.pt - 10h-14h, 15h-20h.* Cette toute petite librairie installée derrière la cathédrale dispose d'un bon rayon de livres d'auteurs lusophones ou sur le Portugal.

Dans Graça

Feira da Ladra – Plan II M2 - *Campo Santa Clara - M° Santa Apolónia - mar. 7h-13h, sam. 7h-18h.* Marché aux puces de Lisbonne. « Feira da Ladra » signifie littéralement « Foire de la voleuse ». Vous y trouverez un bric-à-brac de vêtements, d'argenterie, de meubles, de livres anciens, etc.

Au Parc des Nations

Vasco da Gama – Plan VI A1 - *Parque das Nações - M° Oriente - www.centrovascodagama.pt.* Un centre commercial ludique, avec une décoration sur le thème de l'eau. Nombreuses boutiques, restaurants, aires de loisirs, salles de cinéma et terrasse panoramique.

Dans les quartiers ouest

Amoreiras Shopping Center – Plan VIII E - *Av. Eng. Duarte Pacheco - M° Amoreiras - www.amoreiras.com.* 400 boutiques, un supermarché, une galerie d'art, des restaurants et sept salles de cinéma.

AGENDA

Fête des saints populaires – *12-29 juin.* Défilés. Les 13 (Saint-Antoine), 24 (Saint-Jean) et 29 (Saint-Pierre) du mois marquent les temps forts des festivités.

Festival des Océans – *1re quinz. d'août.* Nombreuses manifestations festives et culturelles dans toute la ville.

Festas de Lisboa – *Fin mai-fin juin.* Sous le signe de la sardine sous toutes ses formes et de toutes les couleurs se succèdent concerts, cortèges et parades.

Sintra

★★★

377 249 habitants – District de Lisbonne

NOS ADRESSES PAGE 204

S'INFORMER

Posto de turismo – *Praça da República - ✆ 219 23 11 57 - www.cm-sintra.pt - 9h30-18h30.* Autre antenne à la gare ferroviaire.

Parques de Sintra – *Praça da República, 23 (sous la Torre do Relógio) - ✆ 219 23 73 00 - www.parquesdesintra.pt - 9h30-18h.* Vend les billets combinés pour les parcs et palais de Pena et de Monserrate, le château des Maures et le couvent des Capucins *(voir « Circuit conseillé », p. 199 et suivantes, et « Visite », p. 204)*; loue également des vélos électriques *(30 €/j. ou 19 €/1/2 j., incluant l'entrée à ces quatre sites).*

SE REPÉRER

Carte de région p. 116 – Plan de Sintra p. 198 – Carte de la serra de Sintra p. 200 – *Carte Michelin 733 P1.* À 25 km au nord-ouest de Lisbonne. Sintra se divise en trois quartiers : la vieille ville (Vila Velha), qui s'étend autour du Palais national, la ville moderne (Estefânia) et l'ancien village de São Pedro.

À NE PAS MANQUER

Le Palais national de Sintra; le domaine de Regaleira; le parc et le Palais national de Pena.

ORGANISER SON TEMPS

Sintra attire un monde parfois considérable pendant la saison estivale : évitez donc de vous y rendre le week-end. Comptez la journée entière pour visiter la ville et découvrir la montagne de Sintra.

AVEC LES ENFANTS

Visitez le musée du Jouet, empruntez le tramway jusqu'à Praia das Maçães ou le petit train jusqu'à Monserrate.

À une demi-heure seulement de Lisbonne, Sintra constitue une escapade idéale, à l'écart de l'agitation de la capitale. Avec ses jardins luxuriants et sa flore tropicale, ses palais de contes de fées, ses manoirs cossus et ses « quintas » élégantes dissimulées dans l'épaisse forêt qui escalade les hauteurs aux portes de la petite ville, elle semble tout droit sortie du chapeau d'un magicien… En 1995, l'ensemble de la montagne a été classé par l'Unesco au Patrimoine mondial de l'humanité. Ce havre de paix au climat toujours frais fut pendant six siècles la résidence préférée des souverains et des élites aristocratiques ou bourgeoises. Au 19e s., certains artistes et écrivains romantiques, dont l'anglais Lord Byron, y élurent domicile – et la richesse de ce lieu chargé d'histoire attire toujours, à juste titre, beaucoup de monde. Particulièrement enchanteresse au printemps et à l'automne, Sintra demeure le lieu de villégiature des grandes familles lisboètes qui y possèdent de ravissantes demeures ou d'élégants palais.

Le palais national de Pena, juché au sommet de la forêt de Sintra.
R. Mattes/hemis.fr

Se promener Plan de ville p. 198

Circuit au départ de la Praça da República – Comptez 1/2 journée.
Très fréquentée, surtout le week-end, Sintra a vu s'installer dans la vieille ville des antiquaires, des magasins d'artisanat, des restaurants et des salons de thé où l'on peut déguster la spécialité de la ville, de délicieuses tartelettes appelées *queijadas*.

★★ **Palais national** (Palácio Nacional)

Praça da República - ✆ 219 10 68 40 - http://pnsintra.imc-ip.pt - tlj sf merc. 9h30-17h30 (dernière entrée 17h) - fermé durant les cérémonies officielles, 1er janv., Vend. saint, dim. de Pâques, 1er Mai, 29 juin et 25 déc. - 7 €, gratuit dim. 10h-14h.
Il doit sa structure hétéroclite aux différentes adjonctions faites au cours des temps. Le bâtiment central a été érigé par le roi Jean Ier (fin 14e s.) ; les ailes sont l'œuvre du roi Manuel Ier (début 16e s.). Outre les deux hautes cheminées coniques qui dominent le palais, les fenêtres géminées mauresques *(ajimeces)* et manuélines sont les éléments les plus marquants de l'extérieur.
L'intérieur se distingue par sa remarquable décoration d'**azulejos**★★ des 15e et 16e s. ; les plus beaux agrémentent la salle à manger (ou salle des Arabes), la chapelle et la salle des Sirènes.
La salle de lecture, ou **salle des Pies**, possède un plafond peint (17e s.) décoré de pies tenant dans leur bec une rose avec les mots « *por bem* » (pour le bien). Ces derniers furent prononcés par Jean Ier, surpris par la reine en train d'embrasser une dame d'honneur ; pour mettre fin aux commérages, il fit peindre sur le plafond autant de pies qu'il y avait de dames à la Cour.
La **salle des Armoiries**, de forme carrée, est surmontée d'un **plafond**★★ en coupole reposant sur des trompes d'angle et constitué de caissons peints représentant les blasons de 72 familles nobles portugaises du début du 16e s. ; le blason manquant est celui de la famille Coelho qui conspira contre Jean II.

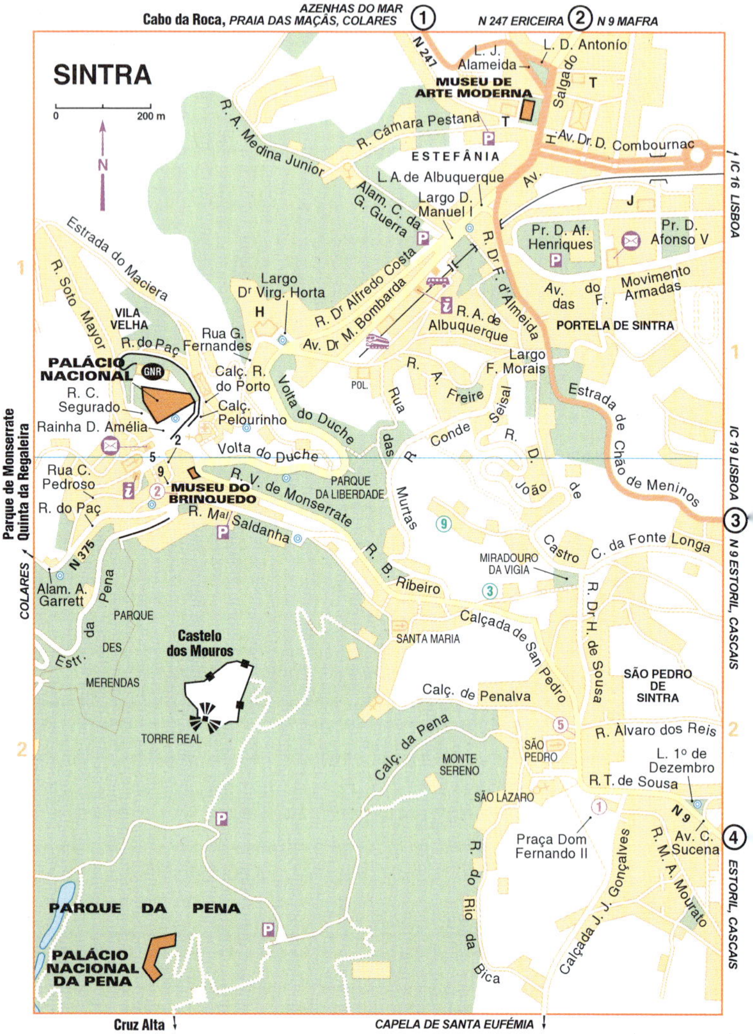

SE LOGER	SE RESTAURER	INDEX DES RUES
Pensão Residencial Sintra ... 3	Cantinho de São Pedro ... 1	Padarias (R. das) ... 2
Quinta das Murtas ... 9	Tacho Real ... 2	República (Pr. da) ... 5
	Tasca Mourisca ... 5	São Pedro (L. de) ... 9

★ **Musée du Jouet** (Museu do Brinquedo)

R. Visconde de Monserrate - ✆ 219 24 21 71 - www.museu-do-brinquedo.pt - mar.-dim. 10h-18h (dernière entrée 17h30) - fermé 1er Mai et 25 déc. - 4 €.

Aménagé dans l'ancienne caserne des pompiers, ce musée est le fruit de la passion d'un collectionneur : João Arbués Moreira rassemble des jouets du monde entier, depuis de petites figures en bronze vieilles de 3 000 ans jusqu'aux robots les plus modernes. Au dernier étage a été installée une « clinique de chirurgie esthétique » réparant les méfaits que le temps a fait subir aux poupées et aux jouets. Les chevaux en bois, les petits trains, les petites voitures, les soldats de plomb et les jouets portugais d'antan plongent le visiteur dans ses souvenirs d'enfance. Expositions temporaires.

★ **Musée d'Art moderne (**Museu de Arte Moderna)
Avenida Heliodoro Salgado - ✆ 219 24 81 70 - tlj sf lun. 10h-18h (dernière entrée 17h30) - 3 €.
Dans un édifice néoclassique qui abritait l'ancien casino de Sintra, ce musée d'Art moderne programme chaque année plusieurs grandes expositions thématiques mettant en avant un courant, une technique ou un artiste contemporain portugais ou étranger. *Pour connaître l'exposition en cours, adressez-vous à l'office de tourisme.*

★★ **Domaine de Regaleira** (Quinta da Regaleira)
R. Barbosa du Bocage - sur la route de Seteais, à 800 m du centre-ville - ✆ 219 10 66 50 - www.cultursintra.pt - avr.-sept. : 10h-20h (dernière entrée 19h) ; fév., mars, oct. : 10h-18h30 ; nov.-janv. : 10h-17h30 (dernière entrée 30mn av. fermeture) - visite nocturne (8 pers. mini) des souterrains le dernier sam. de chaque mois - fermé 1er janv. et 25 déc. - 6 € (visite guidée sur RV - 10 €).
Sur le site d'une ancienne *quinta* de la fin du 17e s., **Carvalho Monteiro** (1848-1920), riche homme d'affaires, adepte d'ésotérisme et de franc-maçonnerie, fit édifier au début du 20e s. cet ensemble fascinant de constructions dans un surprenant mélange de styles, notamment gothique, Renaissance et manuélin. Le palais de la *quinta* est inspiré de celui de Buçaco *(voir p. 426)* et a été conçu par le même architecte italien, Luigi Manini.
Enchâssée dans la végétation exubérante de la serra de Sintra, et composée de jardins agrémentés de statues, de terrasses et de petits pavillons, la *quinta* offre un parcours ésotérique initiatique et un symbolisme complexe lié aux Templiers, à l'alchimie, au christianisme, à la mythologie portugaise et gréco-romaine, etc. Le **Patamar dos Deuses** (Palier des Dieux) est occupé par des statues de la mythologie gréco-romaine et des éléments alchimiques. Dans la **Capela da Santíssima Trindade** (chapelle de la Sainte-Trinité), le symbole maçonnique du delta rayonnant, avec l'œil de Dieu sur la croix des Templiers, représente le grand architecte de l'univers. La **Gruta de Leda** (grotte de Léda) abrite une statue de femme tenant dans la main une colombe et à ses côtés, un cygne. La **tour da Regaleira** symbolise la lumière et la connaissance. L'étonnant **Poço Iniciático** (Puits initiatique), de 27 m de profondeur, à travers un parcours de neuf paliers, évoque l'idée de la mort et de la renaissance.
Bon à savoir – La *quinta* dispose d'un restaurant et d'une cafétéria avec terrasse.

Circuit conseillé Carte de la serra de Sintra p. 200

Circuit en boucle d'env. 40 km tracé sur la carte de la serra de Sintra – Comptez une petite journée avec la visite des parcs et châteaux. Billets combinés pour les principaux sites du circuit : voir p. 204.
La **serra de Sintra**★★ est un bloc de granit qui forme une barrière montagneuse (point culminant à la Cruz Alta : 529 m) où se concentrent les pluies venues de l'Océan. Ce microclimat contraste nettement avec celui des alentours. L'humidité et l'imperméabilité de la roche sont à l'origine de la végétation

touffue qui couvre l'ensemble du massif et masque en grande partie les pitons granitiques dégagés par l'érosion. La flore y est très variée : chênes, cèdres, arbres tropicaux et subtropicaux, fougères arborescentes, camélias, etc. La grande richesse de l'écosystème, mais aussi l'important magnétisme naturel que le lieu dégage (le massif recèle d'énormes masses de fer) et le brumeux voile de romantisme qui s'en dégage font de cette forêt un lieu exceptionnel. La beauté du site a ainsi maintes fois été célébrée par les poètes, en particulier par Gil Vicente, Camões *(Les Lusiades)*, Southey et Byron *(Childe Harold)*.

DE CHÂTEAUX EN PALAIS SUR LES HAUTEURS DE SINTRA

5 km par la N 247-3 – Env. 3h. Bus n° 434. À l'office de tourisme, prenez la dir. de Pena.

Après avoir longé, à droite, l'Estalagem dos Cavaleiros, où Byron écrivit le canevas de *Childe Harold*, la route de Pena monte en lacet entre les murs de belles propriétés.

À l'intersection, tournez à gauche.

★ Château des Maures (Castelo dos Mouros)

Estrada da Pena – 30mn à pied AR depuis le parc de stationnement - ☎ 219 23 73 00 - de mai à mi-sept. : 9h30-20h ; de mi-sept. à fin avr. : 10h-18h (dernière entrée 1h av. fermeture) - fermé 1er janv. et 25 déc. - 6 €, visite guidée sur RV 5 € en sus.

Édifié sur une butte rocheuse au 8e ou 9e s., le **château des Maures** ne comporte plus qu'une enceinte crénelée épousant les escarpements du sommet et jalonnée par quatre tours carrées, ainsi que les ruines d'une chapelle romane.

De la Tour royale, que l'on atteint par une série d'escaliers, jolie **vue aérienne★** sur Sintra et son palais, la côte atlantique et le château perché de Pena.

Poursuivez sur la calçada da Pena jusqu'à l'entrée du parc, donnant accès au palais.

★★ Parc de Pena

Estrada da Pena - ✆ 219 23 73 00 - de mai à mi-sept. : 9h30-20h ; de mi-sept. à fin avr. : 10h-18h (dernière entrée 1h av. fermeture) - service de minibus à l'intérieur du parc - fermé 1er janv. et 25 déc. - 6 €, visite guidée sur RV 5 € en sus.

Au sud de Sintra, ce parc enchanteur ceinturé d'un grand mur couvre une superficie de 200 ha sur les pentes granitiques de la serra de Sintra. Planté d'essences rares, tant nordiques que tropicales, il est agrémenté d'un grand nombre de pièces d'eau et de fontaines. Explorez-le à pied, vous tomberez sous le charme et pourrez aussi découvrir de nombreuses marques ésotériques : tables de pierre octogonales, vestiges de fours alchimiques, etc. Si vous êtes pressé, contentez-vous de parcourir les petites routes qui le sillonnent ou, du moins, de monter à ses deux points culminants : celui portant le palais de Pena et celui de la Cruz Alta (529 m).

★★ Palais national de Pena (Palácio Nacional da Pena)

Estrada da Pena - ✆ 219 10 53 40 - de mai à mi-sept. : 10h-19h ; de mi-sept. à fin avr. : 10h-17h30 - dernière entrée 1h av. fermeture - fermé 1er janv., Vend. saint, dim. de Pâques, 1er Mai, 29 juin et 25 déc. - 11 € (parc inclus), visite guidée sur RV à l'office de tourisme 16 €.

Perché sur l'un des points culminants de la *serra*, cette fantaisie romantique fut construite au milieu du 19e s. par le roi Ferdinand II sur le site d'un ancien couvent de hiéronymites datant du 16e s. L'extravagance du palais évoque certains châteaux de Louis II de Bavière bien qu'il les ait précédés de trente ans. C'est un pastiche où les styles « néo » se côtoient avec plus ou moins de bonheur : maure, gothique, manuélin, Renaissance, baroque. Les couleurs vives de ses murs accentuent son originalité.

Une rampe passant sous une porte mauresque mène devant la cour du palais, sur laquelle s'ouvre un passage que surmonte l'impressionnant arc de Triton.

À l'intérieur, les vestiges du couvent, le cloître manuélin et la chapelle, dont vous remarquerez l'autel en albâtre dû à Nicolas Chanterene, sont décorés

« O REI-ARTISTA », L'ARTISTE ROI

Neveu du roi des Belges Léopold Ier, le prince **Ferdinand de Saxe-Cobourg et Gotha** (1816-1885) avait épousé en 1836 la reine Marie II, veuve du duc Auguste de Beauharnais-Leuchtenberg, un petit-fils de l'impératrice Joséphine. À la naissance en 1837 du prince héritier Pierre, il reçut le titre honoraire de roi Ferdinand II de Portugal. Intelligent et diplomate, moderne et relativement libéral, il sera régent du Portugal de 1853 à 1855 et pressenti en 1870 pour le trône d'Espagne. D'une vaste culture et d'une rare sensibilité artistique, il s'adonne à la gravure à l'eau-forte, à la céramique et à l'aquarelle. Président de l'Académie royale des sciences et des beaux-arts, protecteur de l'université de Coimbra, c'est en 1838 qu'il achète le couvent en ruine de Nossa Senhora da Pena, autour duquel il entreprend de faire édifier un palais conforme à sa sensibilité philosophique. Grand maître de la Rose-Croix, il fait de son château une alchimie de symboles où, en compagnie de sa seconde épouse, Elisa Hensler, une cantatrice d'origine suisse, il recevra les plus grands artistes de l'époque. Le musicien Richard Strauss dira de la Pena, dont il fut l'hôte : « Ce parc est la plus belle chose que j'ai vue au monde ; ceci est le véritable jardin de Klingsor, et, là-haut, c'est le château du Saint-Graal… »

d'azulejos. Ils forment un curieux contraste avec les autres pièces : salles de réception, salons, chambres meublées dans le goût du 19e s. avec profusion de tentures, de tapisseries, de meubles lourds, de sofas, de poufs, de miroirs et de décorations en stuc.

Les terrasses offrent de belles **vues★★** sur toute la région, de la côte atlantique au Tage ; du massif proche se détachent la Cruz Alta et la statue de l'architecte du palais, le baron Eschwege, campé sur un rocher en chevalier médiéval.

★★ Cruz Alta

À l'intérieur du parc, une route pédestre permet d'accéder au pied de la croix.

Ce sommet, surmonté d'une croix, offre un immense **panorama** sur l'ensemble du massif (excepté Sintra) et la plaine environnante, jusqu'à Lisbonne au sud *(derrière le palais da Pena).*

Poursuivez sur la calçada da Pena qui redescend vers le quartier de São Pedro, d'où vous regagnerez le centre historique.

À TRAVERS LA SERRA DE SINTRA JUSQU'À L'OCÉAN

Env. 30 km par la N 247-3 à l'aller et la N 375 au retour – Env. 3h. Du palais de Pena, revenez à l'intersection pour suivre la signalisation « Convento » (N 247-3).

★ Couvent des Capucins (Convento dos Capuchos)

À 9 km du centre historique – ✆ 219 23 73 00 - de mai à mi-sept. : 9h30-20h ; de mi-sept. à fin avr. : 10h-18h (dernière entrée 1h av. fermeture) - fermé 1er janv. et 25 déc. - 5 €, visite guidée sur RV 10 €.

Le **couvent des Capucins** fut aménagé au 16e s. sur un escarpement rocheux au pied du pico do Monge (490 m), l'un des points culminants de la serra. Les cellules, minuscules et sommaires, creusées dans le roc et tapissées de liège, illustrent l'humble quotidien des moines de l'ordre de saint François.

Prenez, face à la route menant au couvent, celle qui conduit à la Peninha, à travers un paysage jalonné d'énormes rochers. À l'intersection (200 m du belvédère), tournez à gauche.

Peninha

Sur ce sommet (486 m) se dresse une petite **chapelle**. De la terrasse, **vue★★** panoramique avec, au premier plan, l'immense plage de Guincho.

Pour gagner le **Cabo da Roca★** *(voir p. 208) prenez à gauche, puis la dir. de Cascais et enfin celle d'Azoia.*

En laissant à gauche la route pour Cabo da Roca, poursuivez dans la N 247 jusqu'à Colares.

LA CONVENTION DE SINTRA

La première invasion du Portugal par l'armée française est à l'origine de soulèvements qui éclatent un peu partout dans le pays ; Junot se heurte aux troupes anglaises récemment débarquées. Il doit signer la paix. Au terme de la convention de Sintra (30 août 1808), les Français obtiennent de regagner leur pays en embarquant sur des navires anglais avec armes et bagages. Ces conditions avantageuses navrent les combattants portugais ; aussi, depuis lors, la demeure de l'ambassadeur de Hollande où fut signé le traité porte-t-elle le nom de « Seteais » (sept soupirs). Ce palais du 18e s. accueille aujourd'hui un luxueux hôtel.

Colares

Cette jolie localité, avec ses maisons basses et ses *quintas* perdues dans la verdure, est réputée pour ses vins de table veloutés, légers et parfumés.

D'ici on peut se rendre à **Azenhas do Mar★** *(6 km au nord)* en passant par la station balnéaire de **Praia das Maçãs** (belle plage de sable fin). L'arrivée à Azenhas do Mar offre un joli coup d'œil sur le **site★** de ce bourg étagé sur une falaise déchiquetée. Dans une crique au creux de la falaise, une petite plage recouverte à marée haute a été aménagée en piscine d'eau de mer.

De Colares, regagnez Sintra par la N 375. Avant la sortie de la ville, prenez la dir. du parc de Monserrate. Cette route étroite et accidentée s'élève au milieu d'une végétation exubérante en ménageant des vues magnifiques sur la serra.

★ Parc et palais (Parque e Palácio) de Monserrate

Estrada de Monserrate (accessible par le bus n° 435) – ✆ 219 23 73 00 - parc : de mai à mi-sept. : 9h30-20h ; de mi-sept. à fin avr. : 10h-18h (dernière entrée 1h av. fermeture) ; palais : de mai à mi-sept. : 10h-12h30, 14h-19h ; de mi-sept. à fin avr. : 10h30-12h30, 14h-16h30 - fermé 1er janv. et 25 déc. - 6 € (parc et palais), visite guidée sur RV 5 € en sus (1h30).

Un **parc★** à l'anglaise entoure le palais néo-oriental construit au 18e s. par un vice-roi des Indes. Ce jardin romantique est planté de nombreuses essences (cèdres, arbousiers, bambous, fougères arborescentes) s'épanouissant autour de cascades et de bassins. La visite du palais, rouvert en mai 2011 après une longue restauration, vous permettra de découvrir la salle de musique, où sont régulièrement organisés des concerts, et la bibliothèque.

En arrivant à Sintra, remarquez, à gauche, la **Quinta de Penha Verde** (16e s.) dont l'arc enjambe la route. C'est également l'ancien palais d'un vice-roi des Indes portugaises. Vous apercevez ensuite, à gauche, l'entrée monumentale (19e s.) du Palácio de Seteais *(voir encadrés ci-dessus et ci-contre)*.

CRÉPUSCULE

En fin de journée, rendez-vous dans le **parc du Palácio de Seteais**. Au centre de l'arche qui relie les deux bâtiments se dessinent deux magnifiques vues : d'un côté sur Sintra, et de l'autre sur le palais de Pena éclairé par le soleil couchant.

NOS ADRESSES À SINTRA

Les offices de tourisme sont répertoriés en début de chapitre.

TRANSPORTS

Train – C'est le moyen de transport le plus pratique et le plus rapide entre la capitale et Sintra, qui permet d'éviter les embouteillages en été ou le week-end. De la **gare du Rossio** à Lisbonne, train ttes les 10mn env. Durée 35mn *(3,60 € AR)*.

VISITE

Billets combinés – En vente au bureau des Parques de Sintra *(praça da República, 23 - www.parquesdesintra.pt)*, ils permettent de visiter les principaux parcs, châteaux et palais de la serra de Sintra à coût réduit : château des Maures, palais et parc de Pena : *14 €*; avec le couvent des Capucins, le parc et le palais de Monserrate : *20 €*.

Bus – De la **gare de Sintra**, trois lignes permettent de rejoindre les principaux lieux de visite : le n° 434 *(centre, château des Maures, palais de Pena – possibilité de descendre et remonter à tout moment – 4,80 €)*, le n° 433 *(centre, quartier de São Pedro - 1 € AS)* et le n° 435 *(centre, Quinta da Regaleira et Monserrate, 2 €)*. Tous font un arrêt à la gare ferroviaire et sur la place près du Palais national.

Tramway – *Dép. près du musée d'art moderne - circule de mi-juin à fin sept., ttes les h à partir de 10h - 2 € (hiver 1 €)*. Cette ligne centenaire relie Sintra à Praia das Maçães *via* Colares.

Train touristique de Monserrate – *Dép. tlj 10-18h, ttes les 30mn face au Palais national - 214 66 26 03 - 5 €.*

HÉBERGEMENT

BUDGET MOYEN

Pensão Residencial Sintra – *Travessa dos Avelares, 12 (quinta Visconde de Tojal) - São Pedro - 219 23 07 38 - residencialsintra.blogspot.com - P - 15 ch. 75/90 €*. Cette grande bâtisse du 19e s. située légèrement en retrait du centre-ville conserve une certaine élégance. Les chambres, avec leurs vastes salles de bain, et l'espace réservé aux petits-déjeuners s'ouvrent sur l'abondante végétation du jardin qu'agrémente une piscine. Un bon rapport qualité-prix.

Quinta das Murtas – *R. Eduardo Van Zeller, 4 - 219 24 02 46 - www.quinta-das-murtas.com - P - 14 ch. 65/95 €*. Cette jolie maison rose décorée de miroirs vénitiens et de meubles anciens offre des chambres spacieuses et agréables. Un cadre romantique où règne une atmosphère paisible.

RESTAURATION

PREMIER PRIX

Tasca Mourisca – *Calçada de S. Pedro, 28 - 966 58 93 21 - fermé dim.* - . Sortez des sentiers battus et découvrez ce petit restaurant bordant la rue principale de l'ancien village de São Pedro, devenu un quartier de Sintra. Murs jaunes, chaises en paille, décor de sarments de vigne : la maison a gardé un air de campagne. Elle propose une cuisine simple et savoureuse à prix très sage.

BUDGET MOYEN

Cantinho de São Pedro – *Praça Dom Fernando II, 18 - 219 23*

02 67 - www.cantinhosaopedro.com. Cachée dans une venelle pavée de São Pedro, une bonne table à prix doux. Carte alléchante : porc à l'alentejana, truite à la mode de Sintra, tournedos aux morilles…

POUR SE FAIRE PLAISIR

Tacho Real – *R. da Ferraria, 4 - ✆ 219 23 52 77 - fermé merc.* Une institution à Sintra. Cadre plaisant et très distingué, beaux azulejos vert bouteille. Spécialités : tourte au gibier, truite aux amandes, entrecôte au roquefort et lotte sur lit de palourdes. Jolie petite terrasse.

PETITE PAUSE

Piriquita Dois – *R. das Padarias, 18 - ✆ 219 23 15 95 - fermé mar.* Cette pâtisserie-salon de thé établie près de la maison mère séduira les gourmands. Attablez-vous en terrasse pour déguster les *queijadas* et les *pastéis* sans oublier les fameux *travesseiros*, spécialité maison à la pâte feuilletée aérienne et fondante.

Fábrica das Verdadeiras queijadas da Sapa – *Volta do Duche, 12 - ✆ 219 23 04 93 - 9h-19h, fermé lun.* Les *queijadas*, croustillantes tartelettes à base de jaune d'œuf, de sucre, de fromage blanc et de cannelle, sont la spécialité de cette enseigne familiale, fondée en 1890.

ACHATS

Bar do Binho – *Praça da República, 2 - ✆ 219 23 04 44.* Amateurs de porto et de vins portugais, faites une halte dans cette boutique tenue par un œnologue averti. Il vous fournira de précieux conseils. Quelques grands crus, des portos de 50 ans d'âge, mais aussi des vins plus accessibles.

Binhoteca – *R. das Padarias, 16 - ✆ 219 24 08 49 - 9h30-19h.* Dans une jolie cave, un endroit idéal pour découvrir les crus portugais. En rayon, une centaine de vins et un petit choix de délicieux fromages.

ACTIVITÉS

Randonnée – Vous trouverez sur le site de l'office du tourisme des informations sur les circuits pédestres *(env. 4 km chacun)* traversant la serra de Sintra. Promenades dans la serra da Pena, jusqu'au château des Maures et Seteais.

AGENDA

Feira de Sintra – *Largo de São Pedro - 2e et 4e dim. du mois.* Ce grand marché installé sur une très belle place vend les mêmes articles qu'ailleurs ainsi que de nombreuses plantes et des animaux. Tout autour, vous trouverez de petites échoppes d'artisanat et des antiquaires.

La Riviera, d'Estoril au Cabo da Roca

Estoril : 23 248 habitants - Cascais : 40 898 habitants – District de Lisbonne

NOS ADRESSES PAGE 209

S'INFORMER

Junta de Turismo da Costa do Estoril – *Arcadas do Parque (face à la gare, à gauche) - Estoril - ✆ 214 66 38 13 - www.visiteestoril.com - tlj 10h-13h, 14h-18h.*

Posto de Turismo de Cascais – *R. Visconde da Luz, 14-A - Cascais - ✆ 214 86 82 04 - 9h-19h, dim. et j. fériés 10h-18h.*

SE REPÉRER

Carte de région p. 116 – *Carte Michelin 733 P1-2.* Estoril se trouve à 23 km à l'ouest de Lisbonne, Cascais à 30 km (et à 16 km au sud de Sintra) et Cabo da Roca à 45 km.

À NE PAS MANQUER

Les plages ; une halte au Cabo da Roca, le point le plus occidental de l'Europe.

ORGANISER SON TEMPS

Comptez la journée pour découvrir la Riviera. Partez tôt pour faire le trajet soleil dans le dos (c'est là que vous aurez la meilleure lumière) et évitez si vous le pouvez la foule des week-ends, surtout en été.

À la sortie de la capitale, la route s'engage à l'ouest le long de la « Riviera », un riant chapelet de criques rocheuses et de plages blondes bordées de stations balnéaires. Égrenées sur les versants des collines, de pittoresques villas rappellent que la région fut le refuge privilégié de nombreuses têtes couronnées. Au-delà, la côte se fait plus sauvage, alternant dunes désertes et falaises abruptes battues par les vagues, jusqu'à la pointe la plus occidentale du continent européen, le Cabo da Roca.

Circuit conseillé Carte de région p. 116

Circuit d'env. 95 km AR (depuis Lisbonne) tracé sur la carte de région – Comptez 1 journée. Sortez de Lisbonne par l'av. Marginale (N 6 côtière), qui longe le Tage et débouche sur l'Océan. Suivez la route en corniche menant d'Estoril à Cascais.

À partir d'Oeiras s'étirent des plages de plus en plus sauvages à mesure que l'on approche du Cabo da Roca. Elles sont souvent bondées en été ; la température de l'eau oscille alors entre 18 et 20 °C. **Praia de Carcavelos** est la plus proche de Lisbonne. Populaire parmi les surfers et bodysurfers, elle est souvent surpeuplée. Un peu plus à l'ouest, la petite **Praia de Parede**, dans une jolie crique entourée de rochers, se prête aux bains de soleil.

★ Estoril

Cette station balnéaire et hivernale bénéficie d'un ciel lumineux et d'un climat doux (12 °C de moyenne en hiver). Naguère modeste village connu pour les

La plage de Cascais.
Kaos02/Sime/Photononstop

1

vertus curatives de ses eaux thermales, rendez-vous des millionnaires et des rois en exil, Estoril est devenu une banlieue résidentielle de Lisbonne. Plaque tournante de l'espionnage et de la diplomatie secrète pendant la Deuxième Guerre mondiale, la ville a conservé l'atmosphère cosmopolite et sophistiquée de cette époque. Le site est agréable avec ses plages de sable fin et la vue sur la baie de Cascais, son parc aux essences tropicales et exotiques, ses somptueuses villas, ses avenues bien tracées et bordées de palmiers. Des distractions (golf, le plus grand casino d'Europe), des compétitions sportives (courses automobiles, régates, concours hippiques) et des festivités (Fêtes de la mer en juillet) attirent une élégante clientèle internationale.

Praia de Tamariz – *Au niveau de la gare*. La plage d'Estoril conviendra aux adeptes du bronzage urbain. Baignade surveillée. En été, piscine d'eau de mer pour les enfants.

Une promenade part de la plage de Tamariz et suit le bord de mer jusqu'à Cascais *(env. 20mn)*.

Poursuivez vers l'ouest par la route de corniche.

★ Cascais

La vocation touristique de Cascais commença en 1870 lorsque, pour la première fois, la Cour vint y passer l'été, entraînant à sa suite une tradition d'élégance et tout un monde d'architectes. Le palais royal (ou *cidadela*) édifié sur le promontoire qui protège la baie au sud-ouest est actuellement réservé au chef de l'État. Cascais est donc à la fois un port de pêche traditionnel et une station chic où demeurent de nombreux Lisboètes. Son centre est parcouru de rues piétonnes bordées d'agréables boutiques et de restaurants.

Casa das Histórias Paula Rego – *Av. da República, 300 - ✆ 214 82 69 70 - www.casadashistoriaspaularego.com - tlj 10h-19h (18h en hiver) - gratuit*. L'artiste peintre Paula Rego a conçu cette « maison des histoires », l'architecte Eduardo Souto de Moura l'a réalisée. Ses deux structures pyramidales roses, qui contrastent étrangement avec les façades cossues de la ville, abritent des œuvres de Paula Rego et des expositions temporaires d'artistes contemporains.

Musée et bibliothèque Condes de Castro Guimarães – *Av. Rei Humberto II de Itália (Parque Marechal Carmona) - ✆ 214 81 53 04 - visite guidée (30/45mn) mar.-dim. 10h-12h, 14h-16h - fermé j. fériés - 2,50 €, gratuit dim.* Sur la route du bord de mer, cette ancienne demeure comtale du 19e s., à patio central, rassemble de belles collections : meubles portugais et indo-portugais, azulejos du 17e s., orfèvrerie et céramique portugaises des 18e et 19e s., bronzes, tapis, vases de Chine du 18e s., livres précieux (dont une *Crónica de D. Afonso Henriques* du 16e s.) et un curieux orgue-armoire de 1753. Dans le parc, fontaine monumentale couverte d'azulejos.

Praias da Reina et da Conceição – Les deux plages de Cascais sont séparées par un escarpement rocheux où trône l'hôtel Albatros. Toutes deux sont très jolies, mais souvent envahies. Elles bénéficient d'eaux calmes et claires. Baignade surveillée. En revanche, évitez de vous baigner à la praia da Ribeira, fortement polluée par les bateaux de pêche.

▶ *Rejoignez la route côtière N 247-7. En sortant de Cascais on dépasse, à gauche, l'ancien palais royal, puis, à droite, le parc municipal.*

★ Boca do Inferno

Dans un virage à droite, une maison, un café et quelques pins à gauche marquent l'emplacement de ce **gouffre★** dans lequel la mer se précipite en mugissant.

La route se poursuit en bordure de l'Océan, ménageant de beaux aperçus sur cette côte sauvage. À partir du cap Raso (fortin), où la route bifurque en direction de la serra de Sintra, le sable fait son apparition entre les pointes rocheuses, frappées par une mer houleuse.

★ Praia do Guincho

De grandes dunes et un fortin bordent cette immense plage – la plus belle et la plus sauvage de la Riviera – exposée aux vents d'ouest, tandis qu'à l'horizon s'allonge l'imposant promontoire du Cabo da Roca. Ses vagues puissantes, dignes d'Hawaii ou d'Omazaki, au Japon, et ses vents réguliers en ont fait la plage de prédilection des véliplanchistes, des surfeurs et des kitesurfers ; elle accueille des épreuves du Championnat d'Europe de planche à voile.

★ Cabo da Roca

Cette falaise « où la terre finit et la mer commence » (Camões) constitue la pointe la plus occidentale du continent européen. La serra de Sintra se termine ici par une falaise abrupte dominant l'Océan de près de 140 m. Son nom signifie le « cap du rocher », et l'on y voit la côte se découpant au nord en de multiples indentations.

Bon à savoir – Vous pourrez acheter auprès de l'office de tourisme local un certificat attestant de votre passage par le point le plus occidental de l'Europe.

NOS ADRESSES SUR LA RIVIERA

INFORMATIONS UTILES

Les offices de tourisme sont répertoriés en début de chapitre.

Internet

À Cascais – Golfinho - *R. Sebastião J. Carvalho Melo, 17 - ✆ 214 84 01 50 - tlj sf dim. 9h30-0h.* Dans un café-restaurant-pizzeria. 10 ordinateurs ; **Beefeater Sports Bar** - *R. Visconde da Luz, 1 - ✆ 214 84 06 96 - 10h-2h.*

TRANSPORTS

Bon à savoir – Valable 24h dans les trains et les bus, le billet Cascais-Lisboa-Sintra de la Scotturb est idéal pour effectuer l'itinéraire dans la journée depuis Lisbonne. *10 €.*

Train – Les gares d'Estoril et de Cascais sont situées près des centres-villes. De la gare de Cais do Sodré, à Lisbonne, liaison ttes les 10mn, de 5h30 à 1h30. 30 à 40mn de trajet.

Bus – Les arrêts de bus se trouvent devant la gare d'Estoril et devant le centre commercial Vila Cascais. Pour se rendre à **Sintra**, de Cascais prendre les bus n°s 403 ou 417 ; d'Estoril, le bus n° 418. De **Cascais**, le bus n° 403 passe par Cabo da Roca (env. ttes les h ; 45mn de trajet). Le bus n° 405 va à la praia do Guincho.

HÉBERGEMENT

À Estoril

BUDGET MOYEN

Residencial Smart – *R. Maestro Lacerda, 6 - ✆ 214 68 21 64 - www.residencialsmart.com - - 26 ch. 65 €* . À 8mn à pied du centre-ville, dans un quartier résidentiel paisible. Cette élégante villa jaune, bordée d'un petit jardin avec piscine, présente un intérieur clair et propre. Chambres plaisantes et lumineuses. Un bon choix.

POUR SE FAIRE PLAISIR

Pica-Pau – *R. Dom Afonso Henriques, 48 - ✆ 214 66 71 40 - www.picapauestoril.com - - 35 ch. 80/105 €* . S'il a certes moins d'allure que le Residencial Smart, il conviendra à ceux qui cherchent davantage l'animation (bar, restaurant et proximité du centre). Chambres fonctionnelles, assez quelconques. Agréable piscine et Jacuzzi dans la cour.

UNE FOLIE

Palácio Estoril – *R. do Parque - ✆ 214 64 80 00 - www.palacioestorilhotel.com - - 161 ch. 400/452 €* . Ce luxueux palace des années 1930 voit encore défiler les célébrités. À défaut d'y loger, allez y prendre un verre : pendant la Seconde Guerre mondiale, c'était un véritable nid d'espions ! L'hôtel a d'ailleurs servi de décor à un James Bond : *Au service secret de Sa Majesté*. Jusqu'à 60 % de réduction en réservant sur Internet.

À Cascais

POUR SE FAIRE PLAISIR

Casa da Pergola – *Av. Valbom, 13 - ✆ 214 84 00 40 - www.casadapergola-cascais-lisbon.com - 10 ch. 130 € -fermé 16 déc.-14 fév.* Noyé dans un jardin fleuri, cet adorable manoir de style méditerranéen, orné de frises et d'azulejos, appartient à la même famille depuis plus d'un siècle. L'intérieur tient de la gentille bonbonnière, avec escalier en marbre, salon nanti de meubles d'époque et chambres décorées de bas-reliefs en stuc. Service attentif.

1

UNE FOLIE

Villa Albatroz – *R. Fernandes Tomás, 1 - ✆ 214 86 34 10 - www.albatrozhotels.com - 11 ch. 205/224 €* ☕. En plein centre, face au port de pêche, une élégante villa de trois étages. Chambres et suites décorées avec un goût parfait. Excellent restaurant *(fermé lun. et dim. soir)*. Possibilité d'utiliser la piscine et le parking de l'hôtel Albatroz. Un vrai bonheur.

Farol Design Hotel – *Av. Rei Humberto de Itália, 7 (à côté du phare) - ✆ 214 82 34 90 - www.farol.com.pt - 🏊 - 33 ch. 260/315 €* ☕. Cette villa du début du siècle a été agrandie d'une aile moderne à la déco *flashy* : canapés et fauteuils rouge vif, miroirs baroques. Sept chambres ont été aménagées par de grands noms de la mode (Ana Salazar, Fátima Lopes, José Antonio Tenente, etc.) et quelques-unes ouvrent leurs baies vitrées sur l'Océan. Restaurant assez snob. Les prix, abordables hors saison, doublent en été.

RESTAURATION

À Cascais

PREMIER PRIX

Dom Pedro I – *Beco dos Inválidos, 32 - ✆ 214 83 37 34 - www.dompedrocascais.com - fermé dim.* Cachée dans une ruelle en escalier, derrière la place de la Mairie, une petite terrasse sur laquelle cinq tables se disputent un parasol ; à l'intérieur, une salle décorée d'azulejos. Des plats simples (porc à l'alentejane, poissons grillés), bons et pas chers, et un service très sympathique.

O Pereira – *R. da Bela Vista, 42 (au-dessus du jardin Visconde da Luz) - ✆ 214 83 12 15 - fermé jeu.* On ne vient pas dans cette grande salle jaune qui ne désemplit pas pour son décor (on se sent à vrai dire un peu loin de la mer, pourtant proche), mais pour la cuisine généreuse et savoureuse (viandes et poissons) et l'excellent rapport qualité-prix. Dans l'entrée, des coupures de presse vantent les talents de la chef, originaire du Nord. Une adresse connue et appréciée des gens de Cascais… et d'eux seulement !

POUR SE FAIRE PLAISIR

Beira Mar – *R. das Flores, 6 - ✆ 214 82 73 80 - www.beiramarcascais.com - tlj sf mar.* Le dernier restaurant de la rua das Flores, dans laquelle les terrasses se succèdent. Une valeur sûre pour déguster un grand choix de poissons frais. On s'attable en terrasse sous d'amples parasols clairs ou dans la jolie salle rustique entre boiseries et azulejos. Service impeccable.

Sur la route du Guincho

UNE FOLIE

Fortaleza do Guincho (Hotel e Restaurante do Guincho) – *Estrada do Guincho, ✆ 214 87 04 91 - www.guinchotel.pt - 68/102 €.* Un Relais & Châteaux de haut vol, posé sur un éperon rocheux face à la mer. Au piano, le chef Vincent Farges accommode à merveille le homard rôti, la daurade marinée, le rouget aux légumes confits et le bar en croûte de sel. Menu dégustation : 70 €.

Furnas do Guincho – *Estrada do Guincho - ✆ 214 86 92 43 - www.furnasdoguincho.pt - à partir de 100 €.* Un grand restaurant de poisson, très fréquenté le soir et le week-end. Cadre sobre et de bon aloi. Spécialités de paellas aux fruits de mer.

Porto Santa Maria – *Estrada do Guincho - ✆ 214 87 94 50 - www.portosantamaria.com - fermé lun. -*

à partir de 100 €. Sans doute le plus raffiné des restaurants de poisson du Guincho. À l'entrée, un vivier bouillonnant où les langoustes, prêtes à passer à la marmite, vous font des clins d'œil. Belle salle en bois clair avec de larges baies vitrées ouvrant sur le large. Grand choix de poissons et de crustacés.

PETITE PAUSE

À Cascais

Gelados Santini – *Av. Valbom 28 - ✆ 214 83 37 09 - fermé lun. et d'oct. à avr.* Depuis plus de cinquante ans, la maison Santini régale en glaces et sorbets la bonne société d'Estoril et de Cascais. Jadis installés sur la plage de Tamariz, ces artisans italiens avaient les honneurs des altesses royales Umberto d'Italie ou Juan Carlos d'Espagne, dont on voit les photos sur les murs. Glaces et sorbets aux fruits de saison sont faits à l'ancienne, sans colorant ni conservateur. Un pur délice !

À Estoril

Pastelaria Garrett – *Av. de Nice, 54 - ✆ 214 68 03 65 - tlj sf mar. 8h-19h.* Incontournable aussi, ce salon de thé des années 1930 a fait peau neuve, mais sa terrasse, aux lignes désormais très contemporaines, n'a pas fait fuir les mamies très dignes qui viennent y déguster des gâteaux.

BOIRE UN VERRE

À Cascais

Bar do Guincho – *Praia do Guincho - ✆ 214 87 16 83.* Le jour, c'est le QG des surfers et véliplanchistes de la plage ; la nuit, en fin de semaine, c'est la piste des soirées karaoké, où l'on se trémousse, du sel dans les cheveux et du sable entre les doigts de pied.

ACHATS

Artisanat

Grande foire d'artisanat en juil.-août à Estoril, tous les soirs de 18h à 0h (w.-end 17h-0h), à côté du casino. 1 €.

EN SOIRÉE

Casino d'Estoril – *✆ 214 66 77 00 - www.casino-estoril.pt.* Organise des expositions, des concerts de fado et des spectacles musicaux en fin de semaine.

ACTIVITÉS

Nautisme

Clube Naval de Cascais – *Espanada Dom Luís Filipe - ✆ 214 83 01 25.* École de voile, location de dériveurs et de bateaux à moteur.

Surf - Planche à voile

Plusieurs clubs louent du matériel et dispensent des cours :
Escola de Surf Angels – *Praia de Carcavelos, ✆ 962 68 11 13 - www.angelsurfschool.com* ;
Escola de Surf Moana – *Praia do Guincho - ✆ 964 44 94 36 - www.moanasurfschool.com.*

AGENDA

Estoril Jazz – *Fin mai-début juin au casino d'Estoril, www.projazz.pt.* 20 €/concert, billet de 60 € pour 6 concerts.

Cool Jazz Fest – *Fin juin-début juil. dans la citadelle de Cascais, www.cooljazzfest.com.*

Palais et couvent de Mafra

Palácio e convento de Mafra

★

11 276 habitants – District de Lisbonne

NOS ADRESSES PAGE 215

S'INFORMER

Posto de turismo – *Palácio de Mafra - Terreiro D. João V (dans l'enceinte du palais, à droite) - ✆ 261 81 71 70 - tlj 9h30-13h, 14h30-18h.*

Junta de Turismo – *R. Dr Eduardo Burnay, 46 (à l'angle de la praça Républica), Ericeira - ✆ 261 86 60 33 - www.ericeira.net - tlj 10h-18h (été 10h-22h).*

SE REPÉRER

Carte de région p. 116 – *Carte Michelin 733 P2.* À env. 40km de Lisbonne.

À NE PAS MANQUER

La basilique ; la bibliothèque du palais.

ORGANISER SON TEMPS

Visitez le palais-monastère le matin (comptez 1h30), puis déjeunez à Ericeira au bord de l'eau.

Cette imposante et froide bâtisse labyrinthique est le plus vaste palais-monastère de la péninsule Ibérique. On l'a souvent comparé à celui de l'Escurial en Espagne pour ses dimensions, sa proximité avec la capitale, son origine votive, et son rôle palatial et religieux. Seule la décoration baroque, où le marbre domine, en adoucit l'austérité. Mafra illustre la mégalomanie du roi Jean V « le Magnanime », le « Roi-Soleil portugais », et témoigne de la profonde imbrication qui existait au 18e s. entre le pouvoir royal et l'Église. On arrive dans un univers tout différent quand on atteint, juché au sommet de sa falaise, le petit port de pêche d'Ericeira. Ses chapelles de marins, son dédale de ruelles, ses maisons chaulées de blanc et ourlées de bleu ont conservé une émouvante authenticité.

Découvrir ABC d'architecture p. 88

✆ 261 81 75 50 - basilique : 10h-13h, 14h-17h ; palais-couvent : visite guidée (1h15) tlj sf mar. 10h-17h - dernière entrée 16h30 - fermé 1er janv., dim. de Pâques, 1er Mai, Ascension et 25 déc., - 6 €, gratuit dim. et j. fériés 10h-14h.

L'ensemble architectural se développe de part et d'autre de la basilique. Sa façade, longue de 220 m, est flanquée à ses extrémités de pavillons d'angle, coiffés de dômes bulbeux qui leur donnent un air germanique.

★★ Basilique

Construite en marbre comme les pavillons d'angle, la façade de la basilique rompt la monotonie de l'ensemble par sa blancheur et sa décoration baroque. Entre ses tours hautes de 68 m s'alignent deux rangées de colonnes. Des niches abritent, à l'étage supérieur, les statues en marbre de Carrare de

saint Dominique et de saint François ; à l'étage inférieur, celles de sainte Claire et de sainte Élisabeth de Hongrie. Le péristyle est orné de six statues dont la plus remarquable est celle de saint Bruno.
L'**intérieur** de l'église frappe par l'élégance de ses proportions et la variété de ses revêtements de marbre. La voûte en plein cintre s'appuie sur les pilastres cannelés qui séparent les chapelles latérales. À la croisée du transept, quatre arcs finement travaillés soutiennent une magnifique **coupole★** en marbre rose et blanc, haute de 70 m.
Dans chaque chapelle se trouvent des statues et un retable de marbre blanc en bas-relief ciselé par les sculpteurs de l'école de Mafra. Les retables en jaspe et en marbre des chapelles du transept, le fronton du chœur, sont également des œuvres de cette école ; observez celui de la chapelle collatérale de gauche, consacré à la Vierge et l'Enfant Jésus. On notera aussi la présence de nombreuses torchères en bronze et de six beaux orgues datant de 1807.
Au fond du chœur à droite, on accède par un couloir à la sacristie et à la salle des *lavabos* (fontaines d'ablutions), décorés de marbres aux nuances variées *(accès accompagné)*.

Palais et couvent

Accès par la 3e porte à gauche de la basilique. Le palais atteint l'apogée de sa splendeur au début du 19e s. sous Jean VI. Mais en 1807, ce dernier fuit les troupes napoléoniennes au Brésil, emportant avec lui une partie des objets et meubles qui décoraient Mafra. Depuis, les pièces ont été remeublées.
Après avoir traversé le cloître nord que jouxtent le cimetière et sa chapelle, on accède à l'étage où l'on visite la pharmacie, l'infirmerie des moines et la cuisine ainsi qu'un musée dédié à l'art sacré. Au 2e niveau, l'étage noble, on visite les appartements royaux en enfilade, qui fascinent par leurs dimensions.

L'ACCOMPLISSEMENT D'UN VŒU

En 1711, le roi **Jean V**, encore sans enfant après trois ans de mariage, fait le vœu de construire un monastère si Dieu lui accorde un héritier. Le 4 décembre suivant naît une fille, Barbara, qui deviendra par la suite reine d'Espagne. Fidèle à sa promesse, Jean V lance les travaux en 1717 et les confie à l'architecte allemand **Friedrich Ludwig**. À l'origine, le monastère n'était prévu que pour accueillir treize moines. Mais l'or du Brésil, coulant à flot sur le royaume du Portugal, autorise des projets plus grandioses. Il est finalement dimensionné pour héberger 300 moines et toute la famille royale. Des artistes romains, dirigés par le marquis de Fontes, ambassadeur du Portugal auprès du Saint-Siège, conçoivent les plans et la décoration. Les meilleurs matériaux sont commandés : pin de Leiria, marbre de Pero Pinheiro, chaux de Santarém, carillons de Hollande et de Belgique, objets de culte de France, bois précieux du Brésil, noyer, statues et marbre d'Italie. Le roi fait également appel à des architectes italiens et portugais. On retrouve ainsi diverses influences européennes dans l'ensemble architectural de Mafra.
Sur le chantier, 50 000 ouvriers travaillent pendant 13 ans à la construction de ce bâtiment gigantesque couvrant 4 ha, qui comprend une basilique, un palais, un couvent et compte 1 200 pièces, 4 700 portes et fenêtres et 156 escaliers ! Un parc de 20 km de périmètre prolonge la bâtisse à l'est.
Un roman de **José Saramago** *(voir encadré p. 65)*, *Le Mémorial du couvent*, évoque ces travaux à la fois titanesques et inutiles, puisque la bâtisse ne servira quasiment jamais.

L'ÉCOLE DE MAFRA

La présence de nombreux artistes étrangers à Mafra au 18e s. crée une émulation dans le pays. Jean V décide d'y fonder une école de sculpture ; son premier directeur est l'Italien Alessandro Giusti (1715-1799). Parmi les professeurs figurent José de Almeida, Jean Antoine de Padoue, à qui l'on doit les principales statues de la cathédrale d'Évora, et surtout Joaquim **Machado de Castro** (1731-1822), qui réalisera plus tard la statue équestre de José Ier à Lisbonne. Dans la basilique, les nombreuses statues de marbre et plusieurs retables en jaspe ou en marbre, souvent traités en bas-relief, proviennent des ateliers de l'école.

Les pavillons de la Reine et du Roi se situent aux deux extrémités, distants de 232 m. Au passage, on admirera la grandiose et harmonieuse **salle de la Bénédiction**, donnant sur la basilique. C'est de cette galerie, ornée de colonnes et de moulures revêtues de marbre de la région de Sintra, que la famille royale assistait à la messe. Le buste représentant Jean V est l'œuvre d'Alessandro Giusti. On remarquera aussi la salle de chasse décorée de trophées et les cellules des moines.
Sur le côté opposé à la façade, la très belle **bibliothèque★** occupe une galerie longue de 83,60 m au magnifique pavage de marbre rose, gris et blanc. Les murs sont couverts d'étagères en bois de style rocaille qui rassemblent près de 40 000 ouvrages reliés en cuir et datant du 14e au 19e s.

Vieille ville

En vous promenant dans le vieux bourg, jetez un coup d'œil à l'**église Santo André**. Construit à la fin du 13e s., l'édifice présente trois nefs voûtées en croisée d'ogives et une abside pentagonale. À l'entrée se trouvent deux beaux sépulcres gothiques de Diogo de Sousa et de sa femme. Pedro Hispano, futur pape Jean XXI (13e s.), aurait été curé ici. *Visite sur demande préalable auprès de la Casa da Cultura, ✆ 261 81 44 16.*

À proximité Carte de région p. 116

Parc national de Mafra (Tapada Nacional de Mafra)

Entrée du parc (portão do codeçal) à 6 km au nord de Mafra, sur la N 9-2 - ✆ 261 81 70 50/261 81 42 40 (w.-end et j. fériés) - www.tapadademafra.pt - parcours pédestre (4 km ou 7,5 km) - 9h30-11h, 14h-15h30 - env. 4,50/6 € ; train touristique fév.-nov. : w.-end et j. fériés 10h30, 14h30 - 11 €.
Cette ancienne réserve de chasse, créée en 1747 par Jean V, a été transformée en **parc animalier** de plus de 800 ha, où l'on peut observer librement un grand nombre d'espèces : daims, cerfs, sangliers, renards, blaireaux, oiseaux de proie, amphibiens et reptiles. Il compte également un musée des Transports par traction animale et un musée des Ajoncs.

★ Ericeira

11 km à l'ouest par la N 116.
Perché sur une falaise face à l'Atlantique, ce village, devenu une station balnéaire très fréquentée, a conservé son quartier ancien autour de l'église, son dédale de ruelles et son pittoresque port de pêche. De là, le 5 octobre 1910, le roi Manuel II s'embarqua pour l'exil, alors que la république avait été proclamée la veille à Lisbonne.

Port – Au pied de la falaise cuirassée d'un revêtement de maçonnerie, dont le sommet forme le parapet des rues en corniche, une plage abritée et protégée par une jetée au nord fait office de port. De la place (largo das Ribas) qui la domine, les passants observent la mise au sec des bateaux de pêche et le déchargement des poissons et des poulpes. Une plage familiale s'étire à côté de la petite ville.

Quartier de l'église – De vieilles ruelles pavées, bordées de charmantes maisons basses, blanches et ourlées de bleu, se déploient autour de l'**église paroissiale** (Igreja Matriz) dont l'intérieur renferme un plafond à caissons et des azulejos à bordure polychrome.

NOS ADRESSES À MAFRA ET À ERICEIRA

Les offices de tourisme sont répertoriés en début de chapitre.

HÉBERGEMENT

À Ericeira

BUDGET MOYEN

Pedro O Pescador – *R. Dr Edouardo Burnay, 22 - 261 86 40 32 - www.hotelpedropescador.com - 25 ch. 60 €.* Dans la rue piétonne, un joli petit hôtel à la façade bleu azur, accueillant et propret. Chambres confortables, belles sdb. Bar-terrasse dans la cour. Souvent complet : réservez.

RESTAURATION

À Mafra

PREMIER PRIX

O Brasão – *Travessa Manuel Esteves, 7 - 261 81 56 87 - tlj 12h-23h.* À 100 m en face du palais. À la carte : *picanha* à la brésilienne, riz de lotte et morue.

BUDGET MOYEN

Toca da Raposa – *R. 1° de Dezembro, 16 - 261 81 51 22 - tlj sf vend. et sam. soirs.* À 100 m du palais, une autre table convenable. Plats du jour pour 7-12 € : brochettes de porc, escalopes de veau, riz de canard.

À Ericeira

BUDGET MOYEN

Canastra – *R. Capitão João Lopes, 8 A - 261 86 53 67 - tlj 12h-16h30, 19h-0h.* Poissons et crustacés apportés chaque jour par les pêcheurs peu avant le déjeuner : à savourer sur la terrasse, au bord de la corniche qui surplombe la mer. À l'arrière, deux petites salles dans une maison de pêcheurs.

Toca do Caboz – *R. Fonte do Cabo, 71 (dans une ruelle, derrière la praça do Mercado) - 261 86 22 48 - - tlj 12h-15h, 19h-0h.* Terrasse conviviale. Succulent riz de lotte aux coquillages.

Mar à Vista – *R. de Santo António, 16 - 261 86 29 28 - - fermé merc.* Une *marisqueira* traditionnelle, dans une petite salle décorée de nasses et de filets. Bonnes *cataplanas*.

BOIRE UN VERRE

À Ericeira

Pub Ponto Sete – *R. Dr Miguel Bombarda, 7 - 919 00 29 46.* Ce bar sympathique diffuse de la bonne musique, jazz et blues.

EN SOIRÉE

Ouriço – *R. Capitão João Lopes, 9 - 261 86 21 38 - tlj à partir de minuit en été, vend. et sam. seult en hiver.* L'une des plus anciennes discothèques du pays. Située sur la corniche, elle reste le rendez-vous favori des nuits d'Ericeira.

1

Serra da Arrábida

★

Setúbal : 120 791 habitants – District de Setúbal

NOS ADRESSES PAGE 224

S'INFORMER

Região de turismo – *Travessa Frei Gaspar, 10 - Setúbal - ☏ 265 53 91 20 - www.turismolisboavaledotejo.pt.*

Parque Natural da Arrábida – *Praça da República - Setúbal - ☏ 265 54 11 40 - http://portal.icnb.pt - lun.-vend. 9h30-12h30, 14h-17h30.* Rens. et documents sur le parc naturel et les sentiers pédestres dans la *serra*.

Posto de turismo – *Castelo de Palmela - ☏ 212 33 21 22.*

SE REPÉRER

Carte de région p. 116 – Plan de Setúbal p. 218 – Carte de la serra da Arrábida p. 221 – *Carte Michelin 733 Q2-3.* Jouxtant la serra da Arrábida, Setúbal se trouve à 50 km au sud-ouest de Lisbonne par l'autoroute (A 2 puis A 12) et à 100 km à l'ouest d'Évora. Sesimbra est à 29 km à l'ouest de Setúbal ; Palmela à 8 km au nord.

À NE PAS MANQUER

À Setúbal, l'église de Jésus, le château de São Filipe et les primitifs de la galerie de peinture du musée. Dans la serra da Arrábida, le port de Sesimbra, la route de la corniche et le cap Espichel.

ORGANISER SON TEMPS

Prévoyez deux grosses journées : la première pour visiter Setúbal, le château de São Filipe et prendre le bac pour la péninsule de Tróia, la suivante pour découvrir la serra, prendre le temps de visiter une *quinta* et profiter d'un bain de mer.

AVEC LES ENFANTS

La plage de Sesimbra, une rencontre avec les dauphins.

Sur la route conduisant en Alentejo et en Algarve, Setúbal, ville industrielle et portuaire, s'adosse aux derniers contreforts de la serra da Arrábida, qui ourle le sud de la péninsule sur 6 km de large et 35 km de long du cap Espichel à Palmela, plongeant dans les eaux turquoise de la bien nommée « Costa Azul ». Le Parc naturel da Arrábida occupe 10 800 ha entre Sesimbra et Setúbal. Cette petite chaîne montagneuse attire les foules en quête de nature, Lisboètes en tête. Le versant sud de la serra tombe dans l'Océan en un abrupt de 500 m. Son rivage échancré, le blanc ou l'ocre des falaises calcaires, le bleu de l'Atlantique, le maquis où dominent pins et cyprès, lui donnent des airs de littoral méditerranéen. Plusieurs criques abritent des plages. Le versant nord, aux reliefs adoucis, est tapissé de vignes (leur moscatel, un vin sucré, fait la fierté de Setúbal), de vergers, d'oliviers ou de broussailles et de pins témoins de la végétation primitive. Les villages y sont riches et les « quintas » nombreuses. Enfin, de l'autre côté de l'estuaire du Sado, s'étendent des rizières et des marais où nichent quantité de flamants roses et de cigognes.

Le cap Espichel, balayé par les vents.
J. A. Moreno/age fotostock

★ Setúbal Plan de ville p. 218

Circuit tracé en vert sur le plan de ville – Comptez 1 journée.
Au centre de la ville, entre l'avenida Luísa Todi (du nom de la cantatrice), la praça Almirante Reis et l'église Santa Maria, vous découvrirez un agréable quartier ancien dont les ruelles étroites et en partie piétonnes contrastent avec les larges avenues de la ville moderne. Prenez le temps d'apprécier son vin muscat et sa confiture d'oranges.

★ Église de Jésus

265 53 78 90 - mar.-sam. 9h-12h, 13h30-17h30.
Construite en marbre d'Arrábida, cette œuvre de Boytac est considérée comme la première manifestation de l'art manuélin (1491). Son portail flamboyant – à portes géminées avec arcs en accolade, qu'encadrent des colonnes baguées – et ses trois voûtes de même hauteur qui en font une église-halle caractérisent le style gothique tardif. Les **piliers torsadés** qui soutiennent les voûtes et les nervures torses de la voûte du chœur inaugurent l'art décoratif manuélin.
Les murs de la nef et du chœur sont en partie revêtus d'azulejos du 17e s.
★ **Musée de Setúbal (**Museu de Setúbal**)** – *Convento de Jésus - 265 53 78 90 - mar.-sam. 9h-12h, 13h30-17h30 - fermé j. fériés - 1,05 €.* Ce musée renferme une **galerie de peinture du 15e s.** (Galeria de Pintura Quinhentista) abritant une importante collection de primitifs portugais (15e-16e s.). Tous ces **tableaux★** seraient l'œuvre d'un auteur inconnu désigné comme le « maître du retable de Setúbal ». On les attribue aussi à Gregório Lopes et Cristóvão de Figueiredo. Malgré la forte influence de l'art flamand (attitudes figées, réalisme des détails), la chaleur des teintes et le traitement des visages, qui sont empreints de vérité et de mysticisme, sont typiquement portugais : remarquez l'expression de la Vierge et des saints devant la Crucifixion et saint François recevant les stigmates. Dans les galeries inférieures, azulejos du 15e au 18e s.

Marché (Mercado)

Mar.-dim. 7h-14h. Difficile de manquer cette grande halle installée dans un bâtiment rose de l'av. Luísa Todi. Faites-y un tour, pour son ambiance mais aussi pour admirer les panneaux d'azulejos de l'entrée et de la poissonnerie.

Église São Julião

Son portail latéral nord trilobé est de style manuélin ; les deux colonnes torses qui l'encadrent se terminent en pinacle en formant des cordelières. À l'intérieur, jolis azulejos du 18e s. représentant la vie de saint Julien.

Office de tourisme (Região de Turismo)

C'est un véritable monument : les lignes épurées et modernes de l'architecture et du mobilier répondent à celles des vestiges romains du sous-sol, visibles à travers les vitres du sol. Il s'agit des anciennes cuves d'une **fabrique de garum**, sauce à base de poissons, qui fut en activité du 1er au 6e s.

Musée régional d'Archéologie et d'Ethnographie (Museu Regional de Arqueologia e Etnografia)

Av. Luísa Todi, 162 - ✆ 265 23 93 65 - mar.-sam. 9h-12h30, 14h-17h-30 - fermé j. fériés - gratuit.

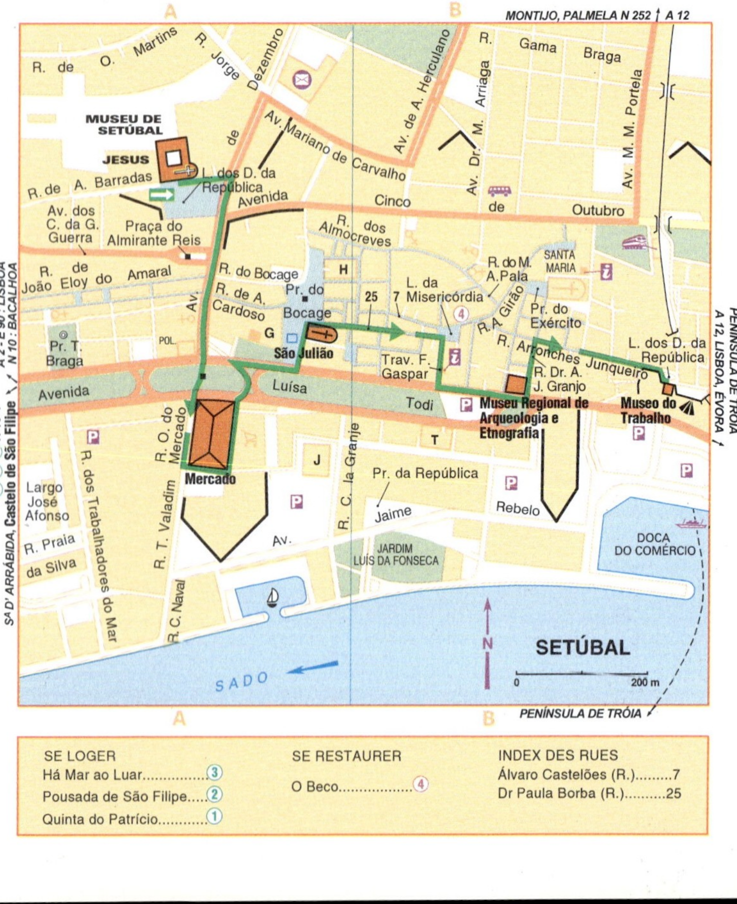

SE LOGER
Há Mar ao Luar................③
Pousada de São Filipe.....②
Quinta do Patrício............①

SE RESTAURER
O Beco..................④

INDEX DES RUES
Álvaro Castelões (R.).........7
Dr Paula Borba (R.)..........25

UN PORT ANIMÉ

Après Lisbonne et Leixões, Setúbal est le troisième port du Portugal. Il comprend un port de pêche (sardines), un port de plaisance, et un port de commerce en relation avec les grandes cités maritimes d'Espagne et d'Europe du Nord. La ville s'est développée autour d'activités diverses : cimenteries, exploitation des marais salants sur les rives du fleuve, usines d'automobiles et de camions, industrie chimique, conserveries de poisson et commerce de produits agricoles régionaux.

Le musée expose des objets préhistoriques (idole taillée dans un os, vase en céramique de l'âge du bronze) et luso-romains (monnaies), des collections d'art et d'artisanat populaires, des costumes, des outils agraires, des modèles réduits de bateaux, ainsi que de nombreux panneaux ou motifs décoratifs réalisés en liège.

Musée du Travail (Museu do Trabalho Michel Giacometti)
Largo dos Defensores da República - ✆ 265 53 78 80 - mar.-vend. 9h30-18h, w.-end 14h-18h - fermé j. fériés et dim. (été) - 1,15 €.
Une ancienne conserverie de poisson offre ses superbes volumes à ce musée consacré au travail et aux traditions populaires. Outils et documents d'époque, ainsi que diverses reconstitutions, vous plongent au cœur de métiers pour la plupart disparus, comme ce garçon à bicyclette, chargé de prévenir les ouvrières de la conserverie de l'arrivée du poisson.

À proximité Carte de la serra da Arrábida p. 221

★ Château (Castelo) **de São Filipe**
À l'ouest de la ville (30mn à pied du centre), par l'av. Luísa Todi (suivre la signalisation pour la pousada*) - 9h-23h - gratuit.*
Dominant la ville, cette forteresse est en partie occupée par l'une des plus belles *pousadas* du Portugal *(voir « Hébergement », p. 224)*. Elle fut construite en 1590 sur l'initiative du roi Philippe II d'Espagne pour contenir l'hostilité des habitants de Setúbal, opposés à la domination espagnole, et empêcher les Anglais de s'installer à Tróia ; elle est dotée de glacis et de bastions à redans à la Vauban.
Franchissez un passage voûté et admirez dans la chapelle les azulejos du 18e s., œuvre du célèbre Policarpo de Oliveira Bernardes, qui évoquent la vie de saint Philippe.
Du haut des remparts, **panorama★** très étendu : à l'est sur le port et les chantiers navals, la baie du Sado et la presqu'île de Tróia ; au nord-ouest sur le château de Palmela ; à l'ouest et au sud sur la serra da Arrábida.

Péninsule de Tróia
Par le bac – *20mn de traversée - ✆ 265 23 51 01 - www.troiaresort.com - dép. au port de commerce (2,50 €/pers., 11 € par voiture) - pour les piétons, départ du Jardim Luís da Fonseca ttes les 30mn.*
Par la route – *98 km jusqu'à Tróia - contournez l'embouchure du rio Sado par la N 10, la N 5, la N 253 et la N 253-1.*
Cette immense langue de sable (17 km), bordée de dunes et boisée de pins, barre l'estuaire du Sado. Ses côtes nord et ouest, objet d'un vaste aménagement touristique, concentrent hôtels et grands immeubles qui défigurent le paysage.

LA FIN ET LES MOYENS

En 1484, un an après l'exécution du duc de Bragance, le roi **Jean II** apprend l'existence d'un nouveau complot destiné à le renverser au profit du duc de Viseu, frère de la reine. En août, revenant d'Alcácer do Sal à Setúbal, il déjoue une embuscade qui lui était tendue sur le Sado. Aussitôt arrivé à Setúbal, il convoque le duc de Viseu, le reçoit dans sa chambre où il le poignarde. L'évêque d'Évora, **Dom Garcia de Meneses**, instigateur du complot, est emprisonné au château de Palmela, dans une citerne située sous le donjon. Il y meurt quelques jours après, probablement empoisonné.

Au-delà s'ouvre la réserve naturelle de l'estuaire : plus de 14 500 ha de marais salants, rizières et pinèdes où nichent une centaine d'espèces d'oiseaux (flamants roses, hérons, cigognes…). La lagune accueille aussi une trentaine de **dauphins** *(voir « Activités », p. 225)*.

Ruines romaines de Cetóbriga – *À 4 km à pied de l'embarcadère ou 2,5 km par un chemin sablonneux, mais praticable en voiture, à partir de la N 253-1.* Dans un site agréable au bord de la lagune, quelques vestiges de la cité romaine de Cœtobriga, détruite par un raz-de-marée au début du 5e s., ont été mis au jour. On peut y voir un ensemble de salaison des poissons, une sépulture, les ruines d'un temple orné de fresques et des thermes.

Circuit conseillé Carte de la serra da Arrábida p. 221

Au départ de Setúbal, circuit violet de 140 km à travers la serra de Arrábida, tracé sur la carte – Comptez env. une demi-journée. Quittez Setúbal au nord par la N 252 et prenez, avant l'autoroute, la N 379 à gauche.

★ Palmela

Ce pittoresque bourg blanc s'étage sur le versant nord de la serra da Arrábida, au pied d'une butte coiffée d'un château impressionnant.

★ **Château** – *Suivez la signalisation « pousada » et laissez la voiture sur le terre-plein extérieur - 9h30-18h (été 20h) - gratuit.* Le château, en partie aménagé en *pousada*, domine la campagne environnante.

Ce piton rocheux, site stratégique situé à mi-chemin entre les embouchures du Tage et du Sado, fut à l'origine occupé par les Maures ; il subsiste de cette époque une deuxième ligne de fortifications assez rudimentaires. Les chrétiens le prirent au 12e s. et en firent au 14e s. le siège de l'ordre de St-Jacques. À la fin du 17e s. fut érigé un ensemble de défense inspiré du système de Vauban. Lors de la visite, en prenant à gauche, on passe près des vestiges d'une ancienne mosquée transformée en église (Santa Maria), qui fut détruite lors du tremblement de terre de 1755. On atteint enfin le donjon et la place d'armes qui datent de la fin du 14e s. ; le sous-sol est occupé par la citerne qui fut fatale à l'évêque d'Évora *(voir encadré ci-dessus)*.

Du haut du donjon *(64 marches)*, très jolie **vue★** : à l'ouest sur la serra da Arrábida ; au sud sur un alignement de moulins à vent, Setúbal, la presqu'île de Tróia et l'Atlantique ; à l'est sur la plaine de l'Alentejo ; au nord sur les toits de Palmela et, dans le lointain, Lisbonne et la serra de Sintra, par temps clair.

L'extrémité ouest du château est occupée par l'**église Sant'Iago** et son **couvent** édifiés au 15e s. par les chevaliers de St-Jacques qui s'étaient installés dans le château en 1186. L'église est une construction d'une grande simplicité aux belles proportions ; la voûte romane en berceau se prolonge par un chœur gothique. Les murs sont tapissés d'azulejos qui datent du 16e s.

dans le chœur, et du 18e s. dans la nef. Remarquez, sur le sol, le blason sculpté de l'ordre des chevaliers de St-Jacques et, dans un enfeu manuélin du bas-côté gauche, le tombeau de Georges de Lancastre, fils naturel du roi Jean II et dernier maître de l'ordre.

Église São Pedro – *Mar.-sam. 9h30-18h (été 20h).* Elle est située dans la partie haute de la ville, au pied du château. Cette église du 18e s. renferme des **azulejos★** illustrant des scènes de la vie de saint Pierre ; remarquez dans le bas-côté droit la pêche miraculeuse, le Christ marchant sur les eaux et la crucifixion de saint Pierre.

Continuez la N 379 puis, à Vendas, prenez à gauche la N 10 en dir. de Setúbal. À la sortie de la localité, à gauche de la route, en face de la gare routière (Rodoviária Nacional), se trouve le domaine de Bacalhoa.

★ Domaine de Bacalhoa (Quinta da Bacalhoa)

Estrada Nacional 10, Vila Nogueira de Azeitão - ✆ 212 19 80 60 - www.bacalhoa.com - lun.-jeu. 9h-18h, vend. 9h-12h30 - fermé w.-end et j. fériés - visite guidée (1h), réserv. recommandée - 6 €. Cette résidence seigneuriale de la fin du 15e s., réaménagée au début du siècle suivant par le fils d'Afonso de Albuquerque, vice-roi des Indes, présente des éléments architecturaux de style à la fois Renaissance et mauresque, et une riche décoration d'**azulejos★**.

Dans le **manoir**, une élégante loggia donnant sur les jardins est ornée de panneaux d'azulejos polychromes représentant des allégories de grands fleuves : le Douro, le Nil, le Danube, l'Euphrate, etc.

La *quinta* produit son vin à partir des vignes qui occupent une partie des splendides **jardins**. L'un d'eux est inspiré d'aménagements français du 16e s. : les buis taillés alternent avec les fontaines à figures mythologiques. Le jardin potager, où s'épanouissent mandariniers, noyers, cinéraires, bambous, se termine par un joli pavillon de repos se mirant dans l'eau d'un bassin : à l'intérieur, les murs sont revêtus d'azulejos espagnols à dessins géométriques, mais on remarquera surtout le panneau d'influence florentine représentant

Suzanne et les vieillards★ (1565), connu comme le plus ancien panneau figuratif du Portugal. On achève la visite en longeant une galerie du 15e s. décorée de bustes.

Tournant le dos à Setúbal, la N 10 conduit à Vila Nogueira de Azeitão, à travers vergers et vignobles.

Vila Nogueira de Azeitão

Ce riche bourg agricole, entouré de belles *quintas*, est célèbre pour son *moscatel* (muscat) et son fromage de brebis. La rue principale est bordée de jolies fontaines baroques et d'élégants bâtiments et jardins abritant la **maison viticole José Maria da Fonseca** qui produit du *moscatel* depuis 1834. *☏ 212 19 89 40/59 - www.jmf.pt - fermé j. fériés - dégustation sur RV - gratuit.*

Prenez la N 379 jusqu'au bout.

★ Cap Espichel (Cabo Espichel)

Formant la pointe sud de la serra da Arrábida, le cap Espichel est un véritable « finistère » violemment balayé par le vent. Vous serez frappé par l'atmosphère des lieux, sorte de bout du monde désolé, en particulier les jours de brume. Une place immense totalement vide est entourée de bâtiments à arcades, à l'abandon pour la plupart. Ces derniers ont été érigés au 18e s. par des pèlerins. Au fond se dresse le sanctuaire de style classique (17e s.) de **Notre-Dame-du-Cap** (Nossa Senhora do Cabo), qui présente un intérieur baroque décoré de nombreux bois dorés. Depuis le 13e s., c'est un lieu de pèlerinage fréquenté. *Oct.-mai : 9h30-13h30, 14h30-17h ; juin-sept. : 9h30-13h30, 14h30-18h30.*

Contournez le sanctuaire et avancez jusqu'au parapet sur le bord de la falaise.

La falaise domine l'Océan en un à-pic de plus de 100 m. À 50 m vers l'ouest, en contrebas d'une chapelle ornée d'azulejos, s'étend une petite **crique**.

Rebroussez chemin par la N 379 jusqu'à Santana, et prenez à droite la N 378.

VICTOIRE !

Au large du cap Espichel, **Dom Fuas Roupinho**, qui s'était déjà distingué auprès du roi Alphonse Ier dans la lutte contre les Maures, remporta sur ceux-ci, en 1180, une brillante victoire navale : malgré leur inexpérience dans ce genre de combat, les marins portugais réussirent à capturer plusieurs navires ennemis.

Sesimbra

Nichée dans une anse au pied du versant sud de la serra da Arrábida, cette ville de plus de 25 000 habitants occupe un site agréable, et sa plage aux eaux limpides est très appréciée des Lisboètes, comme en témoignent les innombrables voitures à l'affût d'une place de stationnement, en particulier le week-end. C'est un paradis pour la pêche sportive à l'espadon qui exerce une certaine concurrence à la pêche traditionnelle, principale activité de la ville.

Ville – Le petit port de pêche est devenu une station balnéaire très fréquentée, et de nombreuses constructions modernes entourent le centre qui conserve ses rues escarpées, parfois coupées de marches, dévalant vers la plage. Le long de ces rues pittoresques, le linge sèche parfois en compagnie de la pêche du jour. Sur le front de mer, les restaurants, nombreux, proposent des poissons grillés et des fruits de mer.

À mi-pente, l'**église paroissiale** se distingue par sa chaire (17e s.) en marbre rose de la région et son arc triomphal aux motifs de style manuélin ; dans le chœur, du 18e s., se dresse un retable en bois doré.

Plage – Très animée pendant les week-ends et durant l'été, elle est, le reste du temps, surtout fréquentée par les pêcheurs qui, de part et d'autre du **fortin de Santiago**, viennent y démêler leurs lignes et leurs filets. Proche de la route, elle est bordée de restaurants spécialisés dans le poisson grillé et les fruits de mer.

★ **Port** – *1 km à l'ouest.* Il est adossé au pied de la falaise, à l'écart de l'agglomération. Son importante flottille de chalutiers, dont les proues sont décorées d'un œil ou d'une étoile, rapporte, matin et soir, des sardines, daurades, congres, poissons-épées, crustacés… qui sont vendus en partie à la criée.

Château – *6 km au nord-ouest par une route en forte montée.* Il occupe, au sommet d'une échine pelée, à plus de 200 m au-dessus de la mer, une position défensive stratégique que le premier roi du Portugal, Alphonse Henriques, réussit à enlever aux Maures dès 1165. De ses murailles crénelées qui enserrent le cimetière, belle **vue★** sur Sesimbra et son port.

À Santana, reprenez la N 379. 2,5 km avant Vila Nogueira de Azeitão, tournez à droite dans la N 379-1 en dir. d'Arrábida.

Après avoir traversé des paysages d'oliviers et de vignes, la route s'élève au milieu d'une végétation très dense. L'Océan apparaît en contrebas.

Suivez ensuite la signalisation pour Portinho.

★ Portinho da Arrábida

Au pied de la serra, l'anse de Portinho forme une courbe harmonieuse ourlée d'une magnifique plage de sable blanc bien abritée et très fréquentée le week-end. Un majestueux rocher émerge des eaux transparentes.

À l'entrée du village, le **fort de Santa Maria da Arrábida**, construit au 17e s. pour protéger la côte et le couvent proche des incursions pirates mauresques, abrite aujourd'hui un petit **Musée océanographique** (Museu Oceanográfico) *(℘ 212 18 97 91 - www.ccmar.ualg.pt - mar.-vend. 10h-16h, sam. 15h-18h - fermé j. fériés - 1,50 €)* où sont exposées de belles éponges et différentes espèces marines. Un escalier à gauche de l'entrée du fort mène à une grotte.

Reprenez la N 379-1 en laissant sur la droite la route de corniche inférieure.

★★ Route de la corniche (Estrada de Escarpa)

Suivant en partie la crête de la serra, cette route offre des vues sur les deux versants. On aperçoit d'abord à gauche le mont Formosinho (499 m), point culminant de la serra, et sur la droite le site de Portinho et l'estuaire du Sado. En contrebas, juchés à flanc de falaise entre les deux routes de corniche, s'élèvent le **couvent d'Arrábida**, fondé par les franciscains en 1542, récemment restauré, et plusieurs chapelles rondes dispersées dans la montagne. Un abaissement de la ligne de crête permet plusieurs échappées sur l'intérieur du pays, tandis que la presqu'île de Tróia se dessine sur l'Océan. La descente finale, qui passe à proximité d'une cimenterie et de sa cité ouvrière, fait apparaître Setúbal au fond de son golfe.

NOS ADRESSES DANS LA SERRA DA ARRÁBIDA

Les offices de tourisme sont répertoriés en début de chapitre.

TRANSPORTS

Train – Estação praça do Quebedo, au nord de la vieille ville. Liaisons fréquentes avec Lisbonne.

Bus – **Gare routière** - *Av. 5 de Outubro, 40 (au nord de la vieille ville) - ✆ 265 00 97 05*. Bus ttes les heures pour Lisbonne (stations praça da Espanha ou Oriente; 1h de trajet). Une dizaine de bus/j. pour Sesimbra.

HÉBERGEMENT

À Setúbal

POUR SE FAIRE PLAISIR

Há Mar ao Luar – *Alto São Filipe - ✆ 265 22 09 01 - www.hamaraoluar.com - 4 ch. 70/130 €* ☕. Cette maison d'hôte sur la colline propose 2 appartements décorés avec beaucoup de goût, équipés chacun d'une kitchenette et d'un salon-TV. De la terrasse donnant sur le jardin, vue superbe sur la mer. Mais le vrai « plus » de l'endroit, c'est l'antique moulin couleur abricot à la séduisante déco marine. Salon et salle à manger-cuisine au rdc, chambre ronde avec sdb à l'étage : parfait pour roucouler en amoureux.

Quinta do Patrício – *Estrada do Castelo de São Filipe - ✆ 265 55 04 75 - www.quintadopatricio.com - 🏊 - 2 ch. 120/130 €* ☕. Superbe propriété sur la colline, près du château, avec vue dégagée sur la mer et le port. Une chambre dans la maison principale, une autre dans un ancien moulin à vent, et un appartement indépendant.

UNE FOLIE

Pousada de São Filipe – *Castelo de São Filipe - ✆ 265 55 00 70 - www.pousadas.pt - 16 ch. 170/200 €* ☕. Cette *pousada*, installée à l'intérieur des murailles de l'ancienne forteresse, domine la péninsule de Tróia.

À Palmela

Residêncial Varandazul – *R. Hermenegildo Capelo, 3 - ✆ 212 33 14 51 - www.varandazul.pt - 17 ch. 40 € - ☕ 5 €*. Au bas de la vieille ville, un petit hôtel bleu aux chambres impeccables. Évitez celles qui donnent côté rue. Restaurant sur le trottoir d'en face : bonne table à prix corrects.

RESTAURATION

À Setúbal

BUDGET MOYEN

O Beco – *Largo da Misericórdia, 24 - ✆ 265 52 46 17 - 12h-15h30, 19h-22h30 sf dim. soir et mar. - 15/25 €*. Au cœur de la vieille ville, une taverne plutôt chic qui propose une cuisine portugaise classique.

À Comporta (estuaire du Sado)

BUDGET MOYEN

Museu do Arroz – *Au sud de la péninsule de Tróia : accès par la route, ou par le bac puis 17 km depuis Tróia (voir p. 219) - ✆ 265 49 75 55 - 12h30-16h, 19h30-22h sf lun. - 20/30 €*. Avant le village, cette usine de traitement du riz a été transformée en restaurant spécialisé dans le riz local ! En entrée : *bolinhos de arroz*, boulettes de riz frit avec de la viande et des poivrons. Puis croquettes de morue à la menthe et *arroz cabidela* (riz au sang de poulet). Et pour finir, un riz au lait !

À Sesimbra

PREMIER PRIX

Casa Isaías – *R. Coronel Barreto, 2 - ✆ 914 57 43 73 - fermé dim. - 8/12 €.* Une petite tasca populaire tenue par un barbu débonnaire. Le poisson, qui vient d'être pêché, est exposé sur le comptoir : bar, sole, daurade, espadon. Une fois choisi et pesé, en avant la grillade !

BUDGET MOYEN

Padaria – *R. da Paz, 5 - ✆ 212 28 03 81 - fermé lun. en hiver - 20/25 €.* Ce bar-restaurant doté d'une terrasse et installé dans une ancienne boulangerie propose une carte inventive : magret de canard sauce miel-citron, filet de lotte en croûte d'olive sur légumes confits… Excellents desserts.

À Vila Nogueira de Azeitão

BUDGET MOYEN

Azeitão – *Praça da República, 8 - ✆ 212 18 83 10 - www.restauranteazeitao.com - fermé le jeu. en hiver - 20/25 €.* Bonne table gastronomique dans un cadre raffiné. Prix raisonnables. Excellente carte de vins régionaux. Menu déjeuner en semaine à 15 €.

ACTIVITÉS

Tróia Cruze – *R. das Barrocas, 34 - ✆ 265 22 84 82/962 40 59 33 - www.troiacruze.com.* Embarquez à la rencontre des dauphins à bord d'un *galeão do sal*, bateau à voile en bois qui transportait jadis le sel jusqu'à Lisbonne.

AGENDA

À Setúbal

Feira de Santiago – *Dernière sem. de juil. et 1re sem. d'août.* Gastronomie, folklore et touradas.

Festival de Nossa Senhora de Tróia – *1er w.-end d'août.* Procession navale.

À Palmela

Festa das Vindimas – *Sept.* Vendanges en costumes traditionnels.

À Sesimbra

Festa do « Senhor das Chagas » – *3-5 mai, avec procession le 4 mai.* Fête des pêcheurs.

1

L'Ouest et la vallée du Tage 2

Carte Michelin National 733

A Praia, l'immense plage de Nazaré.

J. A. Moreno/age fotostock

L'OUEST ET LA VALLÉE DU TAGE
0
20 km
N
A
B
AVEIRO
1
2
3
ALMADA BARREIRO
SETÚBAL
ATLÂNTICO
OCEANO
Pinhal de Leiria
Marinha Grande
Leiria
BATALHA
LEIRIA
Nazaré
Porto do Mó
Alvados
Alcobaça
São Martinho do Porto
Parque Natural das Serras de Aire e Candeeiros
Berlenga
Aldeia dos Pescadores
Foz do Arelho
Praia do Rei Cortiço
Caldas da Rainha
Papoa
Baleal
Remédios
Lagoa de Óbidos
Cabo Carvoeiro
Óbidos
Peniche
Consolação
LISBOA
Cartaxo
205
Mte Gordo
Vila Franca de Xira
Alverca do Ribatejo
TEJO
RIO
P.N.
Peninha
Sintra-Cascais
LISBOA
A 8 - IC 1
A 19
N 8
IC 2
N 360
A 15 - IP 6
IP 6
N 1 - IC 2
N 366
N 1
A 1 - IP 1
N 247
N 9
N 3
A 10 - IC 2
A 21
A 9
N 10
A 13 - IC 11
A 16
A 12 - IP 1
A 5

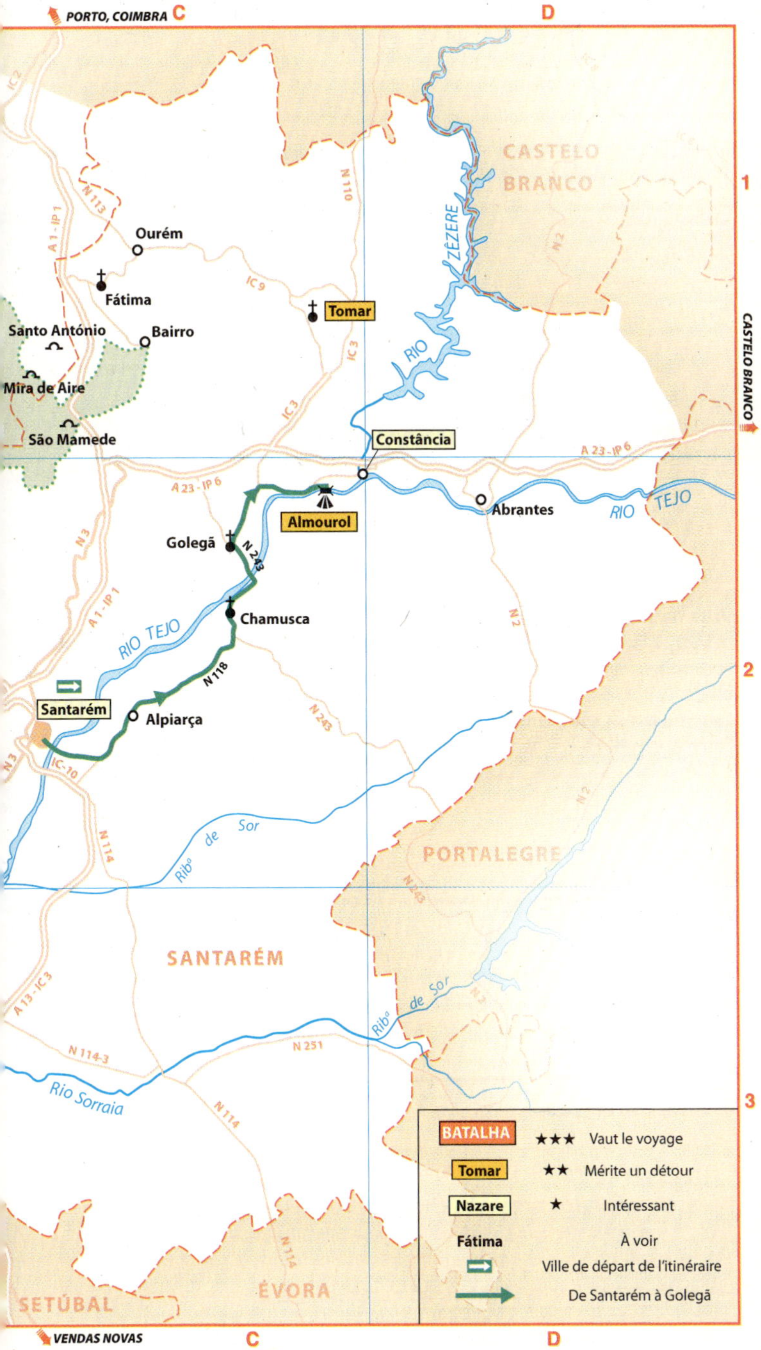

PORTO, COIMBRA
C
D
1
2
3
CASTELO BRANCO
CASTELO BRANCO
Ourém
Fátima
Tomar
Santo António
Bairro
Mira de Aire
São Mamede
Constância
RIO ZÊZERE
A 23 - IP 6
Almourol
Abrantes
RIO TEJO
Golegã
N 243
Chamusca
RIO TEJO
N 118
Santarém
Alpiarça
N 243
N 2
N 3
A1 - IP1
N 110
IC 9
IC 3
N 113
IC-10
N 114
Ribª de Sor
PORTALEGRE
SANTARÉM
A 13 - IC3
N 114-3
N 251
Rio Sorraia
N 114
SETÚBAL
ÉVORA
VENDAS NOVAS
C
D
BATALHA ★★★ Vaut le voyage
Tomar ★★ Mérite un détour
Nazare ★ Intéressant
Fátima À voir
Ville de départ de l'itinéraire
De Santarém à Golegã

Vila Franca de Xira

136 510 habitants – District de Lisbonne

NOS ADRESSES PAGE 231

S'INFORMER
Posto de turismo – *Praça Afonso de Albuquerque, 12 - ☎ 263 28 56 05 - www.cm-vfxira.pt - lun.-vend. 10h-12h, 14h-18h, sam. 10h-13h.*

SE REPÉRER
Carte de région p. 228-229 – *Carte Michelin 733 P3.* À 37 km au nord de Lisbonne.

À NE PAS MANQUER
Une *tourada*; le belvédère de Monte Gordo.

ORGANISER SON TEMPS
Une demi-journée suffit. Venez l'après-midi pour assister à une *tourada*.

AVEC LES ENFANTS
Les centres équestres de Lezíria Grande et Morgado Lusitano.

Ville de la plaine ribatejane, Vila Franca de Xira est, avec Santarém, le principal centre taurin et équestre du Portugal. On y pratique la tauromachie à pied et à cheval. Plutôt morne et entourée de zones industrielles, cette cité proche de Lisbonne s'anime en juillet, durant la fête taurine du « Colete Encarnado » (le gilet rouge), et en octobre lors de la foire annuelle.

Se promener

Arènes

À la sortie sud de la ville, sur la route de Lisbonne (N 1).

Les *aficionados* se réunissent aux arènes « Palha Blanco » pour admirer les cavaliers tauromachiques, les fameux *forcados*. Construites en 1901, elles abritent également le **Musée ethnographique**. *☎ 263 27 30 57 - mar.-vend. 10h-12h30, 14h-18h - fermé j. fériés et les deux premières semaines d'août - gratuit.* Vous pourrez y admirer des peintures, des dessins, des photos et des sculptures ayant trait à la région et à ses traditions – l'art tauromachique, la pêche sur le Tage – et surtout des costumes traditionnels des 18e et 19e s. (pêcheurs, paysans, éleveurs, *campinos*).

UN CENTRE TAURIN

Les taureaux de corridas et les chevaux lusitaniens (*voir p. 111*) sont élevés dans les vastes prairies de la rive gauche du Tage, de l'autre côté de la ville. Le premier week-end de juillet, avant les *touradas*, ont lieu plusieurs « lâchers de taureaux » dans les rues de la cité : les bêtes sont encadrées jusqu'aux arènes par les *campinos* (gardiens de troupeaux), habillés de gilets rouges. Danses folkloriques, banquets en plein air (sardines grillées) et parfois régates sur le Tage complètent les réjouissances.

Belvédère (Miradouro) **de Monte Gordo**

3 km au nord par la r. Monte Gordo passant sous l'autoroute, puis par une route en forte montée. Du belvédère aménagé entre deux moulins, au sommet de la colline, on découvre un vaste **panorama** : à l'ouest et au nord sur les autres collines couvertes de bois et de vignobles, d'où émergent des *quintas* ; à l'est sur la plaine ribatejane que rejoint le pont de Vila Franca jeté sur le Tage ; au sud sur les deux premières îles de l'estuaire du fleuve.

À proximité

La route nationale reliant Vila Franca de Xira à Lisbonne, très engorgée, est bordée de zones industrielles sans intérêt.

Alverca do Ribatejo

8 km au sud-ouest par la N 1, puis suivez la signalisation. Sur l'aérodrome militaire, le **musée de l'Air** (Museu do Ar) évoque le passé aérien du pays à travers photos, documents d'archives et, surtout, d'authentiques avions anciens et des répliques comme celles du *Blériot XI*, du *Demoiselle XX* (1908) de Santos-Dumont ou de l'hydravion *Santa Cruz* (1920) qui fut le premier à effectuer la traversée de l'Atlantique sud. *219 58 27 82 - www.emfa.pt/www/po/musar/ - mar.-dim. 10h-17h (juil.-sept. 10h-18h) - fermé 1er janv., dim. de Pâques, 24 et 25 déc. - 3 €.*

NOS ADRESSES À VILA FRANCA DE XIRA

INFORMATIONS UTILES

Les offices de tourisme sont répertoriés en début de chapitre.

RESTAURATION

POUR SE FAIRE PLAISIR

O Redondel – *Praça de Touros - 263 27 29 73 - www.restauranteoredondel.com - 12h-15h30, 19h30-23h sf lun. - env. 30 €.* Avec sa salle courbée nichée sous les tribunes, l'« Arène » est une institution à Vila Franca de Xira. Sous les voûtes en brique rouge, une cuisine délicate et un service soigné : savoureux bifteck de vache à l'huile d'olive, ragoût d'anguilles, sole meunière et alléchant plateau de desserts. Calendrier des *touradas* à l'entrée.

ACTIVITÉS

Touradas – Vente des billets dans l'arène de « Palha Blanco » à partir d'une semaine avant la *tourada*. Début des courses variable *(de 17h à 22h)*.

Centres équestres

Centro Equestre da Lezíria Grande – *À la sortie de Vila Franca (3 km du centre), sur la N 1 en dir. de Carregado - 263 28 51 60 - www.celg.pt - fermé lun.* Ce centre a été créé par Luís Valença, qui enseigne l'art équestre portugais à des cavaliers du monde entier. Les noms des chevaux les plus célèbres sont inscrits sur des azulejos au-dessus de leurs box. Agréable restaurant ouvert à midi.

À Alverca do Ribatejo

Centro Equestre Morgado Lusitano – *Quinta da Portela - Cabeço da Rosa (sur la N 10 dir. Lisbonne, prendre à droite la N 116) - 219 93 65 20 - www.morgadolusitano.pt - fermé lun.* Comme le précédent, ce centre élève des chevaux lusitaniens et entraîne des cavaliers. Formules de 3 et 7 j. avec hébergement.

Santarém

★

62 162 habitants – District de Santarém

NOS ADRESSES PAGE 237

S'INFORMER

Posto de turismo – *R. Capelo Ivens, 63 - ☎ 243 30 44 37 - www.cm-santarem.pt - lun. 9h-12h30, 14h-17h30, mar.-vend. 9h-19h, w.-end et j. fériés 10h-12h30, 14h30-17h30.*

Região de Turismo – *Campo Infante da Câmara - Casa do Campino - ☎ 243 33 03 30 - www.turismolisboavaledotejo.pt.*

SE REPÉRER

Carte de région p. 228-229 – Plan de Santarém ci-contre – *Carte Michelin 733 O3.* À 78 km au nord-est de Lisbonne.

À NE PAS MANQUER

Une *tourada* ; la vieille ville.

ORGANISER SON TEMPS

Visitez Santarém l'après-midi pour pouvoir assister à une *tourada*. Pour le circuit, comptez une demi-journée en incluant les visites.

Injustement méconnue, la capitale provinciale du Ribatejo veille sur la plaine du haut de son promontoire stratégique. Cet important centre agricole occupe une colline de la rive droite du Tage. Centre taurin et équestre réputé, capitale de la tauromachie portugaise, avec Vila Franca de Xira, la ville s'anime lors des grandes « feiras » et des « touradas ». Ses ruelles animées cachent de nombreuses églises aux intérieurs insoupçonnés et toute la région jusqu'à Golegã s'occupe avec la plus grande attention de ses élevages de chevaux et de taureaux. Proche de Lisbonne, elle constitue ainsi une belle excursion journalière.

Se promener Plan de ville

Circuit tracé en vert sur le plan de ville (ci-contre) – Comptez env. 3h.

★★ VIEILLE VILLE

Le centre historique, avec ses nombreux monuments gothiques et ses ruelles tranquilles entrecoupées d'escaliers, offre une agréable promenade.

★ Église do Seminário

Praça Sá da Bandeira. La façade baroque (fin 18e s.) de cet ancien collège jésuite est caractérisée par la superposition de plusieurs étages,

SAINTE IRÈNE

Religieuse dans un couvent situé près de Tomar, elle fut assassinée en 653 par le moine Remigo dont elle avait repoussé les avances. Son corps, jeté dans le Tage, vint échouer devant l'ancienne cité de Scalabis. Le roi des Wisigoths, converti au catholicisme, donna à la ville le nom de sainte Irène ou Santarém.

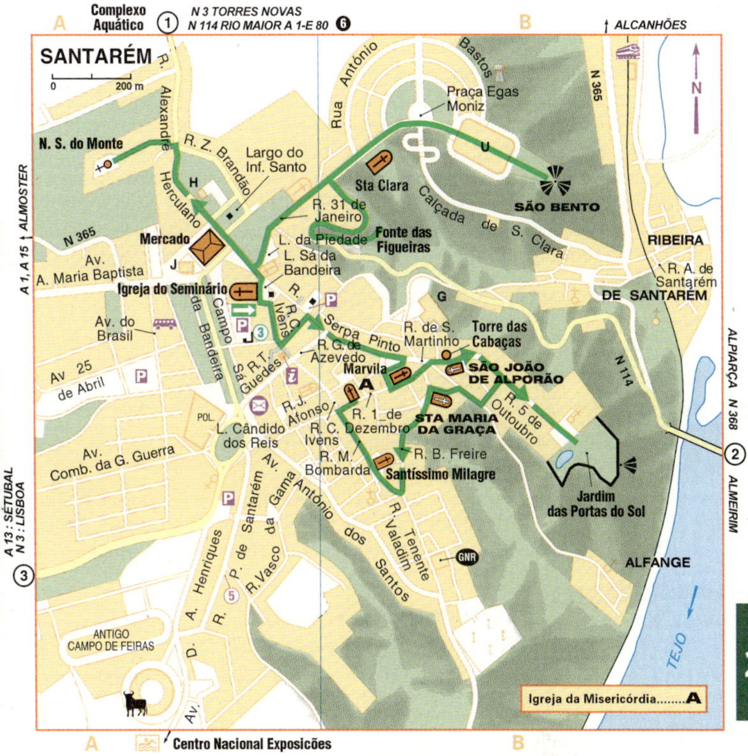

SE LOGER	SE RESTAURER
Residencial Muralha........................ 3	Taberna do Quinzena.................................. 5

soulignés par des corniches et percés de fenêtres et de niches. Celles-ci abritent les statues de saints de la Compagnie de Jésus (Ignace, François Xavier, François de Borgia, Stanislas), dont le symbole (chrisme) est placé au-dessus de la porte principale. Le fronton curviligne est flanqué de lourdes volutes et de pyramides. L'**intérieur** reste austère malgré les incrustations de marbre qui décorent pilastres et autel. La nef unique, typique de l'architecture jésuite, est couverte d'un plafond peint représentant, au centre, l'Immaculée Conception et, dans les angles, les activités des jésuites sur les continents évangélisés.

Dans le vestibule de l'ancien couvent *(entrée à droite de l'église)*, on verra le départ de la frise d'azulejos (18e s.) qui parcourt les couloirs de l'édifice.

★ Église de Marvila

Praça Visconde Serrado Pílar. Cette église fut fondée au 12e s. par le roi Alphonse Henriques après la conquête de Santarém sur les Maures, en 1147. Remaniée au 16e s., elle arbore un élégant portail manuélin. L'intérieur est tapissé d'azulejos. Les plus intéressants, datant de 1620 et de 1635, sont des azulejos dits *tapete* (tapis), aux motifs végétaux polychromes. Remarquez les éléments manuélins des trois chapelles et l'autel baroque en bois doré.

★ Église São João de Alporão - Musée archéologique

(Núcleo Museológico de Arte e Arqueologia São João de Alporão)
L. Zeferino Sarmento - en raison de son exiguïté, le musée organise des expositions thématiques; les pièces exposées changent régulièrement - ✆ 243 30 44 68 - www.museu-santarem.org - merc.-dim. 9h-12h30, 14h-17h30 - fermé j. fériés - gratuit.
Cette église romano-gothique abrite des collections archéologiques. À gauche de l'entrée, le beau **cénotaphe** de Duarte de Meneses, comte de Viana, de style gothique flamboyant, a été édifié au 15e s. par sa femme pour accueillir une dent, seul reste de la dépouille de son mari tué par les Maures en Afrique. À gauche de l'entrée, joli balcon de pierre ciselé par Mateus Fernandes.

Tour des Calebasses (Torre das Cabaças)

Mêmes horaires que ci-dessus - 1 €.
Du sommet de cette tour, vestige de l'ancienne muraille médiévale, face à l'église São João de Alporão, belle **vue** sur l'ensemble de la ville. Sa cloche rythmait autrefois la vie de la cité. À l'intérieur a été aménagé un musée du Temps.

Jardin des Portes du Soleil (Jardim das Portas do Sol)

Au bout de l'av. 5 de Outubro.
La muraille percée de la porte du Soleil a donné son nom à ce paisible jardin, qui dispose d'un kiosque et d'une agréable buvette. Il offre une **vue★★** splendide sur la plaine et le Tage, qui dessine en contrebas une large boucle.

★ Église da Graça

Largo Pedro Álvares Cabral - 9h-12h30, 14h-17h30 - fermé j. fériés.
Cette église gothique, édifiée en 1380, exhibe une belle façade flamboyante percée d'une jolie rose, finement ciselée dans un seul bloc de pierre. Une restauration a rendu la pureté de ses lignes à la magnifique **nef** principale. L'église abrite plusieurs tombeaux, dont celui de Dom Pedro de Meneses (15e s.), premier gouverneur de Ceuta, dans le bras droit du transept. Reposant sur huit lions, le tombeau, qui porte les gisants du comte et de sa femme, est ouvragé de feuillages et de blasons. Sur le sol de l'absidiole de droite se trouve la plaque funéraire du navigateur Pedro Álvares Cabral, qui découvrit le Brésil en 1500. Sa statue trône devant l'église, sur le largo Álvares Cabral. Dans la chapelle du collatéral droit, un panneau d'azulejos du 18e s. représente saint Jean-Baptiste entre sainte Rita et saint François.
À côté de l'église, la **Casa do Brasil** *(✆ 243 30 92 50)* est un petit centre culturel et d'expositions dédié au Brésil.

Église do Santíssimo Milagre

R. Braamcamp Freire. Cette église, lieu d'une grande dévotion, fut fondée au 14e s., puis remaniée à plusieurs reprises. Elle contient dans un tabernacle l'hostie qui en 1247 se serait transformée en sang du Christ.

Église da Misericórdia

R. 1º de Dezembro - horaires variables (rens. à l'office de tourisme). Cette église du 16e s., reconstruite après le tremblement de terre de 1755, présente une façade baroque. L'intérieur arbore une élégante voûte nervurée soutenue par des colonnes toscanes attribuées à Miguel de Arruda.
Revenez vers la Praça Sá da Bandeira pour gagner la partie nord de la ville.

ROYALE RÉSIDENCE

La position stratégique de la ville lui valut d'être, dès l'époque musulmane, le théâtre de nombreuses luttes. Reprise aux Maures en 1147 par Alphonse Ier Henriques, elle devint plus tard la résidence de plusieurs rois qui appréciaient son site et sa proximité avec Lisbonne.

Cérémonie de présentation des ***forcados***, les cavaliers tauromachiques.
Hidalgo & Lopesino/age fotostock

AU NORD DE LA VIEILLE VILLE

Église Santa Clara

Merc.-dim. 9h-12h30, 14h30-17h30 - fermé j. fériés.
Cette vaste église gothique faisait partie d'un couvent bâti au 13e s. L'absence de portail en façade accentue l'impression de nudité produite par l'extérieur de l'église. À l'intérieur, la nef centrale, étroite et longue de 72 m, s'achève par une jolie rosace qui surmonte le second tombeau (17e s.) de Dona Leonor, fondatrice du couvent. On voit également le premier tombeau (14e s.) de celle-ci : sur ses faces figurent des moines franciscains et des clarisses ; au pied, saint François recevant les stigmates ; au chevet, l'Annonciation. Admirez les fresques du 17e s.

★ Belvédère (Miradouro) de São Bento

Il déroule un vaste **panorama★** sur la plaine, que le Tage recouvre l'hiver de ses eaux fertilisantes, et sur Santarém, dont on distingue les principaux monuments.

Fontaine (Fonte) das Figueiras

Le porche de cette fontaine du 13e s., adossé à une muraille, est couronné de merlons pyramidaux.

★ Marché (Mercado)

Ses murs sont recouverts d'azulejos datant du début du siècle dernier.

Chapelle (Capela) Nossa Senhora do Monte

Horaires variables (rens. à l'office de tourisme). Au centre d'une place en forme de fer à cheval, cette façade du 16e s. est bordée sur deux côtés d'une galerie à arcades dont les chapiteaux sont ornés de feuillages et de têtes d'angelots. Au chevet, statue de la Vierge du 16e s.

À proximité Carte de région p. 228-229

Cartaxo

13 km au sud de Santarém. Sortez de Santarém en suivant la N 3.

Musée rural et du Vin (Museu Rural e do Vinho) – *243 70 12 57 - www.cm-cartaxo.pt - mar.-vend. 10h30-12h30, 15h-17h30, w.-end et j. fériés 9h30-12h30, 15h-17h30 - 1,20 €.* Cet intéressant musée occupe une *quinta* du 19e s. Il accueille une grande quantité d'instruments et d'outils qui permettent de suivre l'évolution des techniques de vinification. Une partie est consacrée au *campino* (gardien), aux chevaux et aux taureaux du Ribatejo. Pour clore agréablement la visite, dégustez les fameux vins du Cartaxo dans la petite taverne de la *quinta*.

Circuit conseillé Carte de région p. 228-229

Circuit vert de 72 km AR tracé sur la carte de région – Comptez une demi-journée. Cet itinéraire longe le Tage et la plaine fertile du Ribatejo. Quittez Santarém vers l'ouest par la N 368, puis prenez à gauche la N 118.

DE SANTARÉM À GOLEGÃ

Alpiarça

À la lisière de cette bourgade agricole située en contrebas de Santarém, sur l'autre rive du Tage, s'élève un manoir.

★ **Casa dos Patudos** – *243 55 83 21 - visite guidée (1h30) avr.-sept. : mar.-dim. 10h-12h, 14h-18h ; oct.-mars : mar.-dim. 10h-12h30, 14h-17h30 (dernière entrée 1h av. fermeture) - fermé dim. de Pâques, 1er Mai et 25 déc. - 2,50 €.* Cette demeure, construite entre 1905 et 1909 par l'architecte portugais Raúl Lino, appartenait à José Relvas (1858-1929), homme d'État et grand amateur d'art, qui y avait réuni une remarquable collection. À sa mort, le manoir devint un musée, qui abrite en particulier au premier étage un magnifique ensemble de **tapisseries★** du 17e au 19e s. : plus de 40 tapis d'Arraiolos (dont un, unique, brodé de soie, datant de 1762), tapis de soie indo-portugais, couvre-lits de Castelo Branco, tapisseries d'Aubusson. À découvrir également : une riche collection de **faïences et porcelaines★** portugaises, françaises, allemandes et orientales, dont une partie constitue le plaisant décor de la salle à manger.

Dans la galerie des primitifs, d'intéressantes peintures luso-flamandes du 16e s. et une belle œuvre italienne représentant la Vierge à l'Enfant. Plusieurs salles illustrent l'art portugais au 19e s. : nombreuses peintures portugaises (toiles de Josefa de Óbidos, de Silva Porto, portraits de la famille de José Relvas par Malhoa, etc.) et sculptures de Soares dos Reis, Teixeira Lopes et Machado de Castro. Une salle est tapissée d'azulejos (18e s.) illustrant la vie de saint François d'Assise.

Continuez la N 118 sur 17,5 km.

Chamusca

Étirée en longueur, cette séduisante ville aux maisons basses ornées de frises et de fleurs est un centre tauromachique renommé abritant les arènes les plus anciennes du Ribatejo. Sur la hauteur, près du belvédère, la petite **chapelle Nossa Senhora do Pranto★** est entièrement tapissée de magnifiques azulejos des 17e et 18e s. *(demandez la clé à la gardienne).*

Reprenez la N 118 pendant 3,5 km, puis tournez à gauche dans la N 243.

Golegã

Situé sur la rive droite du Tage, Golegã, entouré de terres fertiles et verdoyantes, est un centre d'élevage de chevaux et de taureaux. La ville s'anime lors de sa grande foire annuelle consacrée au cheval, la **Feira Nacional do Cavalo**, qui se déroule autour de la Saint-Martin, pendant la première quinzaine de novembre. La saison tauromachique s'étend de Pâques à octobre. Golegã s'est aussi doté d'un complexe équestre moderne.

Église paroissiale – Construite au 16e s., cette église présente un magnifique **portail**★★ manuélin attribué à Boytac, l'architecte du monastère des Jerónimos de Belém. Dans le chœur, panneaux d'azulejos du 18e s.

Equuspolis – *R. D. João IV - ✆ 249 97 90 00 - www.cm-golega.pt - mar.-sam. 10h-12h30, 14h-18h - fermé j. fériés - 2 €.* Inauguré en 2005, ce vaste espace lumineux abrite un musée dédié à l'œuvre du peintre Martins Correia et une galerie d'expositions temporaires. Il propose aussi des films en 3D baptisés « Equus Virual », consacrés au monde du cheval.

Aux environs de la ville, la **Réserve naturelle do Paúl do Boquilobo**, vaste zone humide de près de 530 ha, inondée pendant une bonne partie de l'année, abrite une grande variété de plantes aquatiques, de cannaies et différentes espèces d'oiseaux, en particulier la plus importante colonie de hérons de la péninsule Ibérique.

De là, si vous avez le temps, vous pouvez rejoindre le château d'Almourol (voir « Abrantes », p. 282) ; sinon, retournez à Santarém.

NOS ADRESSES À SANTARÉM

2

INFORMATIONS UTILES

Les offices de tourisme sont répertoriés en début de chapitre.

HÉBERGEMENT

PREMIER PRIX

Residencial Muralha – *R. Pedro Canavarro, 12 - ✆ 243 32 23 99 - 16 ch. 40 €.* La « Muraille » jouxte l'un des derniers pans de rempart de la ville. Vous êtes ici comme dans un appartement, avec ses pièces décorées (un bureau avec une vieille machine à écrire, un salon-bar confortable et feutré) et ses chambres au mobilier rétro un peu désuet.

RESTAURATION

PREMIER PRIX

Taberna do Quinzena – *R. Pedro de Santarém, 93-95 - ✆ 243 32 28 04 - www.quinzena.com - 12h-22h sf dim. - réserv. conseillée.* Près des arènes, un repaire d'*aficionados* : les murs des trois salles sont couverts d'affiches des anciennes *touradas*, de photos de cavaliers et de dessins à la gloire de la course de taureaux. Grandes tables où l'on déguste grillades et cuisine régionale. L'enseigne possède non loin une petite sœur, « Taberna do Quinzena 2 » *(Cerca da Mecheira, 20)*.

ACTIVITÉS

Touradas – En saison *(juin-août)*, vente des billets dans l'arène (praça de Touros) le jour même de 10h à 17h. Début des courses variable *(de 17h à 22h)*.

AGENDA

Grande foire agricole – *1re quinz. de juin.*

Festival de gastronomie et d'artisanat – *2e quinz. d'oct.*

Óbidos

★★

11 689 habitants – District de Leiria

NOS ADRESSES PAGE 241

S'INFORMER

Posto de turismo – *En haut du village, en dehors de la muraille, près du grand parking - ✆ 262 95 92 31 - lun.-vend. 9h30-18h (19h30 en été), w.-end 9h30-14h30, 15h30-18h (19h30 en été).* Plan sommaire de la ville. Accès Internet gratuit.

Turismo do Oeste – *R. Direita, 45 - ✆ 262 95 50 60 - www.obidos.pt - lun.-vend. 10h13h, 14h-18h.* Antenne régionale.

SE REPÉRER

Carte de région p. 228-229 – *Carte Michelin 733 N2.* Au centre de la province d'Estremadura, Óbidos se trouve à 89 km au nord de Lisbonne, à 6 km au sud de Caldas da Rainha et à 27 km à l'ouest de Peniche.

SE GARER

Truffée d'impasses et de sens uniques, la vieille ville se visite à pied. Laissez la voiture à l'extérieur des remparts (grand parking payant en haut de la muraille).

À NE PAS MANQUER

Le tour des remparts.

ORGANISER SON TEMPS

La ville est très touristique : essayez d'arriver le plus tôt possible pour la découvrir avant l'arrivée des groupes venus en car. Prévoyez une demi-journée pour visiter Óbidos et, après le déjeuner, vous promener autour de la lagune.

AVEC LES ENFANTS

Se baigner à Foz do Arelho.

À l'abri d'une massive muraille crénelée, les maisons patinées d'Óbidos se serrent les unes contre les autres, formant un dédale de ruelles aux pavés irréguliers. Leurs façades blanchies à la chaux, aux arêtes peintes en jaune ou en bleu, dissimulent des patios luxuriants d'où s'échappent rosiers et bougainvilliers faussement indisciplinés. Apanage des reines depuis qu'Isabelle d'Aragon la reçut du roi Denis en cadeau de noces, en 1282, la cité ne semble avoir subi ni les outrages du temps ni ceux de la modernité. Le tour des remparts à pied constitue une promenade agréable et offre de belles perspectives sur cette cité compacte et bien restaurée, qui a su conserver son cachet médiéval malgré l'affluence touristique. Óbidos surveillait autrefois le littoral atlantique ; le comblement d'un ancien golfe marin et l'envasement de la rivière Arelho, en donnant naissance à une jolie lagune, l'a isolée du rivage dont elle se trouve aujourd'hui éloignée de 17 km.

Les ruelles piétonnes d'Óbidos.
Ph. Renault/hemis.fr

Se promener

2

Circuit au départ du haut de la muraille – Comptez 1h30.

★★ CITÉ MÉDIÉVALE

★ Rua Direita

Étroite, la rue principale d'Óbidos est occupée en son centre par un caniveau dallé et bordée de maisons blanches, fleuries de géraniums et de bougainvilliers, où se sont installés des magasins d'artisanat, des restaurants et des galeries d'art. Elle relie le château et la **Porta da Vila**, double porte en chicane dont l'intérieur est revêtu d'azulejos du 18e s.

Musée municipal – *262 95 50 10 - 10h-13h, 14h-18h - fermé 1er et 11 janv. (fête locale), dim. de Pâques et 25 déc. - 1,50 €.* Installé dans une jolie maison du 18e s., où résida le peintre portugais Eduardo Malta, ce musée comprend une centaine d'œuvres datant du 14e au 18e s. Il présente notamment une statue de saint Sébastien du 15e ou 16e s. et une pietà polychrome du 17e s. Une salle est également consacrée à deux peintres portugais du 16e s., Diogo Teixeira et Belchior de Matos. Malheureusement, le musée ne présente plus qu'une seule peinture de l'artiste **Josefa de Óbidos**.

JOSEFA DE ÓBIDOS

Née à Séville en 1634, Josefa de Ayala, plus connue sous le nom de Josefa de Óbidos, s'installe très jeune dans cette ville où elle demeure jusqu'à sa mort (1684). Ses peintures, aux tons indécis et au dessin estompé, sont empreintes d'une féminité ingénue qui confine parfois à la mièvrerie. Ses savoureuses natures mortes, aux riches couleurs, sont plus appréciées.

L'APANAGE DES REINES

Sitôt repris aux Maures en 1148 par Alphonse Henriques, Óbidos connut la fièvre de la reconstruction. Ses murailles consolidées, ses tours rebâties, ses ravissantes maisons blanches remises en état, la cité présentait déjà sa physionomie attrayante lorsque le roi Denis s'y rendit en 1282, accompagné de sa jeune épouse, Isabelle d'Aragon. Lors de la promesse de mariage, l'année précédente, celle-ci avait reçu Óbidos en présent et, jusqu'en 1833, les reines du Portugal l'eurent en apanage.

★ Praça Santa Maria

Cette jolie place en contrebas de la rue principale est entourée d'un marché couvert et de vieilles maisons.

Pilori – Surmontant une fontaine, le pilori du 15e s. porte les armes de la reine Leonor sur lesquelles figure un **filet** évoquant la noyade de son fils dans le Tage, à Santarém, en 1491. Le corps de l'infant fut ramené dans le filet d'un pêcheur à sa mère, épouse de Jean II, qui vint chercher l'apaisement à Óbidos.

Église Santa Maria – *Avr.-oct. : 9h30-12h30, 14h30-19h ; nov.-mars : 9h30-12h30, 14h30-17h.* En 1444, le jeune roi Alphonse V y épousa sa cousine Isabelle âgée de 8 ans. L'**intérieur★** présente des murs complètement recouverts d'azulejos bleus du 17e s. à grands motifs végétaux. Dans le chœur, on distingue dans un enfeu à gauche un **tombeau★** Renaissance, surmonté d'une pietà qu'accompagnent les saintes femmes, et Nicodème venant ensevelir le corps du Christ ; cette œuvre remarquable est attribuée à l'atelier de Nicolas Chanterene. Le retable du maître-autel est orné de tableaux de João da Costa.

Poursuivez jusqu'à l'extrémité de la rue principale pour atteindre les remparts. Suivez la signalisation pour la pousada.

★★ Remparts

Accès près de la Porta da Vila ou à proximité du château.

D'origine maure, ils ont été en partie reconstruits aux 12e, 13e et 16e s. La partie nord, la plus élevée, est occupée par le donjon et les hautes tours du château. Le tour par le chemin de ronde offre des **vues★★** très agréables sur la cité fortifiée, ses maisons blanches rehaussées de bleu ou de jaune, ainsi que sur les environs.

Château – Transformé en palais au 16e s., il présente une façade percée de fenêtres géminées manuélines à colonnes torses et un portail manuélin surmonté de deux sphères armillaires. Il abrite une *pousada*.

Voir aussi « ABC d'architecture », p. 89.

À proximité Carte de région p. 228-229

À la sortie de la ville, vous pourrez voir l'**aqueduc** datant du 16e s.

Sanctuaire Senhor da Pedra

Situé hors des remparts, à 1 km au nord de la ville, en bordure de l'ancienne route nationale. ☎ 262 95 99 45 - avr.-oct. : mar.-dim. 9h30-12h30, 14h30-19h ; nov.-mars : mar.-dim. 9h30-12h30, 14h30-17h.

C'est une construction baroque de plan hexagonal, édifiée de 1740 à 1747. Dans une vitrine au-dessus de l'autel se dresse une croix de pierre primitive datant du 2e ou 3e s. avec une étrange représentation d'un petit personnage

les bras en croix. Autour de la nef, des niches abritent plusieurs statues baroques d'apôtres.
Le carrosse qui se trouve dans le sanctuaire servait à transporter la statue de la Vierge de l'église Santa Maria d'Óbidos à l'église Nossa Senhora de Nazaré lors de la fête du 8 septembre.

Lagune d'Óbidos (Lagoa de Óbidos)
17 km – Env. 1h. Prenez la dir. de Peniche et, à Amoreira (ne pas entrer dans le village), tournez à droite vers le nord-ouest par la N 14 (dir. Lagoa de Óbidos).
La route donne accès à l'extrémité sud de la lagune, qu'elle contourne parmi les pins et les eucalyptus. On atteint ensuite un village de pêcheurs devenu une petite station balnéaire, **Aldeia dos Pescadores**, situé juste en retrait du chenal qui fait communiquer les eaux douces de la lagune et l'Océan. Agréable promenade à pied jusqu'aux plages atlantiques.
En face du chenal, on distingue **Foz do Arelho** *(possibilité de traverser la passe à pied ou à la nage, mais attention au courant parfois très fort selon les marées)*, jolie station balnéaire familiale, bien que très fréquentée l'été, placée entre le calme de la lagune et les embruns de l'Océan.
En restant côté sud, débute ici la très longue plage de sable de **Rei Cortiço** qui se prolonge jusqu'à la plage non moins rectiligne de Baleal, à l'est de Peniche *(voir p. 244)*.

NOS ADRESSES À ÓBIDOS

INFORMATIONS UTILES

Les offices de tourisme sont répertoriés en début de chapitre.
Internet – Casa do Pelourinho - *R. Direita, près du pilori - 262 95 55 37 - lun.-vend. 10h-19h - gratuit.*

TRANSPORTS

Bus – Arrêt au pied de la muraille, en bas des escaliers. Bus fréquents pour Nazaré, Peniche, Caldas da Rainha. Liaisons avec Lisbonne et Leiria.

HÉBERGEMENT

BUDGET MOYEN

Casa do Poço – *Travessa da rua Nova - 262 95 93 58 - casa.relogio@clix.pt - - P - 4 ch. 50/60 €* . Le charme de cette maison d'hôte réside dans sa fontaine en rocaille, sa petite terrasse ouverte sur les toits et la vue sur les remparts et le château. Chambres un peu sombres et étriquées. Petit-déjeuner servi dans une cuisine ancienne.
Casa do Rochedo – *R. do Jogo da Bola - 262 95 91 20 - casa.relogio@clix.pt - - 7 ch. 65/75 €* . Cette maison d'hôte adossée à la partie haute des remparts présente un atout de poids : une piscine avec vue panoramique sur le château, les remparts, les toits, les clochers du village et la vallée au loin ! Le charme de cette situation exceptionnelle l'emporte sur la décoration, pas toujours du meilleur goût.
Casa de S. Thiago do Castelo – *Largo de S. Tiago - 262 95 95 87 - www.casas-sthiago.com - P - 6 ch. 80/88€* . Sur la place du château, une petite grille surmontée d'une tonnelle donne accès à cette charmante maison d'hôte du 18e s. décorée de meubles anciens. Accueil adorable. L'été, le petit-déjeuner est servi dans un ravissant patio avec vue sur les remparts.

2

POUR SE FAIRE PLAISIR

Estalagem do Convento – *R. D. João d'Ornelas - ✆ 262 95 92 16 - www.estalagemdoconvento.com - 30 ch. 106€* ☕. Luxueuse auberge joliment installée dans un ancien couvent. Cadre rustique, chambres spacieuses et plaisantes.

UNE FOLIE

Estalagem Casa das Senhoras Rainhas – *R. Padre Nunes Tavares, 6 - ✆ 262 95 53 60 - www.senhorasrainhas.com - 10 ch. 166/204 €* ☕ *- rest. 35 €.* Cette maison ancienne nichée au pied des remparts a été rénovée pour accueillir un hôtel où simplicité rime avec élégance. Les chambres sont agrémentées d'une terrasse sur le jardin et, malgré l'absence de vue, la qualité du service et l'esprit « déco » en font une adresse de charme. Salons-bars.

Pousada do Castelo – *Paço Real - ✆ 262 95 50 80 - www.pousadas.pt - 9 ch. 210/294 €* ☕ *- rest. 30 €.* L'ancien château d'Óbidos abrite une confortable *pousada* décorée avec élégance dans un style ancien. Un havre de paix.

RESTAURATION

BUDGET MOYEN

Petrarum Domus Bar – *R. Direita - ✆ 262 95 96 20 - www.petrarumdomus.com -12h-2h.* Poutres et pierres apparentes, mezzanine en deux parties reliées par une passerelle en métal, fauteuils en cuir patiné, meules en pierre pour toutes tables et lumière tamisée : voilà un bar à vins où vous aurez plaisir à savourer quelques crus régionaux, la Celta, la spécialité du bar, ou des assiettes de fromage et de charcuterie.

POUR SE FAIRE PLAISIR

Alcaide – *R. Direita, 60 - ✆ 262 95 92 20 - www.restaurantealcaide.com - 12h30-15h, 19h30-22h sf merc., fermé 15-30 mars et 15-30 nov.* Dans la rue principale du village, une adresse qui propose une cuisine savoureuse et soignée : espadon grillé, palourdes à l'ail et à la coriandre… Réservez une table près de la fenêtre pour profiter pleinement de la vue sur la vallée.

A Ilustre Casa de Ramiro – *R. Porta do Vale - ✆ 262 95 91 94 - fermé janv., jeu. et vend. midi.* Cuisine traditionnelle soignée dans une ancienne maison rustique située à l'extérieur des remparts.

PETITE PAUSE

Pastelaria D. Alfonso – *R. Direita, 113 - ✆ 262 95 99 55 - été : ferm. 22h ; hiver : 18h.* Un pressoir monté sur un tronc d'arbre colossal indique que vous entrez dans un bar à vins, mais la vitrine alléchante vous dit qu'il s'agit d'une pâtisserie : l'enseigne combine les deux. Ici, les verres de *ginginha* côtoient les tasses à café et les assiettes de gâteaux pour le plus grand plaisir des habitués.

ACTIVITÉS

Golf de Praia d'El Rey – *N 114 dir. Peniche - ✆ 262 90 50 05 - www.praia-del-rey.com.* À 25 km d'Óbidos, luxueux complexe touristique avec, entre dunes et pinèdes, un golf classé parmi les 10 meilleurs d'Europe.

AGENDA

Romaria do Senhor dos Passos – *Pendant la Semaine sainte.*

Feira de Santa Cruz – *3 mai.* Fête de la Sainte-Croix.

Feira de São João – *24 juin.* Saint-Jean.

Peniche

27 630 habitants – District de Leiria

NOS ADRESSES PAGE 246

S'INFORMER
Posto de turismo – *R. Alexandre Herculano (dans le jardin public) - ☏ 262 78 95 71 - www.cm-peniche.pt - tlj 9h30-13h30, 14h-17h30 (été 9h-20h).*

SE REPÉRER
Carte de région p. 228-229 – *Carte Michelin 733 N1.* À 97 km au nord de Lisbonne et 78 km à l'ouest de Santarém.

SE GARER
Campo da República, en face de la forteresse ou, mieux, à l'extérieur de la muraille, près de la caserne des pompiers.

À NE PAS MANQUER
L'île de Berlenga.

ORGANISER SON TEMPS
Se rendre à l'île de Berlenga plutôt le matin puis déjeuner à Peniche.

AVEC LES ENFANTS
Faire le tour de la péninsule en vélo par la route côtière.

2

Second port de pêche du Portugal, Peniche reçoit chaque fois le retour de ses pêcheurs comme une fête, sous les acclamations des mouettes rieuses. À peine débarquée, la récolte d'anguilles, de langoustes, de sardines et de thons prend le chemin des étals du marché couvert. Les humbles maisons de la ville se blottissent à l'entrée de la presqu'île, abritée des vents et protégée par une puissante forteresse. Peniche est aussi un centre de construction navale et de conserveries de poisson. Précédé d'un isthme étroit et sableux, où s'étendent des marais salants, il se trouve à l'entrée d'une presqu'île longue de 3 km : au bout, les rochers du cap Carvoeiro forment des orgues naturelles et son phare fait un clin d'œil à l'île de Berlenga, perle rouge de l'archipel granitique, teintée de mille fleurs et refuge des mouettes, cormorans et chouettes.

Se promener

Circuit au départ de la citadelle – Comptez 2 à 3h pour visiter la ville et faire le tour de la péninsule.

VILLE

Des restes de remparts et une puissante citadelle rappellent l'ancien rôle militaire de la cité.

Citadelle (Fortaleza)
☏ 262 78 01 16 - mar. -vend. 9h-12h30, 14h-17h30, w.-end 10h-12h30, 14h-17h30 - 1,50 €.
Cette ancienne forteresse du 16e s., transformée au 17e s. en citadelle à la Vauban, garde fière allure avec sa cuirasse de hauts murs et de bastions aux

arêtes vives, surmontés d'échauguettes. Elle domine à la fois le port à l'est et la mer au sud. Sous la dictature de Salazar, elle servit de geôle pour les prisonniers politiques, puis de cité d'urgence pour des réfugiés d'Angola.
À l'intérieur, le petit **Musée municipal** relate, entre autres, l'histoire de la ville.

Port

Il occupe, au sud-est de la ville, une anse presque fermée par deux digues. L'esplanade *(largo da Ribeira)* qui le borde, au pied de la citadelle, devient à chaque **retour de pêche★** le théâtre d'un spectacle haut en couleur, sous l'incessant ballet aérien des mouettes qui suivent les flottilles et s'agitent au moment du déchargement des sardiniers, thoniers ou langoustiers.

Église São Pedro

Derrière l'avenida do Mar - ouvert 1h avant la messe.
Le chœur de cette église (17e s.) a été revêtu au 18e s. de boiseries dorées où sont encastrées quatre grandes toiles du 16e s., dues à Pedro Peixoto et illustrant la vie de saint Pierre.

Église da Misericórdia

Entre l'église São Pedro et l'office de tourisme - horaires variables, rens. à l'office de tourisme.
Le plafond à caissons de cette église du 17e s. est couvert de peintures des grands maîtres de l'époque, parmi lesquels Baltazar Gomes Figueira (père de Josefa de Óbidos) et Pedro Peixoto. Dans la nef, transformée en musée d'art religieux *(1 €)*, on peut notamment admirer cinq toiles de Josefa de Óbidos *(voir encadré p. 239)*.

PLAGES

Au nord de la péninsule s'étend la longue et belle plage de **Baleal**, où l'on peut notamment pratiquer le surf, et, au sud, celle de **Consolação**.

★ CAP CARVOEIRO

À 2 km.
La presqu'île, longue de 3 km, dont les côtes sont émaillées de rochers formant des piles tabulaires feuilletées, est souvent battue par les vents. La route côtière *(4 km)* permet d'en faire le tour en voiture, à pied ou à vélo.
Sortez par le nord de la ville et suivez à gauche la N 114.

Papoa

Prenez un chemin à droite après une école et un château d'eau, et, 500 m plus loin, laissez la voiture. 30mn à pied.

LA DENTELLE DE PENICHE

Depuis le 16e s., les femmes de Peniche s'adonnent l'hiver à l'art de la dentelle au fuseau *(rendas de bilros)*. Cette activité a connu son apogée à la fin du 19e s. : elle était alors répandue dans la plupart des foyers du port. De nos jours, l'association Rendibilros s'attache à préserver la tradition. De remarquables réalisations, dont certaines ont été primées lors de concours internationaux, sont exposées au Musée municipal, situé dans le fort. On peut acquérir des ouvrages de dentelle en ville *(avenida do Mar)*.

Le fort de São João Baptista, sur l'île de Berlenga.
O. Forir/MICHELIN

Cette petite presqu'île greffée en ergot sur le cap Carvoeiro conserve dans sa partie la plus large un moulin et les ruines du fort qui constituait le pendant nord de la citadelle de Peniche. On y accède par des passerelles qui permettent d'atteindre un promontoire d'où l'on surplombe de hautes falaises et les rocs qui s'en détachent en mer, dont le rocher isolé baptisé « Vaisseau des Corbeaux » (Nau dos Corvos). 2

Bien que l'horizon soit souvent embrumé, le monument élevé au point culminant permet d'apprécier le **panorama★** qui s'offre à l'est sur la pointe du Baleal, son île et la côte au-delà, échancrée par la lagune d'Óbidos ; au nord-ouest sur l'île de Berlenga ; à l'ouest sur les falaises jusqu'à Remédios ; au sud sur Peniche.

Revenez à la N 114.

La route suit en corniche une côte escarpée dont les multiples anfractuosités sont très prisées par les pêcheurs à la ligne.

Plusieurs belvédères ménagent des vues plongeantes sur les falaises ; celui situé dans l'axe de la chapelle de Remédios permet de découvrir une étrange concentration de piles rocheuses tabulaires.

Chapelle Nossa Senhora dos Remédios

Tlj 9h-18h - gratuit.

Dans le village tout blanc de Remédios s'élève, au fond d'une courette plantée d'araucarias, cette chapelle au petit clocher hexagonal, dont l'intérieur est revêtu de beaux **azulejos★** du 18e s. attribués à l'atelier d'António de Oliveira Bernardes. On reconnaît à droite la Nativité et la Visitation, à gauche la Présentation au Temple ; le plafond est décoré d'une Assomption.

Après Remédios, la végétation se raréfie pour faire place à un paysage de landes où s'élève le **phare**. La **vue★** est impressionnante sur l'Océan, le « Vaisseau des Corbeaux » (Nau dos Corvos) où s'ébattent mouettes et cormorans et, au large, sur la silhouette trapue de l'île de Berlenga.

À proximité Carte de région p. 228-229

★★ ÎLE DE BERLENGA

De mi-mai à mi-sept. : traversées (20 à 40mn) quotidiennes depuis le port de Peniche (voir « Transports », ci-dessous).
L'île de Berlenga dresse sa masse de granit rougeâtre à 12 km au large de Peniche. C'est la seule île accessible et la plus importante de l'archipel, composé aussi des îlots Estelas, Forcadas et Farilhões. Avec 1 500 m de longueur et 800 m de largeur maximale, Berlenga s'élève à 85 m au-dessus de l'Océan. Ses côtes déchiquetées (indentations, pointes et grottes marines) offrent un refuge idéal aux nombreux oiseaux marins qui viennent nicher dans cette réserve naturelle protégée. L'île est aussi un centre réputé de plongée sous-marine et de pêche sportive. L'accostage du bateau arrivant de Peniche a lieu au pied d'une ancienne forteresse (1676) transformée en auberge *(voir « Restauration », ci-contre).*

★★★ Tour en barque

De mai à mi-sept. Leur organisation se fait depuis l'île de Berlenga. Comptez une journée (voir « Transports », ci-dessous).
Il permet d'explorer les îlots, les récifs, les arches et les grottes marines découpées dans la falaise rougeâtre. Les sites les plus impressionnants sont, au sud de l'auberge, le **Furado Grande** (« Grande Percée »), tunnel marin de 70 m qui débouche sur le **Cova do Sonho** (« le Repaire du Songe »), une petite crique dominée par de hautes murailles de granit rouge, et, sous la forteresse, la **Gruta Azul** (« grotte Bleue »), une grotte marine dont l'étrange couleur émeraude est due à la réfraction de la lumière dans l'eau.

★★ Tour à pied

Comptez 1h30.
De l'auberge, un escalier conduit au phare. À mi-hauteur, admirez en arrière le **site**★ de l'ancienne forteresse. Sur le plateau, un sentier *(à gauche)* mène à l'ouest vers la Côte Sauvage ; du haut des rochers, la **vue**★ s'étend sur l'Océan écumant et les îlots de l'archipel.
Revenez près du phare et descendez par un chemin pavé vers une petite anse dotée d'une plage, où s'alignent quelques maisons de pêcheurs ; à mi-pente s'ouvre, à gauche, une sorte de calanque dans laquelle la mer s'engouffre bruyamment par mauvais temps.

NOS ADRESSES À PENICHE

INFORMATIONS UTILES

Les offices de tourisme sont répertoriés en début de chapitre.

TRANSPORTS

Viamar – *Largo Jacob R. Pereira, 2 - 262 78 56 46 - www.viamar-berlenga.com.* Assure les liaisons entre Peniche et Berlenga *(AR 18 €).* Deux traversées/j. en juil.-août *(9h30 et 11h30, retour 16h30 et 18h30)* ; une seule le reste de l'année *(10h, retour 16h30).*
AERO (Associaçao de Operadores Maritimo Turistica do Oeste Penichense) – *Port de Peniche et débarcadère de Berlenga - 262 78 99 97 - associacaopescadesportiva@gmail.com.* Croisières sur la côte,

pêche sportive et plongée sous-marine.

HÉBERGEMENT

PREMIER PRIX

Residencial Popular – *Largo da Ribeira, 40 - ✆ 262 78 21 37 -* 🅿 *- 11 ch. 45 €.* À deux pas de la forteresse et du quai d'embarquement pour l'île de Berlenga, ce bel et sobre édifice carré dispose d'attrayantes chambres au confort moderne, meublées en pin et colorées de tons jaunes. Belle terrasse surplombant le port.

À Atouguia da Baleia

POUR SE FAIRE PLAISIR

Casa do Castelo – *N 114 (dir. Óbidos) - ✆ 262 75 06 47 - www.casacastelo.com - - 8 ch. 90 €* . Dissimulée par un majestueux dragonnier, cette maison du 17e s., adossée au dernier pan de muraille d'un ancien château, soigne ses hôtes : les chambres (à l'étage ou en face de la piscine cachée par la verdure) sont remplies de meubles antiques et quelques beaux livres sont déposés sur une commode ou sur la table de chevet. Petit-déj. dans le jardin en été.

RESTAURATION

PREMIER PRIX

Cervejaria Nau – *R. Alexandre Herculano, 58 - ✆ 262 78 23 12 - fermé mar. - - 10/20 €.* Une adresse populaire bien tenue, où l'on sert des plats savoureux : porc aillé aux coques ou en filet, riz de baudroie et choix de poissons simplement grillés.

BUDGET MOYEN

Colmeia – *R. Marquês de Pombal, 120 - ✆ 262 78 24 70 - tlj 12h-22h - - 15/20 €.* Dans une rue paisible à l'arrière de l'église São Pedro. On vient manger dans cet établissement familial la fameuse *caldeirada*, bouillabaisse portugaise préparée avec les poissons de la criée et servie dans une vieille marmite (45mn de préparation). Pain chaud.

Estelas – *R. Arquitecto Paulino Montez, 21 - ✆ 262 78 24 35 - fermé merc. - env. 25 €.* À l'entrée, les poissons et les fruits de mer, de premier choix, sont exposés sur les étals et les langoustes patientent dans leurs viviers ; dans la salle à manger, les nombreuses médailles récoltées couvrent les murs bleus. Aucun doute, ce restaurant ravit toujours ses clients. Cuisson et assaisonnements excellents, service impeccable.

Sur l'île de Berlenga

BUDGET MOYEN

Pavilhão Mar e Sol – *Au-dessus du pont d'embarquement - ✆ 262 75 03 31 - www.restaurantemaresol.com - ouvert mai-sept. - 15/25 €.* Pour profiter de la terrasse surplombant la magnifique crique aux eaux cristallines. L'établissement dispose aussi de 5 chambres doubles situées juste au-dessous *(80 €)*.

ACTIVITÉS

Vélo

Peniche Surf Camp – *Av. do Mar, 162 - ✆ 962 33 62 95 - www.penichesurfcamp.com.* Loue des vélos pour faire le tour de l'île.

Plongée

Haliotis – *Hotel Praia Norte - av. Monsenhor Manuel Bastos - ✆ 262 78 11 60 - www.haliotis.pt.* Cette équipe de professionnels propose des sorties de plongée en mer dans la réserve marine de l'île de Berlenga et au large de Farilhões.

2

Caldas da Rainha

51 645 habitants – District de Leiria

NOS ADRESSES PAGE 250

S'INFORMER
Posto de turismo – *R. Engo Duarte Pacheco - ✆ 262 83 97 00 - www.cm-caldas-rainha.pt.*

SE REPÉRER
Carte de région p. 228-229 – *Carte Michelin 733 N2.* À 35 km à l'est de Peniche et à 7 km au nord d'Óbidos.

À NE PAS MANQUER
L'église Nossa Sehnora do Pópulo.

ORGANISER SON TEMPS
Si vous séjournez à Óbidos, Peniche ou Nazaré, Caldas peut faire l'objet d'une excursion : prévoyez une demi-journée au moins pour visiter la ville et pique-niquer dans le parc Dom Carlos.

Les sources d'eaux chaudes et sulfurées de cette station thermale sont de réputation ancienne et ont donné leur nom à la ville (« Bains de la Reine »). Connu aussi pour ses faïences et céramiques aux motifs variés, Caldas da Rainha est un centre agricole aux marchés très fréquentés. Ville au charme désuet, elle ne connaît pas l'agitation touristique de ses voisins Óbidos ou Nazaré. Pourtant, il fait bon se promener dans les rues entourant la praça da República aux belles façades un peu décaties, qui laissent entrevoir son prestige passé.

Se promener

Circuit au départ du Parque Dom Carlos I – Comptez 3h avec les visites.

★ Parc (Parque) Dom Carlos I

Redessiné à la fin du 19e s. pour servir de lieu de promenade aux patients de l'hôpital thermal, ce parc est agrémenté de saules pleureurs, palmiers, fleurs, pelouses, statues et pièces d'eau, qui lui confèrent charme et fraîcheur. Les principaux monuments se trouvent à proximité.

Musée (Museu) José Malhoa

Parque D. Carlos I - ✆ 262 83 19 84 - http://mjm.imc-ip.pt - mar.-dim. 10h-12h30, 14h-17h - fermé 1er janv., dim. de Pâques, 1er Mai et 25 déc. - 3 €, gratuit dim. mat.

Situé dans le parc, il abrite une collection de peintures, sculptures et céramiques des 19e et 20e s. On remarquera les œuvres de José Malhoa (1855-1933), peintre de scènes populaires dont les plus connues sont *Les Promesses* et *L'Ultime Interrogatoire du marquis de Pombal*. Son art est caractérisé par l'utilisation intense de la lumière et des couleurs, et par le réalisme des thèmes. Un autre peintre, Columbano (1857-1929), surnommé le « mage de la pénombre », a laissé de bons portraits dont une *Tête de garçon (Cabeça de Rapaz)*.

Église Nossa Senhora do Pópulo

À côté de l'hôpital thermal - lun.-sam. 10h-12h30, 14h-17h.

Bâtie à la fin du 15e s. par Mateus Fernandes, l'architecte du monastère de Batalha, et sur l'initiative de la reine Leonor, elle est couronnée d'un élégant clocher dont les fenêtres gothiques sont décorées dans le style manuélin. À l'intérieur, les murs sont entièrement recouverts d'azulejos du 17e s.; les devants d'autels sont tapissés de magnifiques azulejos mauresques en relief du 16e s. Au-dessus de l'arc triomphal, de style manuélin, joli **triptyque★** de la Crucifixion attribué à Cristóvão de Figueiredo (début 16e s.).

Musée de l'Hôpital et des Bains (Museu do Hospital e das Caldas)

✆ 262 83 03 00 - www.museudohospital.wordpress.com - mar.-vend. 10h-12h, 14h-17h, sam. 10h-12h, 14h-17h30, dim. et j. fériés 9h-12h30 - 1,50 €.

Ce musée est installé dans l'ancien palais où résidait la famille royale lorsqu'elle se déplaçait dans cette ville. Il présente des collections de peintures, de sculptures, des azulejos, des éléments baroques en bois doré, du mobilier et des ornements sacerdotaux du 16e au 18e s. La salle des Rois expose les portraits des rois du Portugal.

Musée de la Céramique (Museu da Cerâmica)

✆ 262 84 02 80 - http://museudaceramica.blogspot.com - mar.-dim. 10h-12h30, 14h-17h - fermé 1er janv., dim. de Pâques, 1er Mai et 25 déc. - 2 €, gratuit dim. matin.

L'ancien palais romantique du vicomte de Sacavém, décoré d'azulejos de différentes époques et entouré d'un jardin agréablement fleuri, abrite une intéressante collection de céramiques, principalement de Caldas da Rainha. On y remarque en particulier les œuvres exubérantes du céramiste et caricaturiste Rafael Bordalo Pinheiro (plats, brocs, pichets, vases, etc.), décorées de motifs floraux, végétaux et animaliers.

Fabrique et musée des Faïences (Fábrica e Museu de Faianças) Rafael Bordalo Pinheiro

Derrière le parc Dom Carlos I - ✆ 262 83 93 80 - www.fabordalopinheiro.pt - lun.-sam. 10h-19h, dim. 14h-19h - 2 € - visite sur réservation seulement.

Cette fabrique fondée en 1884, encore en activité, abrite une galerie d'exposition, ainsi qu'un musée consacré à la production du grand céramiste : vaisselle, pièces caricaturales et décoratives *(entrée par l'arrière, à côté du restaurant O São Rafael)*. Dans la boutique attenante, vous pourrez acheter quelques modèles de faïences d'inspiration ancienne encore fabriquées avec les moules d'origine, ou des articles plus récents, mais de la même veine.

LES BAINS DE LA REINE

En 1484, la **reine Leonor**, femme de Jean II, se rend à Batalha à l'anniversaire des obsèques de son beau-père Alphonse V. En chemin, elle aperçoit au bord de la route des paysans qui se baignent dans des mares dégageant des vapeurs malodorantes. Intriguée, elle se renseigne et apprend que cette eau guérit les rhumatismes. Elle décide alors de s'y baigner, puis reprend la route vers Batalha. Au bout de 6 km, la reine commence à ressentir les effets bénéfiques de ces eaux sulfureuses et n'hésite pas à interrompre son voyage pour poursuivre sa cure. Le village où elle a fait demi-tour portera désormais le nom de Tornada (« Retour de Voyage »). En 1485, sa générosité de cœur la pousse à vendre ses bijoux et ses dentelles pour financer la fondation d'un hôpital dont elle prend la direction; elle fait ensuite aménager un vaste parc et construire une église.

NOS ADRESSES À CALDAS DA RAINHA

INFORMATIONS UTILES

Les offices de tourisme sont répertoriés en début de chapitre.

HÉBERGEMENT

PREMIER PRIX

Pensão Residencial Central – *Largo Dr José Barbosa, 22 - ✆ 262 83 19 14 - www.residencialcentral.com - 23 ch. 35 €.* Sur la placette de la República, à quelques pas de l'hôpital thermal, cette pension familiale offre des chambres claires et vastes (pouvant accueillir jusqu'à 4 pers.), meublées dans des styles différents. Certaines possèdent d'imposants lits Art déco. Le propriétaire fera tout pour que vous vous y sentiez bien. Wifi.

Pensão Irmãos Unidos – *R. da Nazaré, 8 - ✆ 262 83 25 62 - - 16 ch. 35 €.* La maison où naquit le peintre réaliste José Malhoa abrite une pension simple, un peu vieillotte. Certaines chambres, un brin kitsch avec leurs couvre-lits bariolés ou leurs portraits de pierrots, donnent sur un petit patio couvert.

Residencial Dom Carlos – *R. de Camões, 39 - ✆ 262 83 25 51 - dcarlos.ali@netc.pt - 18 ch. 40/45 €.* Face à l'entrée du parc Dom Carlos, ce bâtiment tout simple répartit ses chambres sur 3 étages. Demandez celles avec balconnet sur la rue, les plus spacieuses et les plus agréables.

RESTAURATION

PREMIER PRIX

Pachá – *R. Alexandre Herculano, 6 - ✆ 262 83 50 89 - lun.-vend. 8h30-22h, sam. 8h30-15h30 - - env. 10 €.* Cette petite salle au mobilier moderne est prise d'assaut par la jeunesse de Caldas. Soupes et plats du jour *(5,50 €)*, salades, omelettes et bon pain à l'ancienne.

BUDGET MOYEN

O São Rafael – *R. Rafael Bordalo Pinheiro, 53 - ✆ 262 83 93 80 - fermé dim. soir, lun. et fin déc. - env. 25 €.* Ce restaurant, situé dans l'enceinte de la fabrique de faïences *(voir p. 249)*, conjugue art et bonne table : vous y apprécierez une cuisine régionale, au milieu de vitrines exposant des copies des œuvres du petit musée de la Faïence adjacent.

PETITE PAUSE

Pastelaria Machado – *R. de Camões, 47 (à côté de l'hôtel Dom Carlos).* Dans cet établissement rétro et fréquenté, situé devant l'entrée du parc, vous pourrez déguster de fameux *cavacas* (choux au sucre glace) et *trouxas de ovos* (crêpes roulées aux œufs).

ACHATS

Pour acquérir des faïences de la région, voir p. 249, « Fabrique et musée des Faïences Rafael Bordalo Pinheiro ».

Barques de pêcheurs à Nazaré.
Super Stock/age fotostock

Nazaré

★

15 068 habitants – District de Leiria

NOS ADRESSES PAGE 255

2

S'INFORMER

Posto de turismo – *Av. Manuel Remígio (la rue qui longe la plage dans le prolongement de l'av. da República) - ✆ 262 56 11 94 - www.cm-nazare.pt - juil.-août : 9h-21h ; avr.-juin et sept. 9h30-12h30 -14h30-18h30 ; oct.-mars : 9h30-13h, 14h30-18h.*

SE REPÉRER

Carte de région p. 228-229 – Plan de Nazaré p. 252 – *Carte Michelin 733 N2.*
La petite ville de Nazaré se trouve sur l'Atlantique, à 100 km au nord de Lisbonne par l'A 8, 37 km au sud-ouest de Leiria, 13 km au nord-ouest d'Alcobaça.

À NE PAS MANQUER

Le quartier de Sítio.

ORGANISER SON TEMPS

Prévoyez une journée pour prendre un bain de mer, explorer le Sítio et boire un verre dans le quartier des pêcheurs.

AVEC LES ENFANTS

La plage de São Martinho do Porto.

Un promontoire avancé sur la mer offrant une longue perspective sur la côte d'Estremadura, une plage étalant en contrebas sa courbe ample à perte de vue, et une immense pinède à l'arrière : Nazaré bénéficie d'un site exceptionnel. Et le monde qui afflue dans cette station balnéaire est à la mesure de ce cadre enchanteur ! Dès l'arrivée aux abords de la ville, de plus en plus étendue, les loueurs de chambres attendent de pied ferme le touriste de passage… La pêche traditionnelle que l'on pratiquait ici subsiste surtout à titre de folklore. Nazaré mérite sans conteste une visite, mais il est préférable d'éviter la haute saison et les week-ends. Au nord de la ville, les routes traversent la plus vaste forêt du pays et les plages forment des escales paradisiaques, oubliées par la foule.

Se promener Plan de ville ci-dessous

La ville se compose de trois quartiers : a Praia (la Plage), le plus important, qui borde la… plage, o Sítio (le Site), construit au sommet de la falaise, et Pederneira, bourg dominant la baie.

A PRAIA

La ville basse au tracé géométrique borde la longue plage de sable fin. De nombreux hôtels et magasins de souvenirs s'y concentrent, ainsi que quelques bons restaurants de poisson.

Quartier des Pêcheurs
(Bairro dos Pescadores)
Il s'étend entre la praça Manuel de Arriaga et l'avenida Vieira Guimarães. De chaque côté de ses ruelles, perpendiculaires au rivage, s'alignent de petites maisons blanchies à la chaux. Un marché s'y tient le vendredi.

Port (Porto)
Situé au sud de la plage, il fourmille de bateaux de pêche. Une partie des poissons (sole, merlan, loup, raie, maquereau et surtout sardine) est vendue au marché. Les pêcheurs font aussi sécher sur des claies du poisson destiné à la vente ou à leur consommation.

UN NOM BIBLIQUE
Nazaré (Nazareth) doit son nom à la découverte sur le Sítio en 1179 d'une statue de la Vierge, originaire de Palestine. Une légende veut qu'elle ait été rapportée d'un couvent espagnol par le roi wisigoth Rodrigue. Vaincu à la bataille de Guadalete qui marqua le début de l'invasion musulmane en Espagne, celui-ci aurait fini ses jours en ermite au Portugal.

O SÍTIO

Accès en voiture ou à pied par un escalier, mais le funiculaire offre des perspectives intéressantes sur la ville basse et l'Océan - 7h-0h (2h du matin en été) - 0,95 €.

Belvédère
Aménagé sur le rebord de la falaise, à 110 m au-dessus de la mer, il offre une belle **vue★** sur la ville basse et la plage.

Ermida da Memória
Horaires aléatoires (9h-18h en principe) - gratuit.
Située près du belvédère, cette minuscule chapelle commémore le miracle qui sauva la vie du seigneur Fuas Roupinho. Un matin brumeux de septembre 1182, celui-ci poursuivait à cheval un cerf qui tomba soudain dans le vide, du haut de la falaise. Alors que le cheval entraîné par son élan prenait le même chemin, Dom Fuas Roupinho implora Notre-Dame-de-Nazareth, et l'animal fit volte-face, sauvant ainsi son cavalier.
La façade, la toiture et l'intérieur à deux étages de la chapelle sont revêtus d'azulejos : ceux de la façade, côté mer, évoquent le saut du cheval, ceux de la crypte, le miracle de l'intervention mariale. Dans l'escalier menant à la crypte, une niche conserve l'empreinte qu'aurait laissée le cheval sur la paroi rocheuse.

Église Nossa Senhora da Nazaré
Sur la grand-place où se déroule en septembre la fête annuelle dédiée à sa patronne, cette imposante église de la fin du 17e s. présente une façade à avant-corps formant galerie et un porche baroque qui s'ouvre au sommet d'un perron semi-circulaire.
L'intérieur est décoré d'une profusion d'azulejos ; ceux du transept représentent des scènes bibliques (Jonas, Joseph vendu par ses frères).

Musée ethnographique et archéologique (Museu Etnográfico e Arqueológico) Dr Joaquim Manso
R. Dom Fuas Roupinho - ✆ 262 56 28 01 - http://mdjm-nazare.blogspot.com - sept.-mai : mar.-dim. 10h-13h, 14h-18h ; juin-août : 10h-18h - fermé 1er janv., dim. de Pâques, 1er Mai et 25 déc. - 2 €, gratuit dim. matin et j. fériés 10h-14h.

LA VILLE DES PÊCHEURS

Nazaré était fort célèbre pour les costumes et les traditions de ses pêcheurs. Ceux-ci, vêtus d'une chemise et d'un pantalon à carreaux, coiffés d'un long bonnet de laine tombant sur l'épaule, remontaient leurs barques sur la plage à l'aide de bœufs et de rondins sous l'œil attentif de leurs épouses. Le costume noir traditionnel des femmes tranchait avec les ourlets de leurs sept jupons de couleurs différentes.
Aujourd'hui, le quartier des pêcheurs a bien changé, ces costumes ne sont plus guère portés et les bateaux de pêche mouillent dans le nouveau port construit en 1983. Toutefois, hors saison, Nazaré retrouve une atmosphère authentique.

Un peu en retrait derrière l'église, ce petit musée régional, sans prétention mais intéressant, traite essentiellement de l'histoire et de l'ethnographie maritimes de Nazaré : embarcations traditionnelles (dans le jardin) et maquettes de bateaux, photographies anciennes et peintures, costumes traditionnels, arts et techniques de la pêche traditionnelle *(salle annexe)*, bibliothèque spécialisée.

Phare (Farol)

800 m à l'ouest de l'église. Le phare est bâti sur un fortin occupant le promontoire extrême de la falaise. À gauche, belle vue sur les parois tailladées de la falaise du Sítio et la baie de Nazaré. Derrière, en contrebas, un escalier de fer mène à un rocher battu par les flots déchaînés. *Attention, le site n'est pas protégé et peut s'avérer glissant, à éviter absolument avec les enfants.* Sur la droite, un sentier *(15mn AR)* permet d'accéder à la plage nord (Praia do Norte) où les vagues déferlent en puissants rouleaux.
Bon à savoir – L'estrada Atlântica qui longe la côte vers le nord depuis le Sítio est bordée d'une piste pour piétons et cyclistes, qui court à travers la lande et la forêt de pins.

PEDERNEIRA

Situé sur une falaise à l'est de A Praia, à bonne distance de la mer et des touristes, Pederneira est le berceau de Nazaré.

Église da Misericórdia

Au bout de la rue principale (rua Abel da Silva), cette église du 16e s. à voûte en bois abrite une curieuse colonnade le long du mur droit. Du parvis de l'église, intéressant **belvédère★** sur la ville et le Sítio.

À proximité Carte de région p. 228-229

São Martinho do Porto

15 km au sud. Quittez Nazaré par la N 242.
Cette station balnéaire est située au nord d'un lac d'eau de mer qui communique avec l'Océan par un goulet percé entre de hautes falaises. Sa situation abritée en fait l'une des seules plages sûres pour les enfants, et on peut y pratiquer de nombreux sports nautiques.
Suivez la dir. O Facho.
Un belvédère offre une belle **vue★** sur la barre et une partie de l'anse.

NOS ADRESSES À NAZARÉ

INFORMATIONS UTILES

Les offices de tourisme sont répertoriés en début de chapitre.

Internet – Biblioteca municipal – *Av. Grupo Desportivo dos Nazarenos - ✆ 262 56 23 88 - gratuit (pour 30mn).*

HÉBERGEMENT

BUDGET MOYEN

Residencial Ribamar – *R. Gomes Freire, 9 - ✆ 262 55 11 58 - ribamar.nazare@mail.telepac.pt - 25 ch. 60 €* ☕. En bord de plage, ce bel édifice blanc rehaussé de jaune conserve son intérieur suranné parfaitement tenu. Le vieil escalier mène à des chambres parquetées toutes différentes. Celles situées en façade donnent directement sur la mer.

À Valado dos Frades

BUDGET MOYEN

Quinta do Campo – *Valado dos Frades (4 km de Nazaré en dir. d'Alcobaça) - ✆ 262 57 71 35 - - 8 ch. 60/80 €* ☕. La dernière des dix granges édifiées par les moines cisterciens du monastère d'Alcobaça dispose ses grandes bâtisses jaunes autour d'une cour carrée gazonnée, avec la mer pour horizon. La résidence, reconstruite au 19e s., garde son cachet d'antan : épées et armoiries dans l'entrée, bibliothèque, tableaux. Chambres au mobilier ancien et aux plafonds moulurés. Appartements à louer. Terrain de tennis.

RESTAURATION

BUDGET MOYEN

A Tasquinha – *R. Adrião Batalha, 54 - ✆ 262 55 19 45 - fermé lun. en hiver - 12/20 €.* Touristes de passage et inconditionnels attendent patiemment dans la rue : ce petit restaurant qui ne désemplit jamais sert une bonne cuisine familiale sur de grandes tables rustiques. Surtout des poissons et des fruits de mer.

À Praia das Paredes da Vitória

PREMIER PRIX

Brisa do Mar – *8 km au nord de Nazaré, accès depuis le Sítio par l'estrada Atlântica - ✆ 244 58 94 43 - fermé mar. et j.fériés - 10/15 €.* Pas de vue sur la mer, mais de délicieux plats garnis (poissons) à des prix très abordables. Plage à 50 m pour la promenade digestive.

EN SOIRÉE

Casa O Santo – *Travessa do Elevador - fermé lun. en basse saison.* À l'heure de l'apéritif, la petite terrasse est prise d'assaut. Plat de coques avec un verre de vin ou un pichet de bière.

AGENDA

De nombreuses manifestations ont lieu en saison : programme à l'office du tourisme et sur www.cm-nazare.pt.

Romaria da Nossa Senhora – *8 sept. et le w.-end qui suit.* Pèlerinage, *touradas* et spectacle folklorique.

Alcobaça

★★

15 068 habitants – District de Leiria

NOS ADRESSES PAGE 260

S'INFORMER

Posto de turismo – *Praça 25 de Abril, face au portail du monastère - ✆ 262 58 23 77 - www.alcobaca.pt - tlj 10h-13h, 14h-18h (avr.-sept. 15h-19h).*

SE REPÉRER

Carte de région p. 228-229 – Plan du monastère Santa Maria ci-contre – *Carte Michelin 733 N3.* À 98 km au nord de Lisbonne.

À NE PAS MANQUER

Le monastère de Santa Maria.

ORGANISER SON TEMPS

Visitez le monastère l'après-midi, lorsque la façade est éclairée par le soleil.

Au centre de la province d'Estremadura, la petite ville se dresse au confluent de l'Alcoa et de la Baça qui lui donnèrent son nom. Monumental, le monastère de Santa Maria, inscrit au Patrimoine mondial de l'Unesco, déploie sa longue façade sur une immense esplanade fleurie, construite à sa mesure. Son église réunit pour l'éternité Inés de Castro et Pierre Ier, dont l'amour légendaire a inspiré les plus grands écrivains. Derrière le grand parvis, la place de la République, aux dimensions bien plus modestes, prend des airs champêtres avec ses deux ponts enjambant les paisibles rivières Alcoa et Baça. Vergers et vignobles s'épanouissent dans les fertiles campagnes alentour, longtemps entretenues par les moines cisterciens de l'abbaye, agriculteurs réputés. Le soir venu, on y sirote en terrasse une liqueur de cerise griotte réputée, la « ginginha ».

Découvrir

★★ MONASTÈRE DE SANTA MARIA

Comptez env. 1h – ✆ 262 50 51 20 - www.mosteiroalcobaca.pt - avr.-sept. : 9h-19h (dernière entrée 18h30) ; oct.-mars : 9h-17h (dernière entrée 16h30) - fermé 1er janv., Vend. saint, dim. de Pâques, 1er Mai et 25 déc. - 6 €, gratuit dim. et j.fériés 9h-14h. Billet combiné monastères de Batalha, d'Alcobaça et couvent du Christ de Tomar 15 € - en vente sur chacun des trois sites.

Le monastère, d'une longueur de près de 220 m, est formé de trois corps : l'église, dont la façade s'élève à 43 m, les ailes nord et sud qui accueillaient respectivement les appartements du roi et de la Cour, et les logements de l'abbé et des moines. Vus de l'extérieur, les bâtiments du 18e s. ne laissent guère soupçonner les splendeurs de l'architecture cistercienne qu'ils recèlent.

De la façade originale, altérée par des remaniements, ne subsistent que le portail et la rose. La façade a été reconstruite aux 17e et 18e s. dans le style baroque. Les statues qui l'ornent représentent de bas en haut saint Benoît et saint Bernard, puis les quatre vertus cardinales et, dans une niche, Notre-Dame d'Alcobaça.

★★ Église

Classée au Patrimoine mondial de l'Unesco, c'est la plus vaste du Portugal et une des plus hautes églises de style cistercien. Sa restauration lui a fait retrouver toute sa noblesse et son dépouillement. Admirez l'ampleur de la **nef★**, dont la voûte sur croisée d'ogives repose, par l'intermédiaire de doubleaux, sur de puissants piliers renforcés de colonnes engagées. En arrêtant ces dernières à 3 m au-dessus du sol, l'architecte a su augmenter considérablement la place disponible pour les convers. Presque aussi hauts que la nef, les collatéraux surprennent par leur verticalité.

Le transept

Il abrite les tombeaux (14e s.) d'Inés et de Pierre Ier. De style gothique flamboyant, ces monuments ont été sculptés dans un calcaire tendre. Ils furent gravement endommagés en 1811 par les soldats français du général comte Drouet d'Erlon.

★★ **Tombeau d'Inés de Castro** – *Dans le bras gauche du transept.* Soutenu par six anges, le gisant repose sur le tombeau dont les quatre faces sont surmontées d'une frise d'armoiries du Portugal et de la famille de Castro. Sur les côtés sont évoquées des scènes de la vie du Christ; le chevet du tombeau porte une Crucifixion dont vous remarquerez la Vierge de douleur au pied de la Croix. Un intéressant Jugement dernier orne la face située aux pieds du gisant : en bas à gauche, les morts soulèvent les pierres tombales pour se rendre au Jugement; en bas à droite, les damnés sont précipités dans la gueule d'un monstre symbolisant l'Enfer.

★★ **Tombeau de Pierre Ier** – *Dans le bras droit du transept.* Au-dessous d'un gisant sévère, le tombeau évoque sur ses faces latérales la vie de saint

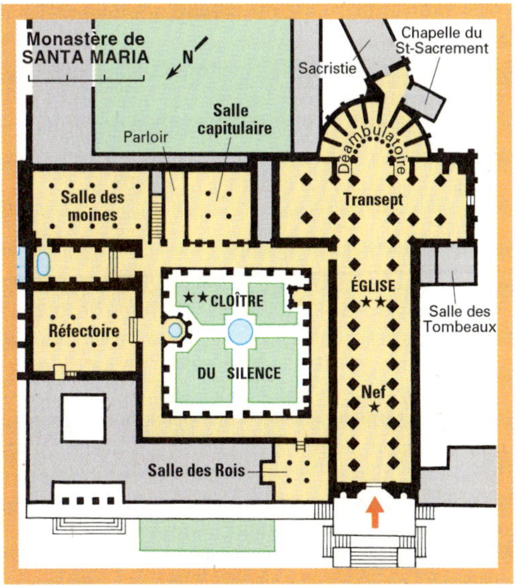

Barthélemy, patron du roi. Le chevet est occupé par une magnifique rosace représentant la Roue de la Fortune ou, selon certains archéologues, des scènes de la vie d'Inés et Pierre, thème qui se poursuivrait dans la frise supérieure du tombeau ; la face opposée au chevet relate les derniers instants du souverain.
Dans une chapelle du transept droit, un groupe abîmé en terre cuite, dit **Transit de saint Bernard**, a été réalisé par des moines au 17e s. ; il figure la mort du saint.

Le chœur

Reproduisant celui de l'église de Clairvaux, il est entouré d'un vaste déambulatoire sur lequel s'ouvrent deux belles **portes manuélines** du 16e s. et neuf chapelles ornées de statues de bois polychrome réalisées aux 17e et 18e s.

★★ BÂTIMENTS ABBATIAUX

★★ **Cloître du Silence** (Claustro do Silêncio) – Édifié au début du 14e s. par le roi Denis, il séduit par la simplicité de ses lignes ; entre des contreforts, de fines colonnettes jumelées soutiennent avec élégance trois arcs surmontés d'une rose. La galerie supérieure a été ajoutée au 16e s. par Diogo et João de Castilho.
Salle capitulaire – *Sur la galerie est du cloître.* Les archivoltes reposent sur de gracieuses colonnettes ; les nervures de la voûte s'épanouissent à partir de piliers centraux.
Salle des moines – Un escalier y conduit. Cette vaste salle gothique frappe par ses dimensions : plus de 60 m de long. Les voûtes de ses trois nefs s'appuient sur deux rangées de colonnes à chapiteaux.
Cuisine – Reconstruite au 18e s., la cuisine monumentale, haute de 18 m, aux parois et plafonds revêtus de céramique blanche, surprend par ses énormes cheminées ; elle a été aménagée au-dessus d'un bras de l'Alcoa.
Réfectoire – C'est une grande salle voûtée d'ogives. Construit dans l'épaisseur du mur, un escalier surmonté d'une belle colonnade mène à la chaire du lecteur ; en face de la porte d'entrée, le **lavabo**, agrémenté d'une fontaine du 17e s., fait saillie dans l'enclos du cloître.
Salle des Rois (Sala dos Reis) – 18e s. Une frise d'azulejos illustre la fondation du monastère, et des statues réalisées par les moines représentent les rois portugais jusqu'à Joseph Ier. Belle Vierge à l'Enfant gothique.
Bon à savoir – Vous trouverez de jolies faïences locales, décorées de bleu sur fond blanc, sur la vaste place devant le monastère.

UNE FONDATION CISTERCIENNE

La légende veut qu'au début de la Reconquête, en 1147, Alphonse Henriques, le premier roi du Portugal, ait fait le vœu de fonder un monastère à cet endroit s'il parvenait à prendre Santarém. On sait que quelques années plus tard, en avril 1153, le roi fit don à Bernard de Clairvaux des terres d'Alcobaça, où vinrent s'installer des cisterciens de Clairvaux. À cette époque, les terres à défricher étaient souvent confiées à des ordres monastiques qui se donnaient pour mission de les entretenir. La construction commença en 1178, mais les premiers bâtiments furent détruits par les Maures. Les travaux reprirent au début du 13e s. et l'église fut terminée en 1253. Alcobaça devint la plus puissante abbaye du royaume, et son abbé, l'un des personnages les plus influents du pays.

LA REINE MORTE

Inés de Castro, qui avait accompagné au Portugal l'infante Constance de Castille, est exilée par Alphonse IV. Le monarque trouve ainsi le moyen de l'éloigner de son fils, Pierre, époux de Constance, qui n'avait pas su résister à la beauté de la dame d'honneur. En 1345, à la mort de l'infante, la belle Inés rejoint son amant à Coimbra et s'installe au monastère de Santa Clara. La présence d'Inés et de ses enfants irrite Alphonse IV qui, soucieux de préserver son royaume des prétentions castillanes, ne s'oppose pas à l'assassinat de la jeune femme le 7 janvier 1355. Lorsque Pierre succède à son père, deux ans plus tard, il révèle qu'il était uni à Inés par les liens d'un mariage secret. En 1361, il fait exhumer le cadavre d'Inés; la légende rapporte qu'il le vêt d'un manteau pourpre, le ceint de la couronne et contraint les nobles du royaume à baiser la main décomposée de la « reine morte ». Un cortège nocturne accompagne enfin sa dépouille dans l'église du monastère d'Alcobaça. L'histoire s'est transformée en un grand mythe romantique et symbole de l'amour fou. Après António Ferreira dans sa tragédie *Castro* et Camões qui puisa dans cette aventure dramatique quelques épisodes des *Lusiades*, Henry de Montherlant en fit en 1942 le sujet de sa pièce de théâtre *La Reine morte*.

À proximité Carte de région p. 228-229

Musée national du Vin (Museu Nacional do Vinho)

1 km sur la N 8 (vers Leiria), à gauche - ✆ 262 58 22 22 - fermé pour une durée indéterminée.

Installé dans d'anciens chais datant de 1875, le **musée du Vin** abrite la plus importante collection de matériel viticole du pays. Il rassemble notamment des centaines de bouteilles (vieux portos et madères), des cuves à vin, des pressoirs, des alambics et d'énormes jarres de fermentation du 19e s.

Musée de la Faïence (Museu de Faianças) **Raul da Bernarda**

Ponte D. Elias (en dir. de Nazaré) - ✆ 262 65 16 38 - mar.-vend. 10h30-12h, 14h-17h, sam. 14h-17h30, dim. et j.fériés 10h-13h, 14h-17h30 - gratuit.

Inauguré en 2000, ce petit musée est consacré aux fameuses faïences Raul da Bernarda. À travers une centaine de pièces, on découvre l'histoire de cette entreprise familiale, fondée en 1875 par José dos Reis, et on suit l'évolution de la céramique dans la région. Remarquez les faïences des années 1950 toutes serties d'or. À la boutique, productions actuelles.

NOS ADRESSES À ALCOBAÇA

INFORMATIONS UTILES

Les offices de tourisme sont répertoriés en début de chapitre.

TRANSPORTS

Arriver

Gare routière – *Av. Manuel da Silva Carolino.* Env. 7 bus par jour pour Batalha, Caldas da Rainha et Lisbonne. Liaisons ttes les heures pour Nazaré.

Train – La gare de Valado dos Frates est à 5 km d'Alcobaça, vers Nazaré. Env. 6 trains par jour pour Caldas da Rainha et Leiria.

HÉBERGEMENT

PREMIER PRIX

Pensão Corações Unidos – *R. Frei António Brandão (dir. Caldas da Rainha) - ✆ 262 58 21 42 - 20 ch. 35 €* ☕. À quelques pas du monastère et des tombes d'Inés et de Pierre Ier, l'hôtel « Cœurs Unis » accueille ses hôtes dans une belle entrée au parquet polychrome et aux tableaux anciens. À l'étage, les chambres simples s'ordonnent autour d'un patio blanc et ont conservé leurs anciens volets intérieurs. Dans le restaurant du rez-de-chaussée, bonne cuisine régionale maison *(7-10 €).*

POUR SE FAIRE PLAISIR

Challet Fonte Nova – *R. da Fonte Nova (à 300 m de l'esplanade, dir. Caldas da Rainha) - ✆ 262 59 83 00 - www.challetfontenova.pt - P - 10 ch. 120 €* ☕. Une vaste maison aux toits ouvragés évoquant un chalet. Confort feutré à l'intérieur : parquet luisant, tapis persans et divans aux tissus imprimés. Bar et salle de billard. Quatre chambres spacieuses occupent une annexe moderne tout aussi soignée, dotée de baies vitrées.

RESTAURATION

PREMIER PRIX

Trindade – *Praça D. Afonso Henriques, 22 - ✆ 262 58 23 97 - 9h-0h (2h en été) sf merc. - 10/15 €.* Une grande terrasse à l'ombre de vieux platanes, face à une aile du monastère. Calamars et crevettes grillés, poulet en marmite, *açorda* (panade) de fruits de mer relevée à la moutarde. Au dessert, délicieuses pâtisseries maison.

BUDGET MOYEN

O Telheiro – *R. da Levadinha - ✆ 262 59 60 29 - 12h-22h sf sam. - env. 20 €.* Une maison à la lisière de la ville, entourée d'un beau parterre gazonné. Accueil jovial du propriétaire qui présente un alléchant plateau de fromages du pays. Tête de poisson grillé, côtelettes de mouton et poulets élevés dans la propriété, à déguster avec un cru local.

ACHATS

Paula Tereza – *R. Frei Estevão Martins (qui part à l'angle de l'office de tourisme) - ✆ 918 12 06 66 - lun.-sam. 10h-19h30, dim. 15h-19h.* Dans une petite boutique qui lui sert d'atelier, Paula Tereza peint des faïences et des azulejos en s'inspirant de motifs de tissus du 19e s. de la région.

Le portail ouest du monastère de Batalha, une dentelle de pierre.
Starfoto/Mauritius/Photononstop

2

Monastère de Batalha

Mosteiro da Batalha

★★★

District de Leiria

NOS ADRESSES PAGE 267

S'INFORMER

Posto de turismo – *Praça Mouzinho de Albuquerque (près du monastère) - ☏ 244 76 51 80 - www.rt-leiriafatima.pt - mai-sept. 10h-13h, 15h-19h ; oct.-avr. 10h-13h, 14h-18h.*

SE REPÉRER

Carte de région p. 228-229 – Plan du monastère de Batalha p. 263 – *Carte Michelin 733 N3.* Sur la route nationale IC 2 qui relie Lisbonne (118 km) à Porto. À 13 km au sud de Leiria et 21 km au nord-est d'Alcobaça.

À NE PAS MANQUER

La salle capitulaire et les Chapelles inachevées. Aux alentours : le Parc naturel des serras de Aire et Candeeiros et les grottes de Mira de Aire.

ORGANISER SON TEMPS

Comptez 2h pour visiter le monastère et le minuscule centre-ville de Batalha (venez dès l'ouverture pour éviter les groupes) et 3 à 4h pour explorer les grottes du Parc naturel des serras de Aire et Candeeiros (n'oubliez pas d'emporter un lainage).

Au creux d'un vallon verdoyant, sur un site malheureusement gâché par la proximité d'une grande route et dans une ville ne présentant guère d'intérêt, se dresse un chef-d'œuvre d'art gothique et manuélin, le monastère de la « Bataille » (Batalha). Dédié à la Vierge, il célèbre une victoire miraculeuse des Portugais (14e s.) contre les Espagnols pourtant bien plus nombreux. Dans une profusion de pinacles, d'arcs-boutants et de clochetons, dans un jaillissement de gâbles, de contreforts et de colonnettes, ce monument qui fait office de panthéon royal symbolise l'indépendance nationale. Au même titre que le monastère d'Alcobaça tout proche, il est inscrit au Patrimoine mondial de l'Unesco. Au sud de la ville, délaissées par les foules, les richesses naturelles du Parc des serras de Aire et Candeeiros forment une escale dépaysante, au milieu de dépressions arides creusées de vastes grottes.

Découvrir

Comptez 1h.

EXTÉRIEUR

Dépourvu de clocher, ainsi que l'exigeait la règle des dominicains, le monastère présente une multitude de pinacles, d'arcs-boutants, de balustrades ajourées, que soulignent des fenêtres gothiques et flamboyantes ; l'ensemble, construit en calcaire fin, a pris avec le temps une jolie teinte ocre.

L'architecture complexe du chevet de l'église résulte de l'adjonction, à l'abside primitive, d'une rotonde octogonale au-dessus de laquelle se dressent les piliers inachevés qui devaient supporter la voûte.

Attenante au collatéral droit, la chapelle du fondateur est surmontée d'une lanterne octogonale épaulée par des arcs-boutants.

La façade principale de l'église est divisée en trois par des pilastres et des contreforts. La partie centrale est percée dans sa portion supérieure d'une belle fenêtre flamboyante ; le portail est richement sculpté et arbore des statues (refaites) représentant, au tympan, le Christ en majesté, entouré des évangélistes ; sur les côtés, les douze apôtres ; sur les voussures, des anges, des prophètes, des rois et des saints. L'église se trouvait jadis en contrebas par rapport au terre-plein extérieur, ce qui conférait au portail des proportions plus harmonieuses.

L'ÉDIFICATION DU MONASTÈRE

Commencés par l'architecte portugais Afonso Domingues, les travaux sont repris par maître Huguet qui, de 1402 à 1438, érige la chapelle du fondateur où reposent Jean Ier, sa femme Philippa de Lancastre et leurs fils, dans un style gothique flamboyant. Il décède avant de terminer le mausolée octogonal du roi Édouard Ier (les Chapelles inachevées).

Pendant le règne d'Alphonse V (1438-1481), l'architecte portugais Fernão de Évora édifie le cloître dit « d'Alphonse V » dans un style très sobre. C'est Mateus Fernandes le Vieux, l'un des maîtres de l'art manuélin, qui réalise ensuite les remplages des arcades du cloître royal, en collaboration avec le célèbre Boytac, et poursuit l'édification des chapelles de l'octogone. Mais le roi Jean III (1521-1557) délaisse la construction de Batalha au profit du monastère des Jerónimos à Lisbonne, et les chapelles de l'octogone restent inachevées.

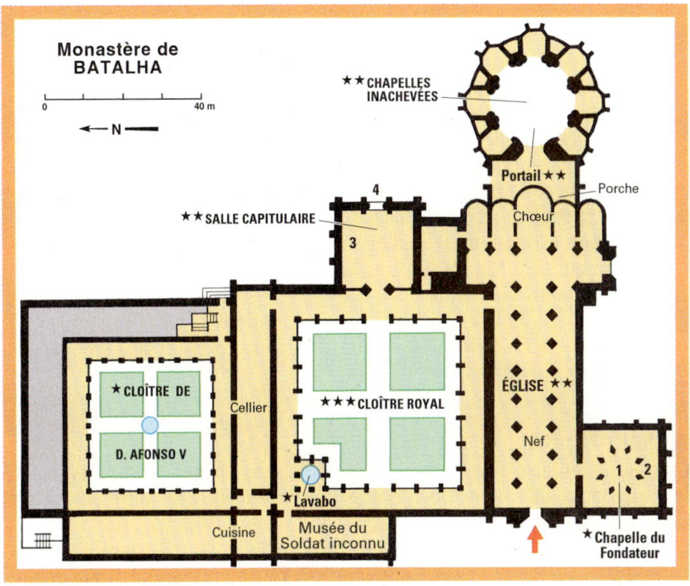

INTÉRIEUR

244 76 54 97 - www.mosteirobatalha.pt - avr.-sept. : 9h-18h ; oct.-mars : 9h-17h (dernière entrée 30mn avant fermeture) - fermé 1er janv., Vend. saint, dim. de Pâques, 1er Mai et 25 déc. - 6 € (billet combiné monastères de Batalha, d'Alcobaça et couvent du Christ de Tomar 15 €), gratuit dim. et j. fériés 9h-14h. Billetterie à l'intérieur de l'église.

★★ Église

Très vaste, elle frappe par sa sobriété et l'élan de ses voûtes. Le chœur est agrémenté de **vitraux★** datant de l'époque manuéline (16e s.) et illustrant des scènes de la vie de la Vierge et du Christ.

Chapelle du Fondateur★ (Capela do Fundador) – Cette salle carrée, de 20 m de côté, éclairée de fenêtres flamboyantes, est surmontée d'une lanterne octogonale coiffée d'une coupole étoilée. Des arcs en tiers-point festonnés relient les puissants piliers qui soutiennent la lanterne.

Au centre se trouvent les tombeaux du roi Jean Ier et de sa femme Philippa de Lancastre, dont les gisants sont couverts de deux dais délicatement ciselés (1). Sur les côtés sud et ouest, des enfeus contiennent les tombeaux des infants dont celui d'Henri le Navigateur, rehaussé d'un dais (2).

Voir aussi « ABC d'architecture », p. 87.

★★★ Cloître royal (Claustro Real)

L'alliance des styles gothique et manuélin s'exprime dans ce cloître de façon heureuse. La simplicité du gothique originel n'a pas été altérée par les apports manuélins ; la balustrade à fleurs de lys et les pinacles fleuris ont contribué à créer une certaine harmonie grâce aux remplages manuélins des arcades, sculptés dans le marbre et ajourés comme des broderies. Les colonnettes qui soutiennent les remplages sont ornées de torsades, de perles et d'écailles.

LA BATAILLE D'ALJUBARROTA
Le 14 août 1385, sur le plateau d'Aljubarrota, à 15 km au sud de Batalha, s'opposent deux prétendants au trône du Portugal : le roi de Castille et le fils naturel de Pierre Ier, Jean, grand maître de l'ordre d'Avis *(aux alentours d'Estremoz, voir p. 312)*, sacré roi sept jours plus tôt. Les forces en présence sont très inégales : à l'armée organisée et dotée de seize canons des Castillans, le connétable **Nuno Álvares Pereira** ne peut opposer qu'un carré de chevaliers et de piétaille. En cas de défaite, le pays passera sous domination espagnole. Jean d'Avis promet d'élever une superbe église en l'honneur de la Vierge si elle lui accorde la victoire. Après avoir résisté victorieusement à son ennemi, Nuno Álvares le poursuit en Castille même. Le Portugal a gagné son indépendance pour deux siècles. Trois ans plus tard, le monastère Sainte-Marie-de-la-Victoire commence à s'élever ; il prendra le nom de Batalha.

★★ **Salle capitulaire** (Sala do Capítulo)
Cette salle renferme la tombe du Soldat inconnu (3), qui contient en réalité les corps de deux soldats portugais, l'un mort en France, l'autre en Afrique, pendant la Grande Guerre.
La **voûte★★★** est d'une hardiesse exceptionnelle ; après deux tentatives malheureuses, l'architecte maître Huguet réussit à lancer une voûte carrée de près de 20 m de côté sans appuis intermédiaires ; ce travail présentait de tels dangers qu'il fut achevé, raconte-t-on, par des condamnés à mort, et qu'Huguet, après que l'on eut retiré les derniers échafaudages, resta seul toute une nuit sous son audacieux ouvrage.
La fenêtre qui éclaire la salle est décorée d'un joli **vitrail★** (4) du début du 16e s. représentant des scènes de la Passion.

★ **Fontaine** (Lavabo)
Situé à l'angle nord-ouest du cloître, il est constitué d'une fontaine avec un bassin à margelle festonnée que surmontent deux vasques. La lumière, filtrant à travers les dentelles de pierre des remplages, donne à l'ensemble une jolie teinte dorée. De là, la vue est très belle sur l'église dominée par le clocher du transept nord.
L'ancien réfectoire, couvert d'une superbe voûte gothique, abrite un **musée du Soldat inconnu**.

★ **Cloître** (Claustro) **D. Afonso V**
Belle construction gothique. Sur les clefs de voûte figurent les blasons d'Édouard Ier et d'Alphonse V.
Sortez de l'église par l'extérieur.

★★ **Chapelles inachevées** (Capelas Imperfeitas)
Édouard Ier avait rêvé d'un vaste panthéon pour lui et ses descendants. Il est le seul à reposer aujourd'hui, à ciel ouvert, dans les Chapelles inachevées. Plus tard, le roi Manuel fit ajouter par Mateus Fernandes un gigantesque porche de transition gothique-Renaissance qui relie le chevet de l'église au portail de l'octogone ; ce **portail★★**, à l'origine gothique, a été orné au 16e s. de décorations manuélines d'une rare exubérance ; il s'ouvre sous un arc polylobé, renforcé, du côté de l'église, par un arc infléchi. Admirez la découpe des festons et la délicate décoration des voussures et des colonnes.
Donnant sur la rotonde octogonale, sept chapelles rayonnantes sont séparées par les fameux piliers restés inachevés ; ces piliers sont couverts de motifs

ciselés dans la pierre, ce qui contraste avec la sobriété du balcon Renaissance ajouté à la partie supérieure par le roi Jean III en 1533.

À proximité Carte de région p. 228-229

★ PARC NATUREL DES SERRAS DE AIRE ET CANDEEIROS

8 km au sud de Batalha et 8 km à l'ouest de Fátima.
Entre Batalha, Rio Maior et Fátima, ce parc naturel recouvre 39 000 ha des serras d'Aire et de Candeeiros. Formés de massifs calcaires, de grottes et de forêts, ces paysages parfois arides se prêtent à de belles promenades. Les routes y serpentent, bordées de rares eucalyptus, au flanc de croupes blanches piquetées d'oliviers et toutes zébrées de murets de pierres sèches.
Les localités les plus importantes sont **Porto de Mós**, que signale de loin son château, à la toiture verte, juché sur une butte, et **Mira de Aire**, réputé pour ses produits d'artisanat.

Grottes (Grutas) **da Moeda**

Env. 13 km de Batalha (8 km de Fátima). De Batalha, prenez la N 356 vers l'est jusqu'à São Mamede et tournez à droite à l'entrée du village - ✆ 244 70 38 38 - www.grutasmoeda.com - visite guidée (25mn) juil.-sept. : 9h-19h ; avr.-juin : 9h-18h ; oct.-mars : 9h-17h - 5 € (2 € en sus pour le centre d'interprétation).
Ce sont les plus récemment prospectées, en 1971. Selon une légende, des bandits y auraient précipité le corps d'un voyageur et sa bourse avec lui, dans leur hâte excessive. On les a ainsi baptisées **« grottes de la Monnaie »** (Grutas da Moeda). On y dénombre neuf « salles » de teintes variées. Une cascade, ainsi que d'étonnantes concrétions calcaires multicolores, dans la « salle du Berger », sollicitent le regard.

★ **Grottes** (Grutas) **de Mira de Aire**

22 km de Batalha (15 km de Fátima). Dans le bourg, à gauche de la N 243 venant de Porto de Mós - ✆ 244 44 03 22 - www.grutasmiradaire.com - visite guidée (40mn) juil.-août : 9h30-19h30 ; juin et sept. : 9h30-19h ; avr.-mai : 9h30-18h ; oct.-mars : 9h30-17h30 - 5,90 €.
Ces grottes, dites **« des Vieux Moulins »** (Grutas dos Moinhos Velhos), sont les plus vastes du Portugal. Découvertes en 1947, elles sont reliées par des tunnels artificiels totalisant une longueur de plus de 4 km *(dont 600 m se visitent)*, avec une dénivellation de 110 m. Leur parcours, en spirale descendante, compte 683 marches.
Les deux plus grandes cavités sont le « Grand Salon » (60 m de haut, 45 m de largeur praticable) et la « Salle rouge ». La teinte rougeâtre des parois, due à l'oxyde de fer, l'opalescence des concrétions aux formes évocatrices (les « joyaux » de la chapelle des Perles, la méduse, le martien, l'orgue, etc.) et le ruissellement des eaux souterraines exercent une certaine fascination. Dans l'immense galerie terminale, le « Grande Lago » (Grand Lac) collecte les eaux des ruisseaux et du « Rio Negro » (Rivière noire) dont la crue, plusieurs jours par an, inonde la partie inférieure des grottes.
Le retour à l'air libre s'effectue par un ascenseur.

Grottes (Grutas) **d'Alvados**

17 km de Batalha (25 km de Fátima). Accès par la N 361, entre Alvados et serra de Santo António - ✆ 244 44 07 87 - www.grutasalvados.com - visite guidée (35mn) juin-août : 10h-18h30 ; sept.-mai : 10h-17h - 5,80 € ; 9,60 € le billet combiné avec les grottes de Santo António.

Découvertes en 1964, au flanc nord-ouest de la colline de Pedra do Altar, elles offrent aux visiteurs un parcours de 450 m à travers une dizaine de salles – reliées artificiellement par de longs tunnels –, présentant chacune une vasque d'eau limpide et des concrétions. Admirez la teinte dorée de leurs parois, de nombreuses stalactites et stalagmites réunies en piliers, les fissures zigzagantes au sol.
Dans la plus grande salle, haute de 42 m, chutaient les animaux égarés (ossements visibles).

Grottes (Grutas) **de Santo António**

6,5 km au sud-est d'Alvados. Accès par la N 361, au nord de serra de Santo António - ☏ 249 84 18 76 - www.grutassantoantonio.com - visite guidée (35mn) juin-août : 10h-18h30 ; sept.-juin : 10h-17h - 5,80 € ; 9,60 € le billet combiné avec les grottes d'Alvados.

Mises au jour en 1955, près du sommet (583 m) de la colline de Pedra do Altar, les grottes de Santo António ont bénéficié d'importants aménagements, dont un tunnel d'accès de 40 m.

Les trois salles – La principale, d'une surface de 4 000 m^2, atteint 43 m de haut. Les grottes sont agrémentées de délicates concrétions roses, et, pour l'une des salles secondaires, d'un petit lac. Les stalagmites, qui forment une véritable forêt, évoquent, pour certaines, des statues.

NOS ADRESSES À BATALHA

INFORMATIONS UTILES

Les offices de tourisme sont répertoriés en début de chapitre.

TRANSPORTS

Bus – Arrêt à côté de l'Ecomarché, à quelques minutes à pied du couvent. Env. 8 bus par jour pour Leiria, 6 pour Nazaré et Alcobaça, 3 pour Tomar et 4 pour Lisbonne. Détail des horaires à l'office du tourisme.

HÉBERGEMENT

PREMIER PRIX

Pensão Gladius – *Praça Mouzinho de Albuquerque, 7 - ✆ 244 76 57 60 - 8 ch. dont une triple 30 €.* L'établissement fait face aux terrasses de bars, idéalement placées devant le monastère. Situation, accueil et prix font de cette pension familiale une adresse très recommandable (il est d'ailleurs prudent de réserver).

BUDGET MOYEN

Casa do Outeiro – *Largo Carvalho do Outeiro, 4 - ✆ 244 76 58 06 - www.casadoouteiro.com - P - 15 ch. 63/70 €*. Situé dans une rue calme, cet hôtel entièrement rénové offre des chambres gaies et d'un grand confort, dont certaines bénéficient d'une vue exceptionnelle sur le monastère. Salle du petit-déjeuner lumineuse donnant sur la piscine. Accès Internet.

À Porto de Mós

BUDGET MOYEN

Quinta do Rio Alcaide – *N 362 - 1 km dir. Mira de Aire, prendre à gauche après le pont et suivre le panneau « agro turismo » - ✆ 244 40 21 24 - rioalcaide@mail.telepac.pt - - 10 ch. 46/60 €.* Une maison au milieu d'un vallon arboré, tenue par un jeune couple mozambico-sud-africain. Des bananiers entourent la piscine et les orangers s'alignent en grand nombre. Chambres rustiques avec pierres apparentes. La propriété loue aussi un moulin restauré, perché sur une colline. Pas de petit-déj. en haute saison.

RESTAURATION

PREMIER PRIX

Dom Duarte – *Praça D. João I, 5 - ✆ 244 76 63 26*. Donnant sur la vaste place du monastère, cet établissement, aménagé au 1er étage d'une boulangerie, est idéal pour apprécier un tournedos aux champignons et à la crème onctueuse *(tornedo a chefe)* ou un faux-filet grillé.

Leiria

127 468 habitants – District de Leiria

NOS ADRESSES PAGE 271

S'INFORMER
Região de Turismo – *Jardim Luís de Camões - ✆ 244 84 87 70 - www.rt-leiriafatima.pt - tlj 10h-13h, 15h-19h.* Accès Internet gratuit.

SE REPÉRER
Carte de région p. 228-229 – *Carte Michelin 733 M3.* À mi-chemin entre Lisbonne (71 km au sud) et Coimbra (71 km au nord-est) par l'E 80.

À NE PAS MANQUER
Le château.

ORGANISER SON TEMPS
Prévoyez une journée pour visiter le château de Leiria et faire une promenade dans la pinède.

AVEC LES ENFANTS
Emmenez-les faire une balade dans la pinède de Leiria.

Dominée par une colline où se dresse un château médiéval, Leiria est une ville dynamique, à la confluence de deux rivières, la Liz et la Lena. C'est aussi un carrefour routier relié au sanctuaire de Fátima et aux magnifiques ensembles architecturaux de Batalha, Alcobaça ou Tomar. Elle constitue donc un lieu de passage ou de séjour privilégié pour l'estivant, le pèlerin ou l'amateur d'art. Un détour vers l'Océan conduit à la grande pinède : sur le chemin des plages s'égrènent les manufactures réputées de verre et de cristal de Marinha Grande, créées sous l'impulsion de l'énergique marquis de Pombal. Vers le nord, la cité de Pombal proprement dite garde intacts les souvenirs des dernières heures de son marquis.

ARTISANAT ET FOLKLORE

La région de Leiria a conservé ses traditions d'art populaire et de folklore. Les poteries vernissées et multicolores de Cruz da Légua et de Milagres, les verres décorés de Marinha Grande, les ornements d'osier et les couvertures tissées de Mira de Aire comptent parmi les produits artisanaux les plus réputés du district de Leiria.

Les manifestations folkloriques ont gardé toute leur spontanéité. Le folklore de la région de Leiria se rattache à celui du Ribatejo, province voisine ; le costume féminin, discret, se compose d'un petit chapeau de velours noir avec quelques plumes, d'un fichu de couleur, d'une petite blouse claire ornée de dentelles, d'une jupe assez courte et de souliers à talons larges et bas ; seuls quelques colliers en or et boucles d'oreilles le différencient du costume ribatejan. La foire-exposition de Leiria *(voir « Agenda », p. 271)* est l'occasion d'assister à des spectacles de danse folklorique.

Le stade Dr. Magalhães Pessoa, à Leiria, a accueilli l'Euro 2004.
M. Scataglini/Marka/age fotostock

Découvrir

2

★ Château

Sur une hauteur à l'ouest de la ville - Comptez 30mn - ✆ 244 81 39 82 - avr.-sept. : mar.-dim. 10h-18h ; oct.-mars : mar.-dim. 10h-12h, 13h-17h - fermé 1er janv. et 25 déc. - 2 €.

Dans un **site★** remarquable, déjà habité à l'époque romaine, le premier roi du Portugal, Afonso Henriques, fit édifier en 1135 un château fort destiné à défendre la frontière sud de son royaume, Santarém et Lisbonne étant alors sous domination maure. Après la libération de ces deux villes en 1147, le château perdit de son importance et tomba en ruine. Au 14e s., le roi Denis, entreprenant l'aménagement puis l'extension de la pinède de Leiria, fit rebâtir le château pour y résider avec sa femme, la reine Isabelle d'Aragon.

Modifiés au 16e s., les bâtiments actuels ont été restaurés. Après avoir franchi la première enceinte du château par une porte flanquée de deux tours carrées crénelées, on pénètre dans une agréable cour fleurie et ombragée.

Un escalier à gauche conduit au cœur du château : le palais royal se trouve sur la gauche, le donjon en face et les vestiges de la chapelle Nossa Senhora da Pena (15e s.) sur la droite ; celle-ci conserve un élégant chœur gothique lancéolé et une arcade décorée de motifs manuélins.

Dans la tour (13e s.) se tient une exposition permanente consacrée au Moyen Âge. Elle présente également des pièces archéologiques trouvées sur place.

Palais royal – Un escalier mène à la vaste salle rectangulaire dotée d'une galerie d'arcades en tiers-point reposant sur des colonnettes doubles ; de cette galerie, autrefois balcon royal, **vue** plongeante sur Leiria.

Le quartier populaire qui s'étend au-dessous du château offre une promenade agréable dans ses ruelles.

LE DESPOTISME ÉCLAIRÉ DU GRAND MARQUIS

Né à Lisbonne (1699) dans une famille de petite noblesse, Sebastião de Carvalho e Melo fait ses débuts dans la diplomatie. Grâce à l'appui de son oncle, chanoine de la Chapelle royale, il est envoyé à Londres, où il s'intéresse à l'économie florissante de la société anglaise, puis à Vienne. À la mort de Jean V en 1750, le roi Joseph Ier appelle Carvalho au pouvoir. Le ministre s'attache à relever les finances du pays. Il accomplit une œuvre remarquable, promulguant de nombreux décrets (création de la Banque royale, abolition de l'esclavage des indigènes au Brésil). En 1755, le tremblement de terre de Lisbonne lui fournit une autre occasion de montrer ses capacités : c'est lui qui reconstruit la ville basse sur les bases, révolutionnaires pour l'époque, d'un urbanisme moderne et fonctionnel. Parallèlement, il cherche à consolider l'absolutisme royal en expulsant les trop puissants jésuites (1759) et en affaiblissant la noblesse. Le 2 septembre 1758, le roi est blessé dans un attentat au retour d'une rencontre galante avec Maria Teresa de Távora. Trois mois plus tard, le ministre fait arrêter le marquis de Távora et les membres de sa famille ; les malheureux sont roués vifs et brûlés, et leurs complices pendus. En 1759, le ministre devient comte d'Oeiras. Le roi lui donne le titre de **marquis de Pombal** dix ans plus tard. Mais à la mort de Joseph Ier en 1777, Pombal doit faire face à de nombreux ennemis. Condamné en 1781 au bannissement, il se retire sur ses terres, où il meurt l'année suivante.

À proximité Carte de région p. 228-229

Pinède de Leiria (Pinhal de Leiria)

10 km à l'ouest de la ville par l'IC 9, en dir. de Marinha Grande.

L'exploitation de cette immense pinède, qui s'étend vers le nord jusqu'à la plage de Pedrogão, a permis l'essor d'une activité prospère liée au travail du bois et du papier. Certains des premiers incunables portugais ont été publiés à Leiria au 15e s. Carte des sentiers de randonnée disponible à l'office de tourisme de Marinha Grande *(✆ 244 56 66 44).*

Pombal

29 km au nord de Leiria par l'IC 2 ou l'A 1.

Au pied de son château des Templiers, ce bourg évoque le souvenir du marquis de Pombal *(voir encadré ci-dessus)* qui possédait ici une propriété où il finit ses jours, la Casa do Celeiro.

Château – *Visite : 15mn. Prenez à droite, à l'angle du palais de justice, la route d'Ansião puis, à hauteur d'une croix, empruntez à droite une route goudronnée, étroite, en forte montée. Laissez la voiture au pied du château. ✆ 236 21 05 40 - tlj 8h30-17h - gratuit.* Construit en 1171 par Gualdim Pais, grand maître de l'ordre des Templiers, il a été modifié au 16e s. Sa restauration date de 1940.

Du haut des remparts, que domine un donjon crénelé, **vue** sur Pombal à l'ouest et sur les contreforts de la serra de Lousã à l'est.

Pombal marque le point de départ de l'itinéraire dans la Serra da Lousã (voir p. 420).

NOS ADRESSES À LEIRIA

INFORMATIONS UTILES

Les offices de tourisme sont répertoriés en début de chapitre.

HÉBERGEMENT

PREMIER PRIX

Pousada de Juventude – *Largo Cândido dos Reis, 9 - ✆ 244 83 18 68 - www.pousadasjuventude.pt - 9 ch. 32 €, 13 €/pers. en dortoir* ☕. Un somptueux palais du 19e s. orné de beaux plafonds moulurés. À l'entrée, le sol en mosaïque invite à monter l'escalier surmonté d'une fresque. L'été, le petit-déj. se prend à l'ombre du grand magnolia planté dans le jardin. 7 chambres de 4 à 12 lits et 2 chambres doubles. Coffre-fort personnel, accès Internet, cuisine équipée d'un micro-ondes et propreté irréprochable.

Residencial Leiriense – *R. Afonso de Albuquerque, 6 (près de la cathédrale) - ✆ 244 82 30 54 - www.hotelleiriense.com - P - 23 ch. 42 €* ☕. Voici un établissement moderne et confortable situé au cœur de la vieille ville. Chambres petites mais calmes.

RESTAURATION

BUDGET MOYEN

Malagueta Afrodisíaca – *R. Gago Coutinho, 17 (derrière la praça Rodrigues Lobo, dans une rue étroite) - ✆ 244 83 16 07 - www.malaguetaafrodisiaca.pt - tlj 19h-0h.* Parquet blanc, triptyque abstrait aux couleurs vives, tables éclairées de bougies : le « Piment Aphrodisiaque » a une déco intimiste. Cuisine aux influences variées : crevettes au riz, aux oignons et aux épinards, poisson au curry accompagné de crevettes et de raisin, agneau épicé au lait de coco. Jus de fruits frais, thés et infusions aphrodisiaques.

POUR SE FAIRE PLAISIR

Tromba Rija – *R. Professores Portela, 22 (au nord de Leiria, dir. Mazzares, 1re rue à gauche après le pont) - ✆ 244 85 22 77 - fermé vend. midi, dim. midi et lun. - www.trombarija.com.* Un établissement très apprécié des Portugais, au milieu d'un quartier résidentiel anonyme. La formule à volonté propose la plupart des spécialités du pays et comprend le vin et le café. Les buffets, sans cesse renouvelés, sont couverts de mets savoureux : ne manquez pas les charcuteries, la morue grillée et les fromages. Belle corbeille de fruits secs servie avec le dessert. Le service, très affairé, reste soigné et disponible.

AGENDA

Foire-exposition – *2e quinz. de mai.* Foire agricole et artisanale. Le 22 mai, la fête de la ville s'accompagne de processions, danses, etc.

2

Fátima

7 756 habitants – District de Santarém

NOS ADRESSES PAGE 274

S'INFORMER
Posto de turismo – *Av. José Alves Correia da Silva - 249 53 11 39.*

SE REPÉRER
Carte de région p. 228-229 – *Carte Michelin 733 N4.* À 31 km au sud-est de Leiria.

ORGANISER SON TEMPS
Prévoyez une demi-journée pour visiter Fátima et Ourém. Attention, pendant les pèlerinages, tous les hôtels de la région affichent complet.

AVEC LES ENFANTS
Les empreintes de dinosaures du site jurassique de Bairro.

En ce lieu jadis isolé, en 1917, la Vierge serait apparue à trois enfants à plusieurs reprises, le 13 de chaque mois, de mai à octobre. Devenu le plus grand sanctuaire catholique du pays et l'un des plus importants au monde, il se dresse au lieu-dit Cova da Iria (alt. 346 m) parmi les collines verdoyantes. Des milliers de fidèles s'y rassemblent en de grands pèlerinages, en particulier à ces mêmes dates. Fátima constitue aujourd'hui un ensemble hétéroclite qui mêle lieux saints, boutiques de souvenirs, couvents et résidences hôtelières. De bien plus ancienne mémoire, les tours du château d'Ourém veillent sur la région depuis plus de 500 ans.

Découvrir

Fátima présente surtout un intérêt les jours de **grands pèlerinages**, où l'on peut assister à une procession aux flambeaux, une vigile nocturne, la messe solennelle sur l'esplanade, la bénédiction des malades et, pour clore le pèlerinage, la procession des « adieux » à la Vierge.

LES APPARITIONS

Le 13 mai 1917, trois jeunes bergers, **Francisco**, **Jacinta** (frère et sœur) et **Lúcia** (leur cousine), gardent leur troupeau sur une colline, à Cova da Iria, lorsque soudain le ciel s'illumine ; la Vierge leur apparaît dans les branches d'un chêne et s'adresse à eux. Son message, répété avec insistance lors des apparitions suivantes, est un appel à la paix ; il prend à cette époque une résonance particulière : l'Europe est en guerre depuis près de trois ans et le Portugal combat dans les rangs alliés. Le 13 octobre 1917, près de 70 000 personnes voient soudain la pluie cesser et le soleil briller et tournoyer dans le ciel comme une boule de feu. En 1930, après une longue enquête, l'évêque de Leiria donne l'autorisation de célébrer le culte de Notre-Dame-de-Fátima. Le 13 mai 2000, année du jubilé, le pape Jean-Paul II, particulièrement sensible à ce lieu de pèlerinage, a béatifié les deux enfants, Francisco et Jacinta.

La ferveur qui anime la foule des pèlerins en prière, venus du monde entier, parcourant à genoux l'esplanade jusqu'à la chapelle des Apparitions, ne laisse personne indifférent. Au sud de l'esplanade, l'église da Santissima Trindade, consacrée en octobre 2007, peut accueillir 9 000 fidèles.

Basilique

Fermant l'immense esplanade (540 m x 160 m) qui peut rassembler plus de 300 000 pèlerins, la basilique néobaroque est prolongée de part et d'autre par un péristyle en arc de cercle (abritant un chemin de croix en mosaïque) et dominée par une tour haute de 65 m. L'intérieur renferme les tombeaux de Francisco, mort en 1919, et de Jacinta, morte en 1920 ; l'aînée, Lúcia, s'est éteinte en 2005. Elle était carmélite à Coimbra.

Chapelle des Apparitions (Capela das Aparições)

Sur l'esplanade, un chêne vert, entouré d'une grille, remplace celui près duquel la Vierge apparut. À l'intérieur de la chapelle trône la statue de Notre-Dame-de-Fátima.

Musée de Cire (Museu de Cera)

R. Jacinta Marto (à 100 m du sanctuaire) - ✆ 249 53 93 00 - www.mucefa.pt - avr.-oct. : 9h30-18h30 ; nov.-mars : 10h-17h - fermé 25 déc. - 6 €.
Ce musée relate, à travers une trentaine de « tableaux », l'histoire des apparitions.

À proximité Carte de région p. 228-229

2

OURÉM

7 km au nord-est de Fátima.
À env. 2 km au sud de la ville moderne d'Ourém, la vieille cité fortifiée, isolée sur une butte, est dominée par les vestiges d'un château. L'endroit est propice à la promenade.
Laissez la voiture à l'entrée de la cité et prenez à gauche une rue montant vers le château.
Le blason du comte Dom Afonso orne la **fontaine gothique** à l'entrée du village.

Château

✆ 249 54 43 15 - été : 10h-13h, 15h-19h ; hiver : 9h30-12h30, 14h-18. Ourém connut une période de faste au 15ᵉ s. lorsque le quatrième comte d'Ourém, Dom Afonso, fils du premier duc de Bragance *(voir p. 574)* et neveu du connétable Nuno Álvares Pereira, fit aménager le château en palais et édifier plusieurs monuments. Plus de 2 000 personnes vivaient alors à l'intérieur de l'enceinte. Deux tours en éperon apparaissent de chaque côté du chemin ; remarquez les curieux mâchicoulis en brique qui couronnent les murailles du château.
Passez sous le porche de la tour de droite.
Un sentier permet de découvrir un ancien souterrain. Des escaliers mènent à une tour carrée donnant accès à un château triangulaire qui daterait du 12ᵉ s. ; citerne souterraine arabe (9ᵉ s.) dans la cour.
Faites le tour du chemin de ronde pour apercevoir : à l'ouest, le clocher de la basilique de Fátima, au nord-ouest le bourg de Pinhel, au nord-est Vila Nova de Ourém et, au loin, la serra da Lousã.
Un sentier mène au village et à la collégiale.

Collégiale

En entrant par le bras droit du transept, une porte s'ouvre aussitôt à droite sur un escalier donnant accès à une crypte à six colonnes monolithes ; elle abrite le **tombeau** du comte Dom Afonso, en calcaire blanc d'un gothique très fleuri ; le gisant est attribué au sculpteur Diogo Pires le Vieux.

BAIRRO

9 km au sud-est de Fátima.

Près du village de **Bairro** ont été découvertes en 1994 des empreintes de **dinosaures** vieilles de 150 millions d'années, probablement les plus anciennes au monde. Un **jardin jurassique** a été aménagé, ainsi qu'un parcours pédagogique permettant de découvrir l'histoire de la Terre. *249 53 01 60 - www.pegadasdedinossaurios.org - mar.-vend. 10h-12h30, 14h-18h (avr.-sept., w.-end et j. fériés jusqu'à 20h) - 2 €.*

NOS ADRESSES À FÁTIMA ET À OURÉM

INFORMATIONS UTILES

Les offices de tourisme sont répertoriés en début de chapitre.

HÉBERGEMENT

À Ourém

POUR SE FAIRE PLAISIR

Quinta da Alcaidaria-Mór – *N 113, dir. Tomar - 249 54 22 31 - www.quintaalcaidaria-mor.pt - - 4 ch. et 4 appart. 100/115 €* . Une allée de cyprès conduit au manoir blanc, précédé d'une chapelle et agrémenté d'un jardin de bosquets. Chambres spacieuses, dont certaines avec une terrasse surplombant la campagne alentour. Petit-déj. en compagnie des autres convives et dîner sur demande.

UNE FOLIE

Pousada de Ourém – *Château d'Ourém - 249 54 09 30 - www.pousadas.pt - - 30 ch. 140/168 €* . Isolée sur le promontoire du château, la *pousada* occupe une partie du bourg médiéval aux murs blancs et aux tuiles patinées. Passé le portail baroque, grands couloirs dépouillés fleuris de bouquets contemporains et chambres décorées de bois clair. La petite piscine, à l'arrière de l'église, offre un beau panorama.

RESTAURATION

À Fátima

POUR SE FAIRE PLAISIR

Restaurante Tia Alice – *R. do Adro, 152 (ancien village, dir. Ourém) - 249 53 17 37 - fermé dim. soir, lun. et juil. - env. 30 €.* Face à l'église paroissiale du vieux village de Fátima complètement assoupi, « Tante Alice » s'est parée d'une touche de design au milieu des pierres apparentes et de la roche affleurante : lumière tamisée et tableaux contemporains. Originale *açorda* de morue et desserts soignés.

À Ourém

PREMIER PRIX

A Espada dos Condes de Ourém – *Tabuleiro da Misericórdia (château d'Ourém) - 249 54 24 16 - - 8/12 €.* Rendez-vous des habitants, ce café de village propose un roboratif plat du jour maison, concocté par Mme Espiritu Santo. À déguster sous le regard du comte Dom Afondo figuré en azulejos.

Tomar

★★

40 862 habitants – District de Santarém

NOS ADRESSES PAGE 278

S'INFORMER
Posto de turismo – *Av. Dr Cândido Madureira - ✆ 249 32 24 27 - www.cm-tomar.pt.* **Região de Turismo** – *R. Serpa Pinto, 1 - ✆ 249 32 90 00.*

SE REPÉRER
Carte de région p. 228-229 – Plan du couvent du Christ p. 276 – *Carte Michelin 733 N4.* À 133 km au nord de Lisbonne, facilement accessible par l'A 1, puis l'IP 6 et la N 110.

SE GARER
Laissez la voiture sur le parking devant les murailles.

À NE PAS MANQUER
Le couvent du Christ.

ORGANISER SON TEMPS
Visitez le couvent dès l'ouverture pour éviter les groupes.

AVEC LES ENFANTS
L'aire de loisirs du barrage de Castelo de Bode *(voir p. 279).*

Dans un vallon riant, sur les rives du Nabão, la ville de Tomar s'étend au pied d'une colline boisée que coiffe un château fort du 12e s. construit par l'ordre des Templiers. Le château abrite le couvent du Christ, un joyau classé au Patrimoine mondial de l'Unesco. Figurant parmi les plus grands monuments manuélins du pays avec les monastères des Jerónimos (Lisbonne) et de Batalha, il est aussi l'emblème de l'histoire portugaise et le symbole de l'Occident chrétien. La vieille ville, avec son damier de ruelles médiévales aux maisons basses, mérite également une visite. La rue Serpa Pinto, l'artère principale, arbore des façades aux azulejos colorés et conduit à la majestueuse place de la République. Dans toute la ville, les pavés sont gravés de la croix des Chevaliers du Christ.

LA FÊTE DES TABULEIROS

Tous les quatre ans se perpétuent à Tomar les cérémonies qu'organisaient jadis les fraternités du St-Esprit, fondées au 14e s. par la reine sainte Isabelle, femme du roi Denis, pour distribuer du pain, du vin et de la viande aux pauvres de la ville. À cette occasion, des jeunes filles vêtues de blanc défilent dans les rues en portant sur la tête un *tabuleiro* (plateau). Celui-ci, de la même hauteur que celle qui le porte, est constitué de 30 pains empilés sur des roseaux fixés à un panier d'osier, l'ensemble étant orné de feuillages, de fleurs en papier et d'épis de blé. La fête dure quatre jours *(la prochaine aura lieu en juillet 2015)* et comprend des réjouissances profanes, des danses folkloriques et des feux d'artifice.

2

Découvrir

Comptez 1h.

★★ **COUVENT DU CHRIST** (Convento de Cristo)

☏ 249 32 40 90 - www.conventocristo.pt - juin-sept. : 9h-18h30 ; oct.-mai : 9h-17h30 (dernière entrée 30mn av. fermeture) - fermé 1er janv., Vend. saint, dim. de Pâques, 1er Mai et 25 déc. - 6 € (billet combiné monastères de Batalha, Alcobaça et couvent du Christ de Tomar 15 €) - gratuit dim. mat. et j. fériés. Pendant l'été, divers spectacles sont organisés au sein du couvent (rens. à l'office de tourisme).

Au sommet de la butte qui domine la ville, les murailles du 12e s. renferment les bâtiments du **couvent du Christ**, dont la construction s'est étalée du 12e au 17e s. Il constitue un véritable catalogue de l'architecture portugaise où se mêlent les styles roman, gothique, manuélin et Renaissance.

★ Église

Le portail, qui évoque le style plateresque de Salamanque, a été réalisé par l'Espagnol João de Castilho, successeur de Diogo de Arruda. L'ancienne église des templiers forme à présent le chevet. Le roi Manuel Ier y accola une nef qui communique avec la rotonde par un grand arc triomphal dû à Diogo de Arruda.

★★ Rotonde des Templiers (Charola dos Templários)

Bâtie au 12e s. sur le modèle du Saint-Sépulcre de Jérusalem, cette rotonde se présente comme une construction octogonale à deux étages soutenue par huit piliers ; un déambulatoire à voûte annulaire sépare cet octogone du polygone extérieur à seize côtés ; les peintures qui ornent l'octogone sont l'œuvre d'artistes portugais du 16e s. ; quelques statues en bois polychrome datent de la même époque.

Nef – Construite entre 1510 et 1515 par l'architecte Diogo de Arruda, elle se distingue par l'exubérance de sa décoration manuéline.

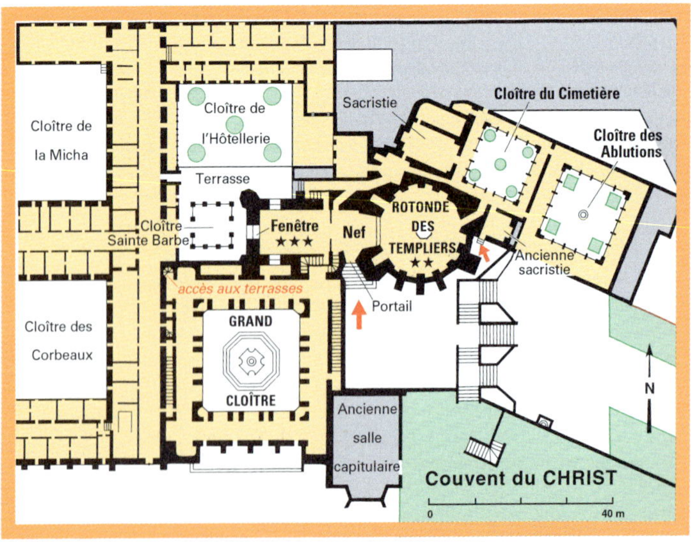

★ Bâtiments conventuels

Ils sont répartis autour de plusieurs cloîtres.

Grand Cloître★ (Claustro Principal**)** – Il fut érigé pour l'essentiel de 1557 à 1566 par Diogo de Torralva, fervent admirateur de l'architecte italien Palladio. Il est aussi appelé « cloître des Philippe » en souvenir de Philippe II qui y ceignit la couronne du Portugal en 1581. Ce cloître Renaissance comprend deux étages qui sont agrémentés de colonnes toscanes au rez-de-chaussée et ioniques à l'étage supérieur. Son dépouillement et sa sévérité contrastent avec la décoration manuéline de la nef qu'il masque en partie, à l'exception de deux fenêtres encore visibles. La première se voit à droite en entrant dans le Grand Cloître. Mais pour découvrir la plus célèbre, il faut descendre dans le cloître Sainte-Barbe (Claustro de Santa Bárbara).

Du Grand Cloître, un escalier en colimaçon aménagé dans l'angle mène aux terrasses qui offrent des vues intéressantes sur l'ensemble du couvent.

★★★ **Fenêtre** – Conçue par l'architecte Diogo de Arruda et sculptée de 1510 à 1513, c'est la plus étonnante réalisation de décoration manuéline au Portugal. À partir des racines d'un chêne-liège, soutenues par le buste d'un capitaine, la décoration grimpe le long de deux mâts en de multiples torsades. Dans la profusion des détails végétaux et marins, on reconnaît des coraux ③, des cordes ④, du liège ⑤ (pour la construction des bateaux), des algues ⑥, des câbles ⑦ et des chaînes ⑧. L'ensemble est couronné des emblèmes du roi Manuel Ier (blason et sphère armillaire) et de la croix de l'ordre du Christ, que l'on retrouve sur la balustrade qui ceint la nef. La fenêtre est amarrée par des câbles à deux tourelles de facture analogue, entourées l'une d'une chaîne représentant l'ordre de la Toison d'or, l'autre d'une boucle de ceinture, insigne de l'ordre de la Jarretière.

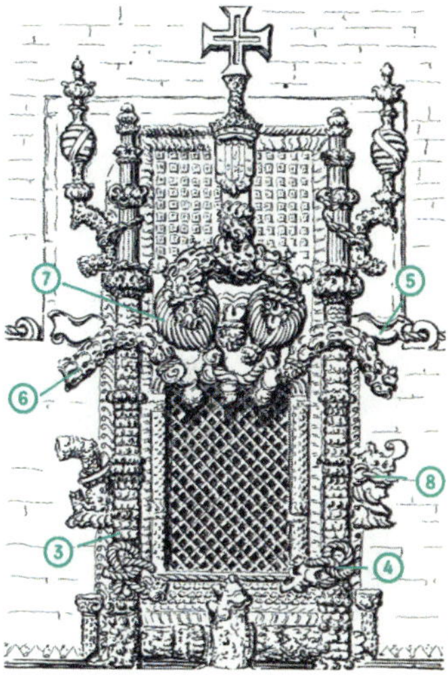

Fenêtre du couvent du Christ de Tomar.

Les cloîtres gothiques – Le **cloître du Cimetière** (Claustro do Cemitério), aux chapiteaux à décoration végétale, et le **cloître des Ablutions** (Claustro das Lavagens), situés à l'est de la rotonde, ont été édifiés au 15e s. sous la direction de l'infant Henri le Navigateur.

Se promener

Chapelle (Capela) Nossa Senhora da Conceição

À mi-chemin de la route menant au couvent - ✆ 249 32 40 90 - visite guidée : adressez-vous au convento de Cristo - 1,50 €.

Cette belle œuvre de la Renaissance, dont l'intérieur est très lumineux, séduit par sa sobriété et ses chapiteaux délicatement sculptés.

DES TEMPLIERS AUX CHEVALIERS DU CHRIST
Au début du 12e s., en pleine Reconquête, la frontière entre les chrétiens et les Maures passait à Tomar. Gualdim Pais, maître de l'ordre des Pauvres Chevaliers de Jésus-Christ (ordre du Temple) – qui avait été créé à Jérusalem en 1119 –, y édifie en 1160 un couvent-forteresse qui devient la maison mère de l'ordre au Portugal. En 1314, à la demande du roi français Philippe le Bel, le pape Clément V ordonne la dissolution de l'ordre du Temple. Au Portugal, le roi Denis crée alors, en 1319, un nouvel ordre, celui du Christ, qui récupère les biens de l'ordre du Temple, les moines-chevaliers étant pour la plupart d'anciens templiers. Le siège de ce nouvel ordre s'établit d'abord à Castro Marim, en Algarve, puis à Tomar en 1356. La période de gloire des chevaliers du Christ se situe au début du 15e s., alors que l'infant Henri le Navigateur en est le grand maître (1418 à 1460). L'immense fortune de l'ordre lui permet de financer les Grandes Découvertes, et son emblème, la croix carrée de couleur rouge, orne les voiles des caravelles. Les Portugais découvrent les côtes africaines, contournent le cap de Bonne-Espérance pour atteindre les Indes. La richesse de la décoration manuéline de Tomar découle de ce fructueux commerce outre-mer.

Église São João Baptista

Praça da República - mar.-dim. 10h-18h (été 19h) - visite guidée sur RV auprès du service de muséologie (☏ 249 32 98 14).

Édifice gothique de la fin du 15e s., flanqué d'un campanile manuélin. Il s'ouvre par un joli **portail★** flamboyant d'une grande finesse dû – comme la chaire flamboyante à gauche de la nef – à un artiste français anonyme. Dans le collatéral gauche, *Cène* peinte par Gregório Lopes (16e s.).

Synagogue

R. Joaquim Jacinto, 73 - 10h-13h, 14h-18h (été 19h) - fermé 1er janv., dim. de Pâques, 1er Mai et 25 déc. - gratuit - visite guidée sur RV auprès du service de muséologie (☏ 249 32 98 14).

Construite entre 1430 et 1460, cette synagogue, la plus ancienne du pays et de plan quadrangulaire, ne fut utilisée comme lieu de culte que jusqu'en 1497, date de l'édit d'expulsion des juifs par le roi Manuel. On remarquera, dans la salle de culte aux voûtes reposant sur des piliers, les cruches d'argile dont la résonance servait à amplifier les chants sacrés. Dans la synagogue, le petit musée luso-hébraïque expose des objets religieux datant des 14e et 15e s.

NOS ADRESSES À TOMAR

INFORMATIONS UTILES

Les offices de tourisme sont répertoriés en début de chapitre.

Internet – Biblioteca Municipal - *gratuit.*

VISITE

Route de la Vigne et du Vin – Cette route, qui borde le Tage à travers les plaines du Ribatejo, est composée de plusieurs circuits. Elle offre une occasion idéale pour découvrir les *quintas* des environs de Tomar et d'Abrantes, visiter les caves et déguster les vins locaux. Rens. dans les offices de tourisme.

HÉBERGEMENT

BUDGET MOYEN

Residencial Sinagoga – *R. Gil Avô, 31 - ✆ 249 32 30 83 - http://residencialsinagoga.planetaclix.pt - 20 ch. 55 €* ☕. Dans une de ces ruelles intemporelles et paisibles de Tomar, un édifice rénové au confort irréprochable. Au-dessus du salon d'entrée rempli de divans, l'ascenseur dessert des chambres bien équipées (radio, satellite, etc.).

Pensão Residencial Cavaleiros de Cristo – *R. Alexandre Herculano, 7 - ✆ 249 32 12 03 - www.cavaleirosdecristo.pt - 17 ch. 55 €* ☕. Dans une petite rue tranquille, un établissement dont les chambres bien tenues sont décorées avec soin. Minibar et frigo dans toutes les chambres. Bon rapport qualité-prix. Wifi.

Quinta da Anunciada Velha – *À 3 km dir. Torres Novas : à l'office de tourisme, prenez à gauche vers le couvent puis aller tout droit - ✆ 249 34 52 18 - www.anunciadavelha.com - 4 ch. 70/85 €* ☕. Une ferme du 19e s. entourée de vignes au charme campagnard : salon mansardé envahi de lithographies collectionnées par la propriétaire, chambres colorées au mobilier peint et salle des petits-déjeuners face à la vigne. Possibilité de dîner. Également trois appartements et un studio (85-95 €) à louer.

RESTAURATION

PREMIER PRIX

Restaurante Beira-Rio – *R. Alexandre Herculano, 1-3 - ✆ 249 31 28 06 - fermé lun.* Une vieille adresse fréquentée par les habitants. Cuisine traditionnelle à déguster face à l'îlot verdoyant et à sa roue de moulin tournant sans fin. Soupe de haricots verts, morue à la crème, agneau rôti, poulet au porto et brochette de lotte.

BUDGET MOYEN

Calça Perra Taj – *R. Pedro Dias, 59 - ✆ 249 32 16 16 - 15/20 €.* Retiré dans une cour arborée avec terrasse, le « Pantalon Coincé » propose une bonne cuisine indienne (curry, biryani, plats végétariens, etc.), mais aussi portugaise.

PETITE PAUSE

Estrelas de Tomar – *R. Serpa Pinto, 12 - ✆ 249 31 32 75 - 8h-20h sf mar.* Difficile de faire son choix devant la très longue vitrine garnie de pâtisseries. Au bout, le salon, toujours animé et un peu en contrebas du trottoir, est percé d'une grande baie face au cours d'eau.

Café Paraíso – *R. Serpa Pinto, 127 - ✆ 249 31 29 97 - 8h-0h sf lun. à partir de 20h.* Ouvert en 1911, le « Paradis » rassemble les habitants en journée et fait le bonheur de la jeunesse en soirée. Marbre omniprésent (sol, piliers, tables) et grande baie vitrée pour observer la foule. Vieille caisse enregistreuse à l'entrée et belle machine à café chromée sur le comptoir.

ACTIVITÉS

Activités nautiques – Barrage de Castelo de Bode - *à 13 km au sud-est de Tomar.* Activités nautiques, aire de loisirs et de pique-nique.

AGENDA

Fête des tabuleiros – *Début juillet, tous les quatre ans : la prochaine aura lieu en 2015.*

Abrantes

39 362 habitants – District de Santarém

NOS ADRESSES PAGE 283

S'INFORMER

Posto de turismo – *Largo 1° de Maio - ✆ 241 36 25 55 - lun.-vend. 9h-18h (9h30-17h30 en hiver), sam. et j. fériés 9h30-12h30, 14h-17h30.*

SE REPÉRER

Carte de région p. 228-229 – *Carte Michelin 733 N 5.* Accessible par l'IP 6. 75 km au nord-est de Santarém et 139 km au nord-est de Lisbonne.

À NE PAS MANQUER

Le château d'Almourol ; Constância.

ORGANISER SON TEMPS

Prévoyez une journée pour visiter Abrantes et ses environs, et pique-niquer sur les berges du Tage à Constância.

Au nord-est de la province du Ribatejo, Abrantes se dresse stratégiquement sur une colline dominant la rive droite du Tage. Première cité importante sur la descente du Tage, elle observe pacifiquement les alentours : son château, perché au sommet, arbore un frêle donjon belvédère au milieu d'une cour arborée. Au sud du fleuve, la route forestière de Tramagal réserve de belles perspectives sur cette ville blanche aux maisons soulignées de jaune. On y déguste la « palha de Abrantes », une pâtisserie aux œufs dont les filaments rappellent des cheveux dorés. À quelques kilomètres de là, Constância déroule ses ruelles en escalier qui dégringolent sur la confluence avec le Zêzere. L'ancienne cité portuaire aujourd'hui endormie vénère le grand poète Camões qui s'exila ici quelque temps, et cultive méticuleusement les essences botaniques chantées par l'écrivain. Le fleuve garde son trésor encore un peu plus bas, dans un site préservé et baigné de silence : le château d'Almourol, cerné par les eaux du Tage, exalte le romantisme chevaleresque.

Se promener

Château

Mar.-dim. 10h-18h - gratuit. Bâti au début du 14e s. sous le règne de Denis Ier pour protéger la route de Lisbonne, il fut parfaitement inefficace contre les invasions françaises. Le 24 novembre 1807, la ville s'ouvrit sans résistance aux troupes de Junot, qui reçut par la suite de Napoléon Ier le titre de duc d'Abrantes. Quelques jours plus tard, les Français s'installaient à Lisbonne, abandonnée par la famille royale.

Des ruelles fleuries mènent aux anciennes fortifications restaurées. Dans la cour, le donjon est aménagé en **belvédère** : la vue s'étend sur la moyenne vallée du Tage, jusqu'au confluent du Zêzere en aval ; au sud, des villages piquettent de leurs taches blanches une campagne couverte d'oliviers ; au nord se dressent la serra do Moradal et les contreforts de la serra da Estrela.

Isolé sur son îlot rocheux, le château d'Almourol.
W. Buss/age fotostock

2

Église Santa Maria

✆ 241 37 17 24 - mar.-dim. 10h-18h (17h en hiver) - gratuit.

Reconstruite au 15e s., elle abrite un petit **musée** présentant une sculpture de la Trinité (16e s.) en pierre polychrome, une belle statue de Vierge à l'Enfant du 15e s. et les tombeaux des comtes d'Abrantes des 15e et 16e s. À noter également, sur l'un des murs, des azulejos hispano-mauresques du 16e s., assez rares au Portugal. Le musée organise des expositions d'art sacré.

Église et hôpital da Misericórdia

Pour la visite, adressez-vous à la Santa Casa da Misericórdia, dans la rue qui monte à droite, ou à l'office de tourisme.

Dans cette église datant de 1584 sont conservées six magnifiques peintures sur bois (16e s.). Attribuées à Gregório Lopes, elles évoquent la vie du Christ. Remarquez également le très bel autel en bois doré du 18e s. et un orgue en forme de meuble, de la même époque.

Dans l'ancien hôpital, la salle dite « do Definitório », ornée de beaux panneaux d'azulejos du 18e s. et surmontée d'un plafond à caissons de bois, contient sept tableaux représentant les sept œuvres de la Miséricorde. Admirez le mobilier, en particulier une *burra* (littéralement « une ânesse ») du 16e s., coffre en fer extrêmement lourd doté d'un incroyable système de fermeture et de dispositifs de fixation au sol, qui servait à transporter les objets précieux dans les navires des Grandes Découvertes. Au centre de la pièce, où se déroulaient les réunions des organes sociaux de la Santa Casa, a été disposée une curieuse table ronde pourvue de tiroirs, en bois du Brésil.

Église São João Baptista

Située à gauche de l'église da Misericórdia, elle a été fondée en 1300 par la reine sainte Isabelle et reconstruite à la fin du 16e s. À l'intérieur, sous de superbes plafonds en bois, admirez les autels Renaissance en bois doré.

À proximité Carte de région p. 228-229

★ Constância

12 km à l'ouest d'Abrantes.

Petite ville bucolique et paisible, à la confluence du Tage et du Zêzere, Constância, vieille de plus de 2000 ans et qui fut jadis un important port fluvial, est aujourd'hui une belle endormie. Les maisons blanches s'étagent sur la verte colline, les ruelles pavées et abondamment fleuries sont entrecoupées de petits escaliers et d'arches. Les berges du Zêzere et du Tage, bordées de saules touffus, et la plage sont une invitation au repos, à la promenade ou au pique-nique. Le lundi de Pâques s'y déroule une fête des bateliers (ou du Bon-Voyage), au cours de laquelle tous les bateaux sont réunis sur la berge pour y être bénis. Un petit Musée fluvial et des Arts maritimes a été inauguré en 1998.

★ **Praça Alexandre Herculano** – Cette charmante place, avec son pilori du 18e s. (reconstruit en 1821) et ses façades blanches et ocre, constitue le centre historique du village.

À côté, l'église da Misericórdia, du 17e s., est ornée d'azulejos polychromes de la même époque.

Église paroissiale (Igreja Matriz) – Édifiée au 17e s. au sommet du village, l'église a été très endommagée par les troupes de Napoléon qui, en raison des crues du Zêzere, furent contraintes de faire halte à Constância lors de leur marche sur Lisbonne. Au plafond, une peinture de José Malhoa réalisée en 1890 représente Notre-Dame-de-Bon-Voyage bénissant l'union des deux fleuves.

CAMÕES À CONSTÂNCIA

Le grand poète **Luís de Camões** séjourna à Constância lors de son exil au Ribatejo, vers 1546-1547. Sa maison, la **Casa-Memória de Camões**, rua do Tejo, a été restaurée et abritera un centre d'études dédié à son œuvre. À côté de sa statue, le **Jardim Horto Camoniano**, agrémenté d'un petit amphithéâtre, réunit quelques-unes des essences végétales chantées par le poète.

★★ Château d'Almourol

4 km à l'ouest de Constância. Laissez la voiture sur le quai, juste en face du château - ✆ 249 72 03 58 - www.cm-vnbarquinha.pt - 10h-19h30 (17h30 en hiver) - fermé 1er janv., dim. de Pâques et 25 déc. - possibilité de se rendre au château en barque (1,50 €) : de 10h au coucher du soleil - rens. auprès de l'office du tourisme de Vila Nova da Barquinha.

Ce petit château de conte de fées, hérissé de tours et de créneaux, se dresse au milieu du Tage sur un îlot rocheux couvert d'arbres et de cactus. Il fut érigé en 1171 par Gualdim Pais, maître de l'ordre des Templiers, sur le site d'un château romain. Cette forteresse, habitée jusqu'en 1600, fit partie de la ligne de défense du Tage pendant la période de la Reconquête, selon la stratégie du premier roi du Portugal, Don Afonso Henriques. Son cadre romantique a inspiré nombre de légendes et récits chevaleresques. L'endroit serait ainsi hanté par une princesse amoureuse de son esclave maure.

De l'embarcadère, belle vue d'ensemble sur le château et son **site★★**. La double enceinte flanquée de dix tours rondes est dominée par un donjon carré dont la plate-forme *(accès par 85 marches puis une porte basse : attention à la tête!)* offre un superbe **panorama★** sur le fleuve et ses rives.

NOS ADRESSES À ABRANTES ET CONSTÂNCIA

INFORMATIONS UTILES

Les offices de tourisme sont répertoriés en début de chapitre.

À Constância

Banques – Deux banques, situées le long de la route nationale.

À Abrantes

Internet – **Edificio Pirâmide** – *Largo S. António (près de l'hôtel Turismo) - 241 36 31 65 - lun.-vend. 10h30-13h, 14h30-18h - gratuit.*

HÉBERGEMENT

PREMIER PRIX

Residencial Lírios – *Praça Barão da Batalha, 31 - 241 36 21 42 - 10 ch. - - 40 €* . Au cœur du centre ancien, devant la place piétonne décorée d'originales statues de passants. Dès que l'on entre, les stucs ornant les hauts plafonds attirent le regard : les plus beaux couronnent le salon, réchauffé en hiver par la cheminée, et la salle des petits-déjeuners. Quelques chambres avec ventilateur et petit jardin à l'arrière.

PETITE PAUSE

À Constância

Esplanada – *R. do Tejo - 249 73 90 73 - fermé lun.* Pour observer les eaux du Tage et du Zêzere confluer, depuis la grande terrasse isolée. Possibilité de déjeuner et de dîner.

AGENDA

À Abrantes

Fête de la ville – *Début juin.* Pendant 5 jours, concerts, concours sportifs partout dans la ville et foire gastronomique dans la cour du château.

À Constância

Fête de Camões – *10 juin.* À la date anniversaire de la mort du poète, expo-vente des fleurs et des fruits évoqués dans ses œuvres.

L'Alentejo 3

Carte Michelin National 733

Les façades blanches de la rua Direita, dans la cité médiévale de Monsaraz.

S. Frances/hemis.fr

L'ALENTEJO
0
25 km
ÉVORA ★★★ Vaut le voyage
Marvão ★★ Mérite un détour
Évoramonte ★ Intéressant
Portalegre À voir
Ville de départ du circuit
Côte de l'Alentejo
CIRCUIT DES MÉGALITHES Voir la carte détaillée du circuit
CÁCERES
MADRID
BELMONTE
PORTO
ESPAÑA
PORTALEGRE
SANTARÉM
ÉVORA
LISBOA
Castelo de Vide
Marvão
São Mamede
1025
SERRA DE SÃO MAMEDE
Portalegre
Crato
Alter do Chão
Avis
Elvas
Vila Viçosa
Borba
Estremoz
Évoramonte
Arraiolos
Évora
Anta do
Escoural
CIRCUIT DES
Montemor-o-Novo
Rio Tajo
Rio Tejo
Rio Sever
Rio Caia
Rio Guadiana
Ribª de Seda
Ribª de Sor
Ribª de Sousel
Rio Sorraia
N 246
N 245
N 369
N 119
N 244
N 370
N 4
N 114
N 253
N 2
N 10
IP 2
A 6 - IP 7
A 13 - IP 1
A 2 - IP 7
A 23 - IP 6
A 12 - IP 1
N
1
2
3
A
B
C

SEVILLA
PADERNE
LAGOS
E S P A Ñ A
Monsaraz
Moura
Rio Ardila
Rio Guadiana
Serpa
Embalse del Chanzo
Parque Natural do Vale do Guadiana
Vila romana de São Cucufate
ROUTES DES FRESQUES
Beja
Castro Verde
BEJA
Viana do Alentejo
Ribº de Odivelas
Rio Sado
Rio Mira
Alcácer do Sal
Santiago do Cacém
Ruínas romanas de Miróbriga
SETÚBAL
Sines
Porto Côvo
Ilha do Pessegueiro
Praia de Malhão
Vila Nova de Milfontes
Odemira
Almograve
Cabo Sardão
Porto das Barcas
Zambujeira do Mar
P. N. do Sudoeste Alentejano et Costa Vicentina
FARO
4
BAIA DE SETÚBAL
O C E A N O A T L Â N T I C O
EX 112
EX 107
N 385
N 386
N 256
N 255
N 258
N 254
N 433
IP 8
IP 2
IP 1
N 122
IC 27
N 2
N 5
A 2 - IP 1
N 263
N 266
N 120
N 393
IC 4
IC 33
3
4
A
B
C

Évora

★★★

57 073 habitants – District d'Évora

NOS ADRESSES PAGE 301

S'INFORMER

Posto de turismo – B2 - *Praça do Giraldo, 73 - ✆ 266 77 70 71 - www2.cm-evora.pt/guiaturistico - tlj 9h-19h (18h en hiver).* Accès Internet. Audioguide *(2 € et une pièce d'identité)* décrivant les monuments de la ville.

SE REPÉRER

Carte de région p. 286-287 – Plan d'Évora p. 292-293 – Circuit des mégalithes p. 300 – *Carte Michelin 733 Q6.* Évora est située à env. 140 km à l'est de Lisbonne, 99 km à l'est de Sétubal, 80 km au nord de Beja, 102 km au sud-ouest de Portalegre.

SE GARER

Laissez la voiture à l'extérieur de la ville, la plupart des parkings y sont gratuits.

À NE PAS MANQUER

L'université d'Évora; le temple romain et la cathédrale; une longue promenade dans les ruelles du vieux centre; Évoramonte.

ORGANISER SON TEMPS

On peut faire le tour des principaux monuments en une demi-journée, mais la ville mérite un séjour de deux ou trois jours.

AVEC LES ENFANTS

Au palais de Vasco de Gama, les fresques des Grandes Découvertes; aux environs, le circuit des mégalithes.

Corsetée de ses remparts médiévaux, la capitale de l'Alentejo semble avoir tissé sa toile autour d'une acropole antique, perchée sur une butte dominant de vastes étendues d'oliviers et de champs de blé. Difficile de rester insensible au charme de cette cité indolente et pleine de grâce, l'une des plus belles du Portugal et d'ailleurs classée au Patrimoine mondial de l'Unesco. Ville-musée certes, mais sans l'allure guindée de bien d'autres, elle a su préserver les différents apports de son riche passé – temple romain, patios mauresques, palais Renaissance, églises gothiques, cloîtres et couvents – dont l'abondance exprime la ferveur religieuse qui l'animait jadis. Vivant à l'aise au milieu de ces trésors d'architecture ancienne, Évora, paisible et conviviale, distille les sortilèges d'une cité d'Orient. Pas une ruelle qui ne dissimule, ici ou là, une maison chaulée de blanc, un palais aux arcades mauresques et aux fenêtres géminées, un jardin croulant sous les grappes de géraniums, un patio dallé envahi par les senteurs de jasmin. On flâne avec plaisir dans ce lacis de ruelles sinueuses, étroites et voûtées, dont les noms composent un véritable florilège de poésie : impasse du Mal-Rasé, rue du Tailleur-de-la-Comtesse, place des Nourrices-du-Cardinal…

L'église de Santo Antão sur la place do Giraldo, à Évora.
J. A. Moreno/age fotostock

Se promener Plan de ville p. 292-293

VIEILLE VILLE

Circuit tracé en vert sur le plan de ville, au départ de la praça do Giraldo, au cœur de la vieille ville – Comptez 1 journée.

Praça do Giraldo B2

Centre animé de la ville, cette vaste place, dont un côté est bordé d'arcades, est encadrée au sud par l'édifice de la Banque du Portugal, au nord par l'église Santo Antão. Elle est ornée d'une fontaine en marbre du 18e s. d'Afonso Álvares, qui a pris la place d'un ancien arc de triomphe romain.

Passez à droite de l'église Santo Antão et prenez à droite la rua Nova.

« Boîte à eau » (Caixa de Água) **da rua Nova** B1

Angle rua Nova et travessa de Sertorio.

Cette « boîte à eau » a été construite en 1536 dans le style Renaissance par l'architecte de l'aqueduc, Francisco de Arruda. Décorée de colonnes toscanes, elle servait à distribuer l'eau de l'aqueduc qui s'y terminait.

Revenez praça do Giraldo et prenez à gauche la rua 5 de Outubro.

Rua 5 de Outubro B1-2

Cette étroite rue piétonne qui monte vers la cathédrale est bordée de nombreuses boutiques d'artisanat et de maisons aux balcons en fer forgé.

Au nº 28, remarquez la **niche** décorée d'azulejos, construite pour rendre grâce au Seigneur des Tremblements de Terre d'avoir épargné Évora lors du séisme de 1755, responsable de la destruction de Lisbonne.

Continuez dans la rua 5 de Outubro.

Les riches heures d'Évora

Florissante à l'époque romaine et tombée en décadence sous le règne des Wisigoths, Évora est conquise en 715 par les musulmans. S'ensuivent un peu plus de quatre siècles de domination arabe, durant lesquels la cité devient une importante place agricole et commerciale, groupée autour de son château et de sa mosquée.

GERALDO SEMPAVOR

Au 12e s., les luttes qui opposent les musulmans entre eux favorisent l'action des chrétiens dirigés par Alphonse Henriques. L'un d'eux, Geraldo Sempavor (Gérard sans Peur), réussit à gagner la confiance du roi musulman d'Évora, ce qui lui permet de réaliser un audacieux coup de force : une nuit de septembre 1165, il prend par surprise une tour de guet au nord-ouest de la ville, alerte la garnison musulmane qui se précipite en direction de la tour, puis, ayant rejoint ses compagnons d'armes, s'empare de la ville qui passe alors sous le sceptre du roi Alphonse Henriques.

UN FOYER D'HUMANISME

Dès la fin du 12e s., Évora devient la capitale d'élection des souverains portugais ; elle connaît un éclat exceptionnel aux 15e et 16e s. Un cortège d'artistes et de savants accompagne la Cour : les humanistes Garcia et André de Resende, le chroniqueur Duarte Galvão, le créateur du théâtre portugais Gil Vicente, le sculpteur Nicolas Chanterene, les peintres Cristóvão de Figueiredo et Gregório Lopes. Partout se dressent des palais et des couvents de style manuélin ou Renaissance ; l'art décoratif musulman est remis à l'honneur par quelques architectes et contribue à la création d'un style hybride, le luso-mauresque. Une université jésuite est fondée en 1559 sur l'initiative du cardinal mécène Dom Henrique, futur roi Henri Ier. Mais, en 1580, le Portugal est annexé par l'Espagne ; Évora décline. Malgré la révolte de 1637 qui aboutit à la restauration de l'indépendance portugaise, la ville ne retrouve pas son éclat passé. En 1759, le marquis de Pombal chasse les jésuites et supprime l'université, portant ainsi un coup décisif à Évora, qui plonge pour des siècles dans une profonde léthargie.

De nos jours, la ville, capitale de l'Alentejo, demeure un important centre agricole et reste le siège de quelques industries et d'artisanats dérivés de l'agriculture (liège, tapis de laine, peaux, meubles peints). Accueillant 8 000 étudiants, elle a retrouvé sa vocation universitaire, et l'affluence touristique stimule son activité.

UNE VILLE FORTIFIÉE

Des trois enceintes qui protégèrent successivement la ville restent d'importants vestiges. Quelques traces de la muraille romaine (1er s.), renforcée par les Wisigoths (7e s.), sont encore visibles entre les palais des ducs de Cadaval et des comtes de Basto (largo dos Colegiais). La muraille médiévale (14e s.) limite la ville au nord et à l'ouest ; pour en avoir une vue intéressante, suivez les avenues qui la longent par le nord, entre les places Portas de Raimundo et Portas de Machede. Les fortifications érigées au 17e s. dans le style de Vauban délimitent le jardin public au sud de la ville.

★★ **Cathédrale** (Sé) B1

Largo Marquês de Marialva - ✆ 266 75 93 30 - église 9h-12h30, 14h-17h - fermé 1er janv. et 25 déc. - musée et tour 9h-11h30, 14h-16h sf lun. - entrée église seule : 1,50 € ; billet combiné église, tour et cloître : 3,50 € ; billet combiné église, cloître, tour et musée : 4,50 € (achat des billets combinés possible jusqu'à 30mn av. fermeture).

Bâtie à la fin du 12e s. et au 13e s. dans le style gothique de transition, la cathédrale présente encore des éléments romans.

Extérieur – Sa façade en granit un peu sévère est flanquée de deux puissantes tours couronnées de flèches coniques érigées au 16e s. ; la flèche de droite est entourée de plusieurs clochetons, semblables à ceux de la tour-lanterne romane de style saintongeais, en forme de pomme de pin, qui surmonte la croisée du transept. Les murs de la nef et des bas-côtés sont découpés en créneaux.

Le portail occidental est orné d'une représentation des apôtres placés sur des consoles, probablement réalisés à la fin du 13e s. par des artistes formés en France.

★ **Intérieur** – La nef centrale, voûtée en berceau brisé, est dotée d'un élégant triforium ; elle surprend par son ampleur. À gauche, un autel baroque abrite une Vierge enceinte du 15e s. en pierre polychrome ; en face, une statue en bois doré (16e s.), attribuée à Olivier de Gand, représente l'ange Gabriel.

Une très belle **coupole★** octogonale sur trompes, d'où descend un luminaire, couvre la croisée du transept dont les bras sont éclairés par deux roses gothiques : à gauche, l'étoile du matin ; à droite, la rose mystique. Dans le bras gauche du transept, le portail Renaissance d'une chapelle est décoré d'un marbre sculpté par Nicolas Chanterene. Dans le bras droit se trouve le tombeau de l'humaniste André de Resende (16e s.).

Le chœur a été refait au 18e s. par Friedrich Ludwig, architecte du monastère de Mafra.

Tour – *Visite avec le billet combiné église-cloître-musée.* L'ascension des 106 marches sera récompensée par la belle croisée d'ogives de la tour-lanterne et le vaste panorama qui embrasse la vieille ville.

★ **Stalles** – *Visite avec le billet combiné église-cloître-musée.* Situées dans la tribune, le *coro alto*, ces stalles en chêne furent sculptées à la Renaissance par des artistes d'Anvers. Elles sont ornées de motifs sacrés et profanes. Remarquez sur les panneaux du bas les scènes de la vie quotidienne des paysans (vendanges, abattage du cochon, tonte des moutons, etc.). En milieu d'après-midi, le lieu est baigné d'une très belle lumière.

Le grand orgue Renaissance (1562) est considéré comme le plus ancien d'Europe.

★ **Musée** – Il comprend des ornements sacerdotaux et une importante collection d'orfèvrerie religieuse dont une magnifique **Vierge ouvrante★★** en ivoire, très finement ciselée, œuvre française du 13e s., et le **reliquaire de la Vraie Croix★** *(Santo Lenho)*, du 17e s., en argent doré et émaux polychromes, décoré de 1 426 pierres précieuses. Le musée abrite aussi des peintures des 15e, 16e et 18e s.

★ **Cloître** – Construit de 1322 à 1340, ce cloître gothique à l'allure massive, accentuée par l'emploi sévère du granit, dégage une certaine grâce qu'elle doit à ses baies rondes à fenestrage rayonnant. Chaque angle est orné d'une statue d'évangéliste. De l'angle sud-ouest s'offre une belle vue sur le clocher roman. Une chapelle annexe contient le tombeau (14e s.) de l'évêque fondateur, ainsi que les statues (14e s.) de l'ange Gabriel et de la Vierge polychrome, dont le

SE LOGER

- Albergaria Solar de Monfalim...... 1
- Casa de S. Tiago........................ 3
- Convento do Espinheiro.............. 5
- Da Cartuxa................................ 7
- Monte do Serrado de Baixo........ 9
- Pousada dos Lóios.................... 10
- Residencial Diana...................... 12
- Residencial Policarpo................ 17
- Residencial Riviera.................... 19

SE RESTAURER

- Botequim da Mouraria................. 2
- Fialho.. 4
- Jardim do Paço.......................... 7
- Luar de Janeiro.......................... 9
- O Antão..................................... 12
- O Aqueduto............................... 14
- O Garfo..................................... 17
- São Luis.................................... 19
- 1/4 P'rás 9................................. 1

Casa de Garcia de Resende.............. B

Casa dos Condes de Portalegre....... C

ÉVORA

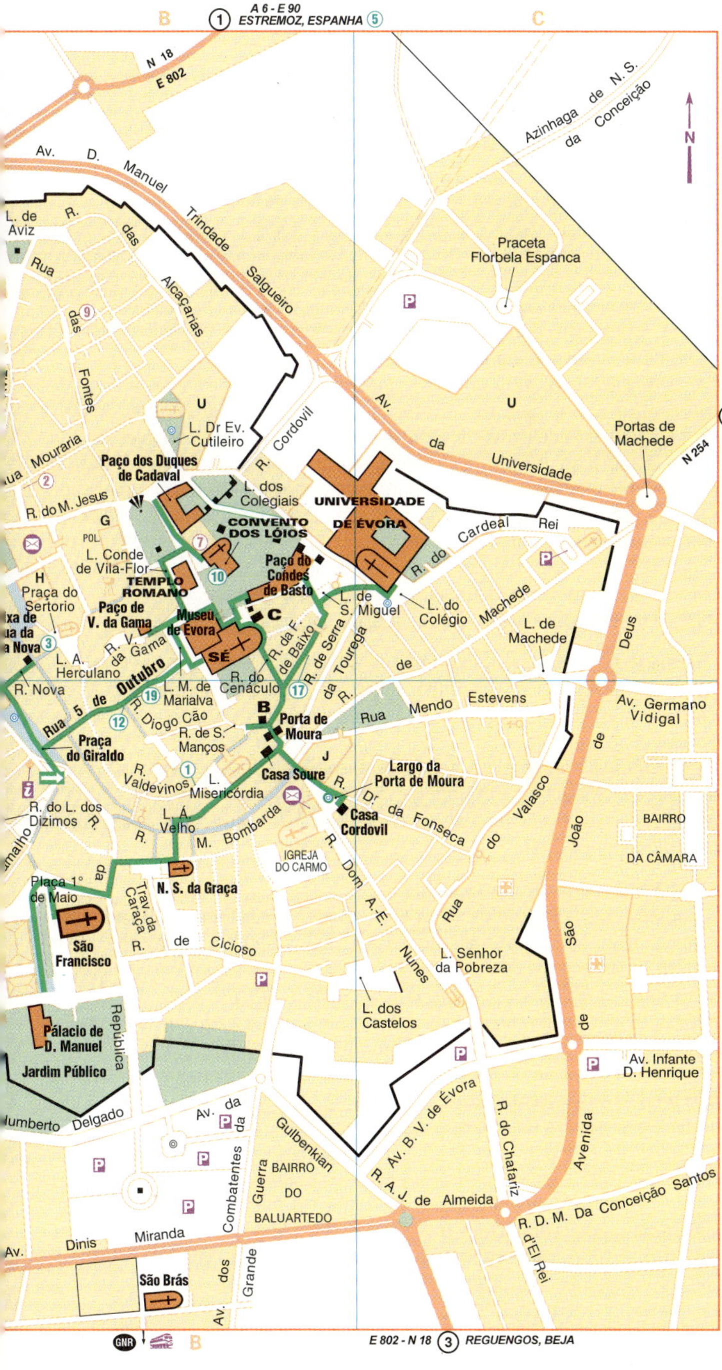
A 6 - E 90
1 ESTREMOZ, ESPANHA 5
B
C
N 18
E 802
Av. D. Manuel Trindade Salgueiro
Azinhaga de N. S. da Conceição
N
L. de Aviz
R. das Alcaçarias
Rua das Fontes
Praceta Florbela Espanca
1
REDONDO 2 VILA VIÇOSA
U
L. Dr Ev. Cutileiro
R. Cordovil
Av. da Universidade
Portas de Machede
N 254
Rua Mouraria
Paço dos Duques de Cadaval
L. dos Colegiais
UNIVERSIDADE DE ÉVORA
R. do M. Jesus
G
CONVENTO DOS LÓIOS
R. do Cardeal Rei
POL
L. Conde de Vila-Flor
Paço do Condes de Basto
H
Praça do Sertorio
TEMPLO ROMANO
L. de S. Miguel
L. do Colégio
Machede
Paço de V. da Gama
Museu de Évora
C
L. de Machede
Deus
R. V. da Gama
SÉ
R. da F. de Baixo
R. de Serra da Tourega
L. A. Herculano
Rua 5 de Outubro
R. do Cenáculo
R. Nova
L. M. de Marialva
Av. Germano Vidigal
Rua Mendo Estevens
R. Diogo Cão
B
Porta de Moura
Praça do Giraldo
R. de S. Manços
J
Largo da Porta de Moura
R. Valdevinos
L. Misericórdia
Casa Soure
R. Dr. da Fonseca
R. do Valasco
R. do L. dos Dizimos
L. Á. Velho
M. Bombarda
Casa Cordovil
João
BAIRRO DA CÂMARA
IGREJA DO CARMO
R. Dom A.-E. Nunes
R. da
Placa 1° de Maio
N. S. da Graça
Trav. da Caraça
Rua
R. de Ciciso
São
São Francisco
L. Senhor da Pobreza
L. dos Castelos
de
2
República
Pálacio de D. Manuel
Jardim Público
Av. Infante D. Henrique
Humberto Delgado
Av. da
Gulbenkian
Av. B. V. de Évora
R. do Chafariz
Avenida
Combatentes
Guerra
BAIRRO DO BALUARTEDO
R. A. J. de Almeida
R. D. M. Da Conceição Santos
d'El Rei
Av. Dinis Miranda
São Brás
Av. dos Grande
E 802 - N 18 3 REGUENGOS, BEJA

hanchement révèle une influence française. De la terrasse du cloître, accessible par des escaliers dans les angles, **vues** sur Évora.
En sortant de la cathédrale, prenez à droite, puis faites un crochet sur la gauche, rua Vasco da Gama.

Palais (Paço) **de Vasco de Gama** B1

R. Vasco da Gama, 15 - en travaux - rens. à la fondation Eugénio de Almeida (☏ 266 74 83 00, voir plus loin le palais des comtes de Basto).
Cette maison (15e s.) aurait appartenu au célèbre navigateur, qui y aurait vécu à son retour des Indes de 1507 à 1519. Elle fut vendue en 1597 par le 4e comte de Vidigueira, petit-fils de Vasco de Gama, à l'Inquisition, qui y installa son tribunal. Aujourd'hui, cette résidence en partie privée héberge des prêtres jésuites. Un centre de conférences de la fondation Eugénio de Almeida est également installé dans l'édifice.
Il reste de la construction primitive une fenêtre géminée à arcs outrepassés *(côté rue)*, un cloître avec des arcades en plein cintre et des voûtes en ogive fermées par des écussons héraldiques, reposant sur des consoles de style manuélin, ainsi qu'une petite chapelle. La principale curiosité réside dans les remarquables **fresques★★** (malheureusement assez abîmées) qui envahissent les murs et plafonds de la chapelle et de la galerie donnant sur le cloître. Ces peintures évoquent les Grandes Découvertes et l'on peut y voir une profusion d'êtres fantastiques, de monstres, de sirènes, d'animaux exotiques et d'oiseaux formant un bestiaire allégorique extraordinaire.
Revenez sur vos pas et prenez à gauche le largo Conde de Vila Flor.

★ **Temple romain** (Templo Romano) B1

Largo Conde Vila Flor. Ce monument est l'un des symboles d'Évora. Probablement consacré à Diane, ce temple de type corinthien a été édifié au 2e s. : les chapiteaux et les bases sont en marbre d'Estremoz, les fûts des colonnes en granit. Il doit sa relative conservation au fait d'avoir été transformé en forteresse au Moyen Âge et dégagé seulement à la fin du 19e s.
Longez le temple sur la droite. L'entrée de l'église du couvent dos Lóios s'ouvre immédiatement à droite.

★ **Couvent** (Convento) **dos Lóios** B1

Le couvent dos Lóios (ou de Saint-Éloi), consacré à saint Jean l'Évangéliste, a été fondé au 15e s. et abrite aujourd'hui une luxueuse *pousada*, fleuron de l'hôtellerie portugaise.
★ **Église** – *☏ 266 70 47 14 - mar.-dim. 9h-12h30, 14h-18h (hiver 10h) - fermé j. fériés - 3 € (5 € le billet combiné avec les salles d'exposition du palais des ducs de Cadaval : voir ci-après).* La façade a été modifiée après le tremblement de terre de 1755, à l'exception du porche qui abrite un portail gothique flamboyant : sous un dais en pierre, se trouve le blason des Melo, comtes d'Olivença, auxquels l'église servait de nécropole.
La nef, recouverte d'une voûte à liernes et tiercerons, est tapissée de beaux **azulejos★** (1711), œuvres d'António de Oliveira Bernardes, figurant la vie de saint Laurent Justinien, patriarche de Venise, dont les écrits influencèrent la congrégation dos Lóios. Deux trappes dans le dallage permettent de découvrir, à droite, la profonde citerne de l'ancien château et, à gauche, un ossuaire. Un très joli retable en bois doré se dresse dans le chœur.
Bâtiments conventuels – Occupés par la *pousada*, ils ne peuvent être visités librement *(s'adresser à la réception en dehors des heures de repas)*. Le cloître, abritant la salle de restaurant, est de style gothique tardif. Il a été surhaussé au 16e s. d'une galerie Renaissance. La salle du chapitre s'ouvre par une remarquable

porte★ d'une élégante architecture ; c'est un exemple type du style composite luso-mauresque ; l'accolade qui coiffe l'ensemble et les piédroits surmontés de pinacles qui constituent l'encadrement sont d'inspiration gothique, et les colonnes torses, de style manuélin ; les baies géminées à arcs outrepassés, ainsi que les chapiteaux, sont des réminiscences de l'art musulman.
Juste à côté de l'église du couvent s'ouvre l'entrée du palais des ducs de Cadaval.

Palais des ducs de Cadaval (Paço dos Duques de Cadaval) B1
R. Augusto Filipe Simões, 1 - ✆ 266 70 47 14 - www.palaciocadaval.com - mar.-dim. 9h-12h30, 14h-18h (hiver 10h) - fermé j. fériés - 2,50 € (5 € le billet combiné avec l'église du couvent dos Lóios).
Ce palais est séparé du couvent dos Lóios par la cour du restaurant Jardim do Paço *(voir « Restauration », p. 304)*. Protégé par deux tours crénelées, cet édifice, dont la façade a été refaite au 17e s., fut offert en 1390 par le roi Jean Ier à son conseiller Martim Afonso de Melo, alcade d'Évora. Les rois Jean III et Jean V y résidèrent. L'une des deux tours, qui faisait partie des murailles médiévales de la cité, arbore une forme pentagonale caractéristique. Elle a valu au bâtiment le surnom de « palais des Cinq-Coins » *(Palácio das Cinco Quinas)*.
Depuis la cour, prenez les escaliers qui montent à droite, face à la salle de restaurant. Ils donnent accès à l'intérieur du palais (1er et 2e étages).
On y découvre plusieurs pièces décorées de mobilier ancien, de tableaux (17e et 18e s.), de partitions musicales et de malles de voyage, ainsi qu'une ancienne cuisine avec sa vaste cheminée. L'ensemble n'est cependant pas très bien mis en valeur.
En sortant du palais, allez admirer la vue depuis le **Miradouro** (belvédère) situé en face, dans le jardin Diana.
Repassez entre le couvent dos Lóios et le temple romain, et poursuivez dans la rue qui passe sous une arche.

Musée d'Évora B1
Largo Conde de Vila Flor - ✆ 266 70 26 04 - http://museudevora.imc-ip.pt - mar. 14h30-18h, merc.-dim. 10h-18h - 4 €, gratuit dim. et j .fériés 10h-14h.
Installé dans l'ancien palais épiscopal (16e s.), ce musée présente des collections d'art (peinture, sculpture) et d'archéologie. On peut notamment y admirer une intéressante série de tableaux de l'école portugaise (16e et 17e s.), parmi lesquels des toiles de Francisco Henriques (peintre officiel du roi Dom Manuel), Gregório Lopes ou Álvaro Pires, et des tableaux de peintres italiens du 18e s. La section d'art sacré comprend treize peintures de l'ancien retable flamand de la cathédrale.
Continuez jusqu'à une petite place, au pied du chevet baroque de la cathédrale. À gauche, en contrebas, s'élève la Casa dos Condes de Portalegre.

Maison des comtes de Portalegre (Casa dos Condes de Portalegre) B1
Cette charmante maison gothique et manuéline (16e s.), agrémentée d'un patio qu'entourent un jardin suspendu et un balcon ajouré, sert de siège à une association.
De la petite place, le pateo de São Miguel conduit au paço dos Condes de Basto.

Palais des comtes de Basto (Paço dos Condes de Basto) B1
Ce bel ensemble architectural de style gothique est occupé par la **fondation Eugénio de Almeida** *(✆ 266 74 83 00)*, consacrée au développement de la région. Il fut construit au-dessus des anciennes murailles romaines, dont fait partie la tour do Sertório. Vous découvrirez, au bas du pateo São

Miguel, à gauche, la façade du palais percée de fenêtres géminées de style mudéjar.
Passez la grille menant au largo de São Miguel, puis descendez la rue à gauche jusqu'au largo dos Colegiais.

★ Université d'Évora BC1

Largo dos Colegiais - lun.-vend. 9h-19h (été 20h), sam. 9h-13h - fermé j. fériés - gratuit. L'actuelle université accueille environ 8 000 étudiants et occupe l'ancienne université jésuite. Toutes les disciplines y sont enseignées, excepté la médecine et le droit. On visite la cour intérieure, de style Renaissance italienne (16e s.) : les bâtiments s'ordonnent autour du **cloître★** général des Études, entouré d'une galerie à arcades (*Voir aussi « ABC d'architecture », p. 90*). Face à l'entrée, le fronton élégant du portique de la salle des Actes est orné de statues figurant l'Université royale et l'Université pontificale.
Les salles de classe qui ouvrent sur la galerie *(ne dérangez pas les cours !)* sont agrémentées d'**azulejos★** (18e s.) illustrant des sujets liés aux différentes disciplines enseignées (physique, histoire, philosophie).
Au 1er étage, la bibliothèque est ornée d'un joli plafond peint.
Retournez sur le largo de São Miguel et descendez, à gauche, la rua da Freiria de Baixo.

Maison (Casa) Garcia de Resende B2

Maison du 16e s., où aurait vécu l'humaniste Garcia de Resende ; remarquez, à l'étage, trois fenêtres géminées à décoration manuéline.
En face de la maison se dressent les deux tours de la porta de Moura.

Porta de Moura B2

Elle faisait partie de l'enceinte médiévale. Au pied de la tour de droite, observez un crucifix dans une niche.
Passez entre les deux tours et poursuivez jusqu'à la place ornée d'une fontaine.

Largo da Porta de Moura B2

Cette place pittoresque est occupée par une belle **fontaine★** Renaissance, constituée d'une colonne surmontée d'une sphère de marbre blanc.
La place est bordée par quelques jolies demeures. Au sud, la **maison Cordovil**, du 16e s., présente une élégante loggia avec arcades géminées, arcs outrepassés à festons et chapiteaux de style musulman ; un toit crénelé surmonté d'une flèche conique couronne l'ensemble. À l'ouest, en contrebas, admirez le **portail** baroque de l'église de l'ancien couvent do Carmo.
L'est de la place est occupé par le bâtiment moderne du palais de justice.
Retournez aux tours de la porta de Moura et prenez à gauche la rua da Misericórdia.

Casa Soure B2

R. da Misericórdia.
Cette demeure du 15e s. se dresse à l'angle de la rue, au-dessus d'un mur blanc. Elle faisait partie du palais de l'infant Dom Luís. La façade de style manuélin présente une galerie à arcades que domine une flèche conique.
Continuez rua da Misericórdia. Traversez le largo du même nom, puis, arrivé sur le largo Álvaro Velho, prenez à gauche la travessa do Manoelinho menant au largo da Graça.

Église Nossa Senhora da Graça B2

Ne se visite pas. Bâtie au 16e s. dans le style de la Renaissance italienne, cette église possède une façade en granit avec portique à colonnes toscanes,

Le temple romain d'Évora.
B. Gardel/hemis.fr

pilastres classiques et décoration de macarons. Au sommet, assis au bord de la corniche, quatre géants de pierre, surmontés de globes terrestres, laissent pendre leurs jambes dans le vide.

L'ancien couvent, à droite, est occupé par une résidence militaire.

Face à l'église, traversez le largo da Graça qui s'allonge pour former une rue et prenez à gauche la rua da Repúblíca, puis, à droite, la praça 1° de Maio.

Église São Francisco B2

Praça 1° de Maio - 9h (dim. 10h)-12h45, 14h30-17h45.

Précédée d'un portique percé d'arcades en plein cintre, en arc brisé et en fer à cheval, cette église du début du 16e s. est couronnée de créneaux et de flèches coniques. Le portail, de style manuélin, est surmonté du pélican (aux allures d'aigle), emblème du roi Jean II, et de la sphère armillaire du roi Manuel.

★ **Intérieur** – Voûté d'ogives, il surprend par la largeur de la nef. Dans le chœur se dressent deux tribunes, l'une Renaissance à droite, l'autre baroque à gauche.

Pour visiter l'ancienne salle du chapitre et la chapelle des Os, sortez de l'église et entrez par la première porte à gauche. Traversez le cloître, décoré d'une belle colonnade.

L'ancienne salle du chapitre abrite une balustrade à colonnes de marbre et d'ébène; des azulejos, représentant des scènes de la Passion, recouvrent les murs.

★ **Chapelle des Os** (Capela dos Ossos) – *✆ 266 70 45 21 - 9h (dim. 10h)-12h45, 14h30-17h45 (hiver 17h15) - 2 €, photo 1 €.* L'impressionnante chapelle des Os fut construite au 16e s. par un frère franciscain pour inciter ses confrères à la méditation; les ossements et les crânes de 5 000 personnes couvrent les murs et les piliers. À l'entrée de la chapelle, une inscription met en garde : « Nous, os qui sommes ici, attendons les vôtres. »

À droite de la chapelle, en contrebas de la praça 1° de Maio, s'étend le jardin public.

3

Jardin public AB2

Praça 1º de Maio - de 8h à 17h30 en janv., nov. et déc.; 18h30 en fév.; 19h en mars et oct.; 20h en sept.; 20h30 en avr.; 21h en juin, juil. et août.

Une partie du **palais du roi Manuel** (16e s.), malheureusement très remaniée, ainsi que les vestiges d'un autre palais du 16e s. s'y dressent encore. Remarquez les fenêtres géminées à arcs outrepassés, de style luso-mauresque. Kiosque-terrasse pour prendre un verre aux beaux jours.

HORS LES MURS

Couvent (Convento) dos Remédios B2

Av. S. Sebastião, au niveau des portas de Alconchel - ✆ 266 77 70 33 - 9h-12h, 14h-19h sf lun., dim. et j. fériés - gratuit.

Dans ses murs, le **Centro de Interpretação Megalithica Ebora** offre une bonne introduction aux cultures préhistoriques dont on a retrouvé trace dans la région : à visiter avant d'entreprendre le circuit des mégalithes *(voir p. 300)*. Également une présentation de l'Évora romaine.

Ermitage de São Brás B2

Av. Dr Barahona, au sud de la vieille ville (accès possible par la rua da República, en longeant à l'est le jardin public) - lun.-vend. 8h-11h, 13h-18h; w.-end durant les messes - gratuit.

Curieuse église fortifiée du 15e s., à contreforts cylindriques coiffés de toits en poivrière; le chœur, de plan polygonal, est surmonté d'une coupole sur trompes et revêtu d'azulejos vert et blanc de style sévillan.

Couvent de São Bento de Cástris A1, en direction

3 km au nord-ouest par la N 114-4. Passez l'aqueduc et prenez à gauche vers l'ancien couvent de Saint-Benoît-de-Castris. Fermé pour une durée indéterminée.

L'**église**, de style manuélin, est voûtée en réseau; les murs sont revêtus d'azulejos du 18e s. illustrant la vie de saint Bernard; la salle capitulaire, gothique, est décorée de quelques éléments Renaissance.

Le **cloître★** de style luso-mauresque (16e s.) a conservé toute sa fraîcheur et son élégance; au-dessus d'une galerie à arcades géminées en fer à cheval, remarquez les arcs surbaissés de la galerie supérieure.

À proximité Carte de région p. 286-287

★ Évoramonte

29 km au nord-est par la N 18 en dir. d'Estremoz, et 1,5 km au départ du village moderne en suivant les panneaux « Castelo ». Après avoir longé le pied des remparts (14e-17e s.), franchissez la porte d'entrée.

Ce petit bourg fortifié occupe un **site★** remarquable au sommet d'une haute colline de l'Alentejo. On est aussitôt frappé par le calme des lieux et le

LA CONVENTION D'ÉVORAMONTE

À Évoramonte fut signée, le 26 mai 1834, la convention qui marqua la fin de la guerre civile; par celle-ci, Pierre Ier, empereur du Brésil et fils de Jean VI, de tendance libérale, obligeait son frère Miguel, absolutiste, vaincu à la bataille d'Asseiceira, à abdiquer en faveur de sa nièce Marie et à s'exiler. Dans le village, une plaque commémorative désigne la maison où fut signée la convention.

charme qui se dégage des coquettes maisons basses, blanches et fleuries, qui entourent la curieuse forteresse et une église à clocher-peigne.

★ **Château** – *✆ 268 95 00 25 - mar. 14h-17h ; merc.-dim. 10h-13h, 14h-17h (sf dernier w.-end du mois) - fermé 1er janv., dim. de Pâques, 1er Mai et 25 déc. - 2 €, gratuit dim. et j. fériés 10h-13h.* Romain puis arabe, cet édifice profondément modifié au 14e s. est resté une bâtisse de style gothique militaire, malgré des remaniements effectués au 16e s. Sa silhouette de donjon médiéval est ceinturée de cordages formant des nœuds au centre des façades. La maison de Bragance, dont la devise était « *Depois de vós, nós* » (« Après vous, nous »), avait adopté les nœuds pour symbole en raison du double sens du mot *nós* (« nous » et « nœuds »).

À l'intérieur, le corps central présente trois étages de vastes salles, dont chacune est couverte de neuf voûtes gothiques qui s'appuient sur de robustes piliers centraux, ceux du rez-de-chaussée étant énormes et torsadés.

Du sommet, **panorama★** sur la campagne tachetée d'oliviers et de villages blancs et, au nord-est, sur le site d'Estremoz *(voir p. 310)*.

Arraiolos

▶ 22 km au nord-ouest. Quittez Évora par la N 114-4, puis prenez à droite la N 370.

Ce village coquet, perché sur une colline dans la grande plaine de l'Alentejo, est connu pour ses tapis, vendus dans de nombreux magasins de la ville ou à la coopérative. Au pied du château du 14e s., les rues sont bordées de maisons aux façades blanches rehaussées par le bleu lavande des encadrements des portes et des fenêtres.

Château – Du château, dont l'enceinte a été restaurée, belle vue sur le village – et au-delà sur les oliveraies –, la retenue du Divor et le **couvent dos Lóios** (16e s.), maintenant aménagé en *pousada* (Nossa Senhora da Assunção).

Montemor-o-Novo

▶ 30 km à l'ouest par la N 114.

Petite ville calme de l'Alentejo et marché agricole, Montemor-o-Novo s'étale au pied d'une colline que couronnent les ruines d'une cité médiévale fortifiée ; les **remparts**, dont l'édification remonte à l'époque romaine, constituent un belvédère sur la campagne piquetée d'oliviers. C'est la ville natale de **saint Jean de Dieu** (1495-1550), moine franciscain d'une charité exemplaire, fondateur de l'ordre des Frères hospitaliers. La statue qui se dresse sur la place de l'église paroissiale le représente portant à l'hôpital un mendiant recueilli au cours d'une nuit d'orage. L'hôpital, fondé au 17e s., porte son nom.

Viana do Alentejo

▶ 31 km au sud. Quittez Évora par la N 18 (dir. Beja) et prenez à la sortie de la ville, la N 254 à droite.

LES TAPIS D'ARRAIOLOS

À partir de 1650, se développa dans la région d'Arraiolos une petite industrie de tapis en laine brodés au point de croix sur une toile de lin ou de chanvre. Utilisés à l'origine comme couvertures de coffre ou tapisseries murales, ces tapis, inspirés d'abord de modèles indo-perses (nombreuses figurations animales et motifs végétaux), ont ensuite abandonné les thèmes orientaux et la polychromie pour un dessin plus populaire où prédominent le bleu et le jaune.

À l'écart des grandes routes, cette cité agricole de la vaste plaine de l'Alentejo cache, derrière les murailles de son château, une église intéressante.

Château – *Mar.-sam. 10h30-13h, 16h-18h, dim. 11h-13h - gratuit.* Bâtis sur un plan pentagonal, les **remparts** présentent des murailles fortifiées, flanquées à chaque angle d'une tour avec toit en poivrière. Le porche est orné de frustes chapiteaux décorés d'animaux (tortue, lion, etc.) ; la cour du château, plantée de néfliers, d'orangers et de palmiers, s'étend à gauche de l'église.

Église – La façade, surmontée de clochetons coniques et de merlons, s'ouvre par un beau **portail★** manuélin ; une colonnette torse sert de trumeau aux arcs géminés et soutient le tympan décoré de fleurs stylisées et de la croix du Christ. L'intérieur roman, transformé à l'époque manuéline, se distingue par l'ampleur de son vaisseau ; il est décoré d'azulejos du 17e s. à la base des murs. Le chœur est orné d'un joli Christ.

Circuit conseillé Carte du circuit des mégalithes ci-dessous

Circuit de 75 km tracé sur la carte – Comptez 3h30.

La région d'Évora est riche en grottes et en mégalithes élevés entre 4000 et 2000 av. J.-C. Le **circuit des mégalithes** emprunte de petites routes et donne l'occasion de découvrir les beaux paysages de l'Alentejo piquetés de chênes-lièges.

Sortez d'Évora par la N 114 vers Montemor-o-Novo. À 10 km, tournez à gauche vers Guadalupe et suivez la signalisation « Cromeleque e menir dos Almendres ». Après Guadalupe, prenez une route non goudronnée pendant 4 km.

Cromeleque dos Almendres

Dans une clairière parmi les chênes-lièges, 95 monolithes en granit sont disposés selon un plan ovale de 60 m sur 30 m.

Revenez à Guadalupe.

En chemin, près de la coopérative de Água de Lupe, se dresse un menhir haut de 2,50 m.

À Guadalupe, prenez une route de terre vers Valverde, puis suivez la signalisation « Anta do Zambujeiro » sur la route d'Alcáçovas.

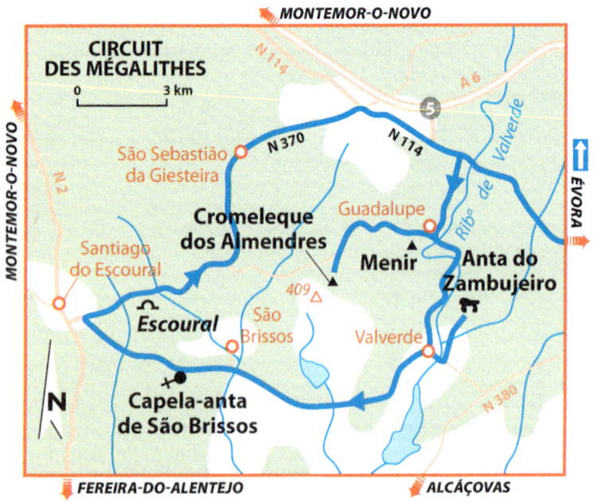

Anta do Zambujeiro

Précédé d'un tumulus (galerie d'accès), le dolmen proprement dit forme une vaste chambre funéraire de 6 m de haut. De nombreux objets y furent découverts, qui se trouvent aujourd'hui au musée d'Évora.

Revenez à Valverde et poursuivez vers São Brissos. Ne tournez pas vers São Brissos, mais poursuivez la route sur 2 km.

Capela-anta São Brissos

Surprenante chapelle dont le narthex est formé par un dolmen.

Avant d'arriver à Santiago do Escoural, tournez à droite.

Grotte (Grutas) d'Escoural

Centre d'interprétation ✆ 266 85 70 00 - mar.-sam. 9h-13h, 14h-17h - fermé 1er janv., Vend. saint, dim. de Pâques, 1er Mai et 25 déc. - gratuit ; visite guidée de la grotte sur RV 2 €. Grotte temporairement fermée au public : renseignez-vous à l'office de tourisme d'Évora pour connaître la date de sa réouverture.

Dans cette grotte ont été découvertes des peintures et des gravures rupestres, datées de 18 000 à 13 000 av. J.-C. (Paléolithique supérieur) et représentant des bœufs, des chevaux ou des figures énigmatiques.

Poursuivez la N 370 jusqu'à la N 114 et là, tournez à droite pour rejoindre Évora.

NOS ADRESSES À ÉVORA

INFORMATIONS UTILES

Les offices de tourisme sont répertoriés en début de chapitre.

Internet

IPJ (Institut portugais de la jeunesse) – B2 - *R. da Repúblíca, 119 (derrière l'église São Francisco) - lun.-vend. 9h-20h - fermé w.-end et j. fériés - gratuit.*

CyberCenter – A2 - *R. Serpa Pinto, 36 - ✆ 266 74 69 23 - lun.-vend. 10h30-23h, w.-end 14h-22h - payant.*

Santé

Hôpital – C2 - *Largo Senhor de Pobreza - ✆ 266 74 01 00 ou 266 75 84 24.*

TRANSPORTS

Gare ferroviaire – B2, en direction - *1 km au sud de la ville, par l'av. dos Combatentes de Grande Guerra - ✆ 808 20 82 08 - www.cp.pt.* Actuellement en travaux, elle devrait réouvrir courant 2012 et assurer des liaisons avec Lisbonne (2h30 à 3h de trajet, correspondance incluse), Beja et l'Algarve.

Gare routière – A2, en direction - *Av. São Sebastião (près du cimetière, à l'ouest) - ✆ 266 73 81 20 ou 707 22 33 44 - www.rede-expressos.pt.* Bus de et vers Lisbonne, Beja, Portalegre, Estremoz, etc.

Location de vélos – A1, en direction - **Bike Lab** - *R. Armando Antunes da Silva, 53 - ✆ 266 73 55 00 - www.bike-lab.com.* Location à la journée ou à la semaine

VISITE

Pass

Evora Card – Pour 15 €, elle vous donnera libre accès à la plupart des monuments et musées de la ville et vous fera bénéficier de réductions (5 à 15 %) sur bon nombre d'hôtels, restaurants et boutiques. En vente à l'offfice de tourisme et dans les monuments participant à l'opération.

Ville et environs

RSI (Reinha Santa Isabel) – A1 - *R. de Sta Catarina, 12 - ✆ 266 74 78 71 - www.rsi-viagens.com.* Propose sur réservation plusieurs tours guidés : Évora à pied *(2h30)*, le lac d'Alqueva *(3h30 ; 40 €)*, le circuit des mégalithes *(3h ; 30 €)*, Monsaraz et les vignobles *(3h30 ; 35 €)*, monument de l'Alentejo *(1 j. ; 95 €, déj. inclus)*. Organise aussi des randonnées pédestres.

Turaventur – *✆ 266 74 31 34 ou 966 75 89 40 - www.turaventur.com.* Monte des circuits plus sportifs : route des mégalithes ou découverte des alentours d'Évora en VTT ou en jeep *(26-36 €)*, descente de la rivière Degebe ou traversée du lac Divor en canoë *(une demi-journée ; 40 €, 4 pers. mini)*.

Vignobles et caves

Route des Vins de l'Alentejo – *Praça Joaquim António de Aguiar, 20-21 - ✆ 266 74 66 09/64 98 - www.vinhosdoalentejo.pt - lun. 14h-19h, mar.-vend. 11h-19h, sam. 10h-13h.* Organisme de promotion des vins de l'Alentejo. Vente de bouteilles sur place. Une brochure en français, *Route des vins d'Alentejo*, recense les caves ouvertes au public. Peut aussi vous organiser la visite d'un domaine.

HÉBERGEMENT

PREMIER PRIX

Residencial Diana – B2 - *R. Diogo Cão, 2-3 - ✆ 266 70 20 08/74 31 13 - residencialdiana@mail.telepac.pt - 18 ch. 45 €* . Cette petite pension tranquille et très centrale vous placera au cœur de la zone piétonne. Meublée à l'ancienne comme une maison de famille, elle dispose de chambres hautes de plafond à défaut d'être spacieuses. Wifi.

BUDGET MOYEN

Residencial Policarpo – B1 - *R. da Freiria de Baixo, 16 - ✆ 266 70 24 24 - www.pensaopolicarpo.com - P - 20 ch. 52/57 €* . Reconversion réussie pour cette maison au noble passé qui affiche un petit côté désuet. Si les salles de bain sont parfois un peu vétustes (les chambres du rez-de-chaussée n'en disposent d'ailleurs pas), le petit-déjeuner sur la terrasse demeure un instant délicieux et l'on appréciera l'attrayant mobilier en bois peint. Un bon rapport qualité-prix, notamment pour les chambres à l'étage, avec air conditionné.

Albergaria Solar de Monfalim – B2 - *Largo da Misericórdia, 1 - ✆ 266 75 00 00 - www.monfalimtur.pt - P privé : 5 €/j. - 26 ch. 70/85 €* . Coup de cœur pour ce beau manoir du 16e s. Les chambres sont toutes différentes, mais le confort est celui d'un hôtel moderne allié au charme d'un bâtiment historique. Profitez de sa superbe loggia à colonnades, donnant sur une place tranquille de la ville, ou encore de sa salle de petit-déjeuner, vaste pièce parquetée digne d'un manoir d'antan.

Casa de S. Tiago – B1 - *Largo Alexandre Herculano, 2 - ✆ 266 70 26 86 - http://casa-stiago.com - 7 ch. 75 €* . Parmi les atouts de cette maison du 16e s., on compte : sa situation en plein cœur historique, ses chambres décorées de meubles anciens (mais quand même un peu vieillots), ses petits-déjeuners composés de confitures et de produits maison, et sa cour intérieure. Attention, il n'y a qu'une seule chambre à grand lit.

Residencial Riviera – B2 - *R. 5 de Outubro, 49 - ✆ 266 73 72 10 - www.riviera-evora.com - P privé : 10 €/j - 21 ch. 75 €* . Murs blancs, plafonds en brique sombre dans certaines chambres, parquet, couvre-lits raffinés et salles de bain en marbre : cet hôtel magnifiquement décoré, très bien situé, allie tradition et modernité. Les chambres à l'arrière sont plus tranquilles. Confort assuré. Wifi.

POUR SE FAIRE PLAISIR

Monte do Serrado de Baixo – *À 8 km d'Évora - ✆ 266 74 31 34 - www.turaventur.com - ⛱ - 4 ch. 90/100 € ☕*. Le chemin d'accès n'étant pas évident, il est conseillé de consulter le plan sur Internet ou, mieux, de téléphoner aux propriétaires qui peuvent même venir vous chercher à Évora. Nichée dans un splendide domaine de 7 ha planté d'oliviers et de chênes, cette belle demeure alentejane ourlée de bleu allie confort et simplicité. Un havre de paix idéal pour se ressourcer. Accueil chaleureux et gourmand petit-déj. servi au jardin, sous les orangers. Les propriétaires, des professionnels du tourisme vert, sont une véritable mine d'informations sur les balades à faire dans les environs.

UNE FOLIE

Da Cartuxa – A2 - *Travessa da Palmeira, 4 - ✆ 266 73 93 00 - www.mardearhotels.com - P ⛱ - 85 ch. 124/160 € ☕ - rest. 25 €*. Hôtel moderne près des murailles, à l'ouest de la vieille ville. Prestations de grande qualité, avec des chambres standardisées dont certaines, à l'arrière, disposent d'un balcon. Belle piscine et jardin donnant sur les murailles.

Convento do Espinheiro – B1, en direction - *Apartado 594 (4 km au nord de la ville, par la route d'Estremoz) - ✆ 266 78 82 00 - www.conventodoespinheiro.com - ⛱ - 59 ch. 180/210 €*. Un ancien couvent tout blanc, dans la campagne d'Évora, transformé en hôtel de très grand standing. Cloître superbe, église servant à l'occasion de centre de conférences, piscine intérieure et extérieure, spa center, etc. Le comble du raffinement à Évora, pour un éventuel coup de folie…

Pousada dos Lóios – B1 - *Largo Conde de Vila Flor - ✆ 266 73 00 70 - www.pousadas.pt - ⛱ - 30 ch. 220/250 € ☕ - rest. 27/40 €*. Ce couvent du 16e s., initialement lieu de repos et de méditation, conserve certains détails et des peintures d'origine. Les tables nappées de blanc du restaurant encerclent son patio planté d'orangers. Le chef s'y entend pour revisiter la tradition : soupe de poisson à la menthe et champignons farcis à l'honneur. Chambres sobres et très élégantes. Piscine-solarium.

RESTAURATION

BUDGET MOYEN

O Garfo – A1 - *R. Santa Catarina, 13-15 - ✆ 266 70 92 56 - 12h15-14h30, 19h15-21h30 sf dim*. Cette adresse intime et calme sert une bonne cuisine régionale à prix raisonnables (soupe du jour, *migas* aux asperges, pot-au-feu à l'alentejane…), accompagnée de bons vins. Des dégustations de vins sont organisées par les propriétaires. Service discret.

São Luís – A2 - *R. do Segeiro, 30-32 - ✆ 266 74 15 85 - 12h-15h, 19h-0h sf dim*. Une jolie adresse cachée non loin de la praça 1° de Maio, dans une maison ancienne. Parti pris de simplicité et d'authenticité avec nappes drapant les tables, rideaux en gros tissu, assiettes en grès brun, photos de *touradas* et objets paysans aux murs, musique alentejane en fond sonore… Dans l'assiette, des recettes d'hier à base d'herbes sauvages (soupe aux épinards) et d'excellentes viandes. Portions raisonnables et accueil prévenant.

1/4 P'rás 9 – A1 - *R. Pedro Simoês, 9 A - ✆ 266 70 67 74 - fermé merc.* Un restaurant qui, l'été, a l'heureuse idée de prendre ses quartiers en terrasse et d'investir la ruelle attenante. En salle, quelques jambons pendent derrière le comptoir, et les murs se couvrent de coupures de presse qui flattent la réputation du lieu. Un large choix de plats de viande (à base de porc de l'Alentejo essentiellement), du poisson et une spécialité, l'*açorda* de crevettes. L'atmosphère est agréable et séduisante, et le service attentionné.

O Antão – A1 - *R. João de Deus, 5-7 - ✆ 266 70 64 59 - www.antao.pt - 12h-15h, 19h-23h, fermé lun. tte la journée et mar. midi.* Cuisine typique (*migas*, lapin à l'alentejane, perdrix aux légumes, *açordas* braisés) à prix modérés. Salle (et petit patio) à la décoration claire, agrémentée des inévitables diplômes culinaires du patron.

Jardim do Paço – B1 - *Palácio das Cinco Quinas - ✆ 266 74 43 00 - www.jardimdopaco.com - fermé dim. soir et lun.* Vous retiendrez plus ce restaurant pour son cadre (un palais et son jardin) que pour sa cuisine sans relief. Le paisible jardin-patio est enchanteur. Le buffet régional du dimanche midi (17,50 €) vous permettra tout de même de goûter aux saveurs de l'Alentejo.

POUR SE FAIRE PLAISIR

Botequim da Mouraria – B1 - *R. da Mouraria, 16 A - ✆ 266 74 67 75 - 12h-22h, fermé sam. soir, dim. et j. fériés.* Cette maison peinte en blanc et jaune abrite un minuscule bistrot où l'on mange coude à coude les assiettes du jour, juché sur de hauts tabourets. Cuisine simple et savoureuse, concoctée par le patron et servie avec de bons vins. Un endroit authentique, très fréquenté par les habitués. Les places sont donc chères… arrivez tôt ou réservez !

O Aqueduto – A1 - *R. de Cano, 13 A - ✆ 266 70 63 73 - 12h-15h, 19h-22h30 sf dim. soir, lun. et 1re quinz. d'août.* Son nom vous indique qu'il est proche de l'aqueduc. Ce restaurant typique sert des plats régionaux comme le riz au lièvre, les côtelettes d'agneau ou de porc grillées, le porc frit et les asperges. En apéritif : fromage sec d'Évora et saucissons de l'Alentejo. On mange soit en bas, dans une salle rustique flanquée de 14 jarres à vin de taille impressionnante, soit en haut, dans une salle plus lumineuse, ornée de belles photos paysannes de l'Alentejo. Menu dégustation à 20 €.

Luar de Janeiro – B1 - *Travessa de Janeiro, 13 - ✆ 266 74 91 14 - www.luardejaneiro.com - fermé jeu. - 23/30 €.* Réputé pour être l'un des meilleurs restaurants de la ville en raison de sa qualité constante et de son inventivité. On y savoure une vraie cuisine gastronomique préparée par un passionné, dans un cadre toutefois assez étriqué et sans originalité. Prix honnêtes, menu touristique à 28,50 €.

Fialho – A1 - *Travessa das Mascarenhas, 16 - ✆ 266 70 30 79 - www.restaurantefialho.com - fermé 1er-23 sept., 24 déc.-2 janv. et lun. - 25/40 €.* Excellente cuisine locale (spécialité de mouton) dans un décor régional. Trois salles différentes ; il est plus agréable de manger dans celle de droite, la plus vaste, avec sa décoration rustique et son imposant lustre en ferronnerie. Un grand classique à Évora.

PETITE PAUSE

Pastelaria Conventual Pão de Rala – B2 - *R. do Cicioso, 47 - ✆ 266 70 77 78 - 7h30-19h30.* Comme son nom l'indique, ce salon de thé toujours très fréquenté propose « la » spécialité locale : le *pão de Rala*, un gâteau aux amandes et oranges confites. Mais dans cette région de couvents, il se devait avant tout de perpétuer la tradition des recettes « ecclésiastiques », d'où le nom d'autres pâtisseries que l'on trouve ici : *convento das Chogas, convento Santa Clara* ou *convento Santa Helena Calvário*. Déroutant mais délicieux.

ACHATS

Marché municipal – B2 - *Praça 1° de Maio - mar.-dim.* Très animé le matin, il accueille des stands d'artisanat de bonne facture : poteries, assiettes, etc.

Oficina da Terra – B1 - *Travessa do Sertório, 6 (place de la Mairie) - ✆ 266 74 60 49 - www.oficinadaterra.com.* Sculptures en terre originales, voire humoristiques, représentant des personnages. Assez cher toutefois.

EN SOIRÉE

Bar do Teatro – A1 - *Praça Joaquim António de Aguiar - 20h30-2h.* Dans le bâtiment du théâtre, ce bar au joli plafond peint s'anime plutôt en début de soirée et accueille une clientèle jeune assez aisée.

A Oficina – A1 - *R. da Moeda, 27 - ✆ 266 70 73 12 - mar.-jeu. 20h-2h, vend. et sam. 20h-3h.* Un tout petit bar convivial où se serrer au comptoir, avec une bonne musique d'ambiance pop et funk. Clientèle d'âges variés, plutôt « intello ». Internet.

ACTIVITÉS

Piscine – A2, en direction - *Env. 2 km à l'ouest de la vieille ville, par l'estrada da Malagueira (entre la route d'Arraiolos et celle de Lisbonne) - ✆ 266 77 71 86 - déb. juin à mi-sept. : dim.-lun. 13h-20h, mar.-sam. 9h-20h (sf pénurie d'eau).* Un complexe de cinq piscines idéal pour échapper à la fournaise estivale d'Évora.

AGENDA

Festas da Cidade – *2e quinz. de juin.* Grande fête populaire.

Vila Viçosa

★

8 293 habitants – District d'Évora

NOS ADRESSES PAGE 309

S'INFORMER
Posto de turismo – *Praça da República - ✆ 268 88 11 01 - www.visitevora.pt.*

SE REPÉRER
Carte de région p. 286-287 – *Carte Michelin 733 P7.* À 20 km au sud-est d'Estremoz.

À NE PAS MANQUER
La vieille ville et le palais des Ducs.

ORGANISER SON TEMPS
Une demi-journée suffit pour visiter la ville.

AVEC LES ENFANTS
Le musée des Carrosses.

Adossée au versant d'une colline où poussent orangers et citronniers, Vila Viçosa, une petite ville ombragée (« viçosa ») et fleurie, fut autrefois le fief de la dynastie des ducs de Bragance, qui y possédaient une vaste réserve de chasse, et la résidence de plusieurs rois portugais. Après 1910 et la chute de la monarchie, la vie de la cité s'est recentrée autour de quelques activités artisanales (poterie et fer forgé) et l'exploitation de ses carrières de marbre. Le centre a gardé une certaine animation, tandis que les quartiers de la place du Palais-des-Ducs et de la vieille ville restent empreints d'une atmosphère de ville-musée, évocatrice de la vie fastueuse des Bragance.

Se promener

Circuit au départ du Terreiro do Paço – Comptez 1/2 journée.

★ PLACE DU PALAIS (Terreiro do Paço)

Cette vaste place dominée par le palais des Ducs est occupée, en son centre, par la statue de Jean IV, œuvre en bronze du sculpteur Francisco Franco.

★★ Palais des Ducs (Paço Ducal)
✆ 268 98 06 59 - www.fcbraganca.pt - visite guidée (1h) avr.-sept. : mar. 14h30-17h30, merc.-vend. 10h-13h, 14h30-17h30, w.-end 9h30-13h, 14h30-18h ; oct.-mars : mar. 14h-17h, merc.-dim. 9h30-13h, 14h-17h - fermé j. fériés et 16 août - 6 €.
Las de l'inconfort du château datant du roi Denis, Dom Jaime Ier, 4e duc de Bragance, fit entreprendre en 1501 la construction de ce palais. Il est constitué de deux ailes perpendiculaires dont la principale, en marbre blanc, s'étire sur 110 m de long.

Le palais des Ducs de Vila Viçosa.
W. Buss/Photononstop

À 300 m de là, un très vaste **parc** (2 000 ha) servait autrefois de réserve de chasse.
L'intérieur du palais a été aménagé en musée. La cage de l'escalier qui conduit au premier étage est ornée de peintures murales représentant la bataille de Ceuta (15e s.) et le siège d'Azamor (16e s.) par le duc Dom Jaime Ier.
Aile principale – Des azulejos du 17e s., des tapisseries de Bruxelles et d'Aubusson et des tapis d'Arraiolos la décorent. Les salles sont ornées de plafonds peints à motifs variés : David contre Goliath, les aventures de Persée, les sept Vertus. On verra aussi les portraits des Bragance par les peintres portugais (fin 19e s.) Columbano, Malhoa et Sousa Pinto ainsi que, dans la salle des Tudesques, par le peintre français Quillard.
La façade ouest donne sur des jardins classiques de buis taillés.
Aile transversale – Elle comprend les appartements du roi Charles Ier (1863-1908), peintre et dessinateur de talent, et ceux de la reine Amélie ; dans la chapelle, un intéressant triptyque du 16e s., attribué à Cristóvão de Figueiredo, illustre des scènes du Calvaire. Le **cloître**, de style manuélin (16e s.), est d'une grande fraîcheur.

3

★ **Musée des Carrosses** (Museu dos Coches)
Entrée par la Porta dos Nós. Mêmes horaires que le Paço Ducal - 1,50 €.
Il fait partie du musée national des Carrosses, dont la collection principale se trouve à Lisbonne *(voir p. 160)*. Il rassemble plus de 70 carrosses, berlines, voitures, etc., du 18e au 20e s., présentés dans quatre bâtiments, dont l'**écurie royale**★ bâtie à la demande du roi Joseph Ier en 1752. Cette salle longue de 70 m pouvait abriter des centaines de chevaux sous ses voûtes supportées par des piliers de marbre.
Parmi les voitures exposées, remarquez le n° 29, le landau dans lequel le roi Charles Ier et son fils furent assassinés le 1er février 1908. La variété et l'état des véhicules sont remarquables : malles-poste, chars à bancs, phaétons, landaus et berlines voisinent ici avec les carrosses de gala.

LA COUR DUCALE

Dès le 15e s., Dom Fernando I, deuxième duc de Bragance, choisit Vila Viçosa comme résidence de sa cour. L'exécution du troisième duc, **Dom Fernando II**, anéantit un temps la puissance ducale, et c'est seulement au siècle suivant que la Cour reprend sa vie fastueuse. Dans le palais construit par le 4e duc de Bragance, Dom Jaime Ier, grandes fêtes seigneuriales et mariages princiers se succèdent alors, ainsi que banquets gargantuesques, représentations théâtrales et courses de taureaux. Cette époque dorée prend fin en 1640, lorsque le 8e duc de Bragance accède au trône du Portugal sous le nom de Jean IV.

★ **Porte des Nœuds** (Porta dos Nós)

Cette porte est l'un des derniers vestiges de la muraille du 16e s. La **maison de Bragance**, dont la devise était « *Depois de vós, nós* » (« Après vous, nous »), avait choisi les nœuds comme symbole en raison du double sens du mot *nós* (« nous » et « nœuds »).

Revenez sur la place du Palais.

Couvent dos Agostinhos

Reconstruite au 17e s. par le futur Jean IV, l'**église**, qui se dresse à l'est de la place du Palais, est la nécropole des ducs de Bragance. Le transept et le chœur abritent, dans des enfeus, les tombeaux des ducs.

Ancien couvent des Plaies (Antigo Convento das Chagas)

Fondé par Joana de Mendonça, deuxième femme du duc Dom Jaime Ier, ce couvent est situé au sud de la place du Palais. L'église, aux murs tapissés d'azulejos de 1626, sert de nécropole aux duchesses de Bragance.

LA VIEILLE VILLE

Laissez la voiture à l'extérieur des remparts.

Le château et les remparts, élevés à la fin du 13e s. par le roi Denis, ont été renforcés par des bastions au 17e s. Des murailles crénelées, flanquées de tours, enserrent encore la vieille cité. Ses ruelles sont bordées de maisons blanches dont la partie basse est peinte de couleurs vives. Une petite rue mène à l'**église da Conceição** et au **pilori** du 16e s.

Château

☏ 268 98 01 28 - www.fcbraganca.pt - mêmes horaires que le Paço ducal - 3 €.

Les parties les plus anciennes datent du 13e s., mais il fut remanié plus tard. Il est entouré de fossés profonds. La visite fait parcourir les souterrains de l'édifice primitif. Au 1er étage a été installé un **musée archéologique** regroupant notamment des vestiges préhistoriques, romains et arabes, ainsi qu'une collection de vases grecs.

À l'entrée, le surprenant **musée de la Chasse** (Museu da Caça) réunit près de 1 500 pièces léguées par l'ingénieur Manuel de Carvalho, provenant en grande partie d'anciennes colonies portugaises d'Afrique (Angola, Mozambique et Guinée-Bissau). L'ensemble constitue le plus grand musée d'armes africaines au monde. Vous pourrez admirer toutes sortes d'animaux naturalisés, originaires d'Europe et d'Afrique (buffles, antilopes, lynx), des armes européennes et africaines d'époque, dont une collection offerte au roi Dom Carlos par les anciennes colonies, des peaux, des meubles, etc.

Depuis le chemin de ronde du château, jolies vues sur les ruelles de la vieille ville.

À proximité Carte de région p. 286-287

Borba

▶ *6 km au nord-ouest par la N 255 en dir. d'Estremoz.*
Borba est réputée pour son marbre, comme Estremoz et Vila Viçosa, mais aussi pour son vignoble. Vous découvrirez les vins rouges ou blancs à l'**Adega Cooperativa de Borba**, une des plus anciennes coopératives de la région. *Rossio de Cima (sortie nord de la ville) - ✆ 268 89 16 60 - www.adegaborba.pt - lun.-sam. 9h-19h.*

NOS ADRESSES À VILA VIÇOSA

INFORMATIONS UTILES

Les offices de tourisme sont répertoriés en début de chapitre.

HÉBERGEMENT

PREMIER PRIX

Hospedaria D. Carlos – *Praça da República, 25 - ✆ 268 98 03 18 - 5 ch. 40 €. Pas de petit-déj.* Au 1er étage, sous les toits. Correct et fonctionnel.

POUR SE FAIRE PLAISIR

Casa de Peixinhos – *Estrada do Paúl (à 1 km du centre-ville) - ✆ 268 98 04 72 - 🏊 - 8 ch. 105 € ☕.* Un très chic *solar* (manoir) du 18e s. aux murs blancs rehaussés de liserés ocre, qui évoque un château mudéjar. Belle fontaine baroque dans la cour pavée. Chambres raffinées.

À Borba

BUDGET MOYEN

Casa Borba – *R. da Cruz, 5 - ✆ 268 89 45 28 - www.casadeborba.com - 🏊 🚭 - 5 ch. 80 € ☕.* En plein centre-ville, une maison d'hôte du 18e s. occupée par la même famille depuis des générations. Passé le hall pavé où trône une calèche, un bel escalier en marbre à double révolution mène aux étages et à la grande galerie surplombant le délicieux jardin anglais. Les chambres, équipées de sdb à l'ancienne avec baignoire à pieds, sont décorées de gravures et de *registros*, des images pieuses cerclées de dorures et de fleurs en papier. La chambre de l'Archevêque, avec son lit à baldaquin en bois du Brésil, et la Chambre bleue sont vraiment superbes. Salle à manger avec grande cheminée, salle de billard, terrasse. Petit-déj. copieux.

RESTAURATION

PREMIER PRIX

Tasca do Necas – *R. Cristovão Pereira, 12 - ✆ 268 88 11 97 - fermé dim.* Près de la place du Palais, une petite taverne typique précédée d'un bar. On y mange à des tables communes devant d'énormes jarres à vin. Pas de menu, mais des plats du jour régionaux bons et copieux.

BUDGET MOYEN

Framar – *Praça da República, 35 - ✆ 268 98 01 58 - fermé lun.* Restaurant à l'étage, dans une grande salle voûtée ornée d'une fresque bucolique. Bon *ensopado de borrego* (ragoût d'agneau).

Estremoz

★

14 328 habitants – District d'Évora

NOS ADRESSES PAGE 313

S'INFORMER
Posto de turismo – *Largo da República, 26 - 268 33 35 41 - www.visitalentejo.pt.*

SE REPÉRER
Carte de région p. 286-287 – *Carte Michelin 733 P7.* Estremoz se trouve à 46 km au nord-est d'Évora et à 70 km à l'ouest de Badajoz (Espagne).

À NE PAS MANQUER
Le marché du samedi matin ; le donjon.

ORGANISER SON TEMPS
Il est possible de visiter la ville en deux à trois heures.

AVEC LES ENFANTS
Le Centro Ciência Viva et son musée interactif de Géologie.

En arrivant par le sud, on découvre la vieille ville, toute blanche, perchée sur la colline au-dessus de la ville moderne. Dans une région où abondent les carrières de marbre, Estremoz est une cité plaisante, entourée de remparts à la Vauban et dominée par le donjon d'un château médiéval. Sur la place centrale (le Rossio), vous irez flâner le samedi matin entre les pittoresques étalages de poteries, un artisanat dont Estremoz a fait sa célèbre spécialité depuis le 16e s.

Se promener

Circuit au départ du Rossio – Comptez env. 1h30 pour la ville haute, et autant pour les musées de la ville basse.

★ VILLE HAUTE

Depuis le Rossio, prenez à droite de l'église pour gagner la praça Luís de Camões. Empruntez, au fond à gauche, la rua da Frandina, derrière le pilori. Après des escaliers, franchissez une porte du 14e s. marquant l'entrée de la ville haute, aux maisons gothiques et manuélines. Poursuivez par la rua da Rainha Santa Isabel, jusqu'au largo D. Dinis.

Donjon (Torre de Menagem)
Largo D. Dinis - 9h-12h, 14h-17h30 - fermé j. fériés - gratuit.

LE MARBRE D'ESTREMOZ
Les environs de la ville sont un des principaux lieux d'extraction du marbre de l'Alentejo, qui habille de sa blancheur les façades des églises et des maisons urbaines de la région. La production, qui avoisine les 500 000 tonnes par an, fait du Portugal le 5e exportateur de marbre au monde.

LES POTERIES ET FIGURINES D'ESTREMOZ

Outre les *bilhas*, cruches à col large, et les *barris*, à col étroit, on fabrique ici de nombreuses poteries décoratives destinées à garder l'eau fraîche ou à la servir à table. Les *moringues*, pourvues d'une anse et de deux becs, les *púcaros dos reis* (vases des rois), sont des poteries mates, ornées de motifs géométriques ou de feuillages stylisés, incrustés d'éclats de marbre blanc. On y colle parfois des rameaux de chêne, selon un procédé plus récent. Les *fidalgos* sont de grands vases pansus, vernis, agrémentés de petits bouquets.

Estremoz est également réputée pour ses figurines naïves de couleurs vives, les *bonecos* : elles représentent des personnages religieux (santons, saints) ou profanes (paysans, personnages satiriques), ou encore des animaux, reproduits d'après des modèles anciens dont le réalisme et le pittoresque ont gardé toute leur saveur.

Donjon et palais abritent aujourd'hui la *pousada* da Rainha Santa Isabel, l'une des plus fameuses du Portugal. Bâti au 13e s., le donjon, haut de 30 m, est couronné de merlons pyramidaux et flanqué dans sa partie haute de balcons et de consoles. Au 2e étage, une belle salle octogonale est éclairée par des fenêtres trilobées. Du sommet, vue circulaire sur la ville et l'Alentejo, où pointent, au sud, les hauteurs de la serra de Ossa.

Contournez le donjon et le palais sur la gauche, et franchissez une belle grille ancienne.

Chapelle de la Reine-Sainte-Isabelle (Capela da Rainha Santa Isabel)

Largo D. Dinis - 9h-12h, 14h-17h30 sf lun. et j. fériés - gratuit.

Les murs sont recouverts de beaux azulejos représentant des scènes de la **vie de la reine sainte Isabelle d'Aragon**, épouse du roi Denis. Remarquez la scène du miracle des Roses : surprise par le roi alors qu'elle portait du pain aux pauvres, la reine, pour dissiper les soupçons de son mari, dut ouvrir les plis de sa robe où n'apparurent que des roses.

Église Santa Maria

Largo D. Dinis - mêmes horaires et conditions d'accès que la chapelle ci-dessus.

Cette église de plan carré, qui faisait partie de l'ancienne citadelle, date du 16e s. Elle abrite quelques tableaux de primitifs portugais, notamment dans la sacristie.

Salle d'audience du roi Denis (Paço da Audiência)

Largo D. Dinis - mar.-dim. 9h-12h30, 14h-17h30 - fermé j. fériés - gratuit.

Une belle **colonnade gothique★** en marbre caractérise cette salle aux voûtes en étoile, refaites à l'époque manuéline. Sainte Isabelle y mourut en 1336 et le roi Pierre Ier en 1367. La salle abrite la Galeria de Desenho, une galerie accueillant des expositions temporaires (poteries, peintures, céramiques, etc.).

Musée municipal

Largo D. Dinis - ✆ 268 33 92 19 - 9h-12h, 14h-17h30 sf dim., lun. et j. fériés - 1 €.

Dans une belle maison en face du donjon, ce musée rassemble des poteries et des santons d'Estremoz, de l'art religieux, des reconstitutions d'intérieurs traditionnels, etc. Dans la petite cour du musée, on peut voir des artisans à l'œuvre et acheter certaines de ces pièces typiques.

Regagnez le Rossio en rebroussant chemin.

VILLE BASSE

Centre Ciência Viva

Rossio - ☏ 268 33 42 85 - www.estremoz.cienciaviva.pt - mar.-dim. 10h-18h - fermé j. fériés - 5,50 € (enf. 2/3,50 €) - accès Internet gratuit.

Il constitue l'un des pôles de l'université d'Évora et est installé dans l'ancien **couvent des Maltaises★** (Convento das Maltezas), superbe édifice du 16e s., dont le cloître abrite des fresques des 16e-17e s. ainsi qu'une fontaine sphérique. Le couvent, rénové, accueille un **musée interactif de Géologie**. Les expériences et les thèmes présentés de façon très didactique s'adressent aussi bien aux jeunes qu'aux adultes.

Musée rural de l'Alentejo (Museu Rural do Alentejo)

Centre culturel José Lourenço Marquês Crespo - av. de Santo António (du Rossio, prenez à gauche de l'église la rue Victor Cordon et franchissez les portes de Santo António) - ☏ 963 00 41 79 - mar.-sam. 9h-12h30, 14h-17h30 - fermé j. fériés - 1 €.

Cet intéressant petit musée retrace, sous forme de maquettes, de produits de l'artisanat et de costumes régionaux, les scènes de la vie alentejane d'antan.

À proximité Carte de région p. 286-287

Église Nossa Senhora dos Mártires

2 km au sud (route de Bencatel). Demandez la clef dans la maison juste en face de l'église.

Datée de 1744, elle présente un monumental chevet gothique. Beaux azulejos dans la nef (Fuite en Égypte, Cène, Annonciation), dont l'entrée se signale par un arc triomphal manuélin, ainsi que dans le chœur (Nativité, Présentation au Temple).

Excursion Carte de région p. 286-287

Avis

52 km au nord-ouest d'Estremoz par la N 245 et la N 243.

Point saillant dans la traversée monotone de la plaine alentejane, où prédominent chênes-lièges et oliviers, la cité d'Avis domine le confluent des rivières Seda et Avis, noyé par la retenue qui alimente la centrale hydro-électrique de Maranhão *(à 15 km en aval)*. La N 243, au sud, offre la meilleure **vue★** sur la ville qui a gardé des vestiges de fortifications.

Outre les remparts, des tours médiévales et l'église du couvent São Bento témoignent du brillant passé de la cité. Avis fut en effet le berceau d'une dynastie qui régna sur le Portugal à partir de 1385, lorsque Jean, grand maître de l'ordre d'Avis, fut sacré roi sous le nom de **Jean Ier**. Cette dynastie s'éteignit à la mort d'Henri Ier en 1580.

L'ORDRE D'AVIS

C'est à Avis que s'installa, au début du 13e s., l'ordre militaire fondé en 1147 par Alphonse Henriques pour combattre les Maures. Cet ordre de chevalerie, le plus ancien d'Europe, reçut plusieurs désignations et obéit à plusieurs règles avant de devenir l'ordre de Saint-Benoît d'Avis. Il rayonna dans le bassin du Tage jusqu'en 1789.

NOS ADRESSES À ESTREMOZ

INFORMATIONS UTILES

Les offices de tourisme sont répertoriés en début de chapitre.

HÉBERGEMENT

PREMIER PRIX

Residencial O Gadanha – *Largo General Graça, 56 - ✆ 268 33 91 10 - www.residencialogadanha.com - 12 ch. 32,50 €*. Une pension flambant neuve, dans une maison bourgeoise de la ville basse. Chambres confortables et d'une grande propreté. Une affaire pour les petits budgets.

Residencial Estremocense – *Travessa da Levada, 19 - ✆ 268 33 30 02 - 7 ch. 40/50 €* .À proximité de la précédente, une pension sur 2 étages proposant des chambres correctes et bien équipées.

BUDGET MOYEN

Monte dos Pensamentos – *À 2 km par la N 4 en dir. de Lisbonne, puis à droite avant la station Galp - ✆ 268 33 31 66 - http://montedospensamentos.com - - 5 ch. 60/90 €* . Une drôle de propriété, toute blanche, de type mauresque, flanquée de tourelles aux chapeaux pointus et bordée d'arcades. Elle est cernée d'un plaisant jardin (eucalyptus, orangers et citronniers), et d'une oliveraie où vadrouillent poules et canards. Chambres et suites sympathiques et douillettes, ainsi que 2 appart. Petit-déj. copieux, vélos à louer. Bref, le bonheur.

UNE FOLIE

Pousada da Rainha Santa Isabel – *Largo D. Dinis - ✆ 268 33 20 75 - www.pousadas.pt - - 33 ch. 140/168 €* . Logée dans l'ancienne armurerie royale du château, voici l'une des plus prestigieuses *pousadas* du pays. Un endroit d'exception, tant pour le panorama qui se découvre depuis les chambres côté vallée que pour le mobilier des salons gothiques : poteries chinoises, tableaux, statues et commodes du 17e s. Les chambres arborent tapisseries anciennes, boiseries et lits à baldaquin. Restaurant au décor magnifique, mais à la cuisine banale.

RESTAURATION

BUDGET MOYEN

Casa do Isáias – *R. do Almeida, 21 - ✆ 268 32 23 18 - 12h-15h, 19h-22h30 sf dim. et j. fériés* - . Une taverne paysanne authentique, avec ses tresses d'ail qui pendent au plafond. Passé la porte de la grange, on gagne une pièce fraîche où les convives ripaillent coude à coude sur de grandes tables collectives, à l'ombre de monumentales jarres à vin. Grillades de porc ou d'agneau, vin au pichet.

Flor do Lago – *Largo General Graça, 52 - ✆ 268 32 32 59 - fermé lun. (et dim. en hiver)* - . Ce petit restaurant de la ville basse ne paie pas de mine, mais il sert une bonne cuisine régionale (agneau au four, filet de porc à la paysanne) ; la patronne collectionne les trophées gastronomiques. Terrasse.

POUR SE FAIRE PLAISIR

São Rosas – *Largo D. Dinis, 11 - ✆ 268 33 33 45 - fermé lun., 1re quinz. de janv. et 1re quinz. de juil.* Sans doute le restaurant le plus raffiné de la ville, situé près de la *pousada*. Cadre élégant et service stylé, vins excellents. Goûtez les travers de porc aux pruneaux, la truite au *chouriço* ou les côtelettes d'agneau rôties au four.

3

Portalegre et serra de São Mamede

★

Portalegre 24 973 hab. - Marvão 3 553 hab. - Castelo de Vide 3 376 hab. – District de Portalegre

NOS ADRESSES PAGE 322

S'INFORMER

Posto de turismo – *R. Guilherme Gomes Fernandes, 22 - Portalegre - ☏ 245 30 74 45 - www.cm-portalegre.pt.*

Região de Turismo – *Av. Estremadura Espanhola, 1 A - Portalegre - ☏ 245 30 07 70 - www.visitalentejo.pt.* Vous y trouverez notamment des informations sur le Parc naturel de la serra de São Mamede, les possibilités de randonnée pédestre *(5 circuits balisés de 8 à 18 km)*, les gîtes pour randonneurs (les « *casa-abrigos* »), etc.

Posto de turismo – *Largo de Santa Maria - Marvão - ☏ 245 90 91 31.*

Posto de turismo – *Praça D. Pedro V - Castelo de Vide - ☏ 245 90 13 61 - www.cm-castelo-vide.pt.*

SE REPÉRER

Carte de région p. 286-287 – Plan de Portalegre p. 316 – Carte de la serra de São Mamede p. 319 – *Carte Michelin 733 O7.* Porte d'entrée de la serra de São Mamede, Portalegre est situé à 105 km au nord-est d'Évora.

SE GARER

Utilisez le parking public (payant), praça da República.

À NE PAS MANQUER

L'animation qui règne, le soir en été, sur la praça da República ; une excursion au cœur des paysages de l'Alentejo, vers Crato et Alter do Chão ; la découverte de la serra de São Mamede ; à Castelo do Vide, l'atmosphère de la praça D. Pedro V et de la rua Bartolomeu Álvares da Santa ; les panoramas depuis le donjon du château de Marvão.

ORGANISER SON TEMPS

Comptez une demi-journée pour visiter Portalegre et une journée pour faire le tour de la serra de São Mamede. Prenez un après-midi pour flâner dans Castelo do Vide et n'hésitez pas à y passer la nuit.

AVEC LES ENFANTS

La visite de la Coudelaria de Alter Real.

Ancienne place stratégique proche de la frontière espagnole, Portalegre, dominée par les trois tours de son château, fut une cité prospère pendant la Renaissance. En témoigne la riche architecture baroque de la vieille ville, dans laquelle il fait bon se promener. Tournée vers le sud, cette ville dynamique domine les champs, les oliveraies et les horizons vallonnés de la plaine verdoyante du Haut-Alentejo. Elle offre aussi

Les ruelles pentues du village de Castelo de Vide.
Jon Arnold/hemis.fr

un point de départ idéal pour une belle excursion dans la serra de São Mamede, qui se dresse aux portes de la cité. La balade vous conduira à Marvão, fascinant nid d'aigle juché sur la crête d'un piton rocheux, dont les puissants remparts semblent faire corps avec la montagne, puis à Castelo do Vide, riante bourgade étagée en gradins sur une colline verdoyante qui séduit par sa douce harmonie et dont les sources thermales sont toujours appréciées.

Se promener Plan de ville p. 316

Circuit tracé en vert sur le plan de ville – Comptez ½ journée.
Cerclée de ses remparts, la vieille ville domine la colline, tandis que les quartiers modernes se développent vers le nord-est. Ces deux parties sont reliées par la rue piétonne 5 de Outubro, que prolonge la rua Luís de Camões.
Depuis la praça da República, prenez au sud la rua Poeta José Régio, face au parking.

Musée (Casa-Museu) **José Régio**

R. Poeta José Regio - ✆ 245 30 75 35 - www.cm-portalegre.pt - mar.-dim. 9h30-13h, 14h30-18h - fermé 1er janv., Vend. saint, dim. de Pâques, 1er Mai, 24 et 25 déc. - 2 €.
La collection d'art religieux et populaire régional rassemblée par José Régio (1901-1969) constitue le fonds essentiel de ce musée, installé dans la maison où vécut le poète ; elle comprend notamment un nombre impressionnant de crucifix du 16e au 19e s. et de statuettes naïves de saint Antoine, ainsi que des meubles anciens.
Revenez sur la praça da República et traversez-la vers l'ouest, en dir. de la vieille ville. Franchissez la porte fortifiée et continuez en face, rua 19 de Junho, bordée de belles maisons des 17e et 18e s.

Cathédrale (Sé)

Praça do Município (en haut de la rua 19 de Junho) - mar.-sam. 8h-12h, 14h30-17h30, dim. 8h-12h.

La façade de la **cathédrale**, du 18e s., se distingue par les colonnes de marbre de son portail principal, ses balcons en fer forgé et ses pilastres en granit. À l'intérieur (16e s.), dans la deuxième chapelle à droite, beau retable illustrant la vie de la Vierge ; dans la sacristie, aux murs revêtus d'azulejos, chapier de bois du 18e s.

Tournez dans la rua José Maria da Rosa, sur le côté droit de la cathédrale.

Musée municipal

R. José Maria da Rosa - ✆ 245 30 01 20 - visite guidée (45mn) tlj sf mar. 9h30-13h, 14h30-18h - fermé 1er janv., 24 et 25 déc. - 2 €.

Installé dans l'ancien séminaire diocésain, il expose une sélection d'œuvres d'art sacré : une curieuse pietà espagnole en bois doré (fin du 15e s.) ; un retable en terre cuite polychrome (16e s.) ; un somptueux tabernacle d'ébène (17e s.) ; quatre hauts-reliefs en ivoire de l'école italienne du 18e s. ; un grand crucifix, également en ivoire (18e s.) ; des pièces d'orfèvrerie du 16e s. On y trouve également : des meubles anciens portugais et indo-portugais, une magnifique armoire hollandaise gothico-Renaissance ; des tapis (17e-18e s.) provenant des ateliers d'Arraiolos *(voir p. 299)* ; une vaste collection de faïences hispano-mauresques et portugaises (16e-17e s.), et quelques porcelaines de Chine (17e et 19e s.).

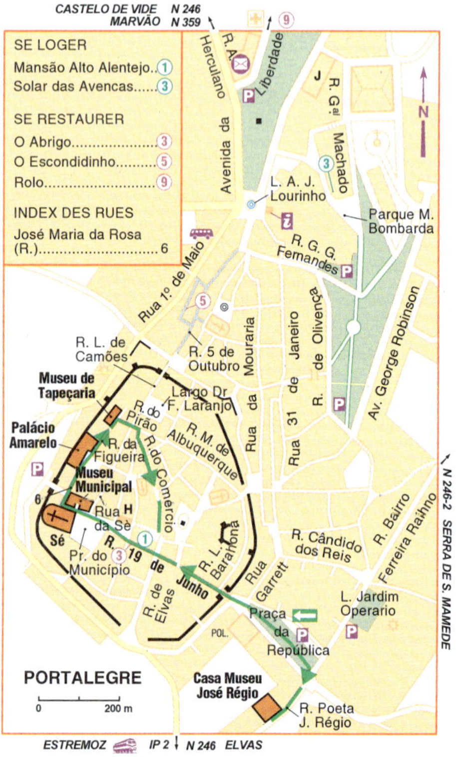

CAPITALE ACTIVE DU HAUT-ALENTEJO
Les Romains auraient baptisé ce site stratégique du nom de Portus Alacer (« port sec »), désignant ainsi une cité formant un passage de montagne. En 1290, elle fut dotée par le roi Denis d'un château fort dont il ne subsiste que des vestiges.
Célèbre au 16e s. grâce à ses tapisseries, la ville devient prospère à la fin du 17e s. lorsque la soierie s'y installe; elle se pare alors de demeures baroques et de manoirs blasonnés qui lui donnent sa physionomie actuelle. À l'industrie textile s'est ajoutée celle du liège, encore florissante aujourd'hui en dépit des difficultés liées à l'émergence de produits de substitution. Portalegre, forte d'une population jeune et étudiante, est l'une des rares cités de la région à avoir profité de la croissance économique portugaise des années 1990.

Poursuivez dans la rua José Maria da Rosa et descendez à droite la rue qui prolonge le largo do Paço. Profitez au passage de la vue sur la campagne environnante depuis le petit belvédère situé juste après la rue sous porche, à gauche.

Palais jaune (Palácio Amarelo)
La façade de ce palais, dont tout un pan est malheureusement endommagé, est ornée de remarquables ferronneries d'art du 17e s.
Longer le palais sur la droite par la rua da Figueira.

Musée de la Tapisserie Guy Fino (Museu de Tapeçaria Guy Fino)
R. da Figueira, 9 - ✆ 245 30 75 30 - mar.-dim. 9h30-13h, 14h30-18h - fermé j. fériés - 2,10 €.
Installé dans le palais Castelo Branco depuis 2001, il présente des expositions de tapisseries, dont certaines reproduisent des toiles d'artistes portugais célèbres tels que Vieira da Silva, Almada Negreiros ou encore Júlio Pomar. Parmi les nombreuses salles que compte le musée, on pourra voir des métiers à tisser et toutes sortes d'objets nécessaires à la fabrication des tapis.
Au bas du musée, prenez à droite la rua do Pirão. Puis engagez-vous à droite dans la rua do Comércio qui rejoint plus haut la rua 19 de Junho, que vous prenez à gauche pour retourner praça da República.

À proximité Carte de région p. 286-287

Crato

▶ *21 km à l'ouest par la N 119.*
Dès 1350, Crato fut le siège d'un prieuré de l'ordre des Hospitaliers de Saint-Jean-de-Jérusalem, qui devint ensuite l'ordre de Malte. Bien que le commandement et la résidence des chevaliers aient été transférés en 1356 dans le monastère-forteresse situé dans le village voisin de Flor da Rosa, Crato conserva son rôle de prieuré. Le prieur le plus célèbre fut Antoine de Portugal, petit-fils du roi Manuel et bâtard de l'infant Louis. Prétendant à la couronne après la mort du roi Henri Ier en 1580, il fut finalement évincé par son cousin Philippe II d'Espagne. Le château fut incendié en 1662 par Dom Juan d'Autriche, mais l'on voit encore quelques maisons anciennes.
À 3 km au nord de Crato, le village de **Flor da Rosa** est un centre de fabrication de poteries très ancien, dont la spécialité est la *caçoila*, jatte à fond rond destinée à la cuisson des aliments.

★ **Monastère de Flor da Rosa** – *Adressez-vous à la réception de la* pousada *- gratuit.* Ce monastère-forteresse fut édifié par le prieur Álvaro Gonçalves Pereira, père de Nuno Álvares Pereira qui battit les Castillans à Aljubarrota. Ensemble compact et fortifié, aux murailles achevées par des créneaux, il abrite désormais une magnifique *pousada.*

À droite, l'**église**★ a fait l'objet d'une remarquable restauration : elle surprend par la simplicité de ses lignes et la hauteur impressionnante de sa nef. Au centre, le petit cloître fleuri est d'une architecture robuste mais élégante, grâce à ses jolies voûtes de style gothique flamboyant.

Dans le réfectoire, une belle voûte s'appuie sur trois colonnes torses.

Alter do Chão

34 km au sud-ouest de Portalegre ; 13 km au sud de Crato par la N 245.

La cité se groupe autour d'un **château** (14e s.) qui dresse ses tours crénelées au-dessus de la place centrale, pavée d'une mosaïque de pierres noires et blanches. Du sommet du donjon, haut de 44 m, la **vue** s'étend sur la cité et les oliveraies des environs.

Au nord du château, sur la place, une **fontaine** de marbre du 16e s. est encadrée de colonnettes dont les chapiteaux classiques soutiennent un bel entablement.

Coudelaria de Alter Real – *3 km de Alter do Chão (panneaux d'indication) - 245 61 00 60 - http://far.alterreal.pt - visite guidée (1h30, réserv. conseillée) : mar.-vend. à 10h, 11h30, 14h, 15h30, w.-end et j. fériés à 11h et 15h - 5 € (enf. 1,50/2,50 €).* Ce haras a été fondé en 1748, à la fin du règne de Dom João V, pour élever les chevaux destinés au manège royal. De nos jours, le haras se consacre à l'élevage et à l'amélioration des races de pur-sang lusitanien et *alter* (croisement d'une jument lusitanienne et d'un étalon andalou), ainsi qu'à l'enseignement de l'art équestre portugais.

Ce lieu singulier, niché au cœur des beaux paysages de l'Alentejo, fait plonger le visiteur dans une époque révolue. On y découvre les écuries, le manège et diverses dépendances, ainsi qu'un intéressant **musée du Cheval**, exposant des voitures d'attelage anciennes, des harnais et d'autres objets liés à l'univers du cheval, complétés par une présentation historique du haras.

Autre lieu surprenant, la **fauconnerie** *(visite mar. et jeu. à 11h30, w.-end et j. fériés à 11h)* abrite des faucons aux yeux couverts et expose un ensemble de chaperons (les coiffes de ces rapaces), dont les plus anciens datent du Moyen Âge.

Circuit conseillé Carte de la serra de São Mamede ci-contre

Circuit bordeaux d'env. 60 km tracé sur la carte de la serra de São Mamede – Comptez 2h. Quittez Portalegre à l'est et suivez la dir. « Serra ». Plus loin, prenez à gauche la dir. « São Mamede, São Julião, Rabaça » par la N 246-2. Après quelques km, quittez la voie principale pour engagez-vous tout droit, au niveau d'un léger virage à gauche, sur une petite route (non signalée) qui se lance en dir. du sommet de São Mamede. Un peu plus loin, une autre route, à gauche (panneau « São Mamede 1 025 m »), conduit jusqu'au sommet.

★ SERRA DE SÃO MAMEDE

La montagne de la serra de São Mamede forme un triangle de roche dure, ayant résisté à l'érosion. Traditionnellement considérée comme un îlot de verdure dans une région aride et caillouteuse, elle a malheureusement beaucoup

souffert des incendies récurrents de ces dernières années. Coiffée de neige en hiver, elle culmine à 1 025 m. Son altitude et la nature imperméable de ses sols entretiennent une humidité favorable à la croissance d'une végétation dense et variée, encore visible par endroits (marronniers, chênes-lièges, saules pleureurs, amandiers, pins, eucalyptus, etc.).
La faune a, elle aussi, la réputation d'être abondante : vautours fauves, aigles de Bonelli et chauves-souris, cerfs et sangliers, loutres et batraciens se disputent ses pentes. Abritant un parc naturel, la région compte en outre de nombreux mégalithes et des peintures rupestres, notamment au sud de la réserve, dans les serras de Cavaleiros et de Louções.

Pico São Mamede

Du sommet occupé par un relais de radio-télévision, **panorama★** au sud sur l'Alentejo, à l'ouest et au nord sur la serra de São Mamede, et à l'est sur un foisonnement de sierras espagnoles.

Revenez sur la route principale et tournez à droite. Laissez la route vers Marvão, qui bifurque tout de suite à gauche, et continuez tout droit. Commence peu après la descente vers la plaine. Au rond-point, suivez la dir. « Porto da Espada », puis « Marvão ».

★★ Marvão

22 km de Portalegre. Comptez 1h30 pour faire le tour du village (mieux vaut éviter les grosses chaleurs de la journée). Garez-vous sur le parking situé devant l'enceinte fortifiée.

Village médiéval fortifié surveillant naguère l'Espagne toute proche, Marvão jaillit tel un nid d'aigle perché au faîte d'une muraille de granit, sur l'un des sommets de la serra de São Mamede. Ses imposants remparts de granit, parfaitement intégrés au paysage, se confondent avec la crête du piton rocheux. Idéal pour prendre de la hauteur, ce village aux maisons blanches étincelantes, très touristique en saison, offre des panoramas exceptionnels sur la plaine ou la montagne.

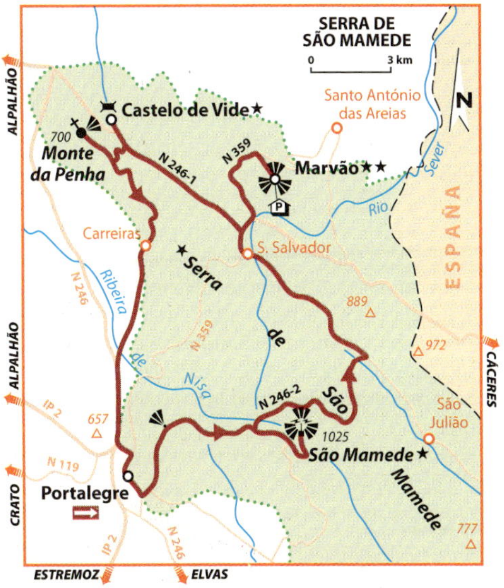

Classé Monument national, le village perché, qui ne compte plus qu'une grosse centaine d'habitants permanents, est candidat à l'inscription sur la liste du Patrimoine mondial de l'Unesco. La route d'accès contourne le piton par le nord et permet d'apprécier la valeur défensive de ce **site★★** remarquable. D'apparence inexpugnable, Marvão offre un exemple spectaculaire d'architecture militaire défensive, dont les murailles datent du 13e s. et les contreforts du 17e s. Après avoir longé les remparts et jeté un coup d'œil au portail gothique du couvent de Nossa Senhora da Estrela, l'entrée s'effectue par la double porte du nord-ouest (Porta de Ródão), flanquée de courtines, d'échauguettes et de mâchicoulis. Une étroite ruelle fleurie mène à une place avec un pilori.

UN VILLAGE CONVOITÉ

La position stratégique de Marvão lui valut d'être l'enjeu de combats entre libéraux et absolutistes lorsque, en 1833, l'Alentejo devint le théâtre de la guerre civile. Les libéraux s'en emparèrent par surprise en décembre et repoussèrent une attaque des troupes de Dom Miguel le mois suivant.

La place forte est sillonnée de petites rues avec passages sous voûtes et maisons blanches à balcons fleuris, grilles en fer forgé et fenêtres manuélines. Plusieurs chapelles s'ouvrent par un portail Renaissance.

De nombreuses demeures présentent des détails d'architecture des 15e, 16e et 17e s. Dans la rua do Espírito Santo qui mène au château, remarquez notamment deux magnifiques **balustrades★** en fer forgé du 17e s.

Église Santa Maria – *✆ 245 90 91 32 - mar.-dim. 9h-12h30, 14h-17h30 - 1 €.* Au pied du château et en face de l'office de tourisme *(câmara municipal)*, cette église du 13e s. abrite le **Musée municipal** (pierres mégalithiques, reproductions de cartes anciennes de Marvão, collections ethnologiques, art sacré). En contrebas se trouve un agréable **jardin** et sa fontaine rafraîchissante.

★ **Château** – Édifié par le roi Denis à la fin du 13e s. à l'extrémité ouest de l'éperon rocheux, il a subi quelques modifications au 17e s. Il se compose d'une série d'enceintes que domine un donjon carré. On franchit une première porte fortifiée; juste après, à droite, se trouve l'entrée de la **citerne★**, souvent envahie de moustiques. Un petit escalier permet d'y descendre; une fois vos yeux habitués à l'obscurité ambiante, remarquez les dix arcs de l'escalier qui se reflètent dans l'eau. Une seconde porte fortifiée s'ouvre sur la première cour du château : suivez le chemin de ronde d'où s'offrent de belles **vues★** sur le village tout blanc qui s'étend au pied du château.

Dans la seconde cour, où s'élève le donjon, prenez tout de suite à droite les escaliers qui mènent au chemin de ronde *(à éviter avec les enfants, il n'y a pas de garde-fou)*; suivez-le jusqu'au donjon. Du haut de celui-ci, se découvrent d'impressionnantes **vues★★** plongeantes sur les diverses enceintes et, surtout, sur les tours crénelées et les échauguettes construites sur le rebord en à-pic; un **panorama★★** embrasse à l'est les sierras espagnoles déchiquetées, au nord la région de Castelo Branco et la serra da Estrela et, au sud-ouest, la serra de São Mamede.

▶ *Revenez à Portagem et, à la sortie sud de la ville, prenez à droite pour rejoindre la N 246-1 en dir. de Castelo de Vide.*

★ Castelo de Vide

▶ *20 km au nord de Portalegre et 12 km au nord-ouest de Marvão. Comptez 2h30 pour visiter la ville.*

Au pied de son château à la pierre sombre, Castelo de Vide, avec ses ruelles pentues et fleuries, ses édifices religieux et sa multitude de vieilles maisons blanches étagées en gradins, séduit par sa douce quiétude. Conquise aux Maures en 1148, cette cité du nord-est de l'Alentejo fut jadis une importante forteresse frontalière face à l'Espagne. C'est aujourd'hui une petite ville tranquille, où le temps semble parfois être suspendu, et qui dégage une atmosphère agréable.

Praça Dom Pedro V – Centre névralgique de la cité, cette place réunit ses principaux édifices, tous de style baroque : d'abord la lumineuse **église Santa Maria** ; en face, dans l'angle sud-ouest, l'ancien **hôpital Santo Amaro** ; à l'opposé *(angle sud-est)*, la **Casa da Torre**, une construction du 17e s., reconnaissable à sa petite tourelle d'angle. Au centre, à droite de l'église, se trouve l'hôtel de ville, datant de la fin du 17e s.

Derrière l'église, la rua dos Serralheiros mène à la fonte da Vila et à la Judiaria.

★ **Quartier juif** (Judiaria) – Profitant des fortifications médiévales, une communauté judaïque s'était établie dans le vieux bourg. Sur une charmante place se trouve la **Fonte da Vila★**, belle fontaine Renaissance en granit, datant probablement du 16e s.

Parcourez ensuite, au pied du château, les ruelles escarpées et fleuries de l'ancien quartier juif, bordées de maisons chaulées aux portes gothiques et manuélines. Au croisement de la rue qui monte vers le château et d'une rue transversale, la **synagogue médiévale** évoque le passé de ce quartier, bien que n'y subsiste plus, comme vestige, que l'ancien tabernacle *(8h-17h, été 19h - gratuit)*.

Château – *9h-17h (été 19h) - gratuit.* Franchissez les fortifications ; un escalier au pied d'une tour ronde du 12e s. conduit au **donjon** : d'une salle à coupole gothique avec citerne, on jouit d'une **vue★** pittoresque sur la ville, la chapelle Nossa Senhora da Penha et le village de Marvão. Quelques ruelles typiques du vieux village se nichent derrière les fortifications du château. Leurs maisons sont toujours habitées.

▷ *De la N 246-1, à 2 km au sud, se détache une petite route goudronnée.*

Monte da Penha

▷ *5 km de Castelo de Vide.*

La route grimpe parmi les pins et les rochers jusqu'à la chapelle Nossa Senhora da Penha (alt. 700 m) : de là s'offre un beau **panorama★** sur Castelo de Vide.

▷ *Revenez à Portalegre par la* **route★** *de Carreiras, tracée en corniche, en suivant des versants hélas peu épargnés par les feux de forêt.*

NOS ADRESSES À PORTALEGRE ET DANS LA SERRA

INFORMATIONS UTILES

Les offices de tourisme sont répertoriés en début de chapitre.

À Portalegre

Espaço Internet – *Praça da República - Portalegre - lun.-sam. 10h-22h - gratuit.*

À Marvão

Internet – Casa da Cultura – *Praça do Pelourinho - Marvão - 9h30-13h, 14h-17h30 - gratuit.*

TRANSPORTS

À Portalegre

Gare ferroviaire – *12 km au sud de Portalegre, lieu-dit Estação.* Deux trains pour Lisbonne et Coimbra avec correspondance à Entrocamento.

HÉBERGEMENT

À Portalegre

PREMIER PRIX

Mansão Alto Alentejo – *R. 19 de Junho, 59 - ✆ 245 20 22 90 - www.mansaoaltoalentejo.com.pt - 12 ch. 40/45 €* ☕. Une adresse au charme et au confort excellents. Son mobilier de style alentejan lui confère un cachet sympathique. Accueil charmant. Prenez garde, toutefois : la distribution tarabiscotée des chambres dans l'édifice en condamne certaines à n'avoir qu'une seule fenêtre intérieure, voire une simple lucarne. Celles qui donnent sur la rue, avec double vitrage, sont préférables.

BUDGET MOYEN

Solar das Avencas – *Parque Miguel Bombarda, 11 - ✆ 245 20 10 28 - 3 ch. 65 €* ☕. Belle maison du 18e s. à la façade ornée d'un blason. Sitôt franchie la porte, on oublie l'effervescence de la petite place située sur le devant, grâce à la fraîcheur et la tranquillité procurées par les murs épais. Si le rez-de-chaussée, décoré d'armes, affiche des allures un peu martiales, l'ambiance est plus pimpante à l'étage, débordant de mobilier ancien, porcelaines, broderies et images pieuses. Chambres de caractère, que l'on croirait aménagées pour recevoir des amis. À l'arrière s'ouvre un jardin minuscule d'où s'échappe un escalier qui dissimule une petite piscine.

À Marvão

BUDGET MOYEN

Casa Dinis – *R. Dr Matos Magalhães, 7 - P - ✆ 245 99 39 57 - casadomdinis@sapo.pt - 8 ch. 55 €* ☕. Une adresse coup de cœur, dans une belle et vieille maison soigneusement restaurée. Chambres coquettes et joliment peintes par une artiste néerlandaise, dont une avec terrasse offrant une vue fabuleuse. Salon convivial aux murs épais, doté d'un coin cheminée. Accueil attentif et polyglotte. Wifi.

À São Salvador da Aramenha

POUR SE FAIRE PLAISIR

Quinta do Barrieiro – *9 km au sud de Marvão - ✆ 245 96 43 08/964 05 49 35 (mobile) - www.quintadobarrieiro.com - piscine - 7 ch. 85/95 €* ☕. Au cœur de la serra de São Mamede, une ravissante maison d'hôte. Elle est tenue par une artiste, Maria Leal da Costa, dont les toiles et les sculptures animalières décorent les pièces. Chambres équipées de kitchenettes. Également 3 petits appartements à louer. Riche palette d'activités proposées : canoë, vélo, équitation, dégustation de vins…

À Castelo de Vide

PREMIER PRIX

Albergaria El Rei Dom Miguel – *R. Bartolomeu Álvares da Santa, 45 - ✆ 245 91 91 91 - 7 ch. 35 €.* Avec un nom d'une telle dignité, on peut s'attendre à un étalage de raffinement. C'est le cas dans les parties communes de cette auberge cossue, comme la salle à manger au splendide mobilier régional du 17e s. Cela se vérifie moins dans les chambres, au confort traditionnel et très bien tenues mais à la literie manquant singulièrement de fermeté. L'ensemble, cependant, reste de bonne facture, soutenu par la grande qualité d'accueil et la gentillesse de la propriétaire.

POUR SE FAIRE PLAISIR

Casa Amarela – *Praça D. Pedro V, 11 - ✆ 245 90 58 78 - www.casaamarelath.com - 10 ch. 120 €* ☕. Belle maison seigneuriale du 18e s., toute jaune (comme son nom l'indique), arborant une façade de style rocaille très ouvragée. Salles de bain en marbre jaune, rideaux et fauteuils jaunes et couvre-lits… presque tous jaunes. Seul le carrelage est rouge et brille comme un sou neuf ! Un établissement de très haute tenue, en dépit d'un accueil un peu distant.

RESTAURATION

À Portalegre

PREMIER PRIX

O Abrigo – *R. de Elvas, 74 - ✆ 245 33 16 58 - fermé mar. - 12/18 €.* Un restaurant comme il en existe beaucoup au Portugal : derrière un décorum plutôt quelconque se cache une cuisine rigoureuse, confirmée ici par plus de 25 années d'expérience. Si le cadre et le service peuvent paraître un peu trop sérieux, la qualité des plats déclinant les spécialités traditionnelles alentejanes ne déçoit pas.

BUDGET MOYEN

O Escondidinho – *Travessa das Cruzes, 1-3 - ✆ 245 20 27 28 - fermé dim. - 15/25 €.* À mi-hauteur de la rua 5 de Outubro, dans une ruelle en retrait, une jolie taverne « fondée en 1952 ». Au menu, soupe de roussette, panade de morue, *migas* de patates aux sardines grillées. On craque surtout pour les desserts : mousse d'ananas ou de mangue, *baba de camelo*, tarte à l'orange…

POUR SE FAIRE PLAISIR

Rolo – *Avenida Pio XII - ✆ 245 20 56 46 - (cartes non acceptées) - 25/35 €.* Les carnivores dotés d'un solide coup de fourchette seront à la fête dans cette taverne gargantuesque où l'on vient manger à gogo de la viande grillée. Mise en bouche dès l'entrée avec un déluge de cochonnailles et de fromages, et un buffet de salades en tout genre. Des serveurs affables se chargent de vous détailler le menu et ses formules. Portions épaisses et charnues. Un peu cher pour ceux qui n'ont qu'un appétit d'oiseau.

À Marvão

BUDGET MOYEN

Mil Homens – *Portagem (4 km au sud, accès possible par un sentier pédestre : voir ci-après) - ✆ 245 99 31 22 - fermé lun. - 13/20 €.* Dans la vallée, un restaurant régional à la décoration rustique qui concocte une savoureuse cuisine familiale à prix raisonnables. Outre les classiques (morue grillée, ragoût d'agneau), des plats plus insolites : steak d'autruche, escalope de veau aux légumes sauvages.

POUR SE FAIRE PLAISIR

Albergaria El Rei Dom Manuel – *Largo do Olivença - ✆ 245 90 91 50 - 18/30 €.* Le restaurant de cet hôtel assez chic mérite une halte pour sa cuisine de bonne qualité, typique de l'Alentejo.

À Castelo de Vide

BUDGET MOYEN

Dom Pedro V – *Praça D. Pedro V - ✆ 245 90 12 36 - www.dpedrov.com.pt - fermé 2e quinzaine de janv. - 20/25 €.* Restaurant traditionnel, dans une salle située en contrebas. Un endroit sans grand apparat, mais apprécié des familles à l'heure du déjeuner. Les prix sont assez raisonnables compte tenu de la qualité de la cuisine.

EN SOIRÉE

À Portalegre

Café Alentejo – *R. do Comércio, 96 - ✆ 245 20 12 58 - 7h-19h - fermé dim.* Rescapé des années 1970, un café qui pourrait servir de décor pour *Amélie Poulain dans l'Alentejo*. Sa longue salle en forme de paquebot, ornée d'une large fresque paysanne, un peu défraîchie mais tellement poétique, ses chaises en Skaï rouge et ses néons mériteraient d'être classés Monument historique.

ACTIVITÉS

À Marvão

Baignade – Dans la rivière Sever, au pied du pont de Portagem *(4 km au sud de Marvão)*, à la base nautique du barrage da Apertadura, ou encore au centre de loisirs de Portagem - *✆ 245 90 90 65 - juin.-sept. : mar.-dim. 10h-20h - payant.*

Marche – De Portagem, un sentier pédestre de 4 km monte jusqu'à Marvão. Dép. du parking situé devant le vieux pont. Balisage vert. Assez raide.

Pilori du 16e s. sur le largo de Santa Clara, à Elvas.
Jacobo Hernández/age fotostock

Elvas

★

23 087 habitants – District de Portalegre

3

NOS ADRESSES PAGE 327

S'INFORMER
Posto de turismo – *Praça da República - ✆ 268 62 22 36.*

SE REPÉRER
Carte de région p. 286-287 – *Carte Michelin 733 P8.* Env. 10 km de la frontière espagnole, 57 km au sud-est de Portalegre, 39 km à l'est d'Estremoz.

À NE PAS MANQUER
Une balade sur les remparts.

ORGANISER SON TEMPS
Comptez 2h pour visiter la ville.

Tout proche de Badajoz (Espagne), Elvas forme une importante place forte, encore entourée de remparts. Occupée par les Maures jusqu'en 1226, elle résista par la suite à maintes attaques espagnoles, mais fut investie en 1580 par les troupes de Philippe II. Gros centre agricole – ses prunes confites « ameixas » sont appréciées et son commerce de cotonnades attire de nombreux visiteurs venus d'Espagne –, la ville dégage un charme certain, notamment dans les ruelles pavées de son vieux quartier populaire écussonnées et tapissées de pots de fleurs.

Se promener

Circuit dans le cœur historique – Comptez 2h.

★★ Remparts

Faire le tour des remparts *(5 km)* vous permettra de mesurer la puissance du système défensif d'Elvas. Exemple accompli de l'architecture militaire portugaise au 17e s., ces fortifications, dont les sombres merlons contrastent avec les façades blanches des maisons qu'elles protègent, ont été édifiées selon les techniques de Vauban. Avec leurs portes fortifiées, leurs fossés, leurs courtines, leurs bastions et leurs glacis, elles forment un ensemble défensif remarquable, complété, au sud, par le fort de Santa Luzia (17e s.) et, au nord, par celui de Graça (18e s.), perchés sur deux collines.

★ Aqueduc de Amoreira

Bâti de 1498 à 1622 sur les plans de Francisco de Arruda, il s'étend sur 7,5 km au sud-ouest de la ville, qu'il alimente encore en eau.

Pénétrez à l'intérieur des remparts par le sud jusqu'à la rua da Cidadela ; passez à gauche sous l'arco do Relógio (16e s.) qui donne accès à la praça da República.

Praça da República

Limitée au sud par l'ancien hôtel de ville, et au nord par l'ancienne cathédrale, elle forme une mosaïque de pavés de basalte, de marbre et de grès géométriquement ordonnés.

Cathédrale (Sé)

D'origine gothique, la cathédrale a été réédifiée au 16e s. dans le style manuélin par Francisco de Arruda, ainsi qu'en témoignent le clocher et les deux portails latéraux.

L'intérieur, dont les piliers ont été décorés à l'époque manuéline, abrite un chœur (18e s.) entièrement plaqué de marbre.

À droite de la cathédrale, prenez la rue qui mène au largo de Santa Clara.

★ Largo de Santa Clara

C'est une pittoresque placette triangulaire bordée de maisons à grilles en fer forgé et façades écussonnées ; une porte arabe flanquée de deux tours et surmontée d'une loggia constitue un vestige de l'enceinte primitive (10e s.). Au centre de la place, le pittoresque **pilori★** (16e s.) en marbre a conservé ses quatre crochets de fer fixés au chapiteau.

LA GUERRE DES ORANGES

En février 1801, l'Espagne, sous la pression du consul Bonaparte, envoie un ultimatum au Portugal, le sommant de mettre un terme à l'alliance avec l'Angleterre et de fermer ses ports à tout navire anglais. Devant le refus du Portugal, l'Espagne lui déclare la guerre et ses troupes dirigées par Godoy, le favori de la reine, envahissent l'Alentejo. Olivença se rend sans offrir la moindre résistance. À l'annonce de cette nouvelle, Godoy, qui vient d'entreprendre le siège d'Elvas, envoie comme trophée à Marie-Louise d'Espagne deux rameaux d'oranger cueillis par ses soldats au pied des remparts de la ville. Amusés par ce geste, les Madrilènes donnent à la guerre le surnom de « guerre des Oranges ». Malgré la résistance d'Elvas et de Campo Major, la paix, signée en septembre à Badajoz, retire au Portugal Olivença et son territoire, et l'oblige à interdire ses ports aux Anglais.

★ Église Nossa Senhora da Consolação

Située au sud du largo de Santa Clara, elle a été construite au 16e s. dans le style Renaissance. C'est un édifice octogonal dont l'intérieur, surmonté d'une coupole s'appuyant sur huit colonnes peintes, est complètement revêtu de beaux **azulejos★** polychromes du 17e s. La chaire, soutenue par une colonne de marbre, présente un appui en fer forgé du 16e s.

Passez sous l'arc arabe et remontez la rue qui conduit au largo da Alcáçova. Là, tournez à gauche, puis à droite dans une ruelle étroite qui aboutit au château.

Château

✆ 268 62 64 03 - 9h30-13h, 14h30-17h30 - fermé 1er janv., dim. de Pâques, 1er Mai et 25 déc. - 2 €, gratuit dim. et j. fériés le matin.

Il a été construit par les Maures et consolidé aux 14e et 16e s. Le donjon (15e s.) en occupe l'angle nord-ouest. Du haut des remparts, panorama sur la ville entourée de fortifications et sur les alentours piquetés d'oliviers.

NOS ADRESSES À ELVAS

INFORMATIONS UTILES

Les offices de tourisme sont répertoriés en début de chapitre.

VISITE

Petit train touristique – *Réserv. à l'office de tourisme - dép. de la praça da República (mai-sept.) - merc.-dim. 2 fois par jour - 2,50 €.* Circuit historique de la ville (1h).

HÉBERGEMENT

POUR SE FAIRE PLAISIR

Quinta de Santo António – *Estrada de Barbacena (à 8 km d'Elvas par la route de Portalegre, puis à gauche vers Barbacena) - ✆ 268 63 64 60 - www.quintastantonio.com - 37 ch. 70/120 €.* Une ancienne propriété agricole du 18e s. reconvertie en auberge : les plus belles chambres se trouvent dans la maison ancienne, d'autres (moins agréables) dans deux annexes modernes. Toutes sont bien équipées. Dans le beau parc ouvrant sur les champs d'oliviers, piscine et tennis.

RESTAURATION

BUDGET MOYEN

O Lagor – *R.da Vendoria, 7 (à côté de l'hôtel S. João de Deus) - ✆ 268 62 62 47 - http://restauranteolagar.com.sapo.pt - tlj sf jeu.* Situé au sud de la ville, ce restaurant de bonne qualité propose des plats régionaux : lièvre aux haricots blancs, porc aux palourdes…

À Campo Maior

BUDGET MOYEN

O Faisão – *R. 1° de Maio, 19 (19 km au nord d'Elvas par la N 373) - ✆ 268 68 61 39.* Dans la belle salle rustique coiffée de voûtes en brique, on peut déguster de délicieux plats du jour à base de gibier et des desserts aux prunes.

Monsaraz

★★

977 habitants – District d'Évora

NOS ADRESSES PAGE 329

S'INFORMER
Posto de turismo – *R. 1º de Maio - 266 50 80 40 - www.cm-reguengos-monsaraz.pt.*

SE REPÉRER
Carte de région p. 286-287 – *Carte Michelin 733 Q7.* Monsaraz se trouve à 53 km au sud-est d'Évora.

SE GARER
Garez-vous sur le parking situé à l'entrée des remparts (la circulation est interdite à l'intérieur de l'enceinte).

À NE PAS MANQUER
Le panorama grandiose depuis le château.

ORGANISER SON TEMPS
En deux heures, vous aurez fait le tour du village. La lumière est particulièrement belle au coucher du soleil.

Posté sur la rive droite du fleuve Guadiana, telle une sentinelle surveillant la frontière espagnole, Monsaraz s'étire sur l'échine d'un promontoire rocheux, détachant la silhouette imposante de son château sur l'azur du ciel. Le temps est resté emprisonné dans les murailles de cette cité médiévale aux pavés de guingois et aux maisons aussi blanches que celles d'un village grec. Pas de voitures ni d'enseignes publicitaires, un calme formidable, rien que la lumière bleutée du crépuscule et le souffle du vent qui se faufile le long des murs de schiste, apportant de la campagne alentour des effluves de fleur d'oranger, de menthe et de genêt. Assis sur des bancs, des vieux au visage buriné devisent sous leurs chapeaux noirs, des femmes observent les passants derrière leurs carreaux habillés de dentelles, quelques chats rôdent pendant que les chiens font la sieste… Monsaraz figure, avec Marvão, parmi les sites les plus remarquables du pays. De ce nid perché, vous pourrez assister au coucher et au lever du soleil sur la campagne environnante et l'immense lac du barrage d'Alqueva, le plus grand d'Europe, achevé en 2002. Un spectacle d'une rare beauté.

Se promener

Comptez 2h.

★ Rua Direita

Elle forme la rue principale du village, qu'elle traverse de part en part. Avec ses vieilles maisons des 16e et 17e s., aux façades blanchies à la chaux, ornées d'armoireries, de portes en ogive, d'escaliers extérieurs et de balcons aux grilles en fer forgé, le temps semble s'y être arrêté. Après avoir perdu son rôle de citadelle, Monsaraz fut en effet délaissé au profit de Reguengos de Monsaraz. Le village a donc pu garder sa physionomie d'autrefois.

Praça Velha

Située au milieu de la rua Direita, cette « vieille place » regroupe la plupart des monuments de Monsaraz. Dotée d'un **pilori** (18e s.) en son centre, elle est encadrée par l'ancien tribunal, l'église et l'**hôpital da Misericórdia** (16e s.).
Ancien tribunal – *10h-18h - 1,50 €.* Cet édifice se distingue par les ogives de sa porte et de ses fenêtres. Il abrite un petit **musée d'art sacré** (vêtements sacerdotaux, peintures et objets sacrés). À l'intérieur, une intéressante fresque murale du 14e s. représente la Justice probe et la Justice malhonnête (au double visage); au-dessus, un Christ en majesté, les bras levés.
Église paroissiale (Igreja Matriz) – Elle abrite le tombeau en marbre (14e s.) de Tomás Martins, sur lequel sont sculptés les personnages d'un cortège funèbre : moines et chevaliers précédés d'un prêtre; au pied, se déroule une scène de chasse au faucon.

Château

Au bout de la rua Direita. Réédifié par le roi Denis au 13e s., il reçut une seconde enceinte au 17e s., garnie de puissants bastions. Du chemin de ronde, le **panorama** est magnifique sur les paysages de l'Alentejo plantés d'oliviers et de chênes-lièges. Les gradins disposés autour de l'ancienne cour accueillent occasionnellement des *touradas*.

NOS ADRESSES À MONSARAZ

INFORMATIONS UTILES

Les offices de tourisme sont répertoriés en début de chapitre.

HÉBERGEMENT

PREMIER PRIX

Casa Paroquial – *R. Direita, 4 - 266 55 71 81 - - 5 ch. 40/45 € .* Datant du 17e s. et gérée par la paroisse, cette très belle maison d'hôte ressemble à un monument historique parcouru de fresques, d'immenses cheminées et de magnifiques salles de bain en schiste. Suite avec terrasse privative et vue sur la vallée.

BUDGET MOYEN

Pensão D. Antónia – *R. Direita, 15 - 266 55 71 42 - www.casadantonia-monsaraz.com - - 7 ch. 50/75 € .* Cette maison d'hôte frise la dimension d'un hôtel grâce à ses sept chambres et au savoir-faire de son propriétaire. Ancien chef dans les *pousadas*, il mettra tout son cœur à vous rendre le séjour délicieux avec notamment son fameux gâteau maison au miel. Suite avec terrasse et vue panoramique. Patio ombragé.

POUR SE FAIRE PLAISIR

Estalagem de Monsaraz – *Largo S. Bartolomeu, 5 - 266 55 71 12 - www.estalagemdemonsaraz.com - - 19 ch. 93/145 € .* Vous vous sentirez chez vous dans cet établissement au style rustico-régional situé au pied des murailles. Les installations sont de qualité, et l'atmosphère des chambres et des parties communes joue sur la convivialité.

À Telheiro

BUDGET MOYEN

Casa Saramago – *R. de Reguengos - ✆ 266 55 74 94 - www.casasaramago-monsaraz.com.pt -* 🏊 *- 10 ch. 60/70 €* ☕. Au pied de Monsaraz, cette ancienne exploitation agricole offre de vastes et belles chambres, avec pierres apparentes et couvre-lits fleuris.

À Barrada

POUR SE FAIRE PLAISIR

Monte Saraz – *Horta dos Revoredos - ✆ 266 55 73 85 - www.montesaraz.com -* 🏊 *- 7 ch. 75/100 €* ☕. En chemin vers Monsaraz, n'hésitez pas à vous arrêter dans ce havre de paix de l'Alentejo pastoral. Plantée au milieu d'un décor d'oliviers et de moutons, cette ferme a été transformée avec beaucoup de goût en maison d'hôte, nantie qui plus est d'une magnifique piscine intégrée à l'architecture de pierres apparentes. Chambres avec ou sans service hôtelier. Un lieu unique pour se ressourcer.

RESTAURATION

PREMIER PRIX

Zé Lumumba – *R. Direita, 12 - ✆ 266 55 71 21 - mar.-dim. 12h-15h, 19h-21h -* 💳 *- env. 15 €.* Cuisine et atmosphère simples et familiales pour ce restaurant qui possède une terrasse offrant une vue imprenable sur le Guadiana et la frontière espagnole.

À Telheiro

BUDGET MOYEN

Sem Fim – *R. das Flores, 6 - ✆ 962 65 37 11 - www.sem-fim.com - vend. 11h-2h, sam. 11h-2h, dim. 11h-0h - 20/25 €.* Au pied de Monsaraz, ce lieu à part, à la déco un peu bohème, sert une cuisine locale aux accents du monde. Idéal pour une longue et belle soirée d'été. Aux commandes, le jeune « capitaine Tiago », qui vous emmènera également en balade sur le lac à bord de son voilier *(2h - 20 € - réserv. au restaurant).*

ACHATS

Loja da Mizette – *R. do Celeiro - ✆ 266 55 71 59.* Qualité et identité régionale vont de pair dans cette boutique artisanale que dirige Mizette Nielsen. Passionnée par le tissage de la laine, elle perpétue la tradition en réalisant de belles couvertures, des plaids et des châles au camaïeu sobre et naturel.

Castas e castiços – *R. de Santiago, 31 - ✆ 266 55 74 69.* Cette boutique de la coopérative agricole de Reguengos de Monsaraz offre une bonne sélection de vins régionaux et d'huiles d'olive.

Beja

★

35 730 habitants – District de Beja

NOS ADRESSES PAGE 336

S'INFORMER
Posto de turismo – *R. Capitão Francisco de Sousa, 25 - ✆ 284 31 19 13 - www.visitalentejo.pt.*

SE REPÉRER
Carte de région p. 286-287 – Route des fresques p. 335 – *Carte Michelin 733 R6.* Beja est située à 78 km au sud d'Évora.

À NE PAS MANQUER
Le cloître de l'ancien couvent de la Conception ; la découverte de la plaine du Bas-Alentejo.

ORGANISER SON TEMPS
Une petite journée permet de visiter la ville et quelques-uns des sites environnants.

AVEC LES ENFANTS
Le Musée botanique et celui de l'Horlogerie plairont aux amateurs de sciences.

3

Sous un ciel éternellement limpide s'étire la Planície Dourada, une immense plaine couleur de miel. Sous un soleil à l'ardeur africaine, ses champs de blé ondulent doucement entre oliveraies, vignes et chênaies, ponctués de paisibles « montes », ces fermes typiques de l'Alentejo. Au cœur de ce grenier à céréales du Portugal, la capitale du Bas-Alentejo coule des jours indolents à l'ombre de son donjon. Jadis prospère colonie romaine (baptisée Pax Julia), occupée ensuite durant quatre siècles par les musulmans, cette cité agricole n'a pourtant pas gardé grand-chose de son histoire. Le couvent de la Conception, où vécut la plus célèbre religieuse portugaise, séduira néanmoins les âmes sentimentales.

Se promener

Comptez env. 2h avec les visites.

★★ **Ancien couvent de la Conception** (Antigo Convento da Conceicão)
✆ 284 32 33 51 - www.museuregionaldebeja.net - mar.-dim. 9h30-12h30, 14h-17h15 - fermé j. fériés - 2 €, gratuit dim.
Ce couvent de clarisses, où vécut la célèbre « religieuse portugaise » (*voir encadré p. 332)*, fut fondé en 1459 par Ferdinand, duc de Viseu, père du roi Manuel. L'élégante balustrade gothique qui couronne l'église et le cloître rappelle celle du monastère de Batalha. Le couvent abrite aujourd'hui le Musée régional.
Musée (Museu) **da Rainha D. Leonor** – L'**église** baroque fut décorée aux 17e et 18e s. de bois doré et sculpté à profusion. Sur la droite s'ouvre le cloître

dont les murs sont recouverts d'azulejos. La **salle capitulaire** arbore une riche décoration, avec ses murs tapissés de beaux azulejos hispano-mauresques sévillans (16e s.) et sa voûte ornée de motifs floraux du 18e s. Une collection de christs y est présentée. Dans les salles qui la prolongent sont exposés plusieurs tableaux, dont un saint Jérôme de Ribera (17e s.) et un Ecce homo du 15e s. Au 1er étage est réunie la collection archéologique Fernando Nunes Ribeiro, composée de dalles gravées de l'âge du bronze et de stèles de l'âge du fer. La fenêtre grillagée par laquelle sœur Mariana, la « religieuse portugaise », pouvait s'entretenir avec Chamilly a été reconstituée.
Par la rua dos Infantes en face du couvent, on rejoint la **praça da República** où se trouvent le pilori et l'hôtel de ville.
De là, suivez la rua da Misericórdia, et prenez à droite la rua D. Manuel I jusqu'au château.

Château

☎ 284 31 19 13 - horaires et tarifs : rens. sur place ou à l'office de tourisme.
Ce château du 13e s. dispose d'une enceinte crénelée (abritant un musée militaire), flanquée de tours carrées et dominée à un angle par un haut **donjon★** que couronnent des merlons pyramidaux. Un escalier à vis conduit au premier étage dont la jolie voûte à nervures étoilées s'appuie sur des trompes d'angle alvéolées, de style musulman. Une galerie sur mâchicoulis court le long de la muraille, peu avant le sommet qui offre un remarquable panorama sur la plaine à blé du Bas-Alentejo.

Église Santo Amaro

Mar.-dim. 9h30-12h30, 14h-17h15 - fermé j. fériés - 2 €, gratuit dim.
Dans cette petite église d'origine wisigothique – certaines parties datent du 6e s. –, la **section d'art wisigothique** du musée Rainha D. Leonor présente une

« IL FAUT AIMER COMME LA RELIGIEUSE PORTUGAISE »

Stendhal, *La Vie de Rossini*

Dans le monde des lettres, Beja est depuis trois siècles la ville de la religieuse portugaise **Mariana Alcoforado**. Entrée au couvent de la Conception sur décision de ses parents, la jeune fille s'éprit d'un jeune officier de la marine française, le comte de Chamilly, qui partit en 1661 faire campagne en Alentejo contre les Espagnols et n'en revint qu'en 1668. En 1669 paraît en France la « traduction » des *Lettres de la religieuse portugaise* : ces cinq messages d'amour où se mêlent la passion, le souvenir, le désespoir, la supplication, le reproche d'indifférence, enflamment le public et connaissent aussitôt un grand succès. L'authenticité des lettres fut cependant rapidement mise en doute. De fait : le véritable auteur, le comte de **Guilleragues**, secrétaire de Louis XIV, occupait un rang trop élevé pour pouvoir publier ces écrits sous son nom. Mais la légende de leur authenticité se maintint jusqu'au milieu du 20e s.
En 1972 ont paru *Les Nouvelles Lettres portugaises*. Œuvre conjointe de Maria Isabel Bareno, Maria Teresa Horta et Maria de Fátima Velho da Costa, cette anthologie réunissant poèmes, lettres fictives et correspondance personnelle fut interdite au Portugal pour avoir abordé librement le sujet de la sexualité et critiqué le régime en place. Les auteures, devenues célèbres sous le nom des « Trois Marias », furent jugées et emprisonnées jusqu'à ce que la révolution des Œillets rende à l'expression artistique sa pleine et entière liberté.

L'ancien couvent de la Conception à Beja.
J. A. Moreno/age fotostock

collection de chapiteaux, de colonnes à motifs géométriques ou végétaux. Admirez les beaux pilastres du 7e s. et la colonne représentant des oiseaux attrapant un serpent.

★ **Musée botanique** (Museu Botânico)

R. de Pedro Soares s/n - ✆ 284 31 43 00 - www.esab.ipbeja.pt/museu - lun.-vend. 9h-12h30, 14h-17h30 - gratuit - visite guidée sur demande.

De prime abord, les quelques vitrines de cette modeste salle de cours de l'école supérieure agraire de Beja ne recèlent rien d'extraordinaire. Contre toute attente, la visite guidée révèle une foule d'informations et d'anecdotes captivantes sur la relation entre les hommes et les plantes. Observez la finesse et la délicatesse de la chemise en fibres d'ananas, l'une des pièces maîtresses du musée.

3

À proximité Carte de région p. 286-287

★ **Serpa**

28 km à l'est par la N 260 et 35 km à l'ouest de la frontière espagnole.

En arrivant de Beja, vous apprécierez la vue sur la ville. Située dans le Bas-Alentejo sur la rive gauche du Guadiana, Serpa « la Blanche » couronne une butte au-dessus des vastes étendues de champs de blé piquetés d'oliviers. La cité a conservé ses remparts qu'emprunte partiellement un **aqueduc**. Au cours de votre étape, n'oubliez pas de goûter au fameux *queijo de Serpa*, un délicieux fromage de brebis.

Quartier intra-muros – À l'intérieur des remparts percés par la **porte fortifiée de Beja**, la ville est un agréable lieu de promenade. Au-dessus de la grand-place, on parvient au **largo** (place) **dos Santos Próculo e Hilarião**, planté d'oliviers et de cyprès, dominé par la façade de l'église Santa Maria. En tournant à droite, on accède au **château** dont l'entrée évoque une gravure romantique du 19e s. avec sa tour à moitié écroulée formant porche. Du chemin de ronde, vous aurez une excellente vue sur la ville.

Musée ethnographique (Museu Etnográfico) – *Largo do Corro (prenez la rua dos Figaldos, à gauche de la mairie, puis suivez les panneaux) - ✆ 284 54 01 00 - 9h-12h30, 14h-17h30 - fermé 1er janv., 25 avr., 1er Mai et 25 déc. - gratuit.* Ce petit musée, agréablement présenté, évoque les traditions et les activités artisanales de la région : outils agricoles et instruments destinés au travail de l'osier, à la fabrication de chaussures, à l'extraction de l'huile d'olive, métiers à tisser, etc.

Musée de l'Horlogerie (Museu do Relógio) – *Convento do Mosteirinho (près de la praça da República) - ✆ 284 54 31 94 - www.museudorelogio.com - mar.-vend. 14h-17h, w.-end et j. fériés 10h-12h30, 14h-17h - visite guidée possible (50mn) - 3 €.* Vous serez impressionné par cette collection privée qui rassemble près de 1 600 montres et horloges provenant des quatre coins du monde. Le carillon des pendules, le cri des coucous suisses et le tic-tac des horloges de grands-mères accompagnent cette visite passionnante.

Chapelle de Guadalupe – *1,5 km. Suivez les panneaux vers la* pousada. Blanche et nue, mauresque par ses coupoles, elle offre de belles vues sur les paysages environnants.

Villa romaine de São Cucufate

29 km au nord. Sortez de Beja par l'IP 2 et, à Vidigueira, prenez à gauche la N 258 ; 2 km après Vila de Frades, tournez à droite (panneau) - de mai à mi-sept. : lun.-vend. 9h-12h30, 15h-18h30 ; reste de l'année : lun.-vend. 9h-12h30, 14h30-17h30 - fermé 1er janv., dim. de Pâques, 1er Mai et 25 déc. - 3 €.

Les fouilles ont mis au jour les ruines d'une importante villa romaine du 4e s., résidence d'un grand propriétaire terrien. L'intérêt de l'édifice réside dans sa construction à deux étages en brique et pierre. Le niveau supérieur est soutenu par une galerie voûtée, ce qui est rare dans la péninsule Ibérique. Au sud se trouvent les restes d'un temple. Au Moyen Âge, la partie nord de la villa fut transformée en couvent ; l'église conserve des fresques.

Moura

58 km au nord-est de Beja via *Serpa.*

Moura la Maure, groupée autour des ruines de son château du 13e s., est une petite station thermale de l'Alentejo dont les eaux bicarbonatées calciques sont utilisées dans le traitement des rhumatismes. À quelques kilomètres de la ville, la source de **Pisões-Moura** fournit une eau de table (Água do Castelo) très prisée au Portugal.

★ **Église São João Baptista** – Cet édifice gothique s'ouvre par un intéressant **portail** manuélin décoré de sphères armillaires et possède un balcon,

LA LÉGENDE DE LA MAURESQUE

Moura devrait son nom (Vila de Moura) et ses armes (une jeune fille morte devant une tour) au malheur de Salúquia, fille d'un seigneur maure. Le jour de ses noces, elle attendit en vain son fiancé, seigneur d'un château du voisinage. Ce dernier, tombé dans une embuscade tendue par des chevaliers chrétiens, avait été massacré avec toute son escorte. Les chevaliers chrétiens, revêtus des vêtements de leurs victimes, avaient alors réussi à pénétrer dans la place et à s'en emparer. Salúquia, désespérée, se serait précipitée du haut de sa tour.

utilisé autrefois pour dire la messe aux détenus de la prison d'en face *(actuel commissariat)*. À l'intérieur de l'église, remarquez l'élégante colonne torse en marbre blanc qui supporte la chaire ; le chœur, couvert d'une voûte en réseau, abrite un joli groupe baroque de la Crucifixion ; la chapelle de droite est ornée d'azulejos (17ᵉ s.) représentant les vertus cardinales.

En face se trouvent l'**établissement thermal** et son jardin public surplombant la vallée.

Bon à savoir – Possibilité de se rafraîchir dans la piscine municipale en contrebas.

La Mouraria – Le nom de ce quartier évoque l'ancienne domination mauresque dont la ville fut libérée en 1233. Bordant les rues étroites, les maisons basses sont parfois ornées de panneaux d'azulejos ou de cheminées pittoresques.

Castro Verde

46 km au sud par l'IP 2.

Ce bourg agricole doit son nom à un ancien *castro* préhistorique. Castro Verde célèbre, le 3ᵉ dimanche d'octobre, une foire agricole et artisanale très connue datant du 17ᵉ s., qui attire des milliers de visiteurs.

Église Nossa Senhora da Conceição – *Merc.-dim. 10h-13h, 15h-19h (hiver 14h-18h).* Les murs de cette basilique sont entièrement recouverts de magnifiques azulejos. Les panneaux de la partie supérieure de la nef représentent des scènes de la bataille d'Ourique, localité située à 14 km où, en 1139, Alphonse Henriques mit les Maures en déroute et fut proclamé roi du Portugal.

Circuit conseillé Carte de la route des fresques ci-dessous

Circuit violet d'env. 40 km (110 km AR depuis Beja) tracé sur la carte – Comptez une petite demi-journée.

★ LA ROUTE DES FRESQUES

Les mairies d'Alvito, Cuba, Vidigueira, Viana do Alentejo et Portel se sont associées pour créer le circuit *Rota do Fresco* (brochure en vente dans les églises) qui met en valeur les peintures murales d'une quarantaine de leurs églises, ermitages et chapelles. La plupart ont été réalisées entre les 15ᵉ et 17ᵉ s. Elles forment un ensemble homogène et bien conservé de peintures religieuses figuratives, souvent très réalistes, monumentales et colorées. L'occasion d'une belle balade dans une campagne qui revêt une couleur différente à chaque saison : une pelisse châtain en hiver, une cape de paille dorée en été, un bouquet de fleurs éclatant au printemps.

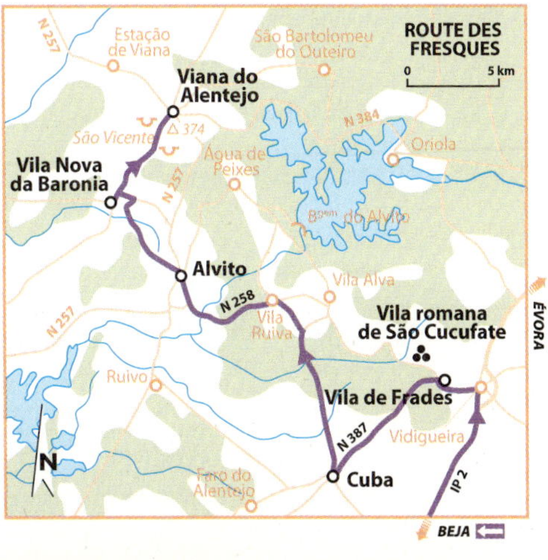

Vila de Frades

Près de Vidigueira.

L'**Ermida de São Brás** (17e s.) conserve des figures de saints et une scène illustrant la décapitation de saint Cucufate par les Maures.

Cuba

Sur le mur sud de l'**église do Carmo**, belle représentation de saint Christophe portant l'Enfant Jésus.

Alvito

L'**Igreja Matriz** (16e s.), d'allure massive avec ses merlons et gargouilles, abrite, au pied de son autel, une jolie fresque du 17e s. : *Les Lamentations des Maries*.

Non loin, la **chapelle São Sebastião**, de style mudéjar, arbore une voûte d'ogives entièrement recouverte de fresques figurant des anges musiciens.

Vila Nova da Baronia

La **chapelle dos Passos** renferme, sous sa nef en berceau, quantité de médaillons du début du 17e s., dont une superbe Cène.

Viana do Alentejo

Le **Santuário de Nossa Senhora de Aires**, imposant édifice rococo du 18e s., possède une coupole richement décorée. Un grand pèlerinage s'y tient au mois de septembre.

NOS ADRESSES À BEJA

INFORMATIONS UTILES

Les offices de tourisme sont répertoriés en début de chapitre.

TRANSPORTS

Location de vélos – L'office de tourisme met des vélos à votre disposition *(lun.-vend. 10h-17h - gratuit).*

HÉBERGEMENT

PREMIER PRIX

Residencial Rosa do Campo – *R. da Liberdade, 12 - ✆ 284 32 35 78 - 8 ch. 40 €* ☕. Une coquette pension fraîchement rénovée, qui enchantera les inconditionnels de la propreté. Sol lustré, salles de bain modernes, mobilier à l'ancienne, matelas confortables et accueil chaleureux : tout est fait pour que vous passiez un séjour agréable, la propriétaire y veille ! Chambres spacieuses de un à quatre lits. Très central.

Residencial Bejense – *R. Capitão João Francisco de Sousa, 57 - ✆ 284 31 15 70 - www.residencialbejense.com - 24 ch. 45 €* ☕. Cette résidence installée dans la zone piétonne et commerçante du centre-ville propose des chambres confortables aux installations récentes. Petit-déjeuner copieux et accueil familial attentif. Si les murs sont tapissés de photos de famille un peu « kitsch », la situation demeure idéale et le rapport qualité-prix, excellent.

À Serpa

BUDGET MOYEN

Casa da Muralha – *R. das Portas de Beja, 43 - ✆ 284 54 31 50 - www.casadamuralha.com - 4 ch. 75 €* ☕. Une maison d'hôte de caractère (19e s.) avec, pour décor insolite et spectaculaire, l'aqueduc du 17e s. et les remparts de la ville. Chambres spacieuses, balcon à l'étage, accès au salon et au jardin planté d'orangers.

RESTAURATION

BUDGET MOYEN

A Pipa – *R. da Moeda, 8 - ✆ 284 32 70 43 - 12h-15h, 19h-22h30 sf dim. et août -* ⊭. Non loin de la praça da República, une taverne typique de la région avec ses murs passés à la chaux et son décor rustique. Sous de larges voûtes en brique, vous dégusterez des grillades qui mettent le porc de l'Alentejo à l'honneur. Atmosphère chaleureuse.

POUR SE FAIRE PLAISIR

Pousada de São Francisco – *Largo D. Nuno Álvares Pereira - ✆ 284 32 84 41 - www.pousadas.pt.* À défaut de passer une nuit à la *pousada* de São Francisco, offrez-vous un dîner dans cet ancien couvent. Le restaurant occupe le réfectoire des moines franciscains à la voûte nervurée d'une blancheur absolue. Un lieu élégant où vous dégusterez du porc noir de l'Alentejo aux herbes et les fameux desserts du couvent. Divin !

PETITE PAUSE

Casa de Chá As Maltesinhas – *R. dos Açoutados, 12 (près des Portas de Mértola) - ✆ 284 32 15 00 - lun.-sam. 9h-19h30 - fermé j. fériés.* On raconte à Beja que l'on vient de l'autre bout du Portugal pour les excellentes pâtisseries de la maison et notamment ses gâteaux de couvent. Toutes les générations de gourmands s'y retrouvent pour déguster en priorité les *queijo de hóstia*, *pão de Rala* et *pastéis de toucinho*. Une belle carte des thés accompagne le tout.

Luiz da Rocha – *R. Capitão João F. Sousa, 63 - ✆ 284 32 31 79 - www.luizdarocha.com - fermé dim.* Le café le plus ancien et le plus fréquenté de Beja. Il a perdu sa décoration historique mais propose deux spécialités à se damner : les *porquinhos doces* et les *trouxas de ovos*. Ces derniers totalisent 24 jaunes d'œufs pour 1 kg de sucre !

EN SOIRÉE

Karas Bar – *Largo de São João, 17 - ✆ 284 32 00 88.* « Le » bar branché de Beja où se retrouver pour boire un verre ou faire la fête. Soirées animées par des DJ.

Bar Casa das Artes – *R. do Touro, 33 - ✆ 284 31 19 20 - fermé dim. matin et j. fériés.* Voici le bar de la Maison des arts-Musée Jorge-Vieira, où les artistes et les jeunes affluent pour prendre un verre au 1er étage et discuter de la dernière exposition sous une verrière et sur un sol noir minimaliste. Atmosphère intellectuelle assurée !

Littoral alentejan

★

Districts de Beja et Setúbal

NOS ADRESSES PAGE 342

S'INFORMER

Bureau du Parc – *R. Serpa Pinto, 32 - Odemira - ☏ 283 32 27 35 - http://portal.icnb.pt.*

Posto de turismo – *R. António Mantas - Vila Nova de Milfontes - ☏ 283 99 65 99 - www.cm-odemira.pt - 10h-13h, 14h-18h.*

Posto de turismo – *R. Miramar (à côté des distributeurs bancaires, sur la rue principale) - Zambujeira - ☏ 283 96 11 44 - www.cm-odemira.pt - 10h-13h, 14h-18h.*

SE REPÉRER

Carte de région p. 286-287 – *Carte Michelin 733 ST3.* Zambujeira do Mar se trouve à 18 km au nord d'Odeceixe (frontière entre l'Alentejo et l'Algarve), à 20 km au sud-ouest d'Odemira et à 127 km au sud-ouest de Beja. Alcácer do Sal se trouve à 50 km au sud-est de Sétubal, par la N 10 et l'IP 1, et à 95 km au nord-ouest de Beja.

À NE PAS MANQUER

La vue depuis le Cabo Sardão ; une balade à Vila Nova de Milfontes ; une pause baignade à la Praia de Malhão.

ORGANISER SON TEMPS

N'hésitez pas à longer la côte même si le temps n'est pas au beau fixe, car les paysages balayés par le vent sont magnifiques. Prévoyez un lainage même s'il fait très beau.

En partie protégé par son statut de parc naturel, le sud-ouest du Portugal demeure très sauvage. Battu par les vents et les flots, son littoral se compose de hautes falaises grises au pied desquelles se nichent des plages au décor souvent grandiose, accessibles par de petites routes escarpées. L'eau y est plus froide que dans le sud de l'Algarve et surtout plus agitée, mais les vagues font le bonheur des surfeurs. Les paysages de l'arrière-pays sont très vallonnés, boisés d'eucalyptus et de pins, plantés d'agaves, et les villages blancs ont conservé leur authenticité.

Circuit conseillé Carte de région p. 286-287

Circuit vert de 145 km tracé sur la carte de région – Comptez 1/2 journée. Ce circuit prolonge celui de la côte vicentine, dans l'Algarve, décrit p. 390.

★ CÔTE DE L'ALENTEJO

Dans cette région aux paysages variés, où la nature reste préservée, se succèdent des plages de dunes ou des criques au pied de hautes falaises battues par les vagues blanches d'écume, de petits ports de pêche dans lesquels tanguent des barques colorées, des champs verdoyants où paissent les moutons, de nobles chênaies de chênes-lièges, des maisons blanches soulignées de bleu, d'anciens châteaux forts qui évoquent des histoires de croisés et de Maures…

Zambujeira do Mar

18 km au nord d'Odeceixe.

Cette localité s'étend sur une falaise au-dessus de plages où affleurent des rochers frappés par les vagues. Elle est propice à d'agréables promenades sur les falaises et les dunes, pour découvrir des plages souvent désertes, seulement peuplées d'oiseaux marins. Ce port de pêche est devenu au fil des années une station balnéaire très appréciée des Lisboètes pour sa relative tranquillité.

Porto das Barcas

3 km au nord de Zambujeira.

Abrité par une falaise, sur un beau site sauvage et tranquille, ce petit port de pêche, où se balancent quelques barques, semble hors du temps. En haut, se tiennent une poignée de baraques de pêcheurs isolées et un restaurant de poisson frais, O Sacas *(voir « Restauration », p. 344)*.

★ Cap (Cabo) Sardão

11 km au nord de Porto das Barcas.

Battu par les vagues, ce promontoire est coiffé d'un phare offrant une vue étendue sur la côte et l'Océan.

Odemira

20 km à l'est de Cabo Sardão.

Dominée par la colline où se sont installés les premiers habitants autour d'un château depuis longtemps en ruine, Odemira est une petite ville souriante, penchée sur les rives du rio Mira. Sa bibliothèque municipale, sur le site du château, offre de belles **vues** sur le fleuve et les champs environnants.

La localité est connue pour sa **céramique** en terre cuite et, depuis 1996, pour son grand **festival** de musiques rock et techno (le « Festival do Sudoeste ») qui, pendant la première semaine d'août, rassemble à Herdade Branca des jeunes de tout le Portugal.

Bon à savoir – À 4 km d'Odemira, le **barrage** de Santa-Clara-a-Velha, construit sur le rio Mira par l'Estado Novo, a donné naissance à l'une des plus vastes retenues d'eau d'Europe (1986 ha). On peut y pratiquer la randonnée, le canoë ou la pêche.

PRIORITÉ NATURE

À cheval sur les deux régions du Sud-Ouest portugais, le Parque Natural do Sudoeste Alentejano e Costa Vicentina s'étend sur 74 788 ha, de Burgau dans l'Algarve à Sines dans l'Alentejo. *Lire « Le Parc naturel du Sud-Ouest alentejan et de la côte vicentine », p. 112.*

Almograve

18 km au nord-ouest d'Odemira.

Près de cette belle plage surgissent des sources d'eau douce.

★ Vila Nova de Milfontes

13 km au nord d'Almograve.

Situé à l'embouchure du rio Mira et doté de grandes étendues de sable fin côté mer ou côté fleuve, Vila Nova de Milfontes est devenu une station balnéaire coquette. En été, ses nombreux bars, restaurants et discothèques en font un pôle très animé.

Castelo de São Clemente – Construit sur une butte rocheuse au-dessus de l'embouchure du fleuve, ce château, conquis aux Maures en 1204, a défendu la ville pendant des siècles. Acheté en ruine par des particuliers en 1939, l'édifice couvert d'un épais manteau de lierre a été réaménagé par les héritiers du propriétaire afin d'accueillir des hôtes dans le cadre du *turismo de habitação* *(voir « Hébergement », p. 342)*.

★ Praia de Malhão

6 km au nord de Vila Nova de Milfontes. Prenez la dir. de Lisbonne jusqu'à Brunheiras. Tournez à gauche en suivant les panneaux « Parque de Campismo » (camping).

Une piste sablonneuse de 2 km de long mène, à travers une pinède, à une superbe plage. Cette longue étendue de sable blanc, qui s'insère dans un somptueux décor de dunes et de rochers, est presque déserte.

Porto Côvo

20 km au nord de Vila Nova de Milfontes.

Cette charmante petite ville, dans laquelle on entre par une place pittoresque aux maisons basses traditionnelles, pourvue de bancs où les plus vieux viennent s'asseoir en fin d'après-midi à l'ombre des arbres, ressemble à une vision idyllique d'un « Portugal des tout-petits » *(voir p. 410)* de l'Alentejo.

En face, l'**île do Pessegueiro**, séparée de la terre par un chenal, abrite quelques vestiges des différents peuples qui ont habité la région, de même qu'un port d'abri artificiel conçu au 16e s. mais inachevé. La plage est plébiscitée par les surfeurs et les véliplanchistes.

Au nord, on aperçoit les installations industrielles du **port de Sines**.

En chemin vers Lisbonne ou le nord du Portugal, Santiago do Cacém peut constituer une étape intéressante.

Santiago do Cacém

23 km au nord-est de Sines et 34 km de Porto Côvo par la N 120.

Santiago do Cacém s'agrippe aux pentes d'une colline que coiffe un ancien château édifié par les templiers. La N 120 offre, au sud de la ville, une jolie **vue★** sur le site.

Château – Deux enceintes crénelées, restaurées, cernent les ruines du château ; l'intérieur est occupé par le cimetière, planté de beaux cyprès. Faites le tour des remparts pour admirer le panorama qui s'étend jusqu'au cap de Sines.

Musée municipal – *✆ 269 82 73 75 - mar.-vend. 10h-12h, 14h-17h, sam. 12h-18h - fermé j. fériés - gratuit.* Dans l'ancienne prison, vous observerez la reconstitution de plusieurs intérieurs, où sont présentés les traditions et les costumes de l'Alentejo.

Ruines romaines de Miróbriga – *1 km. Quittez la ville au nord, par la N 120 dir. Lisbonne et, au sommet d'une côte, prenez à droite (pancarte) une route étroite, puis à gauche un chemin de terre ; laissez la voiture sur le terre-plein final - ✆ 269 81 84 60 - mar.-sam. 9h-12h30, 14h-17h30, dim. 9h-12h, 14h-17h30 - fermé 1er janv., dim. de Pâques, 1er Mai et 25 déc. - 3 €, gratuit dim. et j. fériés le matin.*

Miróbriga fut probablement un centre urbain relativement important du 1er au 4e s. comme en témoignent les ruines dispersées dans un agréable paysage champêtre planté de cyprès. Une voie romaine mène aux **thermes** situés en contrebas. On y distingue très bien les canalisations, les différentes piscines et les salles de repos. En remontant, on passe près de l'auberge et l'on accède au **forum** où se trouvaient les édifices administratifs et religieux. Les fouilles ont montré que cette zone était déjà occupée à l'âge du fer (4e s. av. J.-C.) par un temple. À 1 km, on a découvert les structures de l'hippodrome où couraient les fameux chevaux lusitaniens.

Un match improvisé sur la plage de Malhão.
Jon Arnold/hemis.fr

Alcácer do Sal

51 km au nord de Santiago do Cacém.

Penchée en amphithéâtre au-dessus du rio Sado, Alcácer do Sal fut une importante cité romaine (Salacia), qui avait le droit de frapper sa propre monnaie. Elle devait sa prospérité au commerce du sel et fut par la suite une place forte mauresque. Le tracé de ses ruelles sinueuses et son imposant château rappellent cette époque. La cité fut reconquise par le roi Alphonse II en 1217 avec l'aide des chevaliers de l'ordre de Saint-Jacques, qui l'agrandirent. Très belle vue sur les rizières et la rivière.

Castelo – Dominant la localité, le château maure conserve ses hauts murs et 31 tours, dont une tour d'angle, au sud. La **pousada** de Dom Afonso II, l'une des plus belles du pays, est aménagée dans le cloître.

Église paroissiale Santa Maria do Castelo – Située à l'intérieur des murailles, elle fut fondée par l'ordre de Saint-Jacques et offre un bel exemple d'art roman tardif (13e s.). Elle renferme des azulejos polychromes du 17e s.

Église do Espírito Santo – *Praça do Municipio - ✆ 265 61 00 70/2 - lun.-sam. 9h-13h, 15h-18h - fermé j. fériés - gratuit.* Dans cette église décorée d'un superbe **portail** manuélin, le roi Dom Manuel se serait uni en 1500 à sa seconde épouse, l'infante espagnole Dona Maria. L'édifice accueille un **musée archéologique** présentant des objets de différentes époques trouvés dans la région.

NOS ADRESSES SUR LE LITTORAL ALENTEJAN

INFORMATIONS UTILES

Les offices de tourisme sont répertoriés en début de chapitre.

HÉBERGEMENT

À Zambujeira do Mar

BUDGET MOYEN

Rosa dos Ventos – *R. Nossa Senhora do Mar - 283 96 13 91 - www.rosadosventoszambujeira.com - 10 ch. 65 €.* Cette grande maison blanche rehaussée d'ocre dispose d'un patio intérieur rafraîchi d'une fontaine. Autour se distribuent des chambres spacieuses et bien équipées.

POUR SE FAIRE PLAISIR

Monte do Papa Léguas – *Alpenduradas - 283 96 14 70 - www.montedopapaleguas.com - 8 ch. 90/100 €.* Une charmante maison d'hôte proche de la plage et typique de l'Alentejo avec sa façade chaulée de blanc et de bleu vif. Les chambres et les studios sont joliment décorés dans un style rustique et régional. Atmosphère décontractée et grand professionnalisme de la maîtresse de maison qui est une spécialiste du tourisme vert. Randonnées à cheval sur les sentiers de pêcheurs. Vélos à disposition.

UNE FOLIE

Herdade do Touril de Baixo – *283 95 00 80 - www.touril.pt - 10 ch. 130/150 € (séjour mini de 4 nuits en haute saison).* Cette grande maison d'hôte (19e s.), classée Turismo em Espaço Rural et entourée de champs de tournesols, s'apparente à un petit hôtel de charme grâce à son architecture typique des *montes* de l'Alentejo. Récemment rénovée et décorée dans un sympathique esprit campagnard alliant bottes de foin, statuettes naïves d'animaux, meubles de métiers et canapés à carreaux, elle bénéficie d'une vue dégagée jusqu'à la mer. Location de vélos pour explorer la campagne environnante.

Monte Fonte Nova da Telha – *Sur la route de Zambujeira à Santo Teotonio - 283 95 91 59 - www.montedaxica.com - 3 ch. 120/190 €.* Au bout d'une longue piste de sable fin bordée d'eucalyptus, une maison d'hôte possédant trois chambres ouvertes sur le jardin. Effort de décoration dans les chambres et agréable cuisine jaune solaire où l'on prend le petit-déjeuner, mais l'ensemble manque un peu de raffinement pour cette gamme de prix.

À Vila Nova de Milfontes

PREMIER PRIX

Casa Amarela – *R. D. Castro e Almeida - 283 99 66 32 ou 934 20 46 10 - www.casaamarelamilfontes.com - 15 ch. 45 € - fermé janv.-Pâques.* La maison de Ruí, grand voyageur devant l'Éternel, se veut une sorte d'auberge espagnole ouverte à tous les jeunes, qui ont accès au salon, aux cuisines, à la bibliothèque et à son ordinateur. Les chambres sont décorées de miniatures indiennes et de copies de tableaux célèbres réalisées au Vietnam. L'annexe, très calme, se déploie autour d'une cour où l'on peut jouer au volley-ball, et dispose d'un dortoir pour 6 pers. (env. 15 €/pers.).

BUDGET MOYEN

Castelo de Milfontes – *283 99 82 31 - 7 ch. 80 €.* Le château São Clemente, jouissant d'un site et d'un charme exceptionnels, dispose d'un patio intérieur avec une arcade tournée vers la mer. Chambres atypiques, assez petites, à un prix quelque peu surévalué.

POUR SE FAIRE PLAISIR

Casa da Eira – *R. Eira - ✆ 283 99 70 01/ 961 33 92 41 - www.alojamentomilfontes.com - ⊭ - 6 ch. 7 appart. 60/120 €. Réception 9h-13h, 14h-18h.* Éclatantes de couleur et de fraîcheur, les chambres de cet établissement allient modernité et confort. Toutes dotées d'un petit balcon, certaines s'ouvrent sur la mer. Parfaitement situé… à 200 m de la plage.

UNE FOLIE

Herdade da Matinha – *À 13 km de Vila Nova ; 1 km avant Cercal, prenez à gauche le chemin non goudronné (repérez-vous au petit bâtiment blanc à votre droite), puis suivez les panneaux « HM » sur 3 km - ✆ 932 94 42 85 - www.herdadedamatinha.com - 16 ch. 108/158 €.* Cette maison d'hôte, isolée dans les collines de chênes-lièges, est cernée d'un jardin où embaument magnolias et orangers : le genre d'adresse que l'on aimerait garder pour ses amis. Monica, guide touristique, et son mari Alfredo, artiste peintre et cuisinier émérite, ont retapé avec talent cette ferme alentejane du 19e s. Les chambres arborent des couleurs franches et vives et sont décorées des tableaux contemporains d'Alfredo. Les petits-déj. (inclus) et les dîners (en sus) se partagent en famille autour d'une grande table, face à la cuisine. Autant dire qu'on se régale !

RESTAURATION

À Zambujeira do Mar

BUDGET MOYEN

A Barca Tranquitana – *Entrada da Barca - ✆ 283 96 11 86 - fermé lun. sf juil.-août.* Avant de poursuivre vers le minuscule port de Zambujeira tout proche, arrêtez-vous dans cette maisonnette bleu et blanc posée sur une pelouse face à la mer. Vous y dégusterez de délicieux *petiscos* cuisinés à l'ail, du poulpe presque confit, des grosses crevettes ou des palourdes. Un vrai régal, tout simple.

Cervejaria I – *R. Miramar, 14 - ✆ 283 96 11 13 - 12h-2h sf mar. (hors saison) - fermé déc.* Situé dans la rue principale, ce restaurant affiche des tarifs un peu élevés pour cette catégorie, mais qui restent raisonnables compte tenu de l'appétissant comptoir de fruits de mer. On pèse devant vous la marchandise afin de doser votre portion. Très beau choix de produits.

POUR SE FAIRE PLAISIR

O Sacas – *Entrada da Barca - ✆ 283 96 11 51 - fermé merc. sf été -* **P**. Si vous êtes à la recherche d'adresses typiques, vous aurez déjà repéré cette grande cabane isolée face à la mer sur le ravissant petit port de Zambujeira, encaissé dans une

3

calanque. Il s'agit du restaurant local le plus recherché pour ses poissons et ses fruits de mer, sans oublier son grand choix de plats. Incontournable !

À Odemira

BUDGET MOYEN

O Bernardo – *Av. do Comércio, 6-7 (entre Santo Teotonio et Odemira) - ✆ 283 38 64 76 - 12h-15h, 19h-0h sf jeu.* Cette table qui cuisine sous toutes ses formes le traditionnel porc noir de l'Alentejo réjouira les amateurs de viande. Bœuf et veau ne sont pas oubliés. Une bonne adresse.

À Vila Nova de Milfontes

BUDGET MOYEN

Morais - *R. António José Almeida, 1 - ✆ 283 99 68 27 - ▭ - 12h-15h, 19h-23h.* Un restaurant populaire et sans prétention avec sa terrasse sur la petite place face au château. On y vient en famille savourer une cuisine de produits locaux qui jongle avec des recettes traditionnelles comme le porc de l'Alentejo, les palourdes, le *bacalhau à bras* (le plat de morue classique), les fruits de mer et les poissons du jour.

Choupana – *Praia do Farol - ✆ 283 99 66 43 - fermé nov.-mars.* Il serait difficile de manquer ce restaurant perché sur la plage du Farol, à l'embouchure du fleuve. Monté sur pilotis comme une grande cabane de pêcheur, il semble littéralement flotter sur la mer à chaque marée haute. Une vision paisible dont on se délectera, attablé devant un plat de fruits de mer ou de poisson grillé.

POUR SE FAIRE PLAISIR

Tasca do Celso – *R. dos Aviadores, 39 - ✆ 283 99 67 53 - fermé lun. - 20/30 € (réserv. conseillée en été et le w.-end).* Une ravissante maisonnette bleu et blanc, en façade comme à l'intérieur. Salle chaleureuse et conviviale où le décor rustique est cultivé avec goût : grandes tablées, meubles anciens régionaux et vaisselle en céramique brune. Entre *petiscos* et plats cuisinés, le menu propose de la charcuterie, des fruits de mer, du fromage de Mértola, de l'entrecôte aux fèves ou encore du bœuf grillé. L'endroit est fort apprécié et fréquenté.

À Porto Côvo

PREMIER PRIX

O Torreão – *Largo Marquês de Pombal, 18 - ✆ 269 90 51 63 - 11h-23h sf jeu. - ▭.* C'est un vrai décor qui tient lieu de cadre à ce restaurant situé sur la charmante place carrée du village, toute de blanc souligné de bleu et flanquée d'une église aux mêmes couleurs. On s'installe donc en terrasse pour profiter de cette zone piétonnière et déguster une cuisine de la mer : salade de poulpe, morue, brochettes de seiches, etc.

À Sines

BUDGET MOYEN

Trinca Espinhas – *Praia de S. Torpes - ✆ 269 63 63 79 - 12h30-15h, 19h-23h sf jeu. - fermé nov.* Sur la plage de S. Torpes, un restaurant qui vaut à lui seul le détour sur cette partie peu attrayante de la côte. Sa situation les pieds dans l'eau et son décor dans une douce harmonie de bleu marine et de bleu ciel en font un lieu très agréable. Produits de la mer d'une grande fraîcheur. Une adresse qui cultive le beau et le bon.

PETITE PAUSE

À Porto Côvo

Marquês – *Largo Marquês de Pombal, 10 - ✆ 269 90 54 86.*

Impossible de passer à Porto Côvo sans faire une halte gourmande dans cette délicieuse pâtisserie-glacerie donnant sur la place centrale ! Feuilletés à la viande, beignets de crevettes, sandwichs et omelettes combleront tous vos petits creux salés. Quant aux glaces maison et aux gâteaux, ils vous feront fondre de plaisir.

EN SOIRÉE

À Zambujeira do Mar

Zambujeira a ses rituels nocturnes. On démarre par l'apéro sur la terrasse face à la mer du **café Fresco**. Les plus jeunes mettent ensuite le cap sur le bar **Espera-me entrado** (réputé pour ses cocktails aux fruits frais) au décor bariolé et à la musique qui swingue, tandis que les quadras sirotent des cocktails au **café Océano**. Puis, à l'heure où les carrosses se font citrouilles, tous vont au **Clube da Praia**, discothèque à l'ambiance tropicale à l'entrée du village.

Café Fresco – *R. da Calçada, 1-7.* La terrasse de ce petit bar jouit d'une belle vue sur la mer. Rien d'étonnant à ce que les vacanciers viennent, sable aux pieds et cheveux salés, y déguster moelleux à l'orange et tartes maison aux pommes ou aux amandes. L'endroit est tout aussi sympathique pour prendre un verre le soir.

L'Algarve 4

Carte Michelin National 733

À l'ouest de Faro :

Faro

★

63 967 habitants – District de Faro

NOS ADRESSES PAGE 358

S'INFORMER

Posto de turismo – *R. da Misericórdia, 8-12 - ✆ 289 80 36 04 - www.cm-faro.pt - lun.-vend. 9h30-13h, 14h-17h30.* Autre bureau à l'aéroport.
Região de turismo – *Av. 5 de Outubro, 18-20 - ✆ 289 80 04 00 - www.visitalgarve.pt.*

SE REPÉRER

Carte de région p. 346-347 – Plan de Faro p. 350 – *Carte Michelin 733 U6.*
Faro, capitale de l'Algarve, se trouve à 30 km à l'ouest de Tavira et à 39 km à l'est d'Albufeira, par la N 125. Lisbonne se trouve à 280 km au nord.

SE GARER

Laissez votre voiture au parking largo de São Francisco près des remparts. La circulation est très dense dans le centre-ville, particulièrement aux heures de sortie des bureaux.

À NE PAS MANQUER

La vieille ville de Faro ; l'église São Lourenço à Almancil ; la plage de Falésia ; les jardins du palais d'Estói ; le village d'Alte.

ORGANISER SON TEMPS

Prévoyez une journée pour visiter Faro et profiter des plages qui se trouvent de l'autre côté de la lagune. En été, si vous souhaitez découvrir l'arrière-pays (excursion d'une journée), partez tôt le matin pour éviter les fortes chaleurs.

AVEC LES ENFANTS

Le Centre d'études « Ciência Viva » ; la plage de Faro ; une promenade en bateau dans le Parc naturel da Ria Formosa ; une journée à Aqua Show.

De Faro, la plupart des vacanciers ne voient souvent que l'aéroport, pressés qu'ils sont de rejoindre leur villégiature au plus près des plages. Pourtant, nonchalante mais loin d'être apathique, la principale métropole de l'Algarve mérite que l'on s'y attarde. Ne serait-ce que pour flâner dans les ruelles de la vieille ville, désertes et silencieuses le soir. Ou pour le plaisir de humer l'air marin le long du port de plaisance sans pâtir des décibels techno. Côté littoral, Faro s'ouvre sur une belle réserve naturelle, une lagune limitée par des îles qui servent de refuge aux oiseaux migrateurs. Dans l'arrière-pays, vallonné et lumineux, les collines de la serra do Caldeirão voient alterner un maquis aride et des vergers d'amandiers, de figuiers et d'orangers. Leurs villages ancestraux, à mille lieues des stations trépidantes du bord de mer, ont conservé leur rythme de vie paisible et leurs marchés conviviaux débordant de victuailles.

La vieille ville de Faro borde la lagune.
Jordi Puig/age fotostock

Se promener Plan de ville p. 350

Circuit tracé en vert sur le plan de ville – Comptez env. 3h avec les visites.

★ VIEILLE VILLE

La vieille ville est un quartier calme, à l'abri du cercle de ses maisons disposées en **remparts**.

★ Arco da Vila

Franchissez les remparts par la plus belle des portes de la muraille alphonsine. Remarquez ses pilastres à l'italienne et, dans une niche, une statue de saint Thomas d'Aquin, en marbre blanc. L'arc est surmonté d'un clocher dont le sommet est occupé par un nid de cigognes.

4

Cathédrale (Sé)

Largo da Sé - lun.-sam. 10h-18h (17h en hiver) - fermé dim. et j. fériés - 3 €.

La cathédrale de Faro, autre lieu de prédilection des cigognes, s'élève sur une vaste place plantée d'orangers. De l'église primitive, bâtie sur le site d'une ancienne mosquée en 1251 après la Reconquête, il ne reste que l'imposante tour-portique de l'entrée et le portail principal. Incendiée par les troupes anglaises en 1596, elle fut reconstruite au 18e s. Elle présente aujourd'hui un mélange de styles : chapelle gothique sous un plafond lambrissé, revêtue d'azulejos du 17e s. retable Renaissance dans le chœur. Observez le très bel **orgue★** rouge et or orné de motifs chinois datant du 18e s.

À l'étage, le **musée du Chapitre**, dédié à l'art religieux, présente une belle collection de vêtements liturgiques. Du sommet de la tour médiévale s'offrent de superbes vues sur la ville et la lagune.

★ Palais épiscopal (Paço Episcopal)

Largo da Sé (près de la cathédrale). Ouvert uniquement lors des expositions.

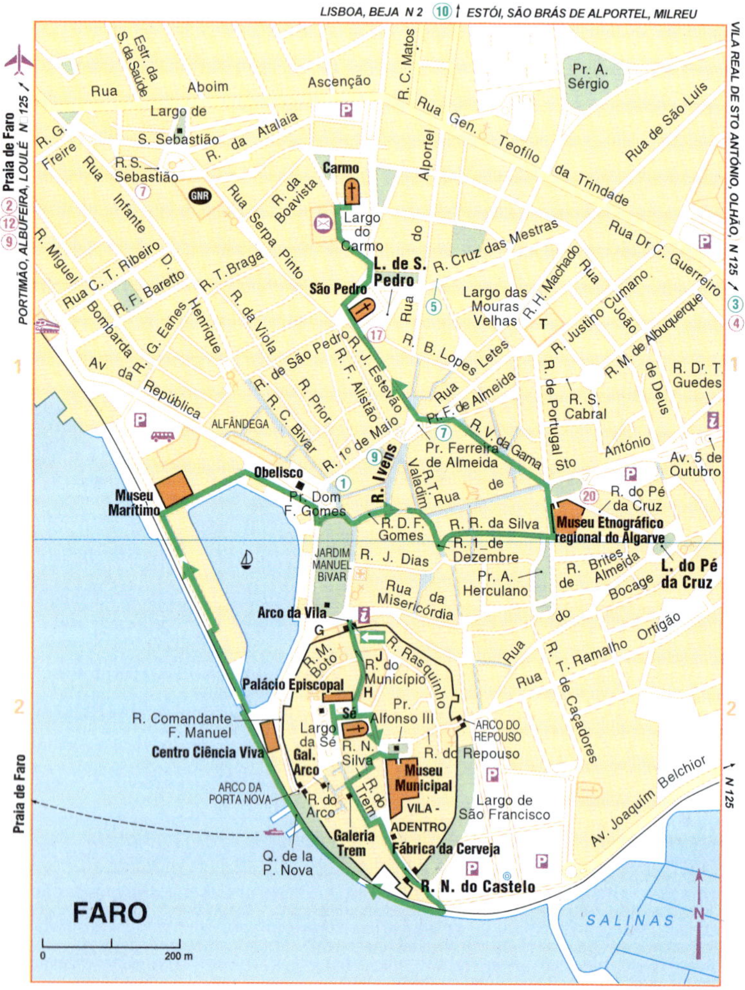

SE LOGER
- Hôtel Faro........ (1)
- Pensão Bela Vista........ (3)
- Pensão Residencial Adelaide.... (5)
- Pensão Residencial Central...... (7)
- Pensão Residencial Oceano,.... (9)
- Pousada Palácio do Estói. (10)

SE RESTAURER
- Camané........ (2)
- Casa de Pasto Algarve..... (4)
- Chalavar........ (7)
- Couleur France........ (9)
- Gigi........ (12)
- Oceanum........ (17)
- Pontinha........ (20)

Édifié à la fin du 16e s., il accueille aujourd'hui des expositions temporaires consacrées à l'art religieux : une occasion unique de pénétrer dans ce superbe palais. Plusieurs salles, dont la cage d'escalier, sont tapissées de magnifiques azulejos datant de la seconde moitié du 18e s.

Musée municipal (Museu Municipal)
Largo Dom Afonso III, 14 - ✆ 289 89 74 00 - juin-sept. : mar.-vend. 10h-19h, w.-end 11h30-18h ; oct.-mai : mar.-vend. 10h-18h, w.-end 10h30-17h (dernière entrée 1h av. fermeture) - fermé j. fériés - 2 €, gratuit dim. jusqu'à 14h30, 15h30 en été.
Ce musée occupe l'ancien couvent de Nossa Senhora da Assunção, construit au 16e s. Au sein de la **collection archéologique** (Museu Arqueológico Lapidar do Infante Dom Henrique), répartie dans les galeries du très beau cloître Renaissance, remarquez la mosaïque romaine figurant le dieu Neptune (3e s. apr. J.-C.), exhumée à Faro dans une maison de la rua Dom Henrique. À l'étage, une salle d'art sacré renferme une belle collection de peintures (du 16e au 19e s.). Plusieurs salles accueillent des expositions temporaires et, certains soirs d'été, des concerts (musique classique, jazz, fado, etc.) ou des projections cinématographiques sont organisés dans la chapelle *(programme sur place)*.

Galeries municipales
À proximité de la cathédrale, d'anciens édifices militaires ont été transformés en galeries d'art. La **galeria Trem** expose les œuvres d'artistes contemporains portugais et étrangers *(R. do Trem - ✆ 289 80 41 97 - été : mar.-vend. 10h-19h, w.-end. 11h30-18h ; hiver : mar.-vend. 10h-18h, w.-end 10h30-17h - fermé j. fériés - gratuit).*
L'ancienne brasserie, **Fábrica da Cerveja** *(R. Nova do Castelo)*, adossée aux remparts sud, passe difficilement inaperçue. Les expositions qu'abritait cet imposant édifice jaune devraient rejoindre prochainement un musée d'art contemporain en projet dans le centre historique.

FRONT DE MER

Fidèle à ses origines, Faro reste avant tout un port, et la vie locale se concentre sur le front de mer. La praça Dom Francisco Gomes, dominée en son centre par un **obélisque** haut de 15 m, l'avenida da República et le jardin Manuel Bivar, plantés tous deux de palmiers, participent à l'attrait de ce quartier aux perspectives modernes.

Centre d'études « Ciência Viva »
R. Comandante Francisco Manuel - ✆ 289 89 09 20 - www.ccvalg.pt - 15 juil.-31 août : mar.-dim. 15h30-23h30 ; reste de l'année : mar.-vend. 10h-17h, w.-end et j. fériés 11h-18h - fermé 1er janv., 1er Mai, 24, 25 et 31 déc. - 4 €.
Entre les remparts de la vieille ville et le port de plaisance, ce centre dédié à la science et la technologie présente des expositions interactives permettant d'explorer le système solaire ou de naviguer dans un monde virtuel. Exposition permanente sur le Soleil et son influence sur la Terre.

Musée maritime (Museu Marítimo)
R. da Comunidade Lusiada - ✆ 289 89 49 90 - lun.-vend. 14h30-16h30 - fermé j. fériés - 1 €.

DU SEL AU TOURISME
Faro vivait jadis de l'exploitation du sel recueilli dans les marais salants de sa lagune, de la pêche (thon, sardine), du travail du liège et du marbre, et d'industries alimentaires (conserveries, traitement des caroubes) et plus tard, du plastique et du bâtiment. Le tourisme est devenu une activité prépondérante et, grâce à son aéroport international, Faro, porte de l'Algarve, dessert des stations balnéaires fréquentées toute l'année.

LA CAPITALE DE L'ALGARVE

Faro est déjà une cité importante lorsque sa reconquête sur les Maures par Alphonse III, en 1249, marque la fin de la mainmise arabe sur le Portugal. Aussi le souverain lui accorde-t-il rapidement une charte municipale. Son développement est tel que, dès le 15e s., l'une de ses officines de typographie appartenant à la communauté juive sort les premiers livres imprimés au Portugal : des incunables hébraïques. Mais en 1596, alors que le pays vit sous la domination espagnole, le comte d'Essex, qui fait campagne contre Cadix, met la ville à sac et l'incendie... Elle se relève de ses ruines lorsque deux tremblements de terre, en 1722 et surtout en 1755, l'anéantissent totalement. Il faut l'énergie de l'évêque Dom Francisco Gomes, le citoyen le plus célèbre de la cité, pour entreprendre une nouvelle fois son relèvement. En 1756, elle est choisie comme capitale de l'Algarve.

Installé dans la capitainerie du port, le Museu Marítimo expose notamment des maquettes de bateaux et présente les différents types de pêche (thon, sardine, poulpe, etc.) pratiqués dans la région.

CENTRE-VILLE

Près du port se déploie un quartier piéton très animé, où les boutiques de vêtements côtoient les vastes terrasses de restaurants et de cafés. Il est agréable d'y faire du lèche-vitrine, et quelques monuments intéressants se trouvent à proximité.

Musée régional d'ethnologie (Museu Etnográfico Regional)
Praça da Liberdade, 2 - ✆ 289 82 76 10 - lun.-vend. 9h-12h30, 14h-17h30 - fermé j. fériés - 1,50 €.
Ce musée évoque les traditions de la région à travers des photographies, des peintures, des objets usuels, des maquettes (dont celle d'une madrague, gigantesque filet naguère utilisé pour la capture des thons), des reconstitutions (épicerie, intérieur paysan avec cuisine, écurie, four à pain), des mannequins costumés... Des expositions temporaires d'artistes locaux sont régulièrement présentées au rez-de-chaussée.

Église São Pedro
Largo de São Pedro - lun.-sam. 8h30-12h30, 15h-19h, dim. et j.fériés 9h-16h15.
L'intérieur de cette église bâtie au 16e s. est décoré d'une frise d'azulejos polychromes du 18e s. La chapelle des Âmes (das Almas) est entièrement revêtue de panneaux d'azulejos bleu et blanc. Quant à la chapelle du Très-Saint-Sacrement (Santíssimo Sacramento), elle est couverte de boiseries dorées de style baroque.

Église do Carmo
Largo do Carmo - lun.-vend. 10h-13h, 15h-17h (18h en été), sam. 10h-13h.
Cette majestueuse église baroque a vu sa construction s'étaler sur tout le 18e s. et le début du 19e s. Dans la petite cour s'élève la **chapelle des Ossements** *(entrée par le collatéral sud - 1 €)* dont les parois sont tapissées d'os et de crânes provenant d'un ancien cimetière.

À proximité Carte de région p. 346-347

PARC NATUREL DA RIA FORMOSA

Constituée d'une lagune fermée par un cordon littoral, la partie à l'est de Faro, appelée « Sotavento » (sous le vent), offre des paysages très variés. Pour préserver ce milieu naturel exceptionnel, toute la côte, d'**Ancão** (près de Quinta do Lago) à **Manta Rota** (près de Cacela Velha), a été classée Parc naturel de la Ria Formosa en 1987. S'étendant sur 18 400 ha pour une longueur de 60 km, ce parc comprend des dunes, des lagunes, des canaux et des îles d'un grand intérêt ornithologique. C'est aussi une région riche en mollusques et en crustacés et un lieu très important pour la reproduction des poissons. La poule sultane *(caimão comum)*, oiseau rare au Portugal, sert d'emblème au parc, où elle se reproduit.

Bon à savoir – Les plages, sur le cordon littoral, sont reliées à la terre ferme par bateau ou par des passerelles construites sur la lagune.

Plage de Faro (Praia de Faro ou Ilha de Faro)

9 km. Prenez la direction de l'aéroport. On peut aussi y accéder par le bus n° 16.

La plage est un cordon de sable relié au continent par un pont, entre l'Océan et la ria Formosa ; la pointe orientale révèle une jolie **vue★** sur Faro, dont les maisons blanches se reflètent dans la lagune. Le centre nautique y propose diverses activités (canoë, planche à voile, etc.) en été.

Ilha Deserta (ou Ilha da Barreta)

Juin-sept. : 4 bateaux par jour au départ de l'embarcadère d'Arco da Porta Nova.

Comme son nom l'indique, c'est une île déserte… ou presque. Elle abrite quelques cabanes de pêcheurs et un restaurant de poisson. Le point le plus méridional du Portugal continental se trouve sur cette île, au **cap de Santa Maria**.

Domaine de Marim (Quinta de Marim)

À 1 km d'Olhão (voir ci-dessous) vers Tavira par la N 125, prenez à droite en dir. de la ria Formosa. Allez tout droit et franchissez la voie ferrée. Continuez tout droit : l'entrée du centre se trouve en face du snack-bar Vista Formosa. ✆ 289 70 41 34 - http://portal.icnb.pt - parc : 8h-20h ; centre d'information : 9h-12h30, 14h-17h - possibilité de suivre des visites guidées sur réserv. - plan fourni à l'entrée - 2,50 €. Le centre d'information vous renseignera sur le sentier pédestre qui traverse le parc.

Long de 3 km *(2h30)* et ponctué de panneaux explicatifs, le sentier pédestre permet d'appréhender les différents écosystèmes du littoral (pinèdes, dunes, marais salants, etc.). Entre autres découvertes, vous pourrez visiter un chenil, où sont élevés les fameux « chiens d'eau » *(cão de água)* de l'Algarve. Ces chiens, aux pattes palmées, aidaient les pêcheurs à poser leurs filets sous l'eau. L'ensemble souffre d'un certain manque d'entretien.

OLHÃO

11 km à l'est de Faro.

Olhão est un actif port de pêche à la sardine et au thon, où s'alignent les conserveries. En dépit de sa pittoresque physionomie de ville mauresque, aux ruelles étroites, aux maisons cubiques blanches, couvertes de terrasses et dotées de cheminées cornières, la « ville cubiste » fut fondée au 18e s. par des pêcheurs venus de la ria de Aveiro au nord du pays. Elle devrait son architecture originale aux relations commerciales qu'elle entretint avec l'Afrique du Nord.

Le clocher de l'**église paroissiale**, située sur la rue principale menant au port *(accès par la 1re porte à droite en entrant dans l'église - 9h-11h30, 15h-17h - 1 €)*, offre un **panorama★** curieux sur l'ensemble d'Olhão. Un grand nombre de maisons sont couvertes de terrasses (*açoteias* et *mirantes*) de différents niveaux reliées les unes aux autres par de petits escaliers. L'ensemble forme un lumineux tableau.

De l'agréable promenade en bordure de la ria que constitue le **parc Joaquim Lopes**, on découvre le port de pêche et l'immensité plate des cordons littoraux. À proximité du parc, les **halles** sont, le samedi, entourées d'un marché très animé.

AU NORD-OUEST DE FARO

★★ Église São Lourenço

15 km. Prenez la N 125 en dir. d'Albufeira et tournez à droite avant Almancil - ✆ 289 39 54 51 - lun. 14h30-17h, mar.-sam. 10h-13h, 14h30-17h - 2 €.

Cet édifice roman, transformé à l'époque baroque, est tapissé d'**azulejos★★** datant de 1730, dus à Bernardo, artiste connu sous le nom de Policarpo de Oliveira Bernardes. Ceux qui recouvrent les murs et la voûte représentent des scènes de la vie de saint Laurent et son martyre. On reconnaît : de part et d'autre du chœur, la guérison des aveugles et la distribution aux pauvres d'argent produit par la vente des vases sacrés ; dans la nef, à droite, la rencontre entre le saint et le pape, le saint en prison, à gauche, les préparatifs du martyre et saint Laurent, sur son gril, réconforté par un ange. À l'arrière de l'église, un vaste panneau d'azulejos montre saint Laurent présentant son gril sous une coquille baroque.

Centre culturel (Centro Cultural) **de São Lourenço** - *www.centroculturalsaolourenco.com - mar.-dim. 10h-19h - gratuit.* Dans une maison typique de l'Algarve située près de l'église, le centre culturel organise toute l'année des concerts et des expositions présentant des œuvres d'artistes portugais et étrangers contemporains.

Quinta do Lago et Vale do Lobo

Suivez la N 125 jusqu'à Almancil, et prenez à gauche la route menant aux plages.

Ces deux ensembles résidentiels sont intéressants à visiter en tant qu'exemples d'aménagements de grand luxe : ils comprennent plusieurs terrains de golf, des country-clubs, de grands hôtels et, tout autour, de splendides villas nichées dans une forêt de pins parasols. Leurs plages sont accessibles par des passerelles qui enjambent la lagune.

Vilamoura

23 km par la N 125 puis la route côtière.

La station balnéaire de Vilamoura et sa voisine **Quarteira**, dont les hautes tours bordent un large boulevard, ont vu se construire le long de leurs plages de très vastes complexes touristiques. Une superbe route bordée de palmiers mène à Vilamoura, qui abrite des résidences de luxe et des hôtels, un casino, quatre terrains de golf et une marina pouvant accueillir plusieurs centaines de yachts. Le plus surprenant est de découvrir, au milieu de ces constructions, les ruines d'une cité romaine.

Musée et site archéologique (Museu e Estação Arqueológica) **de Cerro da Vila** – *En dir. de Praia de Falésia. Bâtiment moderne situé 200 m avant le parking Cerro da Vila - ☏ 289 31 21 53 - mai-oct. : 10h-13h, 15h-20h ; nov.-avr. : 9h30-12h30, 14h-18h - fermé 1er janv., dim. de Pâques et 25 déc. - 2 €.*

Les fouilles entreprises depuis 1964 ont mis au jour, sous les vestiges wisigothiques et maures, ceux d'une cité romaine comprenant une villa patricienne du 1er s. dotée d'un bain privé et d'une cave, un monument funéraire, des puits, des silos, des étables, un pressoir et, en contrebas, les ruines de thermes publics du 3e s. La mer venait alors jusqu'ici et ces thermes se trouvaient près du port ; ils étaient fréquentés par les marins qui y faisaient escale.

De beaux panneaux ou fragments de mosaïques, polychromes ou noir et blanc, ornent les sols et bassins (ultérieurement convertis en bacs de salaison et viviers). Le musée présente des vestiges de diverses époques trouvés sur place (pièces de monnaie, céramiques).

★★ **Plage** (Praia) **de Falésia** – *Après la marina (dir. Praia de Falésia), au bout de la route, parking gratuit au soleil et payant à l'ombre.* Un chemin aboutit à l'extrémité est de cette magnifique plage. Les falaises qui font sa renommée se trouvent plus loin, vers l'ouest, en direction d'**Albufeira** *(voir p. 371)*. Les plus courageux pourront marcher, sinon rapprochez-vous en voiture.

Église Nossa Senhora da Conceição – *Largo da Igreja (dans la vieille ville de Quarteira) - mar., jeu. et sam. 9h30-13h.* L'intérieur, tapissé de beaux azulejos du 17e s., abrite un retable en bois doré du 18e s.

Circuit conseillé Carte de région p. 346-347

▶ *En boucle depuis Faro, circuit vert foncé d'env. 120 km tracé sur la carte de région – Comptez 1 journée.*

Ce circuit permet de découvrir un aspect peu connu de l'Algarve, entre les collines calcaires du *barrocal* et les monts schisteux de la serra do Caldeirão, à quelques kilomètres seulement de la côte et néanmoins loin de son agitation. Les villages blancs et fleuris gardent leur physionomie traditionnelle et l'artisanat y est encore une activité importante. Ici, les paysages changent au fil des saisons : en janvier-février, ce sont les nuées blanches des amandiers en fleur qui envahissent la serra ; au printemps, elle est constellée du blanc des fleurs des cistes ; en hiver comme en été, les oranges se détachent dans le vert profond des vergers… Et les senteurs : eucalyptus, pins, lavandes sauvages, cistes, valent à elles seules la visite.

▶ *Quittez Faro par la N 2. À 10 km, prenez à droite la route d'Estói (vers Tavira).*

LES AMANDIERS DE L'ALGARVE

Si l'Algarve est célèbre pour la beauté de ses plages, son arrière-pays ne manque pas de charme avec ses vergers plantés de figuiers, d'orangers et d'amandiers. La légende raconte qu'un émir maure avait épousé une princesse scandinave. Celle-ci se languissait loin des neiges nordiques et, pour rendre le sourire à sa jeune épouse, l'émir ordonna la plantation d'un immense champ d'amandiers dans son domaine. Un matin de janvier, la princesse eut la surprise de voir le paysage couvert de myriades de fleurs d'amandiers dont l'éblouissante blancheur, n'ayant rien à envier à celle des flocons de neige, lui causa une grande joie.

SERRA DO CALDEIRÃO

★ Jardins du palais d'Estói (Palácio do Estói)

11 km au nord de Faro. Dans Estói, à 100 m de l'église (suivez le fléchage « Pousada ») - accès possible aux jardins supérieurs (adressez-vous à la réception de la pousada*), mais l'essentiel du domaine, en travaux, est pour l'instant fermé au public.*

L'ensemble a un charme tout romantique qui évoque les palais italiens. Une allée de palmiers mène aux jardins bordés d'orangers qui s'élèvent en terrasses jusqu'à la façade baroque d'un petit palais du 18e s. Les terrasses à balustres, ornées de pièces d'eau, de statues, de bustes et vases en marbre ou en terre cuite, d'azulejos bleus ou polychromes à sujets mythologiques ou fantaisistes, de fragments de mosaïques romaines provenant de Milreu, composent un joli tableau. L'édifice, superbement restauré, accueille désormais un hôtel de luxe, la Pousada Palácio do Estoi *(voir p. 359)*.

Ruines romaines de Milreu (Ruínas de Milreu)

R. de Faro, à 1 km d'Estói - ✆ 289 99 78 23 - www.cultalg.pt - mai - sept. : mar.-dim. 10h-13h, 14h-18h30 ; oct.-avr. : mar.-dim. 9h30-12h30, 14h-17h - fermé 1er janv., dim. de Pâques, 1er Mai et 25 déc. - 2 €, gratuit dim. et j. fériés le matin.

On y voit les ruines d'une *villa rustica* (exploitation agricole) du 2e s. apr. J.-C. Autour des colonnes du péristyle, des soubassements en brique de maisons et de thermes encadrent les zones d'habitation et des bassins, dont plusieurs ont gardé leur revêtement de mosaïque polychrome : remarquez la **mosaïque aux gros poissons** qui décore la baignoire du frigidarium des thermes du côté ouest. À proximité s'élèvent les restes d'un édifice religieux du 4e s. où était célébré le culte d'une nymphe.

Revenez sur la N 2 et reprenez vers le nord.

São Brás de Alportel

D'origine maure, l'ancienne Xanabus est une petite ville tranquille, située sur une hauteur et peuplée de maisons blanches surmontées de leurs cheminées typiques. Premier grand centre d'extraction du liège au Portugal, elle conserve encore quelques industries liées à cette activité et est également un gros producteur de caroubes, d'amandes et de figues.

Musée du Costume de l'Algarve - Maison de la culture António Bentes (Museu do Trajo do Algarve - Casa da Cultura António Bentes) – *✆ 289 84 01 00 - www.museu-sbras.com - lun.-vend. 10h-13h, 14h-17h, w.-end et j. fériés 14h-17h - 2 €.* Installé dans une belle maison bourgeoise de la fin du 19e s., ce musée présente une collection intéressante de costumes traditionnels des 19e et 20e s., de charrettes et voitures anciennes, d'outils agricoles (en particulier pour travailler le liège) et de sculptures religieuses populaires ; il organise en outre des expositions temporaires.

Devant le musée, vous apercevez le beau jardin de l'ancienne résidence des évêques de l'Algarve.

Suivez la N 2 sur 14 km. La route dessine d'innombrables lacets, entre pins et eucalyptus. À Barranco Velho, prenez la N 396 en dir. de Querença.

Querença

Juché sur les versants d'une colline culminant à 276 m, ce village abrite l'**église Nossa Senhora da Assunção**, dont la fondation est attribuée aux templiers. Entièrement reconstruite en 1745, elle conserve toutefois son portail manuélin. À l'intérieur, on peut admirer de beaux bois dorés. *Si l'église est fermée, demandez les clés à l'office de tourisme situé en face.*

La fontaine et les azulejos du palais d'Estói.
J. Wackenhut/Premium/age fotostock

Les maisons d'un blanc éclatant possèdent encore souvent leur four traditionnel. Dans la garrigue poussent les arbousiers, dont les fruits servent à produire la célèbre eau-de-vie de l'Algarve, l'**aguardente de medronho**.

Reprenez la route vers Aldeia da Tôr, village à côté duquel on peut voir un pont romain. Suivez la direction de Salir.

Salir

De son château en ruine, érigé par les Maures (12e-13e s.), s'offrent de belles vues sur la serra.

Rocha da Pena – Au nord-est du village, sur cette hauteur sauvage et escarpée (479 m), s'élèvent deux murailles datant du Néolithique.

Un sentier pédestre balisé *(env. 5 km)* permet de découvrir la flore et la faune locales, protégées en raison de leur grande richesse : on peut y observer le grand duc, l'aigle de Bonelli et la buse variable, ainsi que le renard, la genette et la mangouste.

Prenez la N 124 vers Alte (13 km).

★ Alte

Les maisons blanches de ce joli village aux ruelles étroites et sinueuses s'accrochent aux versants d'une hauteur de la serra. En bas du village, deux fontaines ombragées, Fonte Pequena et Fonte Grande, où sont installées des tables en pierre pour les pique-niques, offrent une pause agréable. On y organise des fêtes et des pèlerinages.

Église paroissiale – Cette église fondée avant le 16e s. arbore un beau portail manuélin. À l'intérieur, l'une des chapelles est totalement couverte d'azulejos du 18e s. La chapelle de Notre-Dame-de-Lourdes est ornée d'azulejos polychromes en relief de type sévillan du 16e s.

Reprenez la N 124. À Benafim Grande, tournez à droite dans une petite route qui conduit à la N 270, que l'on atteint au village de Gilvrazino. Suivez la direction de Loulé.

Loulé

Cette ville, qui fut habitée par les Romains, conserve quelques pans de la muraille de son château maure. Grand centre horticole et commercial, on y vend les produits provenant des villages de la serra, en particulier dans l'étonnant bâtiment de style néomauresque (19e s.) du marché *(tous les mat. sf dim.)*, particulièrement animé le samedi.

Museu municipal de Arqueologia (Château) – *✆ 289 40 06 00 - lun.-vend. 9h-17h30, sam. et j. fériés 10h-14h - fermé 1er janv. et 25 déc. - 1, 50 €.* Il présente de façon attrayante des pièces archéologiques de la région et la reconstitution d'une **cuisine traditionnelle** du 19e s. Le ticket d'entrée donne également accès aux **remparts**.

Église paroissiale – *Entrée par la porte latérale.* Fondée au 13e s., cette église consacrée à saint Clément a été remaniée au fil des siècles. Elle présente un portail à arc brisé. L'intérieur, à trois nefs, contient des chapiteaux ornés de motifs végétaux. Remarquez une chapelle manuéline et une autre, Renaissance. Le chœur est surmonté d'une fenêtre géminée.

▶ *Revenez à Faro par la N 125-4.*

NOS ADRESSES À FARO ET ALENTOUR

INFORMATIONS UTILES

Les offices de tourisme sont répertoriés en début de chapitre.

Santé

Hôpital central – *R. Leão Penedo - ✆ 289 89 11 00.*

TRANSPORTS

Aéroport international – *À 8 km à l'ouest de Faro.* Bus pour le centre-ville ttes les 20mn env. *(1,75 €)*. En taxi, comptez 9 à 10 €.

Train – **Gare ferroviaire** – *Au bout de l'av. da República.* 8 à 10 trains/j. sur la ligne Vila Real de Santo António (frontière espagnole)-Lagos *via* Tavira, Faro, Albufeira et Portimão.

Bus – **Gare routière** – *Av. da República, derrière le Musée maritime.* Bus n° 16 pour la plage de Faro et l'aéroport.

Location de voitures – La plupart des compagnies sont représentées à l'aéroport. En ville : **Europcar** - *Av. da República, 2 - ✆ 289 82 37 78.*

HÉBERGEMENT

BUDGET MOYEN

Pensão Residencial Oceano – *Travessa Ivens, 21 - ✆ 289 82 33 49 - fermé à Noël - 22 ch. 38/50 €.* Localisation idéale dans la zone piétonne, tout près de la marina. Chambres récentes et bien tenues avec un mobilier simple en bois blanc et des couvre-lits roses. Salles de bain avec baignoire. L'escalier menant à la réception est un peu raide. Wifi.

Pensão Residencial Central – *Largo Terreiro do Bispo, 12 - ✆ 289 80 72 91 - fermé 1 sem. en mai - ⊭ - 8 ch. 45/50 €.* Petit hôtel refait à neuf possédant des chambres confortables et lumineuses à prix doux pour la région. Certaines ont un balcon donnant sur la placette. Sdb avec baignoire et accueil charmant. Sans doute la meilleure adresse dans cette catégorie. Wifi.

Pensão Residencial Adelaide – *R. Cruz das Mestras, 9 - ✆ 289 80 23 83 - www.adelaideresidencial.net - ⊭ - 19 ch. 35/60 €* ☕. Un petit hôtel qui propose des chambres spacieuses et agréables au mobilier contemporain. Évitez celles qui donnent sur la rue, surtout le w.-end. Accès Internet. Service de laverie.

UNE FOLIE

Hôtel Faro – *Praça D. Francisco Gomes, 2 - ☎ 289 83 08 30 - www.hotelfaro.pt - P - 90 ch. 133/145 €* ☕. Luminosité et simplicité du design pour ce bel hôtel dressé face au port. Chambres et sdb confortables. Petit-déj. servi au restaurant du dernier étage dont la magnifique terrasse rappelle le pont d'un bateau. Vue panoramique sur la marina, les îles et la vieille ville.

À Olhão

BUDGET MOYEN

Pensão Bela Vista – *R. Dr Teófilo Braga, 65 - ☎ 289 70 25 38 - ⊄ - 23 ch. 40/60 €.* Bon rapport qualité-prix pour cette pension bien tenue, à proximité du bord de mer. Ses chambres, décorées d'azulejos contemporains, donnent sur un patio lumineux ou sur la terrasse commune du toit. Sdb modernes et spacieuses.

À Estói

UNE FOLIE

Pousada Palácio do Estói – *R. Sao José - ☎ 289 99 01 50 - www.pousadas.pt - P - 63 ch. 200/250 € ☕ - rest. 25/40 €.* Avec leurs boiseries sombres et leurs sdb de marbre, les chambres, spacieuses, marient confort et sobriété. Vous apprécierez l'extravagance des espaces communs de l'ancien palais : salons de thé rococo, couloirs interminables, jardins à l'italienne où chantent les fontaines et miroitent les vitraux… Une étape de charme et de calme.

RESTAURATION

PREMIER PRIX

Chalavar – *R. Infante Dom Enrique, 120 - ☎ 289 82 24 55 - fermé lun. -* ⊄. Ce restaurant convivial, tenu par un pêcheur, sert des plats simples et copieux à déguster près de la grande cheminée. Les amateurs de sardines et de maquereaux *(carapau)* grillés seront comblés.

BUDGET MOYEN

Oceanum – *Largo de S. Pedro, 54-57 - ☎ 289 04 05 73 - www.oceanumportugal.com - 11h-15h30, 18h30-2h.* Sur la paisible place de l'église S. Pedro, un restaurant plein de charme avec ses petites haies d'arbustes délimitant son estrade et sa terrasse. Vous prendrez plaisir à y découvrir les spécialités de l'Alentejo et de l'Algarve cuisinées avec créativité. Tapas l'après-midi. Menu à 7,50 €.

Pontinha – *R. Pé da Cruz, 5 - ☎ 289 82 06 49 - 12h30-15h30, 19h-23h, fermé dim.* Derrière la zone piétonne, sur la praça da Liberdade, un restaurant simple proposant un large choix de plats et de spécialités locales comme la *cataplana*, le riz aux fruits de mer et les différentes recettes de morue. Plutôt réservée aux groupes, la salle du 1er étage avec son plafond typique en roseaux et poutres apparentes est la plus agréable. Accueil chaleureux.

UNE FOLIE

Camané – *Av. Nascente (praia de Faro) - fermé lun. - ☎ 289 81 75 39 - res.camane@iol.pt.* Restaurant dont l'agréable terrasse donne sur la ria Formosa. Spécialités de fruits de mer.

À Olhão

PREMIER PRIX

Casa de Pasto Algarve – *Praça Patrão Joaquim Lopes, 18-20 - ☎ 289 70 24 70 - fermé dim., ainsi que lun. en hiver.* Un restaurant populaire sur une placette précédant le front de mer. On y déguste en toute simplicité des filets d'espadon, de la raie ou du riz à la marinière. Préférez la terrasse à la salle, plutôt quelconque.

À Quinta do Lago

POUR SE FAIRE PLAISIR

Gigi – *Praia Quinta do Lago (parking payant) - ✆ 964 04 51 78 - ouv. mars-nov. 12h-16h.* Une clientèle dorée mais décontractée fréquente sur fond de musique brésilienne ce restaurant aux allures de bar de plage. Une passerelle permet d'accéder à la grande cabane qui précède les dunes et où l'on mange du poisson grillé. C'est le rendez-vous incontournable de ce Beverly Hills à la portugaise qu'est Quinta do Lago !

À Almancil

BUDGET MOYEN

Couleur France – *Vale d'Éguas (de Faro, prenez la 2e sortie pour Almancil ; après le pont, traversez la route et prenez à droite) - ✆ 289 39 95 15 - www.couleur-france.net - fermé dim.* De par sa toute nouvelle situation, Couleur France offre plus de confort et d'espace. Excellente cuisine gastronomique. Belle sélection de vins français. Menu de dégustation au dîner pour 29,95 €.

PETITE PAUSE

Café Aliança – *R. Francisco Gomes, 9 - ✆ 289 80 16 21.* Magnifique café dont la décoration des années 1940 est restée intacte, avec de splendides azulejos derrière le comptoir et des accolades. Vous serez séduit par son charme nostalgique et son agréable terrasse. *Fermeture temporaire pour travaux.*

Pastelaria Gardy – *R. de Santo António, 16 et 33 - ✆ 289 82 40 62 - fermé dim.* Le café chic où les élégants de la ville se retrouvent autour d'une pâtisserie.

BOIRE UN VERRE

Versailles – *R. Ivens, 7 - ✆ 289 82 84 35.* Jolie terrasse au cœur de la zone piétonne. Idéal pour prendre un verre dans la journée ou un jus de fruits frais accompagné d'un sandwich ou d'une des nombreuses pâtisseries portugaises.

ACTIVITÉS

Aqua Show – *Estrada EN 396, à la sortie de Quarteira en dir. de Loulé - ✆ 289 38 93 96 - http://park.aquashowparkhotel.com - juin 10h-18h ; juil. 10h-18h30 ; août 10h-19h ; sept. 10h-18h - 25 € (enf. 15 €).* Montagnes russes aquatiques, toboggans, piscine à vagues et spectacles.

Animaris – *✆ 918 77 91 55 - www.ilha-deserta.com - dép. tlj à 11h30 et 15h du quai de la Porta Nova (au sud du quartier ancien) - 20 €.* Promenades en bateau (2h30) pour observer la faune et la flore du Parc naturel da Ria Formosa. Pause sur l'Ilha Deserta.

Centro Náutico da Praia de Faro – *✆ 289 81 93 48 - www.cm-faro.pt - juin-sept. 9h-19h30.* Voile, planche à voile, canoë ; location de matériel.

AGENDA

À Olhão

Festa do Marisco – *Aux alentours du 10 août.* Danses et musiques traditionnelles.

À Loulé

Carnaval – *Fév.-mars (dates variables).* Célèbre dans toute la région. Une légende locale voudrait qu'il soit à l'origine de celui de Rio de Janeiro.

Pèlerinage de Nossa Senhora da Piedade (Mãe Soberana) – *2e dim. suivant Pâques.* C'est la fête religieuse la plus importante de l'Algarve.

Tavira

★★

26 571 habitants – District de Faro

NOS ADRESSES PAGE 363

S'INFORMER
Posto de turismo – *R. da Galeria, à l'angle de la praça da República - ✆ 281 32 25 11 - www.cm-tavira.pt - 9h13h30, 14h-17h30.*

SE REPÉRER
Carte de région p. 346-347 – *Carte Michelin 733 U7.* À 29 km à l'ouest de la frontière espagnole et à 30 km à l'est de Faro, par la N 125.

SE GARER
Stationnement payant en ville : garez-vous près de la praça da República, sur la rive droite.

À NE PAS MANQUER
La vieille ville de Tavira ; la plage do Barril.

ORGANISER SON TEMPS
Prévoyez une journée pour visiter Tavira, avec pause déjeuner le long de la rivière et après-midi à la plage de l'Ilha de Tavira ou à Praia do Barril.

AVEC LES ENFANTS
Le Centre des sciences ; le petit train de Praia do Barril.

Au bord d'une rivière paresseuse, Tavira forme une oasis de douceur qui tranche avec la frénésie des stations balnéaires de l'Algarve autant qu'avec les paysages désertiques de l'intérieur. L'éloignement des plages est finalement un atout, épargnant à la ville le bétonnage et les dégâts qui accompagnent le tourisme de masse. Articulée autour de son tracé médiéval, la cité aux 37 églises abrite un patrimoine culturel d'une rare beauté : maisons ornées de moucharabiehs (héritage des Maures), gracieuses toitures à pans retroussés, cheminées typiques de l'Algarve, ponts bas dont le reflet miroite sur l'eau… Les environs, entre garrigue, lagunes et dunes sauvages, sont également un enchantement.

Se promener

Circuit au départ de la praça da República – Comptez 2h pour la ville.
Tavira bénéficie d'une situation agréable sur l'estuaire du rio Gilão, au pied d'une colline cernée des vestiges des murailles construites par le roi Denis. Le tremblement de terre de 1755 entraîna l'ensablement du port. Naguère grand centre de la pêche au thon, Tavira s'est surtout orientée vers le tourisme.

★ QUARTIER ANCIEN

Suivez l'avenue qui part dans le prolongement du pont romain et prenez l'escalier passant sous l'arc da Misericórdia.

4

Église da Misericórdia

Son portail Renaissance cache, à l'intérieur, des murs couverts de panneaux d'azulejos historiés du 18e s. représentant les œuvres de la Miséricorde. Dans le chœur se trouve un retable en bois doré de la même époque.
Prenez à droite en sortant de l'église.

Château maure

Lun.-vend. 8h-17h, w.-end et j. fériés 10h-19h - gratuit. Il ne reste de ce château que les murailles crénelées enserrant un beau jardin planté de roses, de bougainvilliers, d'hibiscus, de lauriers-roses, etc. Belle vue sur les toits de Tavira.

Église Santa Maria do Castelo

Construite sur le site d'une ancienne mosquée, cette église a gardé sa façade gothique. Le chœur abrite le tombeau des sept chevaliers de l'ordre de Saint-Jacques dont l'assassinat par les Maures déclencha la reconquête de la ville. Remarquez la voûte nervurée de la chapelle à gauche de l'entrée et les azulejos du 18e s. L'église fait face au **largo da Graça**, jolie place en pente.
Longez l'église par la gauche (calçada da Galeria) et descendez la rue jusqu'au Palácio da Galeria. De là, rejoignez la praça da República pour traverser le fleuve par le pont romain.

RIVE GAUCHE

Le **pont romain** mène à un quartier sympathique, à l'ambiance festive. Près du quai, dans les ruelles perpendiculaires, les terrasses de restaurants et de bars ont investi la chaussée. De cette rive, vous bénéficierez d'une **vue★** magnifique sur le quartier ancien et ses maisons aux allures de pagodes.
Montez la rua 5 de Outubro jusqu'à la praça Dr Padinha, à droite.

Église São Paulo

À l'intérieur de cette église du 17e s., sept chapelles sont décorées d'impressionnantes boiseries baroques du 18e s. Le sol du transept est couvert de carreaux rouges et de losanges peints.
En sortant de l'église, montez la rua de São Brás puis prenez la première à droite, jusqu'au largo do Carmo.

Église do Carmo

Elle fut construite au 18e s. L'intérieur baroque contient un beau retable en bois doré.

Centre des sciences (Centro Ciência Viva)

Convento do Carmo - ✆ 281 32 62 31 - www.tavira.cienciaviva.pt - mar.-sam. 10h-18h - 4 €.
Installé dans un ancien couvent, de l'autre côté de la place, ce centre « d'initiation aux sciences » permet aux petits et aux grands de réaliser diverses expériences comme observer des micro-algues au microscope ou analyser de l'eau en laboratoire.
Pour retourner au fleuve et au centre, rebroussez chemin à travers les ruelles.

À proximité Carte de région p. 346-347

Le Parc naturel de la Ria Formosa prend fin à Manta Rota, près de Cacela Velha. La région de Tavira offre, comme celle de Faro, le paysage d'une lagune séparée de l'Océan par un cordon littoral, où s'étirent de belles plages accessibles en bateau.

Ilha de Tavira

À 2 km à l'ouest de la ville, par la rive droite, jusqu'à l'embarcadère de Quatro Águas, puis accès par bateau : départ env. ttes les heures de 8h à 21h (minuit en été) - 1,40 € AR. En été uniquement, départ de l'ancien port de pêche dans le centre-ville, près du grand pont (à 300 m de la praça da República - 1,90 €). Un service d'Aqua Taxis (8 pers. maxi) fonctionne de 8h à 21h (plus tard l'été) à partir des deux embarcadères - 8 € - rens. : 934 86 13 75 (portable).

La plage de l'île de Tavira est l'une des plus fréquentées de cet endroit de la côte. Dotée de bars, de restaurants et d'un camping, elle attire un grand nombre de jeunes.

★ Plage (Praia) do Barril

5 km à l'ouest après Santa Luzia. À Pedras d'el Rei, franchissez la passerelle et prenez le petit train (10mn), ou marchez le long de la voie ferrée jusqu'à la plage.

Le village de **Pedras d'el Rei** est composé de villas et d'agréables jardins. Après la traversée de la lagune, on atteint le cordon littoral, où se déroule la longue plage de sable blond.

Luz de Tavira

6 km à l'ouest.

À la sortie du village s'élève une église Renaissance à la toiture cantonnée de pots et au joli portail manuélin.

★ Cacela Velha

12 km à l'est.

Ce hameau, lové autour des ruines d'une forteresse médiévale et d'une petite église au superbe portail, forme un beau **belvédère** au-dessus de la lagune où mouillent les barques de pêche. En été, les restaurants de sa grand-place sont l'endroit idéal où savourer la cuisine traditionnelle locale.

NOS ADRESSES À TAVIRA

INFORMATIONS UTILES

Les offices de tourisme sont répertoriés en début de chapitre.

Internet

Cybercafé Anazu – *R. Jacques Pessoa, 11-13 - 281 38 19 35 - 10h30-22h30 - 0,50 €/15mn.*

TRANSPORTS

Bus – **Gare routière** *(Centro Coordenador de Transportes)* dans un bâtiment moderne au bord du fleuve, à 300 m en amont du pont romain. 6 bus/j. et 2 le w.-end pour Pedras d'el Rei (praia do Barril).

Location de voitures – **Mudarent** – *R. da Silva, 18 F - 281 32 68 15 - www.mudarent.com.*

Location de deux-roues – Les agences pratiquent des prix similaires : env. 10 €/j pour un vélo. **Casa Abilio** – *R. João Vaz C. Real, 23 A (près du jardin da Alagoa) - 281 32 34 67.*

VISITE

Visites guidées – En été, le Musée municipal de Tavira *(Palácio Da Galeria - Casa Municipal André Pilarte - 281 320 540)* organise des sorties à thème *(en portugais).*

Train touristique – *Dép. de la praça da República ttes les 40mn de 10h à 0h (été seulement) - 4 €.*

HÉBERGEMENT

BUDGET MOYEN

Pensão Residencial Princesa do Gilão – *R. Borda de Água de Aguiar, 10-12 - ✆ 281 32 51 71 - 🚭 - 22 ch. 48/58 €* ☕. Pension toute simple dressée sur les quais de la rivière Gilão en plein cœur de Tavira. Certaines chambres possèdent encore des dessus-de-lit à volants et un carrelage marron… mais l'ensemble déborde de lumière et rutile de propreté. Chambres sur la rivière dotées de petits balcons bleus. Belle vue sur la ville. Avis aux nez sensibles : la rivière peut parfois sentir mauvais. Wifi.

Residencial Marés – *R. José Pires Padinha, 134-140 - ✆ 281 32 58 15 - www.residencialmares.com - 🚭 P - 24 ch. 75/85 €* ☕. Une place idéale, devant le port de pêche, avec restaurant de poisson en terrasse. Quelques chambres confortables et jolies, certaines avec balcon pour contempler le spectacle. Wifi.

À Conceiçao de Tavira

BUDGET MOYEN

Casa Camaleon – *Sitio do Valongo (à 6 km de Tavira ; prenez la N 125 vers Cacela Velha, puis suivez à gauche le panneau « turismo rural ») - ✆ 281 37 08 87 - www.casacamaleon.net - 3 ch. 75/80 €* ☕. Une jolie maison bleue tenue par un couple luso-espagnol. Près d'un patio où murmure une fontaine, des chambres à la déco marocaine, avec de splendides sdb. Grande salle de séjour style ethnique où sont servis les petits-déj. Petit jardin sec à l'arrière et terrasse sur le toit avec vue magnifique. Organise sur demande des balades à pied ou à cheval dans la serra et des sorties en bateau.

À Santa Catarina

BUDGET MOYEN

Quinta da Arte – *Marco, Santa Catarina (à 9 km de Tavira - dir. São Bras, puis à gauche après Marco) - ✆ 281 97 12 96 - www.quintadaarte.com - 🏊 - 3 maisons. 470/680 € /sem.* ☕. L'étonnant et éblouissant domaine d'un couple d'artistes qui propose 3 maisons à louer à la semaine (ou 3 nuits mini en juil.-août). Dans la casa das Rochas, perchée sur la colline, une fontaine rocheuse jaillit en plein salon. Dans la casa do Teatro, la sdb est en forme de grotte bleue. Le pavilhão de Arte dispose d'une cuisine ouverte sur le jardin. Partout, on peut dormir à la belle étoile sous une moustiquaire. Unique en son genre. Non fumeur, même à l'extérieur.

À Santo Estevão

UNE FOLIE

Quinta da Lua – *Bernardinheiro 1662 X - sur la N 125 dir. Faro, prenez à droite dir. Santo Estevão ; avant le village tournez à gauche, puis prenez à droite - ✆ 281 96 10 70 - www.quintadalua.com.pt - 🏊 - 8 ch. 155/170 €* ☕. Dans l'arrière-pays de Tavira, cette maison d'hôte ressemble à un coin de paradis au milieu des orangers. Chaque chambre affiche une décoration sobre et soignée, et c'est un rêve de prendre son petit-déjeuner au bord de la piscine sous la pergola parfumée. Table d'hôte succulente.

RESTAURATION

BUDGET MOYEN

Bica – *R. Alm. Cândido dos Reis, 22 - ✆ 281 32 38 43 - fermé sam. sf été -* 🚭. Si vous recherchez une cuisine locale à petits prix, attablez-vous dans ce restaurant simple mais bon et typique. Sa carte ne vous décevra pas : poulet frit d'Algarve, poulpe frit, anguille grillée. Posté dans une rue parallèle aux quais, il propose une formule plat du jour à 7,50 €.

Aquasul – *R. Dr Carvalho, 11 - ✆ 281 32 51 66 - ⊠ - soir uniquement, fermé le lun.* Après le pont romain, engagez-vous derrière les quais dans cette jolie ruelle. Une Hollandaise et sa fille tombées amoureuses du restaurant de leurs vacances l'ont repris et cultivent un esprit plein de légèreté et de chaleur à l'image de leur carte : assiettes végétariennes inventives et spécialités italiennes. Cuisine du marché à savourer en toute décontraction.

Praça Velha – *R. José Pires Padinha (mercado da Ribeira) - ✆ 281 32 58 66 - fermé dim. en hiver.* Pour manger sur les quais, allez jusqu'au marché couvert et choisissez cette jolie terrasse abritée sous de grands parasols blancs. Une carte variée de poissons, fruits de mer et coquillages de qualité vous y attend.

À Santa Luzia

BUDGET MOYEN

O Alcatruz – *R. Capitão Jorge Ribeiro, 46 - ✆ 281 38 10 92 - fermé lun. et déc.* Cette petite maison couverte d'azulejos, et si semblable à ses voisines, abrite un restaurant populaire, où l'on vient manger le poisson du jour au milieu d'une clientèle d'habitués. Une adresse très couleur locale nichée dans une ruelle tranquille.

Baixamar – *Av. Eng. Duarte Pacheco - ✆ 281 38 11 84 - fermé lun.* Sur le front de mer de ce sympathique village de pêcheurs, vous pourrez manger directement les produits de la mer dans ce restaurant de poisson : délicieuse soupe, petites entrées à base de poulpe, palourdes à l'ail, riz au poulpe et la fameuse *cataplana* de thon.

POUR SE FAIRE PLAISIR

Capelo – *Av. Eng. Duarte Pacheco - ✆ 281 38 16 70 - fermé merc.* Une cuisine fraîche pour respirer l'air du large, que ce soit en terrasse face à la mer ou dans la salle à la décoration marine. Au menu : poissons grillés, peu de viande.

À Luz de Tavira

BUDGET MOYEN

Marisqueira Fialho – *Pinheiro (tournez à gauche en dir. de Torre de Aires, puis à droite, et longez la lagune) - ✆ 281 96 12 22 - fermé lun. - ⊠.* Voilà un petit restaurant sans prétention dont les habitués gardent jalousement l'adresse. C'est qu'il réserve des instants de bonheur simple avec sa treille face à la mer, ses chaises et ses quelques tables en plastique sur lesquelles se déguste un poisson grillé sous vos yeux ! Les prix défient toute concurrence. Attention à la fumée du gril et à l'orientation du vent…

PETITE PAUSE

Pastelaria Anazu – *R. Jacques Pessoa, 11-13 - ✆ 281 38 19 35.* C'est moins pour son charme que pour son animation que vous irez prendre un café ou une pâtisserie à cette adresse. Située en bordure des quais avec une agréable terrasse, qui est le repaire des habitants du quartier.

Veneza – *Praça da República, 11 - ✆ 281 37 09 80.* Cette pâtisserie pimpante propose un bel éventail de spécialités régionales, comme le *Dom Rodrigo* ou les *morgados*, ainsi que des plats chauds et des sandwichs préparés avec des pains différents. Excellentes glaces.

Vallée du Guadiana

★

Vale da Guadiana – Districts de Faro et de Beja

NOS ADRESSES PAGE 370

S'INFORMER

Centre d'information du Parc naturel de la vallée de Guadiana – *R. D. Sancho II, 15 - Mértola - ℘ 286 61 00 90 - www.icn.pt - lun.-vend. 9h-12h30, 14h-17h30.* Faune et flore du Parc, brochures sur les parcours pédestres.

Posto de turismo – *R. da Igreja, 31 (près de l'église-mosquée) - Mértola - ℘ 286 61 01 09 - 9h-12h30, 14h-17h30 (de juil.mi-sept. 9h30-12h30, 14h-18h).*

SE REPÉRER

Carte de région p. 346-347 – *Carte Michelin 733 UT7.* Mértola se trouve à 54 km au sud-est de Beja (Alentejo) et à 73 km au nord de Vila Real de Santo António (Algarve).

À NE PAS MANQUER

Alcoutim ; l'église-mosquée de Mértola.

ORGANISER SON TEMPS

Partez tôt le matin pour éviter les fortes chaleurs et prévoyez d'arriver à Mértola en début d'après-midi.

AVEC LES ENFANTS

Une croisière sur le Guadiana.

Entre l'estuaire, à Vila Real de Santo António, et Mértola, dans l'Alentejo, la vallée du Guadiana invite à une promenade bucolique, au rythme des méandres du fleuve. S'y dévoile une autre facette de l'Algarve, plus sereine et traditionnelle, où les habitants préservent leurs coutumes et leur artisanat. Le Guadiana, l'un des plus longs fleuves de la péninsule Ibérique (800 km), prend sa source sur les plateaux arides de la Mancha espagnole. D'où son faible débit, d'autant plus faible que les deux pays n'ont cessé de construire barrages et stations de pompage pour favoriser l'irrigation. Aussi le fleuve, dont le niveau baisse dangereusement, n'est-il plus navigable au-delà d'Alcoutim.

Circuit conseillé Carte de région p. 346-347

De Vila Real de Santo António, en Algarve, à Mértola, dans l'Alentejo, circuit rouge de 80 km dans la vallée du Guadiana, tracé sur la carte de région – Comptez 1 journée. Entre Pomarão et Vila Real de Santo António, le fleuve Guadiana fait office de frontière entre le Portugal et l'Espagne.

Vila Real de Santo António

54 km à l'est de Faro et 127 km au sud de Beja (Alentejo).

Cette ville frontalière fut fondée en 1774 par le marquis de Pombal pour faire face à la cité andalouse d'Ayamonte sur l'autre rive du Guadiana – que l'on

Le vieux quartier maure de Mértola.
J. A. Moreno/age fotostock

aperçoit d'ailleurs depuis les beaux jardins qui bordent le fleuve. Vila Real fut édifiée en cinq mois. Elle illustre parfaitement les théories sur l'urbanisme des Lumières, notamment à travers le plan quadrillé des rues bordées de maisons blanches aux toits à pans retroussés. Elle est devenue l'un des plus importants ports de pêche et de commerce de l'Algarve et un grand centre de conserverie de poisson. On y fabrique également des bateaux de plaisance destinés à l'exportation.

Reliée à l'Espagne par un bac et, depuis 1992, par un pont *(au nord de la ville)*, Vila Real de Santo António est très fréquentée par les Espagnols qui viennent y acheter des cotonnades (nappes, draps, serviettes, etc.).

Praça do Marquês de Pombal – Entourée d'orangers, c'est la place principale du quartier pombalin. Ses pavés noirs et blancs rayonnent autour d'un obélisque. Les rues piétonnes alentour sont bordées de boutiques de cotonnades.

▶ *Prenez la N 122 en dir. de Castro Marim (à 6 km).*

Castro Marim

S'adossant à une hauteur qui domine la basse plaine ocre et marécageuse du Guadiana, près de son embouchure dans le golfe de Cadix, Castro Marim jouissait d'une position stratégique, face à la ville espagnole d'Ayamonte.

La cité existait déjà à l'époque romaine. Elle devint, en 1321, lors de la dissolution de l'ordre des Templiers au Portugal, le siège des chevaliers du Christ, avant son transfert à Tomar *(voir p. 278)* en 1334. Les ruines de son château fort en grès rouge, détruit par le tremblement de terre de 1755, s'élèvent au nord du village, alors que les vestiges du fort de São Sebastião (17e s.) couronnent une colline au sud.

Château – *Laissez la voiture en bas du chemin signalisé « castelo » et montez à pied. L'entrée se trouve à gauche - avr.-oct. : 9h-19h ; nov.-mars : 9h-17h - gratuit.* Les murailles en partie restaurées abritent les vestiges d'un château maure du 12e s. Le chemin de ronde offre une vue circulaire sur la petite cité et le fort

de São Sebastião, les marais salants, le Guadiana, le pont qui relie le Portugal à l'Espagne, Ayamonte, Vila Real de Santo António et la côte au sud.
Réserve naturelle du marais (Sapal) **de Castro Marim-Vila Real de Santo António** – *Sapal de Venta Moinhos (2 km au nord de Castro Marim) - ✆ 281 51 06 80.* Les marais salants autour de la ville ont été transformés en une réserve de 2000 ha, créée pour protéger une faune et une flore caractéristiques des zones chaudes et humides.
Un sentier de 6 km permet d'observer des flamants roses, des avocettes, des hirondelles de mer, etc.
Prenez l'IC 27 vers le nord.

Odeleite

22 km au nord de Vila Real de Santo António.
Ce village ancien, fondé au 15e s. près de la rivière du même nom, s'étend près du barrage d'Odeleite. En bas des ruelles étroites se dresse l'**église paroissiale**.
Prenez la N 124 en dir. d'Alcoutim, puis la N 122-1.

Alcoutim

21 km au nord-est d'Odeleite.
Ce village qui maintient ses traditions est situé à flanc de colline, au bord du Guadiana, face au village andalou de Sanlúcar de Guadiana, de l'autre côté du fleuve *(un bateau assure la traversée ttes les h : 9h-19h - 1 € - piétons seult).*
Château – *De la praça da República, prenez la travessa Pedro Nunes. Une route pentue mène au château - ✆ 281 54 05 55 - 9h30-17h30 (19h en été) - 2,50 €.* Construit au 14e s. pour défendre ce village frontalier, remanié au 17e s., le château abrite un **musée archéologique** (Núcleo Arqueológico) qui contient des vestiges des époques néolithique, romaine, wisigothique, islamique et chrétienne. Dans la galerie du château, on pourra admirer la richesse de l'artisanat de cette région : paniers en osier, couvertures, tapis, objets en liège et en terre cuite, etc. Les murailles offrent de belles **vues** sur la serra et le fleuve.

BON À SAVOIR
Découvrir le Guadiana en **bateau** entre Vila Real de Santo António et Alcoutim peut constituer une excellente alternative à la route *(voir « Activités », p. 370).*

Église paroissiale São Salvador – *Près du fleuve et de la place de São Salvador.* De cette église, construite au 16e s., on jouit d'une vue d'ensemble sur le village, au bord du Guadiana.
Chapelle Nossa Senhora da Conceição – *R. Dom Fernando, proche de la route de V. Real de Santo António et de la ribeira de Cadavais.* Au sommet d'un escalier baroque, surplombant le paysage, cette chapelle gothico-manuéline conserve un portail du 16e s. surmonté d'une cloche. Elle abrite un **musée d'art sacré** *(mêmes horaires que le château - 2,50 €)* où ont été réunies des pièces provenant de différentes églises de la région.
Reprenez l'IC 27 vers Beja. Après le village de Santa Marta, on entre dans l'Alentejo.

Mértola

41 km au nord-ouest d'Alcoutim (54 km au sud-est de Beja).
S'étageant en amphithéâtre sur une colline au confluent du Guadiana et de la rivière d'Oeiras, Mértola fut fondée par les Phéniciens. L'ancienne Myrtilis était déjà une importante place commerciale à l'époque pré-romaine et constituait le port le plus septentrional de la grande voie fluviale du Guadiana. La ville, qui a gardé de nombreux vestiges de son passé, est dominée par le donjon et l'enceinte en ruine de son château fort des 12e et 13e s.

★ **Église-mosquée** – *Mar.-dim. 9h-12h30, 14h-17h30 (18h en été) - gratuit.* Mértola a conservé de son passé maure une ancienne mosquée transformée en église. Il s'agit de l'unique église portugaise dont on reconnaît encore nettement les spécificités de l'édifice musulman : le plan carré, l'abondance des piliers, la présence, derrière l'autel, de l'ancien *mihrab*, niche d'où l'imam dirigeait les exercices du culte, et l'arc outrepassé des portes qui donnent sur la sacristie. Les jolies voûtes sous croisée d'ogives datent du 13e s.

Bon à savoir – Plusieurs **musées** dispersés dans la localité mettent en lumière son patrimoine et son histoire. *286 61 01 09 - mar.-sam. 9h-12h30, 14h-17h30 - fermés 1er Mai, 25 et 31 déc. - 2 € chacun, billet combiné donnant accès à tous les musées 5 €.*

Château – Construit au 12e s., il est partiellement en ruine mais son **donjon** restauré a été aménagé en « Núcleo Visigótico » (Centre d'art wisigoth) et présente une petite exposition de vestiges lapidaires du 6e au 9e s. Dans la tour se tient une exposition consacrée aux deux fleuves.

Centre d'art romain (Núcleo Romano) – Aménagé dans le sous-sol de la mairie, il contient les vestiges d'une maison romaine, où sont présentés des objets de cette époque.

Musée paléochrétien (Basilica Paleocristã) – Installé dans une ancienne basilique paléochrétienne, il expose des vestiges lapidaires du 5e au 7e s., provenant du cimetière médiéval de Mértola.

Centre d'art islamique (Núcleo Islâmico) – *Largo da Misericórdia.* On y voit des objets de la période musulmane de la ville, parmi lesquels une collection de céramiques : vaisselle, ustensiles et azulejos de type *corda seca*.

Musée d'Art sacré (Núcleo de Arte Sacra) – L'**église da Misericórdia** abrite une collection d'art sacré provenant des églises de la région.

Atelier de tissage (Núcleo de Tecelagem) – *R. da Igreja, 35.* Dans cet atelier, les artisans fabriquent et vendent les couvertures de laine traditionnelles.

Si vous avez le temps, de Mértola, vous pouvez poursuivre l'itinéraire jusqu'à Mina de São Domingos, près de la frontière espagnole.

Mina de São Domingos

18 km à l'est de Mértola par la N 265. Dans le village, prenez à droite au niveau de la poste (en face de l'église), continuez tout droit puis descendez par le chemin de droite.

Quelques machines et d'anciens rails témoignent de l'activité de cette mine de cuivre, qui fonctionna de 1857 à 1967. L'endroit ne présente pas un intérêt exceptionnel, mais l'ancien réservoir offre des teintes saisissantes sous le soleil.

Du village de Mina de São Domingos, on peut aller se baigner à la **plage** aménagée près du barrage de Tapada Grande *(dans le village, suivez les panneaux « Praia Fluvial da Tapada Grande »).*

LE PARC NATUREL

Au nord de Mértola, le Parque Natural do Vale do Guadiana, créé en 1995, couvre 70 000 ha. On peut s'y promener et découvrir plus particulièrement le site de **Pulo do Lobo** (le Saut du Loup), chaos rocheux d'où dévale une cascade. *31 km de Mértola - suivez la N 122 vers Beja sur 3 km, puis prenez à droite dir. Amendoeira - de là empruntez la piste de droite jusqu'au site.*

NOS ADRESSES DANS LA VALLÉE DU GUADIANA

INFORMATIONS UTILES

Les offices de tourisme sont répertoriés en début de chapitre.

HÉBERGEMENT

À Vila Real de Santo António

BUDGET MOYEN

Guadiana – *Av. da República, 94 - 281 51 14 82 - www.hotelguadiana.com.pt - 40 ch. 70/90 €* . Le plus ancien hôtel d'Algarve (1916), classé Monument national. L'intérieur a conservé de beaux restes (escalier en marbre, plafonds à caissons), mais la déco des chambres est un peu flétrie.

À Alcoutim

PREMIER PRIX

Pousada de Juventude – *281 54 60 04 - www.pousadasjuventude.pt - - 22 ch. 14 €/pers. en dortoir ou 45 €.* À l'extérieur du village, au bord du fleuve (de l'autre côté du pont), vous trouverez l'une des plus sympathiques auberges de jeunesse du pays.
Autour d'une rotonde à coupole, une série de petits bâtiments blancs lui donnent l'allure d'un village de vacances : 8 chambres doubles avec salle de bain, 4 sans, 8 dortoirs de 4-6 lits et un appart. Cafétéria, laverie, piscine, ping-pong, billard, location de vélos et de canoës.

À Mértola

BUDGET MOYEN

Residencial Beira Rio – *R. Dr Afonso Costa, 108 - 286 61 11 90 - www.beirario.pt - 20 ch. 40/50 €* . Une résidence hôtelière assez chic, dans une grande bâtisse propre et confortable. Demandez une chambre située côté fleuve (nº 21 à 24).

RESTAURATION

À Vila Real de Santo António

PREMIER PRIX

Caves do Guadiana – *Av. da República, 90 - 281 54 44 98 - fermé jeu. - env. 15 €.* Sa terrasse face au fleuve est appréciée des touristes. Poissons, fruits de mer et viandes.

À Mértola

PREMIER PRIX

Migas – *Près du Mercado municipal - 286 61 28 11 - fermé lun. - env. 10 €.* Baigné par les effluves appétissants du marché attenant, ce restaurant tout en longueur est spécialisé dans les *migas*, ces pains à l'ail frits qui accompagnent viandes et poissons. À la carte aussi, un délicieux lapin aux herbes et une soupe de poissons de la rivière aromatisée à la menthe.

ACTIVITÉS

À Alcoutim

Croisière sur le Guadiana – Fun River - *Hotel Guerreiros do Rio - Alcoutim - 281 54 01 70 - www.fun-river.com.* Vers Mértola, Penha d'Águia, Ribeira de Odeleite et Pomarão, plusieurs formules de promenade en bateau à la journée incluant déjeuner et retour en bus.

À Castro Marim

Turismar - *Castro Marim - réserv. 24 heures à l'avance - 968 83 15 53.* Dép. de la marina de Vila Real de Santo António à 9h30 et retour à 18h, en haute saison seulement.

Albufeira

40 657 habitants – District de Faro

NOS ADRESSES PAGE 373

S'INFORMER

Posto de turismo – *R. 5 de Outubro - ☏ 289 58 52 79 - www.cm-albufeira.pt - 9h30-13h, 14h-17h sf dim.*

SE REPÉRER

Carte de région p. 346-347 – *Carte Michelin 733 U5.* Le port d'Albufeira est situé à 4 km au sud de la N 125, à mi-chemin entre Faro et Lagos.

À NE PAS MANQUER

Les grottes marines d'Armação de Pêra ; la plage da Falésia ; les points de vue sur le site d'Albufeira : à l'est, le sémaphore au-dessus de la plage des Pêcheurs, à l'ouest vers la plage de Galé.

ORGANISER SON TEMPS

Choisissez la promenade en bateau de Armação de Pêra tôt le matin et passez l'après-midi sur une plage à l'ouest de la ville.

AVEC LES ENFANTS

Les parcs aquatiques Zoo Marine et Slide & Splash *(voir p. 375).*

Bâti en amphithéâtre face à la mer, ce port de pêche a définitivement tourné la page d'un passé serein pour devenir, à la fin des années 1960, un haut lieu du tourisme balnéaire. Quelques décennies et une poignée de promoteurs immobiliers peu soucieux d'esthétique auront suffi pour que cette ancienne place forte maure (Albufeira signifie « forteresse de la mer » en arabe) se hérisse d'immeubles modernes. Mélange de Mykonos, de Benidorm et d'Ibiza, peuplée de jeunes étrangers venus là pour « s'éclater », la station balnéaire la plus courue de l'Algarve se transforme chaque soir en un gigantesque disco-bar qui illumine la nuit et la fait résonner de rythmes techno. Pour autant, la ville conserve, au moins dans sa partie ancienne, quelques attraits. À l'heure où la foule s'agglutine dans les bars, les ruelles entrelacées du vieux quartier, intactes et désertes, révèlent tout leur charme ; accroché au sommet d'une falaise aux tons dorés, il forme un bel ensemble de maisons blanches au-dessus de la plage qui s'incurve en contrebas.

Se promener

VIEILLE VILLE

Le cœur historique d'Albufeira se découvre à pied, en parcourant des ruelles pavées et voûtées d'arcs maures à lanterne. Les rues convergent vers la place principale : le **largo Eng. Duarte Pacheco**, où se déploient les terrasses de cafés. En été, les rues piétonnes du centre, le long desquelles se succèdent bars et restaurants, sont prises d'assaut par une foule cosmopolite qui, en soirée, investit les nombreuses discothèques des environs.

Musée d'Art sacré (Museu de Arte Sacra)
Igreja de São Sebastião, largo Miguel Bombarda - ✆ 289 58 55 26 - mar.-dim. 10h30-16h30 (et 20h-23h en été) - 1 €.
Installé dans la petite église São Sebastião (18e s.), ce musée vit à l'heure d'Albufeira et ouvre en nocturne pendant l'été. En se laissant guider par la musique liturgique, on découvre quelques pièces d'art sacré, dont un beau panneau d'azulejos retrouvé sur les murs d'une cuisine. À gauche de la nef, une salle présente des clichés d'Albufeira pris entre 1880 et 1970, et on se surprend à rêver devant les photos de ce paisible village de pêcheurs.

Musée municipal d'Archéologie (Museu Municipal de Arqueologia)
Praça da República - ✆ 289 57 07 12 - mar.-dim. 10h30-16h30 (été 18h-0h).
Préhistoire, époque romaine, période wisigothique puis mauresque : Albufeira renoue avec ses plus lointaines racines dans l'ancien palais du Conseil.

PLAGE

Par un tunnel creusé dans la falaise *(à l'extrémité de la rua 5 de Outubro, dans la vieille ville)*, on accède à la plage dite « des Baigneurs », protégée de la houle à l'ouest par la pointe rocheuse de Baleeira, un curieux bloc calcaire en forme de crosse. Au-dessus de la plage, une rue conduit à l'extrémité de la pointe et offre un beau panorama sur la mer et la nouvelle marina ; vous pourrez y accéder par l'ascenseur panoramique installé derrière l'énorme rocher.
À l'est, la plage est séparée de celle des Pêcheurs (Praia dos Barcos) par une falaise. Elle s'est vue privée de ses barques colorées, si chères aux photographes, depuis la construction de la marina à l'ouest de la ville. Elle demeure fréquentée par quelques nostalgiques, qui refusent d'abandonner leurs vieilles habitudes, mais vous n'assisterez plus au retour de la pêche à cet endroit.

À proximité Carte de région p. 346-347

Albufeira est bondée l'été : ceux qui préfèrent le calme trouveront de part et d'autre de la ville de nombreuses criques ou plages, accessibles par la route ou en bateau. Cette partie de la côte, appelée « Barlavento » (au vent), doit sa réputation à ses étendues de sable au pied de falaises ocre (jusqu'à Vilamoura) et à ses eaux turquoise et limpides s'engouffrant dans des grottes marines. Victime de son succès, elle est en de nombreux endroits défigurée par l'immobilier. Les petits ports sont aujourd'hui perdus au milieu des tours et, en été, les barques de pêche se retrouvent parmi les parasols alignés sur le sable.

À L'OUEST DE LA VILLE

Derrière la jolie plage de **São Rafael★** *(2 km)* et la crique de **Castelo** *(4 km)*, **Praia da Galé** *(7 km)*, une plage de sable bordée de falaises, s'étend sur plusieurs kilomètres.

Armação de Pêra

▶ *12 km à l'ouest d'Albufeira.*
Ce port de pêche est devenu une station balnéaire très urbanisée. Les hautes tours blanches servent de toile de fond à la plage, immense et très sûre.
★★ **Promenade en bateau** – *Jusqu'au cap Carvoeiro, à l'ouest, au dép. d'Armação (plage est). Pour louer une embarcation à moteur ou faire une promenade en bateau, adresez-vous aux pêcheurs sur la plage - 10h-16h (17h30 en été - quand la météo le permet) - env. 20 €/pers. - en été, il est possible de pique-niquer sur*

des plages, notamment celle de Nossa Sehnora da Rocha. Lors de la promenade, vous longerez des falaises de grès ou des rochers sculptés par l'érosion, formant notamment des arches naturelles splendides, et découvrirez 18 **grottes marines★★** considérées comme les plus belles de la côte algarvienne (Pontal, Mesquita, Ruazes, etc.). Toute cette côte est bordée de superbes plages, moins fréquentées.

Poursuivez la route côtière vers l'ouest sur 3 km.

Chapelle (Capela) **Nossa Senhora da Rocha**

Située sur un promontoire de la falaise, cette jolie chapelle blanche au clocher pointu possède un portail encadré par deux colonnes supportant des chapiteaux sculptés de facture archaïque ; l'intérieur, revêtu d'azulejos, abrite de charmants ex-voto (navires).

Bon à savoir – À partir de la plage de Senhora da Rocha, il est possible en été de louer des barques pour visiter les grottes.

À L'EST DE LA VILLE

Plusieurs plages, accessibles par la route, se succèdent presque tous les kilomètres : **Oura** *(2 km d'Albufeira)*, **Balaia**, **Maria Luísa**, **Olhos de Água** et, enfin, l'une des plus belles de la côte, **Praia da Falésia★★** *(11 km d'Albufeira - sur la N 125, suivez la dir. « Pine Cliffs » et « Sheraton » pendant 3 km)*. Adossée à une gigantesque muraille de falaises rouges coiffée de pins, elle déroule ses kilomètres de sable blond jusqu'à Vilamoura *(voir p. 354)*.

NOS ADRESSES À ALBUFEIRA

INFORMATIONS UTILES

Les offices de tourisme sont répertoriés en début de chapitre.

Internet

Gold Spot – *R. Alves Correia, 81 - www.goldspot.pt - 1 €/15mn.*

TRANSPORTS

Bus – **Gare routière Caliços** - *R. da Figueira (bus ttes les 30mn de et vers l'av. da Liberdade - 1,10 €).* Pour les plages des environs, env. 10 bus/j. sf w.-end et j. fériés. Horaires à l'office de tourisme.

Location de voitures – La plupart des agences nationales et internationales sont représentées vers Areias de São João, un quartier à l'est d'Albufeira, près de la plage d'Oura.

Location de deux-roues – **Easy Rider** – *Av. da Liberdade, 115 - ✆ 289 50 11 02.*

Almotos – *Apartamentos Rodrigues, Loja A (près de la plage d'Oura), Praceta Sol Nascente, Areias de São João - ✆ 289 54 20 59 - www.almotos.com.*

Vespa Rent – *R. Alexandre Herculano, Areias de São João - ✆ 289 54 23 77 - www.vesparent.com.*

HÉBERGEMENT

BUDGET MOYEN

Pensão Dianamar – *R. Latino Coelho, 36 - ✆ 289 58 78 01 - www.dianamar.com - fermé nov.-fév. - - 14 ch. 60/65 €.* Dans cette rue tranquille qui part de l'église S. Sebastião, une pension tenue par des Suédois. Les chambres du dernier étage donnent sur la baie d'Albufeira. Patio fleuri et belle terrasse solarium sur le toit avec vue panoramique. Une adresse agréable.

Mansão Bertolina – *R. Joaquim Pedro Samora, 8 - 289 58 91 34 - mansaobertolina@sapo.pt - - 17 ch. 60/70 €* . Dans une ruelle tranquille près de l'office de tourisme, un hôtel convivial dont les chambres bien tenues sont sobrement décorées. Préférez celles qui donnent sur la piscine. Jolie vue sur la ville. Presque moitié prix en basse saison.

Residencial Frentomar – *R. Latino Coelho, 25 - 289 51 20 05 - www.frentomar.com - fermé nov.-mars - 13 ch. 65/75 € - 4 €*. On accède à cette adresse postée sur la corniche en prenant la petite rue qui part du chevet de S. Sebastião. La maison dispose de grandes chambres avec vue sur la mer (sauf 2 sur rue), dont la plupart possèdent une terrasse. À la fois proche du centre et au calme.

Residencial Vila Recife – *R. Miguel Bombarda, 12 - 289 58 37 40 - www.grupofbarata.com - fermé oct.-mars - - 92 ch. 65/75 €* . Vous repérerez cette grande pension de style Belle Époque aux trois églises blanches qui l'entourent. Bien qu'une partie moderne ait été rajoutée, elle a su conserver une certaine allure avec sa grille, son perron et son allée de palmiers. Chambres parfois bruyantes et chaudes, d'un confort inégal. Préférez celles avec vue.

À Alcantarilha

POUR SE FAIRE PLAISIR

Capela das Artes – *Espaço cultural de Alcantarilha, à 10 km à l'ouest par la N 125 - 282 32 02 00 - www.capeladasartes.com - - 30 ch. 90/120 €* . Cette ancienne *quinta* du 15e s. a été reconvertie par un collectionneur d'art en centre culturel et hôtel-restaurant. Les chambres sont superbes, décorées de meubles anciens. Leurs patios ouvrent sur un grand jardin où a été aménagée une piscine. L'ancien pressoir à huile accueille des expositions d'art contemporain. Bon restaurant. Séjour de 2 nuits mini.

RESTAURATION

BUDGET MOYEN

O Zuca – *Travessa do Malpique, 6 - 289 58 87 68 - 12h-23h sf merc. - 15/20 €*. Un des rares restaurants d'Albufeira qui ne soit pas trop touristique, juste derrière le largo Eng. Duarte Pacheco. Très apprécié des habitants. Le w.-end, plat du jour à emporter. Un lieu authentique aux prix tout à fait raisonnables et à l'atmosphère familiale. Cuisine simple.

POUR SE FAIRE PLAISIR

A Ruina – *Cais Herculano (sur la place des Pescadores) - 289 51 20 94 - www.restaurante-ruina.com - 28/40 €*. Parmi la cohorte de restaurants touristiques, celui-ci se distingue par sa haute maison de pierre et ses tables disposées sur le sable de la pittoresque plage des Pêcheurs. Le site enchanteur se prête admirablement à un élégant dîner au soleil couchant (les poissons sont excellents). On paye donc la situation et la qualité de la cuisine.

PETITE PAUSE

Café Latino – *R. Latino Coelho, 59 - 289 58 51 32 - fermé lun.* Cette adresse toute simple à la décoration moderne et agréable dispose d'une terrasse depuis laquelle le village, la baie, l'horizon et les voiliers se découvrent d'un regard. Vous pourrez boire un verre devant ce magnifique panorama ou déguster une *toasta mista* avec la mer en contrebas, tout en jouissant d'un calme absolu. C'est paradisiaque !

Pastelaria Riviera – *Hotel Brisa Sol - Cerro Alagoa - ✆ 289 58 77 45 - 8h-0h.* Pâtisserie incontournable pour s'initier aux spécialités de l'Algarve telles que le fameux *Dom Rodrigo*. Cette adresse qui jouxte l'hôtel Brisa Sol dans la partie haute de la ville attire les gourmands jusqu'au bout de la nuit.

BOIRE UN VERRE

Bars – Dans le centre-ville, la « rue des bars » est une évidence qui ne nécessite pas d'autre explication. L'animation est dans la rue, il n'y a qu'à choisir un endroit… ou bien ne pas choisir et passer d'un bar à l'autre !

ACHATS

A Tralha – *R. João de Deus, 1 - ✆ 289 58 78 41 - a.tralha@clix.pt - 10h-13h, 15h-19h (23h en été).* En face de l'office du tourisme, la plus belle boutique de décoration d'Albufeira. Dans de très beaux volumes anciens, elle cultive raffinement et belles matières : artisanat de qualité, mobilier, vaisselle, luminaire, linge de maison (très beaux tissages en lin), bijoux, vêtements et accessoires de mode.

EN SOIRÉE

Situé à Praia da Oura, le **Capítulo V** est un bar-discothèque dont la terrasse est des plus agréables. À Areias de São João, la route de Santa Eulália concentre le plus grand nombre de bars, dans lesquels on peut généralement danser, dont l'**Alabastro**. Toujours dans ce périmètre, rua Alexandre Herculano, au nº 19, se trouve l'**Amnésia** et, un peu plus loin, l'un des hauts lieux de la nuit d'Albufeira, le **Liberto's Bar**, discothèque avec piscine, très prisée par les footballeurs et la jet-set. Sur la plage de Santa Eulália, le **Bar Atlântico** offre une belle vue sur la mer.

Discothèques – Le **Kiss**, à Areias de São João, est l'une des plus anciennes ; ouverte toute l'année, elle attire un public varié. Surplombant la plage de Santa Eulália, **Le Club** dispose de plusieurs espaces en plein air. En été, les nuits y sont animées par divers DJ. Sans oublier le **Kadoc** *(estrada de Vilamoura).*

ACTIVITÉS

Touradas – Juin-sept., sur la praça de Touros, en général le vend. vers 18h *(horaires et rens. à l'office de tourisme).* Billets en vente sur place.

Zoo Marine – *Sur la N 125 (6 km d'Albufeira) - ✆ 289 56 03 00 - www.zoomarine.pt - sept.-mars : 10h-17h ; avr.-juin : 10h-18h ; juil.-août : 10h-19h30 - 25 € (enf. 16 €).* Cet immense parc de loisirs consacré à l'Océan comprend un aquarium, des piscines ludiques et des aires de jeux. Spectacles de dauphins, de rapaces et de phoques.

Slide & Splash – *Sur la N 125 entre Lagoa et Estombar - ✆ 282 34 08 00 - www.slidesplash.com - avr.-mai et sept.-oct. : 10h-17h ; juin : 10h-17h30 ; juil.-août : 10h-18h - 21 € (enf. 16,50 €).* Toboggans géants, Jacuzzi, piscines de toutes tailles.

AGENDA

Festa da Ourada – *Mi-août.* Célébration du patron des pêcheurs sur la plage.

Festival international de sculpture sur sable – *15 avr.-15 juin - www.fiesa.org.* Il se tient depuis 2003 à Pêra, sur une thématique différente chaque année.

4

Portimão et environs

40 657 habitants – District de Faro

NOS ADRESSES PAGE 381

S'INFORMER

Postos de turismo de Portimão – *Av. Zeca Afonso (centre historique) - ✆ 282 47 07 17 - lun.-sam. 9h30-13h, 14h-18h30 (tlj en été); av. Tomás Cabreira (Praia da Rocha) - ✆ 282 41 91 32.*

Posto de turismo de Silves – *R. 25 de Abril, 26-28 - ✆ 282 44 22 55 - www.visitalgarve.pt.*

SE REPÉRER

Carte de région p. 346-347 – *Carte Michelin 733 U4.* Portimão se trouve à 34 km à l'ouest d'Albufeira par la N 125 et à 19 km à l'est de Lagos. Monchique : 25 km au nord de Portimão; Silves : 16 km au nord-est de Portimão.

À NE PAS MANQUER

Le site marin d'Algar Seco; Praia da Rocha; Ferragudo; le château et la cathédrale de Silves; Pico da Fóia.

ORGANISER SON TEMPS

Prévoyez une bonne journée pour découvrir Portimão et ses environs. Si vous souhaitez monter au Pico da Fóia, n'y allez pas trop tôt le matin, car les brumes peuvent dissimuler les paysages.

AVEC LES ENFANTS

Le Parque da Mina, ancienne mine désaffectée.

En contemplant les falaises échancrées de Carvoeiro, les immenses plages dorées de Praia da Rocha ou l'estuaire encore sauvage de la rivière Alvor, on a peine à croire que, face à une nature aussi belle, la civilisation des loisirs ait pu engendrer un tel cauchemar urbain. Principale ville du Barlavento (la côte ouest de l'Algarve), Portimão est victime du succès de ses plages et des méfaits du tourisme de masse. Ce port de pêche spécialisé dans la construction navale et la sardine est aujourd'hui hérissé de vilaines tours. La coulée de béton s'étire jusqu'à Praia da Rocha, à 3 km de là, excroissance balnéaire où s'empilent hôtels monstrueux, restaurants insipides et bars tapageurs. Heureusement, il subsiste quelques oasis de douceur. Il suffit d'aller sur l'autre rive et voilà Ferragudo, miraculeusement épargné. Ou de remonter la rivière Arade jusqu'à Silves, l'ancienne capitale du royaume maure, où vivaient jadis princes et poètes. Ou encore d'aller, loin des foules, prendre un bain de fraîcheur dans la serra de Monchique à l'exubérante nature.

Se promener

De nombreux vacanciers se rendent directement à la station balnéaire de Praia da Rocha, la plage la plus prisée de la ville *(voir ci-contre)*. Cependant, si vous faites un tour dans le centre de Portimão, jetez un coup d'œil au **largo 1º de Dezembro**. Les bancs du petit square de cette place sont ornés de panneaux d'azulejos (19e s.) illustrant divers épisodes de l'histoire portugaise.

Falaises dominant la Praia da Rocha.
R. Mattes/hemis.fr

Bon à savoir – Pour bénéficier de la meilleure **vue★** de la ville, surtout à marée haute, rendez-vous sur le pont enjambant l'Arade au fond de la baie, qui permet de rejoindre Ferragudo.

À proximité Carte de région p. 346-347

★ Praia da Rocha

3 km au sud de Portimão.

Rendue célèbre par un groupe d'écrivains et d'intellectuels anglais qui s'y installèrent entre 1930 et 1950, elle est devenue l'une des stations balnéaires les plus fréquentées d'Algarve, même en hiver. Les raisons ? son climat, son ensoleillement exceptionnel, sa vaste plage qui se prolonge par une série de **criques★★** aux eaux turquoise s'incurvant entre des falaises ocre et rouge percées de grottes. Mais ne quittez pas l'Océan des yeux : en vous retournant, vous n'auriez pour horizon qu'une interminable barre d'immeubles.

★ **Belvédère** – À l'ouest de la station, près de la crique dos Castelos, un promontoire aménagé offre une vue d'ensemble, d'un côté sur la longue plage en pente douce dominée par les immeubles blancs de la station, de l'autre sur la succession de criques abritées par la falaise.

Fort de Santa Catarina – Il domine l'ouest de l'embouchure de l'Arade et, avec le fort São João de Ferragudo sur la rive opposée, garde l'entrée de la baie de Portimão. Il fut construit en 1621 pour défendre Silves et Portimão des attaques provenant d'Espagne et d'Afrique du Nord.

★ Ferragudo

Face à Portimão, de l'autre côté du grand pont.

Un monde sépare Praia da Rocha de ce charmant village, situé à l'est de l'estuaire de l'Arade. Par miracle Ferragudo a su résister à la fièvre des promoteurs et à l'invasion touristique. Hormis une poignée de bars et de restaurants, près de la place centrale, c'est le calme absolu dans les ruelles en

L'Algarve mauresque

En 711, des musulmans dépendant du califat omeyyade de Damas envahissent la péninsule Ibérique. La Reconquête, entreprise en 722 à Covadonga (dans les Asturies) par Pélage, un roi wisigoth, va durer sept siècles.

LA COUR MAURESQUE

En 712, l'armée de Musa, général musulman dépendant du califat omeyyade de Damas, occupe l'Algarve. La région est partagée en deux provinces *(koras)* : à l'ouest l'Algarve proprement dit, dont Silves est la capitale, et, à l'est, Aljarafe. Quelque temps après la chute de la dynastie omeyyade à Cordoue (1031), Al-Mutamid, fils du roi de Séville Al-Mutadid, est nommé gouverneur de la région d'Algarve. Devenu roi, il prend pour gouverneur son ami **Ibn Ammar** (1031-1084), par ailleurs grande figure de la poésie arabe, qui va tenir à Silves une cour brillante.

SILVES, CAPITALE DE L'ALGARVE CHRÉTIEN

Appelés à la rescousse par Al-Mutamid, les Almoravides prennent le dessus mais sont bientôt supplantés par les Almohades. Ces derniers sont les maîtres incontestés de l'Algarve jusqu'en 1189, date de la prise de Silves par le roi Sanche Ier, qui a demandé l'assistance de croisés allemands et anglais. C'est une première brèche dans la puissance musulmane au Portugal, bien que Silves soit rapidement repris par les Arabes (1191). La ville n'est récupérée par les Portugais que sous le règne de Sanche II, en 1242, grâce aux chevaliers de l'ordre de Saint-Jacques et à Paio Peres Correia, maître de l'ordre. Une fois la reconquête de l'Algarve menée à son terme, Silves en devient la capitale, tant politique que religieuse. En 1577, le transfert de l'évêché à Faro marque le début de son déclin.

LA DOMINATION MUSULMANE EN QUELQUES DATES

Quelques dates de la reconquête du territoire portugais sur les musulmans sont à retenir :

867 – Porto

1064 – Coimbra

1147 – Lisbonne (la ville est libérée par le premier roi du Portugal, Alphonse Henriques)

1189 – Silves (qui est toutefois repris deux ans plus tard)

1249 – Chute de Faro qui marque la fin de la reconquête du territoire portugais.

À la différence de l'Espagne, il reste peu de vestiges d'architecture islamique au Portugal, à part la mosquée de Mértola *(voir « Vallée du Guadiana », p. 369)* en Alentejo, et des murailles, comme celles de Silves.

Lire également « Avant le Portugal », « L'occupation musulmane », dans notre chapitre « Histoire », p. 92.

escalier de ce village couronné par une église. Grimpez jusqu'au **fort São João** *(propriété privée)* pour contempler l'estuaire, avec en toile de fond les immeubles de Portimão. En contrebas, au sud du fort, baignez-vous à **Praia Grande**.

★ Carvoeiro

15 km au sud-est de Portimão. Suivez la N 125 vers l'est en dir. de Lagoa, puis gagnez la côte par la N 124-1.

Encaissé dans une étroite échancrure de la falaise, ce village de pêcheurs est devenu une station balnéaire de plus en plus envahie par les constructions modernes. On a fait ici le choix de villas et de complexes résidentiels à taille humaine plutôt que celui de tours, et la localité a su conserver un certain cachet.

Belvédère Nossa Senhora da Encarnação – Au sommet d'une rampe abrupte, à l'est de la plage *(devant une chapelle et un poste de police)*, il offre une vue en enfilade sur les falaises du cap Carvoeiro.

★★ **Algar Seco** – *500 m au-delà du belvédère de N. S. da Encarnação, plus 30mn à pied AR. Laissez la voiture au parc de stationnement.*

En contrebas du cap Carvoeiro, un escalier de 134 marches creusé dans les rochers rougeâtres sculptés par la mer en forme de piton, d'arche ou de « meule de gruyère » permet d'atteindre le **site marin** d'Algar Seco. Le cœur du site bat entre les porches béants de plusieurs grottes à demi immergées, sous l'aspect d'un violent tourbillon de courants marins affrontés. Sur la droite *(pancarte « A Boneca »)*, un court tunnel aboutit, sous un piton, à une caverne percée de deux « fenêtres » naturelles qui donnent sur les falaises ouest. Sur la gauche, un sentier mène à un promontoire d'où l'on peut contempler l'entrée d'une profonde grotte sous-marine. L'été, le site est doté d'une agréable buvette.

Bon à savoir – En saison, les grottes marines du cap Carvoeiro s'explorent en bateau ; adressez-vous aux pêcheurs sur la plage de Carvoeiro.

★ Silves

16 km au nord-est de Portimão (27 km au sud-est de Monchique ; 25 km au nord-ouest d'Albufeira).

De l'ancienne Xelb aux nombreuses mosquées, capitale maure de l'Algarve, dont la magnificence éclipsait, dit-on, celle de Lisbonne, il ne subsiste qu'un château aux murailles de grès rouge surplombant la ville blanche, étagée sur la colline. Du fait de sa situation à l'intérieur des terres, sur les contreforts de la serra de Monchique, Silves a conservé son authenticité avec ses rues pavées et pentues.

★ **Château** – *282 44 56 24 - 9h-17h (été 19h) - 2,50 €.* Le plus grand château de l'Algarve a été édifié durant l'occupation musulmane. Des fouilles réalisées dans l'enceinte ont permis de mettre au jour une grande citerne à quatre voûtes ainsi qu'une demeure datant de la période almohade. Un nouvel espace muséologique agrémenté d'un jardin médiéval a ouvert ses portes en 2008. Le chemin de ronde sur les remparts crénelés magnifiquement restaurés offre de nombreux **points de vue** sur la ville et les environs : au nord-ouest sur la vallée de l'Arade et, derrière, la serra de Monchique ; au sud sur les vergers de pêchers et d'amandiers et, au loin, sur le littoral.

★ **Cathédrale** (Sé) – *Entrée par la porte latérale.* Elle a été édifiée à l'emplacement d'une ancienne mosquée avec le grès rouge de la région. La nef et les bas-côtés gothiques (13e s.) frappent par leur simplicité harmonieuse ; le transept et le chœur, plus tardifs, sont de style gothique flamboyant. En face du portail de la cathédrale, remarquez une **porte manuéline**.

Musée municipal archéologique (Museu Municipal de Arqueologia) – *R. da Porta de Loulé, 14 - ✆ 282 44 48 32 - lun.-sam. 9h-18h - fermé 1er janv. et 25 déc. - 1,50 €*. Il est installé dans un bâtiment moderne construit le long de la muraille. Ses collections retracent l'histoire de cette région depuis le Paléolithique. Elles présentent notamment des menhirs et des stèles funéraires de l'âge du fer et un puits-citerne des 12e-13e s. La période arabe est particulièrement bien représentée (céramiques, éléments d'architecture).

Croix du Portugal (Cruz de Portugal) – *À la sortie est de la ville, sur la N 124, route de São Bartolomeu de Messines*. Ce calvaire qui date probablement du début du 16e s., en calcaire très ouvragé, présente sur une face le Christ en croix et sur l'autre, une pietà.

Circuit conseillé Carte de région p. 346-347

Circuit vert clair de 30 km tracé sur la carte de région – Comptez env. 2h. Quittez Portimão par la N 124, au nord.

SERRA DE MONCHIQUE

Dans l'arrière-pays de l'Algarve, la serra de Monchique offre aux estivants de la côte la fraîcheur de ses hauteurs boisées et de beaux points de vue sur la région.

Après Porto de Lagos, par la N 266 prise à gauche, commence la montée dans la serra de Monchique, agréablement boisée. À 10 km de Portimão, **Caldas de Monchique** est une jolie station thermale dont les sources sont utilisées dans le traitement des rhumatismes et des maladies de peau.

Au-delà de l'embranchement vers Caldas de Monchique, dans un grand virage, à gauche, un premier belvédère *(table d'orientation)* offre une jolie **vue** sur la station thermale située en contrebas et les cultures de maïs en terrasses qui l'entourent, ainsi que, plus au sud, sur le moutonnement des collines s'abaissant vers Portimão.

La route passe entre les versants opposés du Fóia et du Picota, couverts de pins, de chênes-lièges et d'eucalyptus. D'importantes carrières de syénite sont exploitées pour la construction.

Monchique

25 km au nord de Portimão.

Étagée sur le flanc est du Fóia, la petite ville possède une **église** réputée pour son portail manuélin où des colonnes torses se prolongent en une cordelière nouée.

« UN JARDIN SUSPENDU »

Bloc volcanique qui surplombe à plus de 900 m les croupes schisteuses environnantes, la serra de Monchique forme une barrière sur laquelle viennent buter les nuages venus de l'Atlantique, qui y entretiennent une humidité d'autant plus élevée que la roche est imperméable. L'humidité et la chaleur combinées favorisent, sur ces riches sols volcaniques, le développement d'une végétation exubérante et variée où se mêlent espèces tropicales et tempérées : eucalyptus, chênes-lièges, châtaigniers, pins, arbousiers, caroubiers, rhododendrons, cultures en terrasses d'orangers et de maïs : Miguel Torga y voyait un véritable « jardin suspendu ».

Du belvédère aménagé sur le champ de foire *(accès par la rue que prolonge la route du Fóia)*, **vue** intéressante sur les quartiers étagés face au mont Picota (alt. 773 m).

Dans Monchique, prenez à gauche la N 266-3 vers le mont Fóia.

La **route★** gravit les pentes du Fóia, point culminant de la serra. Après quelques kilomètres sous les pins et les eucalyptus, la **vue★** se dégage vers le sud dans un virage à droite (croix et fontaine) ; on distingue, de gauche à droite, le golfe de Portimão, la baie de Lagos, le lac d'Odiáxere et, dans le lointain, la presqu'île de Sagres.

★ Pico da Fóia

Alt. 902 m. Le site, qui englobe un radar, des antennes de radio-télévision, un restaurant et une boutique d'artisanat, est parsemé de rochers. Du sommet (obélisque), vous bénéficiez de **vues★** étendues sur les croupes dénudées du nord et les hauteurs boisées de l'ouest.

NOS ADRESSES À PORTIMÃO ET ALENTOUR

INFORMATIONS UTILES

Les offices de tourisme sont répertoriés en début de chapitre.

HÉBERGEMENT

À Praia da Rocha

UNE FOLIE

Bela Vista – *Av. Tomás Cabreira - ☏ 282 46 02 80 - www.hotelbelavista.net - P - 38 ch. 160/200 €* . Sur les falaises, dominant la plage, cette majestueuse villa du début du siècle a fait peau neuve mi-2011 en conservant son décor d'époque : vitraux, canapés en cuir et fauteuils Chesterfield, bois exotiques et magnifiques azulejos qui retracent les aventures de Luís de Camões. Les chambres du haut, avec vue sur la mer, sont paradisiaques. En été, soirées musicales sur la terrasse, qui ne finissent jamais très tard.

À Carvoeiro

BUDGET MOYEN

Pension von Baselli – *R. da Escola - ☏ 282 35 71 59 - - 5 ch. - fermé 15 nov.-1er fév. 50/55 €* . Sur le flanc gauche du village, une jolie maison accrochée à la falaise, avec la plage à ses pieds. La terrasse, surmontée d'une pergola, permet de prendre le petit-déj. face à la mer. Les maîtres des lieux, une famille allemande adorable, ont décoré le salon de maquettes de bateaux et les chambres de tableaux bucoliques. Celles-ci se partagent les deux sdb, mais disposent d'un accès indépendant.

À Silves

PREMIER PRIX

Ponte Romana – *Horta da Cruz - ☏ 282 44 32 75 - - 17 ch. 30 €*. Sur la rive droite, devant l'ancien pont romain, une grande bâtisse rouge qui abrite aussi un restaurant décoré de vieilles machines à coudre Singer. Les chambres, spacieuses et confortables, sont carrelées de blanc et parées de couvre-lits bleu ciel ou rose bonbon assortis aux rideaux. Celles du 2e étage ont vue sur le château. Accueil cordial et bon rapport qualité-prix.

BUDGET MOYEN

Quinta do Rio – *Sitio São Estevão (à 5 km de Silves, vers Messines) - ☏ 282 44 55 28 - http://*

4

quintariocountryinn.home.sapo.pt - 6 ch. 63 € . Une paisible auberge rustique nichée au milieu d'une orangeraie. Les chambres, d'une reposante sobriété, arborent des toits en roseaux, des chaises en paille et des lits en fer forgé. Bons petits-déj. et, sur commande, dîner italien.

À Monchique

BUDGET MOYEN

Abrigo da Montanha – *Corte Pereiro - ☎ 282 91 21 31 - www.abrigodamontanha.com - - 14 ch. 75/80 €* . Sur les hauteurs de Monchique, en allant vers Fóia, un beau chalet décoré de liège aux chambres douillettes bénéficiant d'une vue splendide sur la vallée. Délicieux restaurant avec un coin cheminée.

À Caldas de Monchique

BUDGET MOYEN

Albergaria do Lageado – *☎ 282 91 26 16 - www.albergariadolageado.com - - 20 ch. - fermé nov.-mars - 45/55 €* . Dans la station thermale, une auberge de charme ouvrant sur un jardin plein de fleurs. Un petit paradis.

RESTAURATION

PREMIER PRIX

Dona Barca – *Largo da Barca - ☎ 282 48 41 89 - fermé dim. en hiver.* Sous une tonnelle fleurie, on déguste, sur de grandes tablées, des poissons grillés dans la cour, notamment des petites sardines à la fraîcheur irréprochable. Accueil chaleureux.

À Mexilhoeira Grande

POUR SE FAIRE PLAISIR

Adega Vila Lisa – *À 8 km à l'ouest de Portimão, rua Francisco Bivar - ☎ 282 96 84 78 - ouvert le soir, tlj en été, vend. et sam. de nov. à juin.* Ne manquez pas cette table, réputée pour être la meilleure de l'Algarve. Dans cette petite maison blanche aux volets jaunes, la salle est décorée de toiles contemporaines et de bouteilles de vin et l'on y dîne alignés sur des bancs de bois, dans une ambiance conviviale et animée. Cuisine campagnarde associant une farandole de *petiscos* à des plats solides comme le coq au vin, le filet de porc noir ou le bouillon de coques. Vous ne repartirez pas sans avoir goûté au moins cinq plats et ingurgité quantité de *medronho* (eau-de-vie) !

À Ferragudo

POUR SE FAIRE PLAISIR

Sueste – *R. Infante Santo - ☎ 282 46 15 92 - 12h-22h30 sf lun.* Au bout du quai, un restaurant dont la terrasse offre une superbe vue sur la rivière. Spécialité de poissons grillés. Service affairé.

À Silves

PREMIER PRIX

O Monchiqueiro – *Mercado municipal - ☎ 282 44 24 42 - fermé merc. - - env. 10 €.* Sous les arcades du marché, face à la rivière, plusieurs gargotes assez semblables déploient leurs terrasses. Des matrones y font griller le poulet *piri-piri* ou les sardines à la braise.

POUR SE FAIRE PLAISIR

Casa Velha – *R. 25 de Abril, 13 - ☎ 282 44 54 91 - 25/35 €.* Dans une maison à la façade recouverte de faïences roses, une *marisqueira* avec son vivier de crustacés. Sert aussi poulet, omelettes et *migas*. Plateau de fruits de mer pour 2 : 47,50 €.

PETITE PAUSE

À Silves

Pastelaria Dona Rosa – *Largo do Município.* Sous les arcades de la mairie, un salon de thé croquignolet, tapissé d'azulejos anciens et avec des petites tables en fer forgé. Les savoureuses sucreries de Mme Rosa font craquer tout le monde, même les moins gourmands.

Café Inglês – *Escadas do Castelo, 11 (au pied du château) - ✆ 282 44 25 85 - fermé sam. midi et lun. soir.* Faites une halte dans ce café, installé dans un entrepôt réhabilité avec goût. Parquet, tables en bois et fer forgé, piano dans un coin et vieux poêle au milieu, grand et beau comptoir à l'ancienne : on se croirait dans un bistrot des années 1920. Succulentes pâtisseries maison et quelques plats légers (gaspacho, salades, assiette de jambon fumé et fromages). Concerts (*bossa nova*, jazz et rythmes latinos) les vend. et sam. soir et le dim. à 15h en été. Superbe terrasse sur le toit. Un chouette endroit.

BOIRE UN VERRE

À Monchique

Barlefante – *Travessa das Guerreiras - ✆ 282 91 27 74.* Le postérieur d'un éléphant bleu indique le chemin : on tombe sur ce bar branché, pour le moins surprenant dans ce village, au bout d'une ruelle bariolée. Il offre ses recoins à des banquettes moelleuses et son bar en fer à cheval pour savourer *caïpirinhas* et *shots* à base d'eau-de-vie d'arbouse ou de miel.

ACHATS

À Monchique

Casa dos Arcos – *Estrada Velha - ✆ 282 91 10 71 - 9h-19h ; visite de l'usine - r. Calouste Gulbenkian - lun.-vend. 9h-12h, 14h-17h.* Dans cette petite boutique à l'entrée du village on fabrique depuis cinq générations de jolies chaises romaines de toutes tailles en bois d'aulne. Livraison possible.

À Ferragudo

Atelier Sylvain Bongard – *R. Infante D. Henriques, 62 - ✆ 282 46 13 83 - www.atelierbongard.com.* À l'entrée de Ferragudo, un artiste suisse a installé son atelier. Il y fabrique d'étonnants azulejos à partir de ses peintures. À voir, ne serait-ce que pour le bric-à-brac de l'atelier.

ACTIVITÉS

Parque da Mina – *Vale de Boi (à 3 km de Caldas de Monchique) - ✆ 282 91 16 22 - www.parquedamina.pt - oct.-mars : 10h-17h ; avr.-sept. : 10h-19h - 8 € (enf. 5 €).* Cet ancien domaine comprend une mine désaffectée, une maison typique du 18e s. et des jardins plantés d'espèces locales. Les plus petits pourront faire des balades en poney et observer les animaux de la ferme.

Croisières

Caravela Santa Bernarda – *Marina de Portimão - ✆ 282 42 27 91 - www.santa-bernarda.com.* Cette réplique d'une caravelle portugaise du 15e s. fait visiter les grottes marines. 30 € la demi-journée. 60 €/j. avec barbecue.

AGENDA

Festival de la sardine – *Début août.* Dégustations et animations se succèdent 10 jours durant.

À Silves

Fête de la bière – *Début juil.* Pendant 10 jours, la bière coule à flots et l'on danse au son des orchestres brésiliens.

Lagos

★

30 755 habitants – District de Faro

NOS ADRESSES PAGE 388

S'INFORMER

Posto de turismo – *Largo Marquês de Pombal - ✆ 282 76 41 11 - www.turismodoalgarve.pt - lun.-sam. 9h30-17h30 (tlj en été).*

SE REPÉRER

Carte de région p. 346-347 – Plan de Lagos ci-contre – *Carte Michelin 733 U3-4*. À 32 km à l'est de Sagres et à 19 km à l'ouest de Portimão.

SE GARER

Vous pourrez vous garer sur l'avenida dos Descobrimentos ; grand parking près de la praça do Infante.

À NE PAS MANQUER

L'église Santo António ; le site marin de Ponta da Piedade.

ORGANISER SON TEMPS

Visitez Lagos le matin et faites une halte à l'agréable marché couvert. Après avoir déjeuné dans l'une des ruelles du centre, gagnez le site marin de Ponta da Piedade pour lézarder dans l'une des petites criques.

AVEC LES ENFANTS

Une sortie en kayak sur la plage de Meia Praia.

Tapie au creux d'une large baie face à l'Océan, Lagos vit dans la nostalgie de sa grandeur passée, comme si elle attendait encore le retour des nefs chargées d'épices, d'or, d'ivoire et d'esclaves qui firent jadis sa prospérité. Malgré l'affluence touristique, l'ancienne capitale de l'Algarve (1576-1756) a gardé une ambiance indolente et décontractée, avec son centre historique accueillant, lacis de rues piétonnes animées de boutiques et de restaurants, ponctuées de placettes ombragées de palmiers. Sa vie nocturne branchée favorise une joyeuse effervescence. Côté baignade, on a l'embarras du choix : longue plage de sable bordée de dunes à l'est, criques aux eaux cristallines flanquées d'extraordinaires formations rocheuses à l'ouest, vers Ponta da Piedade. Et les nombreuses grottes marines qui creusent la côte sont autant de merveilles naturelles…

Se promener Plan de ville ci-contre

Balade dans la vieille ville à faire au départ de la porte donnant sur la praça de Armas – Comptez 1h. L'arrivée à Lagos en venant du nord (N 120) ou de l'ouest par Vila do Bispo (N 125) offre une belle vue sur la marina.

Murailles

Les remparts furent édifiés entre le 14e et le 16e s. sur des murailles plus anciennes datant de l'époque romaine.

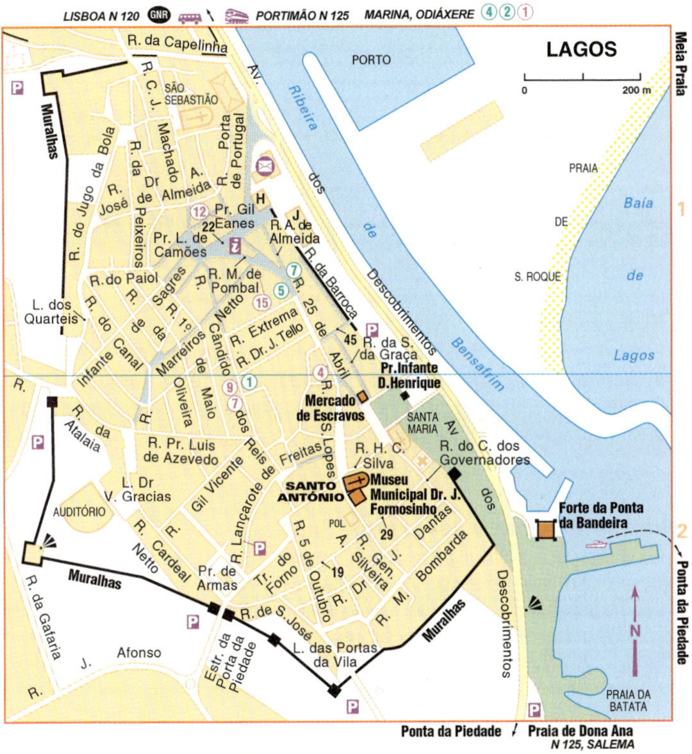

SE LOGER	SE RESTAURER	
Quinta das Barradas...②	Adega da Marina..............①	Restaurante O Pescador.......⑫
Marina Club................④	Millenium Jardim..............④	Snack-bar Abrigo..................⑮
Pensão Caravela........⑤	Mullens...........................⑦	INDEX DES RUES
Pensão Marazul.........⑦	Restaurante dos Artistas..⑨	Dr Mendonça (R. a)............... 19
Riomar.......................①		Garrett (R.)........................... 22
		Jardim (R. do)....................... 29
		Senhora da Graça (Tr. da).....45

Praça Infante D. Henrique

Au centre se dresse la **statue d'Henri le Navigateur**, inaugurée en 1960 pour le 500e anniversaire de sa mort. À droite, la maison à arcades abrite l'**ancien marché aux esclaves** : à la suite des expéditions africaines, au 15e s., fut établi ici le premier marché aux esclaves d'Europe. Le bâtiment actuel a été reconstruit après le tremblement de terre de 1755. Aujourd'hui, des expositions temporaires y sont présentées.

Prenez la rua Henrique Correia da Silva.

★ Église Santo António

R. General Alberto Silveira - entrée par le Museu Municipal (billet combiné) - ✆ 282 76 23 01 - mar.-dim. 9h30-12h30, 14h-17h - fermé j. fériés - 2,60 €.

La façade très simple ne laisse pas soupçonner l'exubérance et la virtuosité de la **décoration baroque★** qui règne à l'intérieur. Admirez, dans le cœur, le plafond en trompe-l'œil, les symboles eucharistiques et les statues en bois doré ; dans la tribune, les murs, le plafond et les azulejos blanc et bleu.

UNE VILLE TOURNÉE VERS LE LARGE

Lagos était déjà un port important à l'époque des Grandes Découvertes, et c'est d'ici que partirent la plupart des **expéditions africaines**. Il servit de base navale à l'infant Henri le Navigateur et de port d'attache à Gil Eanes qui, le premier, en 1434, doubla à l'ouest du Sahara le cap Bojador, considéré alors comme la limite du monde habitable. Sous les ordres de l'infant, les expéditions se succédèrent le long des côtes de l'Afrique, permettant de perfectionner la connaissance des courants marins et d'améliorer les techniques de navigation. En 1578, le jeune roi Dom Sebastião y embarqua avec toute son armada vers Ksar el-Kébir (*lire encadré p. 94*).

En 1693, au large de la baie de Lagos, Tourville réussit à envoyer par le fond 80 bâtiments d'un convoi anglo-hollandais escorté par l'amiral anglais Rooke, vainqueur de la bataille de la Hougue l'année précédente sur le littoral du Cotentin, en Normandie.

Musée municipal Dr José Formosinho

Pour les conditions de visite, voir page précédente. Attenant à l'église Santo António, ce musée présente une intéressante collection archéologique (monnaies, fragments de mosaïques) ainsi qu'une section ethnographique consacrée à l'Algarve (remarquez les cadres en liège) et, en souvenir du passé de Lagos, à l'Afrique. Il expose également des vêtements sacerdotaux d'une grande richesse.

Fort (Forte) da Ponta da Bandeira

Cais da Solaria - 282 76 14 10 - mar.-dim. 9h30-12h30, 14h-17h - fermé j. fériés - 2 €.

Construit à la fin du 17e s., le fort s'avance dans la mer et protège un petit port d'où partent aujourd'hui les bateaux d'excursion pour Ponta da Piedade. Il faut franchir le pont-levis pour pénétrer à l'intérieur de la cour. Dans les salles sont présentées des expositions temporaires. La **chapelle** est décorée d'azulejos du 17e s. La terrasse offre de belles **vues** sur la ville et le littoral.

Bon à savoir – Si vous avez un peu de temps devant vous, les ruelles piétonnes entourant la praça de Camões se prêtent à une agréable flânerie, avec leurs terrasses de cafés et de restaurants.

À proximité Carte de région p. 346-347

Plages

Pour éviter la foule de **Meia Praia**, la longue plage qui fait face au quartier historique, de l'autre côté du port de Lagos, préférez les petites plages au pied des falaises.

Partez du fort de Ponta da Bandeira, prenez l'avenida dos Descobrimentos en dir. de Sagres et empruntez la première route à gauche.

De là part un sentier qui suit le sommet des falaises, puis des escaliers descendent aux plages.

D'agréables criques s'égrènent au sud de la ville jusqu'à Ponta da Piedade : **Praia do Pinhão**, **Praia de Dona Ana★** *(accessible en voiture)* et **Praia do Camilo**.

★★ Ponta da Piedade

3 km. Prenez la dir. des plages et poursuivez sur l'avenida dos Descobrimentos jusqu'au rond-point orné d'une sphère centrale. Tournez à gauche et suivez la dir. de la Praia de D. Ana puis les panneaux « Ponta da Piedade ». Également accessible à pied par le chemin des plages décrit ci-dessus.

Le **site★★** de Ponta da Piedade confère à cette pointe un charme tout particulier : le rouge des falaises sculptées par l'Océan, aux formes tourmentées, et où se nichent des **grottes marines★**, contraste de façon spectaculaire avec le vert d'une eau limpide.

Bon à savoir – Pour visiter les grottes en barque, adressez-vous aux pêcheurs sur les plages de Ponta da Bandeira, Praia de Dona Ana ou Ponta da Piedade.

Derrière le phare, la **vue★** s'étend du cap Saint-Vincent à l'ouest au cap Carvoeiro à l'est. Par une petite route à gauche du phare, on gagne un belvédère qui offre une vue plongeante sur les rochers et la ravissante Praia de Dona Ana.

Burgau et Salema

Quittez Lagos par la N 125 en dir. de Sagres.

La côte sud aux alentours de Lagos est moins fréquentée, et ses petits ports de pêche ont gardé un certain cachet. Le joli village de **Burgau**, à 13 km de Lagos, descend jusqu'à une plage nichée entre deux avancées rocheuses. Dépêchez-vous, les nouvelles constructions gagnent du terrain…

En haut du village, suivez la route de gauche vers l'ouest (parallèle à la mer) au lieu de récupérer la N 125. Cette route passe par Cabanas Velhas et Boca do Rio avant de rejoindre la route en corniche (piste) qui descend sur Salema. Cette zone marque le début du Parc naturel du Sud-Ouest alentejan et de la côte vicentine (voir p. 112).

Si **Salema** ne possède pas le charme de Burgau, elle est en revanche dotée d'une ravissante petite plage.

La N 125 conduit à Vila do Bispo (voir p. 391), d'où l'on peut gagner Sagres ou le nord.

Barrage (Barragem) de Bravura

16 km au nord de Lagos. Quittez Lagos par la N 125, au nord-est, en dir. de Portimão. Le barrage est indiqué à l'entrée d'Odiáxere.

D'Odiáxere au barrage, la route très étroite serpente dans une vallée irriguée où poussent melons, tomates, maïs et figuiers, avant de grimper sur les contreforts de la serra de Monchique en offrant des **vues** étendues sur la chaîne littorale.

Le barrage, de type voûte, ferme la vallée de l'Odiáxere. À l'ouest du barrage, une conduite forcée recueille l'eau qui alimente la centrale hydroélectrique installée en aval, avant d'être utilisée pour irriguer 1 800 ha de champs situés entre Lagos et Portimão.

NOS ADRESSES À LAGOS

INFORMATIONS UTILES

Les offices de tourisme sont répertoriés en début de chapitre.

TRANSPORTS

Bus – **Gare routière** – *Av. dos Descobrimentos (face à la marina, au nord du centre historique)*. Bus Onda Azul (ligne bleue) pour Meia Praia et Praia de Dona Ana ; passages fréquents.

Location de deux-roues – **Aluguermoto** - *R. José Afonso, lote 23, loja C - 282 76 17 20.*

HÉBERGEMENT

PREMIER PRIX

Pensão Caravela – *R. 25 de Abril, 8 - 282 76 33 61 - caravelahouse@sapo.pt - - 16 ch. 30/35 €* . Cette pension très simple et centrale propose des chambres avec ou sans douche. Préférez celles donnant sur le petit patio plutôt que sur la rue. Salle du petit-déjeuner décorée d'azulejos anciens. Bon rapport qualité-prix.

Pensão Marazul – *R. 25 de Abril, 13 - 282 77 02 30 - www.pensaomarazul.com - fermé janv. - 18 ch. 30/50 €* . Une adresse agréable que cette pension coquette, toute de bleu et blanc parée. Certaines chambres donnent sur la rue principale parfois bruyante, et d'autres sur la mer. Les plus agréables ont vue sur le patio intérieur. Petit-déjeuner servi dans une salle lumineuse. Accès Internet.

BUDGET MOYEN

Riomar – *R. Cândido dos Reis, 83 - 282 77 01 30 - http://hotelriomarlagos.com - 42 ch. 40/90 €* . Un hôtel moderne et confortable dans une rue calme du centre-ville. Presque toutes les chambres possèdent un balcon, voire une terrasse. Vue sur la rue ou sur les toits de Lagos.

UNE FOLIE

Marina Club – *Marina de Lagos - 282 79 06 00 - www.marinaclub.pt - - 141 appart. 123/286 €.* Cet établissement possède des studios confortables, dont certains donnant sur la superbe piscine. Également un large choix d'appartements gais et fonctionnels. Salle de fitness.

À Odiáxere

POUR SE FAIRE PLAISIR

Quinta das Barradas – *À la sortie du bourg, en dir. du barrage, à 500 m sur la gauche - 282 77 02 00 - www.quintadasbarradas.com - 15 ch. 110/125 €.* Une agréable *quinta* du 19e s. entièrement rénovée et convertie en maison d'hôte, pour un séjour à la fois champêtre et raisonnablement proche des plages. Végétation dense et fleurie, bassin biologique et canal menant au barrage. À 5 km de Lagos, au milieu des vergers.

RESTAURATION

PREMIER PRIX

Adega da Marina – *Av. dos Descobrimento, 35 - 282 76 42 84 - http://adegadamarina.grupoadm.pt - tlj 12h-2h.* En face de la marina, une vaste salle aux faux airs de taverne munichoise où l'on déguste sur de longues tables en bois des spécialités portugaises à prix raisonnables. Service affairé.

Restaurante O Pescador – *R. Gil Eanes, 6 - 282 76 70 28 - fermé dim. de sept. à mars.* Dans une petite rue tranquille, une adresse plébiscitée par les habitants de Lagos pour sa cuisine simple et pleine de fraîcheur. Excellente *cataplana* de poisson à savourer sur la terrasse ensoleillée.

BUDGET MOYEN

Mullens – *R. Cândido dos Reis, 86 - ☏ 282 76 12 81 - à partir de 18h30.* Humour, convivialité et plats appétissants font le succès de cette taverne originale, baignant dans une douce musique jazzy et la lumière tamisée des bougies. Le menu est assorti de commentaires amusants : poulet *piri-piri* « au cou fraîchement tordu », velouté de tomates « fait avec de vrais petits pois », poisson « tout frais pêché en mer de Chine », etc.

Snack-bar Abrigo – *Largo Marquês de Pombal, 2 - ☏ 282 76 24 45 - 8h-23h.* Difficile de manquer ce petit bar dont la terrasse investit le sympathique largo Marquês de Pombal : il offre toute l'ombre nécessaire pour grignoter au frais salades, sandwichs et gâteaux en abondance.

Millenium Jardim – *R. 25 de Abril, 78 - ☏ 282 76 28 97.* Derrière de grandes grilles, un restaurant entièrement ouvert sur la rue avec une mezzanine et un patio rafraîchi par une fontaine. Un endroit agréable pour savourer une cuisine portugaise joliment présentée. Brochette de lotte lardée et autres poissons du jour.

POUR SE FAIRE PLAISIR

Restaurante dos Artistas – *R. Cândido dos Reis, 68 - ☏ 282 76 06 59 - www.lagos-artistas.com - 11h-14h, 18h-0h sf dim.* Derrière une façade jaune, une excellente table qui cultive raffinement, élégance et créativité. Grand patio-jardin pour dîner aux chandelles sous la fraîcheur des arbres, dans une atmosphère romantique. Un vrai restaurant gastronomique spécialisé dans la cuisine portugaise, thaïe et japonaise. Très belle carte de vins portugais. Menu à 14,50 € pour le déjeuner.

PETITE PAUSE

Bora Café – *R. Conselheiro Joaquim Machado, 17 - ☏ 282 08 34 39 - 8h30-0h (19h le dim. et le lun.).* Petit café Internet tout en carreaux de mosaïque bleutés et chocolat avec décoration en bois brut, raphia et terre cuite. Un esprit nature et gourmand qui se retrouve dans le menu entre jus de fruits frais, quiches aux légumes et gâteaux maison. Internet gratuit pour les clients.

EN SOIRÉE

Lounge Cocktail Bar – *Travessa Senhora da Graça, 2 - ☏ 963 82 10 67 - jeu.-dim. 16h-2h.* Banquettes félines, camaïeu de bois sombre et de métal, remarquable programmation musicale : vous trouverez ici une ambiance feutrée et *trendy*, soigneusement entretenue par un patron britannique. Une adresse qui se démarque des autres.

ACTIVITÉS

Blue Ocean Divers – *Motel Âncora (estrada de Porto de Môs) - ☏ 964 66 56 67 - www.blue-ocean-divers.de.* Une équipe professionnelle qui propose cours de plongée, sorties en mer et promenades en kayak.

Escola de Windsurf – *Meia Praia, Bairro 1º de Maio, 4 - ☏ 282 79 23 15 - www.windsurfpoint.com - demi-journée de windsurf 59 €, harnais et combinaison fournies ; 1h de kayak 9 € (monoplace) et 12 € (biplace).* Cours de windsurf et location de matériel sur la plage de Meia Praia. Kayak et pédalo.

Pointe de Sagres ★★★ et la côte vicentine ★

NOS ADRESSES PAGE 394

District de Faro

S'INFORMER
Vous trouverez un petit point d'information touristique à Sagres.

SE REPÉRER
Carte de région p. 346-347 – *Carte Michelin 733 TU3*. Sagres se trouve à 33 km à l'ouest de Lagos (env. 120 km de Faro) et à 330 km au sud de Lisbonne.

À NE PAS MANQUER
Le cap Saint-Vincent ; la pointe de Sagres.

ORGANISER SON TEMPS
Comptez une demi-journée pour découvrir la région. La côte est particulièrement ventée et il y fait plus frais que dans l'intérieur des terres : gardez un pull ou un coupe-vent à portée de main.

À l'extrême sud-ouest de l'Algarve, la pointe de Sagres et le cap Saint-Vincent forment un sanctuaire chargé d'histoire et d'émotion. C'est là, sur ce territoire rugueux et venteux, qui s'avance avec hardiesse sur le dos de l'Océan et s'achève en falaises vertigineuses ceinturées d'écume, qu'Henri le Navigateur et ses savants échafaudèrent les premières grandes expéditions maritimes. Passé Vila do Bispo, un mince ruban d'asphalte file à travers un espace plat, nu et sauvage. L'air se fait vivifiant ; la végétation se raréfie, comme si la terre se dépouillait de ses habits avant l'ultime plongeon vers le large. La sensation s'impose d'avoir touché un bout du monde livré à la tourmente des éléments. Quelques arpents de solitude battus par un vent brutal, de sombres récifs fouettés par la houle et balayés de courants rageurs… Sagres est un lieu mythique et puissant, où l'on va comme en pèlerinage. Ici, pas besoin de distractions superflues : la musique des vagues et les jappements du vent, les mouettes qui décrivent des lacets au-dessus des falaises, la mer tantôt démontée, tantôt brillante comme un plat d'étain assurent largement le spectacle.

PRIORITÉ NATURE
À cheval sur les deux régions du Sud-Ouest portugais, le Parque Natural do Sudoeste Alentejano e Costa Vicentina s'étend sur 74 788 ha, de Burgau dans l'Algarve à Sines dans l'Alentejo. *Lire « Le Parc naturel du Sud-Ouest alentejan et de la côte vicentine », p. 112.*

La côte vicentine, sauvage et majestueuse.
T. Di Girolamo/Tips/Photononstop

Circuit conseillé Carte de région p. 346-347

Du sud au nord, circuit violet d'env. 70 km tracé sur la carte de région – Compter 1/2 journée. Pour poursuivez ce circuit vers le nord, le long de la côte alentejane, *voir p. 338.*

Ce circuit est établi à partir de **Vila do Bispo**, village tout blanc où se croisent les routes allant vers le nord, l'Algarve et Sagres. Si vous êtes là un dimanche, profitez-en pour visiter son **église** baroque *(dim. 12h)*, qui possède un chœur en bois doré et des murs revêtus d'azulejos (1715) ; à gauche du chœur, une porte donne accès à un petit musée d'art sacré (beaux crucifix).

4

★★★ LA POINTE SUD-OUEST DU PORTUGAL

Battu par le vent, ce bout du monde, ce « finistère » tombant à pic dans la mer, à l'extrême sud-ouest de l'Europe, est un endroit chargé d'histoire. C'est ici qu'Henri le Navigateur se retira, au 15e s., face à l'océan atlantique et à l'immense inconnue que représentait la « mer Océane », pour créer à Sagres une école de navigation qui allait contribuer aux Grandes Découvertes.

Sagres

Cette localité aux avenues désolées, balayées par les rafales de vent, dégage une atmosphère de fin du monde. Vous vous sentirez gagné par la sensation étrange de parcourir la périphérie d'une ville sans jamais parvenir à en atteindre le centre ; d'ailleurs ce dernier se limite à une place si petite, à proximité d'un rond-point, que vous risquez de le manquer. Mais qu'importe, seuls quelques kilomètres vous séparent de la pointe sud-ouest de l'Europe, l'un des plus beaux sites du Portugal.

★★★ Pointe (Ponta) de Sagres

Il est possible de parcourir la pointe de Sagres en voiture, mais plus agréable de s'y promener à pied (comptez 1h).

L'ASTROLABE ET LE CADRAN : DE NOUVEAUX OUTILS

Après la prise de Ceuta (1415), l'infant se retire à Sagres, fait appel aux astronomes arabes, aux cartographes de Majorque et aux marins les plus réputés de l'époque pour fonder une école de navigateurs. Les résultats des recherches entreprises sont constamment expérimentés et exploités au cours d'expéditions de plus en plus lointaines *(voir « Lagos », p. 386)*. Grâce au perfectionnement de l'astrolabe et du cadran, qui peuvent désormais être utilisés en haute mer, l'infant inaugure l'ère de la navigation astronomique. Les marins, qui n'avaient jusque là pour guides qu'une carte et une boussole et ne contrôlaient leur position que par l'estimation du chemin parcouru, apprennent à calculer la latitude d'après la hauteur des astres sur l'horizon et à faire le point avec plus de précision. La cartographie bénéficie de ces améliorations. Aux portulans méditerranéens succèdent des cartes de l'Atlantique qui, même quand elles ne font pas état de la latitude, témoignent de la supériorité des Portugais en ce domaine.

Elle est en partie occupée par la **forteresse** *(9h-19h30 - 3 €)* qui, érigée au 16e s., fut très endommagée par le tremblement de terre de 1755, remaniée par « l'État nouveau » vers 1940 et récemment restaurée. Après avoir franchi le portail d'entrée, vous pénétrez dans une vaste cour dont le sol est tapissé des vestiges d'une immense rose des vents de 43 m de diamètre. L'ancienne école des navigateurs et la maison de l'Infant ont été détruites par les corsaires de Francis Drake en 1587. Sur le pourtour de ce promontoire cerné par d'impressionnants escarpements, les **vues★★** se révèlent sur la baie et le cap Saint-Vincent à l'ouest, la côte de Lagos à l'est ; deux grottes marines dans lesquelles gronde la mer contribuent à accroître la beauté sauvage du site.

Fort de Beliche

Édifié au 16e s. puis reconstruit au 18e s., ce petit fort sur la route du cap Saint-Vincent coiffe un piton abrupt. Vous pourrez visiter sa jolie chapelle et admirer la **vue** sur la pointe de Sagres.

★★★ Cap (Cabo) de São Vicente

5,5 km à l'ouest de Sagres.

Pointe sud-ouest de l'Europe, le cap Saint-Vincent domine l'Océan de 75 m. De tout temps, il fut considéré comme un lieu sacré : les Romains l'avaient baptisé le *« promontorium sacrum »*. Son nom actuel lui vient d'une légende : le vaisseau contenant le corps de **saint Vincent**, martyrisé à Valence au 4e s., serait venu s'échouer ici. Gardé par deux corbeaux, il y serait resté pendant des siècles avant de reprendre sa route pour Lisbonne, qu'il aurait atteinte en 1173.

L'ancienne forteresse *(avr.-sept. : 10h-18h ; oct.-mars : 10h-17h - petit musée 3 €)* qui occupe la pointe a été transformée en phare, dont le rayon lumineux balaie le large jusqu'à 90 km. Les **vues★★** sont impressionnantes sur les falaises qui s'étirent à l'infini vers le nord et sur la pointe de Sagres à l'est, surtout au coucher du soleil.

Revenez à Vila do Bispo.

★ CÔTE VICENTINE

Hasardez-vous sur les chemins vicinaux qui embaument le ciste : pour rejoindre les falaises du littoral, vous traverserez des paysages sauvages et déserts alternant entre pâturages irlandais et garrigue.

Une route dessert en peigne les différentes plages de la région.

L'INVENTION DE LA CARAVELLE

Les exigences des expéditions en mer entraînent les Portugais à réaliser un nouveau type de bateau qui révolutionne la navigation : la **caravelle**. Petit voilier long au faible tirant d'eau, mais pouvant porter un équipage assez important, elle réunit les avantages des bateaux traditionnels sans en avoir les inconvénients. Sa coque large et son haut bordage accroissent sa sécurité. Ses mâts multiples combinent les voiles carrées et les voiles latines triangulaires. Pivotant autour de leur mât, ces dernières assurent à la caravelle, en serrant le vent au maximum, une grande rapidité. Elles sont les seules à permettre la navigation de bouline en présence de vents contraires, qui étaient fréquents au retour des côtes d'Afrique. En outre, l'emploi du gouvernail d'étambot augmente la maniabilité du navire. Apparue au milieu du 15e s., la caravelle sillonnera les mers du globe pendant près d'un siècle.

Torre de Aspa

▶ *6 km à l'ouest de Vila do Bispo. Prenez la route vers le nord-ouest en dir. de Castelejo. Au bout de 2 km, au niveau du groupe de sculptures en pierre cerné de pins, tournez à gauche. Continuez la piste pendant 4 km.*

De ce belvédère à 156 m d'altitude, vous découvrirez un très beau point de **vue★** sur le cap Saint-Vincent et Sagres.

Plages de Castelejo, Cordoama et Barriga

▶ *Suivez les indications fléchées.* Ces plages, accessibles en voiture *(par des pistes, à l'exception de Castelejo)* à partir de Vila do Bispo, s'étendent au pied de hautes falaises grises et frappent par leur caractère sauvage.

Carrapateira

▶ *17 km au nord-est de Torre de Aspa.*

À l'ouest de ce village établi sur une colline, une route faisant le tour de la pointe ménage de belles vues sur la côte escarpée et sur la longue plage de sable de **Bordeira★**, protégée par des dunes.

★ Praia Arrifana

▶ *9 km au sud-ouest d'Aljezur.* Le port de pêche et la plage se nichent au pied d'une haute falaise.

Aljezur

▶ *21 km au nord de Carrapateira.*

Au pied de cette petite ville coule une rivière… et passe la nationale. Les ruelles, aux maisons blanches soulignées de couleurs gaies, mènent au château en ruine (10e s.), véritable havre de paix dominant la campagne alentour.

Odeceixe

▶ *20 km au nord d'Aljezur.* En arrivant du sud, on découvre ce village blanc à travers un rideau d'eucalyptus.

▶ *Suivez les panneaux dans la localité pour rejoindre le littoral.*

Une belle route longe, sur 4 km, un petit fleuve côtier, le Seixe, dont l'embouchure forme une **plage**. Ici s'achève l'Algarve et commence l'Alentejo.

▶ *Zambujeira do Mar, dans l'Alentejo, se trouve à 18 km plus au nord ; voir le circuit décrit* *p. 338.*

NOS ADRESSES SUR LA CÔTE VICENTINE

TRANSPORTS

Il est indispensable de disposer de son propre véhicule pour visiter la pointe de Sagres et la côte vicentine. Vous trouverez des loueurs de voiture dans toutes les villes de la côte d'Algarve. *Voir par exemple à Faro, p. 358.*

HÉBERGEMENT

À Sagres

UNE FOLIE

Mareta View – *Praça da República - ✆ 282 62 00 00 - www.maretaview.com - fermé 2 sem. en déc. et 2 sem. en janv. - 16 ch. 125/140 €* ☕. Vous n'aurez pas loin à marcher de cette pension à la mer : des chemins descendent directement de sa terrasse, où l'on prend le petit-déjeuner, sur la plage Mareta. Chambres lumineuses avec terrasse côté mer. Avec sa déco blanche et vert d'eau au design discret, cette adresse apporte une touche de gaieté dans une ville à l'allure un peu austère. Wifi. Surévalués en été, les tarifs pratiqués redeviennent abordables en basse saison.

Pousada do Infante – *✆ 282 62 02 40 - www.pousadas.pt -* P - *49 ch. 170/200 € - rest. env. 30 €.* Cet ancien fort juché sur une falaise à quelques encablures de l'impressionnant cap São Vicente vous offre l'occasion unique de passer une nuit au bout du monde. Préférez celles des chambres qui surplombent l'escarpement où viennent se fracasser les vagues : face à la « mer Océane », vous serez plongé dans l'atmosphère épique des Grandes Découvertes. À table, cuisine de bon aloi.

À Carrapateira

PREMIER PRIX

Pensão das Donas – *R. da Padaria, 9 - ✆ 282 97 31 18 - www.pensao-das-dunas.pt - 4 ch. et 6 studios 35/45 € - ☕ 7,50 €.* On tombe sous le charme de cette jolie maison blanche égayée de liserés jaunes et bleus, et de sa grande cour pavée abondamment fleurie. Chambres simples et jolies, avec sdb communes et studios avec kitchenette et sdb privée *(75/85 €)*. Petit-déj. servi autour d'une grande table. Une adresse conviviale, qui affiche souvent complet. Réservez longtemps à l'avance.

UNE FOLIE

Monte Velho – *Herdade do Monte Velho - ✆ 282 97 32 07 - www.wonderfulland.com - 13 ch. 120/160 €* ☕. Voilà un endroit de rêve qui profite à la fois des collines du Parc naturel de la côte vicentine et de la plage toute proche. Contemplatifs et amoureux de la vie au grand air apprécieront cette maison tout en longueur plantée au milieu de 54 ha de chênes-lièges et de pins, et dont les chambres-suites sont précédées d'un hamac. Décoration intérieure pleine de gaieté. Au programme : promenades à dos d'âne, surf, excursions en bateau, pêche, massages, VTT. Le bonheur au bout du monde !

À Arrifana

POUR SE FAIRE PLAISIR

Quinta do Lago Silencioso – *Monte da Bagagem - ✆ 282 99 85 07 - www.quintadolagosilencioso.com - - 4 ch. 90/125 €* ☕. Les adeptes de séjours en pleine nature apprécieront cette jolie maison blanche située non loin d'Arrifana, et construite au bord d'un petit lac où l'on peut pêcher et se baigner. Une simple piste mène à cette adresse estampillée Turismo em Espaço Rural.

RESTAURATION

À Sagres

BUDGET MOYEN

Carlos – *R. Commandante Matoso - ✆ 282 62 42 28 - - 12h30-15h30, 19h-22h - 18/30 €.* Au centre-ville, vaste salle de restaurant où l'on sert presque exclusivement du poisson. Sagres est un important port de pêche…

Mar à Vista – *Praia da Mareta, derrière l'office de tourisme - ✆ 282 62 42 47 - 12h-22h sf jeu. - 20/30 €.* Juste au-dessus de la plage Mareta, face au panorama borné par le cap São Vicente, un restaurant traditionnel de poisson apprécié pour la grande fraîcheur de ses produits et sa carte variée : demandez la pêche du jour.

POUR SE FAIRE PLAISIR

Vila Velha – *R. Patrão António Faustino - ✆ 282 62 47 88 - www.vilavelha-sagres.com - mar.-dim. 18h30-22h - fermé déc.-janv. - 25/40 €.* Le restaurant chic de Sagres. Une petite maison où il fait bon s'installer au chaud quand les vents soufflent violemment. Une salle au décor rustique mais élégant (cheminées, outils agricoles, lumière tamisée) pour une atmosphère intimiste et chaleureuse. Poisson et plats inspirés de la cuisine internationale.

À Carrapateira

BUDGET MOYEN

O Sitio do Rio – *✆ 282 97 31 19 - fermé mar. - 12/20 €.* À la sortie nord de Carrapateira en direction des falaises, ce restaurant prône une alimentation saine dans une ambiance style « bar de plage ». Plats originaux comme de belles assiettes végétariennes (riz complet, soja, légumes de saison), du chevreau grillé, du poisson… Et choix de plats légers tels que salades de chèvre frais et pommes de terre en robe des champs. Portions généreuses.

Sitio do Forno – *Praia do Amado Carrapateira - ✆ 282 97 39 14 - fermé lun. - 20/30 €.* Surplombant la plage do Amado, ce restaurant vous servira en terrasse un régal de poissons grillés et de coquillages. À l'intérieur, la cheminée-gril est en action. Atmosphère conviviale et vue spectaculaire.

CAMPEÃO DO LAMEIRO

Les Beiras 5

Carte Michelin National 733

Proue colorée d'un *moliceiro*.

Alamer/Iconotec/Photononstop

A
B
PORTO
De Coimbra à l'Océan
Serra da Lousã
Serra da Boa Viagem et vallée du Mondego
Serra de Lapa
Serra de Caramulo
Route du mont de la Torre
Haute vallée du Zêzere
Versant ouest
Les villages de l'est
MATA DO BUÇACO
Voir la carte détaillée du circuit
Arouca
Torreira
Ria de Aveiro
AVEIRO
Rio Vouga
Aveiro
São Jacinto
Praia da Barra
Costa Nova
Ílhavo
Vista Alegre
Pinoucas
Caramulinho
Cabeço da Neve
Mira
Mealhada
Curia
Luso
Varziela
Cantanhede
N234-1
MATA DO BUÇACO
Mata do Buçaco
N
Montemor-o-Velho
Ança
COIMBRA
Buarcos
Figueira da Foz
Coimbra
Foz de Arouce
Lousã
Casal Novo
Candal
Conímbriga
Penela
Serra da Lousã
Castanheira de Pêra
Pombal
IC 8
Figueiró dos Vinhos
Sertã
OCEANO ATLÂNTICO
1
2
3
N 113
LEIRIA
Parque Natural das Serras de Aire e Candeeiros
Rio Zêzere
2
SANTARÉM
LISBOA
PORTALEGRE
RIO TEJO
LISBOA
A
LISBOA
VILA FRANCA DE XIRA
B

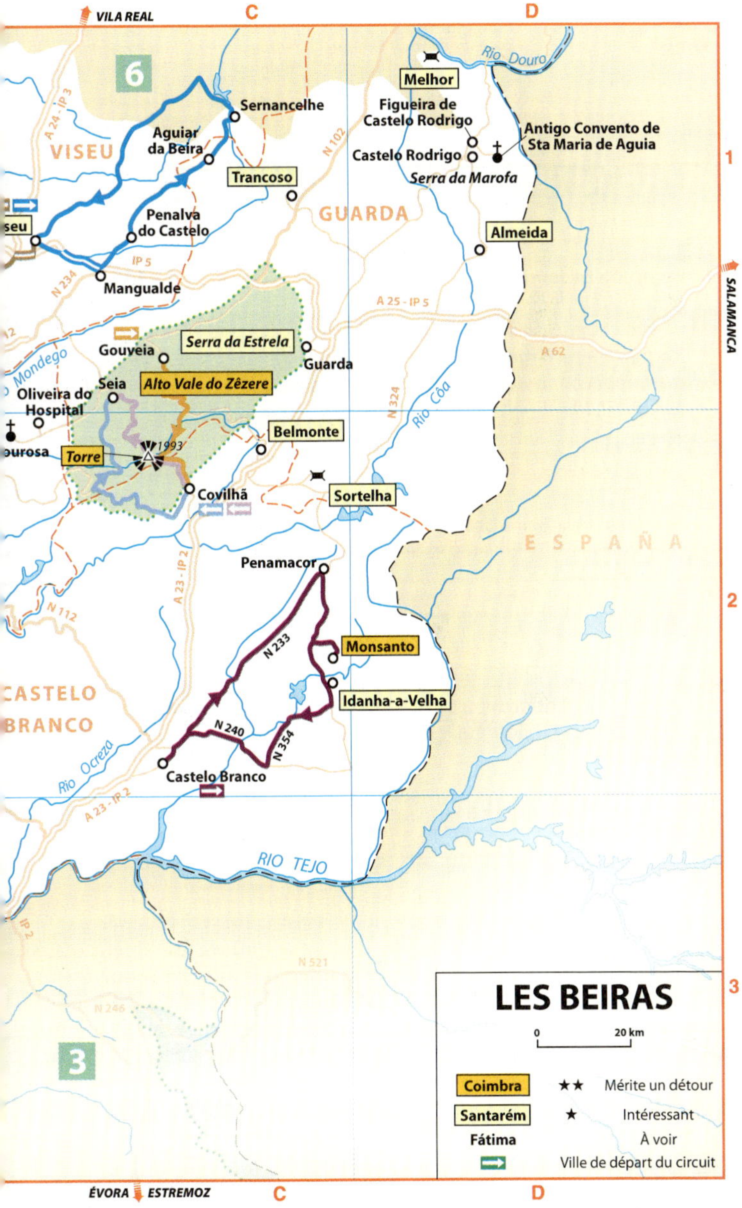
VILA REAL
C
D
6
Sernancelhe
Aguiar da Beira
VISEU
Trancoso
Melhor
Rio Douro
Figueira de Castelo Rodrigo
Castelo Rodrigo
Antigo Convento de Sta Maria de Aguia
Serra da Marofa
1
GUARDA
Almeida
Penalva do Castelo
Mangualde
IP 5
A 25 - IP 5
SALAMANCA
Serra da Estrela
Gouveia
Guarda
A 62
Mondego
Seia
Alto Vale do Zêzere
Oliveira do Hospital
1993
Belmonte
Rio Côa
N 324
Torre
Covilhã
Sortelha
ESPAÑA
Penamacor
A 23 - IP 2
2
N 112
N 233
Monsanto
CASTELO BRANCO
Idanha-a-Velha
N 240
N 354
Rio Ocreza
Castelo Branco
A 23 - IP 2
RIO TEJO
IP 2
N 521
N 246
3
3
LES BEIRAS
0
20 km
Coimbra
★★
Mérite un détour
Santarém
★
Intéressant
Fátima
À voir
Ville de départ du circuit
ÉVORA
ESTREMOZ
C
D

Coimbra

★★

143 052 habitants – District de Coimbra

NOS ADRESSES PAGE 413

S'INFORMER

Posto de turismo – Plan II - *Praça da Porta Férrea (dans le bâtiment de la bibliothèque de l'université) - ✆ 239 85 98 84 - lun.-vend. 9h-18h (20h en été), w.-end et j.fériés 9h30-12h30, 13h30-17h30.*

Região de turismo – Plan II - *Largo da Portagem - ✆ 239 48 81 20 - www.turismodecoimbra.pt - lun.-vend. 9h-18h, w.-end et j.fériés 9h30-12h30, 13h30-17h30.*

SE REPÉRER

Carte de région p. 398-399 – Plan de Coimbra II (centre) p. 402 – Plan de Coimbra I (agglomération) p. 409 – *Carte Michelin 733 L4.* Capitale de la province de la Beira Litoral, Coimbra se trouve à 200 km au nord-est de Lisbonne et à 122 km au sud de Porto.

SE GARER

Laissez votre véhicule sur le grand parking gratuit, de l'autre côté du pont de Santa Clara, sur la rive gauche du Mondego.

À NE PAS MANQUER

La vue sur Coimbra depuis le pont de Santa Clara ou le belvédère de Vale do Inferno ; la bibliothèque de l'université.

ORGANISER SON TEMPS

Comptez au moins une journée pour explorer la ville.

AVEC LES ENFANTS

Le parc d'attractions Portugal dos Pequenitos ; le parc de Santa Cruz.

Édifiée dans un amphithéâtre de collines verdoyantes et baignée par le Mondego, Coimbra a souvent inspiré les poètes, qui la consacrèrent « Cité des arts et des lettres du pays ». Incontournable, la vénérable université se dresse fièrement au sommet de la colline de l'Alcáçova d'où dégringolent les venelles de la vieille ville. Dès la fin de la journée, les étudiants descendent en masse vers les belles places du centre et entament des discussions sans fin aux terrasses des cafés. Préférée entre toutes, la place de la République vibre toute la nuit de leur soif de réjouissances. Quand viennent les chaudes journées d'été et que la cité désertée revêt un charme nostalgique, ses habitants se réfugient au bord du fleuve ou à l'ombre des essences rares du jardin botanique. Bien que l'ancienne capitale se soit considérablement étendue ces dernières décennies, on distingue bien, dans le centre, la ville haute (a Alta), quartier universitaire et épiscopal, de la ville basse (a Baixa), où abondent les commerces et les espaces verts. De cette cité attachante, où il fait bon vivre, plusieurs échappées sont possibles, vers le château médiéval de Penela ou jusqu'aux plages de l'Atlantique.

La cour de la vieille université de Coimbra.
T. Bognar/Photononstop

Se promener Plans de ville p. 402 et p. 409

★ VIEILLE VILLE ET UNIVERSITÉ Plan II

Circuit 1 tracé en vert sur le plan du centre – Comptez 3h à pied, au départ du Largo da Portagem.

La vieille ville est située sur la colline de l'Alcáçova ; on y accède par un enchevêtrement de ruelles étroites et pittoresques, parfois entrecoupées d'escaliers au nom significatif comme celui de Quebra-Costas (« brise-côtes »).

Rejoignez la rive droite du Mondego à hauteur du pont de Santa Clara et prenez en face la très commerçante rua Ferreira Borges (belle pharmacie au n° 135).

Musée municipal (Museu Municipal)

R. Ferreira Borges, 85 (Edifício Chiado) - ☏ 239 84 07 54 - avr.-sept. : mar.-vend. 11h-19h, w.-end. 11h-13h, 14h-19h ; oct.-mai : mar.-vend. 10h-18h, w.-end 10h-13h, 14h-18h - 1,70 €.

Installé dans un édifice à la belle architecture métallique, il présente d'importantes collections réunies par Telo de Morais. Au 1er étage, vous découvrirez la peinture portugaise des 19e et 20e s. (romantisme, naturalisme, modernisme, académisme) ; au 2e étage, le mobilier portugais (17e et 18e s.) ainsi que la sculpture religieuse (15e et 16e s.), la peinture religieuse (17e et 18e s.) et le dessin (18e-20e s.). Enfin, le 3e étage est occupé essentiellement par des porcelaines et céramiques chinoises (du 2e s. av. J.-C. au 19e s.), en particulier des 17e et 18e s. (dynasties Ming et Qing). Expositions temporaires au rez-de-chaussée.

En sortant du musée, tournez à droite sous l'arcade de la Porta da Almedina.

Porta da Almedina

Cette porte de la ville au nom arabe (*medina* en arabe signifie « ville ») est surmontée d'une tour et ornée d'une statue de Vierge à l'Enfant entre deux blasons. C'est l'un des derniers vestiges de l'enceinte médiévale.

Passez la porte et tournez tout de suite à gauche dans l'impasse.

Núcleo da Cidade Muralhada

Torre de Almedina - ✆ 239 83 37 71 - mar.-sam. 10h-13h, 14h-18h - fermé j. fériés - 1,70 €.

Ce musée municipal propose une exposition virtuelle et multimédia sur le centre ancien de la cité, ainsi que des expositions temporaires.

Montez à gauche les marches de l'escalier (escadas) do Quebra-Costas. À mi-hauteur, prenez à gauche la rua de Sobre Ripas.

Palais de Sub-Ripas (Paço de Sub-Ripas)

Cet hôtel particulier fut élevé au début du 16e s. dans le style manuélin, dont témoigne avec faste la porte d'entrée. Il abrite un institut d'archéologie.

Continuez dans la rua de Sobre Ripas, qui passe sous une aile de la Casa do Arco.

Passez devant la **tour de Anto** (Torre de Anto ou Torre do Prior do Amael), vestige de l'enceinte médiévale.

À côté de la tour se tient le musée da Santa Casa da Misericórdia.

★ Musée (Museu) da Santa Casa da Misericórdia

✆ 239 82 34 03 - fermé pour une durée indéterminée.

Le musée, inauguré en 2000 à l'occasion du 500e anniversaire de la Sainte-Maison-de-la-Miséricorde (une institution de bienfaisance à caractère religieux), abrite dans les deux premières salles et le couloir des objets relatifs

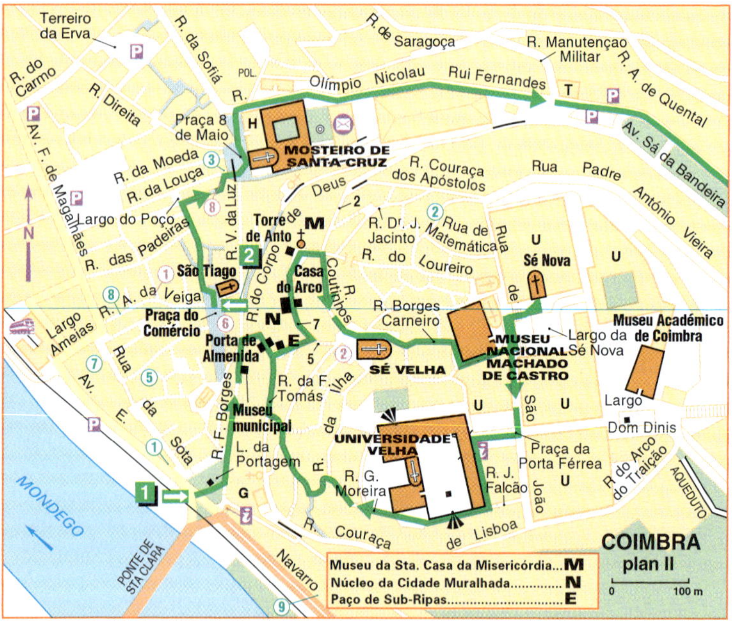

SE LOGER	Residencial Vitória... 7	INDEX DES RUES
Astória... 1	SE RESTAURER	Colégio Novo (R. do)... 2
Casa de Pombal... 2	Adega Paço do Conde... 1	Quebra-Costas (Escadas dos)... 5
Pensão Santa Cruz... 3	Café Sé Vehla... 2	Sobre Ripas (R. de)... 7
Residência Coimbra... 5	Casa de Pasto (Taberninha)... 6	
Residencial Domus... 8	Feb... 8	
Residencial Jardim... 9		

à cette confrérie, des panneaux de faïences Renaissance et 18e s. ainsi que les portraits des bienfaiteurs de l'institution.

★ **Chapelle de la Miséricorde** – La voûte du grand autel (1630) est ornée de symboles religieux mais aussi profanes, relatifs aux Grandes Découvertes (feuillage, masque grimaçant d'Adamastor à gauche, visage du petit griffon à droite). Elle a conservé des chaires maniéristes et des autels du baroque tardif.

★★ **Sacristie** – Cette salle aux murs entièrement revêtus d'azulejos du 17e s. renferme notamment des chandeliers et un ciboire doré baroque.

Cloître – Intimiste et inachevé, ce petit cloître possède des panneaux d'azulejos datant du 16e s.

★ **Tour de l'Horloge** – Elle fut construite par la confrérie au milieu du 19e s. pour abriter la grande cloche de l'ancienne chapelle. Au terme de l'ascension de l'escalier s'offre une **vue**★★ splendide sur la ville.

Continuez dans la rua de Sobre Ripas. En haut, tournez dans la rua dos Coutinhos, sur votre droite.

★★ Ancienne cathédrale (Sé Velha)

✆ 239 82 52 73 - mar.-sam. 10h-17h30 - fermé 1er janv., dim. Pâques, 1er Mai et 25 déc. - 2 €.

La construction de la cathédrale, la première du pays, fut décidée par le roi Alphonse Henriques et réalisée entre 1140 et 1175 par deux maîtres d'œuvre français, Bernard et Robert. À cette époque, Coimbra se trouvait à la frontière du monde chrétien et du monde musulman, ce qui explique que sa cathédrale soit fortifiée et couronnée de merlons pyramidaux. On y trouve aussi des similitudes avec les églises romanes auvergnates et clunisiennes.

Extérieur – La façade principale, très sobre avec son joli portail à quatre voussures, contraste avec le portail nord, ajouté vers 1530. Celui-ci, attribué à Jean de Rouen, est malheureusement très endommagé : c'était l'une des premières manifestations de la Renaissance au Portugal.

Du côté du **chevet**, remarquez, intégrée à la tour que défigure fâcheusement un lanternon baroque, une belle galerie à arcades avec chapiteaux à motifs végétaux.

Intérieur – Au-dessus des collatéraux, une large tribune s'ouvre sur la nef par un élégant triforium aux chapiteaux byzantins d'inspiration orientale, comme la lanterne à la croisée du transept.

Le **retable**★ gothique flamboyant du maître-autel en bois doré est dû aux maîtres flamands Olivier de Gand et Jean d'Ypres ; à la base, les quatre évangélistes sont disposés autour de la Nativité et de la Résurrection ; au-dessus, entouré de quatre saints, un bel ensemble célèbre l'Assomption de la Vierge dont on remarquera le gracieux visage ; un calvaire reposant sur un joli baldaquin couronne le sommet du retable.

À droite du chœur, dans la **chapelle du Saint-Sacrement**★ ornée d'azulejos de style mudéjar, belle composition Renaissance, de Tomé Velho, disciple de Jean de Rouen ; en dessous du Christ bénissant entouré de dix apôtres, les quatre évangélistes font face à la Vierge à l'Enfant et à saint Joseph, de part et d'autre du tabernacle. Devant la chapelle, cuve baptismale de style manuélin et Renaissance, réalisée en 1520 par Jean de Rouen.

À gauche du chœur, dans la chapelle de St-Pierre ornée aussi d'azulejos, retable Renaissance (en mauvais état) de Jean de Rouen, évoquant la vie du saint.

Cloître – *Accès par la 1re porte du bas-côté droit, dans la cathédrale - 1 €.* Construit à la fin du 13e s., l'ensemble témoigne d'un style de transition entre le roman et le gothique ; il a été restauré au 18e s. Des baies rondes au fenestrage varié surmontent les arcatures.

Un foyer d'art et d'étude

UNE ANCIENNE CAPITALE

Occupée par les Maures vers 711, Coimbra prospéra comme ville pivot et lien commercial entre le nord chrétien et le sud musulman. Reconquise en 1064 par le roi Ferdinand Ier de León, elle est propulsée en 1139 au rang de capitale du royaume naissant du Portugal par son premier roi, Alphonse Henriques. De cette époque date la construction de ses principaux édifices religieux (Sé Velha, monastère de Santa Cruz, etc.). Elle perdra le rang de capitale en 1255 au profit de Lisbonne.

DE L'HÉLICON AUX RIVES DU MONDEGO : L'UNIVERSITÉ

« Le [roi Denis] mit en honneur à Coimbra le noble art de Minerve et convia les Muses à quitter l'Hélicon pour fouler les riantes prairies du Mondego. » C'est ainsi que Camões décrit dans *Les Lusiades* la création de l'université de Coimbra. En réalité, c'est à Lisbonne, en 1290, que le roi Denis fonda l'université. Transférée à Coimbra en 1308, elle n'y fut définitivement fixée qu'en 1537 par le roi Jean III qui l'installa dans son propre palais. Faisant appel à des professeurs des universités de Paris, de Salamanque et d'Italie, il fit de la cité l'un des plus importants foyers d'humanisme de l'époque. L'université connut rapidement la concurrence des collèges jésuites et ne retrouva tout son éclat qu'après l'expulsion de la Compagnie de Jésus par Pombal en 1759.

L'ÉCOLE DE SCULPTURE DE COIMBRA

Au début du 16e s., plusieurs sculpteurs français appartenant à un groupe d'artistes protégé par le cardinal-mécène Georges d'Amboise, promoteur en Normandie des « usages et modes d'Italie », viennent exercer leur art à Coimbra. Nicolas Chanterene, Jean de Rouen, Jacques Buxe et Philippe Houdart s'associent aux Portugais João et Diogo de Castilho pour créer, vers 1530, une école de sculpture. Leur art, savant et raffiné, s'inspire de la décoration italienne; les portails, les chaires, les retables et les bas-reliefs des autels sont délicatement ciselés dans la pierre d'Ançã, du calcaire blanc très fin. Ce nouveau style de décoration s'imposera peu à peu dans tout le pays.

LES RÉPUBLIQUES

Créées à la fin du 18e s. par les étudiants désireux de transposer dans leurs communautés les idéaux révolutionnaires français de l'époque (d'où leur nom de « républiques »), elles sont les ancêtres de la « colocation », un moyen pratique et économique de se loger. Elles se composent de 12 à 20 étudiants, souvent originaires de la même région, qui occupent de vastes appartements et gèrent leur budget commun à tour de rôle. Autour de l'université, vous les reconnaîtrez à leurs drapeaux ou aux dessins sur les façades. Fondée en 1933, la **República dos Kágados** *(R. do Correio, 98)* est actuellement la plus ancienne. La plupart portent des noms donnant lieu à un jeu de mots.

ÉCONOMIE

Aujourd'hui, Coimbra est riche de nombreuses activités industrielles et commerçantes. Les principales sont le textile (bonneterie et lainages), l'industrie alimentaire, la tannerie, la faïence et le montage automobile (camions), auxquelles s'ajoute le tourisme.

Au sud du cloître, dans la salle du chapitre, tombeau de Dom Sesnando, premier gouverneur chrétien de Coimbra après la reconquête de la ville aux Maures (1064), décédé en 1091.

Longez la Sé Velha sur la gauche et prenez en face la rua Borges Carneiro, qui monte au sommet de la colline de l'Alcáçova.

★★ Musée national (Museu Nacional) de Machado de Castro

✆ 239 85 30 70 - http://mnmachadodecastro.imc-ip.pt - oct.-mars : 10h-12h30, 14h-18h (journée continue le reste de l'année) - entrée payante.

Ce vaste musée, qui a bénéficié d'une rénovation complète pour fêter ses 100 ans d'existence (1911-2011), occupe l'ancien palais épiscopal remanié au 16e s. et porte le nom du sculpteur Machado de Castro, né à Coimbra en 1731. Le porche Renaissance ouvre sur une cour-patio. Sur le côté ouest, une loggia réalisée par Philippe Terzi ménage une charmante vue sur le sommet de l'ancienne cathédrale et la ville basse jusqu'au Mondego.

Sculptures – Ce musée est particulièrement riche en sculptures. Près du hall d'entrée se découvrent quelques arches et colonnes d'un cloître roman du 12e s. Dans les salles de l'aile gauche, les statues du Moyen Âge – petite statue équestre d'un **chevalier médiéval★**, Vierge enceinte (Nossa Senhora do Ó) due à maître Pero – introduisent à celles de l'école de Coimbra réalisées à la Renaissance par les sculpteurs Chanterene *(*Vierge lisant*)*, Houdart et Jean de Rouen *(*Mise au tombeau à huit personnages*)*, et par le maître des tombeaux royaux *(*Vierge de l'Annonciation*)*. Plusieurs statues du 17e s. (pietà en bois polychrome par le frère Cipriano da Cruz) et du 18e s. complètent cet ensemble.

Objets d'art et peintures – Dans les salles de l'étage, où vous remarquerez quelques beaux plafonds en bois, est exposée une riche collection de porcelaines et de céramiques portugaises. La peinture religieuse flamande et portugaise, du 15e au 17e s., est également représentée : retable de Santa Clara, dû à Isembrand, Assomption du 16e s. de Gil Vicente, Ascension et Nativité de Gil et Manuel Vicente (16e s.), tableaux de Josefa de Óbidos. L'orfèvrerie compte des pièces remarquables comme le **calice de Gueda Mendes** (1152) et la **statue-reliquaire de la Vierge et l'Enfant** provenant du trésor de la reine sainte Isabelle.

Cryptoportique – Au sous-sol, impressionnante enfilade de portes en plein cintre : ce cryptoportique constitue la base du forum de la ville romaine d'Æminium, qui se trouvait à l'emplacement de Coimbra.

Face au musée s'élève la nouvelle cathédrale.

Nouvelle cathédrale (Sé Nova)

✆ 239 82 31 38 - mar.-sam. 9h30-12h30, 14h-18h30 - fermé 1er janv., dim. de Pâques, 1er Mai et 25 déc. - gratuit.

La « nouvelle » cathédrale a été installée en 1772 dans l'ancienne église du collège des jésuites des Onze-Mille-Vierges. Édifiée à partir de 1598, sa façade aux tons clairs, composée de deux corps superposés, est couronnée de petits frontons à pinacles. Quatre niches dans la partie inférieure abritent des statues des saints de la Compagnie de Jésus. L'intérieur, très vaste, d'une seule nef, est couvert par une voûte en berceau surmontée d'une haute lanterne. Le style baroque prédomine dans les chapelles latérales et le maître-autel, où se distinguent un imposant retable en bois doré et un magnifique trône d'argent. La cuve baptismale, à gauche de l'entrée, est de style manuélin et provient de l'ancienne cathédrale.

En sortant de la Sé Nova, remontez en face la rua de São João. Un peu plus loin à droite, une esplanade donne accès à la Porta Férrea, entrée de la vieille université.

★★ **Vieille université** (Universidade Velha)
☎ 239 85 98 00 - www.uc.pt - avr.-oct. : 9h-19h30 ; nov.-mars : lun.-vend. 9h30-17h30, w.-end 10h30-16h30 - fermé Noël et 1er janv. - billetterie au bout de la galerie à colonnade du palais des Écoles, à droite dans la cour - bibliothèque et palais (salle des Actes, salle de l'Examen privé) : 7 € ; bibliothèque seule (réserv. conseillée) : 5 € ; avec le musée des Sciences : 9 € ; chapelle : gratuit. Les salles ne sont pas accessibles en période d'examen.
Au sommet de la vieille ville, elle occupe depuis 1540 les bâtiments de l'ancien palais *(paço)* royal du roi Jean III, restaurés et aménagés pour devenir le « Paço dos Estudos ».
Porta Férrea – Donnant accès à la cour de l'université, elle fut élevée au 17e s.
Cour – Elle est dominée par une tour du 18e s., ornée de quatre horloges. À gauche, elle se termine par une terrasse d'où l'on admire un beau panorama sur le Mondego et les collines environnantes. En face se trouvent la bibliothèque et la chapelle et, sur la droite, l'élégant bâtiment du palais des Écoles.
Palais des Écoles (Paço da Universidade) – De style manuélin, il a été enrichi à la fin du 18e s. d'une galerie à colonnade appelée « Via Latina ». Le corps central est surmonté d'un fronton triangulaire. Un escalier mène à la loge, jadis réservée aux dames, qui donne sur la **salle des Actes** (Sala dos Capelos), où se déroulent les grandes cérémonies d'intronisation du recteur, de soutenance de thèse ou de remise des diplômes. Elle doit son nom au bonnet *(capelo)* qui était remis aux licenciés. Cette vaste salle, autrefois grand salon du palais, est couverte d'un beau plafond peint du 17e s. et ornée de portraits des rois du Portugal. À côté se trouve la salle de l'Examen privé, remodelée en 1701 : plafond peint, portraits des anciens recteurs.
Du balcon qui longe l'extérieur du bâtiment à l'arrière, belle **vue★** sur la ville, l'ancienne cathédrale et les quartiers plus modernes proches du Mondego.
★★ **Bibliothèque Joanine** – Édifiée par le roi Jean V en 1724, elle compte trois vastes salles dont le mobilier en bois précieux est rehaussé d'une somptueuse décoration baroque en bois doré. Des motifs chinois dorés sont peints sur une laque de couleur différente selon la salle : vert, rouge ou or. Les plafonds peints en trompe-l'œil sont dus à des artistes italianisants de Lisbonne. L'accès aux rayons supérieurs se fait par des escaliers encastrés dans les piliers. Quelque 30 000 livres et 5 000 manuscrits y sont classés par matière.
★ **Chapelle** – On doit à Marcos Pires cette œuvre de style manuélin, au portail élégant. Décorée d'azulejos du 17e s. et d'un plafond peint, elle abrite un beau **buffet d'orgue★★** du 18e s.

LA VIE ESTUDIANTINE AUJOURD'HUI

L'université, qui dispense l'enseignement des lettres, de la médecine et du droit, a toujours bénéficié d'une excellente réputation et attire chaque année 15 000 étudiants. Somnolente en période estivale, la ville retrouve son animation pendant l'année universitaire. Certains étudiants ont conservé des traditions vieilles de quatre siècles, codifiées en latin burlesque. Drapés dans leur vaste cape noire flottante frangée d'autant de coups de ciseaux qu'ils ont de déceptions sentimentales, ils portent un cartable garni de rubans dont la couleur symbolise leur faculté. Volontiers romantiques, ils jouent de la guitare et chantent des fados qui se distinguent de ceux de Lisbonne par le caractère intellectuel ou sentimental de leurs thèmes.

Au fond de la cour de l'université, empruntez les escaliers de Minerve (escadas da Minerva) et rejoignez la rua Guilherme Moreira, à droite. Un peu plus loin, tournez à gauche dans les escaliers (Palácios Confusos), puis dans une succession de rues (dont la rua Fernandes Tomás) pour rejoindre la Porta de Almedina.

AUTOUR DE LA VIEILLE VILLE Plans I et II

Circuit 2 tracé en vert sur les plans du centre et de l'agglomération (p. 402 et 409) – Comptez 4h à 4h30 à pied. Itinéraire réservé aux bons marcheurs. Attention, le couvent de Celas est ouvert uniquement l'après-midi.

Église São Tiago Plan II

Cette petite église romane, dont les portails sont ornés d'intéressants chapiteaux, donne sur la vaste **praça do Comércio**, aux faux airs de place italienne. Elle constitue le centre du quartier commerçant de la ville basse.

Empruntez les marches à droite de l'église et descendez à gauche la rua Visconde da Luz (piétonne).

TRISTE FIN DES RUBANS

Les rubans qui ornent les capes noires des étudiants indiquent leur discipline : bleus pour les lettres, jaunes pour la médecine, rouges pour le droit. Début mai, la place de l'Ancienne-Cathédrale est le théâtre d'une grande fête qui marque la fin de l'année scolaire. Les rubans sont brûlés dans de grands chaudrons. Cette cérémonie est suivie d'une sérénade, de bals et, pour clore les festivités, d'un thé dansant.

★ Monastère (Mosteiro) de Santa Cruz Plan II

Praça 8 de Maio - ✆ 239 85 10 90 - 9h-12h, 14h-17h - sacristie et cloître 2,50 €.

Bâti au 16e s. sur les ruines d'un couvent du 12e s. fondé par Alphonse Henriques, ce monastère est précédé d'un imposant portail Renaissance, œuvre de Nicolas Chanterene et Diogo de Castilho (1520), qui a malheureusement beaucoup souffert des intempéries et a été défiguré au 18e s.

★ **Église** – Son plafond manuélin est soutenu par des colonnes torsadées et des consoles ; remarquez les clefs autour desquelles s'articule le rayonnement de la voûte. Ses murs sont ornés d'azulejos qui représentent la vie de saint Augustin.

La **chaire★** Renaissance exécutée par Nicolas Chanterene compte parmi les chefs-d'œuvre de la sculpture. De chaque côté du maître-autel, deux enfeus contiennent les tombeaux des deux premiers rois du Portugal, Alphonse Henriques *(à gauche)* et Sanche Ier *(à droite)* ; ils sont encadrés et surmontés d'une riche décoration de fleurs, de statues et de médaillons datant de la fin du gothique et du début de la Renaissance.

Par une porte au fond du chœur, à droite, on accède à la **sacristie** où sont conservés quatre tableaux portugais du début du 16e s. De la sacristie, on traverse la **salle capitulaire** à la belle voûte manuéline et aux azulejos du 17e s. pour aboutir au cloître.

★ **Cloître du Silence** – Œuvre de Marcos Pires (1524), c'est un modèle de style manuélin pur et dépouillé ; ses galeries sont décorées d'azulejos polychromes illustrant les paraboles de l'Évangile ; sur trois bas-reliefs figurent des scènes de la Passion empruntées à des gravures de Dürer.

Tribune – Située à l'entrée de l'église, elle renferme de jolies **stalles★** en bois sculpté et doré (16e s.), exécutées par des Flamands et le Français François Lorete ; leur couronnement est composé de sphères armillaires, de croix du Christ et de galions évoquant les voyages de Vasco de Gama.

À la sortie du monastère, tournez à droite dans la sympathique rua Martins Carvalhó (piétonne), dont les boutiques débordent sur la chaussée. En haut, prenez à gauche les escaliers qui descendent vers un bassin puis, à droite, la rua Olímpio Nicolau Rui Fernandes. Longez le marché municipal, puis remontez l'av. Sá da Bandeira jusqu'à la praça da República et l'entrée du parc.

Jardin (Jardim) **da Sereia ou parc** (Parque) **de Santa Cruz** Plan I

L'entrée dans ce beau jardin romantique, créé au 18e s., se fait entre deux tours surmontées d'arcs au décor végétal de mousse et de troncs d'arbres. Une allée, agrémentée de bancs décorés d'azulejos, conduit à une fontaine ornée de statues et encadrée par un escalier à double volée. Derrière la fontaine, un lac entouré de massifs de buis taillés et d'arbres exotiques offre une halte de fraîcheur et de repos au milieu de l'agitation urbaine.

Sortez au nord du parc et tournez à droite dans l'av. Lourenço de Almeida Azevedo. En haut de celle-ci, empruntez les escaliers en face, puis prenez à gauche l'av. Dom Afonso Henriques. Continuez tout droit rua das Parreiras, puis rua Manso Preto.

Couvent de Celas Plan I

R. Manso Preto - ✆ 239 48 40 58 - ouv. sur demande lun.-vend. 15h-18h (adressez-vous au 23, rua Manso Preto) - 1,25 €.

Cet ancien couvent de bernardines du 12e s. fut remanié au 16e s. L'église est voûtée en étoile. La sacristie, à droite du chœur, conserve, d'un **retable★** de Jean de Rouen (16e s.), deux panneaux représentant l'un saint Jean l'Évangéliste, l'autre le partage du manteau de saint Martin. Le cloître, de style roman (13e s.), avec quelques éléments gothiques, a de jolis chapiteaux historiés.

Rebroussez chemin jusqu'à l'av. Dom Afonso Henriques et suivez-la jusqu'au bout. Ensuite, tournez à gauche dans la rua de Santa Teresa, puis dans la première à droite, la rua Marnoco e Sousa.

Penedo da Saudade Plan I

R. Marnoco e Sousa.

Ce parc fleuri et boisé à flanc de colline est un agréable lieu de promenade offrant des vues sur la vallée du Mondego, l'est de la ville et le stade.

Revenez rua de Santa Teresa etreprenez-la à gauche jusqu'en bas, puis longez à gauche le mur de la prison.

Musée Bissaya-Barreto (Casa-Museu Bissaya-Barreto) Plan I

R. da Infantaria, 23 - ✆ 239 85 38 00 - www.fbb.pt - visite guidée (30mn-1h) avr.-oct. : mar.-dim. 15h-18h ; nov.-mars : mar.-vend. 15h-18h - fermé j. fériés - 2,50 €.

L'ancienne résidence du professeur Bissaya-Barreto (1886-1974), chirurgien, député et ami de Salazar, conserve sa décoration originale. Construite en 1925 dans un style néobaroque, elle est entourée d'un petit jardin romantique orné de statues et d'azulejos. L'intérieur révèle les goûts esthétiques de son ancien propriétaire : salon français du 19e s., azulejos de différentes époques, plafonds peints de fresques, porcelaines de la Compagnie des Indes ou de Saxe, argenterie, marbres italiens, intéressante bibliothèque renfermant des livres des 16e et 17e s., collection de peintures placée sous le thème de la mère et de l'enfant (Vierge à l'Enfant de Josefa de Óbidos), et plusieurs toiles de José Malhoa, Sousa Pinto et António Vitorino.

Face à la Casa-Museu Bissaya-Barreto se trouve l'une des entrées du jardin botanique.

Jardin botanique (Jardim Botânico) Plan I

✆ 239 85 52 33 - www.uc.pt/jardimbotanico - 9h-17h30 (avr.-sept. 20h) - visite guidée 2 €.

Créé au 18e s. dans le cadre des réformes de Pombal, ce **jardin botanique** en terrasses présente une grande variété d'arbres rares. C'est aussi le rendez-vous des amoureux !

Ressortez du jardin du côté de l'aqueduc romain et tournez à gauche dans la rua Martim de Freitas, jusqu'à l'université. Il ne vous reste plus alors qu'à dévaler les ruelles de la vieille ville jusqu'à la praça do Comércio.

SUR LA RIVE GAUCHE DU MONDEGO Plan I

Fin du circuit 2 tracé en vert sur le plan de l'agglomération (ci-dessous) - Les quatre premiers sites décrits sont accessibles à pied depuis le Ponte de Santa Clara. Le belvédère de la Vallée de l'Enfer, plus éloigné, doit être rejoint en voiture. Une fois le pont franchi, prenez en face l'av. João das Regras. Sur la gauche, une ruelle conduit aux ruines du couvent de Santa Clara-a-Velha.

Couvent de Santa Clara-a-Velha Plan I

Rua das Parreiras - http://santaclaraavelha.drcc.pt - mar.-dim. 10h-17h (19h en été) - dernière entrée 45mn avant fermeture - 5 €, gratuit dim. et j.fériés jusqu'à 14h.

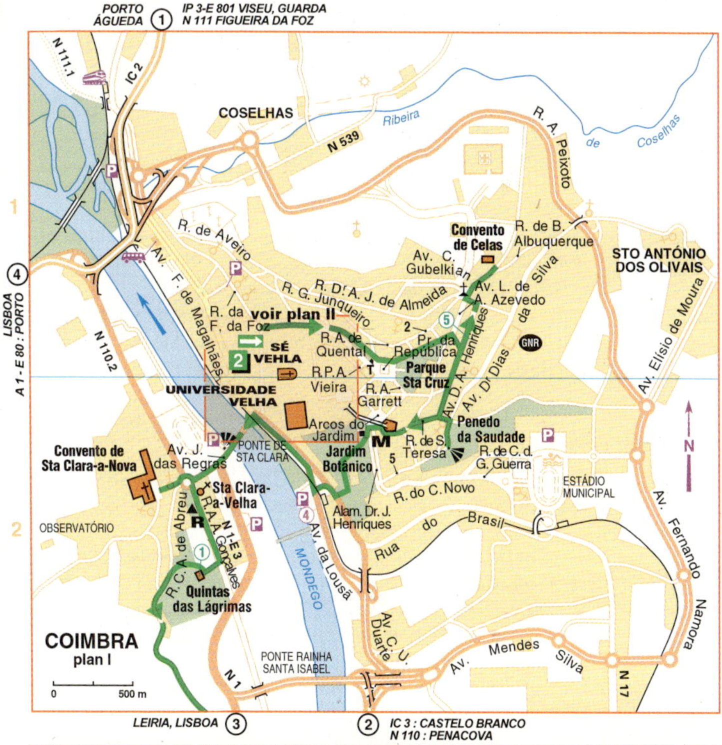

SE LOGER		INDEX DES RUES	
Hotel Quinta das Lágrimas	1	Augusta (R.)	2
Residencial Alentejana	5	Marnoco e Sousa (Av.)	5
SE RESTAURER		**Casa Museu Bissaya-Baretto**	**M**
A Portuguesa	4	**Portugal dos Pequeninos**	**R**

Les sables du Mondego ont peu à peu réduit à l'état de ruine cette belle église gothique qui reçut le corps d'Inés de Castro avant son transfert à Alcobaça *(voir p. 259)*. Les travaux de désensablement entrepris dans les années 1990 ont restitué les fondations du cloître, la nef et le chœur de l'église. Depuis 2009, un Centro de Interpretação retrace l'histoire du bâtiment et de son sauvetage ainsi que le quotidien des clarisses qui vécurent dans ces murs du 14e au 17e s.

Reprenez à gauche l'av. João das Regras. En face, traversez le carrefour et grimpez, à gauche, tout en haut de la calçada de Santa Isabel.

Couvent de Santa Clara-a-Nova Plan I

✆ 239 44 16 74 - 9h-19h (9h-13h, 14h-19h les merc. et vend.) - cloître et chœur inférieur 1,50 €.

L'église baroque de ce vaste couvent abrite, dans le chœur, le tombeau en argent (17e s.) de la reine sainte Isabelle, dont on voit la statue en bois sculptée par Teixeira Lopes.

Dans le chœur inférieur, visible depuis le fond de l'église à travers les grilles, on peut distinguer le **tombeau★** primitif de la reine (14e s.), en pierre d'Ançã peinte, exécuté de son vivant. Le gisant, en habit de clarisse, garde les yeux ouverts. La frise qui parcourt le tombeau représente, d'un côté, les clarisses et leur évêque, et de l'autre, le Christ et les apôtres ; au pied, sainte Claire et deux effigies de saintes couronnées ; au chevet, la Crucifixion.

Le **cloître** *(accès à gauche du chœur)*, peu fréquenté, est doté d'un agréable jardin et séduit par son calme et ses larges dimensions.

Redescendez au bas de la calçada de Santa Isabel.

Portugal des tout-petits (Portugal dos Pequenitos) Plan I

Praça Rossio de Santa Clara - ✆ 239 80 11 70 - www.portugaldospequenitos.pt - mars-mai : 10h-19h ; juin-mi-sept. : 9h-20h ; mi-sept.-mi-oct. : 9h-19h ; mi-oct.-déc. et fév. : 10h-17h - fermé janv. et 25 déc. - 8,95 € (enf. gratuit/5,50 €).

Les monuments et les architectures traditionnelles du pays et des anciennes colonies d'outre-mer (Brésil, Angola, Mozambique, Goa, Macao, etc.) sont reproduits à l'échelle des enfants. L'une des maisons est aménagée en **musée**

LA FÊTE DE LA REINE SAINTE

Chaque année paire, au début du mois de juillet, la ville fête sa sainte patronne, la reine Isabelle. Le jeudi soir, la statue de la sainte sort du couvent de Santa Clara-a-Nova. Transportée sur un brancard processionnel, elle traverse le pont de Santa Clara, parcourt les rues de la ville jusqu'à l'église de Graça, où elle reste jusqu'au dimanche suivant, et retourne ensuite au couvent. Les rues sont envahies par la foule, et la statue met des heures pour parcourir quelques mètres. Certains font le chemin pieds nus ou agenouillés. Les plus jeunes sont déguisés en angelots, en roi Denis ou en reine Isabelle, pour commémorer le **miracle des Roses** : la reine portant dans son giron du pain destiné aux pauvres, interrogée par le roi sur ce qu'elle transportait, lui aurait répondu : « Ce sont des roses, mon seigneur… » et, ouvrant les pans de sa jupe, aurait laissé échapper quantité de pétales de roses. C'est pourquoi les habitants ont coutume de lancer sur la statue des pétales de roses de leurs fenêtres décorées de couvre-lits et de grands drapeaux colorés. À minuit, un grand feu d'artifice illumine le Mondego.

Dominée par l'université, Coimbra s'étage sur les berges du Mondego.
M. Gaspar/MICHELIN

de l'Enfant (Museu da Criança). Pour les adultes, c'est le voyage de Gulliver chez les Lilliputiens.
En sortant du Portugal dos Pequenitos, prenez la première rue à droite, rua António Augusto Gonçalves. La villa des Larmes est située à 700 m sur la droite.

Villa des Larmes (Quinta das Lágrimas) Plan I
R. António A. Gonçalves (la quinta *abrite un hôtel de luxe ; voir « Hébergement », p. 414) - mar.-dim. 10h-17h (19h en été) - 2 €. Visite guidée le sam. (5 €) sur réservation préalable le merc. précédent.*
D'après une légende née de quelques vers de Camões, Inés de Castro aurait été assassinée en ces lieux, d'où le nom de « villa des Larmes ». En fait, il s'agit d'un petit parc romantique planté d'espèces exotiques, agrémenté d'une source et d'un bassin : un havre de paix dans la ville.

Belvédère de la vallée de l'Enfer (Miradouro do Vale do Inferno)
Accès en voiture. 1,7 km à partir du carrefour faisant face au Portugal dos Pequenitos, en suivant la rua C. A. de Abreu. De ce belvédère, beau **point de vue★** sur le site de Coimbra et le nouveau pont Rainha Isabel.

5

À proximité Carte de région p. 398-399

Penela
30 km au sud de Coimbra par la N 110.
Village commandé par un château fort des 11e et 12e s. ; du donjon, construit à même le rocher, **panorama★** sur le château, le village et la serra da Lousã, à l'est. Au sud du château, dans l'église Santa Eufémia, retable Renaissance de l'école de sculpture de Coimbra (Assomption surmontée d'une Trinité).

Circuit conseillé Carte de région p. 398-399

De Coimbra à l'Océan, circuit d'env. 100 km AR tracé sur la carte de région – Comptez env. 2h. Quittez Coimbra au nord par l'IC 2 sur 4 km, puis suivez la N 111 à l'ouest sur 5 km ; prenez à droite la N 234-1, en dir. de Cantanhede, à 19 km plus au nord-ouest.

Entre **Ançã** et **Cantanhede**, on extrait le fameux calcaire blanc connu sous le nom de « pierre d'Ançã ». Aussi facile à travailler que le bois, prenant avec le temps une teinte ocrée, il fut très apprécié par les architectes et les sculpteurs de la région, principalement ceux de l'école de Coimbra.

Cantanhede

19 km de Coimbra.

Gros bourg agricole, Cantanhede est un centre de commerce du vin, des céréales et du bois. Son **église paroissiale** abrite plusieurs œuvres (16e s.) attribuées à Jean de Rouen, en particulier, dans la deuxième chapelle à droite, le retable de la Vierge auxiliatrice et, dans la chapelle du Saint-Sacrement, à droite du chœur, deux tombeaux surmontés de statues.

Varziela

4 km de Cantanhede. Prenez la route de Mira et, 2 km plus loin, tournez à gauche (panneau).

La chapelle renferme un **retable**★ en pierre d'Ançã attribué à Jean de Rouen. Très minutieusement travaillé, il représente la Vierge auxiliatrice, entourée de deux anges et de dignitaires de l'Église et de la Cour agenouillés.

Praia de Mira

7 km au nord-ouest de Cantanhede par les N 234 et 334.

Sur cette portion du littoral s'étend à l'infini une vaste plage de sable, battue par les vagues et bordée de pinèdes dans les rares endroits qui ne sont pas construits. Le week-end et en été, la plage est noire de monde. Des scènes de pêche traditionnelle, telle qu'on la pratiquait autrefois à Nazaré, sont encore parfois visibles. En l'absence de port, les grosses barques de pêche colorées sont installées sur la plage. Pour aller jeter leurs filets au large, les pêcheurs font glisser leur embarcation sur des rondins et la poussent en s'arc-boutant contre la coque. Une fois la barque mise à l'eau, ils bondissent à l'intérieur et rament rapidement pour lui faire franchir le ressac. Au retour, la barque est ramenée sur la plage de nouveau à l'aide de rondins et d'un câble qu'enroule un tracteur ou, comme jadis (mais cela se fait rare), un attelage de bœufs.

NOS ADRESSES À COIMBRA

INFORMATIONS UTILES

Les offices de tourisme sont répertoriés en début de chapitre.

Internet – Plan II - *Praça 8 de Maio - lun.-vend. 10h-20h, w.-end 10h-22h. Gratuit pour 30mn.*

Cyberspace – Plan I - *Av. Sá da Bandeira, non loin du parque de Santa Cruz - 10h-23h. 0,55 €/15mn.*

TRANSPORTS

Train – **Estação Velha** (Coimbra B) – Plan I - *Estrada Nacional, 1.* La gare principale, au nord-ouest de la ville. Liaisons pour Aveiro, Porto, Lisbonne, etc.

Estação Nova (Coimbra A) – Plan II - *Largo das Ameias.* La gare du centre-ville. Trains pour Figueira da Foz. Correspondances régulières pour Coimbra B.

Bus – **Gare routière** – Plan II - *Av. Fernão de Magalhães.* Liaisons pour Lisbonne (2h15) et Porto (1h30), entre autres.

VISITE

Vendue dans les offices de tourisme *(voir p. 400)*, la **CentroCard** *(5 €; formule duo 7 €; formule famille 9 €)* donne droit à des réductions sur les visites et dans certains hôtels, restaurants et boutiques.

Croisières sur le Montego

O Basófias – *969 83 06 64 - http://odabarca.com - mai-oct. : mar.-dim. 15h, 16h, 17h, 18h et 19h; nov.-avr. : mar.-dim. 15h, 16h et 17h; relâche en janv.* Rendez-vous au Ponte de Santa Clara (Plan II) pour une croisière en bateau-mouche sur le Mondego *(durée 50mn - 6 €).*

Tour de la ville

Yellow Bus - Plan II - *Largo da Portagem - 213 58 23 34 - www.yellowbustours.com - 10 €.* Visite commentée *(1h)* des principaux sites de la ville en bus panoramique. Départs du largo da Portagem *(horaires variables, rens. à l'office du tourisme).*

HÉBERGEMENT

PREMIER PRIX

Pensão Santa Cruz – Plan II - *Praça 8 de Maio, 21 (réception au 2e étage) - 239 82 61 97 - www.pensaosantacruz.com - - wifi - 14 ch. 25/30 €.* Le principal charme de cette pension très simple aux installations vieillissantes réside dans sa vue imprenable sur la place piétonnière et l'université. Chambres avec ou sans douche, hautes de plafond et raisonnablement spacieuses. Accueil sympathique. N'oubliez pas que la place s'anime le soir…

Residencial Jardim – Plan II - *Av. Emídio Navarro, 65 - 239 82 52 04 - 15 ch. 35 €.* Ce bel édifice, situé en face du parc bordant le fleuve, présente une façade décorée d'azulejos et de fins encadrements. L'intérieur est tout aussi délicat : couvre-lits brodés, plafonds hauts et parquets anciens. Visitez plusieurs chambres : certaines sont plus claires et spacieuses que d'autres, et ont une sdb neuve. Wifi.

Residencial Domus – Plan II - *R. Adelino Veiga, 62 (réception au 1er étage) - 239 82 85 84 - www.residencialdomus.com - wifi - 20 ch. 40 €.* Vous apprécierez l'accueil familial de ce petit hôtel simple et confortable, légèrement en retrait de la rue. Ses chambres au mobilier rustique disposent pour la plupart d'une sdb complète.

Residência Coimbra – Plan II - *R. das Azeiteiras, 55 - 239 83 79 96/97 - www.residenciacoimbra.com - 15 ch. 45 €.* Dans

5

une petite ruelle du centre, un hôtel calme aux chambres extrêmement confortables. Excellent rapport qualité-prix. Une bonne surprise dans cette gamme de tarifs ! Accès Internet.

Residencial Vitória – Plan II - *R. da Sota, 9-11 - ✆ 239 82 40 49 ou 239 84 28 96 - www.residencialvitoria.net - 20 ch. 45 €* ☕. Cet hôtel affiche dans sa partie rénovée un confort et un standing étonnamment modernes pour ce genre de tarifs, qui en fait sans doute l'adresse la plus intéressante de Coimbra. Les chambres rénovées donnent sur la rue et disposent de tout le confort, notamment de l'air conditionné. Les autres sont un peu moins chères, mais évidemment moins agréables !

BUDGET MOYEN

Casa de Pombal – Plan II - *R. das Flores, 18 - ✆ 239 83 51 75 - www.casapombal.com - 7 ch. 45/68 €* ☕.Une vieille maison haute en couleur sur trois niveaux (attention, escalier raide !), tenue par une Hollandaise. Chambres toutes différentes, dont 4 avec sdb. Certaines ont vue sur les toits. Agréable jardinet en été et copieux buffet de petit-déj. Appels gratuits sur les fixes à l'étranger. Accueil personnalisé.

Residencial Alentejana – Plan I - *R. Dr Henrique Seco 1 - ✆ 239 82 59 03 - www.residencialalentejana.com - wifi - 14 ch. 69/85 €* ☕. À deux pas du beau parc de Santa Cruz. Passez la porte de cette grande maison centenaire et vous tomberez sous le charme de son ambiance feutrée. Rénovées en 2010, les chambres, dont les grands voilages blancs filtrent la lumière, sont meublées d'ancien ; salon aux divans de velours rempli d'objets de famille. Accueil francophone.

POUR SE FAIRE PLAISIR

Astória – Plan II - *Av. Emídio Navarro, 21 - ✆ 239 85 30 20 - www.almeidahotels.com - 62 ch. 90/110 €* ☕. Magnifiquement situé devant le Mondego, dans un immeuble cossu, cet hôtel fréquenté jadis par de nombreux artistes a conservé un certain charme kitsch, en particulier dans sa salle à manger et son salon de lecture. Très belles vues sur la vieille ville et le fleuve depuis les chambres des étages supérieurs, à l'arrière ou à l'avant de l'édifice.

UNE FOLIE

Hotel Quinta das Lágrimas – Plan I - *Santa Clara (accès par la rua António Augusto Gonçalves) - ✆ 239 80 23 80 - www.quintadaslagrimas.pt - 🏊 - 54 ch. 245/335 €* ☕. La « Maison des Larmes », aujourd'hui classée Relais & Châteaux, porte pour toujours le deuil d'Inés de Castro, le grand amour du roi Pierre Ier, qui aurait été assassinée, selon Camões, dans les jardins exotiques de la villa. Pour autant, une fois passé le salon d'entrée et son magnifique parquet bichrome, tout sera fait pour rendre votre séjour agréable. Vous aurez le choix entre les chambres classiques de la villa du 18e s., décorées de meubles marquetés, et celles, contemporaines et lumineuses, situées dans l'annexe, en face de la piscine, dessinée par l'architecte lisboète Gonçalo Byrne. Petit terrain de golf (9 trous) et sublime spa (sauna, hammam, gymnase et piscine intérieure).

RESTAURATION

PREMIER PRIX

Café Sé Velha – Plan II - *R. Joachim António de Aguilar, 130-136, en haut des escaliers de la rue Quebra*

Costas - ✆ 239 83 40 98 - 8h-2h - 8/12 €. Une adresse populaire très bien située, où l'on savoure, dans la salle ornée d'azulejos, une roborative cuisine traditionnelle. À midi, menu à 9,50 €

Adega Paço do Conde – Plan II - *R. Paço do Conde, 1 - ✆ 239 82 56 05 - 7h30-0h sf dim. et fin juin - 8/15 €.* Un restaurant typique de grillades proposant des viandes et des poissons de première qualité. On mange dans l'une des deux salles ou dans la cour intérieure (éclairée de néons peu intimes). Service aimable et attentif.

Casa de Pasto (Taberninha) – Plan II - *Praça do Comércio, 77-78 - ✆ 239 84 03 81 - 7h-0h sf dim. - ⊭ - 9/15 €.* Tout en longueur et sur deux niveaux reliés par un escalier de pierre, ce restaurant sans prétention propose des plats simples : moules, poulpe en salade ou au riz, morue au four et petits légumes, viande de porc de l'Alentejo… Vous pourrez les savourer à l'intérieur ou en terrasse, sur la sympathique praça do Comércio.

Feb – Plan II - *R. do Corvo, 8-16 - ✆ 239 82 31 24 - fermé dim. et sam. soir - 12/16 €.* Dans une ruelle partant de la praça 8 de Maio, un lieu très fréquenté par les habitants. Le rez-de-chaussée abrite un bar, où les plus pressés déjeunent sur le pouce, et l'étage, un restaurant au calme apaisant. Cuisine portugaise classique.

BUDGET MOYEN

A Portuguesa – Plan I - *Parque Verde do Mondego, av. da Lousã - ✆ 239 84 21 40 - 12h30-15h30, 19h30-22h30 - 20/30 €.* Sur le « front de fleuve » qui draine toute la jeunesse de Coimbra, il joue la carte d'une cuisine soignée, servie dans un cadre contemporain chic. Spécialités de crevettes, fruits de mer et poissons grillés. Les enfants apprécieront les grandes pelouses entourant le restaurant.

PETITE PAUSE

Shmoo Café – Plan II - *R. Corpo de Deus, 68 - ✆ 965 21 45 75 (mobile) - lun.-sam. (soir uniquement).* Dans une rue en pente derrière l'église Santa Cruz, un petit café aux couleurs vitaminées et fraîches, à l'image de sa carte qui arbore de belles salades sucrées-salées aux fruits exotiques et aux légumes, des jus de fruits et des *batidos*, des tartines appétissantes, de la charcuterie et des fromages servis sur des planches de bois. Un lieu contemporain au cœur de la vieille ville. DJ.

Café Santa Cruz – Plan II - *Praça 8 de Maio - ✆ 239 83 36 17 - été : 8h-2h ; hiver : 8h-0h - fermé dim.* On se doit de faire une halte dans ce café magnifique, véritable institution de Coimbra. Il fait littéralement partie de l'église Santa Cruz puisqu'il occupe une ancienne chapelle : on prend son café sous de superbes voûtes nervurées, installé dans des sièges en cuir patiné et clouté, tandis qu'un vieux ventilateur brasse tranquillement l'air. Soirées jazz et fado.

Jardim da Manga – Plan II - *R. Olímpio N. Rui Fernandes - ✆ 239 82 91 56 - fermé sam.* L'intérêt de cette adresse réside dans son cadre : un jardin et son bassin, situés derrière l'église Santa Cruz. Pour y accéder, contournez la *câmara municipal* ou prenez les escaliers de la rua Martins de Carvalho. Idéal pour prendre un verre en terrasse ou manger très simplement.

ACHATS

De nombreux magasins de maroquinerie et de textile, dans les pittoresques rues piétonnes du centre, autour de la **praça do Comércio** (Plan II) et de la **rua Ferreira Borges**, vendent les productions locales. On trouve la célèbre céramique de Coimbra, bleu et blanc ou polychrome, ainsi que l'artisanat de la région, le long des escaliers qui conduisent à la vieille cathédrale.

EN SOIRÉE

Très calme en été, la ville s'anime pendant l'année universitaire. Pour commencer la soirée, les étudiants se réunissent aux terrasses de la praça da República. Ensuite, ils peuvent se retrouver dans l'un des bars entourant la Sé Velha (**Boémia Bar, Piano Negro, Bigorna Bar**), à côté de la praça 8 de Maio (**Salão Brasil**, *largo do Poço, 3*) ou au Parque Verde do Mondego, un ponton avec bars et restaurants aménagé au bord du fleuve, juste avant le pont piéton. Beaucoup de ces bars proposent des concerts. Ensuite, direction les discothèques : le **Broadway** *(Vales da Pedrulha)* ou le **Ar de Rato** *(Quinta da Insua, à Santa Clara)*. On aime aussi sortir de l'autre côté du fleuve. Devant l'un des portails latéraux du Portugal dos Pequenitos, on trouve la **Galeria de Santa Clara**, avec son bar et un agréable jardin, et plus loin le **Bar de São Francisco**, le **Calhabar** *(R. do Brasil)* et **Noites Longas** *(R. Almeida Garrett)*.

Fado

A Capela – Plan II - *R. Corpo de Deus (largo da Victória) - ✆ 239 83 39 85 - www.acapella.com.pt. Concert de fado tous les soirs à partir de 21h30.* Cette ancienne chapelle a été joliment transformée en intime salle de spectacles dédiée au fado. Installés dans le chœur, les musiciens se produisent devant un public attentif, qui vient aussi pour goûter les vins portugais et dîner simplement. Excellente acoustique. À ne pas manquer.

Fado ao Centro – Plan II - *R. Quebra Costas, 7 - ✆ 913 23 67 25 - www.fadoaocentro.com - concerts de fado lun.-sam. à 12h30, 17h, 18h, 19h et 22h ; dim. à 18h et 19h.* Les spectacles *(30mn)* sont entrecoupés de films présentant l'histoire du fado. Exposition de photos.

BOIRE UN VERRE

Foyer do TAGV – Plan I - *Praça da República (au début de la rua Sá da Bandeira) - lun.-vend. 10h-1h ; w.-end et j. fériés 14h-1h.* Praça da República, c'est là que bat le cœur nocturne de Coimbra ! Le foyer du théâtre académique Gil Vicente fait salle comble tous les soirs à l'étage, dans un décor « design » de fauteuils en plexiglas blanc, carrelages vert d'eau et immenses baies vitrées donnant sur la praça. Une atmosphère culturelle et décontractée, très recherchée pour boire un verre en soirée. Fréquenté aussi en journée par les étudiants.

Quebra Costas – Plan II - *Escadas do Quebra Costas, 45-49 - ✆ 239 82 16 61 - lun.-vend. 12h-4h, sam. 14h-4h.* Attablez-vous en haut des escaliers de Quebra Costas en chemin vers la Sé Velha sur la charmante placette qui fait office de terrasse : idéal pour prendre un verre et contempler l'animation d'une rue regroupant certaines adresses « tendance » du centre historique, comme la librairie XM.

AGENDA

Festa da Rainha Santa – *1er ou 2e w.-end de juil. (années paires).* *Voir l'encadré « La fête de la reine sainte », p. 410.*

Ruines de Conímbriga

★

District de Coimbra

SE REPÉRER
Carte de région p. 398-399 – Plan des ruines de Conímbriga p. 418 – *Carte Michelin 733 L4*. À 14 km au sud de Coimbra (suivez l'IC 3 dir. Lousã et Condeixa-a-Nova).

À NE PAS MANQUER
Les magnifiques mosaïques de la maison aux Jeux d'eau.

ORGANISER SON TEMPS
Comptez 1 à 2h pour la visite du site et du musée.

AVEC LES ENFANTS
Bien préservé, le site est idéal pour faire comprendre aux enfants ce que fut le quotidien d'une communauté romaine.

Situées sur un éperon triangulaire limité par deux vallées encaissées et ravinées, les ruines de cette cité romaine florissante jusqu'au 5e s. ont conservé des mosaïques comptant parmi les plus belles de la péninsule Ibérique.

Découvrir Plan du site archéologique p. 418

239 94 11 77 - www.conimbriga.pt - 10h-19h (dernière entrée 30mn av. fermeture) - fermé 1er janv., dim. de Pâques, 1er mai et 25 déc. - musée fermé lun. - 4 € - billet combiné avec la visite du musée 6 €, gratuit dim. et j. fériés le matin - brochure explicative en français 2 €.

Laissez la voiture devant le musée et prenez le chemin qui se dirige vers l'entrée des ruines. Circuit de visite des ruines tracé sur le plan du site.

Dès l'âge du fer, une cité celte occupait le site. Les ruines que l'on voit actuellement sont celles d'une ville romaine fondée au 1er s. de part et d'autre d'une voie importante reliant Lisbonne à Braga. Au 3e s., après une longue période de prospérité, les habitants durent faire face à la menace des invasions barbares. Ils construisirent un rempart, laissant à l'extérieur des murs une partie de la ville. En dépit de ces mesures, la cité tomba en 468 aux mains des Suèves, et la ville déclina au profit de Coimbra, dont le nom vient de Conímbriga.

En arrivant aux premiers ensembles dégagés, prenez à gauche après le contrôle des billets.

Traversez la **maison au Svastika** (motif en forme de croix gammée) et la **maison des Squelettes**, pavées de belles mosaïques. Vous découvrez ensuite un établissement thermal avec un intéressant exemple de *laconicum* (un genre de sauna).

★ Maison de Cantaber

Cette demeure, l'une des plus grandes du monde occidental romain, aurait appartenu à un nommé Cantaber, dont la femme et les enfants furent emmenés en captivité lors d'une attaque de la ville en 465 par les Suèves, envahisseurs germaniques.

La visite débute par les thermes privés : le *frigidarium* ① avec ses piscines pour bains froids, le *tepidarium* (bains tièdes) et le *caldarium* (bains chauds②), installés sur un hypocauste (salle de chauffe) dont vous apercevrez l'emplacement des foyers et le système souterrain de circulation d'air chaud ; quelques tuyauteries en plomb sont encore visibles.

Vous arrivez ensuite devant l'entrée de la maison orientée vers le nord : une colonnade précédait l'atrium ③ ; en passant de l'atrium au péristyle central ④, remarquez sur le sol une curieuse pierre ⑤ avec une rosace qui permet d'entrevoir l'égout. Autour de l'*impluvium* ⑥, qui se trouve à gauche du péristyle, se distribuent des chambres à coucher. Du *triclinium*, qui était à la fois un salon et une salle à manger, on voit trois bassins ; le plus intéressant ⑦ est bordé de colonnes, dont une a gardé son revêtement primitif de peinture rouge. Prenant appui sur le rempart, un ensemble de trois pièces retient l'attention par son joli bassin décoratif à plates-bandes en forme de croix.

Les vestiges d'une **basilique paléochrétienne** jouxtent la maison de Cantaber, au sud.

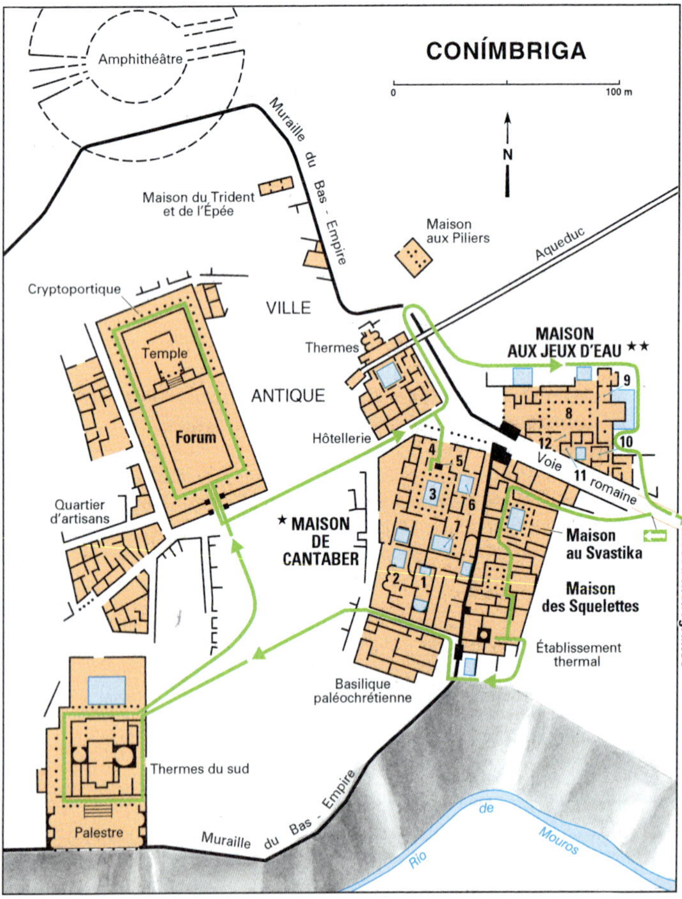

Thermes du sud
Ces thermes monumentaux formaient le complexe de bains le plus important de la cité. L'ancienne palestre surplombe le rio dos Mouros, très encaissé ici, qui servait de défense naturelle à la cité ; elle a été aménagée en scène de théâtre à ciel ouvert.

Forum
Tout comme les thermes du sud, il a fait l'objet d'une reconstruction que d'aucuns jugeront un peu trop moderne… Cœur de la ville antique, il s'organise autour d'un sanctuaire voué au culte de l'empereur divinisé. Les fûts des colonnes du portique, reconstituées, permettent de prendre la mesure du bâtiment, dont vous verrez une maquette au musée du site.

Aqueduc
Long de 3,5 km et menant jusqu'à Alcabideque où l'eau était captée, il aboutissait à la tour de distribution près de l'arc (reconstitué) attenant à la muraille. Les petits thermes situés à son extrémité ont eux aussi été réaménagés en scène *(programme des spectacles à la billetterie)*.

★★ Maison aux Jeux d'eau
Une passerelle a été aménagée au nord pour en faciliter la visite.
Cette villa, qui appartenait à un certain Rufus, date de la première moitié du 2e s. et fut construite sur l'emplacement d'un édifice du 1er s. On voit très clairement la disposition des pièces à partir des bases des colonnes et du pavement, en grande partie constitué de magnifiques mosaïques. À l'intérieur, on reconnaît l'atrium ou vestibule d'entrée, le péristyle et le *triclinium* ; celui-ci était bordé d'un bassin. Autour de ces pièces, se répartissaient les locaux d'habitation et les communs. Leur sol est recouvert de **mosaïques★★** d'une extraordinaire variété.
Dans une pièce à gauche du *triclinium*, une belle composition polychrome ⑨ représente des scènes de chasse, les quatre saisons et un quadrige.
Une autre des pièces ⑩ donnant sur l'*impluvium* présente une scène de chasse au cerf dont vous admirerez l'élégance des attitudes.
Le pavement d'une chambre à coucher (*cubiculum* ⑪) comprend des motifs géométriques et végétaux qui encadrent Silène chevauchant un âne tiré par la longe.
À côté, un salon ⑫ s'ouvrant sur le péristyle est décoré d'une remarquable mosaïque : au centre d'une décoration représentant des échassiers, des dauphins et des dragons de mer, un centaure marin entouré de dauphins brandit un étendard et un poisson. Enfin, dans l'angle sud-ouest du péristyle, remarquez Persée tenant dans sa main droite la tête de Méduse qu'il semble offrir à un monstre marin ⑧.
La maison longe un tronçon de la voie romaine que l'on reprend pour rejoindre le musée.

Musée monographique (Museu Monográfico)
Céramiques, sculptures, épigraphes, mosaïques et petits objets évoquent les conditions socio-économiques dans lesquelles vivaient les habitants de cette ville depuis le début de l'Empire romain jusqu'à la fin du 6e s.

Serra da Lousã

★

Districts de Coimbra et Leiria

SE REPÉRER

Carte de région p. 398-399 – *Carte Michelin 733 M4 et L5.* La serra da Lousã émerge à env. 30 km au sud-est de Coimbra et à env. 70 km au nord-est de Leiria.

À NE PAS MANQUER

Les belles maisons de schiste du village de Candal ; les maisons patriciennes de Lousã.

ORGANISER SON TEMPS

Comptez env. 3h pour effectuer l'itinéraire entre Pombal et Coimbra.

Avec ses versants boisés et ses vallées cultivées, entrecoupés de crêtes pelées où la roche à nu se teinte de reflets violets, la serra da Lousã offre un paysage varié, typique de l'univers contrasté des Beiras. Groupés dans des hameaux aux maisons basses en schiste, les habitants de la région vivaient, il n'y a pas si longtemps, de médiocres cultures en terrasses et de l'élevage des chèvres et des moutons.

Circuit conseillé Carte de région p. 398-399

De Pombal (district de Leiria ; voir p. 270) à Coimbra par la serra, *circuit rouge de 124 km tracé sur la carte de région – Comptez env. 3h.*

Avec son sommet culminant à 1 202 m à Alto do Trevim, la serra da Lousã est principalement constituée de croupes de schiste et de crêtes de quartz. Se terminant abruptement au nord au-dessus du bassin de Lousã, elle est séparée de la serra de Gardunha, au sud, par la vallée du Zêzere. À l'est, la montagne est dominée par le massif granitique le plus élevé de la serra da Estrela.

À Pombal, situé entre Coimbra et Leiria, prenez l'IC 8 en dir. d'Ansião et Pontão, vers l'est.

Jusqu'à Pontão, la route serpente sur des collines calcaires piquetées de quelques oliviers, chênes, pins et eucalyptus.

Quittez l'IC 8 à Pontão et empruntez vers l'est l'ancienne route de Sertã, qui passe par Figueiró dos Vinhos.

Le paysage devient plus accidenté et plus frais, le calcaire cédant la place aux marnes, exploitées dans quelques briqueteries ; le **parcours★**, d'une grande variété, suit en corniche les sinuosités de la montagne ; les vues sur les vallées cultivées ou sur les sommets pelés alternent avec les passages boisés.

Figueiró dos Vinhos

Au pied de la serra, cette petite ville est connue pour sa vaisselle en terre cuite. L'**église**, au chœur décoré d'azulejos du 18e s. illustrant la vie de saint Jean-Baptiste, possède une belle Trinité dans la chapelle de droite.

À Figueiró dos Vinhos, prenez la N 236-1 vers le nord, en dir. de Lousã.

La route franchit la serra da Lousã. Le versant sud, d'abord boisé de pins et d'eucalyptus, se dénude à mesure que l'altitude croît.

Les maisons de schiste du village de Candal, dans la serra da Lousã.
O. Forir/MICHELIN

Castanheira de Pêra

Dans la rue principale du bourg, face à une école, joli jardin public planté d'ifs, de buis et de thuyas, taillés avec fantaisie. À voir aussi, un étonnant plan d'eau (**Praia das Rocas**), avec île artificielle, palmier et grandes piscines.

Env. 10 km après Castanheira, dans un virage à droite, un belvédère offre une **vue**★ étendue sur une petite vallée creusée par un affluent du Zêzere, prolongée au-delà par une ligne de crêtes masquant le bassin du Tage. La **descente**★ sur Lousã est ensuite très rapide ; la route en corniche procure de jolis coups d'œil sur la vallée de l'Arouce.

Candal

Dans ce vieux village s'étageant dans un site original, on voit encore de belles maisons grises construites en schiste. À la sortie du village, remarquez à gauche, en contrebas, plusieurs bergeries en ruine.

★ Belvédère (Miradouro) de Nossa Senhora da Piedade

Env. 5 km après Candal, très belle **vue** plongeante sur la vallée de l'Arouce, au fond de laquelle se dressent un petit château médiéval et de minuscules chapelles blanches ; en contre-haut, le village perché de **Casal Novo.**

5

Lousã

Paisible village adossé à la montagne, Lousã, comme **Foz de Arouce** *(6 km plus au nord)*, possède encore, dans le quartier qui entoure son église, un ensemble de maisons patriciennes du 18e s. aux fenêtres armoriées. Vous apprécierez en particulier le Palácio dos Salazires, transformé en hôtel de luxe, et la Capela da Misericórdia, juste en face. L'usine à papier, sur les rives boisées de l'Arouce, fonctionne depuis 1716. Le village accueille en septembre un festival de gastronomie réputé qui s'accompagne d'expos-vente d'artisanat local.

▶ *Après la traversée du bassin de Lousã, la route (N 236, puis N 17 à gauche), passant par Foz de Arouce, emprunte les vallées du Ceira, puis du Mondego et gagne* **Coimbra**★★ *(voir p. 400).*

Figueira da Foz

62 124 habitants – District de Coimbra

NOS ADRESSES PAGE 423

S'INFORMER

Posto de turismo – *Av. 25 de Abril, face à la plage - ℘ 233 42 26 10 - www.figueiraturismo.com - lun.-vend. 9h-12h30, 14h-17h30, w.-end et j. fériés 10h-12h30, 14h30-18h30; juin-août: tlj 10h-21h.* Plan de la ville, wifi gratuit.

SE REPÉRER

Carte de région p. 398-399 – *Carte Michelin 733 L3.* Figueira da Foz est située au sud de la Beira Litoral, à 43 km à l'ouest de Coimbra et à 51 km au nord de Leiria.

À NE PAS MANQUER

Le château de Montemor-o-Velho.

AVEC LES ENFANTS

Profitez avec eux de la plage de sable fin.

Adossée à la petite serra da Boa Viagem qui la protège des vents du nord, Figueira da Foz, ville côtière, s'étale à l'embouchure du Mondego et fait face à un paysage de marais salants. Outre son port de pêche (sardine et morue) et ses chantiers navals, c'est l'une des stations balnéaires les plus fréquentées du Portugal. Dans la courbe très ouverte de sa baie, une immense plage de sable fin et un front de mer défiguré par une urbanisation anarchique attirent chaque année de nombreux estivants. Les distractions y sont autant mondaines (casino, concerts, théâtre) que sportives (natation, régates, football de plage) ou folkloriques (fêtes de la Saint-Jean).

Visiter

Musée (Museu) municipal Dr Santos Rocha

R. Calouste Gulbenkian - ℘ 233 40 28 40 - www.figueiradigital.com - été: mar.-dim. 9h30-17h15; hiver: mar.-vend. 9h30-17h15, w.-end 14h-17h15 - fermé j. fériés - 2 €.

Installé dans un édifice moderne, ce musée présente d'intéressantes collections archéologiques (remarquez une stèle gravée d'inscriptions ibériques) et artistiques : peintures, sculptures, arts décoratifs (faïences, mobilier).

Circuit conseillé Carte de région p. 398-399

Circuit violet de 20 km tracé sur la carte de région – Comptez env. 45mn. Quittez Figueira da Foz vers le nord-ouest par la route côtière.

SERRA DA BOA VIAGEM ET VALLÉE DU MONDEGO

6 km au nord de Figueira da Foz.
On aperçoit **Buarcos**, village de pêcheurs et station balnéaire. Après avoir laissé à gauche une importante cimenterie, la route longe l'Océan et atteint le phare du cap Mondego. Elle se poursuit à travers la forêt de pins, d'acacias et d'eucalyptus qui couvre la serra.
Tournez à droite en dir. du village de Boa Viagem, puis à droite à nouveau vers Figueira da Foz.
La route passe sous une véritable voûte de verdure (cèdres, eucalyptus) puis, peu avant Boa Viagem, l'horizon se dégage pour offrir de jolies vues sur la baie de Figueira da Foz et l'embouchure du Mondego.

Montemor-o-Velho

16 km à l'est par l'A 14.
Dans la vallée du Mondego, Montemor-o-Velho est dominé par les ruines d'une citadelle bâtie au 11e s. pour interdire l'accès de Coimbra aux Maures occupant l'Estrémadure.
★ **Château** – *À l'entrée du bourg en venant de Figueira da Foz. Franchissez la première enceinte et pénétrez dans la cour du château - ✆ 239 68 03 80 - été : 10h-22h ; printemps et automne : 10h-19h ; hiver : 10h-17h30 - fermé 1er janv. et 25 déc. - gratuit.* Du château initial, il reste une double enceinte ovale crénelée, flanquée de nombreuses tours ; l'angle nord est occupé par l'église et le donjon. Du haut des remparts, large **panorama★** sur la vallée du Mondego où s'étendent d'immenses rizières, quelques champs de maïs et des peupleraies ; la serra da Lousã se profile à l'horizon, au sud-est.

NOS ADRESSES À FIGUEIRA DA FOZ

INFORMATIONS UTILES

Les offices de tourisme sont répertoriés en début de chapitre.
Internet – Biblioteca municipal – *dans le Musée municipal - ✆ 233 40 28 40 - mar.-dim. 9h30-17h15. Gratuit.*

HÉBERGEMENT

Bon à savoir – Attention, de nombreuses pensions ne sont ouvertes qu'en juil.-août. Les autres augmentent considérablement leurs prix à cette période. En saison, dormez à Coimbra, où l'hébergement est d'un bien meilleur rapport qualité-prix, et venez profiter des plaisirs balnéaires en journée.

BUDGET MOYEN

Residêncial Aliança – *R. Miguel Bombarda, 12 - ✆ 233 42 21 97 - www.hotelalianca.net - 22 ch. 45/70 €* ☕. À deux pas du front de mer, à l'angle de la rue piétonne où s'étale la terrasse du bar-restaurant, un confortable établissement à la belle façade verte. Chambres claires et agréables, toutes décorées à l'identique. Un bon rapport qualité-prix… sauf en août.

RESTAURATION

PREMIER PRIX

Núcleo Sportinguista – *R. Praia da Fonte, 14-17 (derrière le jardin municipal) - ✆ 233 43 48 82 - 12h15-15h30, 19h15-22h.* Pas de vue sur la mer, mais une joyeuse terrasse vitrée qui ne désemplit jamais et du poisson frais (ravitaillement en direct !) grillé, servi tout simplement avec des pommes de terre en robe

5

des champs. Les sardines font l'unanimité dans cette véritable institution populaire. Formule à 7,50 € : entrée du jour, un poisson grillé au choix et un fruit.

BUDGET MOYEN

Olaias – *R. Abade Pedro, dans le Centro de Artes e Espectáculos - ✆ 233 42 34 68 - www.olaias-restaurantecaffe.com - 9h-0h sf dim. soir.* À l'écart des adresses touristiques du front de mer, cette grande salle vitrée donne sur le parc de la ville. À la carte, des spécialités de lotte, du saint-pierre et du riz aux palourdes. Menu à 15 €.

BOIRE UN VERRE

Dans la vieille ville, les bars se concentrent dans la zone piétonne, aux alentours du casino. Presque tous possèdent une terrasse.

Din's – *Près de Buarcos.* Un bar de plage ouvert jusque tard dans la nuit (4h env.), caché dans une « cabane » à rayures jaunes (la plus proche de la route).

ACTIVITÉS

Centre de Artes e Espectáculos – *R. Abade Pedro - ✆ 233 40 72 09 - www.cae.pt.* Un vaste centre culturel avec deux auditoriums et un théâtre de plein air (musique, danse, expositions, etc.). Programme trimestriel disponible à l'office de tourisme.

AGENDA

Festas da Cidade – *2 dernières sem. de juin, en particulier à la Saint-Jean (23-24 juin).* Défilés, feu d'artifice et bain de mer à 5h du matin.

Forêt de Buçaco

Mata do Buçaco

★★

District d'Aveiro

NOS ADRESSES PAGE 430

S'INFORMER

Posto de turismo de Luso – *R. Emídio Navarro, 136 - Almas do Buçaco - ☎ 231 93 91 33 - www.jtluso-bucaco.pt - tlj 9h-12h30, 14h-17h30.*

SE REPÉRER

Carte de région p. 398-399 – Carte de la forêt de Buçaco p. 427 – *Carte Michelin 733 K4*. À 25 km au nord de Coimbra, en direction de Mealhada puis de Luso, qui marque le principal accès à la forêt.

À NE PAS MANQUER

Une balade à pied dans les allées labyrinthiques du parc.

ORGANISER SON TEMPS

Prévoyez 1h pour une visite rapide en voiture ; une demi-journée si vous choisissez de découvrir le parc à pied.

AVEC LES ENFANTS

Un pique-nique au cœur de la nature préservée.

Dominant la paisible station thermale de Luso, le Parc forestier de Buçaco coiffe l'extrémité nord de la serra do Buçaco. Enclos d'une mystérieuse muraille de pierre percée de plusieurs portes monumentales, il forme un sanctuaire végétal dense et ombragé, où se mêlent harmonieusement plus de 700 essences exotiques (ginkgo, camphrier du Japon, arbousier, etc.) et indigènes (chênes, pins et châtaigniers), au pied desquelles mimosas et camélias composent un sous-bois fleuri et coloré. Ponctuant le labyrinthe des allées, surgissent çà et là une fontaine tarie aux azulejos patinés, une statue mangée par la mousse, un ancien ermitage en ruine, qui tous composent un tableau romantique en diable. Au centre du tableau, dans une vaste clairière, se dresse un palais-hôtel aux allures de château fantasmagorique. L'ensemble forme un lieu à part, frais et reposant, pour une cure de chlorophylle, de silence, d'air pur et d'eau bienfaitrice.

5

Circuits conseillés Carte de la forêt de Buçaco p. 427

Circuits pédestres et routier tracés sur la carte de la forêt de Buçaco. Ils partent du parking près de l'hôtel (attention, la signalétique dans le parc n'est pas très lisible).

Plusieurs promenades à pied permettent de découvrir la forêt de Buçaco, parsemée d'ermitages construits par les moines au 17e s. On peut aussi y voir un intéressant chemin de croix *(Via Sacra, voir p. 428)*.

De Luso, rejoignez la forêt de Buçaco à pied (10mn) ou en voiture (3 km en dir. de Mortagua) - 8h-21h - oct.-mai : accès gratuit pour marcheurs et cyclistes, voitures 5 € (jusqu'à 5 places) ou 7 € (plus de 5 places).

AU CŒUR DE LA FORÊT DE BUÇACO

Circuit de 1h15 à pied.

★ Palace-hôtel

2 km au sud de Luso.

Commandé par le roi Charles et exécuté par l'architecte italien Luigi Manini, ce pavillon de chasse construit dans la forêt entre 1888 et 1907 ressemble à un décor de théâtre. C'est un pastiche de l'art manuélin où l'on retrouve le profil de la tour de Belém et la décoration du cloître des Jerónimos de Lisbonne. Le tout est flanqué d'une tour, surmontée par une sphère armillaire. L'ensemble abrite aujourd'hui un hôtel de luxe *(voir « Hébergement », p. 430)*. À l'intérieur, ses hôtes pourront apprécier la décoration, tout aussi exubérante, et les dimensions de la cage d'escalier, impressionnantes ; ses parois sont recouvertes d'immenses panneaux d'azulejos de Jorge Colaço représentant des épisodes des *Lusiades* de Camões et des scènes de bataille de l'histoire du Portugal.

Couvent des Carmes-Déchaux (Convento dos Carmelitas Descalços)

En contrebas de l'hôtel - mar.-sam. 9h-12h30, 14h-17h30 - fermé j. fériés - 1 €.

Du couvent, construit entre 1628 et 1630, subsistent la chapelle, le cloître et plusieurs cellules que les moines avaient tapissées de liège pour lutter contre le froid.

UNE FORÊT BIEN PROTÉGÉE

Dès le 6e s., les bénédictins, établis à Lorvão, édifient un ermitage à Buçaco, parmi les chênes et les pins de la forêt primitive. Du 11e s. au début du 17e s., la forêt est jalousement entretenue par les prêtres de la cathédrale de Coimbra qui en ont hérité ; en 1622, le pape Grégoire XV interdit aux femmes de pénétrer dans la forêt sous peine d'excommunication.

En 1628, les carmes déchaux s'installent dans la forêt, construisent un monastère et ferment leur domaine d'une muraille continue. Ils poursuivent l'aménagement de la forêt en procédant à de nouvelles plantations : érables, lauriers-tins, rouvres, cèdres (ou cyprès) du Mexique. En 1643, ils obtiennent du pape Urbain VIII une **bulle** d'excommunication contre quiconque dégraderait les arbres de leur domaine.

Mais les carmes doivent quitter Buçaco après l'abolition des ordres religieux au Portugal (28 mai 1834). La forêt échoit à l'administration royale puis à celle des Eaux et Forêts, qui accentue le rythme des plantations. Au début du 20e s., la forêt devient un lieu de villégiature à la mode, du fait de la fréquentation chic de la station thermale voisine de Luso.

Aujourd'hui, les 105 ha de la forêt de Buçaco comprennent plus de 400 essences indigènes (chênes, châtaigniers, lentisques, etc.), implantées pour certaines avec la forêt primitive des premiers siècles de notre ère, et environ 300 espèces exotiques (ginkgo, araucaria, cèdre, sapin de l'Himalaya, thuya, épicéa d'Orient, palmier, arbousier, séquoia, camphrier du Japon, etc.), introduites par les moines à la fin du Moyen Âge. Entre les arbres, poussent des fougères arborescentes, des hortensias, des mimosas, des camélias, des magnolias, des philarias et même du muguet.

★★ **Fontaine froide** (Fonte Fria) **et vallée des Fougères** (Vale dos Fetos)

Ermitage (Ermida) **da Nossa Senhora da Assunção** – C'est l'un des dix ermitages isolés dans la forêt où les moines se retiraient.

Fontaine froide (Fonte Fria) – Elle sourd dans une grotte d'où ses eaux se déversent en cascade le long d'un escalier de 144 marches ; en bas, dans le bassin de réception entouré d'hortensias et de magnolias, se reflètent de majestueux conifères.

Le sentier bordé de magnifiques fougères arborescentes, de rhododendrons et d'hortensias longe ensuite le cours d'un ruisseau et conduit à un lac au bord duquel se dressent plusieurs thuyas.

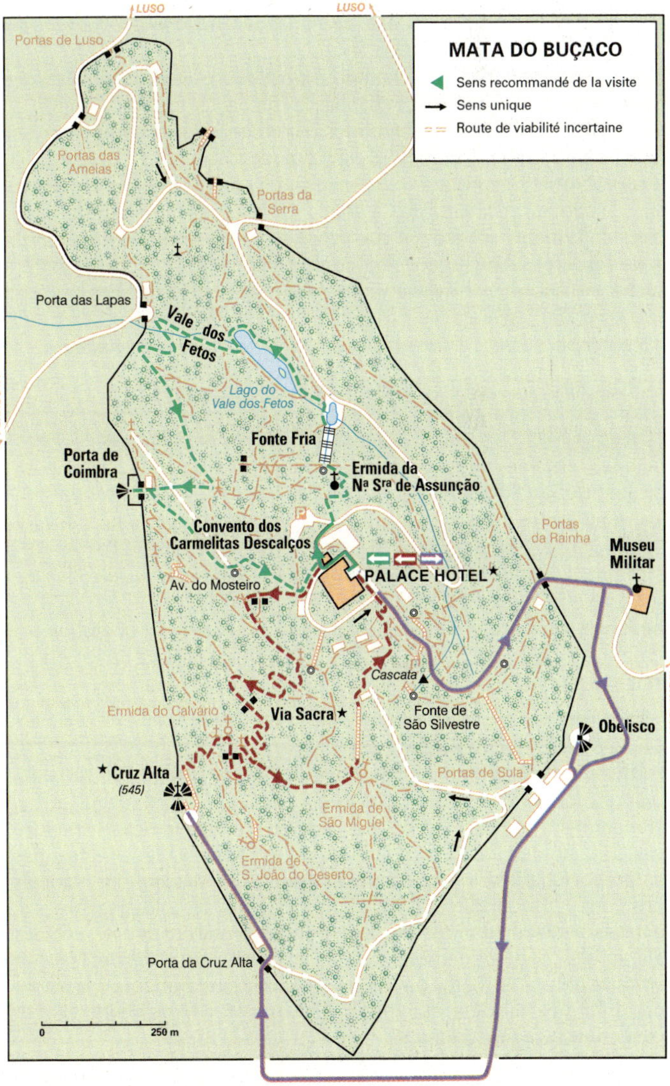

Vallée des Fougères (Vale dos Fetos) – Agrémentée de pins et de séquoias gigantesques, l'**allée des Fougères arborescentes** mène vers la Porta das Lapas.

Porta de Coimbra – Élevée en même temps que le mur d'enceinte au 17e s., elle a reçu une décoration rocaille ; deux plaques de marbre apposées sur sa façade extérieure reproduisent le texte des deux bulles papales. Les arches s'ouvrent sur une jolie terrasse aménagée en belvédère : vue particulièrement agréable au coucher du soleil.

Revenez vers le palace-hôtel par l'av. do Mosteiro, bordée de superbes cèdres.

★★ VOIX SACRÉE (Via Sacra) ET CROIX HAUTE (Cruz Alta)

Circuit de 1h à pied. Partez par l'avenida do Mosteiro sous le couvent, puis tournez à gauche pour suivre la Via Sacra.

★ **Voie sacrée** (Via Sacra) – Le chemin de croix, construit à la fin du 17e s. dans le style baroque, se compose de chapelles s'égrenant le long du chemin. Dans ces chapelles, les différentes stations de la montée au Calvaire sont représentées par des personnages en terre cuite grandeur nature.

★ **Croix Haute** (Cruz Alta) – *Alt. 545 m.* De là, le **panorama** est immense : à droite, la barrière de la serra do Caramulo ; en face, une multitude de villages blancs de la plaine côtière ; en contrebas, le palace-hôtel émergeant d'un flot de verdure ; à gauche, au loin, l'agglomération de Coimbra ; à l'extrême gauche, à l'horizon, par-delà la vallée du Mondego, les hauteurs des serras da Lousã et da Estrela.

Revenez par des sentiers en sous-bois que bordent différents ermitages.

LA CROIX HAUTE (Cruz Alta) PAR LA ROUTE

Circuit de 6 km. Prenez la route qui part au sud-est du palace-hôtel.

Quelques centaines de mètres plus loin, admirez la cascade qu'alimente la **fontaine de São Silvestre**, nichée dans les fougères et les hortensias.

Musée militaire (Museu Militar) – *✆ 231 93 93 10 - mar.-dim. 10h-12h30, 14h-17h - fermé 1er janv., dim. de Pâques et 25 déc. - 1 €.* Situé à l'extérieur de l'enceinte, il évoque la bataille de Buçaco et les différents épisodes de la guerre de 1810 au Portugal.

Obélisque (Obelisco) – Surmonté d'une étoile de verre, cet obélisque commémore la bataille de Buçaco ; de là, jolie **vue★** sur la serra da Estrela et la serra do Caramulo.

LA BATAILLE DE BUÇACO

En 1810, après deux tentatives d'invasion du Portugal, Napoléon organise une troisième expédition commandée par le général Masséna, qu'accompagnent Junot et Ney. Le 26 septembre, l'armée française arrive en vue des hauteurs de Buçaco sur lesquelles sont installées les troupes anglo-portugaises dirigées par Wellington. Le 27, Masséna, ignorant les positions et l'importance de ces troupes, donne à ses soldats, affamés et épuisés, l'ordre de monter à l'assaut. Dans un brouillard dense, l'une des divisions escalade les pentes, suivie par les autres, mais l'élan des Français est brisé par une décharge d'artillerie et par une contre-attaque à la baïonnette. L'armée française, qui a perdu 4 500 soldats en trois heures, réussit cependant à gagner Coimbra.

LE CYPRÈS DE LUSITANIE, UN ARBRE… MEXICAIN

Planté en abondance par les premiers moines dès le début du 16e s., ce magnifique conifère a été pendant longtemps l'objet d'une méprise : le nom de son espèce, *Cupressus lusitanica*, autrement dit « cyprès de Lusitanie », lui vient d'un savant du 18e s. qui supposait qu'il avait été rapporté de Goa (Inde) par les Portugais. Depuis que, en 1839, on en découvrit une variété au Mexique, le « cèdre de Goa » ou « cèdre du Buçaco » est souvent appelé « cyprès du Mexique ».

La route s'élève ensuite parmi les pins jusqu'à la porte donnant accès à la Cruz Alta (description : voir ci-contre).

★ LUSO ET ENVIRONS

Le bourg de Luso, à partir duquel on peut facilement rejoindre à pied la forêt de Buçaco, est une station thermale réputée, fréquentée par des curistes depuis plus d'un siècle. Ses eaux radioactives sont notamment utilisées dans le traitement des affections rénales. Par ailleurs, l'eau minérale de Luso est l'une des plus connues et consommées au Portugal.

Ses kiosques, ses parcs et ses fontaines en font un endroit calme et reposant, qui peut constituer une agréable base de séjour.

On y déguste notamment un délicieux cochon de lait rôti *(leitão assado)*. Le confortable **Grande Hotel**, des années 1940, a été conçu par l'architecte Raúl Lino.

Mealhada

6 km à l'ouest de Luso par la N 234, à proximité de la grande route (N 1/IC 2).

Mealhada est également réputé pour son *leitão assado* que proposent les nombreux restaurants alignés le long de la route. C'est aussi le centre de production du vin de Bairrada, une appellation contrôlée *(visite de caves possible)*.

Curia

13 km au nord-ouest de Luso.

Les Romains exploitaient déjà cette petite station (Aquæ Curiva), de nos jours exclusivement consacrée aux cures thermales. Ses eaux sont indiquées dans le traitement des maladies métaboliques et endocriniennes, musculaires et du squelette, de l'hypertension et des rhumatismes. On y trouve de grands hôtels construits au début du 20e s.

NOS ADRESSES DANS LA FORÊT DE BUÇACO

TRANSPORTS

Gare ferroviaire – *N 235, à 800 m du centre de Luso.* Trains pour Coimbra et Guarda.

HÉBERGEMENT

À Luso

POUR SE FAIRE PLAISIR

Vila Duparchy – *R. José Duarte Figueiredo, 148 (1,5 km de Luso, route de Mealhada, par la N 234, à droite) - ☎ 231 93 07 90 - principe.santos@clix.pt - P - 6 ch. 90 €.* Sur une colline verdoyante, l'ingénieur français Jean Alexis Duparchy fit construire en 1895 cette villa cossue, qu'il habita alors qu'il supervisait la construction du chemin de fer de la Beira Alta. Superbes volumes et belle hauteur sous plafond, mobilier d'époque, cheminée dans certaines chambres et grand calme font de cette maison d'hôte une étape de charme. À l'étage, belle chambre avec terrasse (au même prix que les autres). Véranda avec vue sur le parc de 6 ha. Table d'hôte sur commande.

UNE FOLIE

Palace-hôtel do Buçaco – *Floresta do Buçaco - ☎ 231 93 79 70 - www.almeidahotels.com - P - 60 ch. 150/205 € - rest. env. 35 €.* Un séjour inoubliable dans un palace exceptionnel. Chambres décorées avec des meubles anciens de valeur, superbe salle de restaurant.

À Curia

BUDGET MOYEN

Grande Hotel da Curia – *☎ 231 51 57 20 - www.grandehoteldacuria.com - P - 81 ch. 75/92,50 € - rest. 30/40 €.* Cet établissement fin 19e s. a moins de charme que le Das Termas mais offre tout le confort moderne avec des chambres spacieuses et décorées de meubles Art déco. Traitements très complets, suivi médical, piscines couverte et à ciel ouvert.

POUR SE FAIRE PLAISIR

Das Termas – *☎ 231 51 98 00 - www.termasdacuria.com - P - 57 ch. 73/110 € - rest. 25/30 €.* Cet hôtel s'élève dans un grand parc (dont l'entrée est payante) à la végétation dense, pourvu d'un lac sur lequel on peut aller dériver en barque. Érigé dans les années 1930, le bâtiment possède une belle piscine et propose une grande variété de traitements.

RESTAURATION

À Luso

BUDGET MOYEN

Lourenços – *R. Emídio Navarro, 3-7 (Edificio Oasis) - ☎ 231 93 94 74 - tlj 12h-15h, 19h-23h.* De la grande salle en surplomb de la rue principale, on apprécie la plaisante langueur qui habite la station. Large éventail de spécialités du pays : poulpe au vinaigre, riz aux fruits de mer, poulet au vin rouge et l'inévitable *bacalhau*. Plat du jour : 9 €.

ACTIVITÉS

Thermes de Luso – *R. Álvaro Castelões - ☎ 231 93 79 10 - www.termasdoluso.com - lun.-vend. 8h-19h, w.-end et j. fériés 8h-20h.* Cures (sur consultation médicale préalable) et soins. En saison, mieux vaut réserver.

AGENDA

Commémoration de la bataille de Buçaco – *27 sept.* Tirs au canon.

Les *moliceiros* se balancent sur le canal central d'Aveiro.
J. A. Moreno/Imagebroker/Photononstop

Aveiro

★

78 463 habitants – District d'Aveiro

NOS ADRESSES PAGE 438

S'INFORMER

Região de turismo – *R. João Mendonça, 8 - ✆ 234 42 07 60 - www.turismodocentro.pt - juin-oct. : lun.-vend. 9h-20h, w.-end 9h-18h ; le reste de l'année : lun.-vend. 9h-18h, w.-end. 9h30 -12h30 -13h30-17h30.*

SE REPÉRER

Carte de région p. 398-399 – Plan d'Aveiro p. 434 – *Carte Michelin 733 K4.* À 70 km de Porto, à 60 km de Coimbra et à 90 km de Viseu.

SE GARER

Parking gratuit entre l'IP 5 et le canal de São Roque, au nord de la ville.

À NE PAS MANQUER

Flâner à pied dans le quartier des canaux ; découvrir la lagune d'Aveiro en *moliceiro* ; explorer la Réserve naturelle des dunes de São Jacinto.

ORGANISER SON TEMPS

Comptez au moins une journée ; visitez d'abord la ville avant d'explorer les rives lacustres de la ria.

AVEC LES ENFANTS

Découverte en bateau de la lagune ; promenade dans la Réserve de São Jacinto.

Avec ses canaux qu'enjambent de petits ponts et ses « moliceiros », gracieuses barques colorées rappelant les gondoles vénitiennes, Aveiro affiche des airs de cité lacustre. Son centre-ville, pourvu de plusieurs beaux édifices Art nouveau, abrite un musée d'art baroque et sacré de premier plan. Les richesses industrielles de la région font bon ménage avec la pêche traditionnelle de l'anguille dans la lagune et la fabrication artisanale de la porcelaine. Les environs sont tout aussi attrayants : au nord de la ville, au-delà des salines, une vaste ria livre un paysage étonnant de marais et de canaux, qu'un long cordon de dunes et de pinèdes, en partie constitué en réserve naturelle, protège des assauts de l'Atlantique.

Se promener Plan de ville p. 434

Circuit tracé en vert sur le plan de ville – Comptez 2h à 2h30. Balade à faire à pied entre la cathédrale et la gare.

Cathédrale (Sé)

Cette église est le seul vestige de l'ancien couvent de São Domingos, fondé en 1423. Très remaniée depuis sa construction, la cathédrale arbore une façade baroque et offre, à l'intérieur, un mélange de styles détonnant : des azulejos des 17e et 18e s. tapissent les murs de la nef, un orgue du 17e s. est installé dans le croisillon gauche du transept, tandis que le chœur a été reconstruit dans les années 1970. À gauche de l'entrée, remarquez une Mise au tombeau (début Renaissance) dont les huit personnages, sauf le Christ, figurent en buste.

Croix (Cruzeiro) **de São Domingos**

Devant la cathédrale, ce calvaire de style gothique manuélin est une reproduction fidèle de l'original qui est conservé dans l'église, à droite de l'entrée.
Traversez la praça do Milenário.

★★ **Ancien couvent de Jésus** (Antigo Convento de Jesus)

Av. de Santa Joana, 329 - ✆ 234 42 32 97 - mar.-dim. 10h-13h, 14h-17h30 - fermé 1er janv., dim. de Pâques, 1er Mai et 25 déc. - 4 €, gratuit dim. et j. fériés le matin.
L'**ancien couvent de Jésus** a été érigé du 15e au 17e s. La princesse **Jeanne**, fille du roi Alphonse V et future sainte, s'y retira en 1472 et y vécut ses dix-huit dernières années. Au 18e s., une façade baroque fut plaquée devant les bâtiments plus anciens. Le site a été converti en musée en 1911.

HIER...

À l'instar d'Ovar, Ílhavo ou Vagos, situés aujourd'hui à 5 km du rivage, Aveiro était jadis un port de mer. Il connut un essor remarquable à partir du début du 16e s. grâce à la pêche à la morue pratiquée sur les bancs de Terre-Neuve. Mais, en 1575, une violente tempête ferme la lagune : le port s'envase et la ville, privée de ses activités, décline. L'effort de redressement tenté au 18e s. par le marquis de Pombal échoue, ainsi que les multiples plans d'aménagement de la barre. En 1808, enfin, entre les digues édifiées à l'aide des pierres provenant des murailles de la ville, on réussit à rouvrir la passe entre la ria et l'Océan. L'industrie de la céramique et de la porcelaine se développe. La prospérité s'accompagne d'un rayonnement artistique, et Aveiro devient un foyer d'art baroque. Son école de sculpture est réputée et la ville se couvre alors de nombreux monuments.

★★ **Église** – Elle date du 15e s., ainsi qu'en témoigne sa porte d'entrée, mais la décoration intérieure n'en a été achevée qu'au début du 18e s. Le **chœur inférieur★** *(coro baixo)* est doté d'un plafond compartimenté en bois peint et renferme le **tombeau de sainte Jeanne★★** (début 18e s.) : cette œuvre magnifique de l'architecte João Antunes en marqueterie de marbre polychrome est supportée par des anges assis, également en marbre. Les murs sont revêtus de marbre et de bois doré. L'intérieur de l'église éblouit par la somptuosité de ses bois sculptés et dorés, surtout dans le **chœur★★**, chef-d'œuvre d'exubérance baroque avec ses colonnes, autels, plafond à caissons et à rosaces entremêlées prodigieusement travaillés ; sur quelques panneaux d'azulejos figurent des scènes de la vie de sainte Jeanne.

Cloître – De style Renaissance, il est entouré de chapelles ; l'une d'elles abrite le très beau **tombeau de João de Albuquerque** du 15e s. Le réfectoire est totalement revêtu d'azulejos aux motifs floraux, de la fin du 17e s.

★★ **Musée** – Il s'agit du deuxième musée d'art sacré du Portugal par son importance, après le musée d'Art ancien de Lisbonne.

Avec la visite du musée s'effectue celle du chœur supérieur *(coro alto)* de l'église (tribune), orné d'un Christ en croix du 14e s. et d'un petit orgue du 18e s.

Le musée proprement dit expose diverses collections d'art sacré et d'art baroque : sculptures de l'école de Coimbra (16e s.) ; peintures sur bois de primitifs portugais (dont un noble **portrait de la princesse Jeanne★** de la fin du 15e s., attribué à Nuno Gonçalves, étonnant par la dureté hiératique des traits de la jeune fille représentée en costume de cour) ; primitifs italiens (une *Vierge au chèvrefeuille*, anonyme du 15e s.) ; peintures sur cuivre du 18e s. Des céramiques, des ornements sacerdotaux, divers objets de culte et des lutrins du 17e s. complètent les collections.

Dans les salles affectées à l'art baroque, remarquez les statues en bois polychrome des anges d'Aveiro, une curieuse sainte Famille en terre cuite due à l'atelier de Machado de Castro et un secrétaire en bois laqué. La chambre où mourut sainte Jeanne en 1490, transformée en oratoire en 1734, est décorée de retables et boiseries dorés. Une galerie lapidaire complète la visite.

En sortant du musée, prenez deux fois à droite et remontez la rua dos Combatentes da Grande Guerra.

Église da Misericórdia

Couverte d'azulejos, sa façade s'ouvre par un portail du 17e s. très ouvragé. À l'intérieur, remarquez la hauteur de la nef et les azulejos (17e s.) ainsi que, face à la chaire, le banc d'œuvre à dosseret de bois doré.

… ET AUJOURD'HUI

Aveiro continue à exploiter ses salines, ses prairies, ses rizières, ses champs amendés avec des algues récoltées au fond de la baie et transportées par bateau. La pêche demeure fructueuse : anguille dans la lagune, sardine et raie sur la côte. Mais la région tire l'essentiel de ses ressources de l'industrie : fabrication traditionnelle de la porcelaine (Ílhavo, Vista Alegre), usine de cellulose, conserveries de poisson, chantiers navals, industries mécaniques (bicyclettes, tracteurs, montage d'automobiles avec l'usine Renault de Cacia) et sidérurgie (Ovar). C'est le troisième centre industriel du pays après Lisbonne et Porto, et également un pôle universitaire réputé. Aveiro s'est de plus doté d'un magnifique stade de football pour le Championnat d'Europe 2004, étonnante construction de Lego bariolée, à l'entrée de la ville.

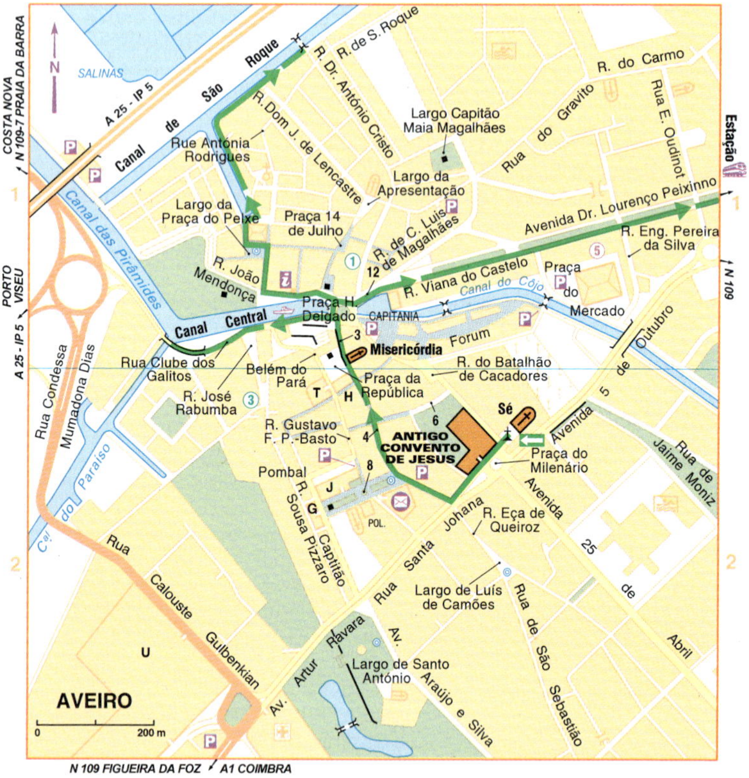

SE LOGER

Aveiro Center .... ③

Hospedaria dos Arcos .... ①

SE RESTAURER

Centenário .... ⑤

INDEX DES RUES

Coimbra (R.) 3

Combatentes da Grande Guerra (R. dos) 4

Dr Nascimento Leitão (R.) 6

Marquês de Pombal (Pr.) 8

Viana do Castelo (R.) 12

Poursuivez tout droit dans la rua Coimbra jusqu'à la praça Humberto Delgado, qui enjambe le canal Central. C'est ici que débute le quartier des canaux.

★ Quartier des canaux

Certains canaux de la ria ont leur prolongement en pleine ville : ils y sont endigués par des quais sur lesquels l'eau empiète quelque peu à marée haute. Le quartier, limité au sud par le canal Central et, au nord, par celui de São Roque, est tissé d'un dédale de ruelles aux petites maisons colorées, organisées autour du **marché aux poissons** *(situé sur le largo da Praça do Pelxe)*, qui a été reconstruit en 2004.

Canal Central – En partie bordé de demeures patriciennes qui y reflètent leurs façades classiques, il offre un spectacle animé avec ses *moliceiros* et ses vedettes circulant sans répit. La meilleure perspective s'offre depuis la praça Humberto Delgado, large pont-tunnel à balustres qui scinde le canal à mi-parcours et constitue le carrefour principal de la ville.

Canal de São Roque – Limitant l'agglomération au nord, il est enjambé par une élégante passerelle de pierre en dos-d'âne *(devant la rua Dr António Cristo)* et par un étonnant pont piétonnier circulaire *(à la hauteur du bras du canal qui mène au marché aux poissons)*. Ce canal marque la séparation entre les salines du nord de la ville et les magasins à sel qui bordent ses quais, parmi les maisons basses du quartier des pêcheurs.

Revenez praça Humberto Delgado. Sans franchir le canal Central, prenez à gauche la rua Viana do Castelo, puis l'av. Dr Lourenço Peixinho, jusqu'à la gare (10 à 15mn à pied).

Gare (Estação)

Les superbes panneaux d'azulejos qui décorent ses façades extérieure et intérieure (le long des quais) constituent une intéressante illustration des monuments d'Aveiro et de sa région, ainsi que des métiers et costumes traditionnels de la ria.

À proximité Carte de région p. 398-399

★ RIA DE AVEIRO

Remarquable accident hydrographique de la côte ouest du Portugal, à l'embouchure des rios Vouga et Antuã, la ria se présente comme une vaste zone lagunaire soumise à la marée. Elle est parcourue par un labyrinthe de chenaux, semé d'îles et bordé de marais salants ou de pinèdes. Engendré par la régression marine, un cordon littoral, long de 45 km, large au maximum de 2,5 km, la protège de l'Océan. Il est percé d'un goulet à la passe de Barra.

La lagune d'Aveiro affecte la forme d'un triangle et couvre à haute mer environ 6 000 ha, pour une profondeur moyenne de 2 m. Très poissonneuse, elle est surtout célèbre pour ses algues *(moliço)*, utilisées comme engrais *(voir encadré)*.

Bon à savoir – L'été, des **promenades en bateau au départ d'Aveiro** permettent de découvrir la vie de la ria : barques de sauniers, de pêcheurs, de paysans, *moliceiros* des ramasseurs d'algues *(voir « Visite », p. 438)*.

AU NORD DE LA RIA

Torreira

47 km au nord d'Aveiro.

Sur la lagune, ce port de pêche abrite encore quelques jolis *moliceiros* mais ils se font de plus en plus rares ; côté mer, belle plage de sable qui a permis à ce village de se développer comme station balnéaire.

5

LES MOLICEIROS

La récolte de goémon se fait traditionnellement avec des barques à fond plat appelées *moliceiros*, dont la proue recourbée en col de cygne est peinte de motifs naïfs aux couleurs vives ; on les manœuvre à la voile et à la perche. Les peignes des râteaux de raclage ou de ramassage des algues encadrent le bec de la proue. Ces bateaux sont malheureusement de moins en moins nombreux ; on peut en voir quelques exemplaires devant l'office de tourisme d'Aveiro et admirer leurs décorations à l'occasion du concours annuel, en juillet ou en août.

Entre Torreira et São Jacinto, de belles vues s'offrent sur la ria et l'on peut parfois y voir les ramasseurs d'algues sur leurs bateaux, ainsi que des pêcheurs.

Réserve naturelle des dunes de São Jacinto

2 km à droite avant São Jacinto, au bord de la N 327.

Très intéressante pour ses paysages, sa flore et sa faune, elle couvre 666 ha d'une des zones dunaires les mieux préservées d'Europe.

2h. Une promenade balisée en boucle permet de découvrir ce milieu naturel de pinèdes et de végétation dunaire. Un **centre d'interprétation** présente des expositions sur la réserve et délivre un plan avec l'itinéraire pédestre. *234 33 12 82 - www.saojacinto.cne-escutismo.pt - 9h-12h, 13h30-17h - fermé j. fériés - visites guidées dans le parc sur réserv. à 9h et 13h30.*

São Jacinto

13 km au sud de Torreira.

Cette petite station perdue dans la pinède forme aussi un camp et un port militaires à la pointe nord de la passe de Barra.

AU SUD ET À L'OUEST DE LA RIA

Ílhavo

6 km au sud d'Aveiro.

Dans cette ancienne bourgade de pêcheurs, aujourd'hui très développée, on peut voir quelques belles villas du début du siècle, comme la « villa Africana » *(peu après l'entrée du bourg, sur le bord droit de la route)*, recouverte d'azulejos aux tons jaunes.

★ **Musée maritime** (Museu Marítimo) – *Av. Dr Rocha Madahíl - 234 32 99 90 - www.museumaritimo.cm-ilhavo.pt - juil.-août : mar.-vend. 9h30-12h30, 14h30-19h, w.-end 14h30-19h ; reste de l'année : mar.-vend. 10h-12h, 14h-17h, w.-end 14h-17h - 3,50 €.* Cet intéressant musée consacré à la pêche et à la mer est l'un des plus complets sur la pêche à la ligne de la morue. Un documentaire des années 1970 montre la dure réalité de ces campagnes qui duraient six mois sur les bancs de Terre-Neuve. Il est complété par l'exposition d'embarcations, d'instruments de navigation, de maquettes, mais aussi par l'une des plus vastes collections de coquillages au monde. Une salle abrite quelques porcelaines de Vista Alegre.

Vista Alegre

2,5 km au sud d'Ilhavo.

Depuis 1824, c'est le centre d'une industrie réputée de **porcelaine** et de verrerie.

Musée – *234 32 06 00/28 - www.vistaalegre.pt - mar.-vend. 9h-18h, w.-end 9h-12h30, 14h-17h - fermé 1er janv., dim. de Pâques, 1er Mai et 25 déc. - 3,50 €.* Aménagé dans la fabrique de porcelaine, devant une agréable place bordée de grands arbres, il reconstitue l'évolution de cette production en exposant une grande partie des pièces réalisées depuis la fondation.

Vous pouvez aussi voir **la fabrique** en activité – *visite guidée en français (dernière entrée 1h av. fermeture, réserv. conseillée) lun.-vend. 9h-12h, 14h-17h - 12,50 € (musée inclus). Pour voir l'ensemble du site ouvert, venez du mar. au vend.*

Deux **boutiques** *(lun.-sam. 8h30-18h30)* vendent la célèbre porcelaine, ainsi que d'autres articles artisanaux de la région, dont de belles nappes en lin brodées.

Praia da Barra

11 km au nord-ouest de Vista Alegre.
Cette station balnéaire très urbanisée est abritée par un cordon de dunes littorales derrière lequel commence une immense plage s'étendant vers le sud au-delà de Costa Nova.

Costa Nova

4 km au sud de Praia da Barra.
Située entre les plages de l'Atlantique et la lagune, cette station balnéaire ancienne, fréquentée depuis la seconde moitié du 19e s., a connu une expansion spectaculaire. Ses pimpantes maisons de bois *(palheiros)*, peintes de bandes colorées, sont envahies par les constructions anarchiques qui défigurent le paysage.

AROUCA

65 km au nord-est d'Aveiro, sur la N 224.
Au fond d'une vallée encaissée entre des hauteurs boisées, quelques maisons entourent le monastère d'Arouca. Fondé en 716, mais reconstruit au 18e s. à la suite d'un incendie, il forme un ensemble baroque d'aspect très dépouillé.

Église du monastère

Sa nef abrite de nombreux autels baroques dorés et plusieurs statues en pierre d'Ançã, du sculpteur Jacinto Vieira ; dans la deuxième chapelle à droite, un tombeau (18e s.) en argent ciselé, ébène et cristal contient le corps momifié de la reine de Castille, Mathilde (1203-1252), fille du roi Sanche Ier.
Le **chœur inférieur** *(coro baixo)* est décoré d'un buffet d'orgue doré (18e s.), de stalles au dossier richement sculpté et de gracieuses statues de religieuses sculptées par Jacinto Vieira.

Musée d'Art sacré (Museu de Arte Sacra)

Largo de Santa Mafalda - ✆ 256 94 33 21 - www.museu-de-arouca.pt.vu - tlj sf lun. 9h30-12h, 14h-17h - fermé j. fériés - 3 €.
Au premier étage du cloître, il présente en particulier des **tableaux★** de primitifs portugais (fin 15e-début 16e s.) de l'école de Viseu, des toiles (Ascension) de Diogo Teixeira (17e s.) et une statue de saint Pierre (15e s.).

NOS ADRESSES À AVEIRO

INFORMATIONS UTILES

Les offices de tourisme sont répertoriés en début de chapitre.

Internet – **Aveiro Digital** – *Praça da República (dans l'annexe de la mairie) - lun.-vend. 9h-20h, sam. 10h-19h.* Gratuit pour 30mn.

TRANSPORTS

Gare ferroviaire – *Largo da Estacão (à 600 m du centre) - ✆ 808 20 82 08.* Trains directs pour Porto et Lisbonne.

VISITE

Vélo – Mise à disposition gratuite par la municipalité, à utiliser dans les limites urbaines. Plusieurs bornes dans la ville, notamment près du marché municipal.

Croisières – Achat des billets et départs face à l'office de tourisme. *Dép. ttes les h de 10h à 19h en été (moins fréquent hors saison) - 5 €/pers. pour 45mn de parcours urbain.* Excursions en barque traditionnelle *(moliceiro)* ou en vedette sur les canaux de la ville et sur la lagune. Il est conseillé de partir à marée haute.

HÉBERGEMENT

PREMIER PRIX

Hospedaria dos Arcos – *R. José Estêvão, 47 ou r. dos Mercadores, 24 - ✆ 234 38 31 30 - 17 ch. 40 €.* Une ravissante hôtellerie en plein cœur d'Aveiro. Pièces meublées avec simplicité, certaines avec balcon sur la praça 14 de Julho, piétonnière.

BUDGET MOYEN

Aveiro Center – *R. da Arrochela, 6 - ✆ 234 38 03 90 - www.hotelaveirocenter.com - 22 ch. 65/70 €* ☕. À quelques pas du canal Central, sur la rive sud. Une résidence tout confort aux chambres parquetées et à la décoration un brin classique, plutôt agréables.

RESTAURATION

Les gourmets dégusteront des *ovos moles*, sorte de confiture d'œufs, présentés en barillets de bois peint ou sous forme d'hosties. Goûtez aussi aux anguilles de la ria *(caldeiradas de enguias)*.

BUDGET MOYEN

Centenário – *Largo do Mercado, 9-10 - ✆ 234 42 27 98.* Face à la halle du marché Manuel-Firmino, le « Centenaire » cache derrière une façade assez banale une décoration design. Sa cuisine change agréablement des poncifs de la table portugaise.

PETITE PAUSE

Maria da Apresentação da Cruz – *R. Jorge de Lencastre, 37 - ✆ 234 42 23 23 - fermeture à 15h le dim.* Depuis 1882, Maria perpétue la tradition des *ovos moles* (« œufs mous »), pâtisseries conventuelles d'Aveiro à base de jaunes d'œufs, de sucre et d'eau. Sonnez avant d'entrer.

BOIRE UN VERRE

Sur la **praça do Peixe**, piétonne, autour de la jolie halle vitrée du marché aux poissons, se succèdent les restaurants-bars où il fait bon prendre un verre en terrasse.

AGENDA

Feira de Março – *25 mars-25 avril.* Foire-exposition.

Fête de la ria – *Juil. et août.* Régates de *moliceiros (août seult)*, concours de proues décorées sur le canal Central.

Les azulejos du Rossio de Viseu.
R. Mattes/hemis.fr

Viseu

★

99 593 habitants – District de Viseu

NOS ADRESSES PAGE 445

S'INFORMER

Região de turismo – *Av. Gulbenkian - ✆ 232 42 09 50 - www.turismodocentro.pt - été : lun.-vend. 9h-18h (20h en été), w.-end et j. fériés 9h30-12h30, 13h30-17h30 (9h-18h en été).*

SE REPÉRER

Carte de région p. 398-399 – Plan de Viseu p. 442 – *Carte Michelin 733 K6.* Viseu s'est développé sur la rive gauche du rio Pavia, à 84 km à l'est d'Aveiro, à 91 km au nord-est de Coimbra et à 99 km au sud de Vila Real.

À NE PAS MANQUER

Le musée Grão Vasco; la serra de Caramulo et son point culminant, Caramulinho.

ORGANISER SON TEMPS

La visite de la ville peut s'effectuer en moins de 2h. Comptez 4h avec le musée Grão Vasco et une journée avec les environs.

AVEC LES ENFANTS

Emmenez-les voir la très belle exposition d'automobiles du musée de Caramulo.

Dans une région boisée et légèrement accidentée, où pousse le fameux vignoble du Dão, cette cité paisible et peu fréquentée est une importante place agricole et artisanale (notamment de poterie d'argile noire). La ville, au centre historique bien conservé, abrite le beau musée Grão Vasco et est renommée pour son école de peinture de la Renaissance. Elle peut aussi constituer une sympathique étape gastronomique : les spécialités régionales comme le chevreau grillé ou les délicieuses sucreries locales à base d'œuf raviront les gourmets. À l'ouest, la serra de Caramulo forme une majestueuse barrière naturelle qui protège la vallée de la dense région côtière. De son sommet on voit, de part et d'autre, l'Océan et la serra da Estrela.

Se promener Plan de ville p. 442

Circuit tracé en vert sur le plan de ville – Comptez 1h30 (sans la visite du musée) à pied au départ du Rossio.

★ VIEILLE VILLE

Avec ses ruelles pavées de dalles de granit, ses demeures Renaissance et classiques à encorbellements, décorées d'écussons, le vieux Viseu a gardé son cachet ancien.

Praça da República (Rossio)
Centre animé de Viseu, cette agréable promenade plantée d'arbres s'étend devant l'hôtel de ville.
Gagnez, à droite de l'hôtel de ville, le largo Major Teles, et empruntez la rua Nunes de Carvalho.

Porta do Soar
Cette porte de l'enceinte, érigée au 15ᵉ s. par le roi Alphonse V, donne accès à la vieille ville.
Franchissez la porte et continuez sur la gauche.

★ Place de la Cathédrale (Adro da Sé)
Au cœur de la vieille ville, cette place pavée à l'atmosphère paisible est encadrée de nobles édifices de granit, parmi lesquels le musée Grão Vasco, la cathédrale (contiguë au musée) et la façade blanche de l'église da Misericórdia.

★★ Musée du Grand Vasco (Museu Grão Vasco)
Paço dos Três Escalões - ✆ 232 42 20 49 - mar. 14h-17h30, merc.-dim. 10h-12h30, 14h-17h30 - fermé 1er janv., dim. de Pâques, 1er Mai et 25 déc. - 4 €, gratuit dim. matin.
Cet agréable musée occupe l'ancien palais des Trois Échelons (paço dos Três Escalões), construit au 16e s. et modifié au 18e s. Il présente des éléments de sculpture du 13e au 18e s., une pietà du 13e s., des céramiques portugaises (17e et 18e s.), ainsi que des pièces d'orfèvrerie (17e et 18e s.), de la porcelaine orientale (18e s.) et du mobilier civil (17e, 18e et 19e s.).
Mais, outre des œuvres de peintres portugais du 19e s. et du début du 20e s., dont des toiles de **Columbano** (1857-1929) et d'**António Carneiro** (1872-1930), ce musée est surtout consacré aux **primitifs★★** de l'école de Viseu *(voir encadré ci-contre)*. Le **Saint Pierre sur son trône**, l'un des chefs-d'œuvre de Vasco Fernandes, symbolise la suprématie du pouvoir spirituel. Bien que ce tableau soit une réplique de celui attribué à Gaspar Vaz à São João de Tarouca,

il montre une grande originalité dans la façon de représenter saint Pierre, homme au visage plébéien, grave, un peu triste, entouré par l'atmosphère de la Renaissance. Le **Calvaire**, autre grande œuvre de Grão Vasco, est d'une violence terrible dans la représentation des personnages comme dans celle du paysage de l'arrière-plan, balayé par les vents. Les 14 tableaux qui composent le **retable** provenant de la cathédrale sont dus à un groupe d'artistes de l'école de Viseu ; la *Descente de Croix* et le *Baiser de Judas* sont parmi les meilleurs ; dans l'*Adoration des Mages*, le roi noir Balthazar a été remplacé par un Indien du Brésil, ce pays venant alors d'être découvert. Deux intéressantes peintures proviennent aussi de l'école de Viseu : *La Cène* et *Le Christ dans la maison de Marthe.*

★ Cathédrale (Sé)

8h-12h, 14h-19h - gratuit. L'édifice roman a subi d'importantes modifications du 16e au 18e s. Sa sévère façade de granit a été reconstruite au 17e s. ; parmi les six statues, celle du centre représente saint Teotónio, patron de Viseu.

À l'**intérieur**, la voûte manuéline refaite au 16e s. a transformé l'édifice en église-halle ; s'appuyant sur des piliers gothiques, elle est soutenue par des **liernes★** torsadées se nouant à intervalles réguliers ; les clefs de voûte sont décorées des armes de l'évêque fondateur (un pélican) et des devises des rois Alphonse V et Jean II.

Le chœur date du 17e s. ; la voûte en berceau, peinte de grotesques, abrite un monumental **retable★** baroque ; au-dessus du maître-autel se tient une Vierge (14e s.) en pierre d'Ançã. Les chapelles orientées à gauche et à droite du chœur sont ornées d'azulejos du 18e s.

Du bras gauche du transept, on accède par un escalier à la tribune *(coro alto)* où vous remarquerez un lutrin en bois doré du Brésil (16e s.) et une amusante statuette représentant un ange musicien. De là, rejoignez la salle capitulaire, au premier étage du cloître ; elle renferme un intéressant **trésor d'art sacré** *(mar.-vend. 9h-12h, 14h-17h - 2,50 €)* comprenant deux coffrets reliquaires en émail de Limoges du 13e s., un évangéliaire du 12e s. et une crèche de Machado de Castro.

L'ÉCOLE DE PEINTURE DE VISEU

Comme Lisbonne, Viseu a connu au 16e s. une florissante école de peinture dirigée par deux maîtres, Vasco Fernandes et Gaspar Vaz, eux-mêmes influencés par des Flamands tels que Van Eyck et Quentin Metsys. **Vasco Fernandes** (1480-1543 env.), connu sous le nom de **Grão Vasco** (le « Grand Vasco »), est le plus célébré des peintres portugais. Ses premières œuvres révèlent l'influence flamande : retables de Lamego et de Freixo de Espada à Cinta. Son art, devenu ensuite plus original, se distingue par le sens dramatique de la composition, la richesse des couleurs et le réalisme violent, d'inspiration populaire et régionaliste, dont sont empreints ses portraits et ses paysages. Ses principales peintures sont exposées au musée Grão Vasco. Formé en grande partie à l'école de Lisbonne, collaborateur de Grão Vasco, **Gaspar Vaz** fut actif entre 1514 et 1569. Doué d'une brillante imagination, il sut donner aux formes et aux drapés une grande intensité d'expression. Ses paysages gardent cependant un cachet régional. Ses œuvres principales, encore imprégnées de gothique, sont exposées dans l'église São João de Tarouca *(voir p. 510)*. Les deux maîtres ont probablement collaboré à la création du polyptyque de la cathédrale de Viseu, ce qui explique le caractère hybride de l'œuvre.

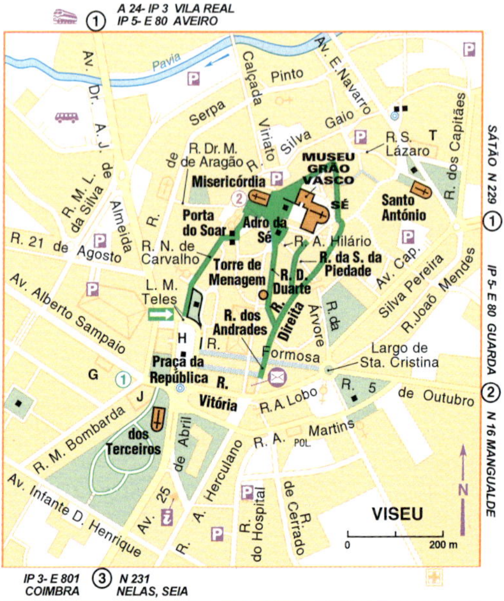

SE LOGER	SE RESTAURER
Hotel Avenida................ 1	Muralha da Sé...................... 2

Le **cloître,** séparé de la cathédrale par un beau portail d'architecture de transition roman-gothique, est de style Renaissance ; la galerie du rez-de-chaussée, dont les arcades s'appuient sur des colonnes ioniques, abrite des azulejos du 18e s. ; dans la chapelle N.-D.-de-la-Pitié, joli bas-relief (16e s.) figurant une Descente de Croix ; ce travail serait dû à l'école de Coimbra.

Église da Misericórdia

Face à la cathédrale, sur l'adro da Sé. Sa belle façade baroque est rythmée par le contraste des murs blancs et des pilastres de granit gris. Le corps central, percé d'un joli portail baroque surmonté d'un balcon, est ceint d'un élégant fronton. Petit musée d'art sacré (*mar.-vend. 9h-12h, 14h-17h - 1 €*).

Tournant le dos à l'église da Misericórdia, prenez à droite la rua do Adro. Autour de la praça de D. Duarte, les rues se parent de quelques vieilles demeures intéressantes.

Maisons anciennes

Dans la **rua Dom Duarte**, admirez l'ancien donjon *(Torre de Menagem)* agrémenté d'une belle fenêtre manuéline ; dans la **rua Direita**, pittoresque, étroite et commerçante, des maisons du 18e s. à balcons sur consoles de fer forgé ; **rua da Senhora da Piedade**, des maisons du 16e s. ; **rua dos Andrades** *(au sud de la rua Direita)*, des maisons à encorbellement.

Revenez rua Direita et descendez-la jusqu'au bout, vers le nord.

À droite se dresse l'**église São Bento**, ornée de beaux azulejos du 17e s.

Regagnez l'adro da Sé par la rua São Lázaro et la calçada da Vigia, puis revenez praça da República.

Au sud de la place, allez admirer l'**église São Francisco**, édifice baroque décoré d'azulejos et de bois doré.

Circuits conseillés Carte de région p. 398-399

Circuits tracés sur la carte de région.

SERRA DE LAPA

Circuit bleu de 131 km, en boucle depuis Viseu – Comptez une demi-journée.

Mangualde

14 km à l'est de Viseu par la N 16, puis l'IP 5 et la N 234.

Mangualde, d'origine médiévale, est aujourd'hui un centre agricole et commerçant actif. En avant du palais Anadia et d'une fontaine se trouve le vieux Mangualde : ruelles tortueuses et petites maisons de granit serrées autour d'un beffroi caractérisent ce quartier ancien.

Palais des comtes de Anadia (Palácio dos Condes de Anadia) – *À l'entrée ouest de la ville, route de Nelas.* Cette demeure seigneuriale du 18e s. offre une façade de style rocaille.

Église da Misericórdia – *À gauche du palais, dans le quartier ancien de la ville. Entrez par la cour, à droite.* Bâtie en équerre, cette charmante église du 18e s. présente une petite façade baroque ornée de statues et une galerie d'étage *(côté cour)* à colonnades et balustres de granit. À l'intérieur, dans la nef, azulejos évoquant la Cène, la Pêche miraculeuse, saint Martin, etc. Dans le chœur, orné d'un plafond à caissons dorés et de devants d'autels en azulejos, remarquez les potences en bois sculpté destinées à suspendre les lampes.

Penalva do Castelo

12 km au nord-est de Mangualde par la N 329-1.

Aux abords ouest du bourg, la **Casa da Insua**, ou **manoir des Albuquerques**, (1775) dresse sa majestueuse façade crénelée dans un riant paysage de bois et de vergers. On visite l'entrée de la maison, la chapelle (1690), le parc planté d'arbres géants (séquoias, eucalyptus), et les jardins, très soignés, où fleurissent camélias, magnolias et essences rares. *☎ 232 64 22 22 - www.casadainsua.pt - visite guidée (env. 40mn) sur réservation - fermé 25 déc. - 4 €.*

Aguiar da Beira

Sur la N 229, à 40 km au nord-est de Viseu.

Dans le paysage du haut plateau granitique de la serra de Lapa, les maisons en granit de Aguiar da Beira se groupent autour d'une place principale qui a gardé tout son cachet médiéval. Cette place, dont le centre est occupé par un pilori (12e s.), est encadrée par une tour couronnée de merlons pyramidaux, une fontaine romane elle aussi crénelée et une maison typique de la région des Beiras, avec un escalier extérieur.

Sernancelhe

12 km au nord de Aguiar da Beira (52 km au nord-est de Viseu).

Occupant une éminence rocheuse de la Beira Alta, le vieux bourg de Sernancelhe fut autrefois une commanderie de l'ordre de Malte dont le château n'est plus aujourd'hui que ruines.

Église – La façade de cette église romane, flanquée d'un clocher carré trapu, est percée d'un joli portail en plein cintre dont l'une des voussures s'orne d'une frise d'archanges. Le tympan est sculpté de motifs végétaux. Encadrant le portail, deux niches abritent six statues en granit des évangélistes saint Pierre et saint Paul. Face à l'église se dresse le **pilori** (16e s.), surmonté d'une cage décorée de colonnettes.

Solar dos Carvalhos – Cet élégant **manoir** baroque du 18e s., à la façade flanquée de pilastres, appartient à la famille du marquis de Pombal.

Prenez une rue partant à gauche de l'église en dir. du château et se terminant par des escaliers.

Remarquez peu après, sur la droite, abrité par un porche, un beau **Christ** (14e s.) de pierre. Puis, vue sur la place de l'église et le village.

SERRA DE CARAMULO

Circuit marron d'env. 60 km depuis Viseu – Comptez une demi-journée.

La serra de Caramulo, massif schisteux et granitique, porte une végétation dense (pins, chênes, châtaigniers) et quelques cultures (maïs, vignes, oliviers). Le versant ouest, qui descend doucement vers la plaine côtière d'Aveiro, s'oppose au versant est dont le relief, plus accidenté, est découpé par des affluents du Mondego.

Rejoignez l'IP 3, au sud-ouest de Viseu, puis roulez pendant 23 km, avant de prendre à droite la N 230 (qui remonte au nord-ouest dir. Águeda) que vous suivez sur 19 km.

Caramulo

37 km à l'ouest de Viseu.

Agrémenté de parcs, Caramulo est une station thermale accrochée, à 800 m d'altitude, aux pentes de la serra de Caramulo.

★ **Musée** – *Sur la route en dir. de Caramulinho - 232 86 12 70 - www.museu-caramulo.net - mars-sept. : 10h-13h, 14h-18h ; oct.-avr. : 10h-13h, 14h-17h - fermé 1er janv., dim. de Pâques, 24 et 25 déc. - 7 € (6 -2 ans 3 €).* Appelé aussi fondation Abel de Lacerda, il comprend deux parties. Une **exposition d'art ancien et moderne** abrite plusieurs statues de l'école portugaise du 15e s., un ensemble de cinq tapisseries de Tournai figurant l'arrivée des Portugais aux Indes et de nombreux tableaux de peintres du 20e s. : Picasso, Fernand Léger, Dufy, Dali, Braque, etc. L'**exposition d'automobiles★**, dans un second bâtiment, regroupe quant à elle une soixantaine de véhicules, dont certains très anciens (une Peugeot 1899, une Darracq 1902) ou de marques prestigieuses (Hispano-Suiza, Lamborghini, Ferrari), tous en état de marche et merveilleusement entretenus. Quelques cycles et motos également.

★★ Caramulinho

7,5 km. Quittez Caramulo à l'ouest par l'av. Abel de Lacerda, puis la N 230-3. Après 3 km, laissez à gauche la route menant à Cabeço da Neve et continuez tout droit. La route se termine par un sentier rocheux coupé de 130 marches (30mn à pied AR).

Ce point culminant (1 075 m) de la serra de Caramulo constitue un excellent **belvédère** sur les serras de Lapa au nord-est, d'Estrela au sud-est, de Lousã et de Buçaco au sud, sur la plaine côtière à l'ouest et sur la serra de Gralheira au nord.

Revenez au croisement de la route de Cabeço da Neve, et suivez-la jusqu'au belvédère.

Cabeço da Neve

Alt. 995 m. Ce sommet-balcon offre des **vues** plongeantes au sud et des vues, vers l'est, sur la moyenne montagne boisée toute piquetée de villages, le bassin du Mondego et la serra da Estrela. Viseu est visible au nord-est.

★ Pinoucas

3 km au nord de Caramulo par la N 230 ; à 2 km, prenez à gauche une route de terre qui, 1 km plus loin, aboutit à la tour de surveillance (alt. 1 062 m).

Impressionnant **panorama** sur les chaos rocheux de la serra de Caramulo.
Si vous ne souhaitez pas rentrer par le même chemin, la N 333-2 vers le nord vous ramènera à l'A 25 (IP 5) que vous prendrez vers l'est pour rejoindre Viseu.

NOS ADRESSES À VISEU

INFORMATIONS UTILES

Les offices de tourisme sont répertoriés en début de chapitre.

Internet – Agostinho e Cândido – *Av. Alberto Sampaio, 3 - ✆ 232 43 67 86 - lun.-dim. 9h-0h - 1,50 € (1h).* À l'étage d'une salle de jeux, à côté de l'hôtel Avenida.

TRANSPORTS

Bus – Gare routière – *Av. Dr Antonio José de Almeida - ✆ 232 44 90 07.* Dessert Aveiro, Coimbra, Guarda et Porto.

Train – Gare ferroviaire – *À Mangualde (15 km au sud-est de Viseu).* Liaisons directes pour Guarda, Coimbra et Porto.

HÉBERGEMENT

PREMIER PRIX

Hotel Avenida – *Av. Alberto Sampaio, 1 - ✆ 232 42 34 32 - www.hotelavenida.com.pt - 29 ch. - wifi - 45 €* ☕. Dans un immeuble d'angle cossu, face à la place de la République, un hôtel séduisant qui soigne les détails. Chambres décorées de tableaux naturalistes et de beaux tissus, réparties autour d'un salon surmonté d'une verrière.

RESTAURATION

Ne manquez pas les spécialités locales : le *cabrito assado* (chevreau grillé) et les sucreries à base d'œuf aux noms évocateurs : *bolos de amor* (gâteaux d'amour), *papos de anjo* (bouilles d'ange), *travesseiros de ovos moles* (oreillers d'œufs doux) ou *castanhas de ovos* (châtaignes d'œufs).

BUDGET MOYEN

Muralha da Sé – *Adro da Sé, 24 - ✆ 232 43 77 77 - www.muralhadase.pt - 12h30-15h, 19h30-23h, fermé dim. soir et lun.* Au pied de l'église da Misericórdia, dans une salle rustique ou sur la terrasse donnant sur un angle de l'adro da Sé, vous dégusterez une cuisine savoureuse et fruitée : *picanha* (viande rouge grillée) à l'ananas, *pargo* (pagre, poisson voisin de la daurade) au beurre, chevreau braisé, assiette de fromages aux fruits. Assez cher toutefois.

ACHATS

Pastelaria Capuchinha – *Praça da República, 18 - ✆ 232 43 57 10 - 7h30-20h30.* Il y a souvent foule dans cette appétissante pâtisserie qui croule sous les énormes gâteaux. Dommage que l'accueil soit si distant.

ACTIVITÉS

À Caramulo

Desafios – *R. da Escola, Pavilhão Municipal do Caramulo - ✆ 232 86 80 17 - geral@desafios-caramulo.pt.* Nombreuses activités de plein air dans la serra de Caramulo : rafting, canoë, canyoning, etc.

AGENDA

Feira de São Mateus – *De mi-août au 21 sept.* Toute la ville s'anime durant cette foire multiséculaire dédiée à la gastronomie, à l'art et à l'artisanat.

Guarda

42 460 habitants – District de Guarda

NOS ADRESSES PAGE 453

S'INFORMER

Posto de turismo de Guarda – *Praça Luís de Camões - ✆ 271 20 55 30 - www.mun-guarda.pt - été : 10h-13h, 14h-17h ; hiver : 9h-13h, 14h-18h.*

Posto de turismo de Belmonte – *Praça da República, 18 - ✆ 275 91 14 88 - www.cm-belmonte.pt - tlj 9h30-12h30.*

SE REPÉRER

Carte de région p. 398-399 – Circuit des places fortes de l'Est p. 449 – *Carte Michelin 733 K8.* Guarda est située à 43 km à l'ouest de Vilar Formoso (frontière espagnole) et à 75 km à l'est de Viseu.

À NE PAS MANQUER

Les places fortes de l'Est, aux environs de Guarda.

ORGANISER SON TEMPS

Comptez 1 à 2 jours selon le nombre d'excursions.

Principale place forte de la province de la Beira Alta, proche de l'Espagne, la « gardienne » du Portugal est perchée sur un contrefort oriental de la serra da Estrela et s'affirme, à 1 000 m d'altitude, comme la ville la plus haute du pays. Cité battue par les vents, à l'atmosphère austère, Guarda forme cependant une base de départ pratique pour découvrir les citadelles médiévales et les forteresses réparties le long de la frontière.

Se promener

Circuit dans la vieille ville – Comptez 1h30 à 2h.

Les quartiers modernes ceinturent le centre médiéval, délimité par les vestiges des anciennes fortifications.

Anciennes fortifications

Comme toutes les enceintes élevées avant le règne du roi Denis, les murailles se caractérisent par l'absence de créneaux, qui vinrent parfois couronner ultérieurement certains des ouvrages. Les vestiges les mieux conservés sont la tour des Forgerons (Torre dos Ferreiros), le donjon des 12e et 13e s., ainsi que les portes d'El-Rei et da Estrela.

★ Cathédrale (Sé)

Juin-sept. : mar.-dim. 10h-13h30, 15h-18h30 ; oct.-mai : 9h-12h30, 14h-17h30 - fermé 1er janv., dim. de Pâques, 1er Mai et 25 déc. - accès aux toits 1,50 €.

Commencée en 1390 dans le style gothique, la cathédrale ne fut terminée qu'en 1540, ce qui explique la présence d'éléments Renaissance et manuélins dans sa décoration. L'édifice, en granit, est couronné de pinacles et de trêfles qui lui confèrent une certaine ressemblance avec le monastère de Batalha *(voir p. 261).*

Extérieur – La façade nord, la plus intéressante, est ornée d'un portail de style gothique fleuri que surmonte une fenêtre manuéline. La façade princi-

Les fortifications en étoile d'Almeida.
Jesús Nicolás Sánchez/age fotostock

pale, plus dépouillée, présente un portail manuélin encadré par deux tours octogonales : les blasons fixés au pied des tours crénelées sont ceux de l'évêque Dom Pedro Vaz Gavião qui joua un rôle important dans l'achèvement de la cathédrale au 16e s.

★ **Intérieur** – Remarquez la voûte de la croisée du transept dont la clef est une croix de l'ordre du Christ. Le chœur abrite un retable Renaissance (16e s.) en pierre d'Ançã, dorée au 18e s. Attribué à Jean de Rouen, cet ensemble en haut relief de plus de 100 personnages se développe sur quatre étages et représente, de bas en haut, des scènes de la vie de la Vierge et du Christ.

Dans l'absidiole de droite se trouve un retable (16e s.), également attribué à Jean de Rouen, qui figure la Cène.

La chapelle des Pinas s'ouvre sur le collatéral gauche par une belle porte Renaissance ; elle renferme un joli tombeau gothique avec gisant.

À l'angle du bras droit du transept, un escalier érigé autour d'une colonne torse permet d'accéder aux toits de la cathédrale, d'où la **vue** s'étend sur la ville et la serra da Estrela.

5

Maisons anciennes

Sur la praça Luís de Camões, ou largo da Sé, devant la cathédrale et dans les rues Francisco de Passos et Dom Miguel de Alarcão *(n° 25)*, se dressent de nombreuses maisons armoriées des 16e et 18e s. Sur la place derrière la cathédrale, on découvre le **Solar de Alarcão**, beau manoir en granit, qui fait partie du réseau du « tourisme d'habitation » *(voir « Hébergement », p. 453)*.

Musée de Guarda (Museu da Guarda)

℘ 271 21 34 60 - museudaguarda.imc-ip.pt - mar.-dim. 10h-12h30, 14h-17h30 - fermé 1er janv., dim. de Pâques, 1er Mai et 25 déc. - 2 €, gratuit dim. et j. fériés le matin.

Il est installé dans l'ancien palais épiscopal au pied des remparts. Datant du début du 17e s., ce palais a conservé son cloître Renaissance. Collections régionales d'archéologie, d'ethnologie, ainsi que de peintures et sculptures, dont une statue du 13e s. de Notre-Dame-de-la-Consolation, en granit polychrome.

À proximité Carte des places fortes de l'Est ci-contre

LES PLACES FORTES DE L'EST

Citadelles médiévales ou places fortes érigées aux 17e et 18e s. pour protéger la frontière, de nombreux bourgs ou villages fortifiés semblent encore monter la garde au sommet d'une butte ou d'un promontoire escarpé, au cœur de la Beira Alta.

Linhares

49 km à l'ouest de Guarda par l'IP 5 et la N 17 (les 6 derniers km, depuis Carrapichana, s'effectuent sur une petite route sinueuse).

Juchée sur un promontoire qui domine la haute vallée du Mondego se dresse, à même le granit, la très belle enceinte d'un château du temps du roi Denis (13e s.). Ses deux tours carrées crénelées protègent le vieux village de Linhares où subsistent quelques constructions du 16e s., dont un pilori à sphère armillaire.

Celorico da Beira

28 km au nord-ouest de Guarda par l'IP 5.

Ce bourg actif occupe l'extrémité nord d'une échine boisée de la serra da Estrela. Le vaste donjon carré de son ancien château fort y culmine, entouré d'une petite enceinte. Dans les ruelles du quartier ancien on peut voir des maisons aux portes gothiques et aux fenêtres manuélines. Vues étendues.

★Trancoso

47 km au nord de Guarda par l'IP 5, la N 102 puis, à gauche, la N 226.

Sur le haut du plateau qui prolonge au nord la serra da Estrela se dresse, intacte, l'enceinte fortifiée médiévale de Trancoso. On en a la meilleure vue d'ensemble depuis un monticule rocheux, à l'entrée nord de la localité, voisin d'un calvaire et bordant la route de Mêda. La petite cité connut ses jours de gloire aux 13e et 14e s., en particulier lorsque fut célébré le mariage du roi Denis et d'Isabelle d'Aragon, le 24 juin 1282.

★ **Fortifications** – *En faire le tour en voiture permet d'apprécier leur puissance.* La muraille, plusieurs fois relevée depuis le 9e s., est crêtée de merlons pyramidaux et renforcée par de massifs bastions carrés. Deux de ses portes sont décorées et cantonnées de tours.

Château – *☎ 271 81 11 47 - fermé pour travaux - rens. à l'office de tourisme.* Dominé par son donjon carré, il occupe l'angle nord-est de l'enceinte ; du haut de ses remparts, la vue s'étend sur le relief accidenté de la Beira Alta.

Pilori – Devant l'église, au centre de l'agglomération, il est fait d'une colonne octogonale que surmonte un lanternon portant une sphère armillaire et la croix du Christ.

Maisons anciennes – Elles se reconnaissent à la patine de leurs murs de granit, et à leurs blasons et balcons ouvragés. L'une d'elles, sur une placette proche de l'église, montre une façade du 16e s. aux fenêtres soulignées de consoles et de sculptures.

Marialva

69 km au nord de Guarda par l'IP 5 et la N 102.

Au-dessus du village actuel, les vestiges d'un château construit en 1200 couvrent une échine rocheuse offrant des vues étendues sur la plaine. Entre les ruines de l'enceinte, du donjon crénelé et d'une autre tour, sont disséminées celles des maisons abandonnées de l'ancien village, ainsi qu'un pilori du 15e s. à chapeau conique et l'église paroissiale à portail manuélin.

Penedono

74 km au nord de Guarda par l'IP 5, la N 102, puis à gauche la N 226 et enfin à droite la N 229-1.

Perché à 947 m d'altitude sur une crête rocheuse de la Beira Alta, le bourg de Penedono est dominé au nord par un gracieux **château fort** triangulaire couronné de merlons pyramidaux. *254 50 90 37 - en cas de fermeture, adressez-vous à l'office de tourisme - gratuit.*

Un **pilori** du 16e s. précède les marches menant au château. Franchissez les remparts et prenez, à gauche, vers l'unique porte d'entrée flanquée de deux tourelles à mâchicoulis.

Du chemin de ronde, la vue est étendue au sud sur le village et, au loin, sur la serra da Estrela ; au nord, le plateau montagneux annonce le Trás-os-Montes.

Pinhel

29 km au nord-est de Guarda par la N 221.

La route d'accès à Pinhel fait traverser une campagne couverte d'oliviers et de vignes. En fin de parcours, aux abords de la localité, des cuves à vin dressent leurs dômes blancs à pointe.

Ancienne place forte située sur un seuil montagneux proche de l'Espagne, Pinhel est un vieux village aux maisons souvent blasonnées et ornées de jolis balcons de fer forgé ; sur la place centrale, plantée d'acacias, se dresse un pilori dont la colonne monolithe est surmontée d'un joli lanternon.

Musée municipal – *Lun.-vend. 9h-12h30, 14h-17h30 - gratuit.* Il expose quelques vestiges préhistoriques et romains, des œuvres d'art religieux (retable en pierre d'Ançã, dû à Jean de Rouen), des armes, étains et faïences portugais ; à l'étage, des peintures populaires naïves et autres tableaux.

★ Almeida

49 km au nord-est de Guarda par l'IP 5, puis par les N 324, N 340 et N 332 ; 25 km depuis Pinhel par la N 324, puis par les N 340 et N 332.

La belle route d'accès à Almeida depuis Pinhel s'engage sur un plateau désolé, semé d'énormes blocs de granit qui forment un **paysage★** lunaire.

À moins de 10 km de la frontière, la paisible petite cité d'Almeida couronne de ses remparts une butte haute de 763 m. Prise par les Espagnols en 1762, puis par les Français de Masséna en 1810, elle conserve intact son double **système fortifié★** en étoile à six branches de pur style Vauban achevé au 18e s. Trois portes voûtées disposées en chicane, à porches monumentaux précédés de ponts, donnent accès à l'intérieur de la place où l'on peut voir les anciens casernements *(près de la porte nord)* qui servirent de prison de 1828 à 1833, et quelques beaux hôtels particuliers, dont certains sont revêtus d'azulejos.

Castelo Rodrigo

54 km au nord-est de Guarda par la N 221. Voir « Serra da Marofa », p. 452.

★ Castelo Melhor

77 km au nord-est de Guarda par la N 221, puis la N 332 à gauche et enfin la N 222.

Visible de la N 222, le village s'accroche au flanc d'un piton rocheux piqueté d'oliviers. Une **enceinte★** médiévale renforcée de tours rondes ceinture le sommet herbeux. Un centre d'information y est installé pour la visite des gravures rupestres du Parc archéologique du Vale do Côa *(voir p. 585)*.

Castelo Mendo

35 km à l'est de Guarda par l'IP 5.

Entrelaçant ses ruelles pavées sur une butte rocheuse parmi les restes d'une enceinte gothique, le village conserve les marques d'un passé florissant : quelques édifices Renaissance ou datant de la domination espagnole, une église du 17e s. avec, devant elle, le plus haut **pilori** de la province (7 m), du 16e s. Les maisons paysannes en granit sont bordées d'un double balcon formant porche. Du sommet, qui porte les vestiges du réduit de défense et d'une chapelle à clocher-porche, vue dominante au sud sur la vallée encaissée du rio Côa que barre un viaduc ferroviaire.

Castelo Bom

39 km à l'est de Guarda par l'IP 5.

Forteresse médiévale du temps du roi Denis, ce village groupé sur une colline ne possède plus qu'une tour ruinée, contiguë à une porte gothique, et une belle maison du 16e s.

Sabugal

33 km au sud-est par la N 18 et la N 233 à gauche.

Groupée sur une butte autour de son château fort, la petite cité domine la vallée du Côa, affluent du Douro. Fondée au début du 13e s. par Alphonse X

de León, la ville devint portugaise en 1282, lorsqu'Isabelle d'Aragon épousa le roi Denis du Portugal.
L'aspect actuel du **château fort** date de la fin du 13e s.; une double enceinte crénelée, flanquée de tours carrées à merlons pyramidaux, enserre un imposant donjon pentagonal avec balcons à mâchicoulis. *℘ 271 75 10 40 - http://web.cm-sabugal.pt - 9h30-12h30, 14h-17h30 - gratuit.*

★ Sortelha

45 km au sud de Guarda par l'IP 2, puis la N 18-3, et enfin une petite route à gauche. Cette puissante **forteresse★** du 12e s., enserrant l'ancien village aux pittoresques maisons de granit – ainsi qu'un beau pilori manuélin à sphère armillaire –, se dresse à l'extrémité d'un promontoire dominant la haute vallée du Zêzere. On y pénètre par l'une des majestueuses portes gothiques de l'enceinte fortifiée, dont les deux tours carrées subsistantes ont leur propre enceinte, aux entrées surmontées de mâchicoulis.
Du chemin de ronde *(venteux)*, **vues★** impressionnantes sur la vallée.

★ Belmonte

25 km au sud de Guarda, sur la rive gauche du Zêzere – Comptez 1h à 2h.
Gros bourg isolé appartenant au district de Castelo Branco, perché à 600 m d'altitude sur l'échine d'une colline proche de la serra da Estrela, Belmonte, avec son ancien château fort au donjon carré, ses églises et ses chapelles, forme un ensemble architectural harmonieux. L'endroit a vu naître l'illustre navigateur Pedro Álvares Cabral, qui découvrit le Brésil en l'an 1500. L'histoire de Belmonte est également liée au judaïsme portugais, et la ville, qui abrite encore aujourd'hui la plus importante communauté juive du pays, possède une nouvelle synagogue et son propre rabbin.
Château – *℘ 275 91 39 01 - mai-sept. : 10h-13h30, 15h-18h30 ; oct.-avr. : 9h-12h30, 14h-17h30 - fermé 1er janv., dim. de Pâques, 1er Mai et 25 déc. - 1,50 €.* Bâti aux 13e et 14e s. par le roi Denis Ier, il n'en reste que le donjon crêté de merlons et l'enceinte en partie démantelée, restaurés en 1940. La tour d'angle à droite du donjon arbore des balcons à consoles du 17e s., et le pan de muraille attenant, à gauche, une fenêtre manuéline géminée surmontée du blason des Cabral. Le château a fait l'objet d'un plan de réaménagement et abrite désormais un amphithéâtre où sont organisés des spectacles et des concerts. Par ailleurs, le donjon accueille un centre muséologique.

LES JUIFS AU PORTUGAL

Arrivés dans la péninsule Ibérique dès l'Antiquité, les juifs y eurent au Moyen Âge un rôle économique, administratif et culturel très important. Les rois portugais étaient entourés de banquiers et de médecins juifs auxquels ils accordaient une grande confiance. Avec l'expulsion des juifs d'Espagne en 1492, beaucoup se réfugièrent au Portugal. Mais en 1496, le roi Manuel Ier, pour épouser Isabelle, la fille des Rois Catholiques, décréta à contrecœur la conversion forcée des juifs, ce qui représenta un véritable désastre pour l'économie du pays. Ceux qui ne s'enfuirent pas vers le Maroc (beaucoup périrent lors de la traversée) furent baptisés de force. La plupart des « nouveaux chrétiens » – bien qu'ils aient choisi des noms à consonance catholique comme Cruz (croix), Trindade (trinité) ou Santos (saints) – continuèrent à pratiquer en secret la religion hébraïque (crypto-judaïsme). Les marranes (*mahrán* signifiant « interdit » en arabe) étaient ainsi nombreux à Belmonte, Faro, Porto, Tomar, Amarante ou Castelo de Vide.

Longez l'enceinte pour profiter de la **vue★** sur Belmonte et la campagne.

★ **Église São Tiago** – *Oct.-avr. : 9h30-12h30, 14h-18h ; mai-sept. : 10h-12h30, 14h30-19h - gratuit.* Voisine du château, cette église romane (12e-13e s.) remaniée au 16e s. conserve à l'intérieur des éléments intéressants : une cuve baptismale romane, des fresques du 16e s. sur le maître-autel et d'autres plus anciennes sur le mur de droite. La chapelle de Nossa Senhora da Piedade, construite au 14e s., abrite une curieuse chaire à abat-voix et une pietà polychrome taillée dans un seul bloc de granit, ainsi que des chapiteaux historiés évoquant les hauts faits de Fernão Cabral, père de Pedro Álvares Cabral.

Panthéon des Cabral (Panteão dos Cabrais) – *☏ 275 08 86 98 - mar.-dim. - été : 10h-12h30, 14h30-19h ; hiver : 9h30-12h30, 14h-18h - gratuit - visite guidée possible.* Attenante à l'église São Tiago, cette chapelle de la fin du 15e s. renferme les tombeaux de Pedro Álvares Cabral et de ses parents.

Chapelle (Capela) **Santo António** – *Fermée.* Faisant face au château, cette chapelle du 15e s. a été construite à l'initiative de la mère de Pedro Álvares Cabral.

Église paroissiale – Édifiée en 1940, elle contient la statue de Notre-Dame-d'Espérance qui, selon la tradition, aurait accompagné Pedro Álvares Cabral dans son voyage de découverte officielle du Brésil, ainsi qu'une réplique de la croix qui présida à la célébration de la première messe au Brésil, l'original se trouvant dans la cathédrale de Braga.

★ **Tour romaine de Centum Cellas** – *4 km au nord. Prenez la N 18 vers Guarda, puis, à droite, la route de Comeal, d'où se détache une route permettant d'accéder au pied de la tour.* Cette ruine majestueuse faisait partie d'une villa romaine du 1er s. liée au commerce de l'étain, proche de la voie de Mérida à Braga. Sa masse carrée, faite de blocs de granit rose, semble s'élever sur trois niveaux percés d'ouvertures rectangulaires.

SERRA DA MAROFA

▶ *49 km au nord-est de Guarda (et 20 km au nord de Pinhel) par la N 221.*

La route qui relie Pinhel à Figueira de Castelo Rodrigo a été surnommée **« l'excommuniée »** par les habitants de la région en raison des innombrables sinuosités qu'elle décrit dans la serra da Marofa.

Après avoir traversé une riche région agricole, cette route s'encaisse entre des versants parsemés de rochers, puis franchit la verdoyante vallée du Côa. Elle pénètre ensuite dans la serra da Marofa, sauvage et rocailleuse, avant d'atteindre le plateau de Figueira de Castelo Rodrigo, planté d'arbres fruitiers.

À gauche, le sommet de la serra (976 m) est un bon belvédère, en particulier sur le village fortifié de Castelo Rodrigo dont les ruines se dressent sur une hauteur.

Castelo Rodrigo – Importante cité dès le Moyen Âge, elle fut supplantée au 19e s. par Figueira de Castelo Rodrigo. Belles vues sur la région.

Figueira de Castelo Rodrigo – Ce bourg possède une église baroque (18e s.) aux nombreux autels en bois doré.

Ancien couvent de Santa Maria de Aguiar – *6 km au sud-est de Figueira.* L'**église** *(propriété privée)* est un édifice gothique à plan cistercien.

NOS ADRESSES À GUARDA ET ENVIRONS

INFORMATIONS UTILES

Les offices de tourisme sont répertoriés en début de chapitre.

Internet

Mediateca VIII Centenário - *À côté de l'office de tourisme.* Gratuit.

TRANSPORTS

Train – **Gare ferroviaire** – *Largo da Estação (3 km à l'est du centre historique) - ℘ 808 20 82 08.* Liaisons directes pour Coimbra. Bus urbains pour rejoindre le centre.

HÉBERGEMENT

À Guarda

PREMIER PRIX

Santos – *R. Tenente Valadim, 14 - ℘ 271 20 54 00 - www.residencialsantos.com - 27 ch. 35/45 € ☕.* Cette agréable pension installée dans le bâtiment historique de l'ancien hôtel de ville (où est conservée une porte de l'ancienne muraille) est située en plein centre de Guarda, près de la cathédrale.

BUDGET MOYEN

Solar de Alarcão – *R. D. Miguel de Alarcão, 25-27 - ℘ 271 21 43 92 - 6 ch. 80 € ☕.* Les amateurs de vieilles demeures apprécieront le cadre historique de ce manoir fin 17e s. jouxtant la cathédrale.

À Belmonte

UNE FOLIE

Pousada Convento de Belmonte – *Serra da Esperança (à 3 km au sud du centre) - ℘ 275 91 03 00 - www.pousadas.pt - 🏊 - 24 ch. 180/220 € ☕.* Isolées au sommet de la colline boisée de Belmonte, les vieilles pierres de l'ancien couvent de Nossa Senhora da Esperança servent de décor à cette *pousada* : le salon occupe la chapelle du 13e s., un bar a pris place dans la sacristie et les chaises en fer forgé invitent au repos dans le cloître, éclairé de grands chandeliers. Derrière, la terrasse panoramique et la piscine s'ouvrent sur la serra da Estrela. Les chambres, portant chacune le nom d'un moine, disposent d'un balcon face à la montagne.

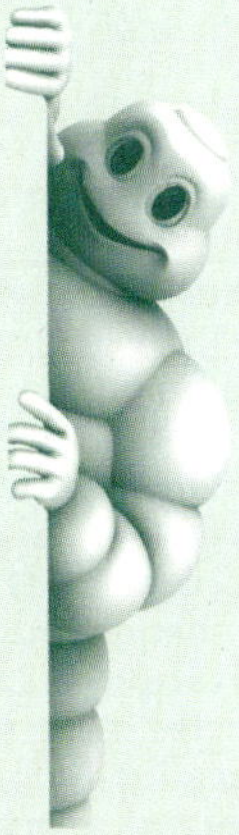

PETITE PAUSE

Café Central – *R. Marquês de Pombal, 53 - ℘ 271 22 39 25 - ouv. à partir de 7h.* Dès que le froid balaye la ville, les habitants se réfugient dans ce café. Excellentes pâtisseries.

AGENDA

Festas da Cidade – *27 juil.-3 août.*

Serra da Estrela

★

Districts de Beira Baixa et de Beira Alta

NOS ADRESSES PAGE 460

S'INFORMER

Parque Natural da Serra da Estrela – *R. 1° de Maio, 2 - Manteigas - ✆ 275 98 00 60 - http://portal.icnb.pt - lun.-vend. 9h-12h30, 14h-17h30.* Principal centre d'information sur le Parc : guides, cartes, sentiers balisés.

Posto de turismo de Manteigas – *R. Dr Esteves de Carvalho, 2 - ✆ 275 98 11 29 - www.rt-serradaestrela.pt - mar.-vend. 9h30-12h, 14h-18h, sam. 9h30-12h, 15h-20h.*

Posto de turismo de Covilhã – *Av. Frei Heitor Pinto - ✆ 275 31 95 60 - lun.-vend. 9h-17h30, w.-end 9h-12h30, 14h-17h30 - fermé dim. en hiver.*

Posto de turismo de Gouveia – *Av. 25 de Abril - ✆ 238 49 02 43.*

Posto de turismo de Seia – *R. Pintor Lucas Marrão - ✆ 238 31 77 62.*

SE REPÉRER

Carte de région p. 398-399 – Carte de la serra da Estrela p. 457 – *Carte Michelin 733 KL6-7.* La serra da Estrela s'étend au sud-est de Viseu, au sud-ouest de Guarda et à l'est de Coimbra. Covilhã se trouve à env. 50 km au sud-ouest de Guarda et env. 140 km à l'est de Coimbra.

À NE PAS MANQUER

La vallée glaciaire du Zêzere ; le panorama depuis le mont de la Torre.

ORGANISER SON TEMPS

Comptez 1 à 2 journées. Tenez compte de nos durées d'itinéraire pour les circuits. Attention, en hiver, et souvent jusqu'en avril, certaines routes sont fermées à cause de l'enneigement.

AVEC LES ENFANTS

Pourquoi pas une journée de ski à Penhas da Saúde, unique station de sports d'hiver du pays ?

Joyau de la Beira Alta et massif le plus élevé du pays, la serra da Estrela (la « montagne de l'Étoile ») forme une barrière montagneuse longue de 60 km et large de 30 km qui culmine à 1 993 m d'altitude au pic de la Torre. C'est ici que naît le fleuve Mondego, qui traverse Coimbra en aval. Ses sommets hérissés de blocs rocheux et ses versants boisés abritent un Parc naturel de plus de 100 000 ha. Ciels limpides, lacs miroitants, magnifiques panoramas : de tels atouts expliquent l'essor du tourisme dans la région, autrefois isolée, qui attire à présent les skieurs en hiver (à Penhas da Saúde), les campeurs et les randonneurs en été. En prenant de l'altitude, le paysage change radicalement et la forêt disparaît pour laisser place à une végétation de lande, parsemée de roches gelées, balayée par les vents. Portes d'entrée vers les hauteurs, les bourgades de Covilhã (principale localité du massif), Seia, Gouveia et Manteigas, situées au contact de la plaine, constitueront d'excellentes bases pour vos excursions en montagne.

La serra da Estrela en hiver.
O. Lima/age fotostock

Circuits conseillés Carte de la serra da Estrela p. 457

Circuits tracés sur la carte de la serra da Estrela – Comptez une journée.
La serra da Estrela est un bloc granitique qui prolonge, vers le sud-ouest, la cordillère centrale espagnole. Elle est limitée au nord et au sud par deux escarpements de failles qui dominent de plusieurs centaines de mètres les vallées du Mondego et du Zêzere. Vers l'ouest, elle se termine abruptement au-dessus des croupes schisteuses de la serra da Lousã (voir p. 420).

Si l'on excepte la profonde entaille de la haute vallée glaciaire du Zêzere, le relief est assez uniforme, la plupart des sommets atteignant 1 500 m. Le boisement (pins, chênes) disparaît vers 1 300 m d'altitude pour laisser place à une herbe rase, à quelques fleurs et aux rochers. Seuls les fonds de vallées sont cultivés (maïs, seigle). Sur les sommets, qui reçoivent plus de 2 m de pluie et de neige par an, les gelées durent neuf mois, et les étés sont en général chauds et très secs.

Autrefois, seuls quelques bergers pratiquant la transhumance hantaient ces lieux. De nos jours, des troupeaux de moutons et de chèvres venus de la vallée du Mondego estivent encore dans la montagne, favorisant le développement de l'industrie lainière à Covilhã et Fundão, et la fabrication, en hiver, d'un délicieux fromage de montagne (*voir encadré p. 459*), préparé avec un mélange de laits de brebis et de chèvre.

★★ ROUTE DU MONT DE LA TORRE

De Covilhã à Seia, circuit rose de 49 km tracé sur la carte de la serra da Estrela – Comptez env. 2h. Il emprunte la route la plus élevée du Portugal (souvent interdite à la circulation jusqu'à fin avril en raison de l'enneigement).

Covilhã

50 km au sud-ouest de Guarda.

5

Étalé sur les premières pentes boisées du flanc sud de la serra, au contact de la riche vallée du Zêzere, Covilhã est une station climatique, un centre d'excursions qui dessert la station de sports d'hiver de **Penhas da Saúde** et une localité animée grâce à la présence des étudiants de son université. La bourgade est aussi connue pour son fameux fromage *(queijo da serra)*; enfin, elle produit les deux tiers des lainages du Portugal, dont vous pourrez voir certaines fabriques en ville, près de la rivière.

Musée des Lainiers (Museu de Lanifícios) – *275 31 97 12 - www.museu.ubi.pt - mar.-dim. 9h30-12h, 14h30-18h - fermé 1er janv., 1er Mai et 25 déc. - 2 €.* Intégré dans les bâtiments de l'université de la Beira Interior, cet intéressant musée a été aménagé dans l'ancienne Fabrique royale des étoffes, construite à la demande du marquis de Pombal en 1763. Sa restauration a permis de mettre au jour ses structures primitives. La visite invite à suivre, dans une succession de salles, tout le processus de fabrication des étoffes. Des objets, des machines et des ustensiles liés à cette activité (rouets, cannetières, métiers à tisser manuels, machines à vapeur) y sont exposés.

À la sortie de Covilhã, la route s'élève rapidement parmi les pins et les chênes qui disparaissent bientôt tandis que les vues prennent de l'ampleur.

Vous parvenez à **Penhas da Saúde**, station de sports d'hiver et villégiature d'été. Puis le paysage devient plus accidenté; quelques lacs de barrage, ou d'origine glaciaire, sont disséminés çà et là dans les anfractuosités.

Laissez à droite la route de Manteigas, décrite ci-contre (« Haute vallée du Zêzere »).

Après un replat correspondant à la haute vallée d'un affluent du Zêzere, de nombreux blocs de granit tailladés par l'érosion donnent au **paysage★** un aspect ruiniforme; dans un abri creusé dans la roche, à droite de la route *(stationnement possible)*, se dresse la statue de Nossa Senhora da Boa Estrela, sculptée dans les années 1940; une fête religieuse s'y déroule chaque année le deuxième dimanche d'août.

Peu avant le sommet, d'un belvédère aménagé dans un virage à gauche, on a une belle **vue★** sur un lac de barrage et la haute vallée glaciaire du Zêzere, dont la source est cachée par un cône de granit de 300 m de hauteur, appelé « la Cruche Fine » *(Cântaro Magro)* et débité par le gel en blocs réguliers.

Tournez à gauche dans la route d'accès au sommet de la Torre.

★★ Torre

Le point culminant (1 993 m) du Portugal se dresse dans un paysage dénudé, à l'herbe rare. Des constructions diverses y sont installées. Du centre, marqué par un socle portant une croix, se révèle un immense **panorama** sur le moutonnement de reliefs des serras da Estrela et da Lousã, et sur les vallées du Zêzere et du Mondego.

La route serpente ensuite sur la crête parmi les rochers, les mousses et les lacs. Retenu par un barrage qui borde la route, le **« lac Long »** (Lagoa Comprida), aux eaux d'un bleu profond, est le plus vaste de la serra. La descente sur la vallée du Mondego, où se mêlent cultures et villages, est très rapide : **vues★★** magnifiques. Après **Sabugueiro**, village aux maisons de granit où l'on peut acheter des articles en pure laine et en cuir, ainsi que du fromage, l'altitude décroît très vite : les arbres réapparaissent.

Seia

Bourgade située au pied de la serra, elle constitue un point de départ pour les randonnées dans la montagne *(rens. à l'office de tourisme)*.

De Seia, un détour de 62 km AR vers le sud-ouest vous permettra de découvrir les belles églises romano-baroque et préromane de Oliveira do Hospital et de Lourosa; voir en fin de circuit la rubrique « À proximité », p. 459.

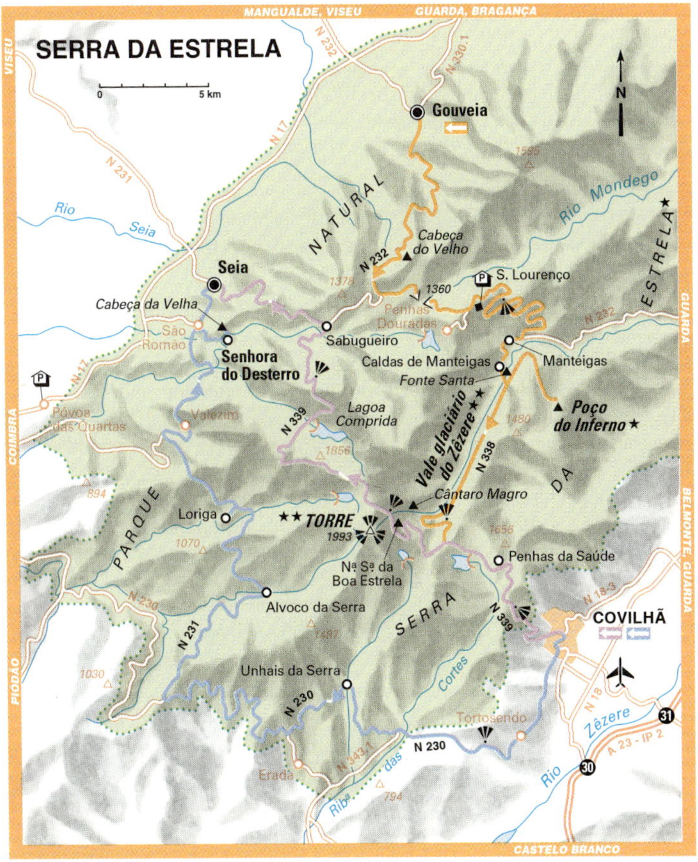

★★ HAUTE VALLÉE DU ZÊZERE

Circuit orange de 77 km tracé sur la carte de la serra da Estrela – Comptez env. 2h30. Il part de **Gouveia**, *petite ville bâtie à mi-pente en bordure de la vallée du Mondego, et rejoint Covilhã par Manteigas ; la traversée du massif emprunte la haute vallée du Zêzere.*

Les hauts plateaux parsemés de rochers sont atteints très rapidement ; quelques boules de granit façonnées par l'érosion prennent parfois des formes étonnantes, comme la **Cabeça do Velho** (« Tête du Vieillard ») qui se dresse sur un amas rocheux à gauche de la route. Le Mondego, le plus long des fleuves entièrement portugais, prend sa source *(signalée)* à 1 360 m d'altitude. La route passe le long de la *pousada* de São Lourenço d'où s'offre un beau point de vue sur Manteigas et la vallée du Zêzere en face. C'est ensuite la descente brutale en lacet sur la haute vallée du Zêzere ; un belvédère aménagé offre bientôt une **vue**★ d'enfilade sur l'amont de la vallée que contrôle **Manteigas**, village de montagne aux maisons du 17e s. avec balcons de bois.

À Manteigas, laissez la N 232 et tournez à droite.

Peu après la petite station thermale de **Caldas de Manteigas**, remarquez, en bordure de la route, le **vivier** *(posto aquícola)* de **Fonte Santa** – ✆ 275 98

15 05 - 9h-12h, 13h-17h. On trouve encore quelques bergeries, puis la solitude montagnarde s'installe ; des cultures en terrasses s'étagent cependant sur les pentes inférieures.

Passé le pont sur le Zêzere, la route remonte le cours du torrent et vient buter contre la paroi de sa vallée glaciaire, qu'elle escalade ensuite.

Prenez à gauche une petite route non bitumée vers Poço do Inferno (6 km).

★ Puits de l'Enfer (Poço do Inferno)

La route offre de belles échappées sur le site de Manteigas ; le **Puits de l'Enfer** est un défilé sauvage mais boisé qu'agrémente une belle **cascade★**.

★★ Vallée glaciaire du Zêzere

Parfait spécimen de relief glaciaire, la vallée du Zêzere en présente toutes les caractéristiques : profil en auge – et donc versants abrupts –, vallées affluentes « suspendues » et gorges de raccordement, cirque glaciaire à l'extrémité amont, cascades, énormes blocs erratiques, végétation rabougrie…

À mi-parcours de cette section rectiligne apparaissent les dentelures qui cernent le cirque glaciaire : la dent du Cântaro Magro et la pyramide de la Torre.

La route s'infléchit à l'ouest et passe à proximité de la source du Zêzere – signalée « Cântaros » *(invisible de la route mais que l'on peut gagner à pied parmi de gigantesques rochers)*. Un peu plus loin, à hauteur d'une fontaine, admirez la belle **vue★** sur la vallée glaciaire. Au col terminal, on atteint la bifurcation de la N 339.

Prenez, à gauche, la N 339 pour revenir sur Covilhã (voir p. 456).

★ VERSANT OUEST

Circuit gris de 81 km tracé sur la carte de la serra da Estrela – Comptez env. 2h. Il relie Covilhã et Seia en passant cette fois par Unhais da Serra. Quittez Covilhã (voir p. 456) au sud par la N 230.

Ce circuit contourne la serra par l'ouest en empruntant un tracé qui évolue à une altitude pratiquement constante (600-700 m) ; la route offre continuellement des vues intéressantes à gauche, d'abord sur la vallée du Zêzere et la serra da Gardunha, ensuite sur les moutonnements schisteux de la serra da Lousã, enfin sur la vallée du Mondego.

Après Tortosendo, les sommets de la serra da Estrela se profilent à droite. Vous parvenez à **Unhais da Serra**, petite station thermale et climatique occupant un très joli **site★** au sortir d'une vallée torrentielle. Les villages sont accrochés à mi-hauteur sur les versants, comme **Alvoco da Serra**, ou bien perchés sur un éperon dans la vallée même, comme **Loriga** ; chaque fond de vallée est mis en valeur par des cultures en terrasses (maïs) aux courbes régulières.

LE CHIEN SERRA DA ESTRELA

Cette race autochtone, parmi les plus anciennes de la péninsule Ibérique, a partagé pendant des siècles la vie des bergers de la montagne, leur tenant compagnie et protégeant leurs troupeaux. Ce sont des animaux assez corpulents mais agiles, affectueux et courageux. Leur poil aux tons jaunes est tantôt ras, tantôt – plus souvent – long avec deux couches qui les protègent du froid. Leur mâchoire puissante et leurs dents acérées leur permettaient de vaincre les loups.

LE « QUEIJO DA SERRA »
Le fromage de brebis d'appellation « serra da Estrela » est le plus réputé du Portugal. Le meilleur est toujours fabriqué à la main, pendant les mois froids, à partir de lait filtré avec une infusion de chardon, qui favorise le caillage. Il est ensuite déposé sur des faisselles, et pressé plusieurs fois afin d'acquérir une certaine consistance. Après 40 jours, sa pâte est devenue semi-molle, et il est prêt à être consommé. D'un goût très fin, il peut être mangé à la cuillère ou en tranches, accompagné du pain de maïs de la région ou de *marmelada* de coing ou de potiron. On peut l'acheter dans les villages ou les nombreuses fromageries de la serra (Arcozelo da Serra, Folgozinho, São Romão, Celorico da Beira, Linhares). À Celorico da Beira, des foires au « fromage de montagne » ont lieu un vendredi sur deux.

À São Romão, tournez à droite vers Senhora do Desterro. La route remonte la vallée de l'Alva jusqu'à Senhora do Desterro.

Senhora do Desterro

Laissez la voiture et prenez à gauche le chemin, taillé dans le roc, qui conduit *(15mn à pied AR)* à la **Cabeça da Velha** (« Tête de la Vieille »), rocher granitique sculpté par l'érosion.

Revenez à la route qui mène à Seia (voir p. 456).

À proximité Carte de région p. 398-399

Si vous empruntez le circuit « Route du mont de la Torre », vous pouvez, arrivé à Seia, faire cette excursion de 62 km AR avant d'enchaîner sur le circuit « Le versant ouest » en le suivant à l'envers pour revenir à Covilhã. Attention toutefois aux temps de trajet pour ne pas terminer la route de nuit.

Oliveira do Hospital

21 km au sud-ouest de Seia par la N 231 (sur 2,5 km), puis à gauche par la N 17 (sur 17 km), et enfin par une route à droite.

Quelques collines couvertes de vignes, d'oliviers et de pins encadrent ce bourg dont le nom rappelle la vieille appartenance (12e s.) à l'ordre des Hospitaliers de Saint-Jean-de-Jérusalem *(voir « Leça do Balio », aux environs de Porto, p. 490).*

★ **Église paroissiale** – Romane à l'origine, elle a été reconstruite à l'époque baroque, comme l'attestent son clocher en spirale et sa façade à pignon, volutes et balcon encadré de statues. L'intérieur, avec joli plafond peint en trompe l'œil, abrite la chapelle funéraire des Ferreiros (13e s.) où se trouvent les tombeaux (fin 13e s.) de Domingos Joanes et de son épouse ; leurs gisants, sculptés dans la pierre d'Ançã, reflètent déjà par leur délicatesse l'évolution du roman vers le gothique. Une **statue★** équestre d'un chevalier (14e s.), semblable à celle du musée Machado de Castro à Coimbra, est fixée au mur au-dessus des tombeaux. Un beau **retable★** (14e s.) en pierre polychrome représente la Vierge à l'Enfant entre ses parents, saint Joachim et sainte Anne.

Église de Lourosa

10 km au sud-ouest de Oliveira do Hospital par la N 230, la N 17 et une route à gauche.

Cette église préromane (édifiée vers 950) basse et trapue, de plan basilical, est précédée d'un porche. L'intérieur est typiquement mozarabe par ses arcs outrepassés le divisant en trois nefs et reposant sur de courts piliers ronds, et par les élégantes petites fenêtres géminées perçant chaque pignon de la nef centrale. Un linteau roman primitif est visible dans le faux bras droit du transept. Des fouilles ont mis au jour les vestiges d'un baptistère et de nombreuses sépultures. Près de l'église, campanile du 15e s. et pilori manuélin.

NOS ADRESSES DANS LA SERRA DA ESTRELA

INFORMATIONS UTILES

Les offices de tourisme sont répertoriés en début de chapitre.

Internet – Bibliothèque municipale de Covilhã – *R. Conde da Ericeira, 25 (partie basse de la ville) - 275 33 35 99 - lun.-vend. 10h-18h30. Gratuit.*

HÉBERGEMENT

Bon à savoir – Dans plusieurs villages de la serra, fréquentés l'hiver par les touristes portugais attirés en masse par la neige, vous bénéficierez de prix intéressants l'été, considéré comme la basse saison.

ADRUSE – *Largo Dr Alípio de Melo, Gouveia - 238 49 01 80 - www.adruse.pt.* L'association pour le développement rural de la serra da Estrela gère les réservations d'hébergement en milieu rural.

À Covilhã

BUDGET MOYEN

Covilhã Jardim – *Jardim Público, 40 (à 200 m de l'office de tourisme) - 275 32 21 40 - www.residencialcovilhajardim.com - - 15 ch. 38/65 €* . Au cœur de la ville haute, face aux jardins publics surplombant la vallée du Zêzere, cette grande maison a fait entièrement peau neuve ; mais la famille Almeida, qui a longtemps vécu en France, réserve toujours le même accueil sympathique. Chambres propres et agréables avec vue sur la vallée ou sur le jardin (certaines ont un petit balcon). Au rdc, Miguel, le fils, a ouvert un bar à l'atmosphère intime qui réunit sur sa terrasse toutes les générations. Réservation conseillée.

À Seia

BUDGET MOYEN

Camelo – *Av. 1o de Maio, 16 - 238 31 01 00 - www.eurosol.pt - P - 79 ch. 57/80 € - rest. env. 30 €.* Très central, cet hôtel de standing propose des chambres spacieuses et confortables, avec balcon. Le cadre, un peu froid, est compensé par un service impeccable et une large gamme de prestations (belle piscine, tennis, jardin, billard, espaces enfants). Tarifs dégressifs.

À Gouveia

BUDGET MOYEN

Parque de Campismo Vale do Rossim – *Vila Cortez da Serra (accès par la N 232 qui relie Gouveia à Manteigas) - ✆ 275 98 28 99 - www.vr-ecoresort.com - juin-sept.* Un camping d'altitude à deux pas de la retenue de Vale de Rossim aux eaux bleu nuit, à l'ombre des bouleaux et des pins. Si vous n'avez pas votre matériel, pas d'inquiétude : il met à disposition des yourtes tout équipées pour 45 € (75 € le w.-end) pour 2 pers. petit-déj. inclus.

À Manteigas

BUDGET MOYEN

Serradalto – *R. 1° de Maio - ✆ 275 98 11 51 - - 15 ch. 45/55 €* . Un établissement familial à l'intérieur revêtu de bois, pour une vraie ambiance de montagne. La plupart des chambres disposent d'une jolie vue. Deux d'entre elles communiquent, idéales pour une famille. Terrasse réservée aux pensionnaires. Les grandes baies vitrées du restaurant offrent une vue panoramique.

Casa das Obras – *R. Teles Vasconcelos, 16 - ✆ 275 98 11 55 - www.casadasobras.pt - - - 6 ch. 64/75€* . Un beau manoir du 17e s. niché à l'intérieur du village. Escalier d'honneur, couloirs et salons sont décorés de vieux tableaux et surmontés de plafonds peints (d'origine dans la salle de petit-déj.). Chambres aux belles tentures. De l'autre côté de la ruelle, un jardin et une piscine dissimulés par un muret.

POUR SE FAIRE PLAISIR

Casa da Padaria – *Rue principale - ✆ 235 73 27 73 - http://casa-da-padaria.planetaclix.pt - - 4 ch. 80/100 €* . L'ancienne boulangerie *(padaria)* de Piodão, à la façade de schiste comme toutes les maisons du village, abrite des chambres d'hôte calmes et impeccables, avec plafond en bois et mobilier rustique. L'ancien fournil et le four sont encore visibles dans la salle de petit-déj. Idéal pour une cure de repos ou comme camp de base pour une randonnée.

RESTAURATION

À Covilhã

BUDGET MOYEN

O Neca – *R. Cidade do Fundão, 13 - ✆ 235 32 76 35 - fermé dim. et 2 sem. en août.* Connu bien au-delà de la ville, un restaurant typique avec sa petite salle aux poutres apparentes et fenêtres en trompe l'œil. Vous y dégusterez exclusivement des grillades de viandes et de poissons.

O Sporting – *R. Comendador Mendes Veiga, 19 - ✆ 275 33 41 27 - fermé dim. soir et lun.* Ce restaurant populaire, toujours animé, est fréquenté par une clientèle de tous âges. Cuisine régionale et spécialités de grillades. Le dimanche, la file s'allonge devant les poulets à emporter. Agréable terrasse noyée sous la vigne… éclairée de néons un peu trop vifs le soir !

À Valhelhas

BUDGET MOYEN

Vallecula – *Praça Dr José de Castro (à 7 km de Belmonte) - ✆ 275 48 71 23 - fermé lun.* Dans la vallée du Zêzere, sur la route entre Belmonte et Manteigas, une excellente table réputée dans la région, mêlant subtilement cuisine traditionnelle et créativité. Pour ses nombreuses spécialités, le chef privilégie les

5

produits régionaux et utilise les herbes aromatiques de la serra. Vins du Dão et du Douro. Liqueurs maison sur le comptoir.

ACHATS

Spécialités culinaires

Fromage de la serra : vente sur le lieu de production (panneaux indicateurs le long des routes) et dans les fromageries des villages. Ce fromage de brebis à pâte semi-molle (*voir encadré p. 459*) est le plus réputé du pays.

Artisanat

O Mundo Rural –*Largo Dr Alípio de Melo - 238 49 01 80 - www.adruse.pt - fermé w.-end.* Le magasin de l'ADRUSE *(voir p. 460)* réunit les produits de la région : tissages, broderies, jouets en bois, poterie, vannerie, etc.

ACTIVITÉS

Randonnée pédestre

Trois itinéraires principaux et six variantes : au total, 350 km de sentiers. Les randonnées les plus intéressantes s'effectuent autour de Manteigas pour la serra da Estrela et de Piódão pour la serra da Lousã. Un livret – en anglais ou en portugais – décrivant l'ensemble des parcours balisés est en vente dans les offices de tourisme et au siège du Parc naturel, à Manteigas. *Pour des idées de parcours thématiques, voir sur le site www.rt-serradaestrela.pt.*

Ski

Station de **Penhas da Saúde** *(à 13 km de Covilhã)*. La seule station de ski du Portugal, au pied de la Torre. Quatre téléskis et un télésiège (dénivelé : 130 m).

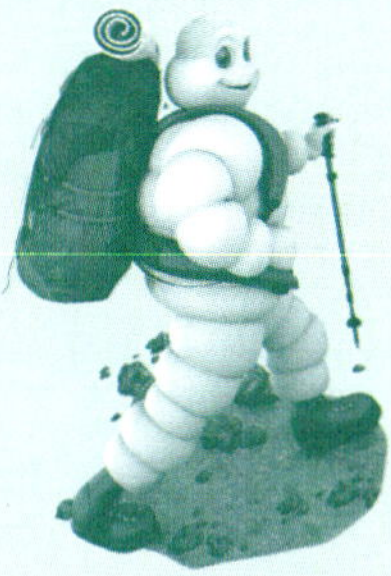

Castelo Branco

56 033 habitants – District de Castelo Branco

NOS ADRESSES PAGE 467

S'INFORMER

Posto de turismo – *Praça do Municipio - ✆ 272 33 03 39 - www.cm-castelobranco.pt.*

SE REPÉRER

Carte de région p. 398-399 – *Carte Michelin 733 M7.* À 82 km au nord de Portalegre et 152 km au sud-est de Coimbra. Frontière espagnole à 20 km à vol d'oiseau au sud et à 58 km à l'est (accès routier par Penamacor).

SE GARER

Laissez votre voiture sur le largo de São João, à droite en venant du centre *(dir. Guarda)*, juste avant l'escalier à arcades du jardin épiscopal *(rua Frei Bartolomeu da Costa)*.

À NE PAS MANQUER

Le musée Cargaleiro ; le village de Monsanto.

ORGANISER SON TEMPS

Prévoyez une bonne demi-journée.

Proche de la frontière espagnole, cette ancienne place forte dominée par les ruines d'un château des templiers, le « Château blanc », a subi maintes invasions, dont celle des troupes napoléoniennes en 1807. Alors qu'au nord, les reliefs de la serra da Estrela se profilent encore à l'horizon, la capitale de la Beira Baixa règne sur une large plaine peuplée de « quintas » où sont produits le fromage, le miel, l'huile d'olive et le liège dont elle tire sa prospérité. Plus au sud s'étend le bassin du Tage. Ville de transition, Castelo Branco ménage une halte reposante et offre une base d'excursion vers l'impressionnant village de Monsanto niché au pied d'énormes blocs de granit ; non loin, l'ancienne cité romaine d'Idanha-a-Velha s'assoupit au milieu de ruines jalonnées de stèles…

Se promener

Circuit à faire à pied et en voiture au départ de l'ancien palais épiscopal – Comptez 4h avec les visites.

Croix (Cruzeiro) **de São João**

La colonne torse, de style manuélin (16e s.), est surmontée d'une croix sculptée placée sur une couronne d'algues.

Passez sous l'escalier à arcades qui enjambe la rua Frei Bartolomeu da Costa.

★★ **Jardins de l'ancien palais épiscopal** (Jardim do Antigo Paço Episcopal)

R. Frei Bartolomeu da Costa - 9h-17h (été 19h) - fermé 1er janv. et 25 déc. - 2 €.

Derrière le musée Francisco Tavares Proenca Júnior, les **jardins de l'ancien palais épiscopal** s'étagent sur plusieurs terrasses et forment un amusant ensemble, créé au 17e s., composé de buis taillés, massifs de fleurs, pièces d'eau et statues baroques (signes du zodiaque, docteurs de l'Église, saisons, Vertus, etc.).

Longeant le lac des Couronnes, une très belle allée, terminée par deux escaliers, est bordée de balustres peuplés de statues : les apôtres et les évangélistes, à droite, font face aux rois du Portugal, à gauche. Remarquez avec quelle ironie le sculpteur a représenté les rois de la domination espagnole, en leur donnant des dimensions réduites et des sobriquets vengeurs. Cet espace ludique et merveilleux invite à la contemplation.

En sortant du jardin, continuez à gauche dans la rua Frei Bartolomeu da Costa.

Musée (Museu) **Francisco Tavares Proença Júnior**

Largo da Misericórdia - ✆ 272 34 42 77 - mar.-dim. 10h-12h30, 14h-17h30 - fermé 1er janv., dim. de Pâques, 1er Mai et 25 déc. - 2 €, gratuit dim. et j. fériés 10h-14h.

Aménagé dans l'ancien palais épiscopal, il présente des collections variées. Au rez-de-chaussée : vestiges archéologiques et lapidaires et salle d'expositions temporaires ; à l'étage, tapisseries flamandes du 16e s., tableaux de l'école portugaise du 16e s. (dont un saint Antoine attribué à Francisco Henriques) et couvre-lits brodés *(colchas)* aux coloris bigarrés, qui ont fait la réputation de Castelo Branco depuis le 17e s. À l'étage encore, deux salles présentent les techniques de la culture du ver à soie et du travail du lin.

Face au musée se tient le Convento da Graça.

Couvent (Convento) **da Graça**

✆ 272 34 84 20 - lun.-vend. 9h-12h30, 14h-17h30 - fermé j. fériés - 1 €.

Situé devant le palais, le couvent da Graça garde de sa construction primitive du 16e s. un portail manuélin. À l'intérieur, où est installée la Santa Casa da Misericórdia, un petit **musée d'art sacré** présente notamment les statues de la reine sainte Isabelle et de saint Jean de Dieu avec un pauvre, une Vierge à l'Enfant et un saint Mathieu du 16e s., ainsi que deux crucifix en ivoire.

Rebroussez chemin par la rua Frei Bartolomeu da Costa. Repassez sous l'escalier à arcades, continuez tout droit et prenez plus loin à droite la rua dos Ferreiros, qui mène à la praça Luís de Camões.

Ville médiévale

Ce quartier, aux ruelles étroites et pavées, avec du linge suspendu aux fenêtres, possède quelques édifices intéressants dont, sur la belle praça Luís de Camões, l'ancien hôtel de ville datant du 17e s. (remanié) et l'**Arco do Bispo**, également du 17e s. Tout près de la place, le **Solar dos Cavaleiros** (18e s.) abrite le musée dédié à Manuel Cargaleiro *(voir ci-dessous)*.

De la praça Luís de Camões, engagez-vous dans la rua dos Cavaleiros.

★ **Musée** (Museu) **Cargaleiro**

R. dos Cavaleiros, 23 - ✆ 272 33 73 94 - mar.-dim. 10h-13h, 14h-18h - 2 €.

Ouvert en 2005, ce musée très aéré présente sur deux étages l'univers créatif de l'artiste contemporain Manuel Cargaleiro (né en 1927), peintre, sculpteur et céramiste qui partage son temps entre le Portugal, l'Italie et Paris (il a décoré d'azulejos la station de métro parisienne Champs-Élysées-Clémenceau). Au rez-de-chaussée, une salle présente les œuvres d'artistes amis, dont des céramiques gravées de Picasso. À l'étage sont réunies des peintures, des céramiques ainsi qu'une grande tapisserie de Cargaleiro, qui correspondent à différentes périodes de création de l'artiste, présentées de façon didactique.

De la praça Luís de Camões, revenez sur le largo de São João pour reprendre votre véhicule. Tournez à gauche (en dir. du centre) dans la rua Frei Bartolomeu

Ponctués de statues, les jardins en terrasse du palais épiscopal de Castelo Branco.
J. C. Zamarreño/age fotostock

da Costa, prolongée par la rua das Olarias. Passez devant la Sé (à gauche) et, plus loin, empruntez le tunnel. À la sortie, engagez-vous à droite dans la rua Espírito Santo, puis à droite rua da Granja, et enfin prenez une route à droite qui monte en dir. du belvédère de São Gens.

Belvédère (Miradouro) **de São Gens**

Cette esplanade ombragée et fleurie offre une vue étendue sur la ville et ses environs piquetés d'oliviers.
La route se poursuit après le belvédère jusqu'au château.

Château

Du « Château blanc » qui donna son nom à la ville, édifié au 13e s. par Pedro Alvito, maître de l'ordre des Templiers, il ne subsiste aujourd'hui que quelques tourelles et un pan de muraille. Depuis ces ruines romantiques (les mariés de Castelo Branco viennent s'y faire prendre en photo), vous aurez un joli panorama sur la ville médiévale et les vergers plantés au pied de la forteresse.

Circuit conseillé Carte de région p. 398-399

Circuit de 150 km tracé sur la carte de région – Comptez env. une journée.

LES VILLAGES DE L'EST

Penamacor

52,5 km au nord-est de Castelo Branco par la N 233.
Perché à 600 m d'altitude, ce village d'origine romaine est couronné par son château. Construit en 1209 par Sanche Ier, il en reste des pans de muraille et le donjon. Outre les vues panoramiques sur la plaine et les collines environnantes, le vieux Penamacor offre une agréable promenade.

LA FÊTE DU CHÂTEAU

Chaque année à Monsanto, en mai, des jeunes filles jettent par-dessus les remparts des cruches remplies de fleurs, en souvenir du veau à qui on fit subir le même sort lors d'un siège afin de décourager les assaillants qui comptaient sur la famine pour s'emparer du château. Les petites poupées ou *marafonas*, qu'ont coutume de porter les filles à cette occasion, font allusion à Maia, la déesse de la Fécondité, et montrent la survivance de rites païens.

L'**église da Misericórdia** présente un beau portail manuélin et, à l'intérieur, au maître-hôtel, un retable en bois doré. *℘ 277 31 43 16 - visite sur demande préalable.*

Fondé au 16e s., le **couvent de Santo António** abrite une chapelle ornée d'une tribune et d'un plafond somptueux en bois doré. *℘ 277 39 41 33.*

Descendez par la N 332 jusqu'à Medelim, au sud, et prenez la N 239 vers l'est.

★★ Monsanto

24 km au sud de Penamacor.

Monsanto s'accroche aux pentes d'une colline de granit aride et déchiquetée, qui se dresse au milieu de la plaine, à 758 m d'altitude. Vieux village d'origine préhistorique, occupé ensuite par les Romains, il fut accordé en 1165 par le roi Alphonse Henriques à Gualdim Pais, maître de l'ordre des Templiers, qui y éleva une citadelle inexpugnable. De loin, le village apparaît comme un chaos rocheux gigantesque où s'entremêlent les murailles du château, les immenses blocs de granit de la montagne, les murs et les toits rouges de ses maisons. Des ruelles escarpées sillonnent le village composé de vieilles demeures de granit qui prennent souvent appui sur la roche même, se confondant avec elle et épousant ses courbes ; les façades, parfois écussonnées, sont percées de fenêtres géminées et de portails manuélins.

Chapelle Santo António – De style manuélin, elle possède un portail à cinq arcades à arc brisé.

Chapelle São Miguel – À côté du château, cette chapelle en ruine d'origine romane conserve un beau portail avec quatre arcades en plein cintre et des chapiteaux historiés.

Château – Une ruelle, puis un sentier en très forte pente conduisent au château à travers un chaos impressionnant de blocs rocheux où il n'est pas rare de trouver, dans des abris formés par les pierres, des poules, des lapins ou, dans quelque ruine romaine, un cochon ou un mouton. Du château, rebâti par le roi Denis, les nombreux sièges n'ont laissé que des ruines. Depuis le donjon, un immense **panorama**★★ se développe au nord-ouest sur la serra da Estrela et au sud-ouest sur le lac du barrage d'Idanha et la vallée du Ponsul.

En revenant au village, remarquez le clocher isolé d'une ancienne église romane, puis plusieurs tombes creusées dans le rocher.

Revenez à Medelim et reprenez la N 332 vers le sud.

★ Idanha-a-Velha

15 km au sud-ouest de Monsanto.

Ce village de 90 habitants fut autrefois une ville romaine prospère, située près de la voie reliant Mérida à Astorga. C'est une sorte de musée en plein air où de nombreuses fouilles évoquent le passé. En suivant le parcours archéologique signalisé, on passe devant une tour construite par les templiers au 13e s. sur les fondations d'un temple romain, une cathédrale d'origine paléochrétienne mais reconstruite cinq fois et qui conserve des traces de ces remaniements successifs, un pont romain rebâti au Moyen Âge et de nombreux autres vestiges.

Reprenez la N 332 vers le sud jusqu'à Alcafozes, et empruntez la N 354 vers Ladoeiro. De là, revenez à Castelo Branco par la N 240.

NOS ADRESSES À CASTELO BRANCO

INFORMATIONS UTILES

Les offices de tourisme sont répertoriés en début de chapitre.

Internet – **Cyber Centro** – *Praça do Municipio - ✆ 272 34 87 90 - lun.-vend. 9h-23h - 1 €/h.* Dans un grand édifice de couleur brune, au fond de la cour à gauche.

TRANSPORTS

Gare routière – *R. Rod. Rebelo (à 200 m de l'office de tourisme).* Liaisons pour Guarda, Coimbra, Portalegre et Lisbonne.

Gare ferroviaire – *Largo do Rei D. Carlos (à 400 m au sud de l'office de tourisme).* Trains directs pour Guarda, Covilhá, Abrantes et Lisbonne.

HÉBERGEMENT

Les hôtels sont peu nombreux à Castelo Branco.

PREMIER PRIX

Residencial Império – *R. dos Prazeres, 20 - ✆ 272 34 17 20 - 19 ch. 40/45 €.* Dans une ruelle à l'arrière de la cathédrale, un hôtel assez confortable avec certaines chambres parquetées aux plafonds moulurés. Accueil souriant.

BUDGET MOYEN

Best Western Rainha D. Amelia – *R. de Santiago, 15 - ✆ 272 34 88 00 - www.bestwesternrainhadamelia.com - P - 64 ch. 63/90 €.* Dans un immeuble moderne un peu à l'écart du vieux centre, des chambres standardisées réparties sur quatre niveaux, confortables mais sans grand relief. Restaurant.

RESTAURATION

PREMIER PRIX

Retiro do Caçador – *R. Ruivo Godinho, 15-17 (près de la cathédrale) - ✆ 272 34 30 50 - tlj sf dim. 12h-15h, 19h-23h.* Accrochées aux murs, les têtes empaillées de sangliers plantent le décor : une adresse populaire et toujours animée, où les spécialités de gibiers sont servies dans des plats en terre cuite. Excellent rapport qualité-prix et accueil aimable.

ACTIVITÉS

Randonnées à Monsanto – *Réserv. à l'office de tourisme - ✆ 277 31 46 42.* La mairie d'Idanha-a-Nova dispose de programmes de randonnées pédestres à travers les montagnes de la région.

Porto et le Nord 6

Porto
Braga
Vila Real
★★ Mérite un détour
★ Intéressant
À voir
Ville de départ du circuit
Bas-Douro : du barrage de Carrapatelo à Lamego
Circuit du vignoble du Porto
Serra do Marão : de Vila Real à Amarante
Serra de Alvão : de Vila Real aux environs de Mondim de Basto
À l'est de Braga
Vallée du Lima
Du rio Cávado au Portela do Homem
Serra do Gerês
Serra da Peneda
Haute vallée du Cávado
Haut-Douro
Moimenta
Rio de Onor
Parque Natural de Montesinho
ZAMORA
ESPAÑA
Chaves
Bragança
Termas de Vidago
Termas de Pedras Salgadas
Romeu
Mirandela
Murça
Rio Tua
Rio Sabor
Miranda do Douro
Fonte da Aldeia
Mogadouro
Picote
Parque Natural do Douro Internacional
Torre de Moncorvo
São João da Pesqueira
Vila Nova de Foz Côa
Freixo de Espada-à-Cinta
Barca de Alva
Parque Arqueológico do Vale do Côa
RIO DOURO
Embalse de Almendra
PORTO ET LE NORD
0
20 km

Porto

★★

237 559 habitants (Agglo 1,55 million) – District de Porto

NOS ADRESSES PAGE 492

S'INFORMER

Posto central de turismo Centro – Plan II F2 - *R. Clube dos Fenianos, 25 (en haut à gauche de l'av. dos Aliados) - M° Trindade ou Aliados - ✆ 223 39 34 72 - www.visitporto.travel - tlj 9h-19h (17h30 en hiver).*

Posto de turismo Ribeira – Plan II F3 - *R. do Infante D. Henrique, 63 - M° S. Bento - ✆ 222 06 04 12 - tlj 9h-19h (17h30 en hiver).*

Posto de turismo Sé – Plan II F3 - *Terreiro da Sé - ✆ 223 32 51 74 - lun.-vend. 9h-17h30.*

Instituto de turismo de Portugal – Plan II F2 - *M° Aliados - Praça D. João I, 43 - ✆ 222 05 75 14.* S'occupe de l'ensemble de la région nord.

Sur Internet – *www.portoturismo.pt.* Le portail de l'office du tourisme fournit quantité d'infos pratiques (en portugais, espagnol et anglais).

SE REPÉRER

Carte de région p. 468-469 – Plan I (agglomération) p. 474-475 – Plan II (centre) p. 476-477 – Plan du métro p. 478 – *Carte Michelin 733 I4.* Deuxième ville du Portugal, située au nord du pays, Porto occupe un site escarpé sur la rive droite de l'estuaire du Douro. Trois autoroutes partent vers Lisbonne (distante de 311 km), le Minho et le Trás-os-Montes. L'aéroport international se trouve à 14 km au nord-ouest par l'EN 107.

SE GARER

La circulation automobile et le stationnement sont difficiles à Porto. Utilisez de préférence les parkings payants souterrains, nombreux et sûrs.

SE REPÉRER : LES QUARTIERS DE PORTO

Le **centre** traditionnel étend son réseau de rues commerçantes autour de la praça da Liberdade et de la gare São Bento, très animées dans la journée. On se presse devant les vitrines des boutiques, au charme souvent désuet, des rues Santa Catarina, Formosa, Sá da Bandeira, Fernandes Tomás, on aime à faire une halte dans l'un des multiples cafés ou pâtisseries…

Sur la rive droite du fleuve, le **vieux Porto**, autour du quartier populaire de la **Ribeira**, fait depuis quelques années l'objet de travaux de réhabilitation. La Ribeira est aujourd'hui un lieu de vie nocturne animé, avec de nombreux bars et restaurants. Sur la rive gauche, presque en vis-à-vis, **Vila Nova de Gaia** rassemble les chais où vieillissent les plus prestigieux portos et offre de très beaux panoramas sur la ville.

De nos jours, le centre économique a tendance à se déplacer vers l'ouest, autour de l'**avenue de Boavista**, entre Porto et Foz. Les grandes banques, les hôtels d'affaires, les centres commerciaux se sont installés là, dans des tours modernes. L'animation bat aussi son plein aux alentours, dans le secteur des plages et à Matosinhos.

Les *barcos rabelos*, embarcations traditionnelles transportant le vin sur le Douro.
J.-P. Degas/hemis.fr

À NE PAS MANQUER

Le tour du vieux Porto ; franchir le pont D. Luís I (en métro ou à pied) ; faire la tournée des chais de Vila Nova de Gaia ; un match du FC Porto au stade du Dragão.

ORGANISER SON TEMPS

Comptez 3 jours pour bien explorer la ville.

AVEC LES ENFANTS

Le musée du Tram ; leur faire découvrir les ponts de Porto ; les jardins du Palácio de Cristal et l'aquarium Sea Life ; les plages de Matosinhos.

Célèbre pour les vins auxquels elle a donné son nom, ville de négoce au trafic portuaire incessant, la capitale du Nord est réputée industrieuse, sombre et conservatrice… Il faut pourtant regarder derrière les apparences : les églises de granit abritent l'opulence du baroque portugais ; les quais animés de la Ribeira ou de Vila Nova de Gaia égayent un fleuve souvent sévère et brumeux. Populaire dans les ruelles de la vieille ville, financière et affairée autour de la praça da Liberdade, balnéaire sur le front de mer, intemporelle face au Douro, Porto présente plus d'un visage. Sous le soleil, la ville apparaît radieuse et colorée, avec ses demeures accrochées aux versants du Douro, qui termine ici son long parcours. C'est surtout à pied et durant l'intersaison que la cité révèle le mieux ses charmes, à travers ses ruelles labyrinthiques et ses parcs à l'atmosphère romantique. Mais loin de se reposer sur les acquis du passé, Porto multiplie aujourd'hui les succès. Son centre historique, rénové avec goût, a été inscrit en 1996 au Patrimoine mondial de l'Unesco. « Capitale européenne de la culture » en 2001, la ville s'est enrichie d'un musée d'Art contemporain et, en 2005, d'un audacieux complexe dédié à la musique, la Casa da Música.

De Portucale à Porto

PORTUCALE

À l'époque romaine, le Douro forme un obstacle aux communications entre le nord et le sud de la Lusitanie. Deux cités qui se font face en contrôlent l'estuaire : Portus (le Port) sur la rive droite ; Cale sur la rive gauche. Au 8e s., les musulmans envahissent la Lusitanie, mais la résistance des chrétiens les empêche de s'installer de façon durable dans la région entre le Minho et le Douro ; c'est ce territoire, déjà appelé Portucale, que Thérèse, fille du roi de León, apporte en dot en 1095 à son mari Henri de Bourgogne, sous forme de comté. Devenu un des foyers de la Reconquête, le comté donnera son nom à la nation.

LES TRIPES À LA MODE DE PORTO

Aux 14e et 15e s., les chantiers navals du port (O Porto) contribuent à la création de la flotte portugaise. En 1415, sous la direction de l'infant Henri le Navigateur, une importante expédition se prépare pour la prise de Ceuta au Maroc. Porto est lourdement mis à contribution pour ravitailler cette escadre. Le cheptel bovin de la région est réquisitionné, et la population en est réduite à se nourrir de tripes et d'abats. D'où le surnom de *tripeiros* (mangeurs de tripes) donné, un peu injustement, aux habitants. Les *tripas à moda do Porto*, accompagnées de haricots, sont devenues une spécialité locale. Mais aujourd'hui, grâce aux récents succès culturels de la ville, les *tripeiros* de Porto ne ressentent plus aucun complexe face aux « petites laitues » *(alfaçinhas)* lisboètes, leurs rivaux de toujours !

LES ANGLAIS ET LE PORTO

À partir du 13e s. le vin produit dans la vallée du Douro est transporté dans des fûts jusqu'à Porto à bord de bateaux à fond plat *(barcos rabelos)*. En 1703, le Portugal et l'Angleterre signent le traité de Methuen facilitant l'accès des produits manufacturés anglais sur le marché portugais ; en échange, les vins du Haut-Douro commercialisés à Porto trouvent un large débouché en Angleterre. Les négociants anglais créent un comptoir dans la ville en 1717 ; peu à peu, plusieurs compagnies anglaises contrôlent la production, de la récolte à la mise en bouteilles.

Pour faire face à cette situation, le marquis de Pombal, profitant du tremblement de terre de 1755, fonde en 1756 une compagnie portugaise détenant le monopole des vins du Haut-Douro. Sa réglementation stricte mécontente les petits producteurs : à l'occasion du Mardi gras, des ivrognes incendient les locaux de la compagnie ; 25 condamnations à mort sont prononcées.

L'AMOUR DE LA LIBERTÉ

La rébellion des Ivrognes *(Revolta dos Borrachos)* n'a pas été la seule manifestation de l'attachement des habitants de Porto à leur liberté. Auparavant, ils avaient réussi à faire interdire à tout seigneur – par un édit royal – l'accès de leur enceinte réservée au négoce. Plus tard, le 29 mars 1809, fuyant devant l'arrivée des troupes napoléoniennes du général Soult, ils se précipitent à bord de barques pour traverser le Douro ; dans la panique, des centaines de personnes se noient. Une plaque près du pont D. Luís I commémore cet événement.

En 1820, la ville se soulève contre l'occupation anglaise, et l'assemblée convoquée *(Junta do Porto)* réussit à faire adopter par le pays une Constitution libérale (1822). Mais, en 1828, D. Miguel s'empare de la couronne et gouverne en roi absolu : nouvelle révolte dans la ville ; en 1833, la monarchie libérale est rétablie. Le 31 janvier 1891, l'agitation des républicains dans tout le pays se mue en une insurrection à Porto. Il faudra pourtant attendre 1910 pour que la république soit proclamée à Lisbonne.

UNE VILLE INDUSTRIEUSE

Porto et sa région rassemblent une grande partie des industries du pays. Les plus importantes sont les industries textiles (coton), métallurgiques (fonderies), chimiques (pneumatiques), alimentaires (conserveries), ainsi que le travail du cuir et la fabrication de céramiques. Porto s'enrichit aussi grâce à ses pépinières et ses jardins d'horticulture, sans oublier son vin, qui a fait sa célébrité dans le monde entier. Le port de pêche et celui d'exportation (port artificiel de Leixões) contribuent enfin à son dynamisme, tandis que les industries de service et de tourisme participent de plus en plus à la prospérité de la ville.

LES PONTS DE PORTO : DES TOURS EIFFEL À L'HORIZONTALE

Les rives du Douro sont reliées par six ponts techniquement remarquables. « Porto a couché ses tours Eiffel à l'horizontale ; elles lui servent de ponts », écrivait Paul Morand avant la construction du pont d'Arrábida.

Le **pont ferroviaire Maria Pia★**, en amont des autres ponts historiques, est le plus élégant avec son arche unique de 350 m de portée. Œuvre du Français Gustave Eiffel, il est entièrement métallique et fut achevé en 1877. Désormais fermé, il est remplacé par le pont ferroviaire de São João en amont.

Le **pont routier D. Luís I★★**, symbole de la ville, inscrit au Patrimoine mondial de l'Unesco, est le plus spectaculaire avec ses deux tabliers métalliques superposés permettant de desservir simultanément les quartiers hauts et bas de chaque rive. La ligne de métro D passe sur sa partie supérieure, mais on peut aussi le traverser à pied. D'une portée de 172 m, il a été construit entre 1880 et 1886 par une société belge, suivant une technique analogue à celle d'Eiffel. Situé dans le centre, il offre une vue impressionnante sur la ville.

Le **pont routier d'Arrábida**, en aval, emprunté par l'IC 1, a été lancé en 1963 selon une technique particulièrement audacieuse. Il franchit le Douro en une seule arche de béton armé de près de 270 m. Ce pont constitue également un intéressant belvédère sur la ville et le fleuve.

Inauguré en 1995, le **pont de Freixo**, sur lequel passe l'IP 1, est situé à l'est hors de la ville et permet d'en contourner le centre.

LES PLUS BEAUX PANORAMAS DE PORTO

Tour dos Clérigos *(p. 479)* : vue panoramique de la ville.

Butte du Pilar *(p. 486)* : depuis la rive sud, du parvis de l'ancien couvent de Nossa Senhora da Serra do Pilar, vue sur la vieille ville, le Douro et les chais.

Terreiro da Sé *(p. 482)* : vue sur le quartier de la cathédrale.

Belvédère de Santa Catarina : vue sur l'embouchure du fleuve et Afurada, de l'autre côté du fleuve.

Pont D. Luís I *(ci-dessus)* : au milieu du Douro, vue impressionnante sur les deux rives.

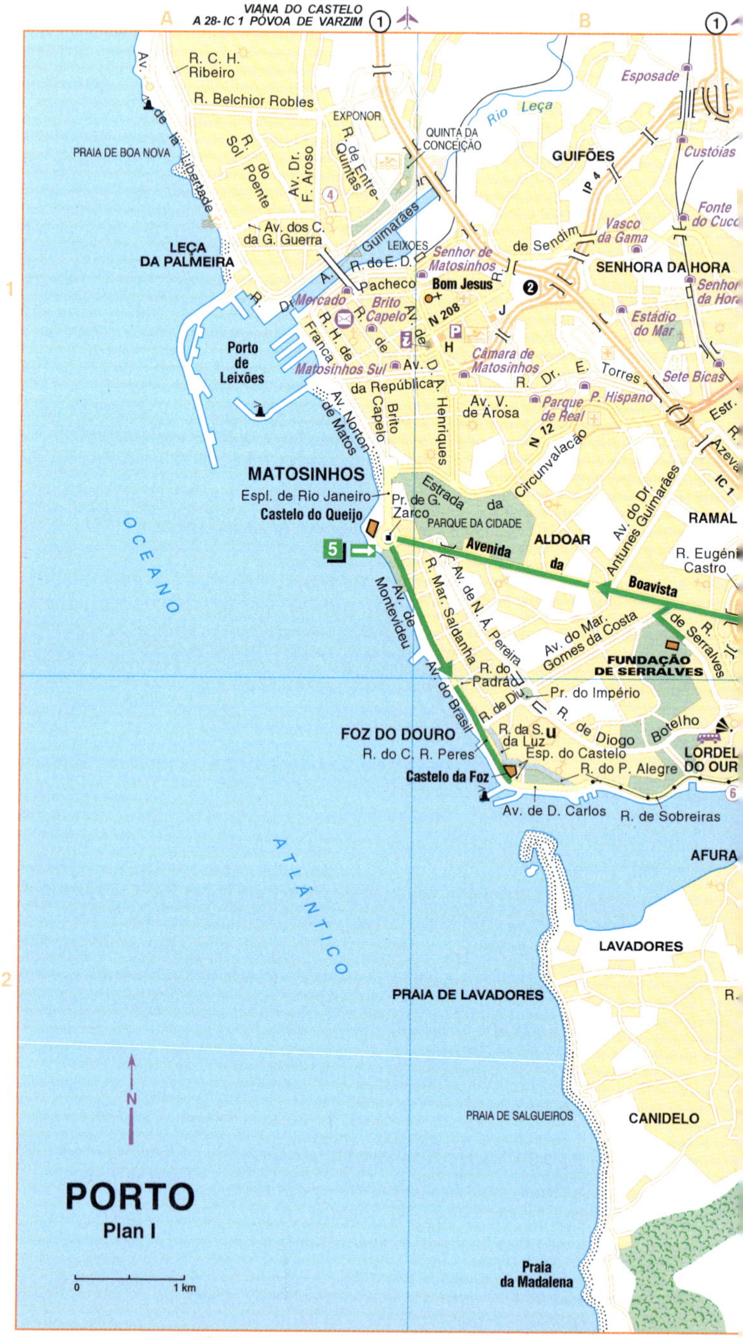

SE RESTAURER

O Chanquinhas.......................................④

Peixes & Ca...⑥

PORTO

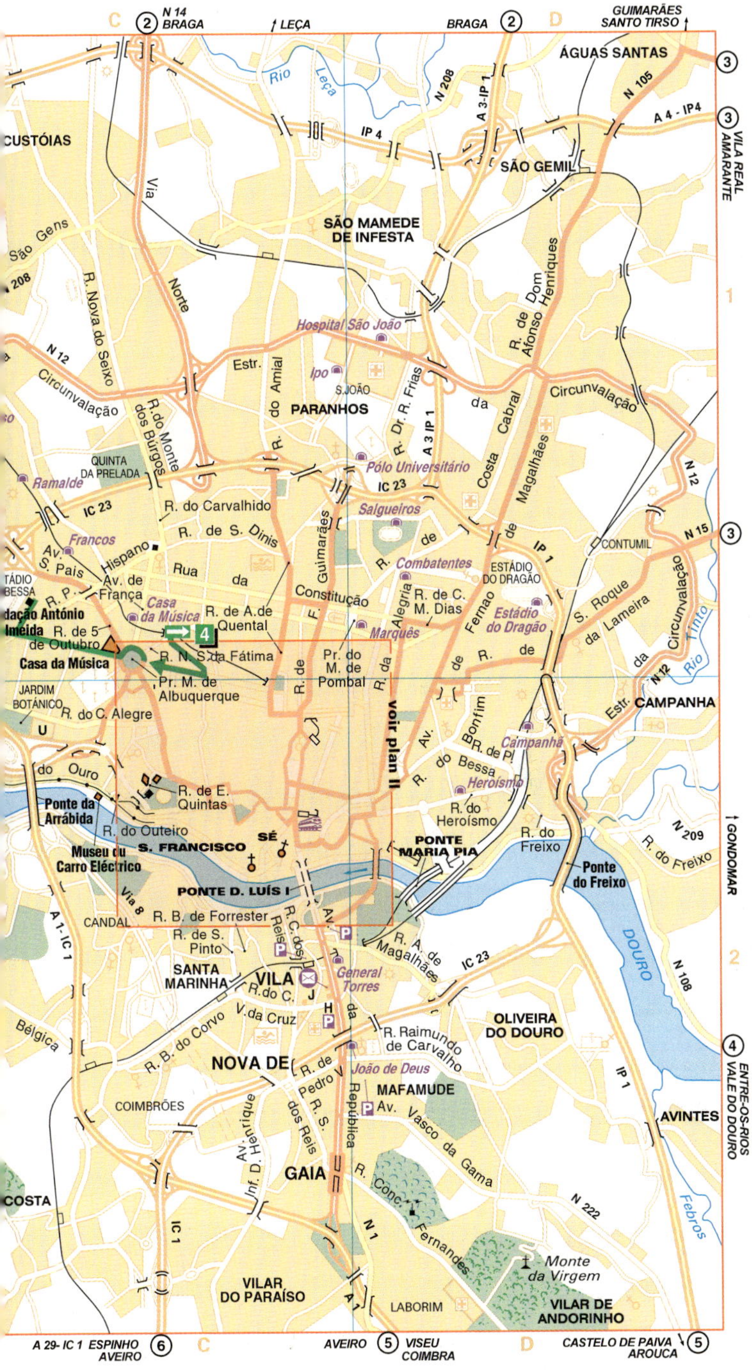

N 14
BRAGA
LEÇA
BRAGA
GUIMARÃES
SANTO TIRSO
ÁGUAS SANTAS
Rio
Leça
N 208
A 3-IP 1
N 105
A 4 - IP4
IP 4
VILA REAL
AMARANTE
CUSTÓIAS
SÃO GEMIL
Via
São Gens
SÃO MAMEDE
DE INFESTA
208
R. Nova do Seixo
Norte
R. de Dom Afonso Henriques
Hospital São João
N 12
Estr.
Ipo
S.JOÃO
Circunvalação
R.do Monte dos Burgos
R. do Amial
PARANHOS
R. Dr. R. Frias
A 3 IP 1
da
Costa Cabral
Magalhães
QUINTA
DA PRELADA
Ramalde
Pólo Universitário
IC 23
Salgueiros
IC 23
R. do Carvalhido
R. de S. Dinis
Guimarães
de
Francos
Hispano
CONTUMIL
N 15
IP 1
Av. S. Pais
Av. de França
Rua da Constitução
Combatentes
ESTÁDIO
DO DRAGÃO
TÁDIO
BESSA
R. P.
Casa da Música
R. de A.de Quental
R. de C. M. Dias
Fernão
Estádio do Dragão
S. Roque da Lameira
dação António
lmeida
R. de 5 de Outubro
4
Marquês
Alegria
F.
Circunvalação
Tinto
Casa da Música
R. N. S.da Fátima
Pr. do M. de Pombal
R. de
R. da
de R. de
da
N 12
Rio
Pr. M. de Albuquerque
JARDIM
BOTÂNICO
R. do C. Alegre
voir plan II
Av.
Bonfim
Estr.
CAMPANHA
U
Campanhã
R. de P.
do Ouro
R. do Bessa
Heroísmo
R. de E. Quintas
R.
R. do Heroísmo
Ponte da Arrábida
R. do Outeiro
SÉ
PONTE
MARIA PIA
R. do Freixo
N 209
R. do Freixo
GONDOMAR
Museu do
Carro Eléctrico
S. FRANCISCO
Ponte
do Freixo
PONTE D. LUÍS I
Via 8
DOURO
A 1 - IC 1
CANDAL
R. B. de Forrester
R. C. dos Reis
Av.
R. de S. Pinto
R. A. de Magalhães
IC 23
N 108
SANTA
MARINHA
VILA
R.do C.
General Torres
J
H
da
OLIVEIRA
DO DOURO
Bélgica
R. B. do Corvo
V.da Cruz
R. Raimundo de Carvalho
NOVA DE
R. de Pedro V
João de Deus
República
IP 1
ENTRE-OS-RIOS
VALE DO DOURO
COIMBRÕES
Av. D. Henrique
dos Reis
R. S.
MAFAMUDE
Av. Vasco da Gama
AVINTES
COSTA
Inf.
GAIA
R. Conc. Fernandes
N 222
Febros
IC 1
N 1
Monte
da Virgem
VILAR
DO PARAÍSO
A 1
LABORIM
VILAR DE
ANDORINHO
A 29- IC 1 ESPINHO
AVEIRO
AVEIRO
VISEU
COIMBRA
CASTELO DE PAIVA
AROUCA
C
D
1
2
3
4
5
6

SE LOGER

SE RESTAURER

INDEX DES RUES

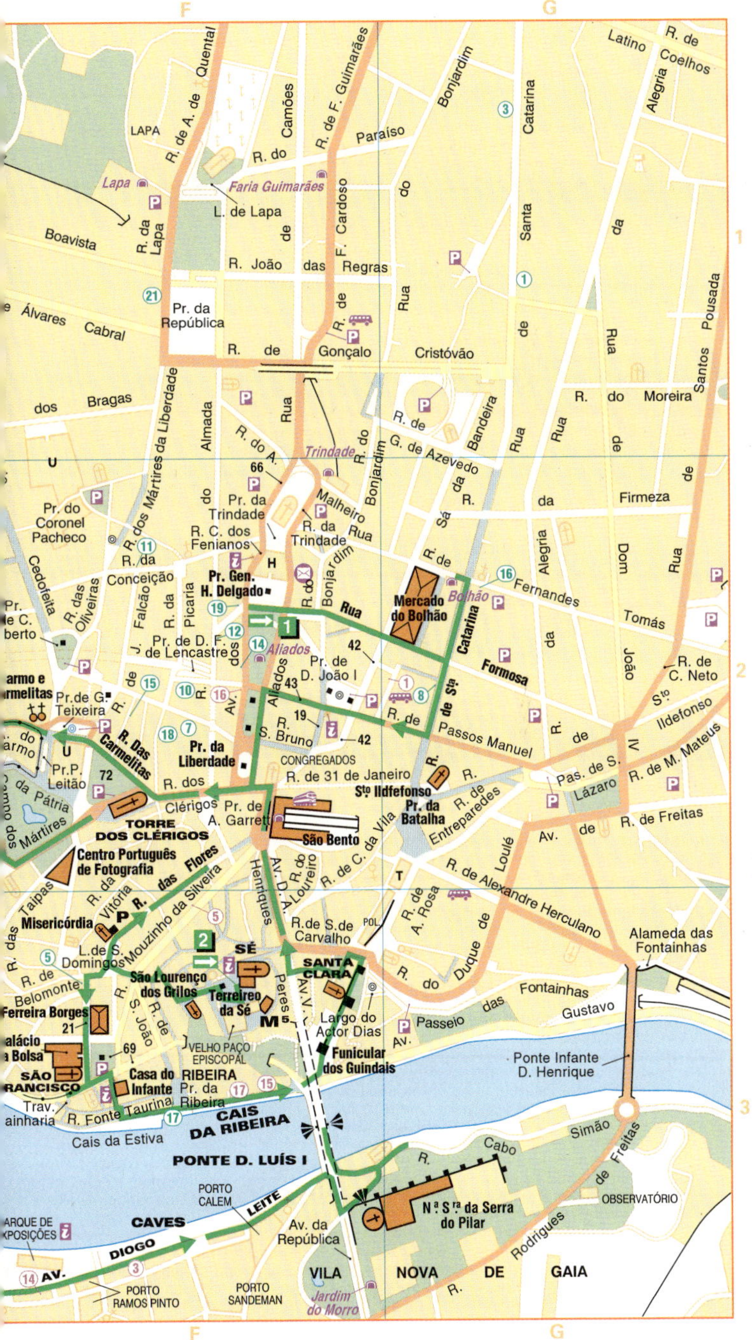
F
G
1
2
3
LAPA
Lapa
R. de A. de Quental
R. do Camões
R. de F. Guimarães
Paraíso
Bonjardim
Catarina
Latino
R. de Coelhos
Alegria
Faria Guimarães
L. de Lapa
R. da Lapa
Boavista
R. João das Regras
F. Cardoso
Rua do
Santa
da
Pousada
Pr. da República
Álvares Cabral
R. de Gonçalo Cristóvão
dos Bragas
R. dos Mártires da Liberdade
Almada
Rua
R. do A.
Trindade
R. do Bonjardim
R. de G. de Azevedo
Bandeira
Rua
R. do Moreira
Santos
Firmeza
66
Pr. da Trindade
Malheiro
R. da Trindade
Rua
Sá da
R. de Fernandes
Alegria
Dom João
Tomás
Pr. do Coronel Pacheco
Cedofeita
R. das Oliveiras
R. da Conceição
Falcão
R. da Picaria
R. C. dos Fenianos
Pr. Gen. H. Delgado
H
Rua
Mercado do Bolhão
Bolhão
Catarina
Formosa
R. de C. Neto
Pr. de D. F. de Lencastre
Aliados
42
Pr. de D. João I
43
19
R. S. Bruno
42
R. de Passos Manuel
de Sá
Sto Ildefonso
R. de M. Mateus
IV
Pas. de S. Lázaro
R. de Freitas
Av. de
Carmo e Carmelitas
Pr.de G. Teixeira
R. do Carmo
Pr.P. Leitão
72
R. Das Carmelitas
Pr. da Liberdade
CONGREGADOS
R. de 31 de Janeiro
R. dos Clérigos
Pr. de A. Garrett
São Bento
Pr. da Batalha
R. de Entreparedes
Loulé
da Pátria
dos Mártires
TORRE DOS CLÉRIGOS
Centro Português de Fotografia
R. das Flores
R. da Vitória
R. Mouzinho da Silveira
Av. D. A. Henriques
R. do Loureiro
R. de C. da Vila
T
R. de Alexandre Herculano
R. de A. Rosa
Duque de
Alameda das Fontainhas
Taipas
Misericórdia
R. das
L.de S. Domingos
R. de Belomonte
SÉ
R.de S.de Carvalho
SANTA CLARA
R. do
Fontainhas
Gustavo
Ferreira Borges
21
Palácio da Bolsa
SÃO FRANCISCO
São Lourenço dos Grilos
Terreiro da Sé
R. S. João
R. de
Peres
Av. V.
Largo do Actor Dias
Passeio das
Av.
69
VELHO PAÇO EPISCOPAL
Funicular dos Guindais
Ponte Infante D. Henrique
Casa do Infante
RIBEIRA
Pr. da Ribeira
Trav.
R. Fonte Taurina
CAIS DA RIBEIRA
Cais da Estiva
PONTE D. LUÍS I
Simão
Cabo
R.
de Freitas
PORTO CALEM
LEITE
CAVES
Nª Sra da Serra do Pilar
OBSERVATÓRIO
Rodrigues
PARQUE DE EXPOSIÇÕES
Av. da República
DIOGO
AV.
VILA NOVA DE GAIA
PORTO RAMOS PINTO
PORTO SANDEMAN
Jardim do Morro

- A — Estádio do Dragão - Senhor de Matosinhos
- B — Estádio do Dragão - Póvoa de Varzim
- C — Campanhã-ISMAI
- D — Hospital de S. João -Santo Ovídio
- E — Estádio do Dragão -Aeroporto
- F — Senhora da Hora -Fânzeres

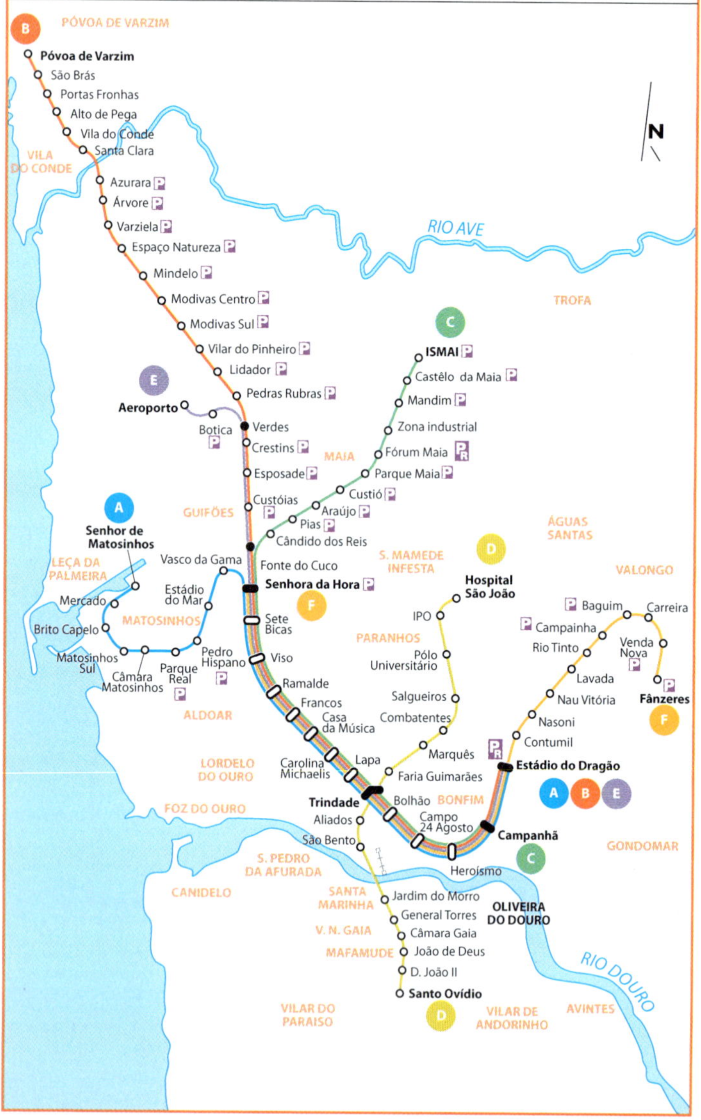

★ Le centre et le Porto romantique Plan II p. 476-477

Circuit 1 tracé en vert sur le plan du centre – Comptez une journée. Départ de la praça da Liberdade (M° Aliados, ligne D).

Praça da Liberdade et praça do Général Humberto Delgado F2

Situées au centre de la ville, ces deux places entièrement réaménagées forment un vaste espace ouvert dominé, au nord, par l'hôtel de ville. L'ancien Café Imperial, transformé en restaurant McDonald's *(praça da Liberdade, 126)*, a conservé, à l'intérieur, un beau **vitrail** racontant l'aventure du café.

Tout autour de ces deux places, et surtout à l'est, rayonnent les rues commerçantes, dont la **rua Santa Catarina** en partie piétonne, bordée d'élégantes boutiques et d'enseignes internationales. Au n° 112, admirez le célèbre Majestic Café *(voir « Petite pause », p. 498)*, avec sa façade rococo et son intérieur Art nouveau. La **rua Formosa** compte de délicieuses pâtisseries-confiseries, comme celle du n° 339 (Confeitaría do Bolhão, face au marché), et une épicerie au n° 279 (A Pérola do Bolhão), à la belle façade de style Art nouveau recouverte de panneaux d'azulejos représentant deux Amérindiennes *(voir « Achats », p. 498)*.

Le **marché municipal de Bolhão** *(lun.-vend. 8h-17h, sam. 8h-13h)*, pittoresque et animé, s'étend sur deux niveaux entre les rues Formosa et Fernandes Tomás.

Rejoignez le bas de la praça da Liberdade.

Gare (Estação) de São Bento F2

De cette gare en activité depuis 1896, située au sud du marché de Bolhão, partent les trains pour le Minho et le Douro. Les murs de la salle des Pas-Perdus sont plaqués d'azulejos (20 000 mosaïques) peints en 1930 par Jorge Colaço : les scènes évoquent la vie traditionnelle dans le nord du Portugal (scènes champêtres, pèlerinages), ainsi que de grands épisodes de l'histoire du pays : Jean Ier entrant à Porto *(en haut à droite)* ; prise de Ceuta en 1415 par Henri le Navigateur, parti de Porto *(en bas à droite)*.

Revenez sur la praça da Liberdade et prenez, en face, la rua dos Clérigos.

Église et tour dos Clérigos F2

Église : 9h-12h30, 15h30-19h - tour : août : 10h-19h ; avr.-juil. et sept.-oct. : 9h30-13h, 14h-19h ; nov.-mars : 10h-12h, 14h-17h - 2 € (dernière entrée 30mn avant fermeture).

Cette église baroque, de style rocaille, construite entre 1735 et 1748 par l'architecte Nicolau Nasoni *(voir encadré)* forme une toile de fond en haut de la rue commerçante du même nom. On retrouve l'influence italienne dans le plan

NICOLAU NASONI ET L'EXTRAVAGANCE BAROQUE

Le baroque du nord du Portugal, original et plein d'audace, doit beaucoup à un artiste et architecte italien, un Toscan formé à Sienne : Niccolo Nazoni, Nicolau Nasoni en portugais. Arrivé à Porto en 1725, il va travailler pour le compte du roi Jean V (1706-1750) jusqu'à sa mort en 1773. Nasoni a dessiné les plans, construit, reconstruit ou embelli d'innombrables édifices, tant à Porto (églises dos Clérigos, Misericórdia ou Sé ; palais du Freixo et de São João Novo, etc.) que dans la région (Mateus, Vila Real). Il fut l'un des meilleurs interprètes de la *talha dourada* (« taille dorée »). La dépouille de Nasoni repose dans la crypte de l'église dos Clérigos.

elliptique de la nef. L'église est dominée par la **tour★** *(entrée côté nord)*, haute de 75,60 m, monument le plus caractéristique de Porto, qui servait autrefois d'amer aux bateaux. De son sommet *(197 marches)* s'offre un **panorama★** étendu sur la ville, la cathédrale, le Douro et les chais.
Revenez au bas de l'église et prenez à gauche la rua das Carmelitas.

Rua das Carmelitas F2
Cette rue commerçante vaut surtout pour la façade néogothique de la **librairie Lello & Irmão★** (1881), au n° 144, et son extraordinaire escalier intérieur à double volée et à double orientation. Au rez-de-chaussée, observez au sol les sillons servant à tracter les chariots à livres. Au premier étage se trouve un petit bar.
Continuez dans la rua das Carmelitas jusqu'à la praça de Gomes Teixeira.

Églises do Carmo et das Carmelitas F2
Ces deux églises baroques sont construites côte à côte. La façade de l'église do Carmo *(à droite)* est décorée d'un grand panneau d'azulejos représentant la prise de voile des carmélites (1912).
Longez les églises et continuez tout droit dans la rua do Carmo.

Hôpital de Santo António E2
À l'ouest des églises, cet hôpital imposant, construit par l'architecte anglais John Carr à partir de 1770, offre un bel exemple de l'influence de l'architecture palladienne (une esthétique très en vogue dans l'Angleterre de la deuxième moitié du 18e s.) à Porto.
Contournez l'hôpital par la droite par les ruas do Prof. Vicente José de Carvalho et Dr Tiogo de Almeida, puis tournez à droite dans la rua de D. Manuel II.

★ Musée national (Museu Nacional) Soares dos Reis E2
R. D. Manuel II, 44 - ✆ 223 39 37 70 - http://mnsr.imc-ip.pt - mar. 14h-18h, merc.-dim. 10h-18h - fermé 1er janv., dim. de Pâques, 1er Mai et 25 déc. - 5 €, gratuit dim. et j. fériés 10h-14h. Agréable jardin et cafétéria.
Ce musée est installé dans le palais des Carrancas (18e s.) qui servit de résidence à la famille royale au milieu du 19e s. Remanié par Fernando Távora, architecte originaire de Porto, il présente des collections permanentes de peinture et de sculpture portugaises des 19e et 20e s., ainsi que des œuvres du 16e au 18e s. ; il dispose également d'une galerie d'expositions temporaires. Dans le domaine de la sculpture, les œuvres les plus admirables sont celles de **Soares dos Reis** (1847-1889). Y figure notamment son célèbre *O Desterrado (Le Banni)*, une sculpture de 1872 en marbre de Carrare représentant un jeune homme, le regard perdu dans le vide, véritable incarnation de la *saudade* portugaise.
La peinture portugaise de 1850 à 1950 est également représentée par les toiles de Silva Porto (1850-1893) et Henrique Pousão (1859-1884), tous deux influencés par les impressionnistes et les symbolistes, ainsi que par José Malhoa, João Vaz et Columbano.
La peinture ancienne comprend des œuvres portugaises de Frei Carlos, Gaspar Vaz, Vasco Fernandes, Cristóvão de Figueiredo, ainsi que des œuvres étrangères de François Clouet (portraits de Marguerite de Valois et Henri II), Quillard, Pillement, Teniers, Troni et Simpson. Importantes collections de céramiques du 17e au 20e s., d'orfèvrerie du 17e au 19e s. et d'art religieux.
Parmi l'art décoratif et le mobilier, remarquez aussi les *contadores*, meubles-paravents raffinés, et les deux paravents *nambans* du 17e s., représentatifs de l'art indo-portugais, illustrant l'arrivée des Portugais au Japon.
Continuez dans la rua D. Manuel II jusqu'au Jardim do Palácio de Cristal.

L'escalier intérieur à double volée de la librairie Lello & Irmão, à Porto.
B. Perousse/hemis.fr

★ **Jardin du palais de Cristal** (Jardim do Palácio de Cristal) E2
8h-19h (avr.-sept. 21h) - gratuit.
Ce jardin symbolise l'idéal romantique de communion avec la nature. Avec ses belles allées fleuries, ses animaux en liberté (paons), ses grottes artificielles, son lagon et ses fontaines, il constitue un lieu plaisant de promenade, de pique-nique ou de repos. En contrebas, des belvédères offrent des vues sur Vila Nova da Gaia, le Douro et, par temps clair, on aperçoit même la côte au loin. C'est ici que s'élevait autrefois la serre (le palais de Cristal) qui accueillit l'Exposition internationale de 1865. Elle fut détruite pour être remplacée en 1952 par un disgracieux **pavillon des Sports**, structure en béton de forme circulaire, devenu un pôle d'animation récréative, sportive et culturelle.
À l'angle nord-ouest du jardin, la **galerie du Palais** (Galeria do Palácio), un bâtiment à l'architecture moderne et spacieuse, abrite des expositions. *☎ 226 08 10 00 - mar.-sam. 10h-12h30, 13h30-18h, dim. 14h-18h sf j. fériés - gratuit.*
À l'étage inférieur se trouve l'agréable et fonctionnelle **bibliothèque Almeida Garrett** (Biblioteca Almeida Garrett). *Lun. 14h-18h, mar.-sam. 10h-18h - fermé j. fériés - libre accès à de nombreuses revues, à Internet et au café de la bibliothèque.*
Suivez à travers le jardin les panneaux « Museu Romântico » et « Casa Tait ».

Musée romantique (Museu Romântico) E2
R. Entre-Quintas, 220 - ☎ 226 05 70 00 - mar.-dim. 10h-12h30, 14h-17h30 - fermé j. fériés - 2,10 €, gratuit w.-end.
Le Musée romantique est installé dans la Quinta da Macieirinha, une demeure d'aspect anglo-saxon aux fenêtres à guillotine, ouvrant sur le jardin du palais de Cristal. C'est ici que le roi Charles-Albert d'Italie se réfugia en 1849 après avoir abdiqué et mourut deux mois plus tard. Les pièces décorées de toiles peintes, les meubles de style Empire ou anglais, les bibelots et les stucs confèrent à cette maison un charme très particulier. De ses fenêtres s'offrent de jolies vues sur le Douro.

Manoir du Vin de Porto (Solar do Vinho do Porto) – *R. Entre-Quintas, 220 (en dessous du Musée romantique) - ✆ 226 09 47 49 - www.ivdp.pt - mar.-sam. 16h-0h sf j. fériés.* C'est le siège de **l'Institut du vin de Porto**. Dans un cadre très agréable, avec vue sur le Douro depuis le petit jardin, on peut y déguster des centaines de portos différents.

Maison Tait (Casa Tait) E2

R. Entre-Quintas, 219 - ✆ 226 05 70 00 - mar.-vend. 10h-12h30, 14h-17h30, sam. 14h-18h, dim. 10h-17h30 - fermé j. fériés - 2 €, gratuit le w.-end.

Face à l'entrée du Musée romantique, cette demeure sert de cadre à des expositions et abrite une intéressante **collection de numismatique** liée à l'histoire du Portugal.

Descendez la rua Entre-Quintas (qui forme ruelle) entre la Casa Tait et le Musée romantique et prenez les premiers escaliers à gauche. Dans la rua da Restauracão, tournez à gauche et remontez la rue jusqu'au campo dos Mártires da Pátria (un peu long à pied ; possibilité de prendre le tramway n° 18, arrêt « rua da Restauracão », au 1er virage à gauche).

Centre portugais de la photographie (Centro Português de Fotografia) F2

Campo dos Mártires da Pátria - ✆ 222 07 63 10 - www.cpf.pt - mar.-sam. 10h-12h30, 15h-18h, w.-end et j. fériés 15h-19h - gratuit.

Dans un vaste édifice aux larges volumes et aux résonances sinistres (il abritait la prison de la cour d'appel, la *Cadeia da Relação*), le Centre portugais de la photographie coordonne la politique nationale dans ce secteur et dispose d'une unité d'information et de recherche. Il abrite de nombreuses expositions temporaires. La collection permanente compte un grand nombre d'appareils de tous âges et tous formats, depuis les daguerréotypes, chambres photographiques et appareils à soufflets du 19e s., jusqu'aux appareils reflex, moyens formats, panoramiques, bi-objectifs, jetables ou minuscules appareils d'espionnage à la pointe de la modernité… Toute l'histoire de la prise de vue, sous l'angle de son support technique, est ainsi exposée.

Rejoignez la praça da Liberdade par la rua dos Clérigos.

★★ Le vieux Porto Plan II p. 476-477

Circuit 2 tracé en vert sur le plan du centre – Comptez une demi-journée. Départ du Terreiro da Sé. En métro, la station la plus proche est « São Bento » (ligne D) ; gagnez ensuite le Terreiro par l'avenida de Dom Afonso Henriques.

Terreiro da Sé F3

Cette vaste esplanade surplombant la vieille ville est occupée en son centre par un pilori néopombalin (1945). Elle est délimitée par la silhouette massive de la cathédrale, par l'ancien palais épiscopal (18e s.) et par une tour en granit du 14e s.

Du **Terreiro da Sé**, on peut s'aventurer dans les escaliers et les ruelles étroites de la vieille ville, dont de nombreuses maisons sont en cours de réhabilitation. Les quartiers en contrebas, bairro da Sé et bairro da Lada, sont accessibles par un enchevêtrement de ruelles et d'escaliers.

Cathédrale (Sé) F3

✆ 222 05 90 28 - lun.-sam. 9h-12h30, 14h30-19h (oct.-mars 18h), dim. et j. fériés 9h-12h30, 14h30-19h (oct.-mars 18h) - gratuit.

Église-forteresse du 12e s., la cathédrale, un des premiers monuments romans importants érigés au Portugal, a subi de profondes modifications aux 17e et

SE METTRE AU VERT À PORTO

Jardim de Serralves – Plan I B1 - *R. de Serralves, 977.* Grand parc entourant la fondation de Serralves *(voir p. 487).*

Jardim do Palácio de Cristal – Plan II E2 - *R. D. Manuel II (voir p. 481).*

Parque da Cidade – Plan I B1 - Grand parc au nord de Negolvide, en bordure d'Océan, à l'est du Castelo do Queijo.

Jardim de João Chagas (ou **Jardim da Cordoaria**) – Plan II F2 - *Campo Mártires da Pátria.* Entre la tour dos Clérigos et l'hôpital Santo António. Agréable jardin de buis taillés avec une large allée ombragée.

Jardim do Passeio Alegre – Plan I B2 - Au sud de Foz do Douro, à l'embouchure du fleuve, à côté du Castelo da Foz.

Quinta do Covelo – Plan I C1 - *R. Faria Guimarães.* Au nord de la ville.

Jardim Botânico – Plan I C2 - *R. do Campo Alegre, 1191 - lun.-vend. 9h-17h (avr.-sept. 18h) - gratuit.* À l'ouest de la ville.

18e s. Avec un aspect rude d'église-forteresse, elle présente une architecture quelque peu hétéroclite. La façade principale, encadrée de deux tours carrées, casquées de dômes, est percée d'une rosace romane (13e s.) et d'un portail baroque. Sur la face nord a été ajoutée une loggia baroque (1736), attribuée à l'architecte Nasoni.

À l'intérieur, la nef centrale, assez étroite, est encadrée par deux bas-côtés ; remarquez trois bénitiers en marbre du 17e s., chacun supporté par une statuette, ainsi que, dans le baptistère, un relief en bronze, œuvre du sculpteur Teixeira Lopes, représentant le baptême du Christ par saint Jean.

Le transept et le chœur ont été transformés à l'époque baroque. La chapelle du Saint-Sacrement, qui s'ouvre sur le bras gauche du transept, abrite un très bel **autel**★ avec retable en argent ciselé (œuvre portugaise du 17e s.).

Cloître – *Accès par le bras droit du transept - lun.-sam. 9h-12h15, 14h30-18h30 (oct.-mars 17h30), dim. et j. fériés 14h30-18h30 (oct.-mars 17h30) - 3 €.* Il date du 14e s. et fut totalement décoré de panneaux d'**azulejos**★ réalisés par Valentim de Almeida de 1729 à 1731 et représentant des scènes de la vie de la Vierge et du *Cantique des cantiques*. Un bel escalier en granit signé Nasoni mène à la terrasse décorée d'azulejos d'António Vital (deux tableaux des *Métamorphoses* d'Ovide). Surplombant à droite le cloître roman primitif où sont exposés quelques sarcophages, elle donne à gauche sur la salle capitulaire dont le plafond à caissons peint par Pachini (1737) représente les allégories des valeurs morales. Un autre escalier redescend dans le cloître par la salle du Trésor.

Contournez la Sé par la gauche, puis empruntez à droite la petite rua D. Hugo.

★ **Musée** (Museu) **Guerra Junqueiro** F3

R. D. Hugo, 32 - ✆ 222 00 36 89 - mar.-sam. 10h-12h30, 14h-17h30, dim. 14h-17h30 - fermé j. fériés - 2,10 €, gratuit w.-end.

Située derrière la cathédrale, cette demeure du 18e s. s'ouvre sur un jardin calme. Elle appartenait au poète du 19e s. Guerra Junqueiro qui rassembla au cours de sa vie une très belle collection de meubles, d'orfèvrerie, d'argenterie portugaise des 17e et 18e s., de statues religieuses, de tapisseries, etc. Remarquez les faïences hispano-mauresques (15e-16e s.), le mobilier portugais, les tapisseries flamandes du 16e s. et une belle collection de Vierges en bois polychrome pour la plupart d'origine flamande.

Revenez sur le Terreiro da Sé, descendez les escaliers pour rejoindre le largo de Colégio.

Église São Lourenço dos Grilos F3

D'aspect maniériste, construite par les jésuites au 17e s. et siège du grand séminaire, elle abrite un **musée d'art sacré**. *✆ 222 00 80 56 - mar.-sam. 10h-13h, 14h30-17h - fermé j. fériés - 2 €.*

Par la rua Sant'Anna et, à gauche, la rua (puis travessa) da Bainharia, gagnez la rua Mouzinho da Silveira et traversez-la pour rejoindre le largo de São Domingos. De là, part à droite la pittoresque rua das Flores.

Rua das Flores F2-3

Cette petite rue qui remonte vers la gare de São Bento est bordée de commerces traditionnels et de demeures du 18e s., de style baroque, aux façades blasonnées. C'était l'ancienne rue des orfèvres et des joailliers, qui compte aussi deux vénérables librairies.

Santa Casa da Misericórdia F3

R. das Flores, 5 - ✆ 222 07 47 10 - www.scmp.pt - lun.-vend. 9h-12h30, 14h30-17h30 - fermé août et j. fériés - musée 1,50 €.

La **Misericórdia**, église baroque ornée d'une belle façade, fut dessinée par Nicolau Nasoni. Édifiée en 1750, l'influence du nouvel art décoratif rococo y est déjà visible.

Juste à droite de l'église, le siège de l'ordre du même nom abrite entre autres un remarquable tableau de l'école flamande, **Fons Vitæ★★** *(La Fontaine de vie)*, offert par le roi Manuel Ier vers 1520. Il représente un Christ crucifié, entouré de la Vierge et de saint Jean, dont le sang coule dans une fontaine auprès de laquelle sont agenouillés le donateur Manuel Ier et sa femme Leonor, ainsi que leurs huit enfants. L'origine de ce tableau est mystérieuse : il a été attribué à différents peintres dont Holbein, Van der Weyden et Van Orley, mais a probablement été réalisé par un Portugais s'inspirant des peintres flamands.

Retournez sur le largo de São Domingos et descendez, en face et légèrement sur la droite, la rua Ferreira Borges.

Palais de la Bourse (Palácio da Bolsa) F3

R. Ferreira Borges - ✆ 223 39 90 00 - www.palaciodabolsa.pt - visite guidée (30mn) avr.-oct. : 9h-18h30 ; nov.-mars : 9h-12h30, 14h-17h30 - fermé 1er janv. et 25 déc. - 7 €.

Ce bâtiment de style néoclassique fut érigé en 1834 par l'Association commerciale de Porto, qui l'occupe toujours. Après avoir emprunté un bel escalier de granit et de marbre sculpté, on visite la salle de l'ancien tribunal de commerce, la Salle dorée et le **Salon arabe★**, pastiche de l'Alhambra de Grenade. De forme ovoïde, il est décoré de vitraux, d'arabesques et de bois sculpté et doré, imitant les stucs arabes.

En face de la Bourse, la halle rouge du **marché Ferreira Borges**, achevée en 1888, présente un bel exemple d'architecture métallique du 19e s. (expositions temporaires).

Contournez le palais de la Bourse.

★★ Église São Francisco F3

R. Infante D. Henrique - ✆ 222 06 21 00 - juil.-sept. : 9h-20h ; mars-juin et oct. : 9h-19h ; nov.-fév. : 9h-17h30 - 3,50 € comprenant la Maison du Tiers-Ordre, la crypte et l'église proprement dite.

L'église est accolée au **palais de la Bourse**. Sur l'esplanade en haut des escaliers, on commence la visite par la **Maison du Tiers-Ordre de saint François** *(Terceiros)*, qui abrite une collection permanente d'art sacré avec des pièces du 16e au 20e s.

La crypte *(catacumbas)* recèle un panthéon où reposent les dépouilles de frères franciscains du monastère et de nobles. La salle du fond laisse paraître, à travers un grillage au sol, un ossuaire.
Quant à l'église gothique, elle s'ouvre à l'ouest par un portail du 17e s. qui a conservé sa jolie rosace sculptée. La sobriété de l'architecture extérieure correspondait à l'esprit de pauvreté de l'ordre des Franciscains. Mais cet ordre, devenu très puissant à partir du 17e s., se vit octroyer privilèges et biens matériels. Cela se manifeste à l'intérieur de l'église par le triomphe de la **décoration baroque★★** : les autels, les murs, les voûtes disparaissent sous un foisonnement impressionnant de *talhas douradas*, boiseries sculptées et dorées (17e-18e s.) représentant des pampres, des angelots et des oiseaux.
L'**Arbre de Jessé★** dans la 2e chapelle à gauche est une réalisation particulièrement remarquable, tout comme le maître-autel. Sous la tribune, à droite en entrant dans l'église, se trouve une statue de saint François en granit polychrome datant du 13e s.
Cette richesse choqua tant le clergé que l'église fut fermée au culte.
Revenez sur la praça do Infante Dom Henrique, devant le palais de la Bourse, et prenez à droite la rua da Alfândega.

Maison de l'Infant (Casa do Infante) F3

R. da Alfândega, 10.
D'après la tradition, Henri le Navigateur serait né dans cette maison présentant une belle façade en granit. Ancien bureau de douane de la ville de Porto du 14e au 19e s., elle abrite désormais les Archives historiques de la ville ainsi qu'un petit musée *(mar.-dim. 10h-13h, 14h-17h30 - 2,10 €, gratuit le w.-end)* retraçant l'histoire du site depuis la période romaine.
La rua da Alfândega aboutit sur les quais du Douro.

★★ Quai de la Ribeira (Cais da Ribeira) F3

Ce quai dominé par la haute silhouette du pont métallique D. Luís I est un des endroits les plus vivants de Porto. Les maisons anciennes, tout en hauteur, pavoisées de lessives multicolores, surplombent le quai aussi animé en journée qu'en soirée. Quelques bateaux anciens y sont amarrés ; certains permettent d'embarquer pour des croisières sur le fleuve. Cette zone du centre historique a fait l'objet depuis quelques années de grands travaux de restauration.
Il est possible de traverser le Douro en empruntant le pont D. Luís I pour accéder aux chais de la rive sud *(5mn à pied - voir description p. 486).*
Au bout du quai, passez sous l'arche du pont D. Luís I et prenez le funiculaire dos Guindais. Été : 8h-22h (vend., sam. 0h) ; hiver : 8h-20h (vend., sam. 0h) - 1,50 €. Puis descendez la rua Saraiva de Carvalho sur la droite jusqu'à la petite place qui fait face à l'église.

★ Église Santa Clara F3

✆ 222 05 48 37 - lun.-vend. 9h30-12h, 15h30-19h - fermé j. fériés - gratuit.
Cette église construite à la Renaissance a conservé de cette époque un portail en granit avec des personnages en médaillons. L'extérieur, plutôt austère, contraste avec la profusion de **boiseries sculptées et dorées★** du 17e s. qui décorent l'intérieur.
Continuez par la rua Saraiva de Carvalho jusqu'à l'av. Dom Afonso Henriques. En tournant à droite, revenez à la gare de São Bento (voir p. 479).

Vila Nova de Gaia et les chais Plan II p. 476-477

Circuit 3 tracé en vert sur le plan du centre – Comptez 2h.
Sœur rivale de Porto, située sur la rive gauche du Douro, de l'autre côté du pont D. Luís I, l'ancienne ville de Cale abrite le centre mondial de production du porto. Avant ou après la visite des chais, promenez-vous sur les quais et l'**avenida Diogo Leite★**, très animés, qui longent le Douro et offrent une **vue★★** d'ensemble imprenable sur Porto : la ville et ses quais se reflètent dans les eaux du fleuve, avec, au premier plan, quelques *barcos rabelos* de circonstance.

Les chais de Porto F3

Les **chais** *(as caves)*, qui arborent le nom de leur marque de fabrique au-dessus de leurs toits rouges, occupent le quartier bas de la commune de Vila Nova de Gaia et couvrent plusieurs hectares. C'est là, par une lente élaboration, que le raisin récolté sur les versants du Haut-Douro est transformé en porto (*voir « Les vins », p. 58).* Plus de 58 maisons de porto y sont représentées. Autrefois, c'était en bateau, sur les *barcos rabelos*, que les vins du Haut-Douro parcouraient quelque 150 km avant de parvenir jusqu'aux chais. Aujourd'hui, ce sont des camions-citernes qui viennent déverser leur précieuse cargaison dans des cuves en inox. Les grandes marques ont cependant conservé face à leurs chais quelques *barcos rabelos* chargés de tonneaux. Une quinzaine de ces caves se visitent, dont celles de **Taylor**, **Cálem**, **Sandeman**, **Ramos Pinto** et **Ferreira** *(voir « Visite », p. 494)*. Les visites des chais permettent de suivre les étapes de l'élaboration du porto. Le vin est stocké plusieurs années dans d'immenses cuves contenant jusqu'à 1 000 hl, puis soutiré dans des tonneaux *(pipas)* de 535 l. La porosité du bois des tonneaux accentue le vieillissement du breuvage. Seuls les vins authentiques, contrôlés par l'Instituto do Vinho, peuvent pénétrer dans ces chais. Sous les voûtes, on verra les énormes barriques de châtaignier, aussi bien que les cuves en métal et la chaîne moderne d'embouteillage.
Par une succession de ruelles et d'escaliers, au sud des quais, rejoignez la partie haute de Vila Nova de Gaia.

Ancien couvent de Nossa Senhora da Serra do Pilar F-G3

Ce couvent des 16e et 17e s., au plan en rotonde (attribué à Philippe Terzi), domine la ville. Son esplanade constitue le meilleur **belvédère★★** pour admirer l'ensemble du site de Porto : les photographes ne s'y trompent d'ailleurs pas ! De là, on distingue les vestiges de l'enceinte du 14e s., sur l'autre rive.
Rejoignez Porto à pied en traversant le pont D. Luís I, ou par le métro (arrêt « Jardim do Morro », ligne D).

Autour de l'avenue de Boavista

Plans I p. 474-475 et II p. 476-477

Circuit 4 tracé en vert sur le plan de l'agglomération – Comptez une demi-journée. En métro, descendez à la station Carolina Michaelis (lignes A, B ou C).
Autrefois bordée de villas cossues, dont il reste encore quelques témoins, l'**avenida da Boavista** forme une artère bruyante qui mène en ligne droite jusqu'à l'Atlantique. Autour d'elle s'organise tout le quartier ouest de la ville.
À la sortie de la station de métro, descendez les escaliers et prenez, en face, la rua Augusto Luso. Traversezla rua da Boavista. Au bout, empruntez à gauche le largo do Priorado.

Église de Cedofeita Plan II E1

R. da Cedofeita - pour l'accès à l'édifice roman, adresser-vous au gardien de l'église.

Pour certains, cette petite église constitue le plus vieil édifice chrétien du Portugal, car ses fondations remonteraient au 6e s. L'église actuelle, qui date du 12e s., est en tout cas la plus ancienne de la ville. Bel exemple de roman primitif, elle a été transformée au cours des siècles, surtout au 17e s., mais a conservé intact son portail orné d'un Agnus Dei.

Revenez av. da Boavista et suivez-la à gauche jusqu'à la praça Mouzinho de Albuquerque.

Casa da Música Plan I C1

Av. da Boavista, 604-610 - ✆ 220 12 02 10 - www.casadamusica.com - lun.-sam. 10h-19h, dim. 10h-18h - visites guidées à 11h (en portugais) et à 16h (en portugais et en anglais) - 3 €. Programme des concerts (jazz, classique, world music, etc.) dans les offices de tourisme. Restaurant et bar-cafétéria dans le complexe.

Ce vaste édifice blanc de forme polyédrique, conçu par l'architecte néerlandais Rem Koolhaas, est le fruit de la politique culturelle poursuivie par la ville depuis sa désignation comme « Capitale européenne de la culture » en 2001. Inauguré en 2005, ce bâtiment audacieux constitue un espace multidisciplinaire dédié à tous les types de musiques. Il accorde une place importante à la composition et à l'apprentissage, et abrite deux auditoriums, dont un de 1 260 places.

Prenez le bus n° 502 sur l'av. da Boavista (arrêt à 200 m de la Casa da Música) et descendez à l'arrêt « A Cardoso », puis tournez à dr. dans la rua Tenente Valadim.

Fondation (Fundação) **Eng-António de Almeida** Plan I C1

R. Tenente Valadim, 325 - ✆ 226 06 74 18 - www.feaa.pt - lun.-sam. 14h30-17h30 - fermé j. fériés et août - 2 €.

Le riche industriel António de Almeida se consacra, sa vie durant, à réunir une **collection de monnaies d'or★** d'origines grecque, romaine, byzantine, française et portugaise. Elle est exposée dans cette maison où il vécut, décorée de meubles anciens et de porcelaines.

Revenez av. da Boavista et prenez le bus n° 502. Descendez à l'arrêt « G. da Costa » et empruntez à g. l'av. Marechal Gomes da Costa jusqu'à la rua D. João de Castro.

★★ **Fondation** (Fundação) **de Serralves** Plan I B1

R. D. João de Castro, 210 - ✆ 226 15 65 00 - www.serralves.pt - avr.-sept. : mar.-vend. 10h-17h, w.-end et j. fériés 10h-20h ; oct.-mars : mar.-vend. 10h-17h, w.-end et j. fériés 10h-19h - 7 €, parc seul 3 €, gratuit dim. 10h-13h (visite valide jusqu'à 14h30). Visite guidée en anglais le sam. à 16h pour les expositions, le dim. à 16h pour le parc (comptez 1h).

La fondation de Serralves, une institution privée qui travaille en partenariat avec l'État, vise à la promotion de l'art contemporain auprès du grand public ainsi qu'à la sensibilisation aux questions d'environnement. Elle est installée dans un magnifique **parc★★** boisé de 18 ha, avec jardins, forêts et pâturages. Véritable havre de paix, l'endroit est agrémenté d'œuvres d'art et dispose en outre d'un lac, d'un jardin aromatique et d'une ferme avec des animaux. Au sein de ce parc, la maison de Serralves (Casa de Serralves) abrite le siège de la fondation, qui a fait construire, non loin de là, un grand musée d'Art contemporain.

★ **Musée d'Art contemporain** (Museu de Arte Contemporânea) – Inauguré en 1999, il a été conçu par le plus connu des architectes portugais actuels,

Álvaro Siza Vieira, natif de Porto, qui a aussi dessiné le quartier du nouveau Chiado à Lisbonne et conçu la faculté d'architecture de Porto. C'est un bâtiment d'aspect massif, d'un blanc immaculé, moderne et dépouillé, aux lignes vives. À l'intérieur, vous remarquerez les luxueux parquets de marqueterie du premier étage. Souvent taxé d'élitisme, ce musée vise à sensibiliser le grand public à l'art contemporain. Les collections permanentes couvrent la production artistique depuis 1960. Avec une programmation pointue, en grande partie d'avant-garde, il accueille des expositions temporaires d'arts plastiques, mais aussi des spectacles de danse, des colloques et des concerts. C'est devenu le plus grand centre multiculturel du nord du pays.

Maison de Serralves (Casa de Serralves) – Remarquable exemple de l'architecture des années 1930. Sa décoration intérieure de style Art déco a été réalisée par plusieurs architectes et décorateurs français : Siclis, Brandt (remarquez ses élégantes grilles de fer forgé), Lalique, Perzel et Ruhlmann. Expositions temporaires.

Revenez sur l'av. da Boavista, qui débouche plus loin sur l'Océan, au niveau du Castelo do Queijo. Pour regagner le centre, prenez le bus n° 502 jusqu'à la praça da República.

À voir aussi Plan II p. 476-477

Musée du Vin de Porto (Museu do Vinho do Porto) E2

R. de Monchique, 45-52 (tram n° 1) - ✆ 222 07 63 00 - mar.-dim. 10h-12h30, 14h-17h30 - 2,10 €, gratuit w.-end.

Dans un ancien dépôt de la Compagnie générale des vignes du Haut-Douro, qui servit ensuite de douane pour les produits importés du Brésil, ce petit musée retrace l'histoire de la ville et de son développement autour du négoce du vin qui fit sa renommée.

Musée du Tram (Museu do Carro Eletrico) E2, en direction

Alameda Basílio Teles, 51 (tram n° 1) - ✆ 226 15 81 85 - www.museudocarroelectrico.pt - mar.-vend. 9h30-12h30, 14h30-18h, w.-end et j. fériés 15h-19h - 3,50 €.

Dans un authentique hangar de la STCP sont exposées une quinzaine de voitures de tram, des premiers modèles, apparus à Porto en 1872, jusqu'aux plus récents.

La promenade côtière Plan I p. 474-475

Du Castelo do Queijo au Castelo da Foz, circuit 5 tracé en vert sur le plan de l'agglomération – Comptez 2 à 3h depuis le centre avec un AR en bus (nos 500 et 502) jusqu'au Castelo do Queijo, ou 1/2 journée en rentrant à pied depuis le Castelo da Foz.

Château (Castelo) **do Queijo** A1

Également connu sous le nom de fort de São Francisco Xavier, ce fort du 17e s. est juché sur un rocher en forme de fromage qui lui a donné son nom (*queijo* en portugais). Il gardait jadis l'estuaire du Douro.

Front de mer AB1-2

Au sud du Castelo do Queijo, longez le front de mer jusqu'à l'entrée de l'estuaire *(promenade de 2,8 km, parallèle aux avenidas de Montevideu et do Brasil)*. Une digue piétonnière agrémentée d'arbres et de buissons y a été aménagée.

La plage de Lavadores, non loin de Porto.
Nevio Doz/Marka/age fotostock

Vous longez les plages de Porto *(Praias da Conceição, dos Ingleses, da Luz)*, parfois encadrées de rochers. Même si l'Océan est grisâtre, avec des eaux froides et mouvementées, les embruns sont très vivifiants. C'est ici que s'étendent les quartiers résidentiels et balnéaires de **Nevogilde** et **Foz do Douro**.

Château (Castelo) **de São João da Foz do Douro** B2
Le fort de São João da Foz constitue une autre place forte, construite pendant la période espagnole (1580-1640) pour protéger l'embouchure du Douro.
À moins d'être en voiture, ou de regagner la Ribeira en bus ou en tramway par la rive droite du Douro, les marcheurs un peu courageux (on longe parfois la route d'un peu près) peuvent revenir à pied par ces mêmes berges, assez bien aménagées. Depuis l'entrée de l'estuaire, comptez 6 km. Un bon moyen de laisser la ville se dévoiler depuis le fleuve !

À proximité Plan I p. 474-475 et carte de région p. 468-469

Plages
Constituées de longues étendues sableuses typiques de la côte atlantique, les plages de Porto sont très fréquentées en été, même si la houle restreint les possibilités de baignade. Outre les plages de Foz do Douro et de Nevogilde, juste au nord de l'estuaire *(ce sont les plus accessibles avec le bus n° 500)*, vous pourrez vous rendre, au sud du Douro, à la **plage de Lavadores** *(bus n° 902)* ou, plus loin, à la **plage de Madalana** *(bus n° 906)*.
En continuant au sud par la IC 1, des sorties mènent aux plages de **Valadares**, **Miramar** et **Granja**. Enfin, la station balnéaire d'**Espinho** est aussi accessible par l'autoroute A 1 en direction de Lisbonne *(22 km au sud de Porto)*.

Matosinhos Plan I A1
8 km au nord-ouest de Porto (juste au nord du Castelo do Queijo), par l'IC 1, sortie n° 2.

Cette ville est réputée pour certaines réalisations d'architecture moderne de l'école de Porto, dont le chef de file est Álvaro Siza Vieira. Ce dernier réalisa en 1981 la mairie de Matosinhos.

Église Bom Jesus de Matosinhos – Plan I B1 - Elle se signale par sa façade baroque (18e s.), hérissée de pinacles et de quatre flambeaux, et ornée de blasons. À l'intérieur, sur les magnifiques boiseries du chœur s'inscrivent des tableaux représentant la Passion du Christ; au maître-autel, très ancienne statue du Christ, en bois, objet chaque année d'un important pèlerinage *(voir p. 34)*. La nef et le chœur sont surmontés d'un joli plafond à caissons.

Port de Leixões (Porto de Leixões) Plan I A1

Au nord de Matosinhos, à 5 km du fleuve.

Ce grand port de commerce artificiel, créé à la fin du 19e s., fut transformé dans les années 1930 et terminé en 1985. Il double celui du Douro qui souffrait de l'ensablement périodique du fleuve, offrant ainsi un remarquable débouché aux exportations vinicoles, de bois et aux produits industriels. La construction d'un appontement destiné aux gros pétroliers et d'une raffinerie a permis le développement d'un nouveau secteur. Avec ses 29 docks, il est désormais le deuxième port commercial du pays, juste après celui de Lisbonne. C'est également l'un des plus importants ports de pêche à la sardine du pays, et il dispose d'une marina internationale pour les navires de plaisance. Il peut aussi recevoir des navires de croisière.

Leça do Balio

8 km au nord de Porto par la route de Braga (N 14), puis l'A 4 dir. Amarante, sortie « Leça ». Suivez ensuite les panneaux vers le « mosteiro ».

Après la première croisade, le domaine de Leça do Balio aurait été concédé aux hospitaliers de Saint-Jean-de-Jérusalem, venus de Palestine probablement en compagnie du comte Henri de Bourgogne. Leça fut la maison mère de cet ordre (actuel ordre de Malte) jusqu'en 1312, date à laquelle le siège fut transféré à Flor da Rosa *(voir « Crato », aux environs de Portalegre, p. 317)*.

★ **Église-forteresse du monastère** – Bâtie en granit dans le style gothique, elle se signale par les merlons pyramidaux qui soulignent l'entablement marquant l'arête de ses nef, et par sa haute tour crénelée cantonnée de trois balcons et d'échauguettes à mâchicoulis, par sa façade principale très simple ornée de chapiteaux sculptés au portail et d'une rose à l'étage. L'**intérieur**, dépouillé, a des proportions harmonieuses. Les piliers portent des chapiteaux historiés où figurent des scènes de la Genèse et des Évangiles. Dans le chœur, voûté en étoile, remarquez le tombeau du bailli Frei Cristóvão de Cernache, surmonté d'une statue orante peinte (16e s.), et, dans l'abside de gauche, celui du prieur Frei João Cœlho, avec gisant dû à Diogo Pires le Jeune (1515).

Les **fonts baptismaux★**, de style manuélin, ont été sculptés dans la pierre d'Ançã *(voir p. 412)* par le même artiste; de forme octogonale, la cuve repose sur un pied orné de feuilles d'acanthe et d'animaux fantastiques.

Paço de Sousa Carte de région

28 km à l'est. Sortez de Porto en dir. de Braga (N 14), puis prenez l'A 4 dir. Amarante et quittez-la à la sortie no 10. Prenez à droite dir. Parada, suivez ensuite l'indication « Paço de Sousa » et empruntez un peu plus loin, à droite, la N 106-3. Au rond-point dans Paço de Sousa, prenez à droite et tout de suite à gauche, dir. « Mosteiro de Paço de Sousa ».

Paço de Sousa a conservé, d'un ancien monastère bénédictin fondé au début du 11e s., une vaste église romane, restaurée, qui renferme le tombeau d'Egas Moniz *(voir encadré ci-contre)*.

EGAS MONIZ : UN MODÈLE DE DROITURE

Au 12e s., le roi de León, Alphonse VII, afin de mettre un terme aux aspirations des comtes du Portugal à l'indépendance, vient assiéger la régente Thérèse *(voir « Guimarães », p. 522)* à Lanhoso, puis l'infant Alphonse Henriques à Guimarães (1127). Celui-ci ne peut opposer à son suzerain qu'une petite poignée d'hommes ; il lui délègue donc son ancien précepteur **Egas Moniz**. Ce dernier, en échange de l'abandon du siège de Guimarães, reconnaît au nom de son prince l'autorité du roi de León. Le danger écarté, Alphonse Henriques oublie son serment et se soulève de nouveau (1130). Egas Moniz part alors pour Tolède ; accompagné de sa femme et de ses enfants, il se présente devant Alphonse VII en habit de pénitent, pieds nus, la corde au cou, prêt à payer de sa vie la rançon de cette trahison. Juste prix de sa droiture, il reçoit sa grâce.

Église abbatiale – La façade de l'église présente un portail en tiers-point aux voussures garnies de motifs qui se répètent sur la bordure de la rosace. Les chapiteaux sont décorés de feuillages. Le tympan est soutenu à gauche par une tête de bœuf, à droite par une curieuse tête d'homme. Sur le tympan, à gauche, un homme porte la Lune ; à droite, un autre soutient le Soleil. Deux frises d'arcatures lombardes couvrent les façades latérales de l'église. La frise supérieure repose sur des modillons sculptés de têtes d'animaux.

L'intérieur, à trois vaisseaux à arcs brisés, abrite, à gauche, une statue naïve de saint Pierre et, à droite, près de l'entrée, le tombeau d'Egas Moniz (12e s.). Les faces du tombeau portent des bas-reliefs sculptés de façon assez grossière, illustrant d'un côté la scène de Tolède *(voir encadré ci-dessus)*, de l'autre les funérailles du loyal précepteur. À gauche de l'église s'élève une tour crénelée.

Santa Maria da Feira Carte de région

28 km au sud. Quittez Porto par l'A 1, dir. Lisbonne.

Face au bourg qui se disperse sur le versant d'une colline, se dresse, sur une hauteur boisée, le château fort de Santa Maria da Feira, auquel conduit une route pavée et ombragée.

★ **Château fort** – *256 37 22 48 - www.castelodafeira.com - été : mar.-vend. 9h30-12h30, 13h30-18h, w.-end et j. fériés 10h-12h30, 13h30-18h30 ; hiver : mar.-vend. 9h30-12h30, 13h-17h, w.-end 10h-12h30, 13h-17h30 - 3 €.* Érigé au 11e s., il fut reconstruit au 15e s. par le seigneur du lieu, Fernão Pereira, dont le blason s'inscrit au-dessus de la porte. Voici un intéressant exemple d'architecture militaire portugaise d'époque gothique. Un donjon quadrangulaire, flanqué de quatre hautes tours carrées à toits en poivrière, domine une enceinte fortifiée à mâchicoulis que renforce, à l'est, une barbacane.

Par une poterne, on accède à la place d'armes. Sur le chemin de ronde, des latrines sont encore visibles. Un escalier conduit au premier étage du donjon, vaste salle gothique ; la plate-forme supérieure *(60 marches)* offre un panorama sur les fortifications du château, la ville, les collines boisées des environs et le littoral. Dans les salons, film sur l'histoire du lieu ; petite exposition sur les fouilles et les travaux de restauration.

6

Musée du couvent dos Lóios – *Pr. Dr Guilerme Alves Moreira (sur la route montant au château) - 256 33 10 70 - mar.-vend. 9h-18h (hiver 17h), w.-end 10h-13h, 14h-18h (hiver 17h) sf j. fériés - gratuit.* Cet ancien couvent consacré à saint Jean l'Évangéliste, à la façade ornée d'azulejos du 17e s., abrita à partir de 1938 le tribunal. Il accueille aujourd'hui une exposition permanente d'histoire, d'archéologie et d'ethnologie régionales, ainsi que des expositions temporaires.

NOS ADRESSES À PORTO

INFORMATIONS UTILES

Les offices de tourisme sont répertoriés en début de chapitre.

Poste - Internet

Poste centrale – Plan II F2 - *Praça G. Humberto Delgado - ✆ 222 07 12 67 - lun.-vend. 8h-21h, sam. 9h-18h, dim. 9h-12h30, 14h-18h.*

Onweb – Plan II F2 - *Praça G. Humberto Delgado, 291 (en haut à gauche de l'av. dos Aliados) - ✆ 222 00 59 22 - www.onweb.pt - lun.-sam. 10h-2h, dim. et j. fériés 15h-2h - 1,20 €/h.*

Internet Spot – Plan II F2 - *Praça da Liberdade, 62 - lun.-vend. 9h-19h, - 1,50 €/30mn ou connexion illimitée pour 2 €.*

Représentations diplomatiques

Consulat de France – *Av. da Boavista, 1681-2° - 4100-132 - Porto - ✆ 226 07 82 20 - www.consulfrance-porto.org.*

Santé

Hôpital – Hospital Santo António - Plan II E2 - *Largo Prof. Abel Salazar - ✆ 222 07 75 00.*

Sécurité

La nuit, évitez les quartiers avoisinant le port et les quais.

Police du tourisme – Plan II F2 - *R. Clube dos Fenianos, 11 (à côté de l'office de tourisme) - ✆ 222 08 18 33 - 8h-2h.*

TRANSPORTS

Avion

Aéroport – Plan I A1, en direction - L'aéroport Dr Francisco Sá Carneiro est situé sur l'EN 107, à 14 km au nord-ouest de la ville. La ligne E du métro relie directement l'aéroport au centre-ville *(à partir de 6h)*. Moins pratiques, les bus nos 601 et 602 relient l'aéroport à Cordoaria dans le centre *(durée 1h env.)*. En taxi, comptez 15 à 20 €.

Train

Horaires et tarifs des lignes sur www.cp.pt.

Gare Campanhã – Plan I D2 - *R. da Estação (à l'est du vieux Porto) - ✆ 808 20 82 08 ou 221 05 27 00.* Liaisons internationales et nationales.

Gare de São Bento – Plan II F2 - *Praça Almeida Garret (dans le centre) - ✆ 808 20 82 08 ou 222 01 95 17.* Liaisons banlieue et régionales nord.

Sur place

Métro – *www.metro-porto.pt.* Il existe six lignes de métro à Porto identifiées par une lettre (de A à F) et une couleur. La ligne D (jaune), reliant le centre ancien à Vila Nova de Gaia, est la seule à traverser le Douro et la plus intéressante pour visiter le centre, avec les stations Trindade (la plus importante en matière d'interconnexions), Aliados, São Bento et Jardim do Morro (juste après le pont D. Luís I). La tarification varie selon le nombre de zones traversées.

Bus – Porto compte 58 lignes de bus *(autocarros)* gérées par la STCP - *www.stcp.pt.* Il existe aussi 14 lignes de bus de nuit (*rede da madrugada*, sigle « M »). La STCP propose 3 circuits touristiques en bus panoramique *(voir « Visite », ci-contre).*

Tramway – Les petits *eléctricos* (lignes 1, 18 et 22) sont similaires à ceux de Lisbonne. Ligne 1 : dép. au pied de l'église São Francisco jusqu'à Foz do Douro ; ligne 18 : dép. devant l'église do Carmo jusqu'au bord du Douro ; ligne 22 *(boucle)* : dép. en haut du funiculaire dos Guindais jusqu'à l'église do Carmo. *Circuit touristique : voir « Visite ».*

En téléphérique – Le **Teleférico de Gaia**, inauguré en avril 2011, relie en 5mn les Cais de Gaia au Jardim do Morro, en haut du pont D Luís I, sur la rive de Vila Nova de Gaia. *Tlj 8h30-18h (hiver), 8h30-20h (été) - 5,50 € ou 9 € AR.*

Titres de transport – Les cartes magnétiques rechargeables **Andante** *(0,50 €)* peuvent être utilisées dans le métro et/ou le réseau STCP (bus et tram) selon le mode de chargement choisi. Optez pour le chargement multimodal, sinon vous devrez utiliser tous vos titres (métro ou bus) avant de pouvoir changer de mode de transport. Tarifs dégressifs en fonction du nombre de trajets chargés. Attention au choix des zones. En vente à l'aéroport, à l'office de tourisme central, dans les « lojas Andante », à la gare de São Bento, dans certains guichets STCP et dans les billetteries du métro. Il est toujours possible d'acheter une carte pour un trajet à l'unité dans les bus et les trams *(1,50 €)*.

Andante Tour – Deux pass permettent de voyager de façon illimitée en métro, bus, tram et funiculaire : Andante Tour 1 *(valable 24h après la 1re validation - 5 €)* et Andante Tour 3 *(valable 72h après la 1re validation - 11 €)*. En vente dans les offices de tourisme, « lojas Andante » et guichets STCP. Une autre formule permet de bénéficier de tarifs spéciaux de parking.

Si vous avez l'intention de faire beaucoup de visites, la Porto Card peut s'avérer intéressante *(voir plus loin)*.

Location de vélos

Blue Dragon – Plan II F3 - *Av. Gustavo Eiffel, 280 - ✆ 222 02 23 75 - www.bluedragon.pt*. Située près du Funicular dos Guindais, cette échoppe vous louera une bicyclette pour *2,50 €/h ou 12,50 €/j.*

Taxi – Rádio Táxi Geral - *✆ 225 07 39 00.*

VISITE

Porto Card – Pass touristique valable 1 jour *(7,50 € ; 3,50 € en mode piéton)*, 2 jours *(11,50 €)* ou 3 jours *(15,50 €)* : entrée gratuite ou réduite dans 18 musées et monuments ; voyages illimités (sauf avec la carte 1 jour piéton) dans les bus et tramways de la STCP, le métro et le funiculaire, et certains trains régionaux ; rabais dans de nombreux restaurants et magasins ainsi que sur certains spectacles, croisières, visites de caves ou tours en bus. Vente dans les offices de tourisme, les guichets de la STCP ou du métro, et dans certains hôtels *(liste sur http://english.cm-porto.pt)*.

Tour de la ville en bus – Deux compagnies, **City Sightseeing** et **Yellow City Cruises** proposent des circuits touristiques en bus panoramique dans le centre historique, le long du Douro jusqu'au Castelo do Queijo et dans Vila Nova de Gaia. Les billets, valables 1 j. *(13 €)* ou 2 j. *(23 €)* permettent de descendre et monter à l'envi. Arrêts desservis toutes les 30 à 60mn selon les parcours. Vente des billets à bord.

Tour de la ville en tram – **Porto Tram City Tour** - Plan II F3 - Kiosques d'information et vente de billets tout au long du parcours entre Infante et Batalha Guindais, en haut du funiculaire. Semblable à la formule des bus panoramiques, celle-ci permet de grimper et descendre des trams au fil de vos visites. Billet *(15 €)* valable 24h.

Croisières fluviales – **Porto Tours** - Plan II F3 - *À côté de la Sé.* Centre de réservation de circuits organisés et balades sur le Douro : croisière des 6 ponts *(1h - 10 €)*, excursions d'un ou plusieurs jours. Dép. du quai de la Ribeira ou du quai Amarelo à Vila Nova de Gaia.

Douro Azul - *R. de São Francisco, 4 - ✆ 223 40 25 00 - www. douroazul.com* - est l'une des plus anciennes compagnies.

Visite des caves à vins – Pour visiter les chais de 18 établissements producteurs de porto, rens. dans les offices de tourisme et à l'Associação das Empresas de Vinho do Porto - *r. Dr António Granjo, 207 - Vila Nova de Gaia - ✆ 223 74 55 20*. On vous remettra une carte répertoriant les chais.

Visite en taxi – **Rent-A-Cab** - *R. Santa Catarina, 715 - Centro Comercial Rio, Loja D - ✆ 222 00 15 30 - www.rentacab.pt*. Visite de Porto en « London Cab » à la demi-journée ou à la journée.

Visite en hélicoptère – Helitours - *Alameda Basílio Teles (près du Douro, après le jardin du palais de Cristal) - ✆ 225 43 24 64 - www.helitours.pt. À partir de 65 €/pers. (min. 4 pers. - durée 10mn).*

HÉBERGEMENT

PREMIER PRIX

Residencial União – Plan II F2 - *R. Conde Vizela, 62 - ✆ 222 00 30 78 - www.residencial-uniao.com - 25 ch. 45 €*. Dans une rue calme du centre, cet établissement familial a résolument opté pour la couleur et la lumière. Les plus belles chambres ont de grandes fenêtres, des murs en pierres apparentes et un balcon. Pour les petits budgets, quelques chambres moins agréables, mais économiques, avec fenêtre sur l'escalier et lavabo (15 à 20 €). Plusieurs chambres familiales (jusqu'à 4 pers.).

Pensão do Norte – Plan II G2 - *R. Fernandes Tómas, 579 - ✆ 222 00 35 03 - pensaodonorte@gmail.com - 35 ch. 45 €*. Bien située à l'angle de la rue Santa Catarina, piétonne et animée, la plus ancienne pension de Porto a rouvert ses portes en 2008. Agréables chambres claires et parquetées, desservies par un grand escalier. Depuis la salle de petit-déj., vous pourrez contempler de près les azulejos de la Capela das Almas.

BUDGET MOYEN

Pensão Cristal – Plan II F2 - *R. Galeria de Paris, 48 - ✆ 222 00 21 00 - www.pensaocristal.com -* P *- 29 ch. 45/50 €* ☕. Installée dans une rue calme, une adresse pratique si vous êtes en voiture, car elle dispose d'un parking surveillé pour sa clientèle (gratuit). Les chambres, douillettes et modernes, se répartissent sur 3 niveaux (avec ascenseur). Quelques chambres triples. Service attentionné. Un très bon rapport qualité-prix : réservation conseillée !

Pensão Avenida – Plan II F2 - *Av. dos Aliados, 141 - Ⓜ Aliados - ✆ 222 00 95 51 - http://planeta. clix.pt/pensaoavenida - 18 ch. 40/50 €* ☕. À côté de l'hôtel de ville, une pension centrale (aux 4e et 5e étages d'un immeuble cossu), d'un bon rapport qualité-prix. Chambres très propres, de taille variable. Choisissez-en une donnant sur la place (double vitrage).

Malaposta – Plan II F2 - *R. da Conceição, 80 - ✆ 223 39 19 20 - www.hotelmalaposta.com - 37 ch. 50/55 €* ☕. À 50m de la place de Trindade, cet hôtel récent manque certes de personnalité mais ses chambres, fonctionnelles avant tout, sont spacieuses et d'un excellent rapport qualité-prix. Préférez les chambres sur cour, ou celles du 4e étage avec terrasse, moins bruyantes. Copieux petit-déjeuner buffet. Wifi dans le hall.

Rex Residencial – Plan II F1 - *Praça da República, 117 - ✆ 222 07 45 90 - www.residencialrex.net -* P *- 20 ch. 50/55€* ☕. Petit hôtel aménagé dans une ancienne maison particulière, au style assez vieillissant. Ambiance intime et quelques plafonds d'époque intacts. Wifi dans le salon du rdc.

Residencial Vera Cruz – Plan II F2 - *R. Ramalho Ortigão, 14 - ✆ 223 32 33 96 - www.residencialveracruz.com - wifi - 29 ch. 49/75 €* ☕. Derrière une façade des plus quelconques, voilà une pension à l'accueil agréable (et francophone). Les chambres, classiques, ont une atmosphère intime. La salle de petit-déjeuner du 8e et dernier étage, avec terrasse orientée vers l'est, offre une vue dégagée sur la ville. Une bonne petite adresse centrale, voisine de l'hôtel de ville. Importantes réductions sur Internet.

Pão de Açucar – Plan II F2 - *R. do Almanda, 262 - ✆ 222 00 24 25 - www.residencialpaodeacucar.com - wifi - 51 ch. 50/75 €* ☕. Si vous recherchez une adresse agréable et centrale, choisissez cet établissement ouvert sur une rue calme. Spacieuses et confortables, les chambres se répartissent sur plusieurs niveaux et peuvent compter jusqu'à quatre lits. Celles du dernier étage sont plus petites mais ont terrasse, vue sur l'hôtel de ville et air conditionné. Suites.

Castelo de Santa Catarina – Plan II G1 - *R. Santa Catarina, 1347 - (Mº Marquês, ligne D) - ✆ 225 09 55 99 - www.castelosantacatarina.com.pt -* P *- 26 ch. 50/80 €*. Cette maison du 19e s., sorte de « folie » couverte d'azulejos, est située au calme sur les hauteurs de Porto. Accueil charmant et personnalisé. Si l'idée de monter 80 marches ne vous effraie pas, demandez la chambre 141, dans la tour, avec une vue à 360°, ou bien la 122, avec ses meubles d'époque. Réservez dans la maison ancienne plutôt que dans les dépendances.

Grande Hotel de Paris – Plan II F2 - *R. da Fábrica, 27-29 - ✆ 222 07 31 40 - www.ghparis.pt - 43 ch. 60/80 €* ☕. Cet hôtel, ouvert en 1888, a retrouvé sa splendeur passée. D'antiques objets décorent le salon : radio d'époque, machine à écrire, téléphones anciens, etc. La salle de déjeuner aux boiseries ciselées et aux vitres peintes s'ouvre sur le jardin planté d'un citronnier et d'un cactus centenaire. Les chambres, aux sdb modernes, sont décorées de meubles anciens. Optez pour celles qui donnent sur l'arrière, plus vastes et avec vue (prix identique). Petit bar équipé d'un volumineux réfrigérateur des années 1950. Accueil polyglotte et piano à disposition pour ceux qui seraient tentés.

América – Plan II G1 - *R. Santa Catarina, 1018 - ✆ 223 39 29 30 - www.hotel-america.net -* P *- 30 ch. 65 €* ☕. Dans la partie haute de la rua Santa Catarina, cet hôtel un peu excentré offre une alternative moderne au charme désuet du Castelo de Santa Catarina *(voir plus haut)*. Chambres au mobilier et parquet de bois clair. Pour ceux qui préfèrent la standardisation des prestations… et de l'accueil !

POUR SE FAIRE PLAISIR

Da Bolsa – Plan II F3 - *R. Ferreira Borges, 101 - ✆ 222 02 67 68 - www.hoteldabolsa.com - 36 ch. 90/110 €* ☕. Une adresse intéressante pour sa situation proche du quartier animé de la Ribeira. Belle façade du 19e s. ; en revanche, l'intérieur, aménagé dans un style moderne, manque de charme. Les chambres du dernier étage, plus chères, offrent de belles vues sur le fleuve.

Grande Hotel do Porto – Plan II G2 - *R. Santa Catarina, 197 - ✆ 222 07 66 90 - www.grandehotelporto.com - 🅿 - 99 ch. 85/125 € ☕ - rest. 15/25 €.* Bien qu'ayant perdu de sa splendeur, ce grand hôtel conserve le charme de la Belle Époque, surtout dans ses salons et dans le restaurant décoré façon « Grand Siècle ». Les chambres sont aménagées dans un style plus fonctionnel et moderne. Parking payant. Buffet à midi pour 13,50 €, dîner à la carte env. 25 €.

UNE FOLIE

Pestana Porto – Plan II F3 - *Praça da Ribeira - ✆ 223 40 23 00 - www.pestana.com - 48 ch. 195/225 € ☕ - rest. 35 €.* Difficile de trouver un hôtel mieux placé ! L'ancien Porto Carlton dresse sa façade jaune au bord du Douro avec une vue imprenable sur le fleuve et les chais de la rive opposée. Chambres très confortables et toutes différentes. Une situation idéale pour partir explorer les ruelles pittoresques de la Ribeira.

Infante de Sagres – Plan II F2 - *Praça D. Filipa de Lencastre, 62 - ✆ 223 39 85 00 - www.hotelinfantesagres.pt - 72 ch. 195/250 € (importantes réductions sur Internet) ☕ - rest. 27/36 €.* Avec ses boiseries, ses meubles d'époque et ses vitraux, cet hôtel de prestige (à la façade pourtant banale) possède un charme tout particulier et plaira aux adeptes des ambiances traditionnelles. Situation centrale près de la praça da Liberdade.

RESTAURATION

BUDGET MOYEN

Arroz de Forno – Plan II F3 - *R. Mouzinho da Silveira, 203 - ✆ 222 00 74 65 - fermé dim.* Sur la large artère menant au fleuve, ce vaste restaurant sur deux étages affiche une décoration contemporaine en pierre et bois brut qui contraste avec sa carte spécialisée dans les plats traditionnels du Douro. Ceux-ci sont servis dans des cocottes en terre cuite brune, accompagnés de riz. Demi-doses conseillées, c'est très copieux. Plat du jour de 5 à 6,50 €.

Abadia do Porto – Plan II G2 - *R. do Ateneu Comercial, 22-24 - ✆ 222 00 87 57 - www.abadiadoporto.com - fermé dim.* C'est dans une salle couverte d'azulejos et surmontée d'une mezzanine que vous savourerez de la morue braisée, des tripes à la mode de Porto, des poissons ou des viandes grillées. Un restaurant de cuisine locale aux plats immuables, idéalement situé à proximité de la rua Santa Catarina.

Filha da Mãe Preta – Plan II F3 - *Cais de Ribeira, 40 - ✆ 222 05 55 15 - lun.-sam. 11h-22h30.* Parmi tous les restaurants à touristes qui fleurissent sur le quai de la Ribeira, celui-ci se distingue par une cuisine simple, mais de caractère : morue, calamars farcis (spécialité de la maison), tripes à la mode de Porto ou rognons à la mode du Minho.

D. Luís – Plan II F3 - *Av. Ramos Pinto, 264-266 - ✆ 223 75 12 51 - fermé lun.* Décoration raffinée pour cette toute petite salle de Vila Nova de Gaia *(20 places)* dont le bar arrondi fait écho à la vague de béton qui orne les murs de pierres apparentes. On y sert des plats soignés : trois recettes de morue, *feijoada* marinière, colin, crevettes… Une halte dont la tranquillité contraste avec l'animation environnante. Réservez le week-end.

Cometa – Plan II E3 - *R. Tomaz Gonzaga, 87 - ✆ 222 00 87 74 -*

19h30-23h30, fermé dim. - réserv. conseillée en fin de semaine. À deux pas de l'église S. João Novo, proche du quartier de Miragaia, ce petit restaurant niché à l'angle de deux rues joue la carte du « rétro » avec une décoration de bistrot des années 1950. Spécialités atypiques mi-slaves, mi-méditerranéennes, servies dans de la vaisselle de grand-mère sur fond de musique très actuelle.

Churrascão Gaúcho – Plan II E1 - *Av. da Boavista, 313 - ✆ 226 09 82 06 - www.churrascoes.pt - fermé dim.* Dans ce restaurant brésilien, le *rodízio* est à l'honneur : une spécialité de grillades mixtes servies à volonté dans un incessant ballet de serveurs. On viendra en outre vous chercher à votre hôtel.

Peixes & Cª – Plan I B2 - *R. do Ouro, 133-135 - ✆ 226 18 56 55 - fermé dim.* Juste après le ponte d'Arrábida, une maison intime au bord du Douro pour dîner au coucher du soleil et contempler la rive opposée. Tableaux stylisés de poissons aux murs et, dans l'assiette, la pêche du jour. Une belle carte des vins et de petites entrées savoureuses telles que salade de pois chiches et sardines grillées.

POUR SE FAIRE PLAISIR

Adega e Presuntaria Transmontana – Plan II F3 - *Av. Diogo Leite, 80 - Vila Nova de Gaia - ✆ 223 75 83 80.* Ce restaurant de Vila Nova de Gaia, l'autre rive du fleuve devenue à la mode, affiche souvent complet derrière sa baie vitrée. Face au Douro, la jolie salle rustico-moderne permet de savourer charcuteries, jambons, viandes à la *plancha*, et d'excellents plats de viande et de poisson. Une seconde salle est située à deux pas *(r. Cândido dos Reis, 132).*

Guarany – Plan II F2 - *Av. dos Aliados, 85 - ✆ 223 32 12 72 - www.cafeguarany.com - 9h-0h (1h en été).* Sol en mosaïques, tables et boiseries Art déco, fresques… et néons confèrent à ce café ancien et très connu de Porto, fréquenté par une clientèle variée, un curieux air à la fois suranné et rutilant. Salades, cuisine portugaise et internationale. Concerts certains soirs.

D. Tonho – Plan II F3 - *Cais da Ribeira, 13-15 - ✆ 222 00 43 07 - www.dtonho.com.* Installé à l'étage d'une maison ancienne restaurée avec une certaine classe, ce restaurant qui appartient au chanteur Rui Veloso sert de bons petits plats traditionnels : *posta mirandesa* (pièce de bœuf), chevreau au barbecue, morue grillée, tripes à la mode de Porto. Belle vue sur le Douro.

O Chanquinhas – Plan I A1 - *R. de Santana, 243 - Leça da Palmeira - ✆ 229 95 18 84 - www.chanquinhas.com - fermé dim. et 3 sem. en août.* Ancienne maison seigneuriale reconvertie en un élégant restaurant de grande renommée. Son agréable salle à manger laisse présager du bon niveau de la cuisine. À la carte, grillades de poissons, tripes à la mode de Porto ou encore un appétissant chevreau préparé au four.

PETITE PAUSE

Casa de Chá – Plan I B1 - *R. de Serralves, 977 (dans le parc de la fondation Serralves) - ✆ 226 17 03 55 - avr.-sept. : mar.-vend. 12h-19h, w.-end. 10h-20h ; oct.-mars : w.-end 12h-19h.* Avec ses rideaux en toile, ses fauteuils en rotin, ses planches botaniques et sa pergola, ce salon de thé offre un cadre frais et accueillant. Idéal pour des brunchs, goûters ou déjeuners légers lorsqu'on visite la fondation.

Confeitaria Império – Plan II G2 - *R. Santa Catarina, 149-151 - ☏ 222 00 55 95.* Cette confiserie située dans la partie piétonne de la rua Santa Catarina, axe commerçant incontournable, reste un classique du genre avec son salon de thé où l'on peut déguster la spécialité locale : le *pão de Ló* (sorte de génoise). Pendant la journée ou en fin d'après-midi, le **Majestic Café** *(Plan II G2 - r. Santa Catarina, 112)*, avec sa décoration Art nouveau, est toujours un grand classique. Enfin, il convient de s'installer en fin de journée à une terrasse de la rive opposée du Douro, à Vila Nova de Gaia, où la cité révèle tout son charme au soleil couchant.

ACHATS

Bon à savoir – La plupart des magasins sont ouv. lun.-vend. 10h-12h30, 14h30-19h, sam. 9h30-13h. Les grands centres commerciaux ouvrent tlj 10h-23h.

Centro Regional de Artes Tradicionais (CRAT) – Plan II F3 - *R. da Reboleira, 37 - ☏ 223 32 02 01.* Dans une vieille et belle maison de la pittoresque rue da Reboleira, un espace d'expositions temporaires sur les traditions artisanales de la région avec, au sous-sol, des objets à acheter, traditionnels ou contemporains.

Marché de Bolhão – Plan II G2 - *R. Formosa - lun.-vend. 8h-17h, sam. 8h-13h.*

A Pérola do Bolhão – Plan II G2 - *R. Formosa, 279 - ☏ 222 00 40 09.* Une épicerie fine qui mérite un détour, ne serait-ce que pour sa façade délicieusement rétro. Ses étalages à l'ancienne vous transporteront au temps des colonies avec leurs produits exotiques, leurs épices, le café du Brésil et les fruits secs. Une enseigne intemporelle.

Casa Oriental – Plan II F2 - *Campo dos Mártires da Pátria.* Ici, on ne vend que de la morue : séchée et salée, elle pend en devanture d'une enseigne rendue mythique par une célèbre carte postale en noir et blanc. Une adresse 100 % portugaise.

Vinologia – Plan II F3 - *R. S. João, 46 - ☏ 222 05 24 68 - www.lamaisondesporto.com - 14h-0h, dim. 18h-0h.* S'il est un lieu idéal pour s'initier aux portos, c'est bien dans ce bar à vins-vinothèque. Plus de 200 variétés (30 à 40 marques et des petits producteurs), à emporter ou à déguster sur place. Conseils et explications très amicales de Jean-Philippe Duhard, amateur français éclairé et passionné. Vins exceptionnels et dégustations thématiques hebdomadaires.

Art Hobler.com – Plan II E2 - *R. Miguel Bombarda, 624 - ☏ 226 08 44 48 - www.arthobler.com - jeu.-sam. 15h-19h30.* Près du musée Soares dos Reis, dans la rue des galeries d'art, une adresse dirigée depuis 2001 par une Suisse allemande adepte d'une création contemporaine souvent liée à un univers onirique. Elle expose des artistes portugais et internationaux, avec une prédilection pour la sculpture.

BOIRE UN VERRE

Dans le vieux Porto – Sur les quais de Ribeira, il fait bon s'attarder à l'ombre du velum blanc du **Café do Cais** *(Plan II F3 - Cais da Estiva - ☏ 222 08 83 85 - 10h-2h)*, un café qui a les pieds dans l'eau, idéal pour prendre un verre le soir (ou même en journée) et prendre le pouls de la ville. Derrière les restaurants des quais de la Ribeira se dissimulent aussi

plusieurs bars, situés dans des rues parallèles *(r. da Lada, r. Fonte Taurina)*. Ainsi, l'élégant **Aniki-Bóbó** *(Plan II F3 - R. Fonte Taurina, 36-38 - ✆ 223 32 46 19 - fermé dim. et lun.)* accueille-t-il une clientèle d'architectes, peintres et photographes.
La grande structure rouge du Mercado Ferreira Borges accueille le jeune et branché **Hard Club** (Plan II F3), où l'on s'arrête pour prendre un verre dans une ambiance culture : expos, projections, concerts (beaucoup de jazz et de rock).
Dans le quartier de Boavista, le **Labirinto** *(Plan II E1 - R. Nossa Senhora de Fátima, 334)* est un sympathique bar-galerie d'art.
À Foz – Plan I B2 - Le **Maré Alta** *(près du ponte da Arrábida)* est installé sur un bateau qui organise des concerts sur son ponton. Le **Praia da Luz** *(av. do Brasil)* dispose d'une agréable terrasse. Quant au **Bar do Ourigo**, c'est un bar de plage très sympathique. La discothèque **Indústria** *(centre commercial da Foz - av. do Brasil, 843)* est l'une des plus animées de Porto. Également à Foz, le **Caféína** *(r. do Padrão, 100)* est connu pour rester ouvert tard ; c'est un bar fréquenté par les jeunes chefs d'entreprise et les artistes à succès. À Foz Velha, il y a aussi le sympathique bar **Trinta e Um** *(r. do Passeio Alegre, 564)* et le **Marginal Foz**, un agréable bar-restaurant flottant *(face au nº 191 r. do Ouro)*.
À Matosinhos – Plan I A1 - Proche de la mer, c'est l'un des quartiers les plus animés des nuits de Porto. Rua Manuel Pinto de Azevedo, au nº 567, le **Via Rápida** *(jeu.-dim.)* est une grande discothèque avec sept bars, sans oublier le **Mau Mau** *(r. do Outeiro, 4)*. Le mieux reste encore de se promener dans le quartier, car il y a toujours de nouveaux lieux à découvrir.

EN SOIRÉE

Bien que l'on dise au Portugal que Porto travaille pendant que Lisbonne s'amuse, la nuit de Porto est riche et variée, avec des établissements pour tous les goûts *(voir « Boire un verre », plus haut)*. Pour des sorties plus orientées culture, le bimestriel *Iporto Agenda Metropolitana da Cultura* (http://iporto.amp.pt) recense les spectacles de danse, musique et théâtre ainsi que les festivals et les expositions. Vous le trouverez dans les offices de tourisme et à la réception des grands hôtels.

ACTIVITÉS

Sea Life Porto – Plan I A1 - *1ª rua Particular do Castelo do Queijo - bus nº 02/203 ou 500/502 en dir. de Castillo de Queijo - ✆ 226 19 04 00 - www.visitsealife.com/Porto - lun.-vend. 10h-18h, w.-end 10h-19h (20h en été). Adulte 11,50 €, enfant 8 €, tarif famille 32,50 €.* Grand parc aquatique avec piscine à vagues et aquarium rassemblant requins, raies et grands mammifères marins.

AGENDA

Festas de São João – *23 juin.* La fête de saint Jean est très suivie dans les quartiers de Porto ; pot de basilic, tiges d'oignons et marteau en plastique pour frapper sur la tête du voisin de rigueur !

Vila do Conde

79 390 habitants – District de Porto

NOS ADRESSES PAGE 503

S'INFORMER
Posto de turismo – *Av. 25 de Abril, 103 - ✆ 252 24 84 73 - lun.-vend. 9h-17h30 (19h de juin à août), w.-end 9h30-13h, 14h30-18h.*

SE REPÉRER
Carte de région p. 468-469 – *Carte Michelin 733 H3.* À l'embouchure de l'Ave, à 27 km au nord de Porto.

À NE PAS MANQUER
Le musée de la Construction navale.

ORGANISER SON TEMPS
Un séjour de 3h suffit à Vila do Conde.

Passé les faubourgs de Porto, la route qui longe le bord de mer traverse de grandes forêts d'eucalyptus. Quelques routes ayant conservé leurs pavés mènent jusqu'au littoral verdoyant : la Costa Verde déroule ses paysages sauvages, balayés par les vents humides, jusqu'à l'embouchure du Minho. À l'abri des vents marins, en amont de l'estuaire de l'Ave, Vila do Conde prolonge, au sud, Póvoa de Varzim, vaste et bruyante station balnéaire. Elles forment une agglomération peu amène sur une portion très urbanisée du littoral de la Costa Verde. Port de pêche en haute mer, Vila do Conde a cependant gardé, dans sa partie ancienne qui borde l'estuaire de l'Ave, ses maisons basses traditionnelles, quelques vieux édifices et un certain cachet. À la Saint-Jean s'y déroulent de grandioses défilés, dont ceux des « mordomas » (les « filles à marier ») parées de bijoux d'or et des « rendilheiras » (dentellières) en costume régional.

Se promener

★ Couvent de Santa Clara

Couvent fermé pour une durée indéterminée (il devrait être transformé en hôtel de luxe) mais l'église reste ouverte.

Sa masse monumentale se dresse au-dessus de l'Ave. Derrière la façade du 18e s. se découvrent des bâtiments du 14e s.

Église – *Merc.-dim. 10h-12h, 14h30-17h - 1 €.* Fondée en 1318, elle est du type forteresse et a conservé son style gothique d'origine. Sa façade ouest est percée d'une jolie rosace. L'intérieur, à une seule nef, est couvert de plafonds de bois à caissons sculptés (18e s.).

La chapelle de la Conception *(première à gauche)*, du 16e s., abrite les **tombeaux★** Renaissance des fondateurs et de leurs enfants : travaillés dans la pierre d'Ançã, ils présentent des faces magnifiquement ouvragées. Sur celui de **Dom Afonso Sanches**, les faces latérales content des scènes de la vie du Christ, et le chevet représente sainte Claire empêchant les Sarrasins d'envahir le monastère de Sainte-Claire à Assise. Sur le **tombeau de Dona Teresa**

L'aqueduc du 18e s. de Vila do Conde.
R. Wareham/age fotostock

Martins, le gisant est figuré en habit de religieuse ; les faces latérales évoquent les scènes de la Passion du Christ, et le chevet montre saint François recevant les stigmates. Les tombeaux des enfants sont illustrés, l'un des docteurs de l'Église *(à gauche)*, l'autre des évangélistes *(à droite)*. La nef est séparée du chœur des religieuses par une jolie grille.
Au sud de l'église subsistent les arcades du cloître du 18e s. La fontaine centrale est le point d'aboutissement de l'**aqueduc** (18e s.) en provenance de Póvoa de Varzim. Du parvis, belle vue sur la petite cité limitée au sud par l'Ave et, à l'ouest, par l'Océan.

Église paroissiale

Église fortifiée, de style manuélin, elle a été édifiée au 16e s. par des artistes de Biscaye, ce qui explique la présence d'un joli portail plateresque dont le tympan est décoré d'une statuette de saint Jean-Baptiste, protégée par un dais et encadrée par les symboles des évangélistes.
La tour à gauche de la façade date de la fin du 17e s. L'intérieur renferme plusieurs autels et une chaire en bois doré des 17e et 18e s.
En face de l'église paroissiale, le **pilori**, de style Renaissance mais remanié au 18e s., porte un bras de justice brandissant un glaive.

★ Musée de la Construction navale (Museu da Construção Naval)

R. do Cais da Alfândega - ✆ 252 24 07 40 - mar.-dim. 10h-18h - gratuit.
Vila do Conde a largement participé à l'épopée maritime portugaise au temps des Grandes Découvertes. Avec son excellent port naturel dans l'estuaire de l'Ave, la proximité de communes riches en bois et une main-d'œuvre de qualité, ce fut un des meilleurs chantiers navals de tout le pays.
Le bâtiment jaune safran situé aux abords des quais fluviaux, complètement restauré et réaménagé, est celui des anciennes douanes royales (Alfândega Real) qui percevaient les taxes sur les navires marchands. Il abrite aujourd'hui un petit musée de la construction navale, un centre de documentation sur la navigation au 16e s. et, à côté, un atelier de charpenterie navale. Le tout s'inscrit

dans un projet plus ambitieux de restauration de la zone riveraine du centre historique et de construction d'une fidèle réplique d'un vaisseau du 16e s. Le musée présente, de façon vivante et didactique, les techniques de construction navale, les itinéraires des caravelles sur les lignes d'Afrique, d'Inde ou du Brésil, la nature de leurs cargaisons, etc.

Musée de la Dentelle (Museu-Escola das Rendas de Bilros)
R. São Bento, 70 - ✆ 252 24 84 70 - mar.-dim. 10h-12h, 14h-18h - gratuit.
Selon un dicton portugais, « là où il y a des filets, il y a des dentelles ». Vila do Conde est réputé pour la fabrication de ses dentelles au fuseau depuis le 16e s. Ce musée a été créé pour revitaliser cette activité manuelle exigeant une grande habileté. Les dentellières utilisent un coussin cylindrique sur lequel elles disposent les dessins des modèles à réaliser. Elles piquent dessus des épingles entre lesquelles passent les fuseaux contenant des fils de coton, de lin ou de soie. Le musée retrace les différents aspects de cette activité au travers d'une exposition de dentelles anciennes et modernes, de photos, mais surtout grâce à la présence de dentellières qui travaillent sur place.

À proximité Carte de région p. 468-469

Azurara
1 km au sud de Vila do Conde.
Ce village possède une **église** manuéline fortifiée du 16e s. couronnée de créneaux et, en face, une jolie croix manuéline.

Plages
Agréables, elles s'étendent au sud. La plus proche est Praia da Árvore.

LES ÉGLISES ROMANES

Circuit d'env. 15 km – Comptez env. 45mn. Prenez la N 206 vers le nord-est, dir. Guimarães, jusqu'à Rio Mau (5 km) ; tournez à droite, en face de la poste, dans un chemin non goudronné.

Rio Mau
La petite **église romane São Cristóvão**, très simple, est bâtie en granit ; la décoration fruste des chapiteaux des portails contraste avec celle, plus soignée, des **chapiteaux★** de l'arc triomphal et du chœur, de construction plus récente.
Reprenez la N 206. 2 km plus loin, à Fontainhas, tournez à gauche en dir. de Rates (encore 1 km).

Rates ABC d'architecture p. 87
L'**église São Pedro**, en granit, a été édifiée aux 12e et 13e s. par des moines clunisiens sur les ordres d'Henri de Bourgogne. La façade est percée d'une rose et d'un portail à cinq arcades, dont deux historiées, et à chapiteaux décorés d'animaux et de figures diverses ; au tympan, un bas-relief représente la Transfiguration. Le portail sud est orné d'un arc alvéolé qui abrite un bas-relief figurant l'Agneau divin. L'intérieur, aux proportions harmonieuses, présente de beaux chapiteaux romans.

NOS ADRESSES À VILA DO CONDE

INFORMATIONS UTILES

Les offices de tourisme sont répertoriés en début de chapitre.

TRANSPORTS

Métro – Stations Santa Clara et Vila do Conde sur la ligne B du métro de Porto, dir. Póvoa de Varzim.

Bus – Liaisons avec Porto, Braga et Viana do Castelo. Arrêt av. José Régio, près du pont.

HÉBERGEMENT

BUDGET MOYEN

Forte S. João Baptista – *Av. Brasil (en bord de mer, près de l'estuaire) - 252 24 06 00 - www.forte.com.pt - 7 ch. 85 €* . L'hôtel occupe le fort du 17e s. qui gardait l'estuaire de l'Ave. Chambres duplex contemporaines aux murs dépouillés où se mêlent agréablement le bois et le fer; dans chacune, cheminée, chaîne hi-fi, minibar, etc. Petit-déj. dans le salon de thé décoré de tableaux modernes. Belle petite plage au pied de l'édifice.

RESTAURATION

PREMIER PRIX

Adega do Testas – *R. Comendador António da Costa, 63 (à côté de l'hôpital) - 917 37 73 18 - tlj 12h-23h sf dim.* Au rdc, une grande table en bois d'où l'on peut observer l'activité en cuisine; à l'étage, une salle claire et cosy, fréquentée par des habitués. Une excellente adresse, notamment pour les fruits de mer (c'est l'occasion de goûter aux *amêijoas*, délicieuses). Service attentionné et efficace. L'Adega da Vila, mitoyenne, appartient au même propriétaire.

BUDGET MOYEN

Le Villageois – *Praça da República, 94 - 252 63 11 19 - fermé lun.* Dans une jolie demeure au bord du rio Ave, on vous concoctera une excellente cuisine de la mer aux accents français. Quand le patron est absent, c'est qu'il est à la pêche! Une institution dans le village.

À Vila Chã

BUDGET MOYEN

Caravela – *7 km au sud de Vila do Conde - 229 28 27 05 - fermé en oct. et lun.* Dans un pavillon d'une petite station balnéaire, ce restaurant propose des poissons frais, dont certains sont pêchés par le patron! Les plats, savoureux, sont cuisinés avec les légumes du potager en été.

Vallée du Douro

Vale do Douro

★★

Districts de Viseu, Vila Real et Porto

NOS ADRESSES PAGE 516

S'INFORMER

Posto de turismo de Lamego – *Av. Visconde Guedes Teixeira - ✆ 254 61 20 05 - en été : lun.-vend. 9h30-19h, w.-end et j.fériés 9h30-12h30, 14h-18h ; en hiver : 9h30-12h30, 14h-18h.*

Turismo do Douro – *Largo dos Bancos, apt. 36 - Lamego - ✆ 254 61 57 70.*

Posto de turismo de Peso da Régua – *R. da Ferreirinha - ✆ 254 31 28 46.*

Rota do Vinho do Porto – *Largo da Estação - Peso da Régua - ✆ 254 32 47 74 - www.rvp.pt.* Rens. touristiques et pratiques sur la vallée du Douro, réserv. de croisières au départ de Peso da Régua, liste des *quintas*.

Posto de turismo de Vila Real – *Av. Carvalho Araújo, 94 - ✆ 259 32 28 19 - www.douro-turismo.pt - 9h30-12h30, 14h-18h.*

Parc naturel d'Alvão – *Largo dos Freitas - Vila Real - ✆ 259 30 28 30 - www.icn.pt.* Centre d'information et d'interprétation du parc ; rens. sur les balades.

Posto de turismo de Amarante – *Alameda Teixeira de Pascoaes (place du Marché, à côté du pont São Gonçalo) - ✆ 255 42 02 46 - www.amarante.pt/turismo - juil.-sept. : 9h-19h ; oct.-juin : 9h-12h30, 14h-17h30.* Carte des hébergements en ville et aux alentours ; carte des producteurs de **vinho verde** et organisation de dégustations.

SE REPÉRER

Carte de région p. 468-469 – Carte de la vallée du Douro p. 508 – *Carte Michelin 733, de I5 à I10, H10 et H11.* La vallée du Douro court sur 215 km à l'intérieur des terres portugaises, depuis Barca de Alva à la frontière avec l'Espagne jusqu'à son embouchure à Porto. Les principales localités sont Lamego au sud, Peso da Régua sur le fleuve, Vila Real au nord et Amarante à l'est. Amarante se trouve à env. 60 km de Porto par l'IP 4 (45mn de route) et à 38 km de Vila Real.

À NE PAS MANQUER

Le circuit du vignoble entre Peso da Régua et Pinhão ; à Lamego, le sanctuaire Nossa Senhora dos Remédios ; près de Vila Real, le manoir de Mateus ; le pont d'Amarante et, au bout, l'église du monastère São Gonçalo.

ORGANISER SON TEMPS

Prévoyez une grande journée en voiture pour visiter la vallée du Douro, deux ou trois avec la découverte de Lamego, Vila Real et Amarante.

AVEC LES ENFANTS

Une croisière sur le Douro, une promenade en train touristique *(voir p. 516)*, une balade dans la serra do Marão et le Parc naturel d'Alvão.

Vignobles en terrasses dans la vallée du Douro.
Jon Arnold/hemis.fr

Prenant sa source en Espagne à 2 060 m d'altitude, le Douro est un fleuve impétueux au cours irrégulier. Il dévale depuis la Meseta espagnole pour venir se jeter dans l'Atlantique à hauteur de Porto. Au passage, il découpe dans le nord montagneux du Portugal une vallée aux versants abrupts et granitiques. Trois siècles de labeur et de passion pour la terre ont transformé ces sols arides en terrasses fertiles plantées de vignes qui produisent, entre autres délicieux breuvages, le célèbre vin de Porto et le « vinho verde » : un paysage unique, classé au Patrimoine mondial par l'Unesco (Alto Douro Vinhateiro). Au milieu des vignobles, des champs d'oliviers et des vergers, les paysages sont ponctués de « quintas » (les maisons de domaines vinicoles), de « solares » (manoirs), de couvents et de petites églises romanes, gothiques ou baroques. C'est un véritable bonheur que de les parcourir en voiture, de serpenter en train le long des rives ou de respirer les parfums fluviaux lors d'une croisière. Au début de l'automne, lorsque débutent les vendanges, la région s'anime et célèbre ses traditions. Pour une route des Vins pas comme les autres...

Circuits conseillés Carte de la vallée du Douro p. 508

6

Circuits tracés sur la carte de la vallée du Douro.

★ BAS-DOURO : DU BARRAGE DE CARRAPATELO À LAMEGO

Circuit vert foncé de 62 km tracé sur la carte de la vallée du Douro – Comptez env. 3h. Depuis Porto, prenez l'A 4 dir. Amarante, puis la sortie n° 10. Suivez ensuite la N 106-3, puis la N 106, dir. Entre-os-Rios. Un peu avant cette ville, tournez à droite dans la N 108, dir. Porto, puis rapidement à gauche dans la N 224, qui franchit le Douro. Rejoignez alors le barrage de Carrapatelo par la N 222 en longeant la rive gauche du Douro.

Le Douro, histoire d'un fleuve au long cours

UN PROFIL ET UN RÉGIME PARTICULIERS

Le Douro est l'un des fleuves majeurs de la péninsule Ibérique. Il prend sa source à 2 060 m d'altitude dans la sierra de Urbión en Espagne, puis serpente à travers la Meseta durant 525 km avant d'atteindre la frontière avec le Portugal. Là, sur 112 km, il va creuser son lit dans une région accidentée, entre de hautes parois granitiques, et marquer la frontière entre l'Espagne et le Portugal. Puis, bifurquant vers l'ouest à hauteur de Barca de Alva, il pénètre au sein des terres portugaises. Son profil s'adoucit alors, mais il reste prisonnier des granits et des schistes jusqu'à Porto et son estuaire.
Le régime annuel du fleuve, tributaire des fortes pluies d'automne et d'hiver, est très irrégulier : aux étiages, surtout marqués en amont de Régua, s'opposent de fortes crues d'automne et d'hiver dans la région de Porto.

UNE VOIE DE NAVIGATION

À partir du 18e s., le Douro a joué un rôle important dans le développement de la région. Sillonné de « **barcos rabelos** », typiques embarcations à fond plat et à haute voile carrée conçues pour franchir les rapides, il assurait le transport des fruits et surtout du vin de Porto. Mais la création de routes carrossables et d'une voie ferrée suivant la vallée, de la frontière espagnole jusqu'à Cinfães, près du barrage de Carrapatelo, a mis un terme à cette activité.

UNE RÉSERVE D'ÉNERGIE

En raison de l'imperméabilité de ses roches, du profil de son cours d'eau et de l'encaissement de ses vallées, le bassin du Douro constitue une formidable réserve d'énergie.
Depuis les années 1960, une dizaine de grands barrages ont été dressés sur le Douro, aussi bien sur son cours portugais qu'international *(voir « Miranda do Douro », p. 581)*. En y ajoutant la quinzaine de barrages édifiés également sur ses affluents, le bassin du Douro fournit une grande partie de l'énergie électrique consommée au Portugal.

DE MULTIPLES BÉNÉFICES

Autre aspect positif de cette vague de construction, les lacs de retenue formés par les barrages permettent d'assurer l'irrigation des terres cultivables. Le système d'écluses dont sont également pourvus ces barrages a en outre permis la reprise de la navigation sur le Douro, favorisant l'exploitation de nombreuses ressources du sous-sol (gisements d'étain et de wolfram au nord de Miranda, ou encore de fer dans la serra do Reboredo, près de Torre de Moncorvo, et à Vila Cova dans la serra do Marão). Ces renouveaux économiques ne donnant pas le sourire aux défenseurs de l'environnement, des dispositions ont cependant été prises pour faciliter le passage des poissons migrateurs.
Enfin, il existe désormais une volonté politique et économique de faire de la vallée du Douro, en particulier autour des vignobles du porto, un grand pôle touristique du pays, à l'image de Lisbonne, de l'Algarve ou de l'archipel de Madère.

La basse vallée du fleuve, baignée par le climat océanique, n'est pas le domaine du grand porto, mais c'est ici que débute la zone du *vinho verde* (vin vert), dont le cœur de la production se trouve plus au nord du pays, dans le Minho. Le porto proprement dit s'élabore beaucoup plus en amont du fleuve, depuis Peso da Régua jusqu'à la frontière espagnole.

Le Douro, élargi par ses barrages successifs, coule encaissé entre les pentes de collines qu'il contourne en d'amples méandres. Les versants schisteux ou granitiques sont plus boisés sur la rive droite et plus cultivés sur la rive gauche, où les villages semblent suspendus au milieu des vignes, des oliveraies et des champs de maïs disposés en terrasses. L'ensemble compose un paysage original, malheureusement assez dégradé par les rappels de la civilisation industrielle et par une urbanisation débridée.

Barrage (Barragem) **de Carrapatelo**

Long de 170 m, il est doté, rive gauche, d'une usine hydroélectrique et d'une écluse à poissons ; rive droite, l'écluse navigable longue de 90 m présente une dénivellation de 43 m.

▶ *Continuez par la N 222 jusqu'à Anreade. Dans le village, tournez à droite dans la route d'Ovadas, au sud. Environ 5,5 km plus loin, prenez à gauche.*

Prieuré (Priorado) **de Santa Maria de Cárquere**

Ne subsistent du prieuré que l'église et la chapelle funéraire des seigneurs de Resende, reliées par une arche monumentale. L'église, retouchée aux 13ᵉ, 14ᵉ, 16ᵉ et 17ᵉ s. (tour carrée à créneaux et chœur gothiques, façade et nef manuélines), a conservé un portail roman orné de colonnettes et de chapiteaux à entrelacs ; le chœur, sous croisée d'ogives, présente *(à gauche)* une porte à fronton aigu et à double cordon de billettes. La chapelle, percée d'une remarquable fenêtre romane aux chapiteaux sculptés de pélicans, abrite quatre sarcophages de pierre sculptés d'animaux (chèvres) et d'inscriptions.

▶ *De retour sur la N 222, tournez à droite vers Resende, un important centre viticole, puis continuez en dir. de Lamego.*

Barrô

Jolie vue sur les versants de la vallée ; l'église romane du 12ᵉ s. *(dans le village, en contrebas de la route, à gauche)* possède un tympan sculpté et une élégante rosace.

▶ *8 km plus loin, tournez à droite dans la N 226.*

★ **Route de Barrô à Lamego**

Cette route dispense une **vue** dominante sur le Douro et le versant nord de sa vallée, zébré de vignes sur échalas et d'oliviers en terrasses ; c'est ici que débute la culture du vin de porto. Villages et propriétés (*quintas*) sont dispersés sur l'amphithéâtre des collines. Arrêtez-vous au **belvédère** *(miradouro)* **da Boa Vista★** : en face, dans une courbe du fleuve, s'entassent les maisons blanches de Régua ; les sommets plus arides et grisâtres de la serra do Marão se découpent à l'horizon.

Lamego

▶ *68 km au nord de Viseu et 38 km au sud de Vila Real – Comptez 2h.*

À proximité de la vallée du Douro, dans un paysage de collines verdoyantes couvertes de vigne et de champs de maïs, Lamego est une jolie petite cité épiscopale et commerçante connue pour son vin mousseux et son jambon fumé. Riche en maisons bourgeoises des 16ᵉ et 18ᵉ s., elle est dominée d'un côté par les vestiges d'un château fort du 12ᵉ s., de l'autre par le sanctuaire baroque de Nossa Senhora dos Remédios, réputé pour son pèlerinage annuel de septembre.

LES « CORTES » DE LAMEGO

C'est à Lamego, en 1143, que s'est réunie la première assemblée territoriale des représentants des nobles, des clercs et des villes de l'histoire du pays. Cette assemblée historique éleva Alphonse Henriques au rang de premier roi du Portugal et proclama la loi successorale interdisant à tout étranger l'accès au trône.

Cathédrale (Sé) – De la cathédrale romane primitive (12e s.) ne subsiste que le clocher carré dont le couronnement date du 16e s. L'intérieur a été refait au 18e s. Le musée diocésain situé en face programme des expositions temporaires.

Chapelle de l'Exil (Capela do Desterro) – *R. Cardoso Avelino.* Bâtie en 1640, elle est décorée, à l'intérieur, de bois sculpté et doré (18e s.) et d'azulejos (17e s.) ; remarquable **plafond★** à caissons peints illustrant des scènes de la vie du Christ.

Sanctuaire de Nossa Senhora dos Remédios – *Accès possible à pied par l'escalier monumental ou en voiture (4 km).* Du pied de l'escalier de 617 marches qui conduit au sanctuaire se dessine une jolie perspective sur cet ensemble baroque. La

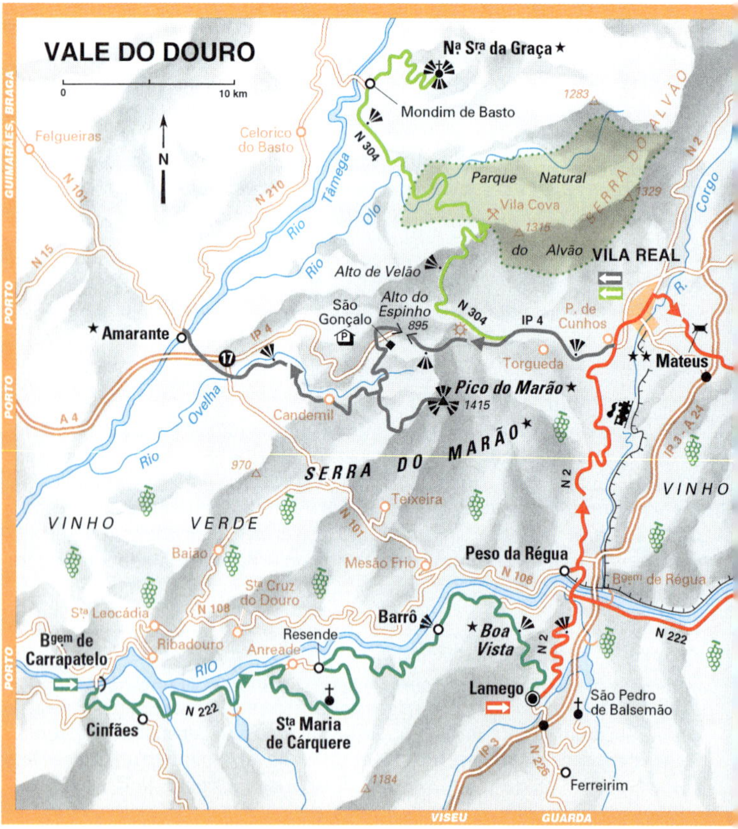

façade de l'église (18e s.), dont le crépi blanc fait ressortir les élégantes courbes de granit, domine l'**escalier** à double volée, interrompu par des paliers et orné d'azulejos : il est hérissé d'une multitude de pinacles et rappelle celui de Bom Jesus de Braga. Du parvis de l'église, la vue s'étend sur Lamego, dominé à l'horizon par les hauteurs qui bordent la vallée du Douro.

★ **Musée** (Museu) – *Largo de Camões - ☏ 254 60 02 30 - mar.-dim. 10h-12h30, 14h-17h30 - fermé 1er janv., dim. de Pâques, 1er Mai et 25 déc. - 2 €, gratuit dim. et j. fériés le matin.* Il est installé dans l'ancien palais épiscopal, noble édifice du 18e s. La partie droite du rez-de-chaussée abrite la section lapidaire : sculptures religieuses, du Moyen Âge à l'époque baroque, et une belle collection de blasons qui ornaient autrefois les façades des maisons nobles. Au 1er étage, ne pas manquer les **cinq peintures sur bois**★ (début 16e s.) de Vasco Fernandes, dit Grão Vasco (*voir « L'école de Viseu », p. 441*), qui faisaient partie d'un polyptyque ornant le retable de la cathédrale de Lamego. De gauche à droite, on reconnaît la Création, l'Annonciation, la Visitation (scène la plus remarquable), la Présentation au Temple et la Circoncision. Plus loin, **six tapisseries de Bruxelles** (16e s.) représentent des scènes puisées dans la mythologie (notez la richesse de composition de l'histoire d'Œdipe et du Temple de Latone). À cet étage, on trouve aussi deux chapelles baroques en bois sculpté et doré, dont celle de Saint-Jean-l'Évangéliste provenant du couvent des Chagas avec niches et statues, un salon chinois, des pièces d'orfèvrerie et des céramiques. La 2e partie du rez-de-chaussée abrite une autre chapelle baroque et de beaux azulejos du 16e au 18e s. (dont ceux, polychromes, du palais Valmor à Lisbonne).

Chapelle (Capela) **São Pedro de Balsemão** – *3 km à l'est de Lamego (suivez la signalisation à partir de la rue qui descend en face de la chapelle de l'Exil) - mai-sept. : mar. 14h-18h, merc.-dim. 10h-12h30, 14h-18h ; oct.-avr. : mar. 14h-17h30, merc.-dim. 9h30-12h30, 14h-17h30 - fermé 3e w.-end du mois, 1er janv., dim. de Pâques, 1er Mai et 25 déc. - gratuit.* Une façade du 17e s. masque le sanctuaire que l'on pense être le plus ancien du Portugal : la chapelle serait d'origine wisigothique et remonterait au 7e s. Le petit vaisseau trapu témoigne sur ses murs – où courent des frises en « arête de poisson » – du réemploi de matériaux romains. Il est divisé en trois nefs par deux rangées d'arcades retombant sur des colonnes basses couronnées de chapiteaux corinthiens stylisés (l'un d'eux, à l'entrée du chœur à gauche, repose sur un coussinet à rouleau caractéristique de l'art préroman). Remarquez le sarcophage d'Afonso Pires, évêque de Porto mort en 1362, sculpté de bas-reliefs (Cène, Crucifixion, un couple royal) ; le gisant est soulevé par deux anges. Plafond peint et retables baroques du 17e s.

Quittez Lamego au sud par la N 226 en dir. de Trancoso.

La route passe à proximité de **Ferreirim** *(2 km à gauche)* où, de 1532 à 1536, Cristóvão de Figueiredo travailla, avec Gregório Lopes et Garcia Fernandes, à la confection du retable que l'on peut admirer au musée de Lamego *(voir p. 509)*.

2 km après avoir laissé à droite la route de Tarouca, tournez à droite.

Ancien monastère de São João de Tarouca

19 km de Lamego – 30mn env.

Tapi au creux de la vallée fertile du Barosa, que dominent les hauteurs de la serra de Leomil, l'ancien monastère de São João de Tarouca est entouré de quelques maisons.

L'**église** *(mêmes horaires que la chapelle São Pedro de Balsemão, p. 509)* a été érigée au 12e s. Elle a subi d'importantes modifications au 17e s. L'intérieur a reçu une décoration baroque ; les chapelles abritent plusieurs tableaux attribués au peintre Gaspar Vaz, dont un remarquable **saint Pierre★** *(3e chapelle de droite)*.

Dans le croisillon gauche, les murs sont tapissés d'azulejos (18e s.) figurant des scènes de la vie de saint Jean-Baptiste et le baptême du Christ. Le monumental tombeau (14e s.) en granit, décoré de bas-reliefs représentant une chasse au sanglier, renferme la dépouille de Dom Pedro, comte de Barcelos, bâtard du roi Denis, auteur de la *Chronique générale de 1344*. Dans le chœur, des azulejos illustrent la vie de saint Bernard.

★★ CIRCUIT DU VIGNOBLE DU PORTO

Circuit rouge de 112 km au départ de Lamego, tracé sur la carte de la vallée du Douro (p. 508) – Env. 3h. De Lamego (voir p. 507), prenez la N 2 qui franchit le Douro, puis s'élève au-dessus de la vallée du rio Corgo ; gagnez Peso da Régua, au nord, à 12 km.

Peso da Régua

Au confluent du Corgo et du Douro, ce centre économique régional sans grand charme organise l'expédition par train des vins du Haut-Douro à destination de Porto. Il est le siège des deux puissants organismes qui réglementent la production du porto : la Casa do Douro et l'Institut du vin de Porto.

Peso da Régua mise sur le développement du tourisme régional, mais les constructions récentes gâchent quelque peu le paysage, et la route des berges est bruyante et encombrée. La ville constitue le point de départ de promenades en bateau sur le fleuve, le long des célèbres vignobles et des beaux paysages de la vallée *(voir « Nos adresses dans la vallée du Douro », p. 516)*.

Quittez Peso da Régua par la N 2 et rejoignez Vila Real, 23 km au nord.

Vila Real

À la confluence du rio Corgo et du rio Cabril – Comptez 1h à 1h30.

Groupée sur un plateau, au pied de la serra do Marão, parmi les vignes et les vergers, la « ville royale » est un carrefour de communication sans grand relief malgré les nombreuses demeures patriciennes des 16e et 18e s. qui l'agrémentent.

Les principaux monuments de la ville s'ordonnent autour de l'av. Carvalho Araújo. Descendez l'avenue à partir de la cathédrale, en restant sur le même trottoir.

Cathédrale (Sé) – Ancienne église conventuelle érigée à la fin de l'époque gothique, elle présente néanmoins certains caractères romans, discernables en particulier dans la facture des chapiteaux de la nef.

Maison de Diogo Cão (Casa de Diogo Cão) – *Av. Carvalho Araújo, 19 (plaque) - ne se visite pas*. Ainsi appelée parce que le célèbre navigateur y serait né. La façade a été refaite au 16e s. dans le style de la Renaissance italienne.

Hôtel de ville (Câmara Municipal) – Édifié au début du 19e s., il est remarquable par son escalier de pierre à balustres dans le goût de la Renaissance italienne.

Poursuivez tout droit vers le cimetière et contournez-le par la gauche.

Esplanade du cimetière – Autour du cimetière, une esplanade dégage des points de vue intéressants sur le ravin du Corgo et les quelques maisons qui le surplombent. À l'arrière du cimetière, on jouit d'une vue plongeante sur les gorges du Corgo et son affluent, le Cabril.

Revenez sur l'avenida Carvalho Araújo et remontez-la sur la droite.

Remarquez la jolie façade de la maison du 16e s. occupée par l'office de tourisme *(nº 94)*.

Tournez à droite dans la rua Avelino Patena (à hauteur du palais de justice), puis à gauche dans la rua de 31 de Janeiro.

Église São Pedro – Elle est décorée d'azulejos polychromes du 17e s. dans le chœur et d'un joli **plafond★** à caissons en bois sculpté et doré.

Quittez Vila Real par la N 322 à l'est, en dir. de Sabrosa.

★★ Manoir de Mateus (Solar de Mateus)

3,5 km à l'est de Vila Real par la N 322 dir. Sabrosa. 259 32 31 21 - www.casademateus.com - visite guidée obligatoire ttes les h (45mn - en haute saison, il est prudent de réserver) juin-sept. : 9h-19h30 ; oct., mars, avril et mai : 9h-18h30 ; nov.-fév. : 9h-17h - fermé 25 déc. - 9,50 € (jardins seuls : 6 € - visite libre). Photos interdites dans le manoir.

Châtaigniers, vignes et vergers signalent l'approche du bourg de Mateus, que la présence du manoir des comtes de Vila Real a rendu célèbre. Avec ses jardins magnifiques, le **manoir** de Mateus constitue un lieu d'harmonie et de grande beauté, à visiter absolument. Bijou de l'architecture baroque, il fut édifié dans la première moitié du 18e s. par Nicolau Nasoni *(voir encadré p. 479)*.

LES VIGNES DU DOURO

« Dieu créa la Terre et l'homme, le Douro » dit un proverbe local. Il faut avoir vu les rives du Douro complètement sculptées en hauts gradins soutenant chacun quelques rangs de vigne pour comprendre l'immense travail réalisé par les hommes depuis des siècles. Les vignes sont cultivées sur près de 40 000 ha répartis dans la « région délimitée du Douro ». Le spectacle est particulièrement fascinant de mi-septembre à mi-octobre, quand ces gradins deviennent le domaine de milliers de vendangeurs. Près de la moitié de la production est dévolue à l'appellation d'origine « porto », et c'est des meilleurs raisins, mûrissant au cœur de cette vallée où la température estivale atteint facilement 40 °C, que naît le précieux breuvage. Le reste est utilisé principalement pour la production des vins d'appellation « douro », forts délectables eux aussi. *Voir aussi « Les vins », p. 57.*

En arrière de pelouses plantées de cèdres, et suivi d'un jardin agrémenté de massifs de buis et d'une charmille formant un « tunnel de verdure », il présente une **façade★★**, précédée d'un miroir d'eau, où repose, couchée, une statue de femme, œuvre du sculpteur contemporain João Cutileiro. Le corps central du bâtiment, en retrait, se pare d'un ravissant escalier à balustres et d'un haut fronton armorié encadré de statues allégoriques. La cour d'honneur est protégée par une balustrade de pierre ornementée. Les fenêtres d'étage sont surmontées de gâbles moulurés. Sur les corniches des toitures s'élèvent de très beaux pinacles.

À gauche de la façade, lui fait pendant celle d'une élégante chapelle baroque érigée en 1750, également par Nasoni.

À l'intérieur du palais, on remarque les magnifiques plafonds en bois de châtaignier sculpté de la grande salle et du grand salon, la richesse de la bibliothèque (nombreuses éditions françaises anciennes), certains meubles (portugais, espagnols, chinois, français en bois peint du 18e s.) et, dans deux salles de l'étage constituées en musée : des **cuivres gravés** par Fragonard et le baron Gérard, des éventails précieux, des vêtements liturgiques, un autel du 17e s. et des sculptures religieuses dont un crucifix d'ivoire du 16e s.

Sabrosa

18 km à l'est de Vila Real (env. 15 km de Solar de Mateus).

La ville natale de Magellan (qui n'est donc pas né les « pieds dans l'eau » comme le veut la légende !) compte plusieurs demeures seigneuriales du 15e s. On peut voir la maison natale de l'illustre navigateur (1480-1521), devant laquelle trône une plaque commémorative, hommage du Chili au découvreur de son plus célèbre détroit.

★★ Route de Sabrosa à Pinhão

Quittant Sabrosa, la N 323 dégringole vers le Douro en dominant la vallée encaissée du rio Pinhão, à gauche. Les pentes se strient de terrasses couvertes de vignes parmi lesquelles surgissent les *quintas*. Environ 5 km avant Pinhão, se révèle une belle **vue★** d'ensemble sur le méandre du Douro et le confluent de ce dernier avec le rio Pinhão.

Pinhão

17 km au sud de Sabrosa.

Joli bourg et important centre viticole, Pinhão est situé au confluent du rio Pinhão et du Douro. Ici partait le vin en bateau ou en train depuis la **gare** ornée de 25 panneaux d'azulejos illustrant les sites et les costumes traditionnels de la vallée. Aujourd'hui, le vin est acheminé par camion. Près du fleuve s'alignent des cuves blanches.

Pour ceux qui ont le temps, une excursion jusqu'à la bourgade de plateau de **São João da Pesqueira** *(retraversez le fleuve et faites 18 km de route en lacet par la N 222 à l'est)* permet de découvrir d'autres paysages de vignobles en terrasses dans la vallée du rio Torto. La place principale de São João da Pesqueira s'orne d'une chapelle, d'arcades et de maisons blanches à balcons. Le petit **musée Eduardo Tavares** compte une salle où sont exposées les œuvres de ce sculpteur du cru, une autre consacrée à l'archéologie locale, ainsi qu'une petite bibliothèque sur la région du Douro.

À la sortie de Pinhão, la route franchit le Douro, puis la N 222 suit vers l'ouest le fond de la vallée entre des versants schisteux aménagés en terrasses que soutiennent des murettes : la vigne revêt ici l'aspect d'une véritable monoculture. On rejoint de nouveau Peso da Régua après 25 km.

Azulejos de la gare de Pinhão.
R. Mattes/hemis.fr

★ SERRA DO MARÃO : DE VILA REAL À AMARANTE

Circuit gris de 70 km tracé sur la carte de la vallée du Douro (p. 508) – Comptez env. 1h30. Quittez Vila Real (voir p. 510) à l'ouest par l'IP 4-E 82, dir. Porto.

La **serra do Marão★** et la **serra de Alvão★** *(circuit suivant)* constituent un bloc de granit et de schiste délimité à l'est par le Corgo, à l'ouest par le Tâmega et au sud par le Douro. Les dislocations qui ont accompagné son soulèvement à l'ère tertiaire ont entraîné d'importantes différences d'altitude entre ses sommets. Le paysage doit sa désolation à la vigueur de l'érosion.

Dès les premiers versants, les pins et les châtaigniers commencent à remplacer les vignes et les vergers. À partir de Parada de Cunhos, de beaux **panoramas** se développent à droite sur les contreforts de la serra de Alvão et sur Vila Real dans son bassin.

Après Torgueda, laissez à droite la N 304 vers Mondim de Basto.

L'IP 4, en montée, offre à gauche de belles **vues★** sur le sommet du pic de Marão, point culminant (1 415 m) de la serra.

EN QUÊTE DE L'ÂME SŒUR

Saint Gonçalo (1187-1259), ou saint Gonzalve, a laissé son empreinte sur la ville d'Amarante. Au début du 13e s., ce prédicateur y construit une chapelle. Un pont est ensuite bâti sur le Tâmega. Un des chemins vers Saint-Jacques-de-Compostelle passe près de la ville, et les pèlerins font désormais le détour pour venir écouter le prédicateur en renommée de sainteté. Saint Gonçalo, patron des vieilles filles, a la réputation de favoriser les mariages et la fécondité ; embrasser ou toucher le gisant (dans la chapelle du monastère) permettrait de trouver l'âme sœur. Très populaire et colorée, sa fête se déroule le premier week-end de juin. À cette date, garçons et filles s'échangent avec malice le *bolo de Gonçalo*, un gâteau de forme phallique, qui se réfère à la même tradition.

Après le col (alto do Espinho), quittez l'IP 4 et prenez la route menant au pic de Marão. À hauteur de la pousada *de São Gonçalo, située en balcon au-dessus des pentes tapissées de pins, tournez à gauche dir. « Alto da Serra ». Roulez 2,5 km, puis bifurquez à droite dans une petite route étroite et en mauvais état (prudence !).*
La route s'élève dans un paysage minéral de blocs cristallins ou schisteux, très endommagé par les incendies, et aboutit 9 km plus loin au sommet.

★ Pico do Marão

Alt. 1 415 m. De la cime, se déploie un magnifique **panorama** sur tous les autres sommets dénudés de la serra.

Revenez à la route qui dévale la montagne vers Candemil et rejoint Amarante.

La descente sur Amarante, rapide et sinueuse, se fait en corniche au-dessus du rio Ovelha, affluent du Tâmega, riche en truites. Peu avant Candemil, la route s'encaisse dans une vallée rocheuse. La fin du parcours, très verdoyante (cultures, pins, châtaigniers), offre de belles vues à droite sur les vallées affluentes du Tâmega.

★ Amarante

15 km de Candemil (39 km de Vila Real) – Comptez 1h30.

Étagée sur les rives boisées du Tâmega, Amarante dégage le charme d'une petite localité provinciale, empreinte de religiosité. L'animation se concentre sur la belle praça da República, signalée par le dôme du monastère de São Gonçalo. Outre son célèbre pont et ses églises, elle compte de vieilles demeures aux balcons de bois et aux grilles de fer forgé. On y déguste, comme il se doit, de délicieuses pâtisseries, jadis confectionnées par les religieuses.

Pont São Gonçalo – Construit à la fin du 18e s. sur le Tâmega, il est en granit. Gravée sur l'un des quatre obélisques gardant l'entrée du pont *(sur la rive droite)*, une plaque rappelle les combats qui opposèrent, du 18 avril au 2 mai 1809, le général Silveira, futur comte d'Amarante, aux troupes napoléoniennes commandées par le général Loison.

Église du monastère São Gonçalo – L'église, érigée en 1540, présente un portail latéral à trois étages de colonnettes de style Renaissance italienne, que couronne un fronton baroque ; la statue de saint Gonzalve se dresse dans la niche centrale du 1er étage. À gauche du portail, remarquez, adossées aux piliers d'une loggia, les statues des quatre rois pendant le règne desquels le monastère fut construit. Un dôme, au lanternon revêtu d'azulejos, domine la croisée du transept. L'intérieur, modifié au 18e s., abrite un beau mobilier baroque en bois doré : retable du chœur, deux chaires se faisant face et, surtout, le **buffet d'orgue★** (début 17e s.) que supportent trois tritons. Dans la chapelle à gauche du chœur, le tombeau à gisant polychrome de saint Gonzalve est l'objet d'un culte bien particulier *(voir encadré p.513)*. La chapelle de droite, dite « des Miracles », contient quelques ex-voto. Au fond du bras gauche du transept, une porte donne accès au cloître Renaissance, sobre, mais dont les galeries voûtées encadrent une fontaine à masques.

Hôtel de ville (Câmara Municipal) – Il occupe les anciens bâtiments conventuels *(à droite de l'église, place du Marché)*. Au 1er étage, un petit **musée** municipal présente des vestiges archéologiques, ainsi que des sculptures et peintures modernes : toiles d'**Amadeo de Souza Cardoso** (1887-1918), peintre cubiste né près d'Amarante *(mar.-dim. 10h-12h30, 14h-17h30 - fermé j. fériés - 1 €)*.

Église São Pedro – *Ouverte en principe uniquement l'été ; rens. à l'office de tourisme.* Cette construction du 18e s. présente une façade baroque ornée des statues des saints Pierre et Paul. La nef unique, sous voûte de stuc en berceau, est décorée de bandeaux d'azulejos bleu et jaune du 17e s.; le chœur, sous voûte de pierre à caissons sculptés, abrite un autel de bois doré. La sacristie est couverte d'un **plafond★** à caissons, en bois de châtaignier élégamment sculpté.

Les amateurs d'art roman compléteront ce circuit en faisant un détour par Travanca.

Travanca

18 km par la N 15 en dir. de Porto, puis à gauche dans le village de Trovoada.

La région, en particulier sur la rive droite du fleuve Tâmega, compte un riche patrimoine architectural de style roman, comme à Travanca. L'**église** du 12e s. *(fermée au public)* fait partie d'un ancien monastère bénédictin *(également fermé)* niché au creux d'un vallon. Bâtie en granit, elle présente une façade large et robuste. Les **chapiteaux★** historiés qui ornent les portails et l'arc triomphal sont remarquables; parmi les sujets représentés, on reconnaît des oiseaux aux cous enlacés, des dragons, des serpents, des biches, des sirènes, etc. À gauche de l'église, une tour crénelée avec mâchicoulis s'ouvre à l'arrière par un portail décoré de façon très fruste.

Sur la rive gauche du fleuve, on trouve quelques églises plus modestes.

★ SERRA DO ALVÃO : DE VILA REAL AUX ENVIRONS DE MONDIM DE BASTO

Circuit vert clair de 61 km tracé sur la carte de la vallée du Douro (p. 508) – Comptez env. 1h30. Quittez Vila Real (voir p. 510) par l'IP 4 et, après Torgueda, prenez à droite la N 304.

La route s'élève vers le col (alto de Velão), d'où se révèle à gauche une **vue** sur le haut bassin du rio Olo. Elle traverse ensuite l'extrémité ouest du **Parc naturel d'Alvão**, aux beaux paysages verdoyants parsemés de chaos granitiques, puis amorce une **descente★** en corniche vers Mondim de Basto dans la vallée du Tâmega.

De Mondim de Basto, prenez la N 312 au nord pendant 3,5 km et, à droite, une large route qui grimpe en lacet entre les rochers et les pins, sur 8,5 km.

★ Chapelle (Capela) Nossa Senhora da Graça

Un majestueux escalier mène à la chapelle. De l'esplanade ainsi que du haut du clocher *(54 marches et échelons; le billet s'achète à la boutique face à l'entrée)* s'offre un **panorama** à 360° sur la vallée du Tâmega, Mondim de Basto et la serra do Marão.

Retournez à Mondim de Basto. De là, rejoignez **Amarante★** *(voir p. 514) par Fermil (dir. Fafe/Celorico par la N 304), puis à gauche par la N 210.*

NOS ADRESSES DANS LA VALLÉE DU DOURO

INFORMATIONS UTILES

Les offices de tourisme sont répertoriés en début de chapitre.

Internet

À Lamego – **C@fé Net** – *Av. 5 de Outubro, 153 - ✆ 254 65 50 13 - lun.-vend. 7h30-0h, w.-end 8h-0h.*
Espaço Internet – *Largo da Feira - ✆ 254 61 92 89 - lun.-vend. 9h-20h. Gratuit.*
À Pinhão – **Casa do Povo** – *Largo da Estação, 57 (près de la gare). Gratuit.*
À Vila Real – **Café Forum** – *R. António Valente da Fonseca, 56 (à l'ouest de la praça Luís de Camões) - ✆ 259 32 17 62 - lun.-sam. 8h-0h, dim. 13h-0h. 1,50 €/h.*
À Amarante – **Bibliothèque municipale** – *Largo de Santa Clara - ✆ 255 42 02 36 - lun.-sam. 10h-12h30, 14h-18h30. Gratuit.*

TRANSPORTS

Train

Depuis Porto, on peut remonter la vallée du Douro en train (ligne Porto-Régua-Pocinho). Plusieurs dép./j. depuis les gares de São Bento et de Campanhá. Comptez 2h jusqu'à Peso da Régua, 2h30 jusqu'à Pinhão.

À Vila Real

Bus – **Central de Camionagem** - *R. Dr António Valente Fonseca.* Départs fréquents pour Porto et Lisbonne, entre autres.

VISITE

À Peso da Régua

Croisières fluviales – Une dizaine de compagnies de navigation se partagent le marché des croisières sur le Douro *(voir aussi « Visite » dans « Nos adresses à Porto », p. 493)*. Départs de **Peso da Régua**, où la plupart des compagnies sont représentées, avec une portion navigable principale d'environ 50 km entre Mesão et Tua. Des parcours beaucoup plus longs sont possibles (jusqu'à huit jours). Autres départs depuis Vila Nova de Gaia, juste en face de Porto, ou Barca de Alva, à la frontière espagnole.

Petit train - Au départ de la gare de Peso da Régua *(av. 5 de Outubro)*, un charmant petit train à vapeur du début du 20e s., roulant à la vitesse décoiffante de 30 km/h, a été remis en circulation. La **ligne du Douro** longe les berges de la rivière vers l'amont en remontant jusqu'à Pinhão *(25 km - 50mn env.)* et Tua *(38 km - 1h30) - juil.-oct., le sam. seult, sur réserv. ✆ 808 20 82 08.*

HÉBERGEMENT

À Ribadouro

BUDGET MOYEN

Casa da Torre – *Porto Manso - 4640-403 - ✆ 255 55 12 32 - www.torredeportomanso.com - - 8 ch. 68/80 € . Depuis la N 222, entre Cinfães et Oliveira do Douro, prenez la route à gauche qui franchit le Douro, dir. Ribadouro.* Dans un site enchanteur d'une beauté peu commune et d'un calme absolu, quatre maisons d'hôte (de 1 à 3 chambres chacune) s'étagent sur une collines, autour de la maison du propriétaire (préférez les maisons situées en hauteur à celle en bord de route). Vue spectaculaire, piscine surplombant le fleuve, tonnelles couvertes de vigne pour conduire aux bâtiments : c'est l'idéal pour se ressourcer.

À Lamego

BUDGET MOYEN

Quinta da Timpeira – *Penude (sur la route de Viseu, à env. 2,5 km, suivez l'indication « turismo rural ») - ✆ 254 61 28 11 - www.quintadatimpeira.com* - 🏊 🅿 - *7 ch. 70/75 €* ☕. Au creux des vignobles, cette ancienne exploitation agricole délivre un beau panorama sur les montagnes de Meadas. Ses petites chambres immaculées, au mobilier rustique, sont confortables. On prend le petit-déjeuner sur la terrasse en contemplant le paysage. Accueil charmant.

POUR SE FAIRE PLAISIR

Hotel Rural Casa Viscondes da Várzea – *Várzea de Abrunhais (dir. Tarouca) - ✆ 254 69 00 20 - www.hotelruralviscondesvarzea.com* - 🏊 - *36 ch. 90/110 €* ☕. Dans une propriété vinicole de 180 ha dominant la vallée, comme au bout du monde, une demeure cossue du 17e s. où se succèdent des salons aux grandes cheminées couronnées de beaux plafonds. Dans les chambres spacieuses, grands lits en fer forgé, miroirs dorés et tissus à motifs fleuris. Chapelle privée du 18e s. Tennis.

À Vila Real

Bon à savoir – Le centre de **Vila Real** dispose de peu de chambres. La plupart des hébergements sont dispersés dans la campagne alentour. Les offices de tourisme délivrent la liste complète des hébergements à la campagne *(turismo rural)*.

PREMIER PRIX

Hospedaria da Sé – *Travessa de S. Domingos, 19-23 - ✆ 259 32 45 75 - 12 ch. 30/40 €* ☕. Dans une ruelle calme s'ouvrant sur l'av. Carvalho Araújo, fleurie et animée, l'hôtel fait face à la cathédrale. Chambres simplissimes mais parquetées, pour des clients pas vraiment regardants sur le confort.

Hospedaria Real – *R. Combatentes da Grande Guerra, 5 - ✆ 259 32 58 79 - www.residencialreal.com* - 💳̸ - *13 ch. 40 €* ☕. Dans le centre piétonnier, au-dessus de la pastelaria Real, ce bel immeuble d'angle abrite des chambres simples, mais spacieuses et hautes de plafond, avec de grandes fenêtres donnant sur la rue animée en journée. Deux chambres triples. Petit-déj. au rdc, avec les habitués.

BUDGET MOYEN

Hotel Miracorgo – *Av. 1º de Maio, 76-78 - ✆ 259 32 50 01 - www.hotelmiracorgo.com* - 🏊 - *166 ch. 71 €* ☕. Grand édifice dans la partie haute de la ville, moderne et sans charme particulier mais offrant des chambres vastes et confortables, très bien équipées. Les chambres sur l'arrière donnent sur la profonde échancrure du Corgo. Grande piscine. Accueil un peu impersonnel.

À Amarante

PREMIER PRIX

Residencial Estoril – *R. 31 de Janeiro, 152 (rive gauche du Tâmega) - ✆ 255 43 12 91 - 7 ch. 35/40 €* - ☕ *3 €*. Un établissement en aplomb des eaux dormantes du Tâmega. Terrasse suspendue pour petit-déjeuner enchanteur face au pont et aux monuments sur l'autre rive. Le restaurant sert une cuisine portugaise familiale (autour de 10/15 €).

À Celorico de Basto

POUR SE FAIRE PLAISIR

Casa do Campo – *N 210 (en venant d'Amarante, prenez le chemin à droite face au lycée agricole) - ✆ 255 36 12 31 - www.casadocampo.pt* - 🏊 - *10 ch. 90/110 €* ☕. Signalée par la façade baroque de la chapelle familiale, cette belle demeure en granit et aux murs blancs (15e-18e s.) est agrémentée d'un somptueux jardin de camélias taillés, rythmé de fontaines et d'étroites allées ombragées ; à l'arrière, la piscine s'ouvre sur la montagne de Nossa Senhora da Graça. Les chambres aménagées dans les ailes modernes adoptent un style résolument contemporain. Tennis. Petit-déj. dans un salon meublé d'antiquités. Table d'hôte possible.

RESTAURATION

À Oliveira do Douro

BUDGET MOYEN

Estalagem Porto Antigo – *Porto Antigo - Cinfães (juste après le pont sur le Douro, entre Ribadouro et Oliveira do Douro) - ✆ 255 56 01 50 - www.estalagemportoantigo.com.* Installé au bord de l'eau, cet hôtel de charme, qui héberge aussi un centre d'entraînement nautique, propose dans une belle salle à la décoration claire et au parquet de bois une cuisine soignée et goûteuse. On y dîne face au fleuve, dans un cadre enchanteur.

À Lamego

BUDGET MOYEN

Hotel Parque – *Nossa Senhora dos Remédios - ✆ 254 60 91 40.* Au sommet de l'escalier monumental de Nossa Senhora dos Remédios, le restaurant de cet hôtel propose des mets délicats servis avec professionnalisme, dans une grande salle classique : truite farcie, chevreau *(cabritinho)*, desserts conventuels. Formule buffet le dim. midi (12,50 €).

À Vila Real

PREMIER PRIX

Casa Pires – *R. Avelino Patena, 34 - ⊭ - 12h-14h30 sf dim.* Une authentique cantine populaire, tenue depuis trois décennies par la famille Pires : rythmée par une vieille pendule, la grande salle sombre au mobilier rustique affiche complet à tous les déjeuners. Petite carte et plats du jour pour un repas simple et convivial.

BUDGET MOYEN

Terra de Montanha – *R. 31 de Janeiro, 16-18 (dans la zone piétonnière) - ✆ 259 37 20 75 - fermé dim. soir.* Portraits en noir et blanc exposés à l'entrée, tables aménagées à l'intérieur de tonneaux, musique traditionnelle en fond sonore… Les traditions culinaires du Trás-os-Montes s'invitent en plein centre de Vila Real : beignets de haricots verts, chorizo au vin grillé, ragoût de poulpe, etc. Une cuisine soignée servie dans de la vaisselle noire locale.

À Amarante

PREMIER PRIX

A Quelha – *R. da Olivença (derrière la gare routière) - ✆ 255 42 57 86 - 11h30-22h.* Avec sa terrasse un peu cachée aux tables couvertes de nappes à carreaux, cette taverne mêle rustique et contemporain. Bonne cuisine régionale faisant la part belle aux viandes et aux charcuteries.

À Vila Meã

BUDGET MOYEN

Quinta da Lama – *D'Amarante, prenez la N 15 vers Porto, puis la N 211-1 à gauche jusqu'à Real (situé avant Vila Meã). Dans le bourg, tournez à gauche, dépassez l'église, puis descendez à droite à hauteur du stade municipal ; l'accès à la quinta est indiqué plus bas, sur un panneau en pierre - ✆ 255 73 35 48 - 12h-15h, 19h-22h, fermé dim. soir et lun.* Perdu au milieu des paysages vallonnés du vignoble du *vinho verde*, un ancien moulin à huile conservé dans son jus : les tables entourent la meule, et un four à pain apparaît au fond de la salle. Une adresse d'initiés pour une cuisine régionale délicate et savoureuse.

PETITE PAUSE

À Vila Real

Casa Lapão – *R. da Misericórdia, 51 - ✆ 259 32 41 46 - ouvert à partir de 9h.* À l'angle d'une venelle, une pancarte éclairée de néons roses : réputée dans toute la ville, cette minuscule adresse est fréquentée aussi bien pour les pauses gourmandes que pour le déjeuner : *bolas de carne* (pain fourré au jambon cru, au bacon et au saucisson), *cristas de galo* (gâteau aux amandes en forme de demi-lune) et *pitos de Santa Luzia*, une spécialité locale aux figues et à la cannelle.

À Amarante

Don Rodrigo – *R. 31 de Janeiro, 39 - ✆ 255 42 25 64 - 9h-20h - env. 10 €.* Dans cette taverne-boutique ouverte sur la rue, aux murs de pierre couverts d'adages sur le vin et de jambons suspendus, quelques tables en bois pour une formule unique : des sandwichs de *presunto* accompagnés d'un bon verre de vin.

Confeitaria da Ponte – *R. 31 de Janeiro, 17 - ✆ 255 43 20 34 - 8h-21h30.* La terrasse de cette pâtisserie située au pied du pont, en aplomb de la rivière, compose un cadre privilégié. Grand choix de thés. Parmi les spécialités, le fameux *bolo de Gonçalo (voir « Agenda »).*

ACHATS

À Lamego

Produits régionaux - Sé Gourmet – *R. Macário de Castro, 38 (derrière l'église) - fermé dim.* Une belle boutique mêlant traditionnel et contemporain. Irrésistibles cadeaux gourmands, très joliment présentés : biscuits artisanaux, miels, huiles d'olive, produits biologiques, vins, etc. Espace de dégustation.

À Peso da Régua

Solar dos Vinhos do Douro e do Porto – *R. da Ferrerinha - ✆ 254 32 09 60.* Rattaché à l'Instituto do Vinho do Porto, cet espace vend la production régionale de porto et organise des dégustations.

À Vila Real

Poterie noire – *Av. da Noruega (près du rond-point),* Vila Real. Quelques étals où les artisans réalisent et vendent leur poterie noire aux reflets argent : de la truie, symbole du village de Murça, aux plats creux pour servir les spécialités à base de riz.

Près d'Amarante

Quinta da Aveleda – *À Penafiel, sur l'IP 4 entre Amarante et Porto - ✆ 255 71 82 00 - www.aveleda.pt.* La quinta da Aveleda donne son nom à l'une des marques de vin vert les plus connues à l'exportation. Intégrée dans un beau site naturel, elle comprend un restaurant. Visite des caves, dégustation.

ACTIVITÉS

À Vila Real

Solar de Mateus – *N 322 - ✆ 259 32 31 21 - www.casadematues.com.* La fondation du Solar de Mateus, outre l'entretien du manoir et l'accueil d'artistes résidents, organise régulièrement des concerts et des expositions, à l'intérieur de l'ancien cellier transformé en salle de spectacle ou dans la cour d'honneur.

Randonnée pédestre – Deux sentiers balisés traversent les superbes paysages du **parc naturel do Alvão**, avec ses cascades et ses villages typiques. Cartes et descriptifs au siège du parc ou à l'office de tourisme de Vila Real. Ce même office de tourisme propose également un livret décrivant cinq parcours dans la campagne environnante.

Loisirs nautiques – En été, location de **barques** et de *gaivotas* (amusants pédalos montés sur un tronc de bois) en amont du pont d'Amarante.

AGENDA

À Lamego

Festa de Nossa Senhora dos Remédios – *Début sept. - procession les 7 et 8 sept.* Un des plus importants pélerinages du Portugal.

À Vila Real

Feira de São Pedro – *28-29 juin.* Foire de la Saint-Pierre ou des *pucarinhos* (vases en céramique). On y trouve des produits artisanaux de la région : vaisselle, belles poteries noires, tissus et vêtements en lin.

Festas da Cidade – *13-21 juin.* Fêtes en l'honneur du patron de la cité, saint Antoine.

À Amarante

Fête de São Gonçalo – *1er w.-end de juin.* Fête du patron des vieilles filles : filles et garçons partagent le *bolo de Gonçalo*, un drôle de gâteau de forme phallique rappelant le culte rendu localement à saint Gonzalve.

Guimarães

★★

158 108 habitants (dont 9 000 dans le bourg historique) – District de Braga

NOS ADRESSES PAGE 527

S'INFORMER

Posto de turismo – *Alameda de São Dâmaso, 83 - ✆ 253 41 24 50 - www.guimaraesturismo.com - fermé w.-end ; praça de S. Tiago - ✆ 253 51 87 90.*

SE REPÉRER

Carte de région p. 468-469 – Plan de Guimarães p. 523 – *Carte Michelin 733 H5.* Au cœur de la vallée de l'Ave, Guimarães est situé à 22 km au sud-est de Braga et à 54 km au nord-est de Porto.

SE GARER

Parking souterrain donnant sur le largo da República do Brasil, au sud-est de la vieille ville ; grand parking gratuit derrière le château.

À NE PAS MANQUER

Prendre un verre à la terrasse d'un des cafés du largo da Oliveira ou de la praça de São Tiago, dans le centre historique.

ORGANISER SON TEMPS

Une bonne demi-journée est nécessaire pour profiter de Guimarães. Visitez d'abord la vieille ville avant d'aborder la colline du château.

AVEC LES ENFANTS

Prenez le téléphérique pour monter au mont Penha.

Première capitale du Portugal et berceau de la nation au 12e s., Guimarães est une des villes les plus jeunes d'Europe par sa population et l'une des plus attirantes du nord du pays. Son centre historique médiéval, ensemble architectural homogène réhabilité dans les règles de l'art, a été classé au Patrimoine mondial de l'Unesco en 2001. La ville, dominée par un fier château, est aussi un centre économique dynamique, notamment dans le domaine du textile. Elle renoue avec la célébrité en 2012, année qui la consacre « capitale européenne de la culture ».

Se promener Plan de ville p. 523

Circuit tracé en vert sur le plan de ville – Comptez 1/2 journée.

★★ CENTRE HISTORIQUE

Comptez env. 3h avec la visite du musée.

Ce quartier, circonscrit par de larges avenues, se prête à une agréable flânerie. Avec son dédale de rues reliant des places bordées de maisons anciennes en granit, il forme un ensemble harmonieux, bien conservé.

Depuis le parking, rejoignez le haut du largo da República do Brasil et prenez, en face, la rua Alfredo Guimarães jusqu'au largo da Oliveira.

Largo da Oliveira

Cette place qui abrite la collégiale Nossa Senhora da Oliveira forme un bel ensemble médiéval avec ses maisons aux balcons fleuris, sa résidence seigneuriale du 14e s. transformée en *pousada* de luxe *(voir « Hébergement », p. 527)* et sa galerie d'arcades ogivales du 14e s.
Au-dessus des arcades se tient l'ancien hôtel de ville ou **Antigos Paços do Concelho**, un édifice manuélin du 16e s.

Couvent de Notre-Dame-de-l'Olivier (Convento da Nossa Senhora da Oliveira)

8h30-12h, 15h30-19h30 - fermé 1er janv., dim. de Pâques, 1er Mai et 25 déc. - gratuit.
Le couvent a été fondé au 10e s. par la comtesse Mumadona. Plusieurs constructions se sont ensuite succédé sur le site, desquelles il ne subsiste aujourd'hui que la collégiale gothique qui a conservé un cloître et une salle capitulaire d'époque romane *(occupés par le musée).*
Collégiale – Le portail principal est surmonté d'un fronton gothique du 14e s. À l'intérieur, remarquez l'autel en argent de la chapelle du Saint-Sacrement *(à droite du chœur).*
Devant la collégiale, un **édicule** gothique contient un *padrão* qui commémore la victoire des Portugais et des Espagnols sur les Maures à la bataille du Salado, en 1340. La légende raconte que, lors de l'achèvement de ce porche, en 1342, le tronc d'olivier qui se trouvait devant l'église se couvrit de feuilles : de cet épisode proviendrait le nom de l'église.
★ **Musée Alberto Sampaio** – *Entrée r. Alfredo Guimarães - ✆ 253 42 39 10 - http://masampaio.imc-ip.pt - mar.-dim. 10h-18h - fermé 1er janv., dim. de Pâques, 1er Mai et 25 déc. - 3 € - gratuit dim. et j. fériés 10h-14h.* Il est installé dans les bâtiments conventuels. Le cloître roman du 13e s. possède d'intéressants chapiteaux, essentiellement à motifs végétaux. Dans une chapelle gothique à gauche de l'entrée, observez deux beaux gisants du 15e s. Dans l'angle est du cloître se trouve la porte de la salle capitulaire, qui arbore un arc outrepassé mozarabe et deux chapiteaux des 11e et 12e s. Remarquez le beau plafond à caissons du 18e s.

LE BERCEAU DU PORTUGAL

Une tour de défense assurant la protection d'un monastère et de quelques maisons alentour : telle est, au 10e s., la configuration du bourg de Guimarães, fondé peu de temps auparavant par la comtesse Nuña Mumadona, originaire du León. En 1095, Alphonse VI, souverain de León et de Castille, lègue le comté de Portucale *(voir « Histoire », p. 94)* à son gendre Henri de Bourgogne. Celui-ci fait aménager en château la tour de Guimarães, capitale du comté, et s'y installe avec sa femme, la princesse Thérèse. De cette union naît, vers 1110, **Alphonse Henriques** qui succède à son père en 1112 (ou 1114). Arguant de l'inconduite notoire de sa mère, qui assure la régence, le jeune prince se révolte et s'empare du pouvoir le 24 juin 1128, à l'issue de la bataille de São Mamede. Puis il engage la lutte contre les Maures, qui se montrent menaçants, et les défait le 25 juillet 1139 à Ourique. Au cours de l'engagement, il est proclamé roi du Portugal par ses troupes ; ce choix est confirmé en 1143 par les Cortes de Lamego *(voir encadré p. 508)* et par son cousin Alphonse VII, roi de León et de Castille (traité de Zamora).

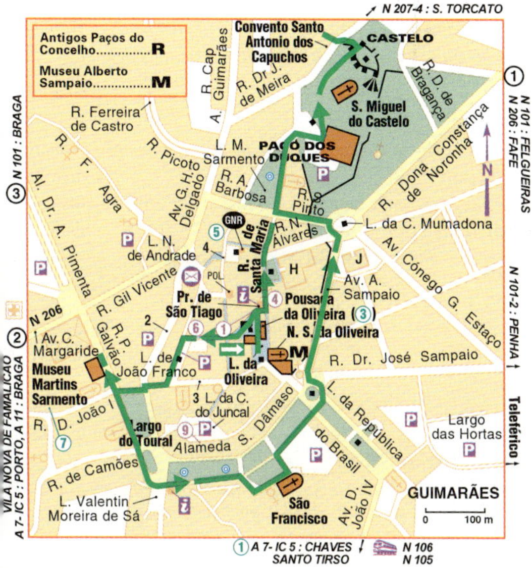

SE LOGER

Paço de São Cipriano... ①
Pousada de Nossa Senhora da Oliveira... ③
Residencial das Trinas.. ⑤
Residencial Mestre d'Avis............ ⑦

SE RESTAURER

El Rei .... ①
Histórico...................... ⑥
Solar do Arco.............. ④
Vira Bar....................... ⑨

INDEX DES RUES

Dans les salles attenantes, belles *talhas douradas* (boiseries sculptées et dorées), retables baroques et pièces d'orfèvrerie, ces dernières constituant l'essentiel du trésor de la collégiale et provenant des dons de Jean Ier. Parmi elles se distinguent un calice gothique en argent doré rehaussé d'émaux, un ostensoir manuélin attribué à Gil Vicente, poète qui fut également orfèvre à ses heures, et une **croix**★ manuéline en argent finement ciselé (16e s.) où figurent les scènes de la Passion.

À l'étage, dans la salle Aljubarrota, observez, outre la tunique portée par Jean Ier à la bataille d'Aljubarrota (1385), le **triptyque**★ en argent doré que le roi aurait pris aux Castillans lors de la bataille : il représente au centre la Nativité, à gauche l'Annonciation, la Purification et la Présentation au Temple, à droite l'Adoration des bergers et des Mages.

Dans la salle suivante, dédiée à la sculpture et à la peinture, remarquez une curieuse statue (14e s.) de sainte Marguerite, d'exécution française, un tableau d'António Vaz, natif de Guimarães et disciple de Grão Vasco, et d'étonnantes peintures sur fresques, dont celles attribuées au peintre connu sous le nom du « Maître délirant de Guimarães » (16e s.).

Passez sous les arcades des Antigos Paços do Concelho pour déboucher sur la praça de São Tiago.

★ Praça de São Tiago

Séparée du largo da Oliveira par les Antigos Paços do Concelho, cette jolie place au tracé irrégulier typiquement médiéval est bordée de maisons populaires anciennes à encorbellement surmonté du large auvent des toits.

À l'angle nord de la place, passez devant l'office de tourisme pour déboucher sur la rua de Santa Maria.

Rua de Santa Maria

Elle suit le tracé du chemin qui reliait le couvent fondé par la comtesse Mumadona au château. Il faut la parcourir à pied pour découvrir les maisons des 14e et 15e s. à grilles de fer forgé et corniches de granit ouvragées.

6

Retournez sur la praça de São Tiago et prenez, en bas à droite (angle sud-ouest), la rua Dr António Mota Prego puis, à gauche, le largo de João Franco et, enfin, à droite la rua Rainha D. Maria II. Elle débouche sur le largo do Toural.

Largo do Toural

Cette place pittoresque, au curieux pavage ondé, forme un bel ensemble urbain classique. Cœur battant de la cité, souvent très animée, elle est bordée de maisons anciennes aux toitures mansardées et aux façades rythmées d'immenses fenêtres et de belles grilles de fer forgé.
Traversez le largo et tournez à droite dans la rua Paio Galvão.

Musée (Museu) Martins Sarmento

R. Paio Galvão - ✆ 253 41 59 69 - www.csarmento.uminho.pt - mar.-sam. 9h30-12h, 14h-17h, dim. 10h-12h, 14h-17h - fermé j. fériés et pendant les fêtes officielles, 24 juin et 26 déc.- 1,50 €.
Installé en partie dans le cloître gothique de São Domingos, il comprend de nombreuses pièces archéologiques trouvées dans les cités préromaines de Sabrosa et Briteiros, dans les environs de Braga *(voir p. 536).*
En sortant du musée, revenez sur le largo do Toural. Empruntez, au sud, la très passante alameda de São Dãmaso, en cheminant dans l'allée centrale ombragée. Un peu plus loin, à droite, apparaît à travers les arbres le clocher de l'église São Francisco.

Église São Francisco

Merc.-sam. 9h30-12h, 15h-17h, dim. 9h30-13h.
Construite au début du 15e s., elle a été modifiée au 17e s. Seuls le portail et le chevet ont conservé leur caractère gothique d'origine. Les chapiteaux du portail principal évoquent la légende de saint François.
L'intérieur a subi de malheureuses transformations aux 17e et 18e s. Le chœur, qui abrite un autel baroque en bois doré, est décoré d'**azulejos★** du 18e s. figurant la vie de saint Antoine. Dans la chapelle ouverte dans le bras gauche du transept, beau **gisant★** en granit de Dona Constança de Noronha, épouse de Dom Afonso, premier duc de Bragance.
★ **Sacristie** – *Accès par le bras droit du transept - 2,50 €.* Elle possède un joli plafond à caissons orné de grotesques ; une table en marbre d'Arrábida s'appuie sur une élégante colonne en marbre de Carrare.
La salle capitulaire, qui donne sur un cloître Renaissance (16e s.), est fermée par une belle grille gothique.
Remarquez, à droite de l'église, une élégante façade ornée d'azulejos.
Poursuivez sur la droite de l'alameda de São Dâmaso jusqu'au largo da República do Brasil. De là, remontez l'avenida Alberto Sampaio puis prenez à gauche la rua Serpa Pinto pour retrouver la rua Santa Maria.

LE CRÉATEUR DU THÉÂTRE PORTUGAIS

Né à Guimarães vers 1470, **Gil Vicente** est un bourgeois qui vit à la cour des rois Manuel Ier et Jean II ; il écrit des divertissements pour le roi et sa suite (farces, tragicomédies) ou des drames religieux *(autos)*. Son œuvre, composée de 44 pièces, constitue une peinture satirique de la société portugaise au début du 16e s. La variété de son inspiration, alliée à la légèreté et à la finesse de son style, fait de ce dramaturge l'un des plus grands écrivains de son époque.

Les façades du centre historique de Guimarães.
J.-P. Degas/hemis.fr

COLLINE DU CHÂTEAU

Suite du circuit 1 tracé sur le plan de la ville. Accès à pied en 15mn (ça grimpe !) depuis le centre par la rua de Santa Maria puis, en face, par le largo de Martins Sarmento – Comptez 2h30, visites incluses.

★ Palais des ducs de Bragance (Paço dos Duques de Bragança)

253 41 22 73 - http://pduques.imc-ip.pt - mar.-dim. 10h-18h (dernière entrée 30mn av. fermeture) - fermé 1er janv., dim. de Pâques, 1er Mai et 25 déc. - 5 €, gratuit dim. et j. fériés le matin.

Tout à côté de l'église, ce palais fut construit au début du 15e s. par le premier duc de Bragance, Alphonse Henriques, fils naturel du roi Jean Ier. Son architecture montre une forte influence bourguignonne, surtout dans les toitures et l'aspect insolite des 39 hautes cheminées de brique. Il fut l'une des plus somptueuses demeures de la péninsule Ibérique mais, à partir du 16e s., la Cour s'étant déplacée à Vila Viçosa, il ne fut plus occupé que par intermittence. Il reste aujourd'hui résidence officielle de la présidence de la République du Portugal, mais n'est quasiment pas utilisé.

Quatre corps de bâtiment le composent, flanqués de tours d'angle massives, ordonnés autour d'une cour et couronnés de créneaux à mâchicoulis. En 1933, le palais a fait l'objet d'une importante restauration qui lui a rendu son aspect d'origine. Devant sa façade s'élève la statue en bronze d'Alphonse Henriques réalisée par Soares dos Reis (fin 19e s.).

Intérieur – Les salles immenses étaient chauffées par de vastes cheminées. Au premier étage, admirez les **plafonds**★ de chêne et de châtaignier des salles des Banquets et des Fêtes, ainsi que les **tapisseries**★ des 16e et 18e s. (d'Aubusson, des Flandres et des Gobelins). Les tapisseries de Tournai, représentant la prise d'Asilah et de Tanger, sont les copies de celles exécutées d'après les cartons de Nuno Gonçalves (les originaux font partie du trésor de l'église de Pastrana en Espagne). Des tapis persans, des meubles portugais (17e s.), des porcelaines de Chine, des armes et armures, des tableaux hollandais et italiens complètent cette décoration.

Voir aussi « ABC d'architecture », p. 90.

Église São Miguel do Castelo

Mar.-dim. 10h-18h - fermé 1er janv., dim. de Pâques, 1er Mai et 25 déc.
Entre le palais des Ducs de Bragance et le château, cette petite église romane (12e s.) abrite des dalles funéraires et les fonts baptismaux sur lesquels aurait été baptisé Alphonse Henriques.

★ Château (Castelo)

253 41 22 73 - mar.-dim. 10h-18h (dernière entrée 30mn av. fermeture) - fermé 1er janv., dim. de Pâques, 1er Mai et 25 déc. - gratuit ; donjon 1,50 € (fermé mar.).
Le **donjon** (Torre de Menagem), haut de 28 m, fut construit au 10e s. par la comtesse Nuña Mumadona pour protéger le monastère et la bourgade qui l'entourait. C'est au sud de ce bourg d'origine que se développeront les quartiers médiévaux puis modernes. Le château fut ensuite érigé par Henri de Bourgogne et renforcé au 15e s. Sept tours carrées, bâties sur des affleurements rocheux, encerclent le donjon. Du haut des remparts crénelés, on bénéficie d'une belle **vue** sur Guimarães, cantonné au sud par le mont Penha.

Couvent Saint Antoine des Capuçins (Convento Santo Antonio dos Capuchos)

Rua Dr Joaquim de Meira - 253 41 54 57 - tlj 10h-17h - fermé j. fériés, 1er janv., dim. de Pâques, 1er Mai et 25 déc. - entrée payante.
Soucieuse de son patrimoine, la Santa Casa da Misericordia a entrepris la rénovation de cette bâtisse du 17e s. et y a ouvert en 2008 un espace musée. De l'ancien couvent, transformé en hôpital en 1842, on visite les cours, le cloître et surtout la sacristie du 18e s., à nouveau parée de ses dorures et de ses boiseries, de ses tableaux et de ses azulejos.

À proximité Carte de région p. 468-469

Mont Penha

En téléphérique – *Largo das Hortas (au sud-est de la ville) - accès depuis le centre par la r. Dr José Sampaio (10mn à pied) - 253 51 50 85 - www.turipenha.pt - avr., mai, oct. : 10h-18h30 ; juin, juil., sept. : lun.-vend. 10h-19h (20h le w.-end) ; août : 10h-20h ; nov.-mars : vend.-dim. 10h-18h - fermé pour entretien le dernier lun. du mois - 4,20 € AR (enf. 2,10 € AR).* Vous pouvez rejoindre Penha par les airs, un trajet plaisant et rapide *(10mn)*. Les cabines passent au-dessus d'une forêt de pins, d'eucalyptus et de mimosas, puis, à mesure que l'on s'élève, la végétation fait place à d'énormes blocs de granit polis par l'érosion. La descente offre une vue étendue sur la ville et la campagne environnante.

En voiture – *Circuit de 17 km. Quittez Guimarães par la N 101, dir. Felgueiras, au sud-est. Après Mesão Frio, prenez à droite vers Penha.* La route s'élève aussitôt en serpentant parmi les pins et les eucalyptus de la serra de Santa Catarina jusqu'au sommet, le mont Penha (617 m), couronné par la basilique Nossa Senhora da Penha.

Traversez l'esplanade de la basilique Nossa Senhora da Penha, poursuivez jusqu'à la statue de sainte Catherine et garez-vous.

De là, **panorama**★ sur la serra do Marão au sud, sur Guimarães et la serra do Gerês au nord.

Pour revenir à Guimarães, prenez, après l'esplanade, une route étroite qui descend en lacet parmi les rochers et les arbres.

★ Trofa

13 km au sud-est. Quittez Guimarães par la N 101, en dir. de Felgueiras.
Trofa est une localité où quelques femmes travaillent encore le filet et la dentelle ; lorsque le temps le permet, certaines d'entre elles dressent leur métier au bord de la route et exposent leurs travaux (nappes et napperons).

Roriz

17 km au sud-ouest. Quitter Guimarães par la N 105. À 3 km de Lordelo, prenez à gauche une route en dir. de Roriz.
Auprès d'un ancien monastère se dresse une intéressante **église** romane en granit du 11e s., rappelant extérieurement celle de Paço de Sousa *(voir p. 490)*. La façade, simple mais harmonieuse, est percée d'un portail aux chapiteaux ornés de feuillages et d'animaux, et aux colonnes agrémentées de coquilles en relief. Comme à Paço de Sousa, des demi-sphères décorent les voussures du portail et la bordure de la gracieuse rosace qui le surmonte. Deux têtes de taureau stylisées servent de linteau. L'avant-toit est bordé d'une frise d'arcatures lombardes. L'intérieur, sobre, à nef unique, ne manque pas d'élégance.

NOS ADRESSES À GUIMARÃES

INFORMATIONS UTILES

Les offices de tourisme sont répertoriés en début de chapitre.
Internet – Connexion gratuite pour 30mn à l'office de tourisme. Nombreux points d'accès wIfi dans le centre historique.

TRANSPORTS

Gare ferroviaire – *Av. D. João IV - ✆ 808 20 82 08*. Plusieurs trains par jour pour Porto *(40mn de trajet)*.
Gare routière – *Alameda Mariano Felgueiras - ✆ 253 51 62 29*. Bus pour Porto, Braga, Lisbonne, Coimbra, etc.

HÉBERGEMENT

PREMIER PRIX

Residencial das Trinas – *R. das Trinas, 29 - ✆ 253 51 73 58 - www.residencialtrinas.com - ⊭ - wifi - 11 ch. 35 €* ☕. Une petite pension de la vieille ville très bien tenue et on ne peut plus centrale. Les chambres carrelées, au mobilier à l'ancienne, donnent sur la ruelle pavée das Trinas. Vue un peu moins pittoresque à l'arrière. Le rapport qualité-prix est très intéressant.
Residencial Mestre d'Avis – *R. D. João I, 40 - ✆ 253 42 27 70 - www.hotelmestredeavis.pt - 16 ch. 35/45 €*. Près du centre historique, derrière la façade en granit d'un immeuble ancien, se cachent des chambres plutôt confortables, quoique pour certaines un peu défraîchies. Le propriétaire, sympathique et accueillant, vous donnera plein de tuyaux sur la ville. Une excellente adresse où l'on parle français, anglais, allemand… et portugais !

UNE FOLIE

Pousada de Nossa Senhora da Oliveira – *R. de Santa Maria - ✆ 253 51 41 57 - www.pousadas.pt - 26 ch. 128/180 €* ☕ *- rest. 25/45 €*. Dans le cœur historique de la ville, cette *pousada* accueillante dispose d'un bon restaurant pour goûter aux spécialités régionales.

À Tabuadelo

POUR SE FAIRE PLAISIR

Paço de São Cipriano – *6 km au sud de Guimarães, dir. Santo Tirso - ✆ 253 56 53 37 - www.pacoscipriano.com - P - 7 ch. 110 € - table d'hôte env. 30 €.* Les amateurs de belles demeures historiques seront comblés par cette maison d'hôte en partie du 15e s., entourée d'un domaine de 80 ha à l'écart de Guimarães. Les propriétaires accueillent eux-mêmes leurs visiteurs, qui découvriront à côté d'une ravissante chapelle un véritable jardin à la française avec des buis taillés, des azalées, des roses et des camélias. Les moutons et les vaches viennent même paître jusqu'au bord de la piscine ! Accueil charmant.

RESTAURATION

BUDGET MOYEN

Vira Bar – *Largo Condessa do Juncal, 27 - ✆ 253 51 84 27 - fermé dim.* Ne vous méprenez pas : il s'agit d'un restaurant à la présentation et au service soignés, non d'un bar. Excellentes spécialités de produits de la mer comme les poissons grillés à la braise, le homard, la langouste ou l'incontournable morue. Depuis la salle, vue sur la rue ombragée d'Alameda S. Dâmaso. L'accueil pourrait néanmoins être plus chaleureux.

El Rei – *Praça de S. Tiago, 20 - ✆ 253 41 90 96 - tlj 10h-0h sf dim.* Dès les premiers beaux jours, le restaurant dispose ses tables sur la ravissante praça de São Tiago. Dans ce décor historique, vous savourerez d'autant mieux la simplicité de la cuisine régionale : apéritif copieux (pain frotté à l'ail, charcuterie locale et melon vert, crème de thon maison), *caldo verde* (la soupe au chou émincé) et différentes recettes de morue. Menu touristique à 14,50 €.

Histórico – *R. Val de Donas, 4 - ✆ 915 42 97 00 - www.papaboa.pt - tlj 12h-15h, 19h-22h.* Probablement le restaurant le plus agréable de la ville à la belle saison avec sa cour intérieure rafraîchie d'une fontaine en pierre. Attablez-vous à l'ombre d'une glycine, bercé par le bruissement de l'eau, pour savourer calamar, lotte ou médaillon de porc, les spécialités de la maison.

Solar do Arco – *R. de Santa Maria, 48-50 - ✆ 253 51 30 72 - www.solardoarco.com - fermé dim. soir.* Au menu gourmand de ce restaurant du centre historique, les spécialités de poissons ont une place de choix : brochettes de gambas, crevettes aux haricots noirs *(feijoada de camarão)*, velouté de fruits de mer, etc. Menu touristique à 18 €.

ACHATS

Marché – *R. Paio Galvão.* Le vend. 7h-17h.

AGENDA

Festas Gualterianas – *1er w.-end d'août.* Fête populaire et folklorique.

Festa de São Nicolas – *29 nov.-7 déc.* Fête des étudiants.

Festa de Nossa Senhora da Conceição – *8 déc.* Fête religieuse.

Festa de Santa Luzia – *13 déc.* Fête religieuse.

Capital Europeia da Cultura – *2012 - www.guimaraes2012.pt.* Rencontres, spectacles, commémorations historiques et manifestations culturelles émaillent l'année.

Braga

★

181 819 habitants – District de Braga

NOS ADRESSES PAGE 536

S'INFORMER

Posto de turismo – *Av. da Liberdade, 1 - ✆ 253 26 25 50 - www.cm-braga.pt - juin-sept. : 9h-19h ; oct.-mai : lun.-sam. 9h-12h30, 14h-18h (17h30 le sam.).* Inévitable avec sa façade d'angle Art déco. Carte *(Roteiro do Barroco em Braga)* avec descriptif des principaux monuments baroques de la ville et des alentours. Vente de la Braga Card *(voir « Visite », p. 537).*

SE REPÉRER

Carte de région p. 468-469 – Plan de Braga p. 532 – Plan de la cathédrale p. 530 – *Carte Michelin 733 H4.* À la confluence des rios Este et Ávado, au pied de la serra da Falperra, Braga se trouve à 54 km au nord-est de Porto et à 22 km au nord-ouest de Guimarães.

SE GARER

Utilisez les parkings souterrains du centre-ville (tarifs dégressifs), le stationnement en surface étant souvent limité à 2h, voire complet (gratuit sam. apr.-midi et dim.). Le centre est piétonnier.

À NE PAS MANQUER

L'idéal est de découvrir la ville pendant la Semaine sainte ou à la Saint-Jean. Sinon, la cathédrale et Bom Jesus do Monte.

ORGANISER SON TEMPS

Braga mérite une journée complète. Démarrez par la visite du centre-ville avant de poursuivre vers Bom Jesus do Monte, à 4,5 km.

AVEC LES ENFANTS

Les enfants bien en jambes seront contents de compter les (nombreuses) marches de l'escalier de Bom Jesus do Monte !

Bienvenue aux amateurs d'art baroque et d'architecture religieuse ! À Braga la pieuse, la « Rome » du Portugal, couverte d'églises et de couvents, les clochers tintent en permanence. Attachée à ses traditions religieuses et agricoles (foires hebdomadaires, « romarias »), la ville se transforme pendant les fêtes de la Semaine sainte et du solstice d'été (la Saint-Jean) en un véritable théâtre de plein air. Et, en toute saison, il fait bon flâner dans les rues commerçantes ou s'attabler aux terrasses des cafés du centre piétonnier. Mais la capitale du Minho, qui compte une université depuis 1973, est aussi un centre industriel et économique actif. Elle s'est dotée d'un stade de football flambant neuf pour le Championnat d'Europe de 2004, entièrement construit dans une ancienne carrière de granit. Aux alentours de Braga, il faut aussi aller gravir l'escalier de Bom Jesus do Monte pour prendre toute la mesure du merveilleux baroque portugais.

Se promener Plan de ville p. 532

Circuit tracé en vert sur le plan de ville – Comptez 3h, hors visite de la cathédrale et du musée.

★ Cathédrale (Sé)

Entrée largo D. João Peculiar ou r. D. Paio Mendes - ✆ 253 26 33 17 - 8h-18h30 (été 19h) - gratuit. Comptez 1h à 1h30 de visite.

Dressée au cœur de la ville, la cathédrale forme un large complexe constitué de l'église elle-même, du cloître attenant et de plusieurs chapelles. De la construction romane d'origine, d'influence clunisienne, il ne subsiste guère que le portail sud et les voussures du portail principal ornées de scènes du *Roman de Renart*. Le portique à arcs festonnés gothiques est l'œuvre d'artistes de Biscaye, attirés à Braga au 16e s. par Diogo de Sousa. Les encadrements moulurés des fenêtres sont du 17e s.

Ce même prélat fit édifier le chevet hérissé de pinacles et de balustres ; la gracieuse **statue★** de Notre-Dame-du-Lait (Senhora do Leite) qui l'agrémente, protégée par un baldaquin flamboyant, serait due à Nicolas Chanterene.

★ **Intérieur** – Il a été transformé au 18e s., et les boiseries dorées des deux orgues contrastent par leur exubérance baroque avec la sobriété architecturale de la nef. La cuve baptismale ① est de style manuélin ; à droite, dans une chapelle fermée par une grille, se trouve le tombeau en bronze (15e s.) de l'infant Dom Afonso, fils de Jean Ier.

La chapelle du Saint-Sacrement (Capela do Sacramento) possède un bel autel (17e s.) en bois polychrome représentant le Triomphe de l'Église, inspiré d'un tableau de Rubens ②.

Le chœur, œuvre de João de Castilho, protégé par une **voûte★** à nervures complexes de caractère flamboyant, abrite un **autel★** flamboyant en pierre

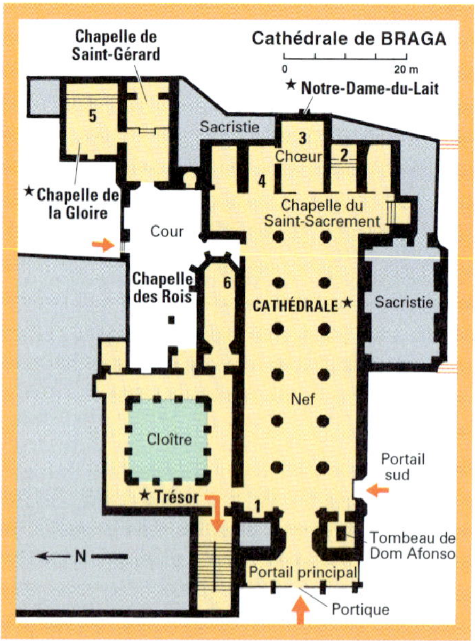

d'Ançã dont la partie avant est ornée de scènes figurant l'Ascension ainsi que les apôtres ③. Au fond du chœur, statue de sainte Marie de Braga (14e s.). À gauche, une chapelle ④ est décorée d'azulejos (18e s.) d'António de Oliveira Bernardes, évoquant la vie de saint Pedro de Rates, premier prélat de Braga. Les deux **buffets d'orgue★** (18e s.), placés en vis-à-vis de part et d'autre de la balustrade de la tribune, constituent un ensemble baroque fourmillant de statues.

★ **Trésor** (Tesouro) – *Mar.-dim. 9h-12h30, 14h-18h30 - 3 € pour le Trésor (comptez 30mn) et 2 € pour la tribune et les trois chapelles (visite guidée 20mn).* Le **trésor** de la cathédrale conserve une belle collection d'habits sacerdotaux du 16e au 18e s. ainsi que de remarquables pièces d'orfèvrerie : un calice manuélin, une croix en cristal de roche du 14e s., une croix-reliquaire en argent doré du 17e s., un coffret mozarabe du 10e s. en ivoire, un calice du 16e s. à clochettes, de même qu'un ostensoir du 17e s., l'ostensoir de Dom Gaspar de Bragança, du 18e s. (en argent doré orné de diamants), quelques statues dont un Christ du 13e s., et celles des saints Crépin et Crépinien, patrons des cordonniers. On y remarquera aussi quelques azulejos du 16e s.

La **tribune** est occupée par des stalles en bois doré du 18e s. et offre une belle vue sur l'intérieur de l'église.

Capela de São Geraldo – Cette jolie chapelle gothique dont les murs sont plaqués d'azulejos (18e s.) évoque la vie de saint Gérard, premier archevêque de Braga.

★ **Capela da Glória** – Le centre de cette construction, ornée de peintures murales de style mudéjar (14e s.), est occupé par le **tombeau★** gothique ⑤ du fondateur, Dom Gonçalo Pereira ; en faisant le tour du tombeau, on reconnaît les sujets suivants : la Crucifixion, les apôtres, la Vierge et l'Enfant Jésus, et des clercs en prière.

Capela dos Reis – La **chapelle des Rois**, dont la voûte gothique repose sur de jolies consoles à tête humaine, abrite les tombeaux (16e s.) de Henri de Bourgogne et de sa femme Thérèse, parents du premier roi du Portugal ⑥, ainsi que la momie d'un archevêque de Braga, Dom Lourenço Vicente (14e s.), qui combattit à Aljubarrota.

UNE VILLE TRÈS RELIGIEUSE

De Bracara Augusta, importante place romaine, les Suèves firent, au 5e s., leur capitale. Conquise ensuite par les Wisigoths (à qui l'on doit l'église São Frutuoso) et les Maures, Braga ne retrouva sa prospérité qu'après la Reconquête, lorsqu'elle devint le siège d'un archevêché. Elle fut marquée dès lors par l'influence du clergé qui contribua à son enrichissement architectural : au 16e s., l'archevêque mécène Dom Diogo de Sousa dota la ville de palais, d'églises et de calvaires Renaissance ; au 18e s., deux prélats, Dom Rodrigo de Moura Teles et Dom Gaspar de Bragança, firent de Braga le foyer de l'art baroque au Portugal. Siège du primat des Espagnes, la ville est encore imprégnée de fortes traditions religieuses. De spectaculaires processions s'y déroulent pendant la Semaine sainte, qui est célébrée avec une solennité exceptionnelle. La Saint-Jean, les 23 et 24 juin, attire des environs et même de Galice une foule considérable, venue assister aux défilés, cortèges, danses folkloriques et feux d'artifice dans la ville magnifiquement décorée et illuminée. Le centre-ville est très commerçant et vivant et, dans la **rua do Souto**, un grand nombre de boutiques continuent à vendre objets pieux et articles liturgiques.

Contournez la cathédrale sur la droite par la rua do Souto et dirigez-vous vers la place voisine de l'hôtel de ville.

Fontaine du Pélican (Fonte do Pelicano)

Devant l'hôtel de ville.

Belle fontaine baroque dont les jets d'eau – quand ils fonctionnent – sont soufflés par un pélican (à l'allure d'aigle…) et des amours de bronze.

Face à l'hôtel de ville se tient l'entrée ouest de l'ancien palais épiscopal.

Ancien palais épiscopal (Antigo Paço Episcopal)

Constitué de trois édifices des 14e, 17e et 18e s., il abrite au premier étage une très riche bibliothèque publique (documents du 9e s.) : la petite salle de lecture *(silence de rigueur)* possède un joli plafond à caissons dorés et donne sur l'agréable **jardin de Santa Bárbara**, où trône la fontaine de sainte Barbe (17e s.).

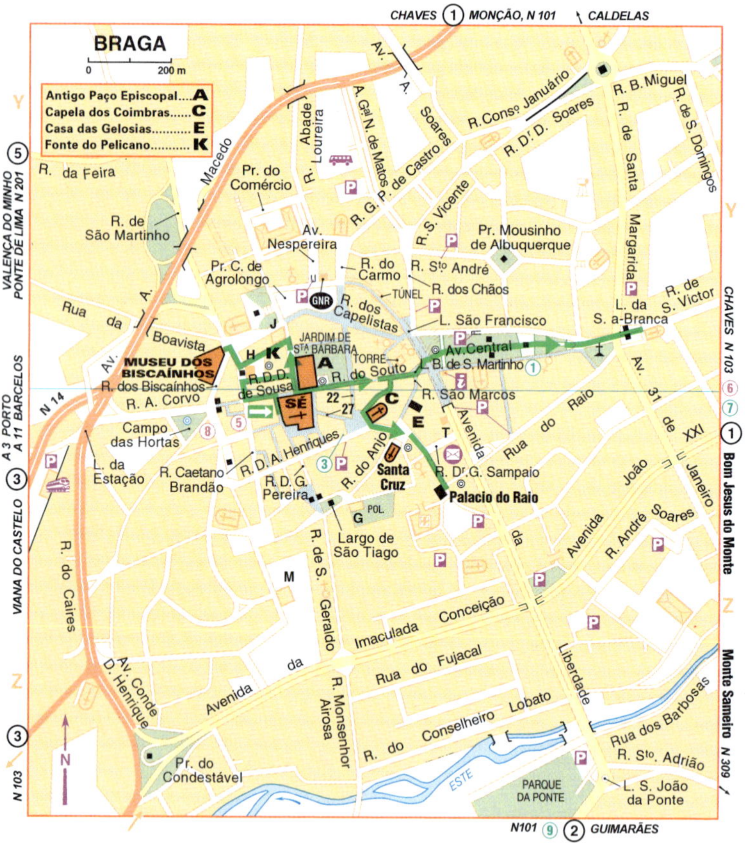

SE LOGER		SE RESTAURER		INDEX DES RUES	
Hotel Bracara Augusta	1	Anjo Verde	5	Franc. Sanches (R.)	22
Dona Sofia	3	Hotel do Elevador	6	São João do Souto (Pr.)	27
Hotel do Parque	7	Inácio	8		
Quinta de Lages	9				

En sortant du palais, retraversez la place et longez l'hôtel de ville sur le côté droit. Prenez la rue à droite, puis la première à gauche, rua dos Biscaínhos.

★ **Musée des Biscayens** (Museu dos Biscaínhos)

R. dos Biscaínhos - ✆ 253 20 46 50 - mar.-dim. 10h-12h15, 14h-17h30 (dernière entrée 30mn av. la fermeture) - fermé 1er janv., dim. de Pâques, 1er mai et 25 déc. - 2 €, gratuit dim. et j. fériés le matin.

Ce palais des 17e et 18e s. aux plafonds peints ornés de stucs et aux murs couverts de panneaux d'azulejos donne un très bon aperçu de la vie seigneuriale et raffinée qu'on y menait au 18e s. La **Casa dos Biscaínhos** est décorée d'un mobilier portugais ou étranger de l'époque ; remarquez notamment les *contadores*, petits meubles de rangement de style indo-portugais, incrustés d'ivoire. La maison abrite aussi des tapis d'Arraiolos, de l'argenterie portugaise, des porcelaines de Chine et de la Compagnie des Indes, des tables de jeu, des instruments de musique, etc. L'élégante suite de salons donne sur de beaux jardins avec bassin et statues, dans le goût du 18e s.

Revenez à l'arrière de l'hôtel de ville, continuez tout droit et tournez à gauche dans la rua Dom Diogo de Sousa, piétonne et très commerçante. Admirez, au passage, le beau plafond de la librairie Cruz, nº 129-133, fondée en 1888. Dépassez la cathédrale et la place du palais épiscopal (entrée principale sud, accès au jardin de Santa Bárbara) et tournez à droite dans la rua Francisco Sanches jusqu'au largo de São João do Souto.

Chapelle des Coimbras (Capela dos Coimbras)

Largo de São João do Souto - se visite uniquement le Jeudi saint 9h-19h.

Construite au 16e s., contiguë à une église du 18e s., sa tour crénelée, ornée de statues, est de style manuélin. À droite de la chapelle, la **Casa dos Coimbras**, de la même époque, présente un beau portail et des fenêtres de style manuélin. Elle accueille une galerie d'art contemporain.

Longez la chapelle par la droite jusqu'au largo Carlos Amarante où se situe, immédiatement à droite, l'église Santa Cruz.

Église Santa Cruz

C'est une vaste église de style baroque maniériste du 17e s., à deux clochers. L'intérieur surprend par la quantité de boiseries dorées.

Traversez le largo Carlos Amarante et tournez à droite dans la rua de São Lazaro.

Palais du Rayon (Palácio do Raio)

R. São Lazaro.

Appelée « palais du Rayon » ou **maison du Mexicain**, cette superbe maison dessinée par André Soares est une résidence du 18e s. avec une façade baroque de style rocaille revêtue, au 19e s., d'azulejos bleus. L'encadrement des fenêtres est en granit sculpté. Malheureusement peu mise en valeur, elle abrite des services de l'hôpital de São Marcos.

Revenez en haut du largo Carlos Amarante et tournez à droite dans la rua São Marcos.

Maison des Jalousies (Casa das Gelosias ou Casa dos Crivos)

R. São Marcos, 41.

Cette curieuse maison du 17e s. doit son nom à ses grilles et jalousies d'inspiration arabe.

Continuez rua São Marcos et, au bout, prenez à droite la rua do Souto. Traversez l'avenida da Liberdade et poursuivez en face, sur l'avenida Central. Environ 300 m plus loin, après l'église des Congregados, se trouve la chapelle de N. S. da Penha da França.

Chapelle (Capela) **Nossa Senhora da Penha da França**
Pour visiter, adressez-vous à la résidence Dom Pedro V, à droite de la chapelle.
L'intérieur est agrémenté de beaux azulejos dus à Policarpo de Oliveira Bernardes, et d'une chaire baroque en bois doré.
Revenez à la place de l'hôtel de ville en redescendant la rua do Souto, puis la rua Dom Diogo do Sousa.

À proximité Carte de région p. 468-469

★★ Bom Jesus do Monte

4,5 km à l'est par la N 103, dir. Chaves. Pour les différents accès possibles (funiculaire, voiture ou à pied), voir la rubrique « Transports », p. 537.
Le sanctuaire de Bom Jesus s'élève au sommet d'un escalier monumental qui est l'une des plus surprenantes réalisations de style baroque au Portugal. Taillé dans l'austère granit gris que rehausse la blancheur des murs crépis à la chaux, il est représentatif du baroque du nord du pays (début du 18e s.). Le sanctuaire vers lequel conduit l'escalier est plus austère : il a été construit entre 1784 et 1811 dans le style néoclassique, par Carlos Amarante.
Sens symbolique de la voie sacrée – La voie sacrée, que le pèlerin gravissait à genoux, se compose d'un sentier bordé de chapelles correspondant aux stations du chemin de croix, et se poursuit par l'escalier des Cinq-Sens puis celui des Trois-Vertus. Elle représente le parcours spirituel du croyant qui doit apprendre à maîtriser ses sens et acquérir les trois vertus que sont la foi, la charité et l'espérance pour obtenir le salut.
Funiculaire (Elevador) **do Bom Jesus do Monte** – Inauguré en 1882, ce funiculaire qui permet d'atteindre directement le sanctuaire fut le premier construit dans la péninsule Ibérique. Il est actuellement le plus ancien au monde utilisant la seule force de gravité de l'eau, grâce à deux réservoirs faisant contrepoids.
Chemin de croix – Tout en bas, un élégant portique donne accès à la première partie de la montée, un sentier en lacet bordé de chapelles dont chacune abrite une scène de la Passion évoquée par des personnages en terre cuite, grandeur nature, d'un réalisme étonnant ; auprès de chaque chapelle se trouve une fontaine ornée de motifs mythologiques.
Escalier des Cinq-Sens – Il est à double volée ; la base en est constituée par deux colonnes où s'enroule un serpent ; l'eau sort de la gueule du serpent et s'écoule en tournoyant le long de son corps. Au-dessus de la fontaine des Cinq-Plaies (l'eau jaillit par les cinq besants figurant dans les armes du Portugal), chaque palier est décoré de fontaines allégoriques se rapportant aux cinq sens : l'eau jaillit des yeux pour la vue, des oreilles pour l'ouïe, du nez pour l'odorat, de la bouche pour le goût. Le toucher est représenté quant à lui par un personnage tenant des deux mains une cruche d'où s'écoule l'eau.
Escalier des Trois-Vertus – Il est orné de fontaines évoquant la foi, l'espérance et la charité ; chaque balustrade est décorée d'obélisques et de statues évoquant des personnages de l'Ancien Testament.
Du parvis de l'église, la **perspective**★ se développe sur l'escalier baroque et sur la ville de Braga.
L'**église** renferme, dans ses chapelles, des reliquaires et des ex-voto. Le chœur est décoré d'un calvaire de même style que les chapelles du chemin de croix.

L'escalier baroque des Cinq-Sens mène au sanctuaire de Bom Jesus do Monte.
M. Borgese/hemis.fr

★ **Chapelle** (Capela) **São Frutuoso de Montélios**

3,5 km. Quittez Braga par la N 201 dir. Ponte de Lima ; à Real, prenez à droite vers São Frutuoso - mar.-sam. 14h-18h - gratuit.

Cette chapelle wisigothique se trouve sur l'un des chemins portugais de Saint-Jacques-de-Compostelle. Édifiée au 7e s., elle aurait été en partie démolie par les Maures et reconstruite au 11e s. En forme de croix grecque, elle présente une influence byzantine. Elle se composait autrefois de quatre bras surmontés de coupoles et d'arcs en fer à cheval que supportaient 22 colonnes. Les chapiteaux et les frises sont toujours décorés de feuilles d'acanthe. Une porte à droite donne accès à une petite exposition présentant quelques vestiges et retraçant l'histoire de cette chapelle, dont une maquette reconstitue l'aspect d'origine. Dans le prolongement, la sacristie abrite un retable en bois doré placé sur un grand meuble à tiroirs.

À proximité, l'**église São Francisco** abrite dans sa tribune les stalles Renaissance de la cathédrale de Braga.

Circuit conseillé Carte de région p. 468-469

★ À L'EST DE BRAGA

Circuit violet d'env. 45 km tracé sur la carte de région – Comptez env. 3h. Quittez Braga par la N 103, dir. Chaves.

★★ **Bom Jesus do Monte** – *Voir ci-dessus.*

★ **Mont Sameiro** – Lieu de pèlerinage très fréquenté, le mont est couronné par un sanctuaire marial (fin 19e-début 20e s.). Dans l'église, devant une salle remplie d'ex-voto, un escalier de 265 marches mène à la lanterne de la coupole (alt. 613 m) qui offre un **panorama**★★ immense sur le Minho : on aperçoit au nord-ouest le mont de Santa Luzia qui domine Viana do Castelo, au nord-est la serra do Gerês, et au sud-est la serra do Marão ; on distingue en contrebas les vestiges de la cité protohistorique de Briteiros et, à l'opposé, Braga.

LES VINS DU MINHO

Profitez de votre séjour dans le Minho pour découvrir les domaines *(quintas)* et les caves coopératives où l'on produit et élabore le fameux **vinho verde**. Dans tous ces établissements, vous pourrez goûter et acheter ce vin. Certaines *quintas* font partie du réseau du « Turismo daHabitação » *(voir p. 17)* et proposent des chambres d'hôte dans un cadre traditionnel et raffiné des plus agréables. Plusieurs maisons disposent d'un restaurant.

Cité de Briteiros (Citânia de Briteiros) – *Tlj 9h-17h (18h en été) - 3 €.* Sur une butte de 337 m d'altitude subsistent les ruines d'une cité datant de l'âge du fer (8e au 4e s. av. J.-C.). Protégée par trois ceintures de murailles, elle s'étendait sur 250 m de long et 150 m de large, et comprenait plus de 150 huttes dont deux ont été reconstituées. Les objets découverts lors des fouilles sont exposés au musée Martins Sarmento de Guimarães *(voir p. 524)*.

Serra da Falperra – Sur une pente boisée de cette petite serra, se dresse l'**église Santa Maria Madalena**. Due à un architecte auquel on attribue également la casa do Raio à Braga, elle arbore une curieuse façade de style rocaille (18e s.) d'où toute ligne droite est bannie.

La N 309 ramène à Braga.

NOS ADRESSES À BRAGA

INFORMATIONS UTILES

Les offices de tourisme sont répertoriés en début de chapitre.

Informations touristiques

Instituto da Conservação da Natureza e da Biodiversidade – *Av. António Macedo - 253 20 34 80 - http://portal.icnb.pt - lun.-vend. 9h-12h30, 14h-17h30.* C'est le bureau d'information du Parc national de Peneda-Gerês *(voir p. 560)*. Profitez de votre passage dans la ville pour y prendre toutes les informations sur le Parc.

Internet

Café-Bar James Dean – *R. Santo André, 85 - lun.-sam. 8h-22h. 1,50 €/30mn.*

Vidéothèque municipale – *R. do Raio - lun.-sam. Gratuit.*

TRANSPORTS

Gare ferroviaire – *Largo da Estação - 253 15 37 81.* Trains pour Porto *(1h env., dép. ttes les 30mn en journée).*

Gare routière – *Praça de Galiza - 253 20 94 00.* Liaisons pour Porto, Viana do Castelo, Vila Real, Vila do Conde, etc.

Bus urbains – Transportes Urbanos de Braga (TUB) – *R. Quinta de Santa Maria - 253 60 68 90 - www.tub.pt. Huit autres points de vente dans la ville. Billets à bord : 1,40 à 1,80 € selon le trajet ; 3,25 € pour une journée.* Le bus n° 2 mène au sanctuaire de Bom Jesus (devant l'entrée du funiculaire, 9h-19h30).

Les billets prépayés sont 30 à 50 % moins chers.

Accès à Bom Jesus do Monte

– par le **funiculaire** qui, en quelques minutes depuis le pied de la montée, franchit 116 m d'altitude - *8h-20h en été, 9h-12h30, 13h30-18h en hiver - dép. ttes les 30mn (en haute saison) - AS 1,10 €, AR 2 €*;
– par la **route** qui monte en lacet dans la verdure;
– par le **sentier** puis l'escalier, ou « voie sacrée » *(575 marches jusqu'au parvis - 15 à 20mn)* empruntée par les pèlerins : ce dernier accès est ardu, mais plus intéressant; il permet d'apprécier la magnificence de l'architecture baroque et la beauté du cadre naturel. *Laissez la voiture sur le parking près du départ du funiculaire.*

VISITE

En vente à l'office du tourisme *(voir p. 529)*, la Braga Card (5 € pour 2 j.) confère 50 % de réduction sur l'entrée des monuments et musées, et 10 % sur le prix de certains hébergements. Par ailleurs, moyennant une caution de 100 € et sur remise de votre pièce d'identité, l'office du tourisme vous prêtera un vidéoguide GPS décrivant les principaux monuments de la ville.

Tour de la ville

Yellow Bus - Plan II - *Avenida Central - ✆ 213 58 23 34 - www.yellowbustours.com - départs à 10h, 11h, 12h, 15h, 16h, 17h et 18h (été seult) - 10 €.* Tour des principales curiosités de la ville en bus panoramique *(1h)*; visite commentée.

HÉBERGEMENT

BUDGET MOYEN

Dona Sofia – *Largo São João do Souto, 131 - ✆ 253 26 31 60 - www.hoteldonasofia.com - 34 ch. 65 €* ☕. Cet hôtel proche de la cathédrale est installé dans une maison ancienne rénovée. Les chambres sont confortables, mais la décoration manque quelque peu d'originalité.

Hotel Bracara Augusta – *Av. Central, 134 - ✆ 253 20 62 60 - www.bracaraaugusta.com - 19 ch. 69/89 €* ☕. Dans une très belle bâtisse en pierre donnant sur la place la plus animée de Braga, cet hôtel climatisé dispose de chambres très confortables, à la décoration contemporaine sobre et de belle facture. Petit jardin à l'arrière où prendre le petit-déjeuner lorsqu'il fait beau. Également un restaurant (à midi, formule buffet à 9,50 € du lun. au vend.)

Quinta de Lages – *São Paio de Pousada (à 10 km du centre, dir. Rendufe, puis « Pousada ») - ✆ 253 99 22 01 - www.quintadelages.com - 13 ch. 60/90 €* ☕. Sur un versant de la vallée du Cávado couvert de vignes, un manoir du 16e s. signalé par sa chapelle baroque et entouré d'oliviers centenaires. Deux chambres de style ancien occupent le manoir. Les autres, plus modernes, se répartissent dans deux dépendances en pierre.

UNE FOLIE

Hotel do Parque – *Bom Jesus (en face du sanctuaire) - ✆ 253 60 34 70 - www.hoteisbomjesus.pt - 49 ch. 102/165 €* ☕. Au milieu du parc de Bom Jesus, un édifice cossu en granit (18e s.). Les chambres, décorées de meubles anciens, aux fenêtres encadrées de belles tentures, se distribuent autour de deux jardins d'hiver. Salon avec tables de jeux et cheminée en pierre. Accès gratuit à la piscine et au Jacuzzi de l'hôtel do Templo.

RESTAURATION

PREMIER PRIX

Anjo Verde – *Largo da Praça Velha, 21 - ✆ 253 26 40 10 - www.*

anjoverde.com - fermé dim. - 10/15 €. Une grande baie vitrée, des murs de pierre repeints de rose pâle, une décoration fraîche et reposante : on se sent bien dans ce restaurant végétarien dont les portions légères et savoureuses (tartes et quiches de légumes, courgettes gratinées au four, tofu au lait de coco, etc.) accompagnées de thé changent des habituelles *dose* et *meia dose* des restaurants traditionnels. Accueil discret.

BUDGET MOYEN

Hotel do Elevador – *Bom Jesus (au sommet du funiculaire) - ✆ 253 60 34 00 - env. 25 €*. Un restaurant panoramique avec une loggia perchée au-dessus du jardin à la française : vue imprenable sur le site de Braga et une partie de la région du Minho. En semaine, menu à 19,50 €, et le dim. midi, buffet à 21 €.

POUR SE FAIRE PLAISIR

Inácio – *Campo das Hortas, 4 - ✆ 253 61 32 35 - fermé à Noël, Pâques, 2 sem. en sept. et mar. - 25/35 €*. Savoir-faire et tradition font la réputation et le prestige de ce restaurant typique. Spécialités régionales. Service soigné.

PETITE PAUSE

A Brasileira – *Largo Barão de S. Martinho, 17 - ✆ 253 26 21 04 - 7h-0h (2h le w.-end)*. Le temps semble ne pas avoir altéré cette institution de Braga, à l'angle de deux rues animées : ses bas-reliefs Art déco, ses chaises rembourrées et ses tables rondes ont gardé tout leur cachet. Fréquenté à toute heure par une clientèle hétéroclite, les habitués préférant la salle à la terrasse.

ACTIVITÉS

L'agenda mensuel *Braga Cultural*, disponible à l'office de tourisme, présente l'ensemble des activités culturelles, sportives et festives de la ville : foires, expositions, musique, etc.

Theatro Circo – *Av. da Liberdade, 697 - ✆ 253 20 38 00 - www.theatrocirco.com*. Rénové, cet ancien théâtre programme aussi bien des concerts de jazz, de pop ou d'électro que du théâtre portugais ou des spectacles de cabaret. Visite possible sur demande.

Museu da Imagem – *Campo das Hortas, 35 (au pied de l'ancienne porte de la ville) - ✆ 253 27 86 33 - http://museudaimagem.blogspot.com - mar.-vend. 11h-19h, w.-end 14h30-18h30 - fermé j. fériés - gratuit*. Ce bel espace aménagé dans une ancienne tour médiévale accueille, sur plusieurs niveaux, des expositions de photographes contemporains, principalement portugais.

AGENDA

Solenidades da Semana Santa – *Pendant la Semaine sainte*. Grandes processions spectaculaires et solennelles.

Romaria de São João – *23-24 juin*. La Saint-Jean réunit une foule considérable.

Foire agricole et artisanale – *Tous les mardis, dans le Parc des expositions, au sud de la vieille ville.*

Barcelos

120 492 habitants – District de Braga

NOS ADRESSES PAGE 542

S'INFORMER

Posto de turismo – *Largo Dr José Novais, 8 - ✆ 253 81 18 82 - www.cm-barcelos.pt - d'oct. à mi-mars : lun.-vend. 9h30-17h30, sam. 10h-13h, 14h-17h ;, de mi-mars à sept. : lun.-vend. 9h30-18h, sam. et j. fériés 10h-13h, 14h-17h, dim. 10h-13h, 14h-16h.* Salle multimédia avec vidéo en français sur la ville. Accès Internet gratuit.

SE REPÉRER

Carte de région p. 468-469 – *Carte Michelin 733 H4.* Au cœur de la province du Minho, à 22 km à l'ouest de Braga et à 57 km au nord-est de Porto. La plupart des monuments sont regroupés près du **pont médiéval** sur le Cávado, au sud de la ville.

À NE PAS MANQUER

Le grand marché du jeudi.

ORGANISER SON TEMPS

En deux petites heures, vous pouvez faire le tour de Barcelos.

Barcelos est une petite ville riante du nord du Portugal, sur la rive droite du Cávado, disposant d'un agréable quartier ancien autour d'un pont médiéval. C'est un centre réputé de fabrication de céramique, avec l'omniprésent coq décoratif, devenu une véritable icône touristique. Ne manquez pas non plus le marché du jeudi matin, agricole et artisanal, un des plus importants du Portugal.

Se promener

Circuit dans le centre historique – Comptez 2h. Juste au-dessus du pont se dressent les ruines du palais des ducs de Bragance.

Ruines du palais des ducs de Bragance, comtes de Barcelos

(Paço dos Condes de Barcelos)

La cité fut le siège du premier comté du Portugal et la résidence du premier duc de Bragance, également comte de Barcelos *(voir « Bragança », p. 576).* Dans les vestiges de cet ancien palais construit au 15e s. a été aménagé un petit musée archéologique de plein air.

Musée archéologique (Museu Arqueológico) – *Largo do Municipio - ✆ 253 82 47 41 - 9h-17h30 (été 19h) - fermé 1er janv., Vend. saint, dim. de Pâques, 1er Mai et 25 déc. - gratuit.* Outre les stèles et les blasons de la maison de Bragance, on y voit *(à droite des ruines)* le monument (14e s.) qui avait été dressé en l'honneur du coq de Barcelos.

Derrière les ruines du palais se trouve l'église paroissiale.

Église paroissiale (Igreja Matriz) – Construite au 13e s., elle a été modifiée aux 16e et 18e s. La façade, très sobre, est flanquée à droite d'un clocher carré ; elle s'ouvre par un portail roman. L'**intérieur**★ est bordé de chapelles baroques ; les murs sont revêtus d'azulejos du 18e s. ; quelques chapiteaux sont historiés.

Dans le petit jardin devant l'église s'élève un pilori.

Pilori – Ce pilori gothique se compose d'une colonne hexagonale portant un gracieux lanternon de granit.

Solar dos Pinheiros – Face au pilori, ce joli manoir gothique construit en granit au 15e s. s'orne de tours d'angle à trois étages.

Contournez l'église paroissiale et prenez en face la rua Cónego Joaquim Gaiolas.

Musée de la Poterie (Museu da Olaria)

R. Cónego Joaquim Gaiolas - ✆ 253 82 47 41 - www.museuolaria.org - mar.-vend. 10h-17h30, w.-end et j. fériés 10h-12h30, 14h-17h30 - fermé 1er janv., Vend. saint, dim. de Pâques, 15 août, 1er nov., 24 et 25 déc. - 2,20 € (réouverture prévue début 2012).

Ce musée abrite la plus grande collection de poteries de tout le pays. Les pièces figuratives de Barcelos, avec leur style naïf et coloré, s'y trouvent en bonne place. Une section est consacrée à la vaisselle noire du village de Prado, avec des illustrations de cette technique ancestrale, aujourd'hui disparue.

Boutique vendant à juste prix les productions des céramistes encore en activité. Les plus connus sont Mistério (qui perpétue la tradition familiale) et Júlia Ramalho (petite-fille de la déjà célèbre Rosa Ramalho).

Au carrefour devant le musée, montez à gauche la rua Duques de Barcelos.

Tour de Porta Nova (Torre de Porta Nova)

Fermé pour travaux.

Vestige des remparts du 15e s., le **donjon** devrait, à sa réouverture, abriter un centre d'artisanat (exposition-vente).

Traversez le largo da Porta Nova.

Église do Bom Jesus da Cruz

De style baroque du nord (18e s.), elle présente un intéressant plan en croix grecque. D'après la légende, le 20 décembre 1504, une croix apparut à cet endroit. L'église fut alors édifiée pour commémorer le miracle.

Traversez le campo da República vers le nord.

★ Église Nossa Senhora do Terço

Elle faisait partie d'un couvent de bénédictins, fondé en 1707. Les murs de la nef sont couverts d'**azulejos★** resplendissants (18e s.) figurant la vie de saint Benoît. La voûte de la nef et du chœur est constituée de caissons de bois peints représentant des scènes de la vie monastique. La chaire, en bois doré, est richement ornée.

LE COQ DE BARCELOS

Un pèlerin, qui se rendait à Saint-Jacques-de-Compostelle, se voit accusé de vol au moment de quitter Barcelos. Incapable, malgré sa bonne foi, de se défendre face à l'apparente évidence des faits, il est condamné à être pendu. Il tente alors une ultime démarche auprès du juge. Comme celui-ci refuse de se laisser convaincre, le pèlerin implore la protection de saint Jacques et, avisant le coq rôti destiné au repas du juge, déclare que, pour preuve de son innocence, le coq se lèvera et chantera. Le miracle a lieu. Le juge, reconnaissant l'innocence du pèlerin, le libère. En souvenir, l'homme fait ériger un monument qui se trouve aujourd'hui au Musée archéologique de la ville.

Le coq de Barcelos, emblème de la ville.
Danita Delimont Stock/Danita Delimont Agency/age fotostock

★ **Marché** (Mercado)
Chaque jeudi, 8h-18h.
Le **marché** de Barcelos est l'un des plus grands et des plus anciens du Portugal. Il se tient sur le **campo da República**, vaste esplanade située au centre de la ville. Très animé, il présente deux parties distinctes : d'un côté, les paysans vendant leurs produits (poules et coqs vivants, montagnes de choux et autres légumes, fleurs…), de l'autre, tout l'artisanat qui déborde largement des frontières régionales : céramique, vannerie, linge de maison en lin brodé à la main, articles en cuir, harnais et, évidemment, d'innombrables coqs peints, de toutes tailles. Façonné en terre cuite par les potiers de Barcelos, le coq, longtemps symbole de la région, est devenu l'emblème touristique du Portugal.

NOS ADRESSES À BARCELOS

INFORMATIONS UTILES

Les offices de tourisme sont répertoriés en début de chapitre.

TRANSPORTS

Train

Gare de Barcelos – *Largo Marechal Gomes da Costa (300 m à l'est du Campo da República), ☏ 253 81 12 43.* Liaisons pour Viana do Castelo (durée : 30mn ; ttes les heures env. de 7h à 22h) et Porto (1h ; ttes les heures env. de 7h à 21h).

Bus

Gare routière – *Av. das Pontes, Arcozedo - ☏ 253 82 45 94.* Certains bus s'arrêtent aussi sur l'avenida Sidónio Pais et le Campo da República, au sud de l'esplanade du marché.

Transdev – *☏ 253 89 41 93.* Départs de l'av. Sidónio Pais pour Braga notamment.

Rodoviária d'Entre Douro e Minho – *☏ 253 81 43 10.* Liaisons pour Braga (50mn ; ttes les heures de 7h à 19h).

Sur place

Le centre se parcourt aisément à pied.

HÉBERGEMENT

Le centre ne dispose que de cinq établissements ; dans les alentours, beaucoup de gîtes et de maisons de campagne proposent des chambres (liste complète disponible à l'office de tourisme).

BUDGET MOYEN

Residencial Arantes – *Av. da Liberdade, 35 - ☏ 253 81 13 26 - residencialarantes@sapo.pt - ⊄ - 12 ch. 45/55 €.* Dans cette grande maison familiale, les chambres sont désuètes et un brin défraîchies. Deux d'entre elles peuvent accueillir jusqu'à 4 pers. Pas de petit-déj. mais le café en bas ouvre dès 7h du matin : vous serez aux premières loges pour observer l'animation du marché, le jeudi !

Bagoeira – *Voir « Restauration », ci-dessous.*

RESTAURATION

BUDGET MOYEN

A Furna – *R. da Barretta - ☏ 253 81 11 77 - 9h-22h sf lun.* Dès la rue, des effluves de poulet rôti signalent cette institution très populaire de Barcelos, où l'on vient en famille et à toute heure (service continu). Dans les claires et vastes salles refaites à neuf trônent les inévitables télévisions : pour y échapper, rejoignez la terrasse (fermée en sem.). Bonnes pièces de viande grillée.

Bagoeira – *Av. Dr Sidónio Pais, 495 (au sud de l'esplanade du marché) - ☏ 253 81 12 36 - 12h-22h30.* Un lieu pour le moins historique – d'ailleurs considéré comme patrimoine régional – puisque cette vaste brasserie, où l'on se réunit aussi bien pour un verre que pour un repas, existe depuis 400 ans ! Derrière le comptoir apparaît le spectacle des cuisines où l'on concocte des plats populaires et savoureux : ragoût de porc *(papas de Sarrabulho)*, hanche de cabri au four ou rognons « à la mode du Minho ». Grand choix de gâteaux et de tartes. Au-dessus, le confortable **Hotel Bagoeira** propose des chambres standard (*☏ 253 80 95 00 - www.bagoeira.com - 55 à 75 €*) et un bar panoramique.

PETITE PAUSE

Arantes – *Av. da Liberdade, 32, au pied de la pension du même nom - ouvert à partir de 8h.* Pour une pause-café en face des étals bondés du marché. Moelleux *paralelos*, roulés et saupoudrés de sucre glace.

ACHATS

Marché

Barcelos – *Largo da República - jeu. 8h-18h.* Montagnes de pains au sésame, huiles d'olive artisanales, fruits et légumes de la vallée vendus directement par les producteurs, œufs de ferme et poules vivantes… Le marché alimentaire occupe le haut de l'immense esplanade ; au centre, la fontaine est envahie de coqs en terre cuite, symbole de la ville. Plus bas, artisans et forains vantent à la foule les produits les plus divers : meubles, selles de cheval, paniers, musique, bijoux, outils, vêtements, etc.

Vinho verde

Quinta de Paços – *Rio Côvo, Santa Eulália (à 5 km du centre, dir. Famalicão) - ✆ 253 89 71 09.* Un producteur réputé pour ses vins blancs fruités ; dégustation sur place dans une *quinta* du 17e s. (sur RV).

Poterie

Centro de artesanato – *Temporairement hébergé par l'office de tourisme.* Les potiers les plus réputés de la ville exposent leurs œuvres : le coq de Barcelos (*voir encadré p. 540*), devenu l'un des emblèmes du Portugal, figure en bonne place, mais il prend ici des teintes originales. Intéressantes créations de Manuel Macedo, Joaquim Esteves et Júlia Ramalho.

Bon à savoir – Pour rencontrer des potiers de Barcelos, demandez à l'office de tourisme la brochure *Roteiros do artesanato* qui recense leurs coordonnées.

AGENDA

Festas das Cruzes – *Début mai.* Grande *romaria*.

Feira de Barcelos – *Fin juil.-déb. août.* Artisanat et céramique.

Viana do Castelo

★★

88 767 habitants – District de Viana do Castelo

NOS ADRESSES PAGE 548

S'INFORMER
Posto de turismo – *R. do Hospital Velho, dans le centre piétonnier - ✆ 258 82 26 20 - 10h-19h (22h en août).*

SE REPÉRER
Carte de région p. 468-469 – Plan de Viana do Castelo p. 545 – *Carte Michelin 733 G3.* Sur la Costa Verde, à 73 km au nord de Porto, la ville est située sur la rive droite de l'estuaire du Lima, au pied de la colline de Santa Luzia.

À NE PAS MANQUER
La vieille ville et le belvédère de Santa Luzia.

ORGANISER SON TEMPS
En une demi-journée, vous aurez le temps de parcourir la ville.

AVEC LES ENFANTS
La plage de Cabedelo, au sud de la ville ; la montée au belvédère de Santa Luzia en funiculaire.

Blottie entre fleuve, mer et montagne, au pied de la colline de Santa Luzia, Viana do Castelo est la station balnéaire la plus importante de la Costa Verde, et sans conteste la plus charmante. Sa vieille ville foisonne de belles demeures manuélines ou Renaissance ; ses rues piétonnes et commerçantes convergent sur une grande place entourée de monuments du 16e s., tandis que ses larges jardins s'étendent en bordure du fleuve. Très fréquentée et animée à la belle saison, cette cité du Haut-Minho peut constituer un agréable lieu de séjour, d'autant que sa région propose un riche patrimoine culturel et des paysages variés et verdoyants.

Se promener Plan de ville ci-contre

Circuit tracé en vert sur le plan de ville – Comptez 2h à 2h30.

★ QUARTIER ANCIEN (Bairro Antigo)

Au hasard de flâneries dans ce quartier en partie piétonnier, vous découvrirez de nombreuses demeures aux façades armoriées, ainsi que d'intéressants exemples d'architecture Renaissance et manuéline.
Rejoignez la praça da República depuis l'av. dos Combatentes da Grande Guerra, l'artère principale de la station, qui débouche sur la mer.

★ Praça da República
Les édifices qui s'ordonnent autour de cette vaste place, dont la **Casa dos Sá Sottomayores** (qui abrite la banque Millennium), en font un pittoresque ensemble urbain.

Fontaine – Construite en 1554 par João Lopes le Vieux, elle compte plusieurs vasques et se termine par un couronnement de motifs sculptés portant une sphère armillaire et la croix de l'ordre du Christ.

Ancien hôtel de ville (Antigos Paços do Conselho) – Seule la façade a conservé son aspect primitif (16e s.) ; hérissée de merlons, elle est percée d'arcades ogivales au rez-de-chaussée. Au-dessus des fenêtres, à l'étage, on reconnaît l'écusson du roi Jean III, une sphère armillaire, emblème du roi Manuel Ier, et le blason de la ville représentant une caravelle, qui rappelle que de nombreux marins de Viana participèrent aux Grandes Découvertes.

★ **Hôpital da Misericórdia** – *À gauche de l'ancien hôtel de ville.* Cet édifice Renaissance (1589), d'influences vénitienne et flamande, montre une harmonieuse façade, avec deux étages de balcons à loggias soutenus par des atlantes et des cariatides qui reposent sur une colonnade aux chapiteaux ioniques. Attenante, l'**église da Misericórdia** *(à droite)* a été refaite en 1714. Elle est décorée d'azulejos et de bois doré de cette époque.

Longez l'hôpital sur la gauche.

Rua Cândido dos Reis

Elle est bordée de plusieurs demeures qui ont conservé des façades manuélines. On remarquera en particulier, sur le côté droit de la rue, la **Casa dos Alpuins**, puis le **Palácio de Carreira**, qui abrite aujourd'hui les bureaux de l'hôtel de ville. La belle façade manuéline de ce palais frappe par sa symétrie.

Revenez sur la praça da República et traversez-la. En face, par la rua Sacadura Cabral, rejoignez l'église paroissiale.

SE LOGER		SE RESTAURER	
Casa da Torre das Neves	1	Casa d'Armas	1
Estalagem Casa Melo Alvim	2	Cozinha das Malheiras	3
Navio Gil Eannes	6	Os 3 Potes	5

Église paroissiale (Igreja Matriz)

Bien que la construction date des 14e et 15e s., les deux tours carrées crénelées qui encadrent la façade sont encore de style roman, et leur couronnement à arcatures lombardes repose sur des modillons sculptés. Le portail gothique montre trois voussures historiées qui s'appuient sur des statues-colonnes (saint André, saint Pierre et les évangélistes) ; la voussure supérieure est ornée d'un Christ encadré d'anges porteurs des instruments de la Passion.

À l'intérieur, dans le baptistère, un panneau en bois sculpté polychrome (17e s.) représente le baptême du Christ. Dans la 3e chapelle à gauche, belle peinture sur bois du 16e s.

À gauche de l'église, se dresse une maison du 15e s., appelée la **« maison des Vieux »** (Casa dos Velhos). Face à l'église, la **Casa dos Lunas** *(nos 48 et 50 de la rua Sacadura Cabral)*, de style Renaissance italienne, présente aussi des éléments manuélins.

Continuez dans la rua Sacadura Cabral et prenez à gauche la rua de São Pedro.

Rua de São Pedro

Elle est elle aussi bordée de belles demeures anciennes ; remarquez la fenêtre manuéline de la **Casa dos Costa Barros**, sur le trottoir de droite.

Revenez vers la rua Sacadura Cabral et continuez en face dans la rua Grande, jusqu'à l'av. dos Combatentes da Grande Guerra. Tournez à droite, remontez l'avenue puis prenez à gauche dans la rua Manuel Espregueira (piétonne).

★ Musée d'Art et d'Archéologie (Museu de Arte e Arqueologia)

Largo São Domingos - ✆ 258 82 03 77 - juin-sept. : 10h-13h, 15h-19h ; oct.-mai : 10h-13h, 15h-18h - fermé lun. et j. fériés - 2 €.

Il est installé dans l'ancien palais (18e s.) de la famille Barbosa Maciel, l'une des nombreuses familles de la ville à s'être enrichies durant la période faste du commerce avec le Brésil et de la pêche en haute mer. Les murs intérieurs du palais sont revêtus de superbes **azulejos★★** peints en 1721 par Policarpo de Oliveira Bernardes : les sujets traités concernent les continents, la chasse, la pêche, les réceptions, etc. Les salles du 1er étage, ornées d'azulejos et de beaux plafonds en bois, présentent des peintures, ainsi qu'une remarquable **collection de faïences portugaises★** (de Coimbra, de Lisbonne, etc.), qui serait la plus importante du Portugal.

Le rez-de-chaussée, sous les plafonds de bois verni à caissons, abrite de beaux meubles indo-portugais du 17e s., sculptés ou marquetés, parmi lesquels un somptueux cabinet en écaille de tortue et ivoire, d'anciennes céramiques et faïences portugaises, italiennes et hollandaises, une petite Vierge à l'Enfant en ivoire ainsi que des vestiges préhistoriques. La cour-jardin

TOURNÉE VERS LA MER

Humble village de pêcheurs au Moyen Âge, la cité connut ensuite un développement prodigieux : le fructueux commerce avec le Brésil et les villes hanséatiques, la pêche à la morue sur les bancs de Terre-Neuve et l'essor des chantiers navals lui apportèrent la prospérité. De cette époque datent les demeures manuélines et Renaissance qui font aujourd'hui le charme de la vieille ville. Après une période de déclin consécutive à l'accession du Brésil à l'indépendance (1822) et à la guerre civile (1846-1847), la ville est redevenue un actif centre de pêche en haute mer. Industries (bois, céramique, pyrotechnie, construction navale, industrie papetière) et artisanat (costumes, broderies) contribuent à sa prospérité.

attenante rassemble des curiosités archéologiques : statues en ex-voto, pierres tombales.
En sortant du musée, à droite, rejoignez l'église São Domingos.

Église São Domingos

Construite en 1576, elle présente une façade Renaissance de granit en forme de retable. À l'intérieur, tombeau du fondateur de l'église, Bartolomeu dos Mártires, archevêque de Braga.
Longez l'église sur la droite, traversez la praça do General Barbosa et continuez tout droit.

Église Nossa Senhora da Agonia

Cette charmante église baroque est connue pour le grand pèlerinage qui s'y déroule en août *(voir « Agenda », p. 549).*
Rejoignez les quais par l'av. Campo do Castelo puis, à g., le bas de l'av. dos Combatentes da Grande Guerra et longez les quais jusqu'au ponte Eiffel (10mn).

Pont (Ponte) Eiffel

Ce pont en treillis métallique à deux tabliers superposés (l'un ferroviaire, l'autre routier), de 600 m de long, enjambe le rio Lima à la sortie est de la vieille ville. Il est l'œuvre de Gustave Eiffel.

À proximité Carte de région p. 468-469

★★ Belvédère (Miradouro) de Santa Luzia

4 km par la route de Santa Luzia, au nord de Viana do Castelo.

Accès en 7mn par le **funiculaire** de Santa Luzia qui, avec ses 650 m, est le plus long du pays *(elevador - ✆ 258 81 72 77 - 8h-18h (été 20h) - 3 € AR, 2 € AS)*, ou en voiture par une route pavée en lacet, grimpant entre des pins, des eucalyptus et des mimosas. Le belvédère est juché au sommet de la colline de Santa Luzia, que coiffe une basilique moderne, lieu de pèlerinage.

Basilique de Santa Luzia – *✆ 258 82 31 73 - 8h-17h (été 19h) - gratuit ; montée à la coupole centrale : 0,80 €.* De style néobyzantin plutôt disgracieux, elle est précédée d'un vaste parvis et d'un escalier monumental. Le dôme central est doté d'un lanternon supérieur, qui culmine à 57 m au-dessus du sol *(142 marches à partir de la sacristie ; passage très resserré en fin de montée).* L'intérieur, éclairé par trois rosaces, se réduit à une abside et à un chœur sous une coupole ornée de fresques.

Du parvis, magnifique **panorama★★** sur Viana do Castelo et l'estuaire du Lima que dominent à l'horizon, au sud-est, les hauteurs boisées et les villages blancs de la région de Barcelos. Au-delà du port, contrôlé par le fort São Tiago da Barra (16e s.), l'Océan écume le long d'immenses plages de sable fin.

Plage (Praia) do Cabedelo

Par la N 103 dir. Braga. Accessible par bus depuis Viana do Castelo (dép. fréquents depuis la gare routière) ou par ferry (voir « Transports », p. 548).

De grandes dunes abritées derrière une pinède (accès pour handicapés en été) : très belle **plage** au sud de l'estuaire du Lima, de l'autre côté de la ville.

Plages (Praias) d'Afife

10 km au nord.

Elles composent une vaste étendue sableuse ; sur la plage du Bico, les vagues séduisent les amateurs de surf et de bodyboard.

NOS ADRESSES À VIANA DO CASTELO

INFORMATIONS UTILES

Les offices de tourisme sont répertoriés en début de chapitre.

Internet

Espaço Internet – *Largo de Santa Catarina, 17 - ✆ 258 84 72 68 - lun.-vend. 13h-20h, sam. 10h-13h, 14h-18h.* Gratuit.

Instituto Português da Juventude – *R. do Poço, 16-26 - lun.-vend. 9h-17h30. Accès gratuit limité à 30mn.* Six postes, dont deux dans le bar, au fond.

TRANSPORTS

Train

Gare ferroviaire – *Av. Combatentes da Grande Guerra.* Liaisons avec Porto *via* Barcelos *(durée : 1h30 ; ttes les heures env. de 6h à 21h)* et Valença do Minho *via* Caminha *(1h env. ; ttes les heures env. de 7h30 à 21h30).*

Bus

Gare routière – *Viana Shopping (derrière la gare ferroviaire) - ✆ 258 80 93 61.*

Rodoviária d'Entre Douro e Minho – *✆ 258 82 50 47.* Liaisons pour Braga *via* Ponte de Barca et Ponte de Lima.

Auto Viação Minho – *✆ 258 80 03 40 - www.avminho.pt.* Liaisons pour Ponte de Lima *(1h10 ; ttes les h. env.)* et Porto *(1h15 ; 4/j.).*

Ferry

Portela – *✆ 962 30 55 95. - embarcadère à droite du monument du 25 Avril, face à l'av. Combatentes da Grande Guerra.* Traversée du Lima (vers la plage de Cabedelo). *Mai-oct. : lun.-vend. 9h-18h (10h-18h le w.-end), départs ttes les h - 1,30 €.*

Location de vélos

Viana Welcome Center – *Rotunda da Liberdade - ✆ 258 09 84 15 - www.vivaexperienca.pt. 11 €/j., 14 € pour un tandem.*

VISITE

Croisières fluviales – *Praça da Liberdade - ✆ 962 30 55 95 ou 965 43 36 83 (portable) - www.passeiofluvial.com.* La compagnie Portela, qui gère les ferries permettant de se rendre à la plage de Cabedelo, organise aussi des croisières sur le fleuve *(40mn 7,50 € ou 1h30 12 €).*

HÉBERGEMENT

PREMIER PRIX

Navio Gil Eannes – *Doca Comercial - ✆ 258 84 71 69 - www.pousadasjuventude.pt et www.fundacaogileannes.pt - 6 ch. (26 €) et 6 dortoirs (12 €/pers.).* Si vous rêvez de dormir sur un bateau, cette auberge de jeunesse amarrée sur les anciens docks du port est pour vous ! Elle occupe ce qui fut le navire-hôpital *Gil Eannes*, bâti à Viana do Castelo en 1955 pour assister les pêcheurs à la morue sur les bancs de Terre-Neuve et du Groenland.

POUR SE FAIRE PLAISIR

Estalagem Casa Melo Alvim – *Av. Conde da Carreira, 28 - ✆ 258 80 82 00 - www.meloalvimhouse.com - P - 20 ch. 95/175 € ☕ - rest. : menu 30/45 €.* Cette ancienne maison seigneuriale agrandie se caractérise par la présence de différents styles artistiques. Chambres de très bon confort et belle salle à manger.

À Vile de Punhe

POUR SE FAIRE PLAISIR

Casa da Torre das Neves – *10 km au sud-est de Viana do Castelo -*

✆ 258 77 13 00 ou 932 03 29 80 (portable) - ⊭ P *- 5 ch. 90/100 €* *- table d'hôte env. 25 €.* Manoir de famille du 16e s. reconverti en confortable maison d'hôte, typique de la région du Minho. Proche de la mer. Tennis.

RESTAURATION

BUDGET MOYEN

Os 3 Potes – *Beco dos Fornos, 7-9 - ✆ 258 82 99 28 - tlj 12h30-15h, 19h-23h.* Restaurant typique où se produisent des musiciens et des chanteurs de fado, le samedi en été.

Cozinha das Malheiras – *R. Gago Coutinho, 19 - ✆ 258 82 36 80 - 12h-15h, 19h-22h30 sf mar. et 23 déc-2 janv.* Ce restaurant aménagé dans une ancienne chapelle à la décoration toutefois plutôt fade vous fera découvrir tous les plats de la gastronomie locale. Spécialités de poissons et de fruits de mer.

POUR SE FAIRE PLAISIR

Casa d'Armas – *Largo 5 de Outubro, 30 - ✆ 258 82 49 99 - www.casadarmas.com - 12h30-15h, 19h30-22h30 sf merc. et 3 sem. en nov.* Ce restaurant installé dans une maison ancienne propose une cuisine régionale savoureuse. Spécialités de viandes et de poissons grillés ainsi que de fruits de mer.

PETITE PAUSE

Picotinha – *R. da Picota (entre l'avenida Combatentes da Grande Guerra et la praça da República) - 8h-20h sf dim.* Une petite salle qui ne désemplit jamais : *manjerico* (cornet à la pâte d'amande), *bolo de Gêma* (gâteau à base de jaunes d'œufs), etc. Parfait pour un déjeuner léger *(autour de 3 €).*

ACHATS

Sandra – *Largo João Tomás da Costa, 46 - tlj, fermé à l'heure du déjeuner.* Les plus belles broderies de la ville *(bordados de Viana)*, unies ou polychromes, toutes réalisées à la main : nappes, rideaux, châles, dessus-de-lit, vêtements, etc.

ACTIVITÉS

Vianalocals – *Praia de Cabedelo - ✆ 258 32 51 68.* Surf, bodyboard, windsurf et kitesurf.

AGENDA

Romaria de Nossa Senhora da Agonia – *Autour du 20 août.* Ce pèlerinage est l'une des fêtes les plus célèbres du Minho. Procession, course de taureaux, feux d'artifice sur le Lima, défilés de géants et de nains, illuminations et remarquables manifestations folkloriques : festival de danses et chants régionaux et, le dernier jour, magnifique défilé costumé. Il attire une foule considérable.

Festa das Rosas (Fête des roses) – *2e w.-end de mai.* Défilés folkloriques et bals.

Caminha

16 630 habitants – District de Viana do Castelo

NOS ADRESSES PAGE 552

S'INFORMER

Posto de turismo – *R. Ricardo Joaquim de Sousa (à côté de la Igreja Matriz) - ℘ 258 92 19 52.*

SE REPÉRER

Carte de région p. 468-469 – *Carte Michelin 733 G3.* Caminha est situé à 31 km au nord de Viana do Castelo, à l'extrême nord-ouest du pays, au confluent du Coura et du Minho.

ORGANISER SON TEMPS

Prévoyez 1h30 pour visiter la ville.

AVEC LES ENFANTS

Gagnez l'extrémité de l'estuaire du rio Minho pour profiter avec eux de la longue plage de sable fin de Moledo.

Contrôlant l'estuaire du Minho, Caminha est situé au point le plus septentrional du littoral portugais. Juste en face se trouve la rive espagnole, que surplombe le mont Santa Tegra. Grâce à sa position stratégique, la ville fortifiée défendit longtemps la frontière nord du Portugal contre les ambitions galiciennes. C'est maintenant un petit port de pêche et un centre artisanal spécialisé dans le travail du cuivre. Une étape de charme malgré le grand nombre de touristes espagnols qui viennent y passer le week-end.

Se promener

Circuit au départ de la place centrale du bourg – Comptez 30mn.

Praça do Conselheiro Silva Torres

Ordonnées autour d'une belle **fontaine** circulaire du 16e s. en granit, plusieurs constructions anciennes confèrent à cette place un harmonieux cachet médiéval. Le **palais des Pitas** (15e s.), au sud, est un édifice gothique dont la façade blasonnée présente d'élégantes fenêtres en accolade. L'**hôtel de ville**, à l'est, montre, dans la salle des séances, un joli plafond à caissons. La **tour de l'Horloge** (Torre do Relógio), au nord, est un vestige des anciennes fortifications (14e s.).

En franchissant cette porte, on débouche sur la rua Ricardo Joaquim de Sousa qui conduit à l'église paroissiale.

Église paroissiale (Igreja Matriz)

Avr.-sept. : mar. 14h-18h, merc.-dim. 10h-12h30, 14h-18h ; oct.-mars : mar. 14h-17h30, merc.-dim. 9h30-12h30, 14h-17h30 - gratuit.

S'élevant juste derrière le pan de fortification le plus avancé sur le fleuve, c'est une église-forteresse bâtie en granit aux 15e et 16e s. par des architectes venus de Galice et de Biscaye. En dehors de quelques éléments gothiques, l'essentiel est de style Renaissance, en particulier les portails des façades ; le portail

Praça do Conselheiro Silva Torres.
Van der Meer Rene/Prisma/age fotostock

latéral sud est encadré de pilastres sculptés qui supportent une galerie ; le fronton abrite une Vierge entourée de deux anges. L'intérieur est couvert d'un magnifique **plafond mudéjar★** en érable, dû à un sculpteur espagnol ; encadré de chaînes stylisées, chaque panneau central octogonal est occupé en son milieu par une rose.

À l'entrée, à droite, se dresse une statue colossale de saint Christophe, patron des bateliers. La chapelle du Saint-Sacrement, à droite du chœur, contient un tabernacle en bois doré du 17e s., illustré de scènes de la Passion par Francisco Fernandes.

★ Estuaire et plage

2 km. Longez à pied la berge du Minho, le long de la grande avenue puis, au niveau du petit port, prenez le premier sentier à droite bordant l'estuaire, à l'orée de la forêt de résineux. En voiture, prenez la première route goudronnée à droite, qui traverse la forêt.

Promenez-vous sur les dunes jusqu'à l'embouchure de l'estuaire, qui s'ouvre sur l'Océan en une très belle et longue plage de sable bordée de pins, la **Praia de Moledo**. Au large, édifiée sur un éperon rocheux telle une sentinelle marine, une vieille **forteresse** portugaise (Forte da Ínsua) veille encore ; elle date de la guerre d'indépendance contre l'Espagne (17e s.). À l'arrière de la plage, la **pinède de Gelfa et Caramido** s'étend vers le sud, le long de l'Atlantique.

NOS ADRESSES À CAMINHA

INFORMATIONS UTILES

Les offices de tourisme sont répertoriés en début de chapitre.

TRANSPORTS

Train – **Gare ferroviaire** – *Avenida Saraiva de Carvalho.* Sur la Linha do Minho qui relie Porto *(gare de Campanhã - toutes les 1 à 3h, env. 2h30 de trajet)* à Valença do Minho *(toutes les 1 à 2h, env. 20mn de trajet)* en passant par Viana do Castelo.

Ferry – *Embarcadère au bout du largo Dr Bento Coelho.* Un bateau assure toutes les heures, de 8h à 19h environ *(21h en été)*, la traversée du fleuve pour rejoindre A Guarda, sur la rive espagnole.

HÉBERGEMENT

PREMIER PRIX

Residencial Galo d'Ouro – *R. da Corredoura, 15 - 258 92 11 60 - - 40/50 €.* Une pension simple dans une maison ancienne jouxtant la charmante praça do Conselheiro Silva Torres. La grande gentillesse de l'accueil, les plafonds moulurés et la situation très centrale font oublier l'âge de la robinetterie. Réception au 1er étage.

BUDGET MOYEN

Casa da Eira – *R. do Ingusto, 274 (Gateira-Moledo) - 258 72 21 80 - www.casadaeira.com - - 4 ch. 69/80 €.* Au-dessus de la plage du Moledo, une ravissante petite route bordée d'hortensias serpente dans les hauteurs et conduit à cette maison d'hôte au cadre enchanteur. Le bâtiment principal propose une chambre et les deux autres, trois appartements, le tout jouxtant un superbe jardin planté d'orangers, d'eucalyptus, de citronniers et de lavande, avec la mer comme horizon et, en sus, une piscine-bassin en granit. Non fumeur. Séjour de 2 nuits minimum.

À Vilar de Mouros

BUDGET MOYEN

Quinta da Cantareira – *Caminho do Ranhada - Marinhas - 258 72 41 67 - www.quintadacantareira.com - - 5 ch. 55/80 €.* Véritable petit paradis pour passer des vacances entre mer et montagne, cette maison en schiste offre une vue magnifique sur la serra d'Arga qui se déploie face à la piscine. La tranquillité des lieux n'a d'égal que la gentillesse des propriétaires, et vous goûterez ici à une atmosphère d'artistes (lui est un sculpteur célèbre au Portugal). La *quinta* compte trois chambres, plus deux autres installées dans un ancien pressoir transformé en annexe indépendante. Petit-déjeuner succulent.

RESTAURATION

POUR SE FAIRE PLAISIR

Duque – *R. Ricardo Joaquim de Sousa, 111 - 258 72 20 46 - fermé dim. soir et lun.* Dans une ruelle du centre historique, une agréable salle aux pierre et poutres apparentes d'où l'on aperçoit la cuisine, derrière le comptoir. Spécialités du Minho et du Trás-os-Montes. Le patron vous aidera volontiers à faire votre choix. Terrasse.

À Moledo

BUDGET MOYEN

Ancoradouro – *R. João Baptista da Silva, 522 - 258 72 24 77 -*

13h-14h30, 20h-22h - ouv. uniquement vend., w.-end et j. fériés. Derrière la plage du Moledo, à l'orée de la pinède avant Caminha, cette maison aux volets rouges attire tous les vacanciers par son cadre rustique chaleureux et son menu typique composé de viandes et de très bons poissons.

ACHATS

Garrafeira Baco – *R. de S. João, 42 - ✆ 258 92 11 21 - www.garrafeirabaco.com.* Aux abords de la vallée du Minho, terre du fameux *vinho verde*, entrez chez ce fin connaisseur pour découvrir toute la gamme des vins régionaux et bénéficier de conseils avisés en vue d'acheter le meilleur d'entre eux : l'*alvarinho*.

ACTIVITÉS

Centro de Interpretação da Serra d'Arga – *Arga de Baixo (env. 20 km au sud-est de Caminha) - ✆ 258 72 17 08 -www.cm-caminha.pt - mar.-dim. 9h30-12h30, 14h-18h.* Cette association vise à faire découvrir la magnifique serra d'Arga et ses environs. Visites guidées et promenades thématiques vous mèneront sur des chemins ornithologiques, dans les dunes ou la forêt ; des activités telles que le VTT, le trekking ou l'escalade vous seront aussi proposées. Ateliers sur le cycle du lin, du miel ou la fabrication du pain.

AGENDA

Festa de Santa Rita – *2e w.-end d'août.*

Valença do Minho

★

14 129 habitants – District de Viana do Castelo

S'INFORMER
Posto de turismo – *Praça da República - ✆ 251 80 95 00 - www.cm-valenca.pt.*

SE REPÉRER
Carte de région p. 468-469 – *Carte Michelin 733 F4.* La ville se trouve à 54 km au nord-est de Viana do Castelo, 71 km au nord de Braga et 30 km au nord-est de Caminha.

À NE PAS MANQUER
La ville fortifiée et la vallée du Minho.

Pendant des siècles, Valença a farouchement gardé la frontière nord du Portugal et le passage du fleuve Minho, du haut de sa butte située sur la rive gauche, face à la ville galicienne de Tui. Dans sa partie ancienne, c'est une très curieuse cité, constituée de deux places fortes de style Vauban, reliées par un seul pont. Les touristes espagnols viennent ici en grand nombre pour acheter les nappes et draps brodés dans les multiples boutiques de la ville consacrées à cette spécialité. La cité ne retrouve son calme que le soir venu, et il fait bon alors déambuler dans ses ruelles pavées.

Se promener

★ Ville fortifiée

Accès en voiture, depuis le sud, par une route ombragée détachée de la N 13.
Chacune des deux places fortes du 17e s. se présente dans son état d'origine. Parfaitement intégrées à la colline, encerclées de douves, elles ont la forme d'un polygone irrégulier et sont défendues par six bastions à double redans et à échauguettes, précédés d'ouvrages avancés. Elles sont fermées, au nord et au sud, par deux portes monumentales blasonnées aux armes du royaume et du gouverneur. Des pièces d'artillerie anciennes demeurent en position devant les embrasures. Des remparts nord, jolie **vue**★ sur la vallée du Minho, sur Tui et les monts de Galice.
Chaque enceinte circonscrit un quartier autonome de la ville avec ses églises, ses pittoresques rues étroites et pavées, ses fontaines, ses maisons et ses boutiques.

SUR LES CHEMINS DE SAINT-JACQUES
Valença do Minho se trouve sur la grande route reliant Saint-Jacques-de-Compostelle à Porto : le chemin du nord-ouest pour les pèlerins, qui passe par le bord de mer de Póvoa de Varzim jusqu'à Caminha et s'infléchit ensuite en suivant le cours du Minho. La route le franchit grâce au pont métallique construit par Gustave Eiffel en 1884.

À proximité Carte de région p. 468-469

★★ Monte do Faro

7 km. Quittez Valença par la N 101 vers Monção ; prenez à droite en dir. de Cerdal et, peu après, à gauche vers Monte do Faro.

La route s'élève rapidement parmi les pins, tandis que les vues prennent de l'ampleur. Laissez la voiture sur le rond-point final et prenez, à gauche de la route, le sentier qui conduit au sommet *(alt. 565 m)*. De là, s'offre un **panorama★★** époustouflant : au nord et à l'ouest, sur la vallée du Minho parsemée de villages blancs et dominée dans le lointain par les monts de Galice ; à l'est, sur la serra do Soajo ; au sud-ouest, sur les collines boisées de la côte et l'Océan.

Excursion Carte de région p. 468-469

Vallée du Minho (Vale do Minho)

52 km de Valença à São Gregório. Sortez de Valença par la N 101, à l'est.

C'est à l'est de Valença que la rive portugaise du rio Minho offre le plus d'intérêt. Le fleuve, qui apparaît majestueusement étalé au début du parcours, s'encaisse jusqu'à devenir invisible entre des pentes aussi abruptes que verdoyantes. La route, pavée et sinueuse, toujours bordée d'arbres (pins, eucalyptus et même palmiers) ou de vignes sur treilles – produisant le célèbre *vinho verde* –, traverse de gros villages viticoles.

Monção – Construite au bord du Minho qu'elle domine, cette agréable petite ville est une station thermale dont les eaux soignent les rhumatismes. Quelques maisons anciennes, l'**église paroissiale** qui a conservé certaines parties romanes, le **belvédère★** sur le Minho et les paysages alentour, son vin réputé, l'*alvarinho*, font de Monção une étape agréable.

À 3 km au sud sur la route d'Arcos de Valdevez, on peut voir sur la droite le **palais de Brejoeira** construit au début du 19e s. sur le modèle du palais d'Ajuda à Lisbonne.

En contrebas de la route, les vignes, les champs de maïs et de potirons s'étagent en terrasses face au riant versant espagnol ponctué de villages perchés. L'abondance des cultures et des maisons isolées (au crépi de couleur vive) frappe particulièrement.

Après Melgaço, la N 301, en balcon, ménage des **échappées** plongeantes sur le Minho, toujours très encaissé, jusqu'aux approches de São Gregório (poste frontière).

BON À SAVOIR

En matière de *vinho verde*, les Portugais choisissent en premier prix les vins de la cave coopérative de Monção (cuvée « Muralhas de Moncão »), ou un vin vert de cépage *alvarinho* à un prix plus élevé.

Ponte de Lima

★

43 594 habitants – District de Viana do Castelo

NOS ADRESSES PAGE 559

S'INFORMER

Posto de turismo – *Torre da Cadeia, dans le centre historique - ✆ 258 94 23 35 - hiver : lun.-sam. 9h-12h30, 14h-17h30 ; été : 9h30-12h30, 14h-18h.*

SE REPÉRER

Carte de région p. 468-469 – Carte du Parc national de Peneda-Gerês p. 563 – *Carte Michelin 733 G4.* À mi-chemin entre Viana do Castelo et le Parc national de Peneda-Gerês ; à 37 km au nord de Braga.

À NE PAS MANQUER

S'attabler à une terrasse de café sur le largo Principal, face au pont médiéval.

ORGANISER SON TEMPS

Prenez la journée pour visiter la ville et explorer la vallée du rio Lima, jusqu'à la frontière espagnole.

AVEC LES ENFANTS

Un pique-nique sur les berges verdoyantes du rio Lima.

Au cœur du Haut-Minho, en pleine région de production du « vinho verde », la petite ville de Ponte de Lima est un actif centre viticole. Comme son nom le laisse supposer, un très beau pont médiéval d'origine romaine y enjambe le fleuve Lima. La ville mérite le détour rien que pour ses ruelles bordées de constructions romanes, gothiques, manuélines, baroques ou néoclassiques. Mais on pourra aussi s'attarder dans ses environs enchanteurs, qui comptent un nombre exceptionnel de manoirs – « solares » – et de propriétés seigneuriales – « quintas » – des 16e, 17e et 18e s. Ils se prêtent à une belle excursion au long de la vallée du Lima, jusqu'au Parc national de Peneda-Gerês.

Se promener

Circuit au départ du pont médiéval – Comptez 1h30 à 2h.

★ Pont médiéval

Ce magnifique pont sur le rio Lima, édifié par les Romains sur la voie qui allait de Braga à Astorga, a donné son nom à la ville. Il présente 16 arches en plein cintre alternant avec des piles ajourées munies d'avant-becs, sur une longueur de 277 m par 4 m de largeur. Du pont d'origine, il reste cinq arches et quelques bornes milliaires. Il a été reconstruit au 14e s. par le roi Pierre Ier, qui éleva aussi les remparts et les portes fortifiées. Au-delà du pont, les jardins thématiques do Armado offrent un agréable lieu de promenade.

Largo Principal

La grand-place devant le pont est ornée d'une fontaine du 18e s. à sphère armillaire. Plusieurs terrasses de cafés y offrent une pause agréable.

Longez les quais sur votre gauche (face au pont) et remontez à gauche la rua Cardeal Saraiva.

Église paroissiale (Igreja Matriz)
Angle rua Cardeal Saraiva et rua da Matriz. Remaniée au 18e s., elle conserve un portail roman aux voussures ornées d'un cordon de billettes. À l'intérieur, plafond à caissons de bois et, dans les chapelles latérales, deux retables baroques.
Continuez dans la rua Cardeal Saraiva. En haut, tournez à droite dans la rua Cândido da Cruz.

Palais des marquis de Ponte de Lima (Paço do Marquês de Ponte de Lima)
La façade du palais percée de fenêtres manuélines est datée de 1464.
Poursuivez rua Cândido da Cruz et continuez en face rua Agostinho José Taveira. À hauteur du théâtre Diogo Bernardes, descendez sur la droite vers la berge du rio Lima.

Église-musée des Terceiros (Igreja-Museu dos Terceiros)
Entrée par l'av. D. Luís Filipe ou l'av. 5 de Outubro - ✆ 258 75 31 36 - www.museudosterceiros.com - mar.-dim. 10h-12h30, 14h-18h - 2,50 €.
Cet ensemble récemment restauré comprend deux églises : Santo António dos Frades (15e s.) et l'**église des Tertiaires** (membres du Tiers-Ordre de saint François), du 18e s., ainsi que des bâtiments conventuels. On y remarquera les azulejos hispano-arabes du 16e s. et, dans l'église des Tertiaires, un rare ensemble de **boiseries★**. Dans la section d'art sacré autour du cloître sont rassemblés des ornements religieux et des statues anciennes.
Retour au pont médiéval en longeant la berge ombragée.

Circuit conseillé Carte du Parc national de Peneda-Gerês p. 563

▶ *Circuit rouge de 38 km tracé sur la carte du Parc national de Peneda-Gerês – Comptez 1h30.*

VALLÉE DU LIMA

Le Lima coule généreusement dans une paisible vallée, particulièrement verdoyante et calme en amont de Ponte de Lima. La vallée est jalonnée de beaux domaines, comme la quinta dos Nóbregas (14e s.), près de Ponte da Barca.
▶ *De Ponte de Lima, suivez la N 203 vers l'est sur 16 km.*

Bravães
★ **Église São Salvador** – *En cas de fermeture, demandez la clef au café situé un peu plus haut, au bord de la route.* Cette petite église du 12e s. à chevet plat, derrière lequel un campanile fait office de clocher, est l'un des plus beaux édifices romans du Portugal. La façade est percée d'un remarquable **portail★** aux cinq voussures couvertes d'un décor fouillé où l'on reconnaît des colombes, des singes, des personnages humains et des motifs géométriques ; des statues-colonnes sculptées de façon naïve et fruste soutiennent des chapiteaux abondamment historiés. Le tympan, que supportent deux têtes de bovins stylisées, est orné de deux anges adorant un Christ en majesté. Sur le tympan du portail sud, au-dessus de deux têtes de griffons, un bas-relief représente l'Agneau divin.

À l'intérieur, l'arc triomphal est agrémenté d'une frise d'influence arabe et retombe sur des chapiteaux sculptés de motifs stylisés. Un cordon de billettes court, à mi-hauteur, sur tous les murs.

Ponte da Barca

4 km à l'est de Bravães.

Cette cité verdoyante compte hélas beaucoup de bâtiments abandonnés, mais aussi une petite place (arcades de l'ancien marché du 18e s. d'un côté, curieux pilori au centre) et de nombreuses maisons nobles (18e s.) aux parements de granit qui s'harmonisent avec l'habitat populaire. Le pont monumental érigé au 15e s. au-dessus du Lima doit son nom à la barque à laquelle il se substitua, qui faisait passer d'une rive à l'autre les pèlerins se rendant à Saint-Jacques-de-Compostelle.

Église São João Baptista – Édifiée de 1717 à 1738 sur les plans de l'architecte régional Manuel Pinto de Villalobos, elle est dotée, de part et d'autre de la nef et du chœur, de chapelles latérales qui lui confèrent une forme inhabituelle. La façade, asymétrique depuis la destruction par la foudre de la tour de droite, mêle les styles maniériste et baroque ; le relief un peu fruste du baptême du Christ proviendrait de l'église primitive du 15e s. Le plafond en bois de cette église-halle est peint à l'imitation de voûtes à croisée d'ogives ; beau **retable** baroque (1727) en bois doré dans le chœur et, sauvés de l'ancienne église, azulejos polychromes de type tapis dans une chapelle.

De Ponte da Barca à Lindoso, la route, bordée de pins, de mandariniers et de lauriers-roses, serpente sur un versant de la serra Amarela, en vue des serras da Peneda et do Soajo, arides et rocailleuses, qui s'élèvent de l'autre côté de la vallée du Lima. À hauteur de l'embranchement pour Entre Ambos-os-Rios, elle s'engage, en forte montée, dans le **Parc national de Peneda-Gerês** *(voir p. 560) et offre des vues dominantes sur les méandres du fleuve, qu'élargit un barrage en amont. Son parcours se termine, en corniche, avec l'apparition du château de Lindoso.*

★ Lindoso

25 km au nord-est de Ponte da Barca.

Adossé en amphithéâtre aux flancs sud d'un contrefort de la serra do Soajo, Lindoso étage à 462 m d'altitude ses austères maisons de granit, intégrées au paysage rocheux – malgré la présence de constructions récentes – et entourées de cultures en terrasses, derrière l'éminence où se dressent son château et un ensemble insolite d'*espigueiros*.

★ **Les espigueiros** – Couvrant une plate-forme rocheuse au pied du château, ces greniers à grain, au nombre d'une soixantaine, forment une extraordinaire concentration, aux allures de cimetière, de petits édifices en granit, juchés sur pilotis et surmontés, pour la plupart, d'une ou deux croix. Leur exécution, très soignée, remonte aux 18e et 19e s. Ils sont encore utilisés de nos jours pour le stockage et le séchage du maïs.

Château – *✆ 927 15 15 83 - fermé lun. - horaires : rens. à l'office de tourisme de Ponte de Barca - 3 €.* Édifié au début du 13e s., sa situation face à la frontière lui valut d'être attaqué à plusieurs reprises par les troupes de Philippe IV d'Espagne pendant la guerre d'indépendance au 17e s. Restauré en 2008, il offre le spectacle d'un donjon féodal crénelé, élevé à la demande du roi Denis, au milieu d'une petite enceinte quadrilatère du 17e s. à bastions et échauguettes. Du chemin de ronde, vues sur la vallée du Lima et les farouches montagnes environnantes, portugaises ou galiciennes.

NOS ADRESSES À PONTE DE LIMA

INFORMATIONS UTILES

Les offices de tourisme sont répertoriés en début de chapitre.

Internet – Bar Galeria S.A. – *Beco das Selas, 5 (dans la vieille ville) - ouvert jusqu'à 2h. Payant*

Espaco Internet – *Av. António Feijo - lun.-vend. 13h-20h. Gratuit.*

HÉBERGEMENT

Bon à savoir – L'office de tourisme pourra vous orienter vers des hébergements en *casa rustica* ou en manoir : Ponte de Lima dispose d'un choix particulièrement étendu en la matière, pour tous budgets.

BUDGET MOYEN

Quinta da Aldeia – *São João da Ribeira (à 3 km du centre, dir. Ponta da Barca, près de l'entrée de l'A 3) - ✆ 258 74 13 55 - www.solaresdeportugal.pt - ouv. mai-oct. - - 2 ch. 65 €.* Derrière le portail d'entrée envahi de glycines, se cache une grande propriété viticole dominée par une demeure du 17e s. Près des vieux orangers, les chambres sont aménagées dans une annexe : confort rustique déployé sur deux niveaux, avec cheminée, kitchenette et chaises en rotin. À l'arrière, les vignes s'étendent jusqu'au fleuve. Si vous n'avez pas réservé, adressez-vous au Café Havaneza *(largo Principal, Ponte de Lima)*, tenu par les propriétaires.

Casa do Pinheiro – *R. General Norton de Matos, 50 - ✆ 258 94 39 71 ou 965 00 85 75 (mobile) - casa_do_pinheiro@sapo.pt - - 6 ch. 65 €* . Une maison du 19e s. au classicisme distingué. Les chambres, vastes et bien aménagées, associent confort bourgeois et tranquillité. Deux d'entre elles, plus grandes encore, disposent d'une petite terrasse donnant sur le pont médiéval, le jardin planté d'orangers et la petite piscine.

RESTAURATION

BUDGET MOYEN

A Tulha – *R. Formosa - ✆ 258 94 28 79 - fermé lun.* Une grande salle aux pierres et poutres apparentes, avec cheminée au fond et bouteilles de vin aux murs : le « Grenier » sert une cuisine régionale aux plats bien garnis. Irrésistible chorizo maison servi chaud en apéritif, ragoût de porc *(sarrabulho)*, rillons, etc.

À Ponte da Barca

PREMIER PRIX

Gomes – *R. Concelheiro Rocha Peixoto, 13 - ✆ 258 45 21 94.* Dans un édifice rustique aux murs épais, une grande salle arrière, percée de petites fenêtres s'ouvrant sur le fleuve et le vieux pont. Poissons grillés : bar, daurade, espadon, truite, etc.

ACHATS

Adega Cooperativa – *R. Conde de Bertiandos - ✆ 258 90 97 00 - www.adegapontelima.com.* Dégustation et vente de *vinho verde (voir p. 57).*

Marché – Grand marché sur les berges, un lundi sur deux.

AGENDA

Festa da Vaca das Cordas – *Merc. de la sem. de l'Ascension.* Course de taureaux dans les rues.

Feira do Vinho Verde – *2e w.-end de juin.*

Festival d'opéra et de musique classique – *Juil.*

Festival des jardins – *Juin-oct. - 1 €.* Douze jardins éphémères.

Parc national de Peneda-Gerês

Parque Nacional da Peneda-Gerês

★★

Districts de Viana do Castelo, Braga et Vila Real

NOS ADRESSES PAGE 565

S'INFORMER

Instituto da Conservação da Natureza e da Biodiversidade - Siège de Braga – *Av. António Macedo - ☏ 253 20 34 80 - http://portal.icnb.pt - lun.-vend. 9h-12h30, 14h-17h30.*

Informations touristiques - *Av. Manuel da Costa (entrée nord de Gerês) - ☏ 253 39 11 33 - 9h30-12h30, 14h30-18h sf dim. apr.-midi ; fermé jeu. de sept. à juin.* Brochures sur les activités sportives, les hébergements chez l'habitant, les sentiers de randonnée aménagés par la commune.

ICNB - Délégation de Gerês – *Centro de Educação Ambiental - Vidoeiro - ☏ 258 39 01 10 - lun.-vend. 9h-12h30, 14h-17h30.* Livres, cartes, documentation pour les randonnées pédestres. Expositions temporaires.

SE REPÉRER

Carte de région p. 468-469 – Carte du Parc national de Peneda-Gerês p. 563 – *Carte Michelin 733 FG5-6.* Frontalier de l'Espagne, tout au nord du Portugal, Peneda-Gerês possède plus de 100 km de frontière commune avec la pointe sud-ouest de la province espagnole d'Orense. Depuis son association en 1997 au Parc naturel de Galice, l'ensemble forme le Parque Transfronteiriço Gerês-Xurés, occupant 91 000 ha. La partie portugaise du parc se compose de quatre massifs montagneux orientés nord-est sud-ouest, **Peneda** et Soajo au nord du Lima, Amarela et **Gerês** au sud.

À NE PAS MANQUER

La superbe route de Mezio à Lamas de Mouro, qui traverse les paysages somptueux de la serra da Peneda.

AVEC LES ENFANTS

Pique-niquer à l'entrée de la réserve naturelle, à 8 km de Gerês, et se promener jusqu'à la voie romaine.

Vallées profondes et verdoyantes de Gerês, paysages désolés de la serra da Peneda, cimes déchiquetées, la région joue du contraste dans le registre du grandiose. Aux confins nord du Portugal, dans une zone isolée, ce Parc de 91 000 ha en forme de fer à cheval enserre un morceau d'Espagne entre ses branches. Créé en 1971, il est le seul Parc du Portugal à posséder le statut de Parc national. Il a pour mission de protéger des paysages et des sites archéologiques de premier plan, ainsi qu'une flore et une faune (cerfs, poneys sauvages, aigles royaux) de grand intérêt. Répartie dans de nombreux hameaux, une population agricole aux traditions vivaces y vit en harmonie avec l'environnement. Les rares routes qui traversent le Parc sont superbes, mais c'est surtout à pied que ses richesses se découvrent.

Le lac de retenue de Caniçada, dans le Parc national de Peneda-Gerês.
P. Galán Cela/age fotostock

Circuits conseillés Carte du Parc national de Peneda-Gerês p. 563

Circuits tracés sur la carte du Parc national de Peneda-Gerês.
Le Parc s'inscrit dans une zone très accidentée où le relief de nature granitique s'est érodé en chaos de rochers et en éboulis, formant des paysages impressionnants. Les vallées des rios Lima, Homem et Cávado ont compartimenté cette région en différentes serras. Le territoire du Parc se divise en trois parties principales : au nord, une forêt sauvage à l'indice de pluviosité le plus élevé du Portugal, la **serra da Peneda**, qu'une route permet de traverser ; au sud, la **serra do Gerês**, la zone la plus fréquentée ; enfin, à l'est, la **région du Barroso** autour de la retenue de Paradela *(voir p. 568)*, où les villages ont conservé le four et le bœuf communaux.

Bon à savoir – Pour se rendre de la partie de Peneda à celle de Gerês, il est plus rapide de passer par l'Espagne.

★★ DU RIO CÁVADO AU PORTELA DO HOMEM

Circuit bleu de 22 km à partir de São Bento (sur la N 103), tracé sur la carte du Parc national de Peneda-Gerês (p. 563) – Comptez 3h. Se détachant de la N 103 entre Braga et Chaves, la N 304 entame une descente sinueuse entre de beaux rochers tapissés de bruyère. Après 2 km, on passe devant la pousada *de São Bento, magnifiquement située, d'où s'offre un remarquable panorama sur la retenue de Caniçada.*

★ Confluent de Caniçada

Deux ponts franchissent successivement le Cávado et son affluent le Caldo, transformés en lacs par le barrage de Caniçada *(10 km plus loin à l'ouest)*. Le premier passe au-dessus des ruines d'un village noyé, qui émergent en période de basses eaux.

Au débouché du pont, sur la presqu'île située entre les deux lacs, à droite du carrefour, prenez la N 308 qui franchit aussitôt le 2e pont. Suivez la dir. de Gerês.

Gerês

Située au fond d'une gorge boisée, cette agréable petite station thermale est fréquentée pour ses eaux, riches en fluor, utilisées dans le traitement des maladies du foie et de l'appareil digestif.

Gerês est aussi la principale base d'excursions pour explorer le Parc national : vous y trouverez le **Centre d'information du Parc**, juste après l'établissement thermal.

Passé Gerês, la route, bordée d'hortensias au début, monte en lacet à l'ombre de bois de pins et de chênes. Env. 8 km après Gerês, on entre dans la réserve naturelle, après une **aire de pique-nique** installée au bord du torrent.

Laissez la voiture et poursuivez à pied jusqu'à la voie romaine (1h30 AR). 1 km après le parking, un pont franchit un torrent ; 700 m plus loin, prenez à gauche la piste vers Campo do Gerês ; après 1,3 km apparaissent les vestiges de la voie romaine ; d'autres se trouvent 700 m plus loin.

★ Vestiges de la voie romaine (Geira)

Les quelques bornes milliaires se dressant au bord de la route sont des vestiges de la voie romaine qui reliait Braga à Astorga sur 320 km en passant par le col de Homem. Ces bornes portaient des inscriptions commémoratives ou honorifiques concernant l'empereur (dynastie des Flaviens au 1er s.), voire parfois le gouverneur de la province. On retrouve sur certaines l'inscription « Bracara Augusta » qui était le nom de Braga.

De belles vues s'offrent ensuite sur le lac de retenue de **Vilarinho das Furnas★**, dont les eaux bleues s'étalent dans un paysage sauvage et rocailleux.

Rebroussez chemin et reprenez la voiture.

La route s'élève doucement à travers les bois et franchit le rio Homem qui se faufile en flots tumultueux à travers les rochers. Elle se poursuit jusqu'au défilé du **col de Homem** (Portela do Homem), frontière avec l'Espagne.

★★ SERRA DO GERÊS

Circuit de 15 km, de Gerês à la retenue de Vilarinho das Furnas, tracé sur la carte du Parc national de Peneda-Gerês (ci-contre) – Comptez 2h. De Gerês, prenez la N 308 vers le sud, puis tournez à droite.

★★ Route de montée vers Campo do Gerês

Cette route en lacet offre de beaux points de vue sur la retenue de Caniçada et sur les superbes coulées de rocs où se chevauchent d'énormes blocs en équilibre.

Sur la droite, un panneau indique « Miradouro de Junceda ». Une piste de 3 km mène à ce belvédère.

★ Belvédère (Miradouro) de Junceda

Une magnifique vue aérienne embrasse Gerês et sa vallée.

Revenez à la route et continuez vers Campo do Gerês.

On arrive à un croisement au centre duquel une belle borne milliaire sert de piédestal à un Christ sculpté.

En poursuivant la route sur la droite, on accède à la retenue de **Vilarinho das Furnas** ★. Sur la gauche, le barrage-voûte a été construit dans un site rocailleux et sauvage. La piste qui longe la retenue *(à prendre à pied)* mène aussi à la voie romaine décrite ci-dessus.

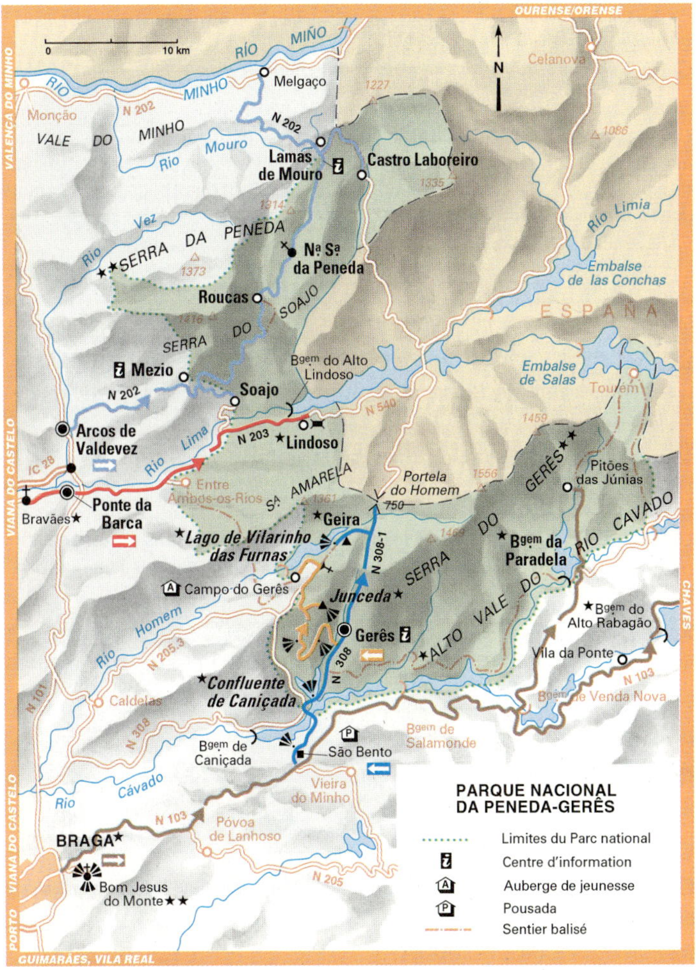

★★ SERRA DA PENEDA

Circuit gris de 70 km d'Arcos de Valdevez à Melgaço, tracé sur la carte du Parc national de Peneda-Gerês (ci-dessus) – Comptez une bonne demi-journée. Cet itinéraire permet de découvrir la région la plus sauvage du Parc, dans sa partie nord.

Arcos de Valdevez

Sur la N 202, à 20 km au nord-est de Ponte de Lima.

Agréable petite ville sur les rives du rio Vez, dominée par les tours de deux églises.

Entre Arcos et Soajo, la N 202 s'élève d'abord parmi les châtaigniers, les pins et les platanes, dans des paysages en terrasses essaimés de maisons entourées de vigne. Puis on entre dans un paysage plus sauvage de landes.

Arrivé à **Mezio**, entrée du Parc national, faites une halte au **Centre d'information et d'interprétation** (*258 51 01 00 - 10h-13h, 14h-17h ; 10h-19h* *en été - brochures et publications du Parc)* qui présente les caractéristiques géologiques, la faune et la flore de la région.

2,5 km plus loin s'amorce la route pour Peneda, mais poursuivez sur Soajo.

Soajo

Ce village isolé possède un très bel **ensemble d'espigueiros★**. Ces séchoirs à grain en granit sur pilotis, au nombre d'une vingtaine, sont regroupés sur une plate-forme, à la périphérie du village. Ils datent des 18e et 19e s. Certains sont surmontés d'une ou deux croix.

Revenez à l'embranchement avec la route de Peneda et suivez-la.

Les paysages sont grandioses : montagnes parsemées de blocs de granit, dont certains ont des formes extraordinaires. Quelques hameaux jalonnent la route.

Roucas

Ce village est entouré de champs en terrasses dans lesquels s'éparpillent des *espigueiros* (greniers à grain).

Monastère de Nossa Senhora da Peneda

Dans un **site★** magnifique au pied d'une falaise de granit, le sanctuaire est précédé d'un escalier de 300 marches, que les pèlerins empruntent lors du célèbre pèlerinage de septembre qui attire des foules depuis toute la région. Avant la création de la route, les pèlerins y venaient à pied ou à cheval.

Lamas de Mouro

Autre porte du Parc, ce site est équipé d'un **centre d'interprétation** *(près du camping - ✆ 251 46 50 10 - 10h-12h30, 14h-17h, jusqu'à 19h en été)* où est présentée une exposition sur la gestion et l'aménagement du Parc *(vous y trouverez aussi toutes les informations sur les activités sportives à l'intérieur du parc ; location de matériel).*

Castro Laboreiro

Ce village a conservé quelques maisons traditionnelles en granit ainsi que les ruines d'un château d'où s'offre une vue étendue sur les paysages parsemés de rochers.

De Castro Laboreiro, revenez à Lamas de Mouro, puis rejoignez Melgaço par la N 202.

DE PONTE DA BARCA À LINDOSO

Circuit rouge de 38 km – *Voir « Ponte de Lima », p. 558.*

NOS ADRESSES À PENEDA-GERÊS

INFORMATIONS UTILES

Les offices de tourisme sont répertoriés en début de chapitre.

À Gerês

Banque – *Av. Manuel da Costa.* Une seule banque dans la rue principale, près de l'hôtel Águas do Gerês.

TRANSPORTS

La voiture est le moyen le plus approprié pour se déplacer dans le Parc. **Station essence** à Lamas de Mouro (dir. Castro Laboreiro). Pas de station d'essence entre Lamas de Mouro et Mezio (45 km). Le relief ne facilite pas les liaisons entre les massifs du Parc, et en particulier entre la vallée du Lima et la serra do Gerês. Deux solutions : passer par l'Espagne (25 km de route nationale) ou par Entre Ambos-os-Rios et Campo do Gerês (20 km de route communale).

Bus

Empresa Hoteleira do Gerês – *253 61 58 96 - www.ehgeres.com.* Liaison pour Gerês à partir de Braga *via* la retenue de Caniçada (durée : 1h30 ; ttes les heures env. de 7h à 19h).

Salvador Alves Pereira – *258 52 15 04 - www.salvador-transportes.com.* À partir de Arcos de Valdevez, liaisons pour Braga (30mn ; 10/j.), Ponte da Barca et Monção.

Sur place

HÉBERGEMENT

Deux associations peuvent s'occuper de réserver votre hébergement dans le Parc.

ADERE – *Largo da Misericórdia, 10 - Ponte da Barca - 258 45 22 50 - www.adere-pg.pt.* Réservations de tout type d'hébergement rural : maisons d'hôte et maisons d'altitude, *casas abrigos* (avec électricité) et *casas retiros* (sans électricité). 50 à 70 €/j.

ADRIL – *R. do Carrezido - Ponte de Lima - 258 90 06 00 - www.aldeiasdeportugal.pt.*

À Lamas de Mouro

POUR SE FAIRE PLAISIR

Parque de Campismo – *N 202 (dir. Nossa Senhora da Peneda) - 251 46 51 29 - www.versana.pt - avr.-nov. - env. 120 €/bung.* Sur la route du col de Largato, ce camping d'altitude sous les sapins, recouvert d'une pelouse épaisse, a reconverti en bungalows d'une capacité de 8 personnes deux anciennes maisons forestières. Comprenant chacune 4 chambres, 2 sdb et une cuisine équipée, ces *casas abrigos* constituent une solution intéressante pour les familles ou les petits groupes. Calme absolu au milieu de la petite vallée en auge et au pied des cimes rocheuses.

À Gerês

BUDGET MOYEN

Quinta de Gestaçós – *N 308 (au sud de Gerês) - 253 39 14 91 - www.quintadegestacos.com - 5 ch. 50/65 €.* Cette coquette maison d'hôte, à la tenue soignée, surplombe la basse vallée de Gerês et la retenue de Caniçada. Grande terrasse au-dessus du jardin potager et des orangers embaumants, avec barbecue et four à disposition. Chemin privé menant jusqu'au sommet du versant.

Parque de Campismo de Cerdeira – *Campo do Gerês - 253 35 10 05 - www.*

parquecerdeira.com - 12 bung. - 65/75 €. À 800 m de la retenue de Vilarinho et de ses eaux transparentes, un grand camping d'altitude entièrement équipé (laverie, minigolf, tennis, etc.), au cœur d'un paysage de blocs granitiques. Chalets d'une et de deux chambres. Possibilité de planter sa tente ou d'installer son camping-car.

RESTAURATION

À Gerês

BUDGET MOYEN

Adega do Ramalho – *N 308 (à l'entrée sud de la ville) - ✆ 253 39 13 36 -* . Une taverne populaire et animée sur le bord de la route. Filet de porc au porto, truite au jambon fumé…

À Lamas de Mouro

BUDGET MOYEN

O Vidoeiro – *✆ 251 46 55 66 - tlj sf merc. 12h-17h - fermé d'oct. à mai.* À l'orée de la forêt balayée par les vents, on vient se réfugier dans ce bar et se réchauffer devant son vieux poêle. Cuisine revigorante servie sur de belles assiettes peintes : plats du jour (cabri, côtelettes, morue, etc.) accompagnés de salade, de pommes de terre et de riz. En dessert, de la *buche doce*, une crêpe épaisse aux œufs et à la cannelle.

PETITE PAUSE

Café da Ponte – *N 308, Rio Caldo (au confluent de Caniçada) - à partir de 7h.* Une grande terrasse juste au-dessus de la retenue, près des deux ponts. À l'intérieur, photos du village englouti et des piliers soutenant les ponts actuels, avant la montée des eaux.

ACTIVITÉS

Planalto – *Campo do Gerês (à l'entrée du camping de Cerdeira) - ✆ 253 35 10 05 - www.parquecerdeira.com.* Propose toute l'année un programme de parcours pédestres, en VTT, en kayak, etc.

Equi Campo – *Campo do Gerês - ✆253 35 70 22 - www.equicampo.com.* Balades à cheval sur les plateaux parsemés de blocs rocheux.

Centre nautique – *Lugar de Paredes - Rio Caldo - ✆ 253 39 17 92.* Balades en barque sur les eaux de la retenue de Caniçada.

Haute vallée du Cávado

Alto Vale do Rio Cávado

★

Districts de Braga et Vila Real

NOS ADRESSES PAGE 570

SE REPÉRER

Carte de région p. 468-469 – Carte du Parc national de Peneda-Gerês p. 563 – *Carte Michelin 733 H4, 5 et G5, 6, 7.* Au nord-est de Braga, entre le Haut-Douro et le Trás-os-Montes. Le fleuve Cávado prend sa source dans la serra do Larouco, juste au nord du plateau de Montalegre. Son affluent, le Rabagão, alimente la grande retenue du Alto Rabagão qui occupe un plateau plus au sud.

À NE PAS MANQUER

Alturas do Barroso et Vilarinho Seco, villages de montagne traditionnels; les spectaculaires retenues de Paradela, Alto Rabagão et Venda Nova.

ORGANISER SON TEMPS

Comptez une journée pour explorer la haute vallée, parsemée de villages en cul-de-sac qui obligent à de fréquents demi-tours.

Le Cávado s'encaisse en amont de Braga entre la serra do Gerês, au nord, et les serras da Cabreira et do Barroso, au sud. Dans sa haute vallée rocheuse et celle de son affluent, le Rabagão, plusieurs barrages retiennent les eaux du fleuve, teintées de bleu profond. La remontée du fleuve fait assister à une fabuleuse métamorphose des paysages, des versants boisés du Haut-Douro, en aval, aux cimes dénudées et aux plateaux minéraux du Trás-os-Montes, en amont.

Circuit conseillé

Carte du Parc national de Peneda-Gerês p. 563 et Carte de région p. 468-469

De Braga (voir p. 529) à Chaves (voir p. 571), circuit marron de 235 km tracé sur les cartes de région et de microrégion – Comptez une journée. Quittez Braga par la N 103 vers le nord-est en dir. de Chaves.

Dès la sortie de Braga, la vallée du Cávado, à gauche, se fait profonde et sauvage; la route en escalade le versant sud, couvert de pins et d'eucalyptus. À 8 km, sur le bord gauche de la route, un belvédère offre une vue sur le dernier élargissement, verdoyant, de la vallée. On voit ensuite, en avant puis à droite, une butte couronnée de rochers aux allures de forteresse médiévale et, 3 km plus loin, le château de Póvoa de Lanhoso dressant son donjon derrière Pinheiro. Après ce village, la vallée du Cávado se soustrait au regard tandis qu'apparaît, à droite, la vallée, parallèle, riante et parsemée de hameaux, du rio Ave. Puis la route s'élève au milieu d'un paysage aux crêtes pelées et rocailleuses souvent hérissées de rocs ruiniformes; sur les pentes apparaissent de beaux rochers « en boule », mais aussi des greniers à grain sur pilotis *(espigueiros)* et quelques bovins.

MISE EN VALEUR DE LA HAUTE VALLÉE DU CÁVADO
Avec une longueur de 118 km, le rio Cávado prend sa source à 1 500 m d'altitude dans la serra do Larouco, tout près de la frontière espagnole. Après la traversée du plateau de Montalegre, sa pente s'accentue brutalement (dénivellation de 400 m en 5 km) tandis que son cours prend une direction nord-est/sud-ouest imposée par une ligne de failles. Favorisé par l'imperméabilité des roches granitiques dans lesquelles la rivière a creusé son lit, l'équipement hydroélectrique de cette haute vallée a été entrepris à partir de 1946 : barrages d'Alto Cávado, de Paradela, de Salamonde et de Caniçada sur le Cávado, d'Alto Rabagão et de Venda Nova sur le Rabagão, et de Vilarinho das Furnas sur le rio Homem. Ces ouvrages produisent annuellement environ 18 % de la production hydroélectrique portugaise.

Peu avant Cerdeirinhas, la N 103 revient, en descente, vers le Cávado qu'elle va suivre et dominer désormais, en bordure du Parc national de Peneda-Gerês. La route devient alors sinueuse, offrant des **vues★** plongeantes sur la **retenue de Caniçada★**, longue de 15 km, et sur celle de Salamonde, au pied des pentes piquetées de pins de la serra do Gerês dont on voit la succession de sommets grisâtres et ravinés.

Quittez la N 103 pour la route de Paradela, à gauche, qui passe sur la crête du barrage de Venda Nova ; au croisement suivant, prenez à droite la N 308-4.

La route tracée en corniche s'élève rapidement, offrant de belles **vues★★** sur l'enfilade de la vallée et sur la serra do Gerês. Peu avant Paradela, remarquez à gauche un village au pied d'une butte schisteuse déchiquetée et creusée, au revers d'une carrière géante.

La route traverse Paradela et aboutit au barrage du même nom, dans les limites du Parc national de Peneda-Gerês.

À Paradela, on pénètre dans la partie est du **Parc national de Peneda-Gerês** *(voir p. 560)*, la région de Barroso, où les traditions sont restées vivaces : dans les villages, les habitants partagent toujours le four communal ainsi que le bœuf, utilisé pour les travaux des champs.

★ Retenue de Paradela

La retenue à 112 m au-dessus du lit du Cávado occupe un beau **site★** de montagne.

À 15 km de Paradela, à **Pitões das Júnias**, on voit les ruines romanes d'un monastère bénédictin dont les fondations remontent à la période wisigothique (9e s.). Le granit taché de lichen s'orne, autour du portail, de frises de feuillage stylisé ; quelques arcades permettent d'évoquer le cloître.

Revenez à la N 103.

La route longe la **retenue de Venda Nova** festonnée de presqu'îles.

Après **Vila da Ponte**, *gros village posé sur le bord d'un éperon boisé, puis Pisões, prenez à droite la route goudronnée qui conduit au barrage do Alto Rabagão.*

★ Barrage (Barragem) do Alto Rabagão

Cette imposante muraille de béton longue de 2 km, au tracé en baïonnette, est flanquée, côté amont, de trois porches cubiques commandant les vannes. Gagnez l'extrémité de la route de crête pour avoir la meilleure **vue** sur la retenue.

Revenez à la N 103 et suivez la rive nord du lac, puis tournez à gauche vers Montalegre.

Pitões das Júnias.
Jon Arnold/hemis.fr

Montalegre

À 966 m d'alt., les vieilles maisons à toits rouges de Montalegre entourent l'enceinte d'un château du 14e s., à demi ruiné, dans un joli **site★**. Du pied du donjon, on domine le plateau montagneux et sauvage traversé par le Cávado, et on aperçoit au nord-est la serra do Larouco où ce fleuve prend sa source.

La N 308, route de plateau, bordée de pins et de landes, rejoint la N 103. Celle-ci continue son chemin au travers de landes rocheuses désolées, couvertes de bruyère et sillonnées de petits torrents, jusqu'à ce que le plateau s'effondre brusquement : la **vue★★** embrasse alors un immense bassin cultivé et verdoyant au fond duquel sont tapis les vieux villages de **Sapiãos** et **Boticas**.

★ Serra do Barroso

En prenant la N 311 à Sapiãos, on traverse **Carvalhelhos**, célèbre pour ses eaux *(à proximité de Chaves ; voir p. 573).*

Sur une hauteur voisine, à laquelle on accède par un chemin de terre, se trouve le **Castro de Carvalhelhos**, structure fortifiée datant de l'âge du fer dont les fondations, portes et murailles sont bien visibles.

De Carvalhelhos, une route conduit ensuite à **Alturas do Barroso**, village traditionnel de la montagne isolée et austère.

De là, on atteint **Vilarinho Seco★**, le plus caractéristique de ces hameaux de montagne : aucune construction moderne, mais des maisons rustiques en pierres sèches sombres. Celles-ci comptent un étage (le rez-de-chaussée est réservé à la paille et aux animaux), sont pourvues d'un balcon et d'un escalier extérieur en bois et couvertes d'un toit d'ardoises. Les poules et les chèvres errent en liberté sous les *espigueiros* en granit, et les rues sont fréquentées par des attelages de bœufs de la belle race *barrosã*. Pour résister à la rudesse de ce milieu, les habitants y ont perpétué des pratiques communautaires, avec des troupeaux et des prés communs, des fours et des moulins collectifs. La descente vers la N 311 se fait dans un paysage de blocs erratiques arrondis et polis par l'érosion.

Rejoignez à Viveiro la N 311 et la suivez-la à nouveau jusqu'à Sapiãos, puis reprenez la N 103 vers **Chaves**.

NOS ADRESSES DANS LA VALLÉE DU CÁVADO

TRANSPORTS

Bus

À Montalegre – Rodoviária d'Entre Douro e Minho – *R. Gen. Humberto Delgado (N 308, dir. Chaves) - ✆ 253 20 94 00.* Liaisons pour Braga *(durée : 3h env. ; 1 AR/j. en sem. seult, départ le matin de Montalegre, retour le soir de Braga).*

HÉBERGEMENT

À Cabril

PREMIER PRIX

Parque rural de Outeiro Alto – *400 m après la traversée du pont - ✆ 253 65 98 60 - avr.-oct. - env. 10 €.* À l'intérieur du Parc national, dans le calme absolu, un petit camping perdu dans une pinède au-dessus de la retenue de Salamonde. Emplacements étagés en terrasses, maison équipée d'un barbecue à l'extérieur et d'un bar à l'intérieur, près de la cheminée. Petit centre équestre à proximité et restaurant au bord du lac.

À São Bento

UNE FOLIE

Pousada do Gerês/Caniçada – *N 304 (dir. Gerês à partir de la N 103) - ✆ 253 64 91 50 - www.pousadas.pt - - 29 ch. 170/200 €* . Perché au-dessus de la retenue de Caniçada, un chalet en granit rehaussé de bleu, surplombant la vallée du Cávado et la serra do Gerês. À l'intérieur, le salon percé de grandes baies est recouvert de bois. Sous les poutres, bar cosy niché dans la mezzanine. Les couloirs lambrissés conduisent aux petites chambres douillettes ; celles de l'aile moderne, plus spacieuses, se répartissent autour de la piscine. Jardin intimiste sous la terrasse.

AGENDA

Feira dos Santos – *30 oct.-1er nov.* Une grande foire célèbre toutes les traditions culinaires et artisanales du Trás-os-Montes.

Chaves

41 444 habitants – District de Vila Real

NOS ADRESSES PAGE 573

S'INFORMER
Posto de turismo – *Terreiro de Cavalaria - ✆ 276 34 81 80 - www.chaves.pt.*
Região de Turismo – *Av. Aliados, 9 - ✆ 276 34 06 60.*

SE REPÉRER
Carte de région p. 468-469 – *Carte Michelin 733 G7.* Chaves se trouve à 63 km au nord-est de Vila Real et à 10 km au sud de la frontière espagnole.

ORGANISER SON TEMPS
Une journée suffit pour visiter la ville et explorer les stations thermales.

La province aride du Trás-os-Montes réserve ici une heureuse surprise. Blottie au fond d'un bassin d'effondrement fertile, la ville fraîche et discrète de Chaves garde un cachet ancien avec son donjon autour duquel se pressent de pittoresques maisons blanches. Elle forme une agréable station thermale, connue pour son pont romain qui enjambe le Tâmega et son délicieux jambon fumé « presunto ». Aux portes de la ville, la vallée du Tâmega invite à la balade sur ses rives jalonnées de nombreuses autres petites stations thermales.

Se promener

Comptez 2 à 3h.

Pont romain

Le beau jardin sur les rives du fleuve en offre une bonne vue d'ensemble. Bien que le temps lui ait volé ses parapets de pierre et quelques arches, ce pont du 2e s. confère au site un charme certain. Les bornes milliaires qui l'encadrent au sud portent encore des inscriptions romaines.

Praça de Camões

Au cœur du quartier ancien de Chaves, peuplé de maisons blanches rehaussées de balcons à encorbellement colorés, cette place élégante regroupe plusieurs monuments. Au centre se dresse la statue de Dom Afonso, premier duc de Bragance.

★ **Église da Misericórdia** – La façade de ce petit édifice baroque du 17e s. s'agrémente de balcons et de colonnes torsadées. L'intérieur est tapissé d'azulejos figurant des scènes de la vie du Christ et de la Bible, attribués à Oliveira Bernardes, et abrite un grand retable de bois doré ; le plafond est décoré de peintures du 18e s. dont, au centre, une Visitation.

Musée de la Région de Chaves (Museu da Região Flaviense) – *✆ 276 34 05 00 - 9h-12h30, 14h-17h30 - fermé j. fériés - 1 € (billet combiné avec le Musée militaire).* Installé dans l'ancien palais des ducs de Bragance, bel édifice du 17e s., il abrite des collections archéologiques et ethnographiques. Salle de vestiges lapidaires préhistoriques – dont une **figure à forme humaine** mégalithique (env. 2 000 ans av. J.-C.) – et romains (sculptures, bornes milliaires) et, à l'étage,

UNE VILLE CLÉ
Chaves, qui signifie « clés » en portugais, occupa longtemps une position stratégique, servant de verrou territorial face aux nombreuses invasions. Grâce au pont bâti sur le fleuve par Trajan, la petite cité d'Aquæ Flaviæ, déjà appréciée par les Romains pour ses eaux thermales, devint une importante étape sur la voie d'Astorga à Braga. Reprise aux Maures en 1160, Chaves fut fortifiée pour assurer le contrôle de la vallée face à la forteresse espagnole de Verín. Au 17e s., on y aménagea des remparts dans le style de Vauban.

des monnaies, une planche à billets ancienne, une lanterne magique, des récepteurs de radio.
Hôtel de ville – Il présente une noble façade d'époque classique.
Église paroissiale (Igreja Matriz) – Certaines parties sont romanes, mais elle fut reconstruite à la Renaissance comme en témoigne son portail à pilastres sculptés. Sur un mur de l'abside polygonale, une niche abrite la statue en granit de Santa Maria Maior, considérée comme l'une des plus anciennes statues portugaises. Le chœur est surmonté d'une voûte à nervures.
De l'autre côté de l'église, sur une autre place, se trouve un **pilori** manuélin.

Donjon

276 34 05 00 - mêmes horaires et prix que le musée de la Région de Chaves.
Unique vestige du château fort disparu, c'est une puissante tour carrée crénelée, à échauguettes, encore entourée de sa chemise quadrangulaire. Bâti par le roi Denis au 14e s., le château servit de résidence au premier duc de Bragance, bâtard du roi Jean Ier.
Musée militaire (Museu Militar) – Il occupe quatre étages du donjon, les deux premiers exposant des armes et armures anciennes, le 3e évoquant la guerre de 1914-1918 (mitrailleuses, uniformes), le 4e, les guerres coloniales (armes portugaises et indigènes). De la plate-forme au sommet *(121 marches)*, beau panorama sur la ville, les remparts et le bassin cultivé de Chaves.

À proximité Carte de région p. 468-469

La zone de Chaves est riche en **sources thermales**, nées de la ligne de fracture nord/sud de la région du Haut-Tâmega. Toutes ont des eaux minérales aux propriétés thérapeutiques et font partie d'un ensemble appelé « système thermal du Haut-Tâmega ». On vient y prendre un verre d'eau bienfaisante, se plonger dans les piscines thermales ou suivre une cure « soins et bien-être ».

Sources de Chaves (Caldas de Chaves)

Établissement thermal moderne situé dans un parc bordant le Tâmega - 276 33 24 45 - www.termasdechaves.com - lun.-sam. 9h-12h, 17h-19h, dim. et j. fériés 9h-12h - fermé 1er janv. et 25 déc.
Ces sources d'eau chaude (73 °C) étaient déjà connues et appréciées des Romains, qui donnèrent à la ville le nom d'Aquæ Flaviæ. Les eaux, alcalines, bicarbonatées et hyperthermales, sont indiquées dans le traitement des maladies de l'appareil digestif, des rhumatismes et de l'hypertension artérielle.

Thermes (Termas) de Vidago

17 km au sud-ouest de Chaves par la N 2 - 229 05 21 00 - www.aquanattur.com.

Située dans un beau parc arboré, accueillant un golf, cette station thermale totalement rénovée par l'architecte Siza Vieira propose une belle panoplie de services. Face à l'entrée, la majestueuse façade Art déco du **Vidago Palace-Hotel** transporte le visiteur au début du siècle dernier. L'atmosphère raffinée de la grande époque se retrouve à l'intérieur, superbement décoré, dans un cadre reposant. L'eau de Vidago est vendue dans tout le pays, et l'on y soigne les maladies des appareils digestif et respiratoire et du système nerveux. Les anciens garages devraient bientôt abriter un espace dédié à l'art contemporain.

Thermes des Pierres Salées (Termas de Pedras Salgadas)

31 km au sud-ouest de Chaves en continuant sur la N 2 - ✆ 229 05 21 00 - www.aquanattur.com - fermé pour une durée indéterminée.

Dans cette station fondée en 1904 règne une atmosphère nostalgique : belles fontaines, établissements de bains et casino début 20e s. dans un magnifique parc de 40 ha. Les eaux bicarbonatées de Pedras Salgadas sont indiquées dans le traitement des maladies des os et de l'appareil digestif.

Sources Santas de Carvalhelhos (Caldas Santas de Carvalhelhos)

30 km à l'ouest de Chaves par la N 103, puis la N 311 - ✆ 276 41 03 00 - www.carvalhelhos.pt - fermé pour une durée indéterminée.

La station thermale est installée dans un agréable parc traversé par de petits cours d'eau et entouré des belles montagnes de la serra do Barroso.

NOS ADRESSES À CHAVES

INFORMATIONS UTILES

Les offices de tourisme sont répertoriés en début de chapitre.

HÉBERGEMENT

PREMIER PRIX

Hospedaria Florinda – *R. dos Açougues (près du largo do Anjo) - ✆ 276 33 33 92 - http://hospedariaflorinda.com - 13 ch. 35 €* . Dans une ruelle à l'arrière du donjon, un bel édifice rouge avec ses balcons à encorbellement. Chambres parquetées avec sdb entièrement équipées. Celles du dernier étage, sous les toits ont vue sur les montagnes. Petit-déj. convivial sur une grande table.

RESTAURATION

PREMIER PRIX

Adega Faustino – *Travessa do Olival (perpendiculaire à la r. Santo António) - ✆ 276 32 21 42 - tlj sf dim. 12h-22h.* Dans cet ancien cellier à vin, parmi les grands tonneaux en chêne, les longues tables sont garnies de *vinho verde* et de charcuteries régionales, tel le *presunto* du Trás-os-Montes.

BUDGET MOYEN

Forte de São Francisco – *Largo da Nossa Senhora da Lapa (à l'intérieur du fort) - ✆ 276 33 37 00.* Des salles dépouillées ornées de meubles antiques et de retables ont été transformées en galerie d'art dans un ancien cloître franciscain. Dans la salle du restaurant, ouverte sur le panorama des montagnes, cuisine soignée et raffinée (comme le sanglier au vin). Service courtois.

AGENDA

Festas da Cidade – *Vers le 8 juil.*

Festa do Folar – *Sam. de Pâques.*

Feira dos Santos – *30 oct.-1er nov.* Grande foire du Trás-os-Montes.

Bragança

★

35 319 habitants – District de Bragança

NOS ADRESSES PAGE 577

S'INFORMER

Posto de turismo – *Av. Cidade de Zamora - ✆ 273 38 12 73 - www.cm-braganca.pt - lun.-vend. 9h-12h30, 14h-17h, sam. 10h-12h30.*

Parque Natural do Montesinho – *R. Cónego Albano Falcão, Lote 5, apart. 90 (dans la ville basse et le bairro Rubacar, 200 m au nord-est de l'office de tourisme) - ✆ 273 30 04 00 - www.icn.pt - lun.-vend. 9h-12h30, 14h-17h30.* Cartes et informations sur la faune et la flore, les circuits de randonnée pédestre ou cycliste et l'hébergement dans le Parc naturel.

SE REPÉRER

Carte de région p. 468-469 – *Carte Michelin 733 G9.* Bragança s'élève à 138 km au nord-est de Vila Real et à 90 km à l'est de Chaves. À la frontière avec l'Espagne, Portelo, au nord, est distant de 18 km.

À NE PAS MANQUER

Le Parc naturel de Montesinho et les villages frontaliers.

ORGANISER SON TEMPS

Comptez une journée pour la ville et le Parc naturel.

Aux confins de l'austère province du Trás-os-Montes, une citadelle solitaire s'élève à 668 m d'altitude : Bragança, la cité la plus excentrée du Portugal. Ce nom prestigieux, dont l'aura ne cesse de fasciner, évoque l'une des plus grandes familles du pays, la dynastie des Bragance, qui régna de 1640 à 1910, et restaura l'indépendance portugaise face à la couronne espagnole. Au-dessus de la ville nouvelle (dite « basse »), la cité médiévale semble immuable à l'abri de ses remparts. Une visite poétique, mais aussi un excellent point de départ pour la découverte du Parc naturel de Montesinho, tout proche.

LE FIEF DE LA MAISON DE BRAGANCE

La cité médiévale fut érigée en duché en 1442 pour Dom Afonso, comte de Barcelos et fils naturel du roi Jean Ier, devenant ainsi le fief de la famille de Bragance. Celle-ci, qui revendiqua la couronne à la mort du roi Sébastien en 1578, régna sur le Portugal de 1640 (date de la fin de l'occupation espagnole) jusqu'à 1910, ainsi que sur le Brésil de 1822 à 1889. Pendant toute cette période, l'héritier du trône recevait le titre de duc de Bragance.

La citadelle de Bragança.
Jon Arnold/hemis.fr

Se promener

Comptez 2h.

★ **VILLE MÉDIÉVALE** (Citadela)

Il se dégage de la vieille ville aux ruelles pavées et tranquilles une atmosphère désuète. Entourée de sa longue enceinte fortifiée et de ses tours, la citadelle couronne la colline. Pour en avoir la meilleure **vue★**, rendez-vous à la Pousada de São Bartolomeu *(2 km au sud-est)* ou au belvédère de la chapelle voisine.

Château (Castelo)
Juil. : mar.-dim. 9h-18h ; août : mar.-dim. 9h-18h30) ; reste de l'année : mar.-dim. 9h-12h, 14h-17h - fermé j. fériés - 2 €.
Édifié en 1187, il comprend un donjon carré, haut de 33 m, flanqué d'échauguettes et de plusieurs tours, qui abrite un petit **musée militaire** ; deux salles sont éclairées par des fenêtres gothiques géminées. La plate-forme du donjon offre un panorama sur la vieille ville, la ville basse et les collines proches.
Pilori – De style gothique, il repose sur un sanglier taillé dans le granit qui daterait de l'âge du fer.

Musée ibérique du Masque et du Costume (Museu Ibérico da Máscara e do Traje)
R.D. Fernando O Bravo, 24-26 - ✆ 273 38 10 08 - http://museudamascara.cm-braganca.pt - mar.-dim. 10h-12h30, 14h-18h - 1 €.
Une cinquantaine de masques et de costumes y évoquent notamment les fêtes d'hiver que l'on célèbre dans le Trás-os-Montes et le Haut-Douro, de part et d'autre de la frontière avec l'Espagne.

Église Santa Maria
D'origine romane mais totalement remodelée au 18e s., elle présente une élégante façade percée d'un portail encadré par deux colonnes torses garnies

de ceps. À l'intérieur, un beau plafond, peint en trompe l'œil, représente l'Assomption.

Hôtel de ville (Domus Municipalis)

9h-12h, 14h-17h - fermé j. fériés - gratuit.
Cette construction à cinq pans du 12e s. est le plus ancien hôtel de ville du Portugal. Elle est percée de petites ouvertures en plein cintre. Sous le toit court une frise à modillons sculptés. Le sous-sol est occupé par une citerne ancienne.

VILLE BASSE

Elle fut construite aux 17e et 18e s.

Praça da Sé

Cette place est ornée d'un ancien pilori devenu calvaire baroque, édifié devant la cathédrale dont l'intérieur, décoré d'azulejos, abrite des autels baroques en bois doré.

Église São Bento

Cette église du 16e s. est richement décorée : la nef est couverte par un plafond peint de style Renaissance et le chœur, surmonté d'un beau **plafond mudéjar**, contient un riche retable en bois doré du 18e s.

Église São Vicente

Cette église d'origine romane a été entièrement reconstruite au 18e s. L'intérieur présente une grande profusion de bois doré du 17e s. et le chœur est orné d'une voûte peinte et dorée. Selon la légende, c'est là que le futur Pierre Ier et Inés de Castro se seraient secrètement mariés *(voir « Alcobaça », p. 259)*.

★ **Musée** (Museu) **do Abade de Baçal**

R. Abílio Beça, 27 - ✆ 273 33 15 95 - mar.-vend. 10h-17h, w.-end et j. fériés 10h-18h - fermé 1er janv., dim. de Pâques, 1er Mai et 25 déc. - 2,50 €, gratuit dim. et j. fériés 10h-14h.
Installé dans l'ancien palais épiscopal, cet agréable musée expose des collections régionales d'archéologie, de peinture, d'ethnologie, de numismatique et d'art sacré. À l'entrée, une vidéo *(20mn)* présente les coutumes de la région du Trás-os-Montes, et une borne interactive fournit des informations sur le musée, la région et ses monuments. Au rez-de-chaussée, belle collection de stèles funéraires, de bornes milliaires et de sangliers en pierre *(berrões)*. Au deuxième niveau, dans la chapelle de l'ancien palais, décorée d'un plafond peint, sont exposés des parements religieux datant du 15e au 18e s. et des images baroques polychromes de saints. Admirez, dans la salle n° 7, une Vierge à l'Enfant en bois polychrome et doré du 15e s. Intéressante collection d'orfèvrerie religieuse.

Centre d'Art contemporain (Centro de Arte Contamporânea)

R. Abílio Beça, 150 - ✆ 273 30 24 10 - mar.-dim. 10h-12h30, 14h-18h30 - 2 €, gratuit dim. et j. fériés le matin.
L'ancien manoir du 17e s., redessiné en 2008 par l'architecte Souto Moura, accueille en collection permanente des toiles et dessins de Graça Morais. Tous les trois à quatre mois, des expositions temporaires présentent des noms connus ou moins connus de l'art contemporain portugais ou étranger.

À proximité Carte de région p. 468-469

Parc naturel (Parque Natural) **de Montesinho**
Ce parc verdoyant, qui englobe les serras de Montesinho et de Coroa, s'étend sur 75 000 ha entre Bragança et la frontière espagnole. La faune, très riche (sangliers, renards, rapaces et l'espèce rare du loup ibérique), y est préservée. La végétation dominante est constituée de chênes et de châtaigniers. Sur les hauteurs poussent la bruyère et le ciste. Cette région a conservé des traditions rurales anciennes, encore visibles dans l'architecture et le mode de vie des habitants. À **Rio de Onor**, village à la fois portugais et espagnol, où la frontière est matérialisée par un petit pont, on peut encore voir les femmes laver le linge dans la rivière. Les coutumes communautaires y sont encore assez vivaces, de même qu'à **Guadramil**, autre hameau frontalier.

★ **Église du monastère de Castro de Avelãs**
3 km à l'ouest de Bragança. Prendre la route de Chaves. Passer à droite d'un viaduc et, après le pont, tourner immédiatement à gauche. Suivre les indications signalant « Mosteiro ».
Cette église faisait partie d'un monastère bénédictin du 12e s. aujourd'hui disparu. Il n'en reste que le chevet roman, avec son abside et ses absidioles en hémicycle, et ses arcatures aveugles superposées. Unique au Portugal par sa forme et son appareil de brique, elle s'apparente à des églises espagnoles de l'ordre de Cluny et est associée au chemin de Saint-Jacques-de-Compostelle.

NOS ADRESSES À BRAGANÇA

INFORMATIONS UTILES

Les offices de tourisme sont répertoriés en début de chapitre.
Internet – Espaço Município Digital – *Derrière l'hôtel de ville. Gratuit.*

TRANSPORTS

Gare routière – *Av. João da Cruz - ✆ 273 30 01 83.* Elle occupe l'ancienne station de chemin de fer désaffectée. Liaisons pour Vila Real, Braga *(4h)*, Porto et Lisbonne.

HÉBERGEMENT

PREMIER PRIX

Residencial Classis – *Av. João da Cruz (à 5mn à pied de la cathédrale) - ✆ 273 33 16 31 - www.hotelclassis.com - 20 ch. 40/50 €* . L'établissement a fait peau neuve en 2010 et ses chambres pimpantes, sur 4 étages, proposent un confort sans surprise : vastes, blanches et impeccablement propres, elles présentent un très bon rapport qualité-prix. Accueil souriant. Wifi.

À Vilarinho de Cova da Lua

BUDGET MOYEN

Casa dos Marrões – *Vilarinho de Cova da Lua (à 15 km au nord-ouest de Bragança) - ✆ 273 99 95 50 - www.casadosmarroes.com - - 7 ch. 50/60 €* . Au cœur du Parc, cette maison ancienne en schiste, restaurée avec goût, propose des chambres belles et vastes, avec parquet et plafond en bois. Chaleureux salon aux murs de pierre, avec cheminée et mezzanine-bibliothèque. La propriété abrite aussi une piscine biologique. Attention, supplément de 10 € si séjour d'une seule nuit.

À Macedo de Cavaleiros

BUDGET MOYEN

Solar das Arcas – *Arcas (50 km au sud-est de Bragança, dir. Vila Real, puis Ferreira) - ☏ 278 40 00 10 - www.solardasarcas. com -* *- 9 appt. 65 €.* Dans un hameau silencieux, un manoir du 18e s. faisant face à de magnifiques paysages vallonnés, plantés de milliers d'oliviers. La maîtresse de maison, peintre, a choisi une couleur pour chaque appartement. Petit-déjeuner dans le salon familial. Déjeuner et dîner sur demande. Réductions (jusqu'à 40 €/j.) pour les séjours d'une semaine et plus.

RESTAURATION

PREMIER PRIX

O Manel – *Praça Camões, 29 (près du parking souterrain du centre) - ☏ 273 32 24 80 - tlj sf dim. 12h-15h, 17h-21h -* . Une institution locale toujours animée : la carte du jour écrite à la main comprend le fameux pot-au-feu régional *(cozido à transmontana)*, avec son assortiment de viandes (pieds et oreilles de porc, veau, chorizo, etc.). Grand choix de desserts.

BUDGET MOYEN

Solar Bragançano – *Praça da Sé - ☏ 273 32 38 75 - 12h-15h, 19h-23h, fermé lun.* Sous les lustres de cristal de ce manoir situé en plein cœur de Bragança, des tables décorées avec soin (nappes brodées, bougies, verres anciens) et un service souriant et discret. Cuisine de caractère : faisan aux marrons, lapin sauvage, perdrix aux raisins, risotto au lièvre. Ravissante terrasse envahie par les plantes en été.

Dans le Parc naturel de Montesinho

PREMIER PRIX

O Careto – *Varge (dir. Rio de Onor) - ☏ 273 91 91 12 - fermé lun. et en sept.* Dans une maison de village, deux salles aux pierres apparentes, une terrasse à l'arrière et de drôles de lampes imitant les masques *(caretos)* des fêtes d'hiver : pas de carte, mais un choix de deux ou trois viandes et poissons cuits au feu de bois dans la grande cheminée. Simplissime et délicieux ! Desserts maison, dont un délicieux mélange fromage/confiture. À côté, un bar, avec quelques vieilles tables rondes installées près d'un ruisseau.

PETITE PAUSE

Chave de Douro – *R. dos Combatentes da Grande Guerra (à l'angle de la praça da Sé) - fermé dim.* Un vieux café d'angle avec son décor intact des années 1960 et ses nombreuses embrasures pour observer les passants et la cathédrale.

AGENDA

Feira das Cantarinhas – *2-4 mai.* Grand marché d'artisanat.

Romaria de Nossa Senhora das Graças – *12-22 août.* Fête de la ville.

Romaria de São Bartolomeu – *24 août.* Fête de la Saint-Barthélemy au mont São Bartolomeu.

Mirandela

23 913 habitants – District de Bragança

NOS ADRESSES PAGE 580

S'INFORMER
Posto de turismo – *R. D. Afonso III (à côté de la gare) - ✆ 800 30 02 78 (n° vert) - www.cm-mirandela.pt - lun.-vend. 9h-18h, w.-end 10h30-16h30.*

SE REPÉRER
Carte de région p. 468-469 – *Carte Michelin 733 H8.* Mirandela se trouve à mi-chemin entre Vila Real et Bragança.

À NE PAS MANQUER
Le Musée municipal, dédié aux arts plastiques.

Fondée par le roi Alphonse II, mais d'origine romaine, Mirandela, au cœur de la région du Trás-os-Montes, s'inscrit dans un joli site : adossée à sa colline, elle domine le fleuve Tua que franchit un long pont romain (230 m) reconstruit au 16e s. et soutenu par des arches asymétriques. Ville blanche et paisible, fleurie et dotée de nombreux espaces verts, c'est une halte agréable.

Se promener

Comptez 1h.

Palais des Távoras (Palácio dos Távoras)
Au sommet de la colline, la mairie occupe un beau palais du 18e s. dont la façade en granit est composée de trois corps. Le plus élevé, au centre, présente des frontons incurvés surmontés de pinacles.
Au milieu de la place se trouve la statue du pape Jean-Paul II et, à côté, l'église paroissiale, édifice massif reconstruit dans la deuxième moitié du 20e s.

★ **Musée** (Museu) **municipal Armindo Teixeira Lopes**
Praça do Município - ✆ 278 20 15 90 - lun.-vend. 9h-12h30, 14h-19h, sam. 14h30-18h - fermé j. fériés - gratuit.
Installé dans le centre culturel municipal, cet intéressant musée d'arts plastiques, fruit des donations des enfants d'Armindo Teixeira Lopes, expose plus de 400 œuvres de 200 artistes, portugais pour la plupart, du début du 20e s. à nos jours. Citons entre autres : Vieira da Silva, Tàpies, Cargaleiro, Nadir Afonso, Graça Morais, José Guimarães, Júlio Pomar et Teixeira Lopes. Le musée organise aussi des expositions temporaires d'artistes contemporains.

À proximité Carte de région p. 468-469

Romeu
12 km au nord-est de Mirandela.
Au cœur du Trás-os-Montes, dans un paysage de vallons boisés de chênes-lièges et de châtaigniers, Romeu forme avec **Vila Verdinho** et **Vale de Couço**

un ensemble de coquets villages fleuris qui ont bénéficié d'une restauration soignée dans les années 1960.

Musée des Curiosités (Museu das Curiosidades) – *✆ 278 93 91 33 - www.quintadoromeu.com - avr.-sept. : mar.-dim. 12h-18h ; reste de l'année : mar.-dim. 12h-16h - 1,50 €.* Collections personnelles de Manuel Meneres, bienfaiteur des trois villages. Dans une salle sont rassemblés des modèles primitifs de machines à écrire, à coudre, stéréoscopes et phénakistiscopes – l'ancêtre du cinéma ; dans une autre, le moindre objet (chaise, poupée, pendule) engendre, une fois son mécanisme remonté, une agréable musique.

Au rez-de-chaussée, on verra en particulier un vélocipède et des automobiles anciennes dont une belle Ford de 1909.

Murça

29 km à l'ouest de Mirandela par l'IP 4 (39 km au nord-est de Vila Real). La route traverse des paysages caractéristiques du Trás-os-Montes.

Ce gros bourg s'étend tout en longueur au pied de la petite serra de Vilarelho. Sur la praça do Munícipo, remarquez le **pilori** manuélin et la façade blanche de la **chapelle** baroque au portail richement ouvragé. Dans le jardin attenant se trouve une étrange **porca**, sculpture de granit représentant une truie sur son piédestal. On s'interroge encore sur l'origine de ce monument : il évoque pour certains les battues de sangliers organisées dans la région au début du Moyen Âge ; pour d'autres, il serait beaucoup plus ancien et lié aux rites de fertilité de l'âge du fer.

NOS ADRESSES À MIRANDELA

INFORMATIONS UTILES

Les offices de tourisme sont répertoriés en début de chapitre.

VISITE

Train touristique – *Dép. sur le pont romain* (Ponte Românica) - *✆ 935 02 91 33 - tlj d'avr. à oct. ; en hiver : le w.-end seult, et selon la météo - 2 €.* Visite de la ville.

Location de barques – Embarcadère à l'ouest du pont romain. *En été seult.*

AGENDA

Festa de Senhora do Amparo – *Fin juil.-déb. août.* Fête de sainte Marie-Auxiliatrice : elle dure une dizaine de jours.

Feira de São Tiago – *25 juil.* Foire de la Saint-Jacques.

Miranda do Douro

★

7 462 habitants – District de Bragança

NOS ADRESSES PAGE 584

S'INFORMER

Região de turismo Nordeste Transmontano – *Largo do Menino Jesus da Cartolinha - ✆ 273 43 11 32.*

Parque Natural do Douro Internacional – *R. do Convento - ✆ 273 43 14 57 - www.icn.pt.* Centre d'information de la réserve naturelle protégeant la région du Haut-Douro. Visites guidées sur rendez-vous.

SE REPÉRER

Carte de région p. 468-469 – *Carte Michelin 733 H11.* À 105 km à l'est de Mirandela, la ville est séparée de l'Espagne par le rio Douro.

À NE PAS MANQUER

L'itinéraire magnifique du Haut-Douro, de Miranda do Douro à Barca de Alva.

ORGANISER SON TEMPS

Prévoyez une journée complète, voire 2 jours si vous décidez de redescendre ensuite la vallée du Haut-Douro.

AVEC LES ENFANTS

Une croisière en bateau sur le Douro, depuis Miranda.

Isolée au sein d'une région austère à l'extrême nord-est du Portugal, dominant en à-pic la vallée du Douro, Miranda est une ancienne bourgade où l'on parle encore un idiome particulier, le « mirandês », apparenté au bas latin. Plus que du tourisme, cette ville excentrée aux charmantes maisons blanchies à la chaux vit surtout de ses commerces (textiles, chaussures, bijouterie) destinés aux voisins espagnols qui traversent la frontière pour y faire leurs achats.

Se promener

Comptez 1h.

Cathédrale (Sé)

✆ 226 19 81 10 - mar.-dim. 9h30-12h30, 14h-17h30 ; été : mar.-dim. 10h-12h30, 14h-18h - fermé 1er janv., dim. de Pâques, 1er Mai et 25 déc. - gratuit.

Cette cathédrale du 16e s., bâtie selon les plans de Gonçalo de Torralva et les indications de Miguel de Arruda, présente une austère façade en granit flanquée de deux tours quadrangulaires.

L'intérieur, de type halle, aux voûtes nervurées, abrite une série de **retables★** en bois doré : celui du chœur, œuvre des Espagnols Gregório Hernandez et Francisco Velázquez, représente l'Assomption autour de laquelle s'ordonnent des scènes de la vie de la Vierge ainsi que des évangélistes et des évêques ; l'ensemble est couronné par un calvaire ; de chaque côté du chœur, des stalles en bois doré du 17e s. sont décorées de jolis paysages peints.

Dans le bras droit du transept, remarquez dans une vitrine l'amusante statuette de l'Enfant Jésus, coiffé d'un haut-de-forme. Il est l'objet de toutes les attentions de la part des habitants de Miranda qui lui ont fait don d'une importante garde-robe. Sa fête a lieu le jour des Rois. Quatre enfants le transportent pendant la procession.
De la terrasse de la cathédrale, belle **vue** plongeante sur le Douro, en contrebas. Derrière la cathédrale s'élèvent les ruines du cloître du palais épiscopal.

★ **Musée régional** (Museu da Terra de Miranda)
Praça D. João III - ✆ 273 43 11 64 - www.ipmuseus.pt - avr.-oct. : mar. 14h-18h, merc.-dim. 9h30-12h30, 14h-18h ; nov.-mars : mar. 14h-17h30, merc.-dim. 9h-12h30, 14h-17h30 - fermé 1er janv., 1er Mai et 25 déc. - 2 €. Gratuit dim. jusqu'à 14h
Situé dans le centre historique de la ville et occupant le bâtiment de l'ancien hôtel de ville du 17e s., cet intéressant musée ethnographique expose une collection variée de métiers à tisser, des pièces archéologiques, des jouets anciens, des costumes régionaux, une chambre à coucher traditionnelle, une cuisine de Miranda, des armes, des outils agricoles, des céramiques et des costumes des fêtes rituelles du solstice d'hiver. À cette occasion, ceux qui les portent, cachés derrière des masques aux expressions effrayantes, peuvent faire tout ce qui leur est interdit le reste de l'année. L'origine de ces rites, liés aux pratiques initiatiques et de fertilité, se perd dans la nuit des temps.

Circuit conseillé Carte de région p. 468-469

Circuit bordeaux de 136 km tracé sur la carte de région – Comptez une demi-journée à une journée entière.

★ HAUT-DOURO

Le Haut-Douro constitue une des parties les plus reculées et sauvages du pays. La région, très peu peuplée, conserve des espèces animales rares, comme la cigogne noire et divers rapaces (aigle royal, aigle de Bonelli, vautour fauve). Le fleuve Douro se confond avec la frontière espagnole : les deux pays comptent ici 115 km de frontière commune.
L'essentiel de l'itinéraire s'effectue par la N 221. Très peu fréquentée, elle traverse un plateau fertile et verdoyant au printemps, sec en été, et longe une partie des gorges du Douro.

★ **Barrage de Miranda do Douro**
3 km après Miranda par la N 221 en dir. de l'est.
C'est le premier des cinq barrages (Miranda, Picote, Bemposta, Aldeadávila et Saucelle) dressés sur le cours international du Douro. Érigé en 1956-1961

LA DANSE DES « PAULITEIROS »
Dans la région, les jours de fête et en particulier lors de la Santa Bárbara, le 3e dimanche d'août, les hommes se réunissent pour la danse des « pauliteiros ». Revêtus d'un jupon de flanelle blanc, d'une veste noire aux broderies multicolores et d'un chapeau noir à ruban écarlate abondamment fleuri, ils exécutent des mouvements scandés, en frappant des baguettes *(paulitos)* les unes contre les autres. Cette danse, évoquant le croisement des épées, aurait une origine guerrière.

dans un défilé rocheux, il mesure 80 m de haut et 263 m de long à la crête. Il abrite une usine électrique souterraine.

La **croisière en bateau** en amont du barrage, dans les gorges abruptes du Douro, permet notamment d'observer des espèces rares de rapaces *(voir « Visite », p. 584).*

Revenez sur Miranda do Douro, prenez la route de Mogadouro (N 221) sur 27 km puis, à gauche après Fonte da Aldeia, la N 221-6.

★ Barrage de Picote

Après avoir traversé Picote, village créé pour le personnel affecté à la construction du barrage, on laisse à droite une route menant à un belvédère. Inauguré en 1958, le barrage, prenant appui sur les versants granitiques du Douro, haut de 100 m et long de 139 m à la crête, est du type voûte.

Rejoignez la N 221 et la suivez sur 29 km vers l'ouest jusqu'à Mogadouro.

Mogadouro

Petite ville assoupie perchée à 920 m d'altitude, Mogadouro n'a gardé que peu de vestiges : quelques ruines et la tour d'un château du 13e s. fondé par le roi Denis et donné aux templiers en 1297.

L'église paroissiale (Igreja Matriz) du 16e s. s'orne d'une tour du 17e s. et abrite des retables dorés du 18e s.

Mogadouro est réputé pour son artisanat textile (cuir, soie, lin, laine). La région de Miranda et de la serra de Mogadouro produit en outre une succulente viande de veau.

Roulezr ensuite tranquillement, toujours sur la N 221, pendant 46,5 km.

La route, paisible et souvent déserte, offre de beaux panoramas et traverse des paysages de plus en plus sauvages à la végétation spontanée et agreste (pins, genêts).

Freixo de Espada-à-Cinta

Face à un horizon de montagnes, cette bourgade bâtie en schiste et en granit est tapie dans un bassin fertile où l'on cultive la vigne, les oliviers et les orangers. C'est la ville natale du poète satirique et régionaliste **Guerra Junqueiro** (1850-1923).

★ **Église paroissiale** (Igreja Matriz) – Édifiée à la fin du gothique, cette église-halle s'ouvre par un joli portail gothique agrémenté de motifs manuélins *(voir « ABC d'architecture », p. 86).*

L'intérieur, qui contient une belle chaire en fer forgé, est couvert d'une voûte en réseau ; le **chœur★**, dont la voûte est ornée de clefs pendantes blasonnées, abrite un autel en bois doré avec colonnes torses et baldaquin ; les murs sont entièrement revêtus de caissons peints (16e s.).

Pilori – De style manuélin, il est surmonté d'une tête humaine.

La N 221 se rapproche progressivement du lit du Douro jusqu'à le longer sur une quinzaine de kilomètres, encaissée dans des gorges, face à la frontière espagnole.

Après avoir franchi le fleuve, on arrive à **Barca de Alva**, où la floraison des amandiers constitue, entre la fin février et la mi-mai, un spectacle étonnant.

Bon à savoir – Départ possible pour une croisière sur les moyenne et basse vallées du Douro *(voir « Vallée du Douro », p. 504).*

De là, il est possible de rejoindre Figueira de Castelo Rodrigo, situé 20 km plus loin (voir « Serra da Marofa », aux environs de Guarda, p. 452).

NOS ADRESSES À MIRANDA DO DOURO

INFORMATIONS UTILES

Les offices de tourisme sont répertoriés en début de chapitre.

VISITE

Centro Ambiental Luso-Espanhol-Parque Náutico de Miranda do Douro – *273 43 23 96 - www.europarques.com.* Balades en bateau en amont du barrage de Miranda do Douro, avec dégustation de vin. La compagnie transfrontalière Europarques se trouve au milieu d'un canyon spectaculaire ; l'embarcadère est situé sur la route reliant l'Espagne. Parcours *(1h30, 16/20 €)* jusqu'à Vale de Águia. Centre d'information de l'autre côté du pont du barrage, côté espagnol.

HÉBERGEMENT

BUDGET MOYEN

Flor do Douro – *R. do Mercado Municipal, 7 - 273 43 11 86 - www.flordodouro.com - 12 ch. 35/60 €.* À quelques pas du centre historique, la famille Martins tient à votre disposition des chambres parquetées et spacieuses, dont certaines avec balcon au-dessus des gorges du Douro. Wifi.

RESTAURATION

BUDGET MOYEN

Balbina – *R. Rainha Dona Catarina, 35 (près de la praça Dom João III) - 273 43 23 94 -* . Dans une ruelle calme du centre, la rumeur des clients attablés interpelle le passant. Signalé par une discrète pancarte en fer forgé, ce restaurant propose une cuisine régionale à base de viande. Volaille cuite dans son sang *(cabidela)*, saucisses à l'ail *mirandesa (alheiras)* et tranche de veau grillée aux poivrons rouges, spécialité de la maison. Également 8 chambres confortables à l'étage, avec air conditionné.

À Mogadouro

BUDGET MOYEN

A Lareira – *Av. Nossa Senhora do Caminho, 58 - 279 34 23 63 - fermé lun. et janv.* Dans une grande salle avec cheminée (*lareira* en portugais), on déguste d'excellentes viandes (notamment du veau de la région) accompagnées de vins du cru. Repas savoureux, copieux et à moindre prix, concocté par le propriétaire qui a exercé ses talents de cuisinier en France. Vente de produits régionaux sur place (miel, huile d'olive, etc.). Au-dessus du restaurant, 8 chambres sont à louer.

AGENDA

Festa de Santa Bárbara – *3e dim. d'août* *(voir encadré p. 582).*

Vue sur la vallée du Côa depuis le musée d'Art et d'Archéologie.
J. Almeida/age fotostock

Parc archéologique de la vallée du Côa

Parque Arqueológico do Vale do Côa

★★

District de Guarda

NOS ADRESSES PAGE 590

S'INFORMER

Parque Arqueológico do Vale do Côa (PAVC) – *Rua do Museu - Vila Nova de Foz Côa - ✆ 279 76 82 60 - visitas.pavc@igespar.pt (pour les réservations) - www.igespar.pt/en/ - mar.-dim. 9h-12h30, 14h-17h30 - fermé j. fériés*. Centre d'information et de réservation (indispensable) des visites pour les trois sites archéologiques. Bibliothèque spécialisée sur l'art rupestre.

SE REPÉRER

Carte de région p. 468-469 – *Carte Michelin 733 I8*. Depuis Lisbonne, accès par Coimbra *(A 1)*, Viseu *(IP 3)*, Celorico da Beira *(IP 5)* puis la N 102-IP 21 ; ou par Torres Novas *(A 1)*, Castelo Branco *(IP 6)*, Guarda *(IP 2)* et Celorico da Beira *(IP 5)*, puis la N 102-IP 2A *(env. 400 km - 4h30 de trajet)*. Depuis Porto, accès par l'E 82/IP 4 en direction de Bragança, puis les N 213, N 215 et N 102 vers le sud à partir de Mirandela *(214 km - env. 3h)*.

À NE PAS MANQUER

Le site de Penascosa ; le musée de Côa.

La saga des gravures du Côa

UN SITE PRÉSERVÉ

Depuis l'époque où les hommes de Cro-Magnon gravaient sur le schiste les animaux qu'ils voyaient dans la nature, le paysage a peu changé. Grâce à l'isolement, l'art rupestre de la vallée du Côa a été préservé jusqu'à nos jours. Il a même été perpétué au cours des siècles par les hommes de toutes les époques qui y sont passés et y ont laissé leur trace, inscrite sur la pierre, jusqu'au 20e s., où fut représenté un train empruntant le pont ferroviaire de Foz do Côa.

SAUVÉ DES EAUX

En 1992, lors de la construction du barrage dans la zone de Canada do Inferno, on découvrit des roches gravées datant du Paléolithique (30 000 à 10 000 ans avant notre ère). Après une longue polémique, le nouveau gouvernement, choisissant de conserver cet ensemble exceptionnel d'art rupestre, décida début 1996 de suspendre les travaux du barrage, qui aurait élevé le niveau des eaux de 130 m.

DES SITES ÉPARPILLÉS SUR LA RIVIÈRE

Jusqu'à présent, plus de 150 roches gravées ont été découvertes, dont seule une petite partie peut être approchée. Elles sont réparties sur plusieurs sites qui s'étendent sur 17 km le long du rio Côa, près de la confluence avec le Douro. Quatre d'entre eux (Penascosa, Ribeira de Piscos, Canada do Inferno et, plus difficile d'accès, Fariseu) sont ouverts au public. On a aussi trouvé des roches ornementées, dont certaines immergées, sur d'autres sites, et le Parc évolue sans cesse en raison des nombreuses découvertes faites au cours de nouvelles prospections.

L'ART RUPESTRE DU PALÉOLITHIQUE

Le Paléolithique, ou âge de la pierre taillée, est la période la plus longue (2,5 millions d'années) et la plus reculée de l'histoire de l'humanité. Les gravures les plus anciennes de la vallée du Côa, datées grâce aux espèces animales représentées, ont environ 20 000 ans : elles remontent au Paléolithique supérieur et se rattachent pour la plupart au Solutréen. Si les peintures des grottes de Lascaux en France ou d'Altamira en Espagne sont à peu près de la même époque, elles appartiennent à l'art pariétal. Alors qu'ici, comme sur le site de Siega Verde en Espagne, dans la vallée du rio Águeda, à quelque 80 km, il s'agit d'**art rupestre de plein air**.

Les techniques de gravure utilisées dans la vallée du Côa sont de trois sortes : l'**abrasion**, qui consiste à faire un sillon profond en passant plusieurs fois avec une pierre taillée sur le trait ; le **picotage**, succession de points martelés avec un caillou et formant un trait, parfois complété par abrasion ; et le **trait filiforme**, une incision fine, plus difficile à distinguer.

Les animaux les plus fréquemment représentés sont le cheval, l'aurochs et le bouquetin. Généralement, le même rocher sert de support à la représentation de plusieurs animaux, dont les dessins se superposent. La particularité de l'art du Côa réside dans l'extraordinaire beauté des gravures rendue par la représentation du mouvement et de la forme des animaux, associée à un trait simple et sûr.

ORGANISER SON TEMPS

Comptez 2 jours pour explorer les trois sites du Parc ouverts à la visite. Si vous ne disposez que d'une journée, privilégiez le site de Penascosa, le plus accessible et intelligible. Réservez au moins une semaine à l'avance. Pensez à vous protéger du soleil, redoutable en été.

Les conditions de visite sont rigoureuses : voir la rubrique qui y est consacrée dans « Nos adresses », p. 590.

AVEC LES ENFANTS

Le Parc est un régal pour leur enrichissement culturel. Il faut toutefois faire attention sur les sites de Ribeira de Piscos et Canada do Inferno, dont l'approche est un peu difficile. Les enfants de moins de 3 ans n'y sont pas acceptés.

Situé dans un cadre naturel grandiose, dans une région isolée au nord-est du pays, aux confins du Trás-os-Montes et de la Beira Alta, le Parc archéologique de la vallée du Côa a été créé pour préserver l'un des plus importants ensembles mondiaux de gravures rupestres en plein air du Paléolithique. C'est pendant les travaux de réalisation d'un barrage, en 1992, qu'ont été découverts 28 groupes de sculptures rupestres répartis sur trois sites de la vallée du Côa, peu avant sa confluence avec le Douro. Finalement épargnés de la montée des eaux qu'aurait entraînée l'achèvement de l'ouvrage, ils ont été protégés par la création du Parc, inauguré en 1996, et classés deux ans plus tard au Patrimoine mondial de l'Unesco – une inscription qui englobe aussi, depuis 2010, tout le site de Siega Verde, en territoire espagnol. Véritable réussite architecturale, un superbe musée rend désormais hommage à ces œuvres émouvantes venues de l'aube de l'humanité – un trésor qui s'enrichit sans cesse de nouvelles trouvailles puisqu'au fil des années, les archéologues continuent à découvrir d'autres roches gravées, dissimulées sous les eaux ou la terre.

Découvrir

Penascosa

Env. 1h30 AR, dont 40mn en véhicule tout-terrain. Mar.-dim., après-midi seult - 8,50 € - visite de nuit 17 €. Départ des visites entre 13h et 14h depuis le **Centre de réception de Castelo Melhor** – *279 71 33 44 - env. 15 km de Vila Nova de Foz Côa, dir. Figueira de Castelo Rodrigo.*

Aménagé dans une maison ancienne en schiste typique de la région, le Centre de réception de **Castelo Melhor** *(voir aux environs de Guarda, p. 450)*, point de départ de la visite, allie harmonieusement une architecture traditionnelle préservée et un espace intérieur moderne, équipé de postes multimédias reliés à Internet et d'une salle de conférences et de projection.

Bon à savoir – Une agréable terrasse extérieure permet d'attendre en prenant une boisson.

Le trajet en véhicule tout-terrain offre de belles vues panoramiques sur les pentes où l'on cultive les vignes pour le porto, en particulier sur le domaine de la célèbre Quinta da Ervamoira. Penascosa est le site le plus accessible et le plus intelligible. Il se trouve près du fleuve et les véhicules s'arrêtent à quelques mètres des roches gravées. Il se visite l'après-midi, ce qui permet de bénéficier de la luminosité la plus favorable à la perception des gravures, pour la plupart exécutées suivant les techniques de l'abrasion et du picotage.

Le mouvement des animaux est ici extraordinairement reproduit, en particulier dans une probable scène d'accouplement, montrant une jument couverte par un cheval à trois têtes qui traduisent le mouvement du cou. On verra également un cheval gravé à taille réelle et, sur la roche n° 3, une douzaine d'animaux superposés, dont l'un est présenté à la fois de face (tête) et de profil (corps). Actuellement, on visite en détail cinq roches sur ce site qui en compte près d'une quarantaine, réparties en deux grands groupes réunissant à peu près tous les types de gravure identifiés dans la vallée.

Ribeira de Piscos

2h30 AR, dont 1h en véhicule tout-terrain et 40mn à pied. Mar.-dim., matin seult - 8,50 €. Départs des visites vers 10h du **Centre de réception de Muxagata** *– ✆ 279 76 42 98 - env. 7 km de Vila Nova de Foz Côa, dir. Celorico da Beira et Guarda.*

Situé dans le village de **Muxagata**, où l'on peut voir un pilori du 16e s., le centre de réception occupe une belle maison du 16e s., entièrement restaurée.

La visite offre une très agréable promenade le long de la rivière de Piscos. Les gravures, en majorité filiformes, sont dispersées sur les versants et moins perceptibles que sur le site de Penascosa. Toutefois, l'une d'elles, assez visible, représente deux chevaux dont les têtes enlacées et les lignes dorsales évoquent deux ailes. La grâce et la pureté du trait sont d'une émouvante beauté. À noter, sur une roche à côté, une figure humaine de la même époque, baptisée « l'homme de Piscos », un type de représentation extrêmement rare parmi les gravures du Paléolithique à Côa. On approche actuellement cinq roches sur la petite trentaine que compte ce site.

Bon à savoir – La visite du site peut être complétée par une dégustation de porto ou un déjeuner à la **Quinta da Ervamoira** *(réserv. ✆ 279 75 92 29)*. La *quinta* dispose en outre d'un musée consacré à l'environnement de cette zone de la vallée du Côa.

Canada do Inferno

1h30 à 2h AR, dont 20mn en véhicule tout-terrain et 20mn à pied. Mar.-dim., matin seult - 8,50 €. Les véhicules partent vers 9h du musée d'Art et d'Archéologie de la vallée du Côa, à Vila Nova de Foz Côa (voir ci-contre).

Ce site, le premier à avoir été redécouvert et le plus important des trois, se trouve dans une zone plus escarpée de la rive gauche du Côa, sur une pente accentuée de 130 m, d'accès un peu plus difficile. De là, on peut voir le chantier interrompu du barrage, 400 m en aval. La visite est organisée le matin pour bénéficier de la meilleure visibilité des gravures, en majorité filiformes. Plus de 40 panneaux ont déjà été repérés, comprenant plus de 150 figurations paléolithiques ; six d'entre eux sont décrits durant la visite. L'un des motifs retrouvés, montrant une chèvre, mêle les techniques du picotage et de l'abrasion. Un autre animal présente deux têtes, possible manière d'en représenter le mouvement. Témoignant de la continuité de l'activité au cours des siècles, quelques gravures à thèmes religieux datant du 17e s. sont également visibles, ainsi que des œuvres réalisées dans les années 1950 par des paysans de la région.

À proximité Carte de région p. 468-469

Vila Nova de Foz Côa

15 km au nord-est de Castelo Melhor sur la N 102.

Dans un paysage de collines dénudées, cette petite ville solitaire mais riante, animée par ses étudiants, s'étend sur une longue crête aux pentes garnies de vignes. La région est particulièrement belle lors de la floraison des amandiers (février-mars).

Église paroissiale (Igreja Matriz) – Elle offre une remarquable **façade★** manuéline en granit, à clocher-porche, avec un portail entouré de pilastres en faisceaux, surmonté d'une archivolte décorée de motifs floraux et de coquilles. L'intérieur compte trois nefs dont le plafond de bois peint est soutenu par des colonnes à chapiteaux sculptés de têtes humaines, inclinées de façon à donner une impression d'ouverture vers le ciel. Des retables baroques de bois doré ornent l'abside et une chapelle du bas-côté droit.

Pilori – Beau pilori manuélin en granit, au fût ceint d'une torsade et au faîte sculpté de colonnettes et de statues sous une sphère armillaire et un lys.

Musée d'Art et d'Archéologie de la vallée du Côa (Museu do Côa) – *Rua do Museu (env. 3 km à l'est de la ville, sur la rivière) - ✆ 279 76 82 60 - www.arte-coa.pt - tlj sf lun. 9h-12h30, 14h-17h30 - 5 € (billet combiné avec l'un des trois sites archéologiques 12 €). Restaurant-cafétéria en projet.*

S'intégrer dans le paysage de la vallée et faire écho à une création artistique vieille de 20 000 ans : tel fut le mot d'ordre des architectes Camilo Rebelo et Tiago Pimentel, à l'origine de l'imposante bâtisse coiffant la colline et surplombant le rio Côa. Ouvert mi-2010, le musée restitue les gravures de Côa parmi les autres manifestations de l'art préhistorique et dans la vie quotidienne des hommes du Paléolithique. Plaques de schiste gravées, reconstitution des motifs les plus emblématiques, matériels exhumés lors des fouilles, projections et maquettes présentent les grands cycles de l'art rupestre sur les différents sites explorés, du Paléolithique à l'âge de fer. Il retrace aussi la controverse qui divisa le pays avant le sauvetage du site : « les gravures, elles, ne savent pas nager », clamaient les opposants au barrage. Belle vue panoramique.

Torre de Moncorvo

▶ *17 km au nord de Vila Nova de Foz Côa par la N 102, puis la N 325 à droite.*

La ville ouvre sur un vaste paysage de croupes montagneuses arides, au-dessus d'une vallée fertile plantée d'oliviers et de vignes, proche de la confluence du Douro et du Sabor. Au sud-est, la serra do Reboredo recèle de riches gisements de minerai de fer. La vallée du rio Sabor, seule rivière du Portugal restée à l'état sauvage (sans barrage ni retenue d'eau), offre une très belle nature, riche de nombreuses espèces de fleurs sauvages, de champignons et d'oiseaux.

La ville compte plusieurs maisons seigneuriales des 17e et 18e s. comme le Solar dos Pimentéis ou la Casa dos Távoras. Ses *amêndoas cobertas*, sortes de pralines, sont réputées.

Église paroissiale (Igreja Matriz) – Cette imposante église à façade austère, des 16e et 17e s., renforcée de puissants contreforts, présente au centre une tour à avant-corps et un portail Renaissance en plein cintre. L'entablement est surmonté de sculptures dans des niches baroques en forme de coquillage. L'intérieur, sous des voûtes à nervures, abrite un beau retable du 17e s. et, dans le bas-côté gauche, un triptyque en bois peint illustrant la vie de sainte Anne, mère de la Vierge, et de saint Joachim, son époux. On voit à droite leur rencontre, à gauche leur mariage et, au centre, la présentation de l'Enfant Jésus à ses grands-parents.

NOS ADRESSES DANS LA VALLÉE DU CÔA

INFORMATIONS UTILES

Les offices de tourisme sont répertoriés en début de chapitre.

VISITE

Chacun des trois sites de gravures rupestres ouverts à la visite est accessible en 4x4 depuis un point de rendez-vous donné : Centre de réception de Castelo Melhor pour le site de Penascosa ; Centre de réception de Muxagata pour celui de Ribeira de Piscos ; musée de Vila Nova de Foz Côa pour celui de Canada do Inferno *(voir plus haut, dans le descriptif de chacun des sites)*. Les visiteurs doivent se rendre par leurs propres moyens au Centre de réception au moins 15mn avant le départ ; de là, accompagnés par un guide du PAVC, ils gagnent la zone archéologique à bord d'un 4x4 du site.

On ne peut visiter que deux sites par jour, un le matin et l'autre l'après-midi. Le nombre de visiteurs étant limité à 8 personnes par 4x4, enfants compris, il est indispensable de réserver *(voir plus bas)*.

Horaires des visites – Du mar. au dim. sf 1er janv., dim. de Pâques, 1er Mai, 25 déc., l'après-midi ou en nocturne pour Penascosa, le matin pour les deux autres sites. L'heure de départ des visites varie selon la saison : faites-vous confirmer les détails du rendez-vous au moment de votre réservation.

Réservations – Du mar. au vend. auprès du PAVC, à Vila Nova de Foz Côa *(voir « S'informer », p. 585)*. Réservez au moins une semaine à l'avance, voire plus en haute saison.

Tarifs – *8,50 € par site (étudiant et -14 ans gratuit, réductions pour les familles), transport en 4x4 et guide compris ; 17 € pour une visite de nuit ; billet cumulé Musée archéologique + l'un des trois sites (selon les places disponibles) 12 €.*

Équipement – Prévoyez des chaussures de marche (respectivement 1 et 2 km de marche AR pour accéder aux sites de Canada do Inferno et de Ribeira de Piscos), des bottes et un imperméable en hiver (parapluies interdits), de quoi vous protéger du soleil en été (crème, chapeau) et une bouteille d'eau. Prenez un petit sac à dos pour garder les mains libres et marcher plus aisément, surtout à Canada do Inferno et à Ribeira de Piscos, où le terrain irrégulier et pentu oblige à s'accrocher parfois à la végétation et aux pierres. Les personnes sensibles à la chaleur doivent éviter les visites en été, car la température dépasse facilement les 40 °C.

Autres sites – Pour la visite de sites plus difficiles d'accès, comme **Fariseu** (au départ de Muxagata) ou **Algodres**, se renseigner sur place.

Bon à savoir – Le Parc peut annuler provisoirement les visites en cas d'intempéries (pluie notamment).

HÉBERGEMENT

Vila Nova de Foz Côa dispose d'une auberge de jeunesse *(voir ci-dessous)* et de plusieurs hôtels près du siège du Parc archéologique, sur l'av. Gago Coutinho.

À Vila Nova de Foz Côa

BUDGET MOYEN

Albergue Juvenil – *Caminho Vicinal Currauteles, 5 - 279 76 40 41 - fozcoa@movijovem.pt - - 27 ch. dont 9 de 4 lits - 34/66 € - fermé en déc.* De petits dortoirs bien entretenus, très propres et au grand calme, ou des chambres privées, avec ou sans sdb, version couple ou famille : cette auberge en briques rouges en a pour toutes les situations et toutes les bourses. Belle vue sur la vallée depuis les chambres et la terrasse.

À Torre de Moncorvo

BUDGET MOYEN

Casa da Avó – *R. Manuel Seixas, 12 - ☏ 279 25 24 01 - www.casaavo.com - ⊠ - 4 ch. 65/95 € - rest. 25 €.* Au cœur de la vieille ville, en face de l'église paroissiale, cette maison d'hôte centenaire est ornée de plafonds moulurés et décorée de beaux meubles et sièges du 17e s. Chambres confortables dont deux s'ouvrent sur un ravissant jardin arrière et sur les montagnes de la serra do Reboredo. Salle de petit-déjeuner aux beaux murs peints.

RESTAURATION

À Vila Nova de Foz Côa

PREMIER PRIX

A Marisqueira – *R. São Miguel, 35 - ☏ 279 76 21 87 - fermé dim. en hiver.* Un établissement populaire au milieu de la rue piétonne, servant des plats roboratifs. Le dimanche, les poulets et le chevreau grillent dans la remise arrière pour le grand plaisir olfactif de la clientèle.

ACTIVITÉS

Atelier d'archéologie expérimentale – *Museu do Côa (voir p. 589) - durée : 1h45 - 1 € - 6 participants mini.* Tailler une pierre, allumer un feu, graver une plaque de schiste ou garder de l'eau : pour réapprendre à vivre comme les hommes du Paléolithique.

Randonnées – Le Parc peut organiser des randonnées et des promenades en VTT (vélos non fournis) pour des groupes allant jusqu'à 15 personnes.

L'aventure Michelin

Tout commence avec des balles en caoutchouc ! C'est ce que produit, vers 1880, la petite entreprise clermontoise dont héritent André et Édouard Michelin. Les deux frères saisissent vite le potentiel des nouveaux moyens de transport.

L'invention du pneumatique démontable pour la bicyclette est leur première réussite. Mais c'est avec l'automobile qu'ils donnent la pleine mesure de leur créativité. Tout au long du 20e s., Michelin n'a cessé d'innover pour créer des pneumatiques plus fiables et plus performants, du poids lourd à la F 1, en passant par le métro et l'avion.

Très tôt, Michelin propose à ses clients des outils et des services destinés à faciliter leurs déplacements, à les rendre plus agréables... et plus fréquents. Dès 1900, le Guide Michelin fournit aux chauffeurs tous les renseignements utiles pour entretenir leur automobile, trouver où se loger et se restaurer. Il deviendra la référence en matière de gastronomie. Parallèlement, le Bureau des itinéraires offre aux voyageurs conseils et itinéraires personnalisés.

En 1910, la première collection de cartes routières remporte un succès immédiat ! En 1926, un premier guide régional invite à découvrir les plus beaux sites de Bretagne. Bientôt, chaque région de France a son Guide Vert. La collection s'ouvre ensuite à des destinations plus lointaines (de New York en 1968... à Taïwan en 2011).

Au 21e s., avec l'essor du numérique, le défi se poursuit pour les cartes et guides Michelin qui continuent d'accompagner le pneumatique. Aujourd'hui comme hier, la mission de Michelin reste l'aide à la mobilité, au service des voyageurs.

MICHELIN AUJOURD'HUI

N°1 MONDIAL DES PNEUMATIQUES

- 70 sites de production dans 18 pays
- 111 000 employés de toutes cultures, sur tous les continents
- 6 000 personnes dans les centres de Recherche & Développement

Avancer
monde où la

Mieux avancer, c'est d'abord innover pour mettre au point des pneus qui freinent plus court et offrent une meilleure adhérence, quel que soit l'état de la route.

LA JUSTE PRESSION

BONNE PRESSION

- Sécurité
- Longévité
- Consommation de carburant optimale

-0,5 bar

- Durée de vie des pneus réduite de 20% (- 8 000 km)

-1 bar

- Risque d'éclatement
- Hausse de la consommation de carburant
- Distance de freinage augmentée sur sol mouillé

ensemble vers un mobilité est plus sûre

C'est aussi aider les automobilistes à prendre soin de leur sécurité et de leurs pneus. Pour cela, Michelin organise partout dans le monde des opérations **Faites le plein d'air** pour rappeler à tous que la juste pression, c'est vital.

L'USURE

COMMENT DETECTER L'USURE

La profondeur minimale des sculptures est fixée par la loi à 1,6 mm.

Les manufacturiers ont muni les pneus d'indicateurs d'usure.

Ce sont de petits pains de gomme moulés au fond des sculptures et d'une hauteur de 1,6 mm.

Les pneumatiques constituent le seul point de contact entre le véhicule et la route.

Ci-dessous, la zone de contact réelle photographiée.

PNEU NEUF

PNEU USÉ
(1,6 mm de sculpture)

Au-dessous de cette valeur, les pneus sont considérés comme lisses et dangereux sur chaussée mouillée.

Chattez avec Bibendum

Rendez-vous sur:
www.michelin.com/corporate/fr
Découvrez l'actualité et
l'histoire de Michelin.

QUIZZ

Michelin développe des pneumatiques pour tous les types de véhicules. Amusez-vous à identifier le bon pneu...

Résultat : A-6 / B-4 / C-2 / D-1 / E-3 / F-7 / G-5

Porto : villes, curiosités et régions touristiques.
Pessoa, Fernando : noms historiques ou termes faisant l'objet d'une explication.
Les sites isolés (châteaux, abbayes, grottes, etc.) sont répertoriés à leur propre nom.

A

B

C

D

E

INDEX GÉNÉRAL

Q

R

U – V

Y – Z

GUIDE DE CONVERSATION

GUIDE DE CONVERSATION

FRANÇAIS - ANGLAIS

FRANÇAIS - ALLEMAND

FRANÇAIS - ITALIEN

FRANÇAIS - ESPAGNOL

Collection Le Guide Vert sous la responsabilité d'Anne Teffo

Conception et Réalisation
Archipel studio

Traduction
Wordbox Language and Publishing Services Ltd

Régie publicitaire et partenariats
michelin-cartesetguides-btob@fr.michelin.com
Le contenu des pages de publicité insérées dans ce guide n'engage que la responsabilité des annonceurs.

Contacts
Michelin
Guides Touristiques
27 cours de l'Île Seguin, 92100 Boulogne-Billancourt
Service consommateurs : tourisme@tp.michelin.com
Boutique en ligne : www.michelin-boutique.com

Parution 2012

Comment **dit-on ?**

VOUS VOUS POSEZ CETTE QUESTION DIX FOIS PAR JOUR DÈS QUE VOUS SORTEZ DES FRONTIÈRES...

Le Guide Vert vous propose **plus de 350 phrases** pour vous faire comprendre, et encore mieux profiter de votre voyage, sur des thèmes aussi différents que variés :

SE DÉPLACER,

SE RESTAURER,

S'INFORMER,

SORTIR,

FAIRE DU SHOPPING...

SOMMAIRE

FRANÇAIS - ANGLAIS

LES NOMBRES

FRANÇAIS	ANGLAIS	FRANÇAIS	ANGLAIS
Un	One	Vingt	Twenty
Deux	Two	Trente	Thirty
Trois	Three	Quarante	Forty
Quatre	Four	Cinquante	Fifty
Cinq	Five	Soixante	Sixty
Six	Six	Soixante-dix	Seventy
Sept	Seven	Quatre-vingts	Eighty
Huit	Eight	Quatre-vingt-dix	Ninety
Neuf	Nine	Cent	One hundred
Dix	Ten	Mille	One thousand

LE TEMPS

FRANÇAIS	ANGLAIS	FRANÇAIS	ANGLAIS
Aujourd'hui	Today	Lundi	Monday
Demain	Tomorrow	Mardi	Tuesday
Hier	Yesterday	Mercredi	Wednesday
Le matin	Morning	Jeudi	Thursday
L'après-midi	Afternoon	Vendredi	Friday
Le midi	Noon	Samedi	Saturday
Le soir	Evening	Dimanche	Sunday
La nuit	Night		

MOTS ET EXPRESSIONS DE BASE

Oui ▸ *Yes*
Non ▸ *No*
Bonjour ▸ *Good morning/Hello*
Au revoir ▸ *Goodbye*
Monsieur/Madame/Mademoiselle ▸ *Sir/Madam/Miss*
Bon après-midi ▸ *Good afternoon*
Bonne soirée ▸ *Good evening*
Bonne nuit ▸ *Good night*
À tout à l'heure ▸ *See you later*
À plus tard ▸ *See you later*
À bientôt ▸ *See you soon*
À demain ▸ *See you tomorrow*
Comment allez-vous ? ▸ *How are you?*

Bien, et vous ? ▸ *I'm fine. How are you?*
S'il vous plaît ▸ *Please*
Merci ▸ *Thank you*
Merci beaucoup ▸ *Thank you very much*
De rien ▸ *You're welcome*
Je vous en prie ▸ *You're welcome*
Pardon ▸ *Sorry*
Excusez-moi ▸ *Excuse me*
Je suis désolé(e) ▸ *I'm sorry*
Je suis français(e), et vous ? ▸ *I'm French. What about you?*
Où habitez-vous ? ▸ *Where do you live?*
Je ne comprends pas ▸ *I don't understand*
Je ne parle pas l'anglais ▸ *I don't speak English*
À quelle heure ? ▸ *At what time?*
Quelle heure est-il ? ▸ *What time is it?*

FAIRE CONNAISSANCE

Parlez-vous français ? ▸ *Do you speak French?*
Parlez-vous anglais ? ▸ *Do you speak English?*
Comment dit-on ça en anglais ? ▸ *How do you say that in English?*
Je n'ai pas compris ▸ *I didn't understand*
Comment vous appelez-vous ? ▸ *What's your name?*
Je m'appelle… ▸ *My name is…*
Êtes-vous d'ici ? ▸ *Are you from round here?*
Où est votre hôtel ? ▸ *Where is your hotel?*
Quand repartez-vous ? ▸ *When are you leaving?*
Voulez-vous prendre un verre ? ▸ *Would you like to have a drink?*
Avec plaisir ▸ *I'd love to*
Ravi(e) d'avoir fait votre connaissance ▸ *It's lovely to meet you*
Avez-vous un papier pour noter ? ▸ *Do you have a piece of paper so I can write that down?*
Avez-vous un stylo pour noter ? ▸ *Do you have a pen so I can write that down?*
Voici mon numéro de téléphone ▸ *This is my phone number*
Voici mon numéro de portable ▸ *This is my mobile number*
Donnez-moi votre numéro de téléphone ▸ *Let me have your phone number*
Donnez-moi votre numéro de portable ▸ *Let me have your mobile number*
Voici mon adresse mail ▸ *This is my email address*
Donnez-moi votre adresse mail ▸ *Let me have your email address*
C'est la première fois que je viens/nous venons ici ▸ *It's the first time I/we have been here*
Je suis arrivé(e)/Nous sommes arrivés(ées) il y a… ▸ *I/We arrived… ago*
Je repars/Nous repartons dans… ▸ *I am/We are leaving in…*
J'aime/Nous aimons beaucoup… ▸ *I/We really like…*

EN CAS DE DIFFICULTÉS

Pouvez-vous répéter, s'il vous plaît ? ▸ *Can you say that again please?*
Je ne comprends pas ▸ *I don't understand*
Je suis perdu(e) ▸ *I'm lost*
Excusez-moi, pouvez-vous m'aider ? ▸ *Excuse me, can you help me?*
Pouvez-vous m'aider, je ne sais pas comment ça marche ▸ *Can you help me? I don't know how this works*

J'ai froid, pouvez-vous fermer la fenêtre, s'il vous plaît ? ▸ *I'm cold. Can you close the window please?*

J'ai froid, pouvez-vous fermer la porte s'il vous plaît ? ▸ *I'm cold. Can you close the door please?*

J'ai trop chaud, pouvez-vous ouvrir la fenêtre, s'il vous plaît ? ▸ *I'm hot. Can you open the window please?*

J'ai trop chaud, pouvez-vous ouvrir la porte, s'il vous plaît ? ▸ *I'm hot. Can you open the door please?*

On m'a volé mon sac ▸ *My bag has been stolen*

On m'a volé mes papiers ▸ *My documents have been stolen*

On m'a volé mes bagages ▸ *My luggage has been stolen*

J'ai perdu mon sac ▸ *I've lost my bag*

J'ai perdu mes papiers ▸ *I've lost my documents*

J'ai perdu mes bagages ▸ *I've lost my luggage*

Mes bagages ne sont pas arrivés ▸ *My luggage didn't arrive*

On m'a volé ma carte de crédit ▸ *My credit card has been stolen*

J'ai perdu ma carte de crédit ▸ *I've lost my credit card*

Le distributeur a avalé ma carte ▸ *The ATM has eaten my card*

Je dois prévenir la police ▸ *I need to contact the police*

Savez-vous où se trouve le commissariat ? ▸ *Do you know where the police station is?*

Savez-vous où se trouve l'ambassade ? ▸ *Do you know where the embassy is?*

Savez-vous où se trouve le consulat ? ▸ *Do you know where the consulate is?*

Je ne me sens pas bien ▸ *I don't feel well*

J'ai de la fièvre ▸ *I've got a temperature*

Je suis malade ▸ *I'm ill*

J'ai très mal ▸ *I'm feeling really ill*

Je me suis fait mal ▸ *I've hurt myself*

Je me suis blessé(e) ▸ *I've hurt myself*

Où puis-je trouver une pharmacie ? ▸ *Where can I find a chemist's?*

Où se trouve l'hôpital ? ▸ *Where is the hospital?*

Y a-t-il un centre médical ? ▸ *Is there a medical centre?*

Où puis-je trouver un médecin ? ▸ *Where can I find a doctor?*

Pouvez-vous appeler un médecin ? ▸ *Could you call a doctor?*

J'ai raté mon train ▸ *I've missed my train*

J'ai raté mon avion ▸ *I've missed my flight*

J'ai raté mon bus ▸ *I've missed my bus*

J'ai raté ma correspondance ▸ *I've missed my connection*

J'ai cassé mes lunettes ▸ *I've broken my glasses*

J'ai perdu mes lunettes ▸ *I've lost my glasses*

Attention ! ▸ *Watch out!*

Au secours ! ▸ *Help!*

C'est urgent ▸ *It's urgent*

Pouvez-vous demander de l'aide ? ▸ *Can you get help?*

Laissez-moi tranquille ▸ *Go away*

L'ARGENT

Où puis-je trouver un distributeur ? ▸ *Where can I find an ATM?*

Où puis-je changer des traveller's cheques ? ▸ *Where can I change traveller's cheques?*

Où est la banque la plus proche ? ▸ *Where is the nearest bank?*

Changez-vous des euros ? ▸ *Do you change euros?*

Je voudrais changer … euros ▸ *I would like to change… euros*

À L'ARRIVÉE ET AU DÉPART

Où est la sortie ?
▸ *Where is the way out?*

Où sont les taxis ?
▸ *Where are the taxis?*

Où sont les bus qui vont au centre-ville ? ▸ *Where do you get the buses for the town centre?*

Y a-t-il un bus qui va à l'aéroport ?
▸ *Is there a bus to the airport?*

Quelle est la station de métro pour se rendre à l'aéroport ?
▸ *What's the nearest underground station to the airport?*

Y a-t-il un bus qui va à la gare routière ? ▸ *Is there a bus that goes to the bus station?*

Quelle est la station de métro pour se rendre à la gare routière ?
▸ *What's the nearest underground station to the bus station?*

À LA GARE ROUTIÈRE

Où est le car pour… ?
▸ *Where is the coach for… ?*

À LA GARE FERROVIAIRE

De quel quai part le train pour… ?
▸ *What platform does the train for… leave from?*

Où se trouve le quai numéro… ?
▸ *Where is platform number… ?*

À L'AÉROPORT

Où est le comptoir d'enregistrement de… ? ▸ *Where is the check-in desk for… ?*

Où se trouve le terminal/la porte numéro… ? ▸ *Where is terminal/ gate number…?*

AU PORT

Où se trouve le quai de départ du bateau pour… ? ▸ *From which dock does the boat for … leave?*

CIRCULER

S'ORIENTER

Je cherche l'entrée/la sortie ▸ *I'm trying to find the way in/ way out*

C'est à droite/à gauche
▸ *It's on the right/left*

C'est tout droit
▸ *It's straight ahead*

Mon hôtel se trouve en face de l'église/derrière l'église
▸ *My hotel is opposite the church/ behind the church*

Je cherche la direction est/ouest/ nord/sud ▸ *Which way is East/West/ North/South?*

À PIED

Pouvez-vous me montrer où se trouve… ? ▸ *Can you tell me where... is?*

C'est loin ? ▸ *Is it far?*

Il y en a pour combien de temps à pied ? ▸ *How long does it take to walk there?*

EN VOITURE

Quelle est la route pour… ?
▸ *Which way is it for… ?*

Où y a-t-il une station-service ?
▸ *Where's the nearest petrol station?*

Je n'ai plus d'essence
▸ *I've run out of petrol*

Je voudrais de l'essence
▸ *I'd like some petrol*

Je voudrais faire le plein (de sans plomb/diesel) ▸ *Fill it up (with unleaded/diesel)*

Y a-t-il un péage ?
▸ *Is there a toll?*

Où est l'entrée de l'autoroute ?
▸ *Where do you get onto the motorway?*

Savez-vous où je peux trouver un garage ? ▸ *Do you know where I can find a garage?*

EN TAXI

Où y a-t-il une station de taxis ? ▸ *Where's the nearest taxi rank?*

Je voudrais commander un taxi ▸ *I'd like to order a taxi*

Combien ça coûte pour aller à… ? ▸ *How much is it to go to… ?*

EN BUS

Où est l'arrêt de bus ? ▸ *Where is the bus stop?*

Dans quelle direction va ce bus ? ▸ *Which way is this bus going?*

Où puis-je acheter un ticket ? ▸ *Where can I buy a ticket?*

À quelle heure passe le prochain bus ? ▸ *What time is the next bus?*

À quelle heure passe le dernier bus ? ▸ *What time is the last bus?*

EN MÉTRO

Où est la station la plus proche ? ▸ *Where is the nearest underground station?*

Savez-vous où je peux trouver un plan de métro ? ▸ *Do you know where I can find an underground map?*

Savez-vous où je peux acheter un ticket ? ▸ *Do you know where I can buy a ticket?*

À quelle heure passe le dernier métro ? ▸ *What time is the last underground train?*

Quelle sortie dois-je prendre ? ▸ *Which exit do I need?*

À VÉLO

Savez-vous où je peux louer un vélo ? ▸ *Do you know where I can hire a bike?*

Y a-t-il des pistes cyclables ? ▸ *Are there any cycle paths?*

J'ai crevé ▸ *I've got a puncture*

À QUELLE HEURE ?

À quelle heure part l'avion/le train/le bus ? ▸ *When does the plane/train/bus leave?*

Le premier/dernier/prochain… ▸ *The first/last/next…*

Je voudrais confirmer/annuler/changer… ▸ *I'd like to confirm/cancel/change…*

VISITER

À quelle heure ouvre… ? ▸ *What time does… open?*

À quelle heure ferme… ? ▸ *What time does… close?*

Est-ce que c'est ouvert ? ▸ *Is it open?*

Est-ce que c'est fermé ? ▸ *Is it closed?*

Où est l'entrée du musée ? ▸ *Where is the entrance to the museum?*

Où est l'entrée du château ? ▸ *Where is the entrance to the castle?*

L'entrée est-elle payante ? ▸ *Do you have to pay to get in?*

Je voudrais un billet pour… ▸ *I'd like a ticket for…*

Quel est le prix du billet d'entrée ? ▸ *How much does it cost to get in?*

Y a-t-il des tarifs réduits ? ▸ *Are there concessions?*

Y a-t-il une réduction pour les étudiants ? ▸ *Is there a student discount?*

Y a-t-il des visites guidées ? ▸ *Are there any guided tours?*

Où se trouve ▸ *Where is*

… le centre-ville ? ▸ *… the town centre?*

… le musée ? ▸ *… the museum?*

… l'église ? ▸ *… the church?*

… la cathédrale ? ▸ *… the cathedral?*

… le château ? ▸ *… the castle?*

… la chapelle ? ▸ *… the chapel?*

… la grotte ? ▸ *… the cave?*

… le fleuve ? ▸ *… the river?*

… la rivière ? ▸ *… the river?*

… le lac ? ▸ *… the lake?*

… le pont ? ▸ *… the bridge?*

Où se trouvent les ruines ? ▸ *Where are the ruins?*

HÉBERGEMENT

RÉSERVER

Je voudrais réserver une chambre simple ▸ *I'd like to reserve a single room*

... avec un grand lit ▸ *... with a double bed*

Je voudrais réserver une chambre double ▸ *I'd like to reserve a double room*

... avec deux lits ▸ *... with twin beds*

... avec un lit double ▸ *... with a double bed*

Pour une nuit/deux nuits/une semaine ▸ *For one night/two nights/a week*

Peut-on rajouter un lit supplémentaire dans la chambre ? ▸ *Can you put an extra bed in the room?*

Je voudrais une chambre qui soit calme ▸ *I'd like a quiet room*

Je voudrais réserver un studio ▸ *I'd like to reserve a studio flat*

Je voudrais réserver un appartement de deux pièces/de trois pièces ▸ *I'd like to reserve a two-room/three-room appartment*

Je voudrais réserver un emplacement de camping ▸ *I'd like to reserve a pitch*

J'ai fait une réservation au nom de... ▸ *I have a reservation in the name of...*

Avec salle de bains ▸ *With a bathroom*

Avec douche ▸ *With a shower*

Avec cuisine ▸ *With a kitchen*

Les WC sont-ils à part ? ▸ *Is there a separate toilet?*

À quel étage est la chambre ? ▸ *What floor is the room on?*

Y a-t-il la télé dans la chambre ? ▸ *Is there a TV in the room?*

Y a-t-il le téléphone dans la chambre ? ▸ *Is there a phone in the room?*

Y a-t-il un ascenseur ? ▸ *Is there a lift?*

Avez-vous une connexion Wifi ? ▸ *Do you have a Wifi connection?*

Puis-je voir la chambre ? ▸ *Can I see the room?*

À quelle heure la chambre sera-t-elle prête ? ▸ *What time will the room be ready?*

Jusqu'à quelle heure servez-vous le petit déjeuner ? ▸ *What time do you serve breakfast till?*

Puis-je rester une nuit de plus ? ▸ *Can I stay an extra night?*

Je voudrais partir plus tôt que prévu ▸ *I'd like to leave earlier than planned*

DEMANDER LE PRIX

Combien coûte la chambre ? ▸ *How much is the room?*

Avec petit déjeuner ▸ *With breakfast*

Sans le petit déjeuner ▸ *Without breakfast*

En pension complète/en demi-pension ▸ *With full board/half board*

Combien coûte le studio/l'appartement ▸ *How much is the studio flat/apartment?*

Pour un jour/deux jours/une semaine ▸ *For one day/two days/a week*

À L'ARRIVÉE

J'ai réservé une chambre simple/une chambre double au nom de... ▸ *I've reserved a single room/a double room in the name of...*

J'ai réservé un studio au nom de... ▸ *I've reserved a studio flat in the name of...*

J'ai réservé un appartement au nom de... ▸ *I've reserved an apartment in the name of...*

Pouvez-vous m'aider à monter mes bagages ? ▸ *Can you help me take my luggage up?*

Je voudrais changer de chambre, celle-ci ne me convient pas ▸ *I'd like to change rooms. I don't like this one*

Puis-je voir d'autres chambres ? ▸ *Can I see some other rooms?*

AU DÉPART

Je voudrais la note, s'il vous plaît ▸ *I'd like to check out, please*

À quelle heure faut-il libérer la chambre ? ▸ *At what time do we need to vacate the room?*

Puis-je laisser mes bagages ? Je les reprendrai plus tard ▸ *Can I leave my luggage? I'll collect it later*

RESTAURATION

RÉSERVER

Je voudrais réserver une table pour 2/3/4… ▸ *I'd like to book a table for 2/3/4… people*

J'ai réservé une table pour 2/3/4… ▸ *I've booked a table for 2/3/4… people*

J'ai réservé au nom de… ▸ *I have a reservation in the name of…*

COMMANDER

Je voudrais petit-déjeuner ▸ *I'd like to have breakfast*

Je voudrais déjeuner ▸ *I'd like to have lunch*

Je voudrais dîner ▸ *I'd like to have dinner*

Je voudrais prendre un verre ▸ *I'd like something to drink*

Est-ce que vous servez encore à manger à cette heure ? ▸ *Are you still serving food?*

Pouvez-vous m'apporter le menu, s'il vous plaît ? ▸ *Can you bring me the menu, please?*

Pouvez-vous m'apporter la carte des vins, s'il vous plaît ? ▸ *Can you bring me the wine list, please?*

Avez-vous un menu enfant ? ▸ *Do you have a children's menu?*

Quel est le plat du jour ? ▸ *What is the dish of the day?*

Y a-t-il une spécialité de la maison ? ▸ *Is there a house speciality?*

Que me recommandez-vous ? ▸ *What do you recommend?*

Je voudrais commander ▸ *I'd like to order*

Pouvez-vous m'apporter une carafe d'eau ? ▸ *Can you bring me a jug of water?*

Pouvez-vous m'apporter du vin ? ▸ *Can you bring me some wine?*

Pouvez-vous m'apporter du pain ? ▸ *Can you bring me some bread?*

Pouvez-vous m'apporter du sel, s'il vous plaît ? ▸ *Can you bring me some salt, please?*

De quoi est fait ce plat ? ▸ *What's in this dish?*

Ce plat est trop chaud ▸ *This dish is too hot*

Ce plat est froid ▸ *This dish is cold*

Ce plat est trop salé ▸ *There is too much salt in this dish*

C'est très bon ! ▸ *It's very good*

Je suis allergique à… ▸ *I'm allergic to…*

Peut-on le/la remplacer par autre chose ? ▸ *Can you change it for something else?*

Tchin-tchin ! ▸ *Cheers!*

À votre santé ! ▸ *Cheers!*

À vous ! ▸ *Cheers!*

PAYER

Combien vous dois-je ? ▸ *How much do I owe you?*

Peut-on payer par carte de crédit ? ▸ *Can I pay by credit card?*

Désolé(e), je n'ai pas de monnaie ▸ *Sorry, I don't have any change*

L'addition, s'il vous plaît ▸ *The bill, please*

Le service est-il compris ? ▸ *Is service included?*

Puis-je avoir un reçu, s'il vous plaît ? ▸ *Can I have a receipt, please?*

Je vais régler en liquide/par carte ▸ *I'll pay cash/by card*

C'est pour moi ! ▸ *It's for me!*

C'est très cher ! ▸ *It's very expensive*

Je crois qu'il y a une erreur dans l'addition ▸ *I think there's a mistake in the bill*

DEMANDER LES TOILETTES

Où sont les toilettes, s'il vous plaît ? ▸ *Where are the toilets, please?*

La chasse d'eau ne marche pas ▸ *The flush isn't working*

LOISIRS

À LA MER

Où est la plage ? ▸ *Where is the beach?*

Peut-on se baigner ? ▸ *Can you swim here?*

La mer est-elle dangereuse à cet endroit ? ▸ *Is the sea dangerous here?*

La baignade est-elle surveillée ? ▸ *Are there lifeguards?*

L'eau est-elle froide ? ▸ *Is the water cold?*

À LA MONTAGNE

D'où a-t-on le meilleur point de vue ? ▸ *Where is the best view?*

Puis-je me promener seul(e) à cet endroit ? ▸ *Can I walk here on my own?*

La route est-elle dangereuse ? ▸ *Is the route dangerous?*

Dois-je m'adresser à un guide ? ▸ *Do I need a guide?*

Où puis-je contacter un guide ? ▸ *Where can I find a guide?*

Y a-t-il des sentiers de randonnée ? ▸ *Are there any hiking paths?*

Où se trouve le départ du sentier ? ▸ *Where does the path start?*

Le sentier est-il balisé ? ▸ *Is the path waymarked?*

Où peut-on louer des skis ? ▸ *Where can you hire skis?*

À LA CAMPAGNE

Y a-t-il des promenades à faire par ici ? ▸ *Are there any walks you can do around here?*

Combien de temps dure la promenade ? ▸ *How long is the walk?*

SPORTS

Où peut-on acheter des billets pour le match de demain ? ▸ *Where can you buy tickets for tomorrow's match?*

Je voudrais voir le match de football ▸ *I'd like to see the football match*

Où se trouve le stade ? ▸ *Where is the stadium?*

Je voudrais louer un vélo pour la journée ▸ *I'd like to hire a bike for the day*

SORTIR

Y a-t-il un guide des spectacles ? ▸ *Is there a guide to what's on?*

Où peut-on voir un spectacle de… ? ▸ *Where can you see a… show?*

À quelle heure commence le spectacle ? ▸ *What time does the show start?*

Je voudrais un billet/deux billets pour… ▸ *I'd like a ticket/two tickets for…*

Est-ce qu'il reste des places pour le spectacle/le concert/la séance de… ? ▸ *Are there any tickets left for the... show/concert/performance?*

Je voudrais confirmer/annuler/changer mon billet/mes billets pour... ▸ *I'd like to confirm/cancel/change my ticket/tickets for...*

Qu'y a-t-il à faire ici le soir ? ▸ *What's on tonight around here?*

Peut-on manger quelque chose sur place ? ▸ *Can we get something to eat here?*

Où peut-on aller boire un verre ? ▸ *Where can you get a drink?*

Où est le bar/la discothèque avec la meilleure ambiance ? ▸ *Where's the bar/club with the best atmosphere?*

Où est le bar/le café le plus typique ? ▸ *Where's the most authentic bar/café?*

SHOPPING

Où se trouve le marché ? ▸ *Where is the market?*

Où se trouve le supermarché ? ▸ *Where is the supermarket?*

Où se trouve la boulangerie ? ▸ *Where is the bakery?*

Je cherche une boutique pour acheter des souvenirs ▸ *I'm looking for a shop where I can buy some souvenirs*

Pouvez-vous me faire un paquet-cadeau ? ▸ *Can you gift-wrap it for me?*

Je cherche le rayon hommes ▸ *I'm looking for the men's department*

Je cherche le rayon femmes ▸ *I'm looking for the women's department*

Je cherche le rayon enfants ▸ *I'm looking for the children's department*

Puis-je l'essayer ? ▸ *Can I try it on?*

L'avez-vous dans une taille plus grande ? ▸ *Do you have it in a larger size?*

L'avez-vous dans une taille plus petite ? ▸ *Do you have it in a smaller size?*

L'avez-vous dans une autre couleur ? ▸ *Do you have it in a different colour?*

Je ne connais pas ma taille/ma pointure ▸ *I don't know what size I am*

Quand commence la période des soldes ? ▸ *When do the sales start?*

Cet article est-il soldé ? ▸ *Is this in the sale?*

Y a-t-il un service de livraison ? ▸ *Do you deliver?*

Je voudrais me faire livrer ▸ *I'd like to have it delivered*

Y a-t-il un service de retouches ? ▸ *Do you do alterations?*

ENFANTS

Peut-on emmener les enfants à... ? ▸ *Can you take children to...?*

Connaissez-vous un endroit agréable pour les enfants ? ▸ *Do you know any good places for children?*

Existe-t-il des aménagements pour les enfants ? ▸ *Is there a play area?*

Les enfants peuvent-ils jouer ici ? ▸ *Can the children play here?*

N'est-ce pas dangereux pour les enfants ? ▸ *Isn't it a bit dangerous for children?*

Y a-t-il une piscine ? ▸ *Is there a swimming pool?*

RESTER CONNECTÉ

TÉLÉPHONE

Allô, bonjour/bonsoir, je voudrais parler à... ▸ *Hello, I'd like to speak to...*

Ne quittez pas ▸ *Hang on*

Un instant, s'il vous plaît ▸ *One minute, please*

Je vous le passe/je vous la passe ▸ *I'm putting you through*

Vous vous êtes trompé(e) de numéro ▸ *You've dialled the wrong number*

Quel est l'indicatif pour… ? ▸ *What is the dialling code for…*

Y a-t-il une prise pour recharger mon portable ? ▸ *Is there a plug so I can charge my mobile up?*

Où puis-je acheter une carte de téléphone ? ▸ *Where can I buy a phone card?*

Savez-vous où je peux trouver une recharge pour mon portable ? ▸ *Do you know where I can top up my mobile?*

Savez-vous où il y a une cabine téléphonique près d'ici ? ▸ *Do you know if there is a payphone near here?*

Je voudrais appeler en PCV ▸ *I'd like to make a reverse-charge call*

FAX

Puis-je envoyer un fax ? ▸ *Can I send a fax?*

Quel est l'indicatif pour… ? ▸ *What is the dialling code for…*

E-MAIL

Quelle est votre adresse mail ? ▸ *What is your email address?*

Puis-je envoyer un mail ? ▸ *Can I send an email?*

Puis-je utiliser l'ordinateur ? ▸ *Can I use the computer?*

Avez-vous Internet ? ▸ *Do you have an Internet connection?*

Avez-vous une connexion Wifi ? ▸ *Do you have Wifi?*

Pouvez-vous m'indiquer un café Internet ? ▸ *Could you tell me where there is an Internet café?*

POSTE

Pouvez-vous m'indiquer la poste ? ▸ *Could you tell me where the post office is?*

Où puis-je acheter des timbres ? ▸ *Where can I buy some stamps?*

Où puis-je acheter des enveloppes ? ▸ *Where can I buy some envelopes?*

FRANÇAIS - ALLEMAND

LES NOMBRES

FRANÇAIS	ALLEMAND	FRANÇAIS	ALLEMAND
Un	Eins	Vingt	Zwanzig
Deux	Zwei	Trente	Dreißig
Trois	Drei	Quarante	Vierzig
Quatre	Vier	Cinquante	Fünfzig
Cinq	Fünf	Soixante	Sechzig
Six	Sechs	Soixante-dix	Siebzig
Sept	Sieben	Quatre-vingts	Achtzig
Huit	Acht	Quatre-vingt-dix	Neunzig
Neuf	Neun	Cent	Hundert
Dix	Zehn	Mille	Tausend

LE TEMPS

FRANÇAIS	ALLEMAND	FRANÇAIS	ALLEMAND
Aujourd'hui	Heute	Lundi	Montag
Demain	Morgen	Mardi	Dienstag
Hier	Gestern	Mercredi	Mittwoch
Le matin	Morgens	Jeudi	Donnerstag
L'après-midi	Nachmittags	Vendredi	Freitag
Le midi	Mittags	Samedi	Samstag
Le soir	Abends	Dimanche	Sonntag
La nuit	Nachts		

MOTS ET EXPRESSIONS DE BASE

Oui ▸ *Ja*

Non ▸ *Nein*

Bonjour ▸ *Guten Tag*

Au revoir ▸ *Auf Wiedersehen*

Monsieur/Madame/Mademoiselle ▸ *Herr/Frau/Fräulein*

Bon après-midi ▸ *Einen schönen Nachmittag*

Bonne soirée ▸ *Einen schönen Abend*

Bonne nuit ▸ *Gute Nacht*

À tout à l'heure ▸ *Bis nachher*

À plus tard ▸ *Bis später*

À bientôt ▸ *Bis bald*

À demain ▸ *Bis morgen*

Comment allez-vous ?
▸ *Wie geht es Ihnen?*

Bien, et vous ? ▸ *Gut, und Ihnen?*

S'il vous plaît ▸ *Bitte*

Merci ▸ *Danke*

Merci beaucoup ▸ *Vielen Dank*

De rien ▸ *Keine Ursache*

Je vous en prie ▸ *Gern geschehen*

Pardon ▸ *Verzeihung*

Excusez-moi ▸ *Entschuldigung*

Je suis désolé(e) ▸ *Es tut mir leid*

Je suis français(e), et vous ?
▸ *Ich bin Franzose (Französin), und Sie?*

Où habitez-vous ? ▸ *Wo wohnen Sie?*

Je ne comprends pas
▸ *Ich verstehe nicht*

Je ne parle pas l'allemand
▸ *Ich spreche kein Deutsch*

À quelle heure ? ▸ *Um wie viel Uhr?*

Quelle heure est-il ?
▸ *Wie viel Uhr ist es?*

FAIRE CONNAISSANCE

Parlez-vous français ?
▸ *Sprechen Sie Französisch?*

Parlez-vous anglais ?
▸ *Sprechen Sie Englisch?*

Comment dit-on ça en allemand ?
▸ *Wie sagt man das auf Deutsch?*

Je n'ai pas compris
▸ *Ich habe nicht verstanden*

Comment vous appelez-vous ?
▸ *Wie heißen Sie?*

Je m'appelle… ▸ *Ich heiße …*

Êtes-vous d'ici ? ▸ *Sind Sie von hier?*

Où est votre hôtel ? ▸ *Wo ist Ihr Hotel?*

Quand repartez-vous ?
▸ *Wann reisen Sie wieder ab?*

Voulez-vous prendre un verre ?
▸ *Möchten Sie etwas trinken?*

Avec plaisir ▸ *Gerne*

Ravi(e) d'avoir fait votre connaissance ▸ *Ich freue mich, Ihre Bekanntschaft gemacht zu haben*

Avez-vous un papier pour noter ?
▸ *Haben Sie ein Blatt Papier zum Aufschreiben?*

Avez-vous un stylo pour noter ?
▸ *Haben Sie einen Stift zum Schreiben?*

Voici mon numéro de téléphone
▸ *Hier ist meine Telefonnummer*

Voici mon numéro de portable
▸ *Hier ist meine Handynummer*

Donnez-moi votre numéro de téléphone ▸ *Geben Sie mir Ihre Telefonnummer*

Donnez-moi votre numéro de portable ▸ *Geben Sie mir Ihre Handynummer*

Voici mon adresse mail
▸ *Hier ist meine E-Mail-Adresse*

Donnez-moi votre adresse mail
▸ *Geben Sie mir Ihre E-Mail-Adresse*

C'est la première fois que je viens/nous venons ici ▸ *Ich bin/Wir sind zum ersten Mal hier*

Je suis arrivé(e)/Nous sommes arrivés(ées) il y a… ▸ *Ich bin/Wir sind vor … angekommen*

Je repars/Nous repartons dans…
▸ *Ich reise/Wir reisen in … ab*

J'aime/Nous aimons beaucoup…
▸ *Ich mag/wir mögen … gerne*

EN CAS DE DIFFICULTÉS

Pouvez-vous répéter, s'il vous plaît ?
▸ *Können Sie das bitte wiederholen?*

Je ne comprends pas
▸ *Ich verstehe nicht*

Je suis perdu(e)
▸ *Ich habe mich verlaufen*

Excusez-moi, pouvez-vous m'aider ?
▸ *Entschuldigung, können Sie mir helfen?*

Pouvez-vous m'aider, je ne sais pas comment ça marche
▸ *Können Sie mir helfen? Ich weiss nicht, wie es funktioniert*

J'ai froid, pouvez-vous fermer la fenêtre, s'il vous plaît ? ▸ *Mir ist es kalt. Können Sie bitte das Fenster schließen?*

J'ai froid, pouvez-vous fermer la porte s'il vous plaît ? ▸ *Mir ist es kalt. Können Sie bitte die Tür schließen?*

J'ai trop chaud, pouvez-vous ouvrir la fenêtre, s'il vous plaît ? ▸ *Mir ist es zu warm. Können Sie bitte das Fenster öffnen?*

J'ai trop chaud, pouvez-vous ouvrir la porte, s'il vous plaît ? ▸ *Mir ist es zu warm. Können Sie bitte die Tür öffnen?*

On m'a volé mon sac ▸ *Mir wurde meine Tasche gestohlen*

On m'a volé mes papiers ▸ *Mir wurden meine Papiere gestohlen*

On m'a volé mes bagages ▸ *Mir wurde mein Gepäck gestohlen*

J'ai perdu mon sac ▸ *Ich habe meine Tasche verloren*

J'ai perdu mes papiers ▸ *Ich habe meine Papiere verloren*

J'ai perdu mes bagages ▸ *Ich habe mein Gepäck verloren*

Mes bagages ne sont pas arrivés ▸ *Mein Gepäck ist nicht angekommen*

On m'a volé ma carte de crédit ▸ *Mir wurde meine Kreditkarte gestohlen*

J'ai perdu ma carte de crédit ▸ *Ich habe meine Kreditkarte verloren*

Le distributeur a avalé ma carte ▸ *Der Geldautomat hat meine Karte eingezogen*

Je dois prévenir la police ▸ *Ich muss die Polizei verständigen*

Savez-vous où se trouve le commissariat ? ▸ *Wissen Sie, wo sich das Polizeirevier befindet?*

Savez-vous où se trouve l'ambassade ? ▸ *Wissen Sie, wo sich die Botschaft befindet?*

Savez-vous où se trouve le consulat ? ▸ *Wissen Sie, wo sich das Konsulat befindet?*

Je ne me sens pas bien ▸ *Ich fühle mich nicht wohl*

J'ai de la fièvre ▸ *Ich habe Fieber*

Je suis malade ▸ *Ich bin krank*

J'ai très mal ▸ *Ich habe starke Schmerzen*

Je me suis fait mal ▸ *Ich habe mir weh getan*

Je me suis blessé(e) ▸ *Ich habe mich verletzt*

Où puis-je trouver une pharmacie ? ▸ *Wo ist eine Apotheke?*

Où se trouve l'hôpital ? ▸ *Wo befindet sich das Krankenhaus?*

Y a-t-il un centre médical ? ▸ *Gibt es ein Ärztehaus?*

Où puis-je trouver un médecin ? ▸ *Wo ist ein Arzt?*

Pouvez-vous appeler un médecin ? ▸ *Können Sie einen Arzt rufen?*

J'ai raté mon train ▸ *Ich habe meinen Zug verpasst*

J'ai raté mon avion ▸ *Ich habe mein Flugzeug verpasst*

J'ai raté mon bus ▸ *Ich habe meinen Bus verpasst*

J'ai raté ma correspondance ▸ *Ich habe meinen Anschluss verpasst*

J'ai cassé mes lunettes ▸ *Meine Brille ist kaputt*

J'ai perdu mes lunettes ▸ *Ich habe meine Brille verloren*

Attention ! ▸ *Achtung!*

Au secours ! ▸ *Hilfe!*

C'est urgent ▸ *Es ist dringend*

Pouvez-vous demander de l'aide ? ▸ *Können Sie Hilfe holen?*

Laissez-moi tranquille ▸ *Lassen Sie mich in Ruhe*

L'ARGENT

Où puis-je trouver un distributeur ? ▸ *Wo ist ein Geldautomat?*

Où puis-je changer des traveller's cheques ? ▸ *Wo kann ich Travellerschecks einlösen?*

Où est la banque la plus proche ?
▸ *Wo ist die nächste Bank?*

À L'ARRIVÉE ET AU DÉPART

Où est la sortie ?
▸ *Wo ist der Ausgang?*

Où sont les taxis ?
▸ *Wo halten die Taxis?*

Où sont les bus qui vont au centre-ville ? ▸ *Wo halten die Busse, die ins Stadtzentrum fahren?*

Y a-t-il un bus qui va à l'aéroport ?
▸ *Gibt es einen Bus, der zum Flughafen fährt?*

Quelle est la station de métro pour se rendre à l'aéroport ?
▸ *Von welchem U-Bahnhof komme ich zum Flughafen?*

Y a-t-il un bus qui va à la gare routière ? ▸ *Gibt es einen Bus, der zum Busbahnhof fährt?*

Quelle est la station de métro pour se rendre à la gare routière ?
▸ *Von welchem U-Bahnhof komme ich zum Busbahnhof?*

À LA GARE ROUTIÈRE

Où est le car pour… ?
▸ *Wo hält der Bus nach … ?*

À LA GARE FERROVIAIRE

De quel quai part le train pour… ?
▸ *An welchem Gleis fährt der Zug nach … ab?*

Où se trouve le quai numéro… ?
▸ *Wo befindet sich das Gleis Nummer … ?*

À L'AÉROPORT

Où est le comptoir d'enregistrement de… ? ▸ *Wo ist der Check-in-Schalter von … ?*

Où se trouve le terminal/la porte numéro… ? ▸ *Wo befindet sich das Terminal/der Flugsteig Nummer …?*

AU PORT

Où se trouve le quai de départ du bateau pour… ? ▸ *Wo befindet sich der Abfahrtssteg des Schiffs nach … ?*

CIRCULER

S'ORIENTER

Je cherche l'entrée/la sortie
▸ *Ich suche den Eingang/Ausgang*

C'est à droite/à gauche
▸ *Er/Sie/Es befindet sich auf der rechten/linken Seite*

C'est tout droit
▸ *Er/Sie/Es befindet sich geradeaus*

Mon hôtel se trouve en face de l'église/derrière l'église
▸ *Mein Hotel befindet sich gegenüber der Kirche/hinter der Kirche*

Je cherche la direction est/ouest/nord/sud ▸ *Ich suche Richtung Ost/West/Nord/Süd*

À PIED

Pouvez-vous me montrer où se trouve… ? ▸ *Können Sie mir zeigen, wo sich … befindet?*

C'est loin ? ▸ *Ist es weit?*

Il y en a pour combien de temps à pied ? ▸ *Wie lange braucht man zu Fuß?*

EN VOITURE

Quelle est la route pour… ?
▸ *Welcher Weg führt nach … ?*

Où y a-t-il une station-service ?
▸ *Wo gibt es eine Tankstelle?*

Je n'ai plus d'essence
▸ *Ich habe kein Benzin mehr*

Je voudrais de l'essence
▸ *Ich hätte gerne Benzin*

Je voudrais faire le plein (de sans plomb/diesel) ▸ *Ich würde gerne (bleifreies Benzin/Diesel) voll tanken*

Y a-t-il un péage ? ▸ *Gibt es Maut?*

Où est l'entrée de l'autoroute ? ▸ *Wo ist die Autobahnauffahrt?*

Savez-vous où je peux trouver un garage ? ▸ *Wissen Sie, wo eine Werkstatt ist?*

EN TAXI

Où y a-t-il une station de taxis ? ▸ *Wo gibt es eine Taxihaltestelle?*

Je voudrais commander un taxi ▸ *Ich würde gerne ein Taxi bestellen*

Combien ça coûte pour aller à... ? ▸ *Wie viel kostet es bis nach ... ?*

EN BUS

Où est l'arrêt de bus ? ▸ *Wo ist die Bushaltestelle?*

Dans quelle direction va ce bus ? ▸ *In welche Richtung fährt dieser Bus?*

Où puis-je acheter un ticket ? ▸ *Wo kann ich eine Fahrkarte kaufen?*

À quelle heure passe le prochain bus ? ▸ *Um wie viel Uhr fährt der nächste Bus?*

À quelle heure passe le dernier bus ? ▸ *Um wie viel Uhr fährt der letzte Bus?*

EN MÉTRO

Où est la station la plus proche ? ▸ *Wo ist die nächste U-Bahn-Haltestelle?*

Savez-vous où je peux trouver un plan de métro ? ▸ *Wissen Sie, wo ich einen U-Bahn-Fahrplan finden kann?*

Savez-vous où je peux acheter un ticket ? ▸ *Wissen Sie, wo ich eine Fahrkarte kaufen kann?*

À quelle heure passe le dernier métro ? ▸ *Um wie viel Uhr fährt die letzte U-Bahn?*

Quelle sortie dois-je prendre ?▸ *An welcher Haltestelle muss ich aussteigen?*

À VÉLO

Savez-vous où je peux louer un vélo ? ▸ *Wissen Sie, wo ich ein Fahrrad ausleihen kann?*

Y a-t-il des pistes cyclables ? ▸ *Gibt es Fahrradwege?*

J'ai crevé ▸ *Ich habe einen platten Reifen*

À QUELLE HEURE ?

À quelle heure part l'avion/le train/le bus ? ▸ *Um wie viel Uhr startet das Flugzeug/fährt der Zug/Bus ab?*

Le premier/dernier/prochain... ▸ *Der/Die/Das erste/letzte/nächste ...*

Je voudrais confirmer/annuler/changer... ▸ *Ich würde gerne ... bestätigen/stornieren/ändern*

VISITER

À quelle heure ouvre... ? ▸ *Um wie viel Uhr öffnet ...?*

À quelle heure ferme... ? ▸ *Um wie viel Uhr schließt ...?*

Est-ce que c'est ouvert ? ▸ *Ist er/sie/es geöffnet?*

Est-ce que c'est fermé ? ▸ *Ist er/sie/es geschlossen?*

Où est l'entrée du musée ? ▸ *Wo ist der Eingang des Museums?*

Où est l'entrée du château ? ▸ *Wo ist der Ausgang des Museums?*

L'entrée est-elle payante ? ▸ *Muss man Eintritt zahlen?*

Je voudrais un billet pour... ▸ *Ich hätte gerne eine Eintrittskarte für ...*

Quel est le prix du billet d'entrée ? ▸ *Wie viel kostet eine Eintrittskarte?*

Y a-t-il des tarifs réduits ? ▸ *Gibt es Ermäßigungen?*

Y a-t-il une réduction pour les étudiants ? ▸ *Gibt es Ermäßigungen für Studenten?*

Y a-t-il des visites guidées ? ▸ *Gibt es Besichtigungen mit Führung?*

Où se trouve ▸ *Wo befindet sich*

... le centre-ville ? ▸ *... das Stadtzentrum?*

… le musée ? ▸ *… das Museum?*
… l'église ? ▸ *… die Kirche?*
… la cathédrale ? ▸ *… die Kathedrale?*
… le château ? ▸ *… das Schloss?*
… la chapelle ? ▸ *… die Kapelle?*
… la grotte ? ▸ *… die Höhle?*
… le fleuve ? ▸ *… der Fluss*
… la rivière ? ▸ *… der Fluss*
… le lac ? ▸ *… der See?*
… le pont ? ▸ *… die Brücke?*
Où se trouvent les ruines ? ▸ *Wo befinden sich die Ruinen?*

HÉBERGEMENT

RÉSERVER

Je voudrais réserver une chambre simple ▸ *Ich würde gerne ein Einzelzimmer reservieren*
… avec un grand lit ▸ *… mit einem großen Bett*
Je voudrais réserver une chambre double ▸ *Ich würde gerne ein Doppelzimmer reservieren*
… avec deux lits ▸ *… mit zwei Betten*
… avec un lit double ▸ *… mit einem Doppelbett*
Pour une nuit/deux nuits/une semaine ▸ *Für eine Nacht/zwei Nächte/eine Woche*
Peut-on rajouter un lit supplémentaire dans la chambre ? ▸ *Kann man ein zusätzliches Bett ins Zimmer stellen?*
Je voudrais une chambre qui soit calme ▸ *Ich hätte gerne ein Zimmer in ruhiger Lage*
Je voudrais réserver un studio ▸ *Ich würde gerne ein Einzimmerapartment reservieren*
Je voudrais réserver un appartement de 2 pièces/de 3 pièces ▸ *Ich würde gerne ein Apartment mit 2 Zimmern/3 Zimmern reservieren*
Je voudrais réserver un emplacement de camping ▸ *Ich würde gerne einen Stellplatz auf dem Campingplatz reservieren*
J'ai fait une réservation au nom de… ▸ *Ich habe auf den Namen … reserviert*
Avec salle de bains ▸ *Mit Badezimmer*
Avec douche ▸ *Mit Dusche*
Avec cuisine ▸ *Mit Küche*
Les WC sont-ils à part ? ▸ *Sind die Toiletten separat?*
À quel étage est la chambre ? ▸ *Auf welcher Etage befindet sich das Zimmer?*
Y a-t-il la télé dans la chambre ? ▸ *Verfügt das Zimmer über einen Fernseher?*
Y a-t-il le téléphone dans la chambre ? ▸ *Verfügt das Zimmer über ein Telefon?*
Y a-t-il un ascenseur ? ▸ *Gibt es einen Aufzug?*
Avez-vous une connexion Wifi ? ▸ *Haben Sie eine W-LAN-Verbindung?*
Puis-je voir la chambre ? ▸ *Kann ich mir das Zimmer ansehen?*
À quelle heure la chambre sera-t-elle prête ? ▸ *Um wie viel Uhr ist das Zimmer fertig?*
Jusqu'à quelle heure servez-vous le petit déjeuner ? ▸ *Bis wie viel Uhr gibt es Frühstück?*
Puis-je rester une nuit de plus ? ▸ *Kann ich eine Nacht länger bleiben?*
Je voudrais partir plus tôt que prévu ▸ *Ich würde gerne früher als vorgesehen abreisen*

DEMANDER LE PRIX

Combien coûte la chambre ? ▸ *Was kostet das Zimmer?*
Avec petit déjeuner ▸ *Mit Frühstück*

Sans le petit déjeuner
▸ *Ohne Frühstück*

En pension complète/ en demi-pension
▸ *Mit Vollpension/Halbpension*

Combien coûte le studio/ l'appartement ▸ *Was kostet das Apartment/die Wohnung?*

Pour un jour/deux jours/ une semaine ▸ *Für einen Tag/ zwei Tage/eine Woche*

À L'ARRIVÉE

J'ai réservé une chambre simple/ une chambre double au nom de… ▸ *Ich habe ein Einzelzimmer/ Doppelzimmer auf den Namen … reserviert*

J'ai réservé un studio au nom de…
▸ *Ich habe ein Einzimmerapartment auf den Namen … reserviert*

J'ai réservé un appartement au nom de… ▸ *Ich habe eine Wohnung auf den Namen … reserviert*

Pouvez-vous m'aider à monter mes bagages ? ▸ *Können Sie mir helfen, mein Gepäck hochzubringen?*

Je voudrais changer de chambre, celle-ci ne me convient pas ▸ *Ich würde gerne das Zimmer wechseln. Dieses hier sagt mir nicht zu*

Puis-je voir d'autres chambres ?
▸ *Kann ich mir noch andere Zimmer ansehen?*

AU DÉPART

Je voudrais la note, s'il vous plaît
▸ *Könnte ich bitte die Rechnung haben?*

À quelle heure faut-il libérer la chambre ? ▸ *Um wie viel Uhr muss man das Zimmer verlassen?*

Puis-je laisser mes bagages ? Je les reprendrai plus tard
▸ *Kann ich mein Gepäck hier lassen? Ich nehme es später mit*

RESTAURATION

RÉSERVER

Je voudrais réserver une table pour 2/3/4… ▸ *Ich würde gerne einen Tisch für 2/3/4… reservieren*

J'ai réservé une table pour 2/3/4…
▸ *Ich habe einen Tisch für 2/3/4… reserviert*

J'ai réservé au nom de… ▸ *Ich habe auf den Namen … reserviert*

COMMANDER

Je voudrais petit-déjeuner
▸ *Ich würde gerne frühstücken*

Je voudrais déjeuner
▸ *Ich würde gerne zu Mittag essen*

Je voudrais dîner
▸ *Ich würde gerne zu Abend essen*

Je voudrais prendre un verre
▸ *Ich würde gerne etwas trinken*

Est-ce que vous servez encore à manger à cette heure ?
▸ *Gibt es um diese Uhrzeit noch etwas zu essen?*

Pouvez-vous m'apporter le menu, s'il vous plaît ? ▸ *Können Sie mir bitte die Speisekarte bringen?*

Pouvez-vous m'apporter la carte des vins, s'il vous plaît ?
▸ *Können Sie mir bitte die Weinkarte bringen?*

Avez-vous un menu enfant ?
▸ *Haben Sie ein Kindermenü?*

Quel est le plat du jour ?
▸ *Was gibt es als Tagesgericht?*

Y a-t-il une spécialité de la maison ?
▸ *Gibt es eine Spezialität des Hauses?*

Que me recommandez-vous ?
▸ *Was empfehlen Sie mir?*

Je voudrais commander
▸ *Ich möchte bestellen*

Pouvez-vous m'apporter une carafe d'eau ? ▸ *Können Sie mir bitte eine Karaffe Wasser bringen?*

Pouvez-vous m'apporter du vin ?
▸ *Können Sie mir bitte Wein bringen?*

Pouvez-vous m'apporter du pain ? ▸ *Können Sie mir bitte Brot bringen?*

Pouvez-vous m'apporter du sel, s'il vous plaît ? ▸ *Können Sie mir bitte Salz bringen?*

De quoi est fait ce plat ? ▸ *Woraus besteht dieses Gericht?*

Ce plat est trop chaud ▸ *Dieses Gericht ist zu warm*

Ce plat est froid ▸ *Dieses Gericht ist zu kalt*

Ce plat est trop salé ▸ *Dieses Gericht ist zu salzig*

C'est très bon ! ▸ *Es ist sehr gut!*

Je suis allergique à… ▸ *Ich habe eine Allergie gegen …*

Peut-on le/la remplacer par autre chose ? ▸ *Kann man ihn/sie/es durch etwas Anderes ersetzen?*

Tchin-tchin ! ▸ *Prost!*

À votre santé ! ▸ *Auf Ihr Wohl!*

À vous ! ▸ *Auf Sie!*

PAYER

Combien vous dois-je ? ▸ *Was muss ich zahlen?*

Peut-on payer par carte de crédit ? ▸ *Kann man mit Kreditkarte bezahlen?*

Désolé(e), je n'ai pas de monnaie ▸ *Tut mir leid, ich habe kein Kleingeld*

L'addition, s'il vous plaît ▸ *Die Rechnung bitte*

Le service est-il compris ? ▸ *Ist der Service inbegriffen?*

Puis-je avoir un reçu, s'il vous plaît ? ▸ *Könnte ich bitte eine Quittung haben?*

Je vais régler en liquide/par carte ▸ *Ich bezahle bar/mit Karte*

C'est pour moi ! ▸ *Ich bin an der Reihe!*

C'est très cher ! ▸ *Das ist sehr teuer!*

Je crois qu'il y a une erreur dans l'addition ▸ *Ich glaube, in der Rechnung ist ein Fehler*

DEMANDER LES TOILETTES

Où sont les toilettes, s'il vous plaît ? ▸ *Wo bitte sind die Toiletten?*

La chasse d'eau ne marche pas ▸ *Die Toilettenspülung funktioniert nicht*

LOISIRS

À LA MER

Où est la plage ? ▸ *Wo ist der Strand?*

Peut-on se baigner ? ▸ *Kann man baden gehen?*

La mer est-elle dangereuse à cet endroit ? ▸ *Ist das Meer an dieser Stelle gefährlich?*

La baignade est-elle surveillée ? ▸ *Gibt es eine Badeaufsicht?*

L'eau est-elle froide ? ▸ *Ist das Wasser kalt?*

À LA MONTAGNE

D'où a-t-on le meilleur point de vue ? ▸ *Von wo aus hat man die beste Aussicht?*

Puis-je me promener seul(e) à cet endroit ? ▸ *Kann ich an dieser Stelle alleine spazieren gehen?*

La route est-elle dangereuse ? ▸ *Ist der Weg gefährlich?*

Dois-je m'adresser à un guide ? ▸ *Muss ich mich an einen Bergführer wenden?*

Où puis-je contacter un guide ? ▸ *Wo kann ich einen Bergführer kontaktieren*

Y a-t-il des sentiers de randonnée ? ▸ *Gibt es Wanderwege?*

Où se trouve le départ du sentier ? ▸ *Wo befindet sich der Anfang des Wanderwegs?*

Le sentier est-il balisé ? ▸ *Ist der Weg ausgeschildert?*

Où peut-on louer des skis ? ▸ *Wo kann man Skier ausleihen?*

À LA CAMPAGNE

Y a-t-il des promenades à faire par ici ? ▸ *Kann man hier spazieren gehen?*

Combien de temps dure la promenade ? ▸ *Wie lange dauert der Spaziergang?*

SPORTS

Où peut-on acheter des billets pour le match de demain ? ▸ *Wo kann man Eintrittskarten für das morgige Spiel kaufen?*

Je voudrais voir le match de football ▸ *Ich würde mir gerne das Fussballspiel ansehen*

Où se trouve le stade ? ▸ *Wo befindet sich das Stadium?*

Je voudrais louer un vélo pour la journée ▸ *Ich würde gerne für einen Tag ein Fahrrad ausleihen*

SORTIR

Y a-t-il un guide des spectacles ? ▸ *Gibt es einen Veranstaltungskalender?*

Où peut-on voir un spectacle de… ? ▸ *Wo kann man sich eine Vorstellung mit/von … anschauen?*

À quelle heure commence le spectacle ? ▸ *Um wie viel Uhr beginnt die Vorstellung?*

Je voudrais un billet/deux billets pour… ▸ *Ich hätte gerne eine Eintrittskarte/zwei Eintrittskarten für …*

Est-ce qu'il reste des places pour le spectacle/le concert/la séance de… ? ▸ *Ich möchte meine Eintrittskarte/meine Eintrittskarten für … bestätigen/stornieren/ändern*

Je voudrais confirmer/annuler/changer mon billet/mes billets pour... ▸ *Gibt es noch Plätze für die Vorstellung/das Konzert/die Veranstaltung von … ?*

Qu'y a-t-il à faire ici le soir ? ▸ *Was kann man hier abends machen?*

Peut-on manger quelque chose sur place ? ▸ *Kann man etwas vor Ort essen?*

Où peut-on aller boire un verre ? ▸ *Wo kann man etwas trinken gehen?*

Où est le bar/la discothèque avec la meilleure ambiance ? ▸ *Wo ist die Bar/der Club in der/dem am meisten los ist?*

Où est le bar/le café le plus typique ? ▸ *Wo ist die Bar/das Café, die/das am charakteristischsten ist?*

SHOPPING

Où se trouve le marché ? ▸ *Wo befindet sich der Markt?*

Où se trouve le supermarché ? ▸ *Wo befindet sich der Supermarkt?*

Où se trouve la boulangerie ? ▸ *Wo befindet sich die Bäckerei?*

Je cherche une boutique pour acheter des souvenirs ▸ *Ich suche eine Boutique, um Souvenirs zu kaufen*

Pouvez-vous me faire un paquet-cadeau ? ▸ *Können Sie es mir als Geschenk verpacken?*

Je cherche le rayon hommes ▸ *Ich suche die Herrenabteilung*

Je cherche le rayon femmes ▸ *Ich suche die Damenabteilung*

Je cherche le rayon enfants ▸ *Ich suche die Kinderabteilung*

Puis-je l'essayer ? ▸ *Kann ich es anprobieren?*

L'avez-vous dans une taille plus grande ? ▸ *Haben Sie ihn/sie/es eine Nummer größer?*

L'avez-vous dans une taille plus petite ? ▸ *Haben Sie ihn/sie/es eine Nummer kleiner?*

L'avez-vous dans une autre couleur ? ▸ *Haben Sie ihn/sie/es in einer anderen Farbe?*

Je ne connais pas ma taille/ma pointure ▸ *Ich kenne meine Kleidergröße/meine Schuhgröße nicht*

Quand commence la période des soldes ? ▸ *Wenn beginnt der Schlussverkauf?*

Cet article est-il soldé ?
▸ *Ist dieser Artikel heruntergesetzt?*

Y a-t-il un service de livraison ?
▸ *Gibt es einen Lieferservice?*

Je voudrais me faire livrer ▸ *Ich würde mich gerne beliefern lassen*

Y a-t-il un service de retouches ?
▸ *Gibt es einen Änderungsservice?*

ENFANTS

Peut-on emmener les enfants à… ? ▸ *Kann man Kinder zu … mitbringen?*

Connaissez-vous un endroit agréable pour les enfants ? ▸ *Kennen Sie einen kinderfreundlichen Ort?*

Existe-t-il des aménagements pour les enfants ? ▸ *Sind kindergerechte Strukturen vorhanden?*

Les enfants peuvent-ils jouer ici ?
▸ *Können die Kinder hier spielen?*

N'est-ce pas dangereux pour les enfants ? ▸ *Ist das für Kinder nicht gefährlich?*

Y a-t-il une piscine ?
▸ *Gibt es ein Schwimmbad?*

RESTER CONNECTÉ

TÉLÉPHONE

Allô, bonjour/bonsoir, je voudrais parler à… ▸ *Hallo, Guten Tag/Guten Abend, ich würde gerne mit … sprechen*

Ne quittez pas ▸ *Bleiben Sie dran*

Un instant, s'il vous plaît
▸ *Einen Moment bitte*

Je vous le passe/je vous la passe
▸ *Ich gebe ihn/sie Ihnen*

Vous vous êtes trompé(e) de numéro ▸ *Sie haben falsch gewählt*

Quel est l'indicatif pour… ?
▸ *Welche Vorwahl hat …?*

Y a-t-il une prise pour recharger mon portable ? ▸ *Gibt es eine Steckdose, um mein Handy aufzuladen?*

Où puis-je acheter une carte de téléphone ? ▸ *Wo kann ich eine Telefonkarte kaufen?*

Savez-vous où je peux trouver une recharge pour mon portable ? ▸ *Wissen Sie, wo ich Gesprächsguthaben für mein Handy kaufen kann?*

Savez-vous où il y a une cabine téléphonique près d'ici ? ▸ *Wissen Sie, wo es hier in der Nähe eine Telefonkabine gibt?*

Je voudrais appeler en PCV
▸ *Ich möchte ein R-Gespräch führen*

FAX

Puis-je envoyer un fax ?
▸ *Kann ich ein Fax schicken?*

Quel est l'indicatif pour… ?
▸ *Welche Vorwahl hat …?*

E-MAIL

Quelle est votre adresse mail ?
▸ *Wie lautet Ihre E-Mail-Adresse?*

Puis-je envoyer un mail ?
▸ *Kann ich eine E-Mail schicken?*

Puis-je utiliser l'ordinateur ?
▸ *Kann ich den Computer benutzen?*

Avez-vous Internet ?
▸ *Haben Sie Internet?*

Avez-vous une connexion Wifi ?
▸ *Haben Sie eine W-LAN-Verbindung?*

Pouvez-vous m'indiquer un café Internet ? ▸ *Können Sie mir sagen, wo es ein Internet-Café gibt?*

POSTE

Pouvez-vous m'indiquer la poste ?
▸ *Können Sie mir sagen, wo die Post ist?*

Où puis-je acheter des timbres ?
▸ *Wo kann ich Briefmarken kaufen?*

Où puis-je acheter des enveloppes ?
▸ *Wo kann ich Briefumschläge kaufen?*

FRANÇAIS - ITALIEN

LES NOMBRES

FRANÇAIS	ITALIEN	FRANÇAIS	ITALIEN
Un	Uno	Vingt	Venti
Deux	Due	Trente	Trenta
Trois	Tre	Quarante	Quaranta
Quatre	Quattro	Cinquante	Cinquanta
Cinq	Cinque	Soixante	Sessanta
Six	Sei	Soixante-dix	Settanta
Sept	Sette	Quatre-vingts	Ottanta
Huit	Otto	Quatre-vingt-dix	Novanta
Neuf	Nove	Cent	Cento
Dix	Dieci	Mille	Mille

LE TEMPS

FRANÇAIS	ITALIEN	FRANÇAIS	ITALIEN
Aujourd'hui	Oggi	Lundi	Lunedì
Demain	Domani	Mardi	Martedì
Hier	Ieri	Mercredi	Mercoledì
Le matin	Il mattino	Jeudi	Giovedì
L'après-midi	Il pomeriggio	Vendredi	Venerdì
Le midi	Mezzoggiorno	Samedi	Sabato
Le soir	La sera	Dimanche	Domenica
La nuit	La notte		

MOTS ET EXPRESSIONS DE BASE

Oui ▸ *Sì*
Non ▸ *No*
Bonjour ▸ *Buongiorno*
Au revoir ▸ *Arrivederci*
Monsieur/Madame/Mademoiselle ▸ *Signore/Signora/Signorina*
Bon après-midi ▸ *Buon pomeriggio*
Bonne soirée ▸ *Buonasera*
Bonne nuit ▸ *Buonanotte*
À tout à l'heure ▸ *A dopo*
À plus tard ▸ *A più tardi*
À bientôt ▸ *A presto*
À demain ▸ *A domani*
Comment allez-vous ? ▸ *Come sta?*

Bien, et vous ? ▸ *Bene, e Lei?*
S'il vous plaît ▸ *Per favore*
Merci ▸ *Grazie*
Merci beaucoup ▸ *Grazie mille*
De rien ▸ *Di niente*
Je vous en prie ▸ *Prego*
Pardon ▸ *Scusi/Mi scusi*
Excusez-moi ▸ *Scusi/Mi scusi*
Je suis désolé(e) ▸ *Mi dispiace*
Je suis français(e), et vous ? ▸ *Sono francese, e Lei?*
Où habitez-vous ? ▸ *Dove abita?*
Je ne comprends pas ▸ *Non capisco*
Je ne parle pas l'italien ▸ *Non parlo italiano*
À quelle heure ? ▸ *A che ora?*
Quelle heure est-il ? ▸ *Che ora è?*

FAIRE CONNAISSANCE

Parlez-vous français ? ▸ *Parla francese?*
Parlez-vous anglais ? ▸ *Parla inglese?*
Comment dit-on ça en italien ? ▸ *Come si dice in italiano?*
Je n'ai pas compris ▸ *Non ho capito*
Comment vous appelez-vous ? ▸ *Come si chiama?*
Je m'appelle… ▸ *Mi chiamo…*
Êtes-vous d'ici ? ▸ *È di qui?*
Où est votre hôtel ? ▸ *Dov'è il Suo hotel?*
Quand repartez-vous ? ▸ *Quando riparte?*
Voulez-vous prendre un verre ? ▸ *Le va di bere qualcosa?*
Avec plaisir ▸ *Con piacere*
Ravi(e) d'avoir fait votre connaissance ▸ *Lieto(a) di averLa conosciuta*
Avez-vous un papier pour noter ? ▸ *Ha un foglio per annotare?*
Avez-vous un stylo pour noter ? ▸ *Ha una penna per annotare?*
Voici mon numéro de téléphone ▸ *Ecco il mio numero di telefono*
Voici mon numéro de portable ▸ *Ecco il mio numero di cellulare*
Donnez-moi votre numéro de téléphone ▸ *Mi dia il Suo numero di telefono*
Donnez-moi votre numéro de portable ▸ *Mi dia il Suo numero di cellulare*
Voici mon adresse mail ▸ *Ecco il mio indirizzo e-mail*
Donnez-moi votre adresse mail ▸ *Mi dia il Suo indirizzo e-mail*
C'est la première fois que je viens/nous venons ici ▸ *È la prima volta che vengo/veniamo qui*
Je suis arrivé(e)/Nous sommes arrivés(ées) il y a… ▸ *Sono arrivato(a)/Siamo arrivati(e) … fa*
Je repars/Nous repartons dans… ▸ *Riparto/Ripartiamo fra…*
J'aime/Nous aimons beaucoup… ▸ *Mi piace/Ci piace molto…*

EN CAS DE DIFFICULTÉS

Pouvez-vous répéter, s'il vous plaît ? ▸ *Può ripetere, per favore?*
Je ne comprends pas ▸ *Non capisco*
Je suis perdu(e) ▸ *Mi sono perso(a)*
Excusez-moi, pouvez-vous m'aider ? ▸ *Mi scusi, può aiutarmi?*
Pouvez-vous m'aider, je ne sais pas comment ça marche ▸ *Mi può aiutare, non so come funziona*
J'ai froid, pouvez-vous fermer la fenêtre, s'il vous plaît ? ▸ *Ho freddo, può chiudere la finestra, per favore?*
J'ai froid, pouvez-vous fermer la porte s'il vous plaît ? ▸ *Ho freddo, può chiudere la porta, per favore?*

J'ai trop chaud, pouvez-vous ouvrir la fenêtre, s'il vous plaît ? ▸ *Ho caldo, può aprire la finestra, per favore?*

J'ai trop chaud, pouvez-vous ouvrir la porte, s'il vous plaît ? ▸ *Ho caldo, può aprire la porta, per favore?*

On m'a volé mon sac ▸ *Mi hanno rubato la borsa*

On m'a volé mes papiers ▸ *Mi hanno rubato i documenti*

On m'a volé mes bagages ▸ *Mi hanno rubato i bagagli*

J'ai perdu mon sac ▸ *Ho perso la borsa*

J'ai perdu mes papiers ▸ *Ho perso i documenti*

J'ai perdu mes bagages ▸ *Ho perso i bagagli*

Mes bagages ne sont pas arrivés ▸ *I miei bagagli non sono arrivati*

On m'a volé ma carte de crédit ▸ *Mi hanno rubato la carta di credito*

J'ai perdu ma carte de crédit ▸ *Ho perso la carta di credito*

Le distributeur a avalé ma carte ▸ *Il bancomat mi ha mangiato la carta*

Je dois prévenir la police ▸ *Devo avvertire la polizia*

Savez-vous où se trouve le commissariat ? ▸ *Sa dove si trova il commissariato?*

Savez-vous où se trouve l'ambassade ? ▸ *Sa dove si trova l'ambasciata?*

Savez-vous où se trouve le consulat ? ▸ *Sa dove si trova il consolato?*

Je ne me sens pas bien ▸ *Non mi sento bene*

J'ai de la fièvre ▸ *Ho la febbre*

Je suis malade ▸ *Sono malato(a)*

J'ai très mal ▸ *Sto molto male*

Je me suis fait mal ▸ *Mi sono fatto(a) male*

Je me suis blessé(e) ▸ *Mi sono ferito(a)*

Où puis-je trouver une pharmacie ? ▸ *Dovo posso trovare una farmacia?*

Où se trouve l'hôpital ? ▸ *Dove si trova l'ospedale?*

Y a-t-il un centre médical ? ▸ *C'è un ambulatorio?*

Où puis-je trouver un médecin ? ▸ *Dove posso trovare un medico?*

Pouvez-vous appeler un médecin ? ▸ *Può chiamare un medico?*

J'ai raté mon train ▸ *Ho perso il treno*

J'ai raté mon avion ▸ *Ho perso l'aereo*

J'ai raté mon bus ▸ *Ho perso l'autobus*

J'ai raté ma correspondance ▸ *Ho perso la coincidenza*

J'ai cassé mes lunettes ▸ *Mi si sono rotti gli occhiali*

J'ai perdu mes lunettes ▸ *Ho perso gli occhiali*

Attention ! ▸ *Attenzione!*

Au secours ! ▸ *Aiuto!*

C'est urgent ▸ *È urgente*

Pouvez-vous demander de l'aide ? ▸ *Può chiedere aiuto?*

Laissez-moi tranquille ▸ *Mi lasci in pace*

L'ARGENT

Où puis-je trouver un distributeur ? ▸ *Dove posso trovare un bancomat?*

Où puis-je changer des traveller's cheques ? ▸ *Dove posso cambiare dei traveller's cheques?*

Où est la banque la plus proche ? ▸ *Dov'è la banca più vicina?*

À L'ARRIVÉE ET AU DÉPART

Où est la sortie ? ▸ *Dov'è l'uscita?*

Où sont les taxis ? ▸ *Dove sono i taxi?*

Où sont les bus qui vont au centre-ville ? ▸ *Dove sono gli autobus che vanno in centro?*

Y a-t-il un bus qui va à l'aéroport ? ▸ *C'è un autobus che va all'aeroporto?*

Quelle est la station de métro pour se rendre à l'aéroport ? ▸ *Qual è la stazione della metropolitana più vicina all'aeroporto?*

Y a-t-il un bus qui va à la gare routière ? ▸ *C'è un autobus che va alla stazione degli autobus?*

Quelle est la station de métro pour se rendre à la gare routière ? ▸ *Qual è la stazione della metropolitana più vicina alla stazione degli autobus?*

À LA GARE ROUTIÈRE

Où est le car pour… ? ▸ *Dov'è l'autobus per…?*

À LA GARE FERROVIAIRE

De quel quai part le train pour… ? ▸ *Da quale binario parte il treno per…?*

Où se trouve le quai numéro… ? ▸ *Dov'è il binario numero…?*

À L'AÉROPORT

Où est le comptoir d'enregistrement de… ? ▸ *Dov'è il banco del check-in di…?*

Où se trouve le terminal/la porte numéro… ? ▸ *Dov'è il terminal/il gate numero…?*

AU PORT

Où se trouve le quai de départ du bateau pour… ? ▸ *Dov'è il molo da cui parte la nave per…?*

CIRCULER

S'ORIENTER

Je cherche l'entrée/la sortie ▸ *Cerco l'entrata/l'uscita*

C'est à droite/à gauche ▸ *È a destra/a sinistra*

C'est tout droit ▸ *Sempre d(i)ritto*

Mon hôtel se trouve en face de l'église/derrière l'église ▸ *Il mio albergo si trova di fronte alla chiesa/dietro la chiesa*

Je cherche la direction est/ouest/nord/sud ▸ *Cerco la direzione est/ovest/nord/sud*

À PIED

Pouvez-vous me montrer où se trouve… ? ▸ *Mi può mostrare dove si trova…?*

C'est loin ? ▸ *È lontano?*

Il y en a pour combien de temps à pied ? ▸ *Quanto tempo ci vuole a piedi?*

EN VOITURE

Quelle est la route pour… ? ▸ *Qual è la strada per…?*

Où y a-t-il une station-service ? ▸ *Dove posso trovare una stazione di servizio?*

Je n'ai plus d'essence ▸ *Ho finito la benzina*

Je voudrais de l'essence ▸ *Vorrei mettere la benzina*

Je voudrais faire le plein (de sans plomb/diesel) ▸ *Vorrei fare il pieno (di super senza piombo/di diesel)*

Y a-t-il un péage ? ▸ *C'è un pedaggio?*

Où est l'entrée de l'autoroute ? ▸ *Dov'è l'ingresso dell'autostrada?*

Savez-vous où je peux trouver un garage ? ▸ *Sa dove posso trovare un'officina (meccanica)?*

EN TAXI

Où y a-t-il une station de taxis ? ▸ *Dov'è la stazione dei taxi?*

Je voudrais commander un taxi ▸ *Vorrei ordinare un taxi*

Combien ça coûte pour aller à… ? ▸ *Quanto costa arrivare a…?*

EN BUS

Où est l'arrêt de bus ? ▸ *Dov'è la fermata dell'autobus?*

Dans quelle direction va ce bus ? ▸ *In quale direzione va quest'autobus?*

Où puis-je acheter un ticket ? ▸ *Dove posso comprare un biglietto?*

À quelle heure passe le prochain bus ? ▸ *A che ora passa il prossimo autobus?*

À quelle heure passe le dernier bus ? ▸ *A che ora passa l'ultimo autobus?*

EN MÉTRO

Où est la station la plus proche ? ▸ *Dov'è la stazione metropolitana più vicina?*

Savez-vous où je peux trouver un plan de métro ? ▸ *Sa dove posso trovare una piantina della metro?*

Savez-vous où je peux acheter un ticket ? ▸ *Sa dove posso comprare un bliglietto?*

À quelle heure passe le dernier métro ? ▸ *A che ora passa l'ultima metropolitana?*

Quelle sortie dois-je prendre ? ▸ *Quale uscita devo prendere?*

À VÉLO

Savez-vous où je peux louer un vélo ? ▸ *Sa dove posso noleggiare una bici?*

Y a-t-il des pistes cyclables ? ▸ *Ci sono delle piste ciclabili?*

J'ai crevé ▸ *Ho forato*

À QUELLE HEURE ?

À quelle heure part l'avion/le train/le bus ? ▸ *A che ora parte l'aereo/il treno/l'autobus?*

Le premier/dernier/prochain… ▸ *Il primo/L'ultimo/Il prossimo…*

Je voudrais confirmer/annuler/changer… ▸ *Vorrei confermare/annullare/cambiare…*

VISITER

À quelle heure ouvre… ? ▸ *A che ora apre…?*

À quelle heure ferme… ? ▸ *A che ora chiude…?*

Est-ce que c'est ouvert ? ▸ *È aperto?*

Est-ce que c'est fermé ? ▸ *È chiuso?*

Où est l'entrée du musée ? ▸ *Dov'è l'entrata del museo?*

Où est l'entrée du château ? ▸ *Dov'è l'entrata del castello?*

L'entrée est-elle payante ? ▸ *L'entrata è a pagamento?*

Je voudrais un billet pour… ▸ *Vorrei un biglietto per…*

Quel est le prix du billet d'entrée ? ▸ *Quanto costa il biglietto di entrata?*

Y a-t-il des tarifs réduits ? ▸ *Ci sono tariffe ridotte?*

Y a-t-il une réduction pour les étudiants ? ▸ *Ci sono riduzioni per gli studenti?*

Y a-t-il des visites guidées ? ▸ *Si effettuano visite guidate?*

Où se trouve ▸ *Dove si trova*

… le centre-ville ? ▸ *… il centro?*

… le musée ? ▸ *… il museo?*

… l'église ? ▸ *… la chiesa?*

… la cathédrale ? ▸ *… la cattedrale/il duomo?*

… le château ? ▸ *… il castello?*

… la chapelle ? ▸ *… la cappella?*

… la grotte ? ▸ *… la grotta?*

… le fleuve ? ▸ *… il fiume?*

… la rivière ? ▸ *… il fiume?*

… le lac ? ▸ *… il lago?*

… le pont ? ▸ *… il ponte?*

Où se trouvent les ruines ? ▸ *Dove si trovano le rovine?*

HÉBERGEMENT

RÉSERVER

Je voudrais réserver une chambre simple ▸ *Vorrei prenotare una camera singola*

… avec un grand lit ▸ *… con un letto matrimoniale*

Je voudrais réserver une chambre double ▸ *Vorrei prenotare una camera doppia*

… avec deux lits ▸ *… con due letti*

… avec un lit double ▸ *… con un letto matrimoniale*

Pour une nuit/deux nuits/une semaine ▸ *Per una notte/due notti/ una settimana*

Peut-on rajouter un lit supplémentaire dans la chambre ? ▸ *È possibile avere un letto in più in camera?*

Je voudrais une chambre qui soit calme ▸ *Vorrei una camera tranquilla*

Je voudrais réserver un studio ▸ *Vorrei prenotare un monolocale*

Je voudrais réserver un appartement de 2 pièces/ de 3 pièces ▸ *Vorrei prenotare un appartamento di 2 stanze/ di 3 stanze*

Je voudrais réserver un emplacement de camping ▸ *Vorrei prenotare un posto per il campeggio.*

J'ai fait une réservation au nom de… ▸ *Ho effettuato una prenotazione a nome di…*

Avec salle de bains ▸ *Con bagno*

Avec douche ▸ *Con doccia*

Avec cuisine ▸ *Con cucina*

Les WC sont-ils à part ? ▸ *Il WC è separato dal bagno?*

À quel étage est la chambre ? ▸ *A che piano è la camera?*

Y a-t-il la télé dans la chambre ? ▸ *C'è il televisore in camera?*

Y a-t-il le téléphone dans la chambre ? ▸ *C'è il telefono in camera?*

Y a-t-il un ascenseur ? ▸ *C'è un ascensore?*

Avez-vous une connexion Wifi ? ▸ *Avete la connessione wireless?*

Puis-je voir la chambre ? ▸ *Posso vedere la camera?*

À quelle heure la chambre sera-t-elle prête ? ▸ *A che ora sarà pronta la camera?*

Jusqu'à quelle heure servez-vous le petit déjeuner ? ▸ *Fino a che ora servite la colazione?*

Puis-je rester une nuit de plus ? ▸ *Posso rimanere una notte in più?*

Je voudrais partir plus tôt que prévu ▸ *Vorrei partire prima del previsto*

DEMANDER LE PRIX

Combien coûte la chambre ? ▸ *Quanto costa la camera?*

Avec petit déjeuner ▸ *Colazione inclusa*

Sans le petit déjeuner ▸ *Colazione esclusa*

En pension complète/en demi-pension ▸ *In pensione completa/ In mezza pensione*

Combien coûte le studio/ l'appartement ▸ *Quanto costa il monolocale/l'appartamento?*

Pour un jour/deux jours/une semaine ▸ *Per un giorno/due giorni/ una settimana*

À L'ARRIVÉE

J'ai réservé une chambre simple/ une chambre double au nom de… ▸ *Ho prenotato una (camera) singola/una (camera) doppia a nome di…*

J'ai réservé un studio au nom de… ▸ *Ho prenotato un monolocale a nome di…*

J'ai réservé un appartement au nom de… ▸ *Ho prenotato un appartamento a nome di…*

Pouvez-vous m'aider à monter mes bagages ? ▸ *Mi può aiutare a portare su i bagagli?*

Je voudrais changer de chambre, celle-ci ne me convient pas ▸ *Vorrei cambiare camera, questa non mi soddisfa*

Puis-je voir d'autres chambres ? ▸ *Posso vedere altre camere?*

AU DÉPART

Je voudrais la note, s'il vous plaît ▸ *Vorrei il conto, per favore*

À quelle heure faut-il libérer la chambre ? ▸ *A che ora bisogna liberare la camera?*

Puis-je laisser mes bagages ? Je les reprendrai plus tard ▸ *Posso lasciare qui i bagagli? Li riprenderò più tardi*

RESTAURATION

RÉSERVER

Je voudrais réserver une table pour 2/3/4… ▸ *Vorrei prenotare un tavolo per 2/3/4… persone*

J'ai réservé une table pour 2/3/4… ▸ *Ho prenotato un tavolo per 2/3/4… persone*

J'ai réservé au nom de… ▸ *Ho prenotato a nome di…*

COMMANDER

Je voudrais petit-déjeuner ▸ *Vorrei fare colazione*

Je voudrais déjeuner ▸ *Vorrei pranzare*

Je voudrais dîner ▸ *Vorrei cenare*

Je voudrais prendre un verre ▸ *Vorrei bere qualcosa*

Est-ce que vous servez encore à manger à cette heure ? ▸ *Servite ancora da mangiare a quest'ora?*

Pouvez-vous m'apporter le menu, s'il vous plaît ? ▸ *Mi può portare il menù, per favore?*

Pouvez-vous m'apporter la carte des vins, s'il vous plaît ? ▸ *Mi può portare la lista dei vini/ la carta dei vini, per favore?*

Avez-vous un menu enfant ? ▸ *Avete un menù per bambini?*

Quel est le plat du jour ? ▸ *Qual è il piatto del giorno?*

Y a-t-il une spécialité de la maison ? ▸ *C'è una specialità della casa?*

Que me recommandez-vous ? ▸ *Che cosa mi consiglia?*

Je voudrais commander ▸ *Vorrei ordinare*

Pouvez-vous m'apporter une carafe d'eau ? ▸ *Mi può portare una caraffa d'acqua?*

Pouvez-vous m'apporter du vin ? ▸ *Mi può portare del vino?*

Pouvez-vous m'apporter du pain ? ▸ *Mi può portare del pane?*

Pouvez-vous m'apporter du sel, s'il vous plaît ? ▸ *Mi può portare il sale, per favore?*

De quoi est fait ce plat ? ▸ *Che cosa c'è in questo piatto?*

Ce plat est trop chaud ▸ *Questo piatto è troppo caldo*

Ce plat est froid ▸ *Questo piatto è freddo*

Ce plat est trop salé ▸ *Questo piatto è troppo salato*

C'est très bon ! ▸ *È buonissimo/molto buono!*

Je suis allergique à… ▸ *Sono allergico(a) a…*

Peut-on le/la remplacer par autre chose ? ▸ *Lo/La si può sostituire con qualcos'altro?*

Tchin-tchin ! ▸ *Cin cin!*

À votre santé ! ▸ *Salute!*

À vous ! ▸ *Alla vostra!*

PAYER

Combien vous dois-je ? ▸ *Quanto Le devo?*

Peut-on payer par carte de crédit ? ▸ *Si può pagare con la carta di credito?*

Désolé(e), je n'ai pas de monnaie ▸ *Mi dispiace, non ho spiccioli*

L'addition, s'il vous plaît ▸ *Il conto, per favore*

Le service est-il compris ? ▸ *Il servizio (al tavolo) è incluso?*

Puis-je avoir un reçu, s'il vous plaît ? ▸ *Posso avere una ricevuta, per favore?*

Je vais régler en liquide/par carte ▸ *Pago in contanti/con la carta*

C'est pour moi ! ▸ *Pago io!*

C'est très cher ! ▸ *È carissimo/molto caro!*

Je crois qu'il y a une erreur dans l'addition ▸ *Credo ci sia un errore nel conto*

DEMANDER LES TOILETTES

Où sont les toilettes, s'il vous plaît ? ▸ *Dov'è il bagno, per favore?*

La chasse d'eau ne marche pas ▸ *Lo sciacquone non funziona*

LOISIRS

À LA MER

Où est la plage ? ▸ *Dov'è la spiaggia?*

Peut-on se baigner ? ▸ *Si può fare il bagno?*

La mer est-elle dangereuse à cet endroit ? ▸ *Il mare è pericoloso in questa zona?*

La baignade est-elle surveillée ? ▸ *La balneazione è sorvegliata?*

L'eau est-elle froide ? ▸ *È fredda l'acqua?*

À LA MONTAGNE

D'où a-t-on le meilleur point de vue ? ▸ *Da dove si ha la vista migliore?*

Puis-je me promener seul(e) à cet endroit ? ▸ *Posso andare in giro da solo(a) in questa zona?*

La route est-elle dangereuse ? ▸ *La strada è pericolosa?*

Dois-je m'adresser à un guide ? ▸ *Mi devo rivolgere a una guida?*

Où puis-je contacter un guide ? ▸ *Dove posso contattare una guida?*

Y a-t-il des sentiers de randonnée ? ▸ *Ci sono dei sentieri da trekking?*

Où se trouve le départ du sentier ? ▸ *Dove inizia il sentiero?*

Le sentier est-il balisé ? ▸ *Il sentiero è segnalato?*

Où peut-on louer des skis ? ▸ *Dove si possono noleggiare degli sci?*

À LA CAMPAGNE

Y a-t-il des promenades à faire par ici ? ▸ *Ci sono percorsi per passeggiate da queste parti?*

Combien de temps dure la promenade ? ▸ *Quanto dura la passeggiata?*

SPORTS

Où peut-on acheter des billets pour le match de demain ? ▸ *Dove si possono comprare dei biglietti per la partita di domani?*

Je voudrais voir le match de football ▸ *Vorrei vedere la partita di calcio*

Où se trouve le stade ? ▸ *Dov'è lo stadio?*

Je voudrais louer un vélo pour la journée ▸ *Vorrei noleggiare una bicicletta per la giornata*

SORTIR

Y a-t-il un guide des spectacles ? ▸ *C'è una guida degli spettacoli?*

Où peut-on voir un spectacle de… ? ▸ *Dove si può vedere uno spettacolo di…?*

À quelle heure commence le spectacle ? ▸ *A che ora inizia lo spettacolo?*

Je voudrais un billet/deux billets pour… ▸ *Vorrei un biglietto/due biglietti per…*

Est-ce qu'il reste des places pour le spectacle/le concert/la séance de… ? ▸ *C'è ancora posto per lo spettacolo/il concerto/lo spettacolo di…?*

Je voudrais confirmer/annuler/changer mon billet/mes billets pour… ▸ *Vorrei confermare/annullare/cambiare il mio biglietto/i miei biglietti per…?*

Qu'y a-t-il à faire ici le soir ? ▸ *Che cosa si può fare qui la sera?*

Peut-on manger quelque chose sur place ? ▸ *Si può mangiare qualcosa sul posto?*

Où peut-on aller boire un verre ? ▸ *Dove si può andare a bere qualcosa?*

Où est le bar/la discothèque avec la meilleure ambiance ? ▸ *Dov'è il locale/la discoteca con la migliore atmosfera?*

Où est le bar/le café le plus typique ? ▸ *Dov'è il locale/il caffè più caratteristico?*

SHOPPING

Où se trouve le marché ? ▸ *Dov'è il mercato?*

Où se trouve le supermarché ? ▸ *Dov'è il supermercato?*

Où se trouve la boulangerie ? ▸ *Dov'è la panetteria?*

Je cherche une boutique pour acheter des souvenirs ▸ *Sto cercando un negozio di souvenir*

Pouvez-vous me faire un paquet-cadeau ? ▸ *Mi può fare un pacchetto regalo?*

Je cherche le rayon hommes ▸ *Sto cercando il reparto uomo*

Je cherche le rayon femmes ▸ *Sto cercando il reparto donna*

Je cherche le rayon enfants ▸ *Sto cercando il reparto bambini*

Puis-je l'essayer ? ▸ *Posso provarlo?*

L'avez-vous dans une taille plus grande ? ▸ *Ce l'ha di una taglia più grande?*

L'avez-vous dans une taille plus petite ? ▸ *Ce l'ha di una taglia più piccola?*

L'avez-vous dans une autre couleur ? ▸ *Ce l'ha in un altro colore?*

Je ne connais pas ma taille/ma pointure ▸ *Non so qual è la mia taglia/il mio numero di scarpe.*

Quand commence la période des soldes ? ▸ *Quando iniziano i saldi?*

Cet article est-il soldé ? ▸ *Questo articolo è in saldo?*

Y a-t-il un service de livraison ? ▸ *Effettuate consegne a domicilio?*

Je voudrais me le/la faire livrer ▸ *Vorrei farmelo/farmela consegnare*

Y a-t-il un service de retouches ? ▸ *Effettuate modifiche?*

ENFANTS

Peut-on emmener les enfants à… ? ▸ *È possibile portare i bambini a…?*

Connaissez-vous un endroit agréable pour les enfants ? ▸ *Conosce un posto piacevole per i bambini?*

Existe-t-il des aménagements pour les enfants ? ▸ *Esistono delle strutture per i bambini?*

Les enfants peuvent-ils jouer ici ? ▸ *I bambini possono giocare qui?*

N'est-ce pas dangereux pour les enfants ? ▸ *Non è pericoloso per i bambini?*

Y a-t-il une piscine ? ▸ *C'è una piscina?*

RESTER CONNECTÉ

TÉLÉPHONE

Allô, bonjour/bonsoir, je voudrais parler à… ▸ *Pronto, buongiorno/buonasera, vorrei parlare con…*

Ne quittez pas ▸ *Attenda in linea*

Un instant, s'il vous plaît ▸ *Un attimo, per favore*

Je vous le passe/je vous la passe ▸ *Glielo passo/Gliela passo*

Vous vous êtes trompé(e) de numéro ▸ *Ha sbagliato numero*

Quel est l'indicatif pour… ? ▸ *Qual è il prefisso per…?*

Y a-t-il une prise pour recharger mon portable ? ▸ *C'è una presa dove far ricaricare il mio cellulare?*

Où puis-je acheter une carte de téléphone ? ▸ *Dove posso comprare una scheda telefonica?*

Savez-vous où je peux trouver une recharge pour mon portable ? ▸ *Sa dove posso trovare una ricarica per il mio cellulare?*

Savez-vous où il y a une cabine téléphonique près d'ici ? ▸ *Sa dove posso trovare una cabina telefonica da queste parti?*

Je voudrais appeler en PCV ▸ *Vorrei effettuare una chiamata a carico del destinatario*

FAX

Puis-je envoyer un fax ? ▸ *Posso inviare un fax?*

Quel est l'indicatif pour… ? ▸ *Qual è il prefisso per…?*

E-MAIL

Quelle est votre adresse mail ? ▸ *Qual è il Suo indirizzo e-mail?*

Puis-je envoyer un mail ? ▸ *Posso inviare una mail?*

Puis-je utiliser l'ordinateur ? ▸ *Posso usare il computer?*

Avez-vous Internet ? ▸ *Avete la connessione a Internet?*

Avez-vous une connexion Wifi ? ▸ *Avete la connessione wireless?*

Pouvez-vous m'indiquer un café Internet ? ▸ *Può indicarmi un Internet point?*

POSTE

Pouvez-vous m'indiquer la poste ? ▸ *Può indicarmi dov'è la posta?*

Où puis-je acheter des timbres ? ▸ *Dove posso comprare dei francobolli?*

Où puis-je acheter des enveloppes ? ▸ *Dove posso comprare delle buste?*

FRANÇAIS - ESPAGNOL

LES NOMBRES

FRANÇAIS	ESPAGNOL	FRANÇAIS	ESPAGNOL
Un	Un	Vingt	Veinte
Deux	Dos	Trente	Treinta
Trois	Tres	Quarante	Cuarenta
Quatre	Cuatro	Cinquante	Cincuenta
Cinq	Cinco	Soixante	Sesenta
Six	Seis	Soixante-dix	Setenta
Sept	Siete	Quatre-vingts	Ochenta
Huit	Ocho	Quatre-vingt-dix	Noventa
Neuf	Nueve	Cent	Cien
Dix	Diez	Mille	Mil

LE TEMPS

FRANÇAIS	ESPAGNOL	FRANÇAIS	ESPAGNOL
Aujourd'hui	Hoy	Lundi	Lunes
Demain	Mañana	Mardi	Martes
Hier	Ayer	Mercredi	Miércoles
Le matin	La mañana	Jeudi	Jueves
L'après-midi	La tarde	Vendredi	Viernes
Le midi	El mediodía	Samedi	Sábado
Le soir	La tarde (fin d'après-midi; la noche (début de la nuit)	Dimanche	Domingo
La nuit	La noche		

MOTS ET EXPRESSIONS DE BASE

Oui ▸ *Sí*
Non ▸ *No*
Bonjour ▸ *Buenos días/Hola*
Au revoir ▸ *Adiós*
Monsieur/Madame/Mademoiselle ▸ *Señor/Señora/Señorita*
Bon après-midi ▸ *Buenas tardes*
Bonne soirée ▸ *Buenas noches*
Bonne nuit ▸ *Buenas noches*
À tout à l'heure ▸ *Hasta luego*
À plus tard ▸ *Hasta luego*
À bientôt ▸ *Hasta pronto*
À demain ▸ *Hasta mañana*
Comment allez-vous ? ▸ *¿Cómo está usted?*

Bien, et vous ? ▸ *Bien, ¿y usted?*
S'il vous plaît ▸ *Por favor*
Merci ▸ *Gracias*
Merci beaucoup ▸ *Muchas gracias*
De rien ▸ *De nada*
Je vous en prie ▸ *Se lo ruego*
Pardon ▸ *Perdón*
Excusez-moi ▸ *Perdone*
Je suis désolé(e) ▸ *Lo siento*
Je suis français(e), et vous ? ▸ *Soy francés(esa), ¿y usted?*
Où habitez-vous ? ▸ *¿Dónde vive?*
Je ne comprends pas ▸ *No entiendo*
Je ne parle pas l'espagnol ▸ *No hablo español*
À quelle heure ? ▸ *¿A qué hora?*
Quelle heure est-il ? ▸ *¿Qué hora es?*

FAIRE CONNAISSANCE

Parlez-vous français ? ▸ *¿Habla francés?*
Parlez-vous anglais ? ▸ *¿Habla inglés?*
Comment dit-on ça en espagnol ? ▸ *¿Cómo se dice esto en español?*
Je n'ai pas compris ▸ *No lo he entendido*
Comment vous appelez-vous ? ▸ *¿Cómo se llama?*
Je m'appelle… ▸ *Me llamo…*
Êtes-vous d'ici ? ▸ *¿Es usted de aquí?*
Où est votre hôtel ? ▸ *¿Dónde está su hotel?*
Quand repartez-vous ? ▸ *¿Cuándo se va?*
Voulez-vous prendre un verre ? ▸ *¿Quiere tomar una copa?*
Avec plaisir ▸ *Con mucho gusto*
Ravi(e) d'avoir fait votre connaissance ▸ *Encantado(a) de conocerle*
Avez-vous un papier pour noter ? ▸ *¿Tiene un papel para que me lo apunte?*
Avez-vous un stylo pour noter ? ▸ *¿Tiene un bolígrafo para que me lo apunte?*
Voici mon numéro de téléphone ▸ *Este es mi número de teléfono*
Voici mon numéro de portable ▸ *Este es mi número de móvil*
Donnez-moi votre numéro de téléphone ▸ *Deme su número de teléfono*
Donnez-moi votre numéro de portable ▸ *Deme su número de móvil*
Voici mon adresse mail ▸ *Esta es mi dirección de correo electrónico*
Donnez-moi votre adresse mail ▸ *Deme su dirección de correo electrónico*
C'est la première fois que je viens/nous venons ici ▸ *Es la primera vez que vengo/venimos aquí*
Je suis arrivé(e)/Nous sommes arrivés(ées) il y a… ▸ *He/Hemos llegado hace…*
Je repars/Nous repartons dans… ▸ *Me voy/Nos vamos dentro de…*
J'aime/Nous aimons beaucoup… ▸ *Me/Nos gusta mucho…*

EN CAS DE DIFFICULTÉS

Pouvez-vous répéter, s'il vous plaît ? ▸ *¿Puede repetir, por favor?*
Je ne comprends pas ▸ *No entiendo*
Je suis perdu(e) ▸ *Me he perdido*
Excusez-moi, pouvez-vous m'aider ? ▸ *Perdone, ¿me puede ayudar?*
Pouvez-vous m'aider, je ne sais pas comment ça marche ▸ *Me puede ayudar, no sé cómo funciona*
J'ai froid, pouvez-vous fermer la fenêtre, s'il vous plaît ? ▸ *Tengo frío, ¿puede cerrar la ventana, por favor?*

J'ai froid, pouvez-vous fermer la porte s'il vous plaît ? ▸ *Tengo frío, ¿puede cerrar la puerta, por favor?*

J'ai trop chaud, pouvez-vous ouvrir la fenêtre, s'il vous plaît ? ▸ *Tengo mucho calor, ¿puede abrir la ventana, por favor?*

J'ai trop chaud, pouvez-vous ouvrir la porte, s'il vous plaît ? ▸ *Tengo mucho calor, ¿puede abrir la puerta, por favor?*

On m'a volé mon sac ▸ *Me han robado el bolso*

On m'a volé mes papiers ▸ *Me han robado la documentación*

On m'a volé mes bagages ▸ *Me han robado las maletas*

J'ai perdu mon sac ▸ *He perdido el bolso*

J'ai perdu mes papiers ▸ *He perdido la documentación*

J'ai perdu mes bagages ▸ *He perdido las maletas*

Mes bagages ne sont pas arrivés ▸ *Mis maletas no han llegado*

On m'a volé ma carte de crédit ▸ *Me han robado la tarjeta de crédito*

J'ai perdu ma carte de crédit ▸ *He perdido la tarjeta de crédito*

Le distributeur a avalé ma carte ▸ *El cajero se ha tragado mi tarjeta*

Je dois prévenir la police ▸ *Tengo que avisar a la policía*

Savez-vous où se trouve le commissariat ? ▸ *¿Sabe dónde está la comisaría?*

Savez-vous où se trouve l'ambassade ? ▸ *¿Sabe dónde está la embajada?*

Savez-vous où se trouve le consulat ? ▸ *¿Sabe dónde está el consulado?*

Je ne me sens pas bien ▸ *No me encuentro bien*

J'ai de la fièvre ▸ *Tengo fiebre*

Je suis malade ▸ *Estoy enfermo(a)*

J'ai très mal ▸ *Me duele mucho*

Je me suis fait mal ▸ *Me he hecho daño*

Je me suis blessé(e) ▸ *Estoy herido(a)*

Où puis-je trouver une pharmacie ? ▸ *¿Dónde hay una farmacia?*

Où se trouve l'hôpital ? ▸ *¿Dónde está el hospital?*

Y a-t-il un centre médical ? ▸ *¿Hay algún centro médico?*

Où puis-je trouver un médecin ? ▸ *¿Dónde puedo encontrar a un médico?*

Pouvez-vous appeler un médecin ? ▸ *¿Puede llamar a un médico?*

J'ai raté mon train ▸ *He perdido el tren*

J'ai raté mon avion ▸ *He perdido el avión*

J'ai raté mon bus ▸ *He perdido el autobús*

J'ai raté ma correspondance ▸ *He perdido el enlace*

J'ai cassé mes lunettes ▸ *Se me han roto las gafas*

J'ai perdu mes lunettes ▸ *He perdido las gafas*

Attention ! ▸ *¡Cuidado!*

Au secours ! ▸ *¡Socorro!*

C'est urgent ▸ *Es urgente*

Pouvez-vous demander de l'aide ? ▸ *¿Puede pedir ayuda?*

Laissez-moi tranquille ▸ *Déjeme tranquilo(a)*

L'ARGENT

Où puis-je trouver un distributeur ? ▸ *¿Dónde puedo encontrar un cajero?*

Où puis-je changer des traveller's cheques ? ▸ *¿Dónde puedo cambiar cheques de viaje?*

Où est la banque la plus proche ? ▸ *¿Dónde está el banco más cercano?*

À L'ARRIVÉE ET AU DÉPART

Où est la sortie ?
▸ *¿Dónde está la salida?*

Où sont les taxis ?
▸ *¿Dónde está la parada de taxis?*

Où sont les bus qui vont au centre-ville ? ▸ *¿De dónde salen los autobuses que van al centro?*

Y a-t-il un bus qui va à l'aéroport ?
▸ *¿Hay algún autobús que vaya al aeropuerto?*

Quelle est la station de métro pour se rendre à l'aéroport ?
▸ *¿En qué estación de metro hay que bajar para ir al aeropuerto?*

Y a-t-il un bus qui va à la gare routière ?
▸ *¿Hay algún autobús que vaya a la estación de autobuses?*

Quelle est la station de métro pour se rendre à la gare routière ?
▸ *¿En qué estación de metro hay que bajar para ir a la estación de autobuses?*

À LA GARE ROUTIÈRE

Où est le car pour… ?
▸ *¿Dónde está el autocar que va a…?*

À LA GARE FERROVIAIRE

De quel quai part le train pour… ?
▸ *¿De qué andén sale el tren que va a…?*

Où se trouve le quai numéro… ?
▸ *¿Dónde está el andén número…?*

À L'AÉROPORT

Où est le comptoir d'enregistrement de… ?
▸ *¿Dónde está el mostrador de facturación de…?*

Où se trouve le terminal/la porte numéro… ? ▸ *¿Dónde está la terminal/la puerta número…?*

AU PORT

Où se trouve le quai de départ du bateau pour… ?
▸ *¿Dónde está el muelle del que sale el barco que va a…?*

CIRCULER

S'ORIENTER

Je cherche l'entrée/la sortie
▸ *Busco la entrada/la salida*

C'est à droite/à gauche
▸ *Es a la derecha/a la izquierda*

C'est tout droit ▸ *Es todo recto*

Mon hôtel se trouve en face de l'église/derrière l'église
▸ *Mi hotel está delante/detrás de la iglesia*

Je cherche la direction est/ouest/nord/sud ▸ *Busco la dirección este/oeste/norte/sur*

À PIED

Pouvez-vous me montrer où se trouve… ? ▸ *¿Me puede indicar dónde está…?*

C'est loin ? ▸ *¿Está lejos?*

Il y en a pour combien de temps à pied ? ▸ *¿Cuánto se tarda a pie?*

EN VOITURE

Quelle est la route pour… ?
▸ *¿Cuál es la carretera que va a…?*

Où y a-t-il une station-service ?
▸ *¿Dónde hay una estación de servicio?*

Je n'ai plus d'essence
▸ *Me he quedado sin gasolina*

Je voudrais de l'essence
▸ *Quería poner gasolina*

Je voudrais faire le plein (de sans plomb/diesel) ▸ *Quería llenar el depósito (de sin plomo/diésel)*

Y a-t-il un péage ? ▸ *¿Hay algún peaje?*

Où est l'entrée de l'autoroute ?
▸ *¿Dónde está la entrada de la autopista?*

Savez-vous où je peux trouver un garage ? ▸ *¿Sabe dónde puedo encontrar un taller?*

EN TAXI

Où y a-t-il une station de taxis ? ▸ *¿Dónde hay una parada de taxis?*

Je voudrais commander un taxi ▸ *Quería pedir un taxi*

Combien ça coûte pour aller à… ? ▸ *¿Cuánto cuesta ir a…?*

EN BUS

Où est l'arrêt de bus ? ▸ *¿Dónde está la parada de autobús?*

Dans quelle direction va ce bus ? ▸ *¿En qué dirección va este autobús?*

Où puis-je acheter un ticket ? ▸ *¿Dónde puedo comprar un billete?*

À quelle heure passe le prochain bus ? ▸ *¿A qué hora pasa el próximo autobús?*

À quelle heure passe le dernier bus ? ▸ *¿A qué hora pasa el último autobús?*

EN MÉTRO

Où est la station la plus proche ? ▸ *¿Dónde está la estación de metro más cercana?*

Savez-vous où je peux trouver un plan de métro ? ▸ *¿Sabe dónde puedo encontrar un plano del metro?*

Savez-vous où je peux acheter un ticket ? ▸ *¿Sabe dónde puedo comprar un billete?*

À quelle heure passe le dernier métro ? ▸ *¿A qué hora pasa el último metro?*

Quelle sortie dois-je prendre ? ▸ *¿Qué salida tengo que coger?*

À VÉLO

Savez-vous où je peux louer un vélo ? ▸ *¿Sabe dónde puedo alquilar una bicicleta?*

Y a-t-il des pistes cyclables ? ▸ *¿Hay carriles bici?*

J'ai crevé ▸ *He tenido un reventón*

À QUELLE HEURE ?

À quelle heure part l'avion/le train/le bus ? ▸ *¿A qué hora sale el avión/el tren/el autobús?*

Le premier/dernier/prochain… ▸ *El primer/último/próximo…*

Je voudrais confirmer/annuler/changer… ▸ *Quería confirmar/anular/cambiar…*

VISITER

À quelle heure ouvre… ? ▸ *¿A qué hora abre…?*

À quelle heure ferme… ? ▸ *¿A qué hora cierra…?*

Est-ce que c'est ouvert ? ▸ *¿Está abierto?*

Est-ce que c'est fermé ? ▸ *¿Está cerrado?*

Où est l'entrée du musée ? ▸ *¿Dónde está la entrada del museo?*

Où est l'entrée du château ? ▸ *¿Dónde está la entrada del castillo?*

L'entrée est-elle payante ? ▸ *¿Hay que pagar para entrar?*

Je voudrais un billet pour… ▸ *Quería una entrada para…*

Quel est le prix du billet d'entrée ? ▸ *¿Cuánto vale la entrada?*

Y a-t-il des tarifs réduits ? ▸ *¿Hay tarifas reducidas?*

Y a-t-il une réduction pour les étudiants ? ▸ *¿Hay algún descuento para estudiantes?*

Y a-t-il des visites guidées ? ▸ *¿Hay visitas guiadas?*

Où se trouve ▸ *¿Dónde está*

… le centre-ville ? ▸ *… el centro?*

… le musée ? ▸ *… el museo?*

… l'église ? ▸ *… la iglesia?*

… la cathédrale ? ▸ *… la catedral?*

… le château ? ▸ *… el castillo?*

… la chapelle ? ▸ *… la capilla?*

… la grotte ? ▸ *… la gruta?*

… le fleuve ? ▸ *… el río?*

… la rivière ? ▸ *… el río?*

… le lac ? ▸ *… el lago?*

… le pont ? ▸ *… el puente?*

Où se trouvent les ruines ? ▸ *¿Dónde están las ruinas?*

HÉBERGEMENT

RÉSERVER

Je voudrais réserver une chambre simple ▸ *Quería reservar una habitación individual*

… avec un grand lit ▸ *… con cama de matrimonio*

Je voudrais réserver une chambre double ▸ *Quería reservar una habitación doble*

… avec deux lits ▸ *… con dos camas*

… avec un lit double ▸ *… con cama de matrimonio*

Pour une nuit/deux nuits/une semaine ▸ *Para una noche/dos noches/una semana*

Peut-on rajouter un lit supplémentaire dans la chambre ? ▸ *¿Se puede poner una cama supletoria en la habitación?*

Je voudrais une chambre qui soit calme ▸ *Quería una habitación que sea tranquila*

Je voudrais réserver un studio ▸ *Quería reservar un estudio*

Je voudrais réserver un appartement de 2 pièces/ de 3 pièces ▸ *Quería reservar un apartamento de 2 habitaciones/ de 3 habitaciones*

Je voudrais réserver un emplacement de camping ▸ *Quería reservar una parcela de camping*

J'ai fait une réservation au nom de… ▸ *He hecho una reserva a nombre de…*

Avec salle de bains ▸ *Con cuarto de baño*

Avec douche ▸ *Con ducha*

Avec cuisine ▸ *Con cocina*

Les WC sont-ils à part ? ▸ *¿El baño está aparte?*

À quel étage est la chambre ? ▸ *¿En qué piso está la habitación?*

Y a-t-il la télé dans la chambre ? ▸ *¿Hay tele en la habitación?*

Y a-t-il le téléphone dans la chambre ? ▸ *¿Hay teléfono en la habitación?*

Y a-t-il un ascenseur ? ▸ *¿Hay ascensor?*

Avez-vous une connexion Wifi ? ▸ *¿Tienen conexión WiFi?*

Puis-je voir la chambre ? ▸ *¿Puedo ver la habitación?*

À quelle heure la chambre sera-t-elle prête ? ▸ *¿A qué hora estará lista la habitación?*

Jusqu'à quelle heure servez-vous le petit déjeuner ? ▸ *¿Hasta qué hora sirven el desayuno?*

Puis-je rester une nuit de plus ? ▸ *¿Me puedo quedar una noche más?*

Je voudrais partir plus tôt que prévu ▸ *Quería irme antes de lo previsto*

DEMANDER LE PRIX

Combien coûte la chambre ? ▸ *¿Cuánto cuesta la habitación?*

Avec petit déjeuner ▸ *Con desayuno*

Sans le petit déjeuner ▸ *Sin desayuno*

En pension complète/en demi-pension ▸ *En pensión completa/ En media pensión*

Combien coûte le studio/ l'appartement ▸ *¿Cuánto cuesta el estudio/ el apartamento?*

Pour un jour/deux jours/une semaine ▸ *Para un día/dos días/una semana*

À L'ARRIVÉE

J'ai réservé une chambre simple/une chambre double au nom de… ▸ *He reservado una habitación individual/una habitación doble a nombre de…*

J'ai réservé un studio au nom de… ▸ *He reservado un estudio a nombre de…*

J'ai réservé un appartement au nom de… ▸ *He reservado un apartamento a nombre de…*

Pouvez-vous m'aider à monter mes bagages ? ▸ *¿Me puede ayudar a subir las maletas?*

Je voudrais changer de chambre, celle-ci ne me convient pas ▸ *Quería cambiar de habitación, esta no me gusta*

Puis-je voir d'autres chambres ? ▸ *¿Puedo ver otras habitaciones?*

AU DÉPART

Je voudrais la note, s'il vous plaît ▸ *Quería la cuenta, por favor*

À quelle heure faut-il libérer la chambre ? ▸ *¿A qué hora hay que dejar la habitación?*

Puis-je laisser mes bagages ? Je les reprendrai plus tard ▸ *¿Puedo dejar aquí las maletas? Las recogeré más tarde*

RESTAURATION

RÉSERVER

Je voudrais réserver une table pour 2/3/4… ▸ *Quería reservar una mesa para 2/3/4…*

J'ai réservé une table pour 2/3/4… ▸ *He reservado una mesa para 2/3/4…*

J'ai réservé au nom de… ▸ *He hecho una reserva a nombre de…*

COMMANDER

Je voudrais petit-déjeuner ▸ *Quería desayunar*

Je voudrais déjeuner ▸ *Quería comer*

Je voudrais dîner ▸ *Quería cenar*

Je voudrais prendre un verre ▸ *Quería tomar una copa*

Est-ce que vous servez encore à manger à cette heure ? ▸ *¿Aún sirven de comer a esta hora?*

Pouvez-vous m'apporter le menu, s'il vous plaît ? ▸ *¿Me puede traer la carta, por favor?*

Pouvez-vous m'apporter la carte des vins, s'il vous plaît ? ▸ *¿Me puede traer la carta de vinos, por favor?*

Avez-vous un menu enfant ? ▸ *¿Tienen menú infantil?*

Quel est le plat du jour ? ▸ *¿Cuál es el plato del día?*

Y a-t-il une spécialité de la maison ? ▸ *¿Cuál es la especialidad de la casa?*

Que me recommandez-vous ? ▸ *¿Qué me recomienda?*

Je voudrais commander ▸ *¿Me puede tomar nota?*

Pouvez-vous m'apporter une carafe d'eau ? ▸ *¿Me puede traer una jarra de agua?*

Pouvez-vous m'apporter du vin ? ▸ *¿Me puede traer vino?*

Pouvez-vous m'apporter du pain ? ▸ *¿Me puede traer pan?*

Pouvez-vous m'apporter du sel, s'il vous plaît ? ▸ *¿Me puede traer sal, por favor?*

De quoi est fait ce plat ? ▸ *¿Qué lleva este plato?*

Ce plat est trop chaud ▸ *Este plato está demasiado caliente*

Ce plat est froid ▸ *Este plato está frío*

Ce plat est trop salé ▸ *Este plato está demasiado salado*

C'est très bon ! ▸ *¡Está muy bueno!*

Je suis allergique à…
▸ *Soy alérgico(a) a…*

Peut-on le/la remplacer par autre chose ? ▸ *¿Lo/La puedo cambiar por otra cosa?*

Tchin-tchin ! ▸ *¡Chinchín!*

À votre santé ! ▸ *¡A su salud!*

À vous ! ▸ *¡Por usted!*

PAYER

Combien vous dois-je ?
▸ *¿Cuánto le debo?*

Peut-on payer par carte de crédit ?
▸ *¿Se puede pagar con tarjeta de crédito?*

Désolé(e), je n'ai pas de monnaie
▸ *Lo siento, no llevo suelto*

L'addition, s'il vous plaît
▸ *La cuenta, por favor*

Le service est-il compris ?
▸ *¿Está incluido el servicio?*

Puis-je avoir un reçu, s'il vous plaît ?
▸ *¿Me puede dar un recibo, por favor?*

Je vais régler en liquide/par carte
▸ *Pagaré en efectivo/con tarjeta*

C'est pour moi ! ▸ *¡Invito yo!*

C'est très cher ! ▸ *¡Es muy caro!*

Je crois qu'il y a une erreur dans l'addition ▸ *Creo que hay un error en la cuenta*

DEMANDER LES TOILETTES

Où sont les toilettes, s'il vous plaît ?
▸ *¿Dónde están los servicios, por favor?*

La chasse d'eau ne marche pas
▸ *La cadena del váter no funciona*

LOISIRS

À LA MER

Où est la plage ?
▸ *¿Dónde está la playa?*

Peut-on se baigner ?
▸ *¿Nos podemos bañar?*

La mer est-elle dangereuse à cet endroit ? ▸ *¿Es peligroso bañarse aquí?*

La baignade est-elle surveillée ?
▸ *¿Hay socorrista en esta playa?*

L'eau est-elle froide ?
▸ *¿Está fría el agua?*

À LA MONTAGNE

D'où a-t-on le meilleur point de vue ? ▸ *¿Desde dónde hay mejor vista?*

Puis-je me promener seul(e) à cet endroit ? ▸ *¿Me puedo pasear solo(a) por ese lugar?*

La route est-elle dangereuse ?
▸ *¿La ruta es peligrosa?*

Dois-je m'adresser à un guide ?
▸ *¿Tengo que buscar a un guía?*

Où puis-je contacter un guide ?
▸ *¿Dónde puedo encontrar a un guía?*

Y a-t-il des sentiers de randonnée ?
▸ *¿Hay rutas de senderismo?*

Où se trouve le départ du sentier ?
▸ *¿Dónde empieza el sendero?*

Le sentier est-il balisé ?
▸ *¿El sendero está señalizado?*

Où peut-on louer des skis ?
▸ *¿Dónde podemos alquilar los esquís?*

À LA CAMPAGNE

Y a-t-il des promenades à faire par ici ? ▸ *¿Se puede dar algún paseo por aquí?*

Combien de temps dure la promenade ?
▸ *¿Cuánto dura el paseo?*

SPORTS

Où peut-on acheter des billets pour le match de demain ? ▸ *¿Dónde puedo comprar entradas para el partido de mañana?*

Je voudrais voir le match de football
▸ *Quería ver el partido de fútbol*

Où se trouve le stade ?
▸ *¿Dónde está el estadio?*

Je voudrais louer un vélo pour la journée ▸ *Quería alquilar una bicicleta para todo el día*

SORTIR

Y a-t-il un guide des spectacles ? ▸ *¿Hay alguna guía de espectáculos?*

Où peut-on voir un spectacle de... ? ▸ *¿Dónde podemos ver un espectáculo de...?*

À quelle heure commence le spectacle ? ▸ *¿A qué hora empieza el espectáculo?*

Je voudrais un billet/deux billets pour... ▸ *Quería una entrada/dos entradas para...*

Est-ce qu'il reste des places pour le spectacle/le concert/ la séance de... ? ▸ *Quería confirmar/ anular/cambiar mi entrada/ mis entradas para...*

Je voudrais confirmer/annuler/ changer mon billet/mes billets pour... ▸ *¿Quedan entradas para el espectáculo/el concierto/la sesión de...?*

Qu'y a-t-il à faire ici le soir ? ▸ *¿Qué se puede hacer aquí por la noche?*

Peut-on manger quelque chose sur place ? ▸ *¿Podemos comer alguna cosa por allí?*

Où peut-on aller boire un verre ? ▸ *¿Dónde podemos ir a tomar una copa?*

Où est le bar/la discothèque avec la meilleure ambiance ? ▸ *¿Dónde está el bar/la discoteca con mejor ambiente?*

Où est le bar/le café le plus typique ? ▸ *¿Dónde está el bar/ el café más típico?*

SHOPPING

Où se trouve le marché ? ▸ *¿Dónde está el mercado?*

Où se trouve le supermarché ? ▸ *¿Dónde está el supermercado?*

Où se trouve la boulangerie ? ▸ *¿Dónde está la panadería?*

Je cherche une boutique pour acheter des souvenirs ▸ *Busco una tienda para comprar souvenirs*

Pouvez-vous me faire un paquet-cadeau ? ▸ *¿Me lo puede envolver para regalo?*

Je cherche le rayon hommes ▸ *Busco la sección de hombres*

Je cherche le rayon femmes ▸ *Busco la sección de mujeres*

Je cherche le rayon enfants ▸ *Busco la sección de niños*

Puis-je l'essayer ? ▸ *¿Me lo/la puedo probar?*

L'avez-vous dans une taille plus grande ? ▸ *¿Lo/La tiene en una talla más grande?*

L'avez-vous dans une taille plus petite ? ▸ *¿Lo/La tiene en una talla más pequeña?*

L'avez-vous dans une autre couleur ? ▸ *¿Lo/La tiene en otro color?*

Je ne connais pas ma taille/ ma pointure ▸ *No sé cuál es mi talla/ qué número calzo*

Quand commence la période des soldes ? ▸ *¿Cuándo empiezan las rebajas?*

Cet article est-il soldé ? ▸ *¿Este artículo está rebajado?*

Y a-t-il un service de livraison ? ▸ *¿Hacen entrega a domicilio?*

Je voudrais me faire livrer ▸ *Quería que me lo llevasen a casa*

Y a-t-il un service de retouches ? ▸ *¿Hacen ustedes arreglos?*

ENFANTS

Peut-on emmener les enfants à... ? ▸ *¿Podemos llevar a los niños a...?*

Connaissez-vous un endroit agréable pour les enfants ? ▸ *¿Conoce algún sitio agradable para los niños?*

Existe-t-il des aménagements pour les enfants ? ▸ *¿Hay alguna zona infantil?*

Les enfants peuvent-ils jouer ici ? ▸ *¿Pueden jugar aquí los niños?*

N'est-ce pas dangereux pour les enfants ? ▸ *¿No es peligroso para los niños?*

Y a-t-il une piscine ? ▸ *¿Hay piscina?*

RESTER CONNECTÉ

TÉLÉPHONE

Allô, bonjour/bonsoir, je voudrais parler à… ▸ *Hola, quería hablar con…*

Ne quittez pas ▸ *No cuelgue*

Un instant, s'il vous plaît ▸ *Un momento, por favor*

Je vous le passe/je vous la passe ▸ *Se lo paso/Se la paso*

Vous vous êtes trompé(e) de numéro ▸ *Se ha equivocado de número*

Quel est l'indicatif pour… ? ▸ *¿Cuál es el prefijo de…?*

Y a-t-il une prise pour recharger mon portable ? ▸ *¿Hay algún enchufe en el que pueda cargar mi móvil?*

Où puis-je acheter une carte de téléphone ? ▸ *¿Dónde puedo comprar una tarjeta de teléfono?*

Savez-vous où je peux trouver une recharge pour mon portable ? ▸ *¿Sabe dónde hacen recargas de móvil?*

Savez-vous où il y a une cabine téléphonique près d'ici ? ▸ *¿Sabe dónde hay una cabina de teléfonos por aquí cerca?*

Je voudrais appeler en PCV ▸ *Quería llamar a cobro revertido*

FAX

Puis-je envoyer un fax ? ▸ *¿Puedo enviar un fax?*

Quel est l'indicatif pour… ? ▸ *¿Cuál es el prefijo de…?*

E-MAIL

Quelle est votre adresse mail ? ▸ *¿Cuál es su dirección de correo electrónico?*

Puis-je envoyer un mail ? ▸ *¿Puedo enviar un correo electrónico?*

Puis-je utiliser l'ordinateur ? ▸ *¿Puedo utilizar el ordenador?*

Avez-vous Internet ? ▸ *¿Tiene Internet?*

Avez-vous une connexion Wifi ? ▸ *¿Tiene conexión WiFi?*

Pouvez-vous m'indiquer un café Internet ? ▸ *¿Puede indicarme dónde hay un cibercafé?*

POSTE

Pouvez-vous m'indiquer la poste ? ▸ *¿Me puede indicar dónde hay una oficina de correos?*

Où puis-je acheter des timbres ? ▸ *¿Dónde puedo comprar sellos?*

Où puis-je acheter des enveloppes ? ▸ *¿Dónde puedo comprar sobres?*

Manufacture française des pneumatiques Michelin
Société en commandite par actions au capital de 504 000 004 EUR
Place des Carmes-Déchaux - 63000 Clermont-Ferrand (France)
R.C.S. Clermont-Fd B 855 200 507

Dépôt légal : 01 2012
Imprimeur : Canale, Italie
Imprimé en Italie : 12 2011
Sur du papier issu de forêts gérées durablement

CARTES ET PLANS

CARTE GÉNÉRALE

Premier rabat de couverture

CARTES DES RÉGIONS

PLANS DE VILLE

PLANS DE TRANSPORT

PLANS DE MONUMENT

CARTES THÉMATIQUES

CARTES DES CIRCUITS

LÉGENDE DES CARTES ET PLANS

Curiosités et repères

- Itinéraire décrit, départ de la visite
- Église
- Mosquée
- Synagogue
- Monastère - Phare
- Fontaine
- Point de vue
- Château - Ruine ou site archéologique
- Barrage - Grotte
- Monument mégalithique
- Tour génoise - Moulin
- Temple - Vestiges gréco - romains
- Temple : bouddhique - hindou
- Autre lieu d'intérêt, sommet
- Distillerie
- Palais, villa, habitation
- Cimetière : chrétien - musulman - israélite
- Oliveraie - Orangeraie
- Mangrove
- Auberge de jeunesse
- Gravure rupestre
- Pierre runique
- Église en bois
- Église en bois debout
- Parc ou réserve national
- Bastide

Sports et loisirs

- Piscine : de plein air - couverte
- Plage - Stade
- Port de plaisance - Voile
- Plongée - Surf
- Refuge - Promenade à pied
- Randonnée équestre
- Golf - Base de loisirs
- Parc d'attractions
- Parc animalier, zoo
- Parc floral, arboretum
- Parc ornithologique, réserve d'oiseaux
- Planche à voile, kitesurf
- Pêche en mer ou sportive
- Canyoning, rafting
- Aire de camping - Auberge
- Arènes
- Base de loisirs, base nautique ou canoë-kayak
- Canoë-kayak
- Promenade en bateau

Informations pratiques

- Information touristique
- Parking - Parking - relais
- Gare : ferroviaire - routière
- Voie ferrée
- Ligne de tramway
- Départ de fiacre
- Métro - RER
- Station de métro (Calgary, ...) (Montréal)
- Téléphérique, télécabine
- Funiculaire, voie à crémaillère
- Chemin de fer touristique
- Transport de voitures et passagers
- Transport de passagers
- File d'attente
- Observatoire
- Station service - Magasin
- Poste - Téléphone
- Internet
- H — Hôtel de ville - Banque, bureau de change
- J — Palais de justice - Police
- Gendarmerie
- T U M — Théâtre - Université - Musée
- Musée de plein air
- Hôpital
- Marché couvert
- Aéroport
- Parador, Pousada (Établissement hôtelier géré par l'État)
- A — Chambre d'agriculture
- D — Conseil provincial
- G — Gouvernement du district, Délégation du Gouvernement Police cantonale
- L — Gouvernement provincial (Landhaus)
- P — Chef lieu de province
- Station thermale
- Source thermale

Axes routiers, voirie

- Autoroute ou assimilée
- Échangeur : complet - partiel
- Route
- Rue piétonne
- Escalier - Sentier, piste

Topographie, limites

- Volcan actif - Récif corallien
- Marais - Désert
- Frontière - Parc naturel